Management-Reihe Corporate Social Responsibility

Herausgegeben von
René Schmidpeter
Dr. Jürgen Meyer Stiftungsprofessur für
Internationale Wirtschaftsethik und CSR
Cologne Business School (CBS)
Köln, Deutschland

Das Thema der gesellschaftlichen Verantwortung gewinnt in der Wirtschaft und Wissenschaft gleichermaßen an Bedeutung. Die Management-Reihe Corporate Social Responsibiltiy geht davon aus, dass die Wettbewerbsfähigkeit eines jeden Unternehmens davon abhängen wird, wie es den gegenwärtigen ökonomischen, sozialen und ökologischen Herausforderungen in allen Geschäftsfeldern begegnet. Unternehmer und Manager sind im eigenen Interesse dazu aufgerufen, ihre Produkte und Märkte weiter zu entwickeln, die Wertschöpfung ihres Unternehmens den neuen Herausforderungen anzupassen sowie ihr Unternehmen strategisch in den neuen Themenfeldern CSR und Nachhaltigkeit zu positionieren. Dazu ist es notwendig, generelles Managementwissen zum Thema CSR mit einzelnen betriebswirtschaftlichen Spezialdisziplinen (z.B. Finanz, HR, PR, Marketing etc.) zu verknüpfen. Die CSR-Reihe möchte genau hier ansetzen und Unternehmenslenker, Manager der verschiedenen Bereiche sowie zukünftige Fach- und Führungskräfte dabei unterstützen, ihr Wissen und ihre Kompetenz im immer wichtiger werdenden Themenfeld CSR zu erweitern. Denn nur, wenn Unternehmen in ihrem gesamten Handeln und allen Bereichen gesellschaftlichen Mehrwert generieren, können sie auch in Zukunft erfolgreich Geschäfte machen. Die Verknüpfung dieser aktuellen Managementdiskussion mit dem breiten Managementwissen der Betriebswirtschaftslehre ist Ziel dieser Reihe. Die Reihe hat somit den Anspruch, die bestehenden Managementansätze durch neue Ideen und Konzepte zu ergänzen, um so durch das Paradigma eines nachhaltigen Managements einen neuen Standard in der Managementliteratur zu setzen.

Weitere Bände in dieser Reihe
http://www.springer.com/series/11764

Riccardo Wagner · Nicole Roschker ·
Alexander Moutchnik
(Hrsg.)

CSR und Interne Kommunikation

Forschungsansätze und Praxisbeiträge

Herausgeber
Riccardo Wagner
BetterRelations
AK CSR Kommunikation DPRG & DNWE
Brühl, Deutschland

Alexander Moutchnik
Design Informatik Medien
Hochschule RheinMain
Wiesbaden, Deutschland

Nicole Roschker
AK CSR Kommunikation DPRG & DNWE
Frankfurt am Main, Deutschland

ISSN 2197-4322   ISSN 2197-4330 (electronic)
Management-Reihe Corporate Social Responsibility
ISBN 978-3-662-52870-9   ISBN 978-3-662-52871-6 (eBook)
DOI 10.1007/978-3-662-52871-6

Die Deutsche Nationalbibliothek verzeichnet diese Publikation in der Deutschen Nationalbibliografie; detaillierte bibliografische Daten sind im Internet über http://dnb.d-nb.de abrufbar.

Springer Gabler
© Springer-Verlag GmbH Deutschland 2017
Das Werk einschließlich aller seiner Teile ist urheberrechtlich geschützt. Jede Verwertung, die nicht ausdrücklich vom Urheberrechtsgesetz zugelassen ist, bedarf der vorherigen Zustimmung des Verlags. Das gilt insbesondere für Vervielfältigungen, Bearbeitungen, Übersetzungen, Mikroverfilmungen und die Einspeicherung und Verarbeitung in elektronischen Systemen.
Die Wiedergabe von Gebrauchsnamen, Handelsnamen, Warenbezeichnungen usw. in diesem Werk berechtigt auch ohne besondere Kennzeichnung nicht zu der Annahme, dass solche Namen im Sinne der Warenzeichen- und Markenschutz-Gesetzgebung als frei zu betrachten wären und daher von jedermann benutzt werden dürften.
Der Verlag, die Autoren und die Herausgeber gehen davon aus, dass die Angaben und Informationen in diesem Werk zum Zeitpunkt der Veröffentlichung vollständig und korrekt sind. Weder der Verlag noch die Autoren oder die Herausgeber übernehmen, ausdrücklich oder implizit, Gewähr für den Inhalt des Werkes, etwaige Fehler oder Äußerungen.

Einbandabbildung: Michael Bursik

Gedruckt auf säurefreiem und chlorfrei gebleichtem Papier.

Springer Gabler ist Teil von Springer Nature
Die eingetragene Gesellschaft ist Springer-Verlag GmbH Deutschland
Die Anschrift der Gesellschaft ist: Heidelberger Platz 3, 14197 Berlin, Germany

Vorwort des Reihenherausgebers: Interne Kommunikation als Voraussetzung für die Umsetzung einer nachhaltigen Unternehmensstrategie?!

Aktuelle Studien zeigen, dass die Mehrheit der Vorstände und Geschäftsführer bereits erkannt haben, dass sich Corporate Social Responsibility (CSR) und Nachhaltiges Management positiv auf den Unternehmenserfolg auswirken. Vorbei sind die Zeiten, in denen Topmanager CSR als rein defensives „Compliance" und/oder „Spendenthema" gesehen haben. Vielmehr entwickelt sich CSR derzeit zum Kern einer jeden zukunftsorientierten Unternehmensstrategie und damit zu einem progressiven Managementansatz, der alle Unternehmensbereiche gleichermaßen umfasst. Dies ist die gute Nachricht!

Kommen wir zu den Herausforderungen: Oftmals stoßen Vorstand, Geschäftsführung und CSR-Beauftragte auf interne Widerstände, wenn es darum geht, unternehmerische Verantwortung und Nachhaltigkeit konkret in alle Unternehmensprozesse und die alltäglichen Entscheidungen des mittleren Managements zu integrieren. Viel zu lange hat in den meisten Unternehmen das alte Managementparadigma der kurzfristigen Ergebniserzielung und der rein an ökonomischen Kennzahlen orientierten Entscheidungsfindung gegolten. Mitarbeiter und Mitarbeiterinnen wurden auf Gewinnmaximierung und Kostensenkung getrimmt, wobei die gesellschaftliche Dimension ihrer Entscheidungen in den Hintergrund rückte.

Jedoch sind es genau diese Mitarbeiter und Mitarbeiterinnen, die entscheidend zum Erfolg einer CSR-orientierten Unternehmensstrategie beitragen und dafür, dass Unternehmensverantwortung und Nachhaltigkeit in der Organisation tagtäglich gelebt wird. Deshalb müssen alle Führungskräfte sowie die gesamte Belegschaft in die Weiterentwicklung einer nachhaltigen Unternehmensstrategie neu eingebunden werden. Das Management braucht die jeweiligen spezifischen Fähigkeiten eines jeden Einzelnen, um neue nachhaltige Geschäftsmodelle zu entwickeln, Unternehmensprozesse auf Nachhaltigkeit auszurichten und gemeinsam eine Kultur des langfristigen Unternehmenserfolges zu etablieren. Dafür ist eine zielgerichtete und offene interne Kommunikation unerlässlich.

Das Topmanagement muss selbstverständlich selbst mit voller Überzeugung hinter der strategischen Bedeutung von Nachhaltigkeit stehen und durch die kontinuierliche Kommunikation des positiven Beitrages von Nachhaltigkeit auf den Unternehmenserfolg alle Mitarbeiter und Mitarbeiterinnen konsequent mitnehmen. Jedoch sollte diese Kommunikation keine Einbahnstraße sein. Vielmehr gilt es diesmal, die Mitarbeiter zu Beteiligten zu machen, um die volle Akzeptanz für die notwendigen Veränderungen zu erhalten. Dies gelingt nur, wenn zukünftig die Strukturen im Unternehmen flach und dezentral gestaltet werden und ein optimaler Informationsaustausch über die unternehmerischen und gesellschaftlichen Herausforderungen zwischen allen Abteilungen und Hierarchien befördert wird.

Oftmals werden dabei ein Umdenken aller Managementebenen und eine Öffnung zwischen den Verantwortungsbereichen nötig, um durch Transparenz nach innen und außen die Kooperationsfähigkeit der Organisation zu erhöhen. Dabei wird auch klar: Verantwortung kann man nicht delegieren und es wird mehr denn je auch in der Eigenverantwortung eines jeden Einzelnen liegen, die neuen gemeinsam formulierten nachhaltigen Unternehmensziele aktiv zu befördern. Transparenz und eine klare Unternehmensausrichtung sind für eigenverantwortliches Handeln unerlässlich.

Nachhaltigkeit und CSR sind somit keine zusätzliche Aufgabe der Kommunikationsabteilung, sondern ein integraler Bestandteil des gesamten Austausch- und Wertschöpfungsprozesses des Unternehmens. Dabei gewinnen innovative Methoden des Wissenstransfers und der internen Kommunikation immer weiter an Bedeutung und es liegen folgende Fragen nahe: Welche Chancen und Risiken liegen in der internen Kommunikation über gesellschaftliche Herausforderungen? Wie können die Bedürfnisse der Menschen wieder in den Mittelpunkt von Unternehmensentscheidungen rücken? Wie kann es gelingen, die neuen Impulse aus einer offenen Kommunikation für die Unternehmensentwicklung zu nutzen? Welche Rolle spielt dabei Transparenz und Eigenverantwortung? Welchen Beitrag kann jeder Einzelne liefern, um eine nachhaltige Unternehmensstrategie mit Leben zu erfüllen?

All diese Perspektiven wurden in der PR- und Kommunikationsliteratur zu lange vernachlässigt. Oftmals fehlt eine konsequente Verknüpfung zwischen der aktuellen CSR-Diskussion und den Konzepten der internen Kommunikation. In der Managementreihe Corporate Social Responsibility schließt die vorliegende Publikation mit dem Titel „CSR und Interne Kommunikation" nun die Lücke zwischen der Frage nach unternehmerischer Verantwortung und der bewussten Gestaltung von internen Kommunikationsprozessen.

Alle Leser sind damit herzlich eingeladen, die in der Reihe dargelegten Gedanken aufzugreifen und für die eigenen beruflichen Herausforderungen zu nutzen sowie mit den Herausgebern, Autoren und Unterstützern dieser Reihe intensiv zu diskutieren. Ich möchte mich last but not least sehr herzlich bei den Herausgebern Riccardo Wagner, Nicole Roschker und Prof. Dr. Dr. Alexander Moutchnik für ihr großes Engagement, bei Michael Bursik und Frau Janina Tschech vom Springer Gabler Verlag für die gute Zusammenarbeit sowie bei allen Unterstützern der Reihe aufrichtig bedanken und wünsche Ihnen, werte Leserinnen und werte Leser, nun eine interessante Lektüre.

Prof. Dr. René Schmidpeter

Grußwort der Deutschen Public Relations Gesellschaft (DPRG)

Berichte und Unternehmenspräsentationen zu den guten Taten und Werken eines Unternehmens gibt es schon seit vielen Jahrzehnten. Fand man diese zumeist im Bereich des produzierenden Gewerbes, dort oftmals verwurzelt im Bereich der Nachbarschaftskommunikation, so hatten sie eine klare Zielfunktion, auch „licence to operate" genannt. Diese guten Erfahrungen führten zu einer fortlaufenden Steigerung der Bedeutung und damit einhergehend auch einer weitreichenden Positionierung des Unternehmens. Coporate Social Responsibility (CSR) und seine umfangreicheren Inhalte sind längst keine Nachbarschaftskommunikation eines Unternehmens mehr. Seit Definition der Europäischen Union aus dem Jahre 2011 kann niemand von einer Freiwilligkeit zum Thema sprechen. Damit hat die Politik eine deutliche Position zum Bereich der nachhaltigen Wirtschaft verankert.

Mit der politischen Positionierung werden die grundsätzlichen positiven Auswirkungen eines Unternehmens auf die ökonomische Basis langfristig bestätigt. CSR geht hierbei einen Schritt weiter und blickt über den klassischen Tellerrand hinaus. Mit diesem Anstieg der Erwartungshaltungen geht auch eine klassische konzeptionelle und strategische Kommunikationsplanung einher. Wer sind die Zielgruppen von CSR, welche Auswirkungen hat die Etablierung einer CSR-Strategie auf die unternehmerische Lieferkette, sowohl nach hinten als auch nach vorn betrachtet? Schon der Versuch der Beantwortung dieser wenigen Fragen zeigt auf, dass die Umsetzung keineswegs trivial und mit mehrschichtigen kommunikativen Herausforderungen verknüpft ist. Somit ist die Kommunikation eines Unternehmens vermutlich kommunikativer Manager und zugleich interner Berater gegenüber den fachlichen internen Schnittstellen. Es besteht die einhellige Meinung, dass die Etablierung einer CSR-Strategie vom ersten Tag an eine kommunikative Aufgabe darstellt. Am Beginn des Prozesses, aber auch in dessen Zentrum steht der Dialog mit den Mitarbeitern. Diese sind Dreh- und Angelpunkt einer glaubwürdigen CSR-Strategie. Wer als Unternehmer versäumt, die Mitarbeiter mitzunehmen, für den wird keine glaubwürdige CSR-Politik möglich sein.

Schon die Ermittlung des Status quo des Unternehmens führt zu einem erheblichen internen Erklärungs- und Aufklärungsbedarf. Ob die Kommunikatoren eines Unternehmens hier interne Lösungswege wählen oder sich auf externe Expertise stützen ist dabei keine Glaubensfrage, sondern ein erster Belastungstest der unternehmerischen Glaubwürdigkeit zum Themenkomplex CSR. Da CSR-Berichte von Dritten ausgewertet und bei deren Entscheidungen berücksichtigt werden, sind mit der Qualität und Güte eines CSR-Berichts auch Entscheidungen für zukünftige Auftragslagen, Bewertungen und Ratings festgelegt.

Die Deutsche Public Relations Gesellschaft (DPRG) hat als Plattform der Kommunikatoren mit dem ersten deutschen CSR-Kommunikationskongress ein Zeichen für die Branche gesetzt. Theorie und Praxis zeigten auf, wie die einzelnen kommunikativen Aufgaben innerhalb der Unternehmenskommunikation ermittelt oder auch die Wesentlichkeits- und Materialitätsanforderungen umgesetzt werden können. Positiver, wenn auch gewünschter Nebeneffekt war, dass wir als Berufsverband ebenfalls einen Qualitätsstandard aus der Praxis für die Praxis etabliert haben.

Die Erfahrungen der vergangenen Jahre, die Analyse von CSR-Berichten und auch der erste CSR-Kongress zeigten auf, dass es noch sehr viele Fragen gibt. Deutsche Unternehmen haben sich auf den Weg gemacht, doch er ist noch sehr steinig. Die DPRG und auch der Arbeitskreis CSR greifen diese Fragen fortlaufend und in Ergänzung zum Kongress auf und leisten durch diese Publikation einen weiteren Beitrag. Besonders die Plattform der Kommunikatoren kann hier aufgrund ihrer Größe, Diversität und Tradition als Treiber und zugleich Wissensträger einen wesentlichen Beitrag zur einer der größten Herausforderungen leisten. Ziel ist die Transformation der Unternehmen und Gesellschaft hin zu einer nachhaltigen Wirtschaft und generellen Nachhaltigkeit. Nicht nur aus diesem Grund freuen wir uns sehr über diese Veröffentlichung und danken den Mitstreitern und Kolleginnen und Kollegen aus dem Arbeitskreis sehr für die geleistete Arbeit.

Norbert Minwegen,
Präsident der Deutschen Public Relations Gesellschaft e. V.,
Leiter Zentralbereich Unternehmenskommunikation und Werbung Sparkasse KölnBonn

Grußwort des Deutschen Netzwerk Wirtschaftsethik (DNWE)

Spätestens mit der Verabschiedung der EU-Mitteilung zur gesellschaftlichen Verantwortung von Unternehmen im Oktober 2011 hat die Diskussion um CSR (Corporate Social Responsibility) in Europa einen neuen Schub erhalten. Die EU-Kommission definiert CSR erstmals als „die Verantwortung der Unternehmen für ihre Auswirkungen auf die Gesellschaft" und schließt dabei sowohl positive wie negative Effekte ein. Sie erweitert die wirtschaftliche explizit um die soziale und ökologische Dimension unternehmerischen Handelns und fordert Verfahren, durch die „soziale, ökologische, ethische Menschenrechts- und Verbraucherbelange in enger Zusammenarbeit mit den Stakeholdern" in Betriebsprozesse und Strategien integriert werden. Zwar ist die Orientierung an den Prinzipien der Nachhaltigkeit gerade für viele inhabergeführte Unternehmen schon lange eine Selbstverständlichkeit, aber mit der neuen Strategie der EU-Kommission werden erstmals die Erwartungen nach Verfahren und Strukturen sowie der Auseinandersetzung mit den Stakeholdern politisch festgeschrieben.

In der Auseinandersetzung mit einer der wichtigsten Stakeholdergruppen, den Mitarbeitern, ist diese Erwartung in mehrfacher Hinsicht brisant: Zum einen führen veränderte Prozesse häufig zu Mehraufwand und Umstellungsschwierigkeiten, die die täglichen Arbeitsroutinen stören und somit unabhängig davon, ob sie später als sinnvoll und zweckmäßig erachtet werden, zu Mehraufwand und Ablehnung führen. Noch gravierender ist, dass durch die Erweiterung der ökonomischen Rationalität, in der Entscheidungen auf der Grundlage von Preisen und Qualitäten getroffen werden können, nun vielfach komplexere Entscheidungsprozesse zu durchlaufen sind. So kann es beispielsweise ungleich schwieriger sein, eine Rohware bei gegebener Qualität preiswert einzukaufen, wenn zusätzlich die Sicherung der Arbeits- und Menschenrechte in den Produktionsländern oder die Einhaltung von hohen Umweltstandards gefordert werden. Auch zwischen sozialen und ökologischen Zielen mögen Konflikte bestehen, denkt man beispielsweise daran, dass fair gehandelte Waren nicht immer auch den höchsten Umweltstandards entsprechen müssen. Weiter kann in Bezug auf die Durchsetzung eigener Forderung eine auf Nachhaltigkeit ausgerichtete Firmenphilosophie für Mitarbeiter zunächst erhöhte Hürden bedeuten. Geradezu „klassisch" sind Konflikte in Verkaufsorganisationen, wenn mit Hinweis auf die reduzierten CO_2-Emissionen nur noch leistungsärmere oder kleinere Firmenfahrzeuge zur Verfügung gestellt werden oder die Ausweitung des Firmenparkplatzes unter Hinweis auf die Nutzung der öffentlichen Verkehrsmittel unterbleibt.

Zwar ist es sicherlich übertrieben, die Hinwendung zu einer nachhaltigeren Unternehmensstrategie nur mit negativen Reaktionen der Belegschaft zu assoziieren. Viele Menschen begrüßen die Neuausrichtung und sind bereit, ihren Anteil gerne dazu beizutragen. Ihr Stolz auf das Unternehmen, in dem sie arbeiten, und ihre Identifikation mit ihm können deutlich steigen. Dennoch warnen Pioniere nachhaltig ausgerichteter Unternehmen gerade vor internen Widerständen.

Umso wichtiger ist es, die stärkere Ausrichtung des Unternehmens an dem Leitbild der Nachhaltigkeit der Belegschaft glaubwürdig zu kommunizieren, intensiv mit ihr zu diskutieren und die Möglichkeit der Prozessgestaltung zu geben. Der Internen Kommunikation kommt dabei eine entscheidende Rolle zu. Mit ihr kann es gelingen, jedem einzelnen Mitarbeiter den Nutzen für sich, das Unternehmen und die Gesellschaft aufzuzeigen, die die Veränderungen trotz aller Widrigkeiten mit sich bringen. Die Facetten gelingender Kommunikation sind vielfältig. Sie reichen vom bewussten und respektvollen Umgang mit den Werten des Unternehmens über geeignete Tonalität, Kommunikationsformen und -inhalte bis hin zur sachdienlichen Auswahl der Kommunikationskanäle und -anlässe.

Das Deutsche Netzwerk Wirtschaftsethik (DNWE) setzt sich seit vielen Jahren mit Fragen der Unternehmensverantwortung und CSR auseinander. Ein Element dieser Arbeit ist auch die Zusammenarbeit mit der Deutschen Public Relations Gesellschaft in dem gemeinsamen Arbeitskreis „CSR-Kommunikation". Der Bereich „Interne Kommunikation" nimmt dabei einen wichtigen Stellenwert ein. Wir begrüßen es daher ausdrücklich, dass Mitglieder dieses Arbeitskreises mit diesem Buch die Erfolgsfaktoren der internen CSR-Kommunikation nicht nur theoretisch aufarbeiten, sondern es ihnen auch gelungen ist, eine Vielzahl praktischer Beispiele zusammenzutragen, die einen tiefen Einblick in dieses wichtige Feld erlauben.

Wir hoffen, dass dieses Buch dazu beiträgt, den auf der politischen Ebene formulierten Willen umzusetzen, die negativen Auswirkungen unternehmerischen Handelns auf Umwelt und Gesellschaft zu minimieren und positive Effekte zu stärken. Wir wünschen ihm große Verbreitung und breite Akzeptanz.

Dr. Frank Simon,
Geschäftsführendes Vorstandsmitglied des Deutschen Netzwerks Wirtschaftsethik

Vorwort der Herausgeber

Unternehmen sind im Hinblick auf die interne Kommunikation und das Thema „Corporate Social Responsibility" (CSR) in vielerlei Hinsicht gefordert. Beide Disziplinen haben in den letzten Jahren stark an Bedeutung gewonnen und sind maßgebliche Treiber und Multiplikatoren für Veränderungen in Unternehmen. Die interne Kommunikation hat sich durch geänderte Rahmenbedingungen selbst stark gewandelt. Zunehmende Komplexität und Geschwindigkeit sowie gestiegene Ansprüche der Führungskräfte und Mitarbeiter im Hinblick auf Transparenz, Verständlichkeit und Einbindung haben die Erwartungshaltung an die interne Kommunikation gesteigert – nicht zuletzt durch digitale Medien und die hiermit verbundenen neuen Möglichkeiten der Dialogkommunikation und der Partizipation (vgl. Huck-Sandhu 2016, S. 2). Somit verlangt interne Kommunikation den Kommunikationsabteilungen heutzutage weitaus mehr ab als zu Zeiten, in welchen die Mitarbeiterzeitung als das zentrale Medium galt und der Fokus klar auf der Vermittlung von Informationen des Managements an die Belegschaft lag.

Ähnlich wie die interne Kommunikation unterliegt CSR selbst einem Wandel und ist zugleich Treiber für Veränderungen in Organisationen. Die Diskussion um die gesellschaftliche Verantwortung von Unternehmen ging im Zuge der Finanzkrise und der Debatten im Kontext von Steuervermeidung und Betrugsfällen der letzten Jahre einher mit einer verstärkten Professionalisierung der CSR. Dies hat sich in Kodizes wie z. B. dem Deutschen Nachhaltigkeitskodex, Standards und Normen wie der Global Reporting Initiative (GRI) und der ISO 26000 und letztendlich der EU-Richtlinie zur verpflichtenden Berichterstattung nicht-finanzieller Informationen (vgl. Europäische Kommission 2014) niedergeschlagen und in der Gesamtschau zu einem höheren Reifegrad von CSR geführt (vgl. Schneider 2015, S. 22 ff.).

Die Weiterentwicklung von CSR hin zu einem Managementansatz lässt sich u. a. an den Definitionen der EU-Kommission aus den Jahren 2002, 2006 und 2011 ablesen: Stand in den frühen Versionen noch die Freiwilligkeit von CSR-Programmen und Maßnahmen, welche über die Einhaltung gesetzlicher Vorschriften hinausgehen, im Vordergrund, so beinhaltet die aktuelle Variante eine strategische Ausrichtung von CSR durch die Integration in die Unternehmensstrategie und das Kerngeschäft. Der gesellschaftliche Mehrwert von CSR für Unternehmen und Gesellschaft steht im Mittelpunkt, CSR ist mittlerweile weit mehr als das Engagement von Unternehmen über die Geschäftstätigkeit hinaus (vgl. Europäische Kommission 2011, S. 7 ff.).

Die Tatsache, dass CSR, sofern sie ernsthaft umgesetzt wird, wesentliche Veränderungen in Unternehmen bewirkt und somit nicht nur die Strategie, das Leistungs- und Produktportfolio, die Lieferkette und wesentliche betriebliche Abläufe beeinflusst, sondern auch das Selbstverständnis und die Werte des Unternehmens, ist vielfach diskutiert und dargelegt worden, u. a. in den Veröffentlichungen dieser Managementreihe zu den Themen „CSR und Strategisches Management" sowie „CSR und Nachhaltige Innovation". Die Reflexion von Unternehmenswerten und Unternehmenskultur erfolgt aufgrund interner wie externer Impulse. Derartige Impulse können z. B. die öffentliche Diskussion um die „license to operate" von Unternehmen und den damit verbundenen Vertrauensverlust darstellen, den einzelne Unternehmen und ganze Branchen erfahren.

Hierfür kann CSR inhaltlich einen Rahmen setzen, nicht zuletzt auf Basis des Stakeholder-Ansatzes, der u. a. von der Europäischen Kommission als wesentliches Element für die Umsetzung von CSR in Unternehmen definiert wird (vgl. Europäische Kommission 2011, S. 7 ff.). Dem Ansatz zufolge sind die Interessen aller relevanten Anspruchsgruppen, ohne deren Unterstützung das Unternehmen nicht überlebensfähig wäre, zu berücksichtigen. Die Anspruchsgruppen können nach dem Modell von Heinrich und Schmidpeter (vgl. Heinrich und Schmidpeter 2013, S. 14) wie folgt gegliedert werden: Arbeitsplatz, Markt, Umwelt und Gemeinwesen.

Die interne Kommunikation hat im Rahmen des Stakeholder-Dialogs mit den internen Anspruchsgruppen eine ganz entscheidende Aufgabe: Sie gestaltet den Informationsfluss und die Beziehungen zwischen Unternehmensleitung, Führungskräften, Belegschaft und den einzelnen Interessensvertretungen gleichermaßen. Damit kommt ihr bei der Moderation und Vermittlung des Veränderungsprozesses, der mit der Umsetzung von CSR und den Diskussionen um Unternehmenswerte und -kultur verbunden ist, eine wichtige Rolle zu.

Transparenz und Glaubwürdigkeit sind wesentlich, um hierbei zu reüssieren. Gerade interne Stakeholder können schnell entlarven, ob es sich bei der Kommunikation von CSR um Lippenbekenntnisse oder Greenwashing handelt oder ob die Äußerungen des Unternehmens authentisch sind und zum Handeln passen. Je größer die Diskrepanz zwischen der Kommunikation und der erlebten Realität, desto stärker ist der Vertrauensverlust, der sich hier bei den Beteiligten einstellen kann (vgl. Janke 2015, S. 30). Der Verlust von Vertrauen hat weitreichende Konsequenzen für Unternehmen und führt zu mangelnder Identifikation, sinkender Motivation, innerer Kündigung und letztendlich zu wirtschaftlichem Schaden (vgl. Janke 2015, S. 30; Gallup Deutschland 2016).

Interne Kommunikation ist somit ein erfolgskritischer Faktor für die Integration des Querschnittsthemas „CSR" in Unternehmensstrategie und -praxis. Als grundlegende Ziele der internen Kommunikation gelten die Information, Motivation, Identifikation und Integration der Belegschaft (vgl. Huck-Sandhu 2016, S. 3 ff.). Mitarbeiter einer Organisation sollen sich nicht nur eingebunden fühlen, sondern auch aktiv an der Zielsetzung und der Erreichung der Ziele mitwirken (vgl. Stehle 2016, S. 61).

Aus dem Blickwinkel des Querschnittsthemas „CSR" ist gerade eine aktive Einbindung interner Anspruchsgruppen unerlässlich – denn CSR tangiert alle Kernbereiche von Unternehmen und basiert, wie eingangs dargelegt, auf einem Stakeholder-Ansatz, der internen ebenso wie externen Interessensgruppen gerecht werden sollte.

Gelingt es, über die interne Kommunikation Mitarbeiter aktiv in die Weiterentwicklung der Unternehmenswerte sowie der Strategie und der Ziele im Sinne von CSR einzubinden, dürften die Verankerung von CSR in der Organisation und die Identifikation der Belegschaft mit dem Unternehmen höher sein.

Folglich stellt eine interne Kommunikation, die über verschiedene Kanäle wie z. B. digitale Medien auf einen offenen Austausch mit Mitarbeitern und Führungskräften setzt, einen hervorragenden Gradmesser für die Akzeptanz von Botschaften und ein Frühwarnsystem im Hinblick auf Vertrauensverlust gleichermaßen dar.

Unsere Intention als Herausgeber dieses Bandes ist es, die Relevanz der internen Kommunikation für eine erfolgreiche Implementierung von CSR in Unternehmen und Organisationen darzustellen. Denn unsere Wahrnehmung, dass im Hinblick auf das Thema CSR bis dato die externe Darstellung überwiegt und die Möglichkeiten der internen Kommunikation oftmals noch nicht erkannt und ausgeschöpft werden, wird von den Autorinnen und Autoren dieses Bands vielfach geäußert. Unser Anliegen ist es, das notwendige Zusammenspiel von interner Kommunikation und CSR aus aktueller wissenschaftlicher und theoretischer Sicht, sowie durch vielfältige Erfahrungsberichte aus der Praxis darzustellen. Die einzelnen Beiträge aus Wissenschaft und Praxis sind nachfolgend kurz umrissen und geben einen kurzen Überblick über das Themenspektrum dieses Bandes.

Die Glaubwürdigkeit und Transparenz in der CSR-Kommunikation ist das Leitthema des Beitrages von *Angelika Sawczyn* und *Caroline Krohn*. Die „Vershareholderisierung" der Nachhaltigkeitskommunikation, insbesondere bei kapitalmarktorientierten Unternehmen, führte nach Meinung der Verfasserinnen in den letzten Jahren zum Aufkommen der Berichterstattung über ausschließlich positive Nachhaltigkeitsmaßnahmen, ohne deren Wertbeiträge zu quantifizieren und damit oftmals ohne die Erfüllung von Kriterien wie „Transparenz" und „Glaubwürdigkeit". Erst seitdem sich die CSR-Kommunikation dem Niveau und der Art der Finanzkommunikation durch die Beachtung der Dimensionen „Ökonomie" (Quantifizierung von Wertbeiträgen durch Kennzahlen), „Risikomanagement" und „Compliance" angeglichen hat, profitieren die Stakeholder von der Aufwertung einer transparenten und glaubwürdigen internen und externen Berichterstattung. Die grundlegende Verankerung der Nachhaltigkeit im Kern des Unternehmens, die Aufstellung und Implementierung eines Wertekodex, eines nachhaltigkeitsorientierten Leitbildes und einer adäquaten Unternehmenskultur wie auch die Verpflichtung der Führungskräfte für das gesellschaftlich verantwortliche Handeln führen zur Umsetzung der Nachhaltigkeitsprinzipien in Unternehmen, die im Rahmen einer Nachhaltigkeitskommunikation den Anspruchsgruppen kommuniziert wird. Sawczyn und Krohn unterscheiden dabei sieben Kriterien, die eine gute interne Nachhaltigkeitskommunikation ausmachen: 1) Grundsätzliches Haltungsbekenntnis eines Unternehmens mitsamt seiner Werte und seinem Selbstbild für gesellschaftlichen Wertbeitrag (Basis); 2) Ableitung sämtlicher Entscheidungen und Handlungen eines Unternehmens aus der postulierten Unternehmenshaltung (Governance); 3) Herausarbeitung sämtlicher Nachhaltigkeitsmaßnahmen für alle Bereiche der Wertschöpfungskette eines Unternehmens (Compliance); 4) Herausarbeitung des Nutzens einer jeden Maßnahme, zugeschnitten auf die Stakeholdergruppen (Kommunikation); 5) Fokussierung auf größtmögliche Transparenz und Verständlichkeit mit dem Ziel, größtmögliche Glaubwürdigkeit gegenüber allen Stakeholdergruppen des Unternehmens zu erlangen (Botschafter); 6) Heranführung der Stakeholder mit dem Ziel der Identifikation mit dem Unternehmen zur soliden Positionierung eines Unternehmens am Markt mittels der Nachhaltigkeitskommunikation (Konsolidierung); 7) Integration der Stakeholder über digitale Kanäle zur Sicherung der schnellen, nahbaren, ehrlichen, fehlertoleranten und vor allem umfassenden Dialogfähigkeit (Dynamik). In ihrem Beitrag betonen Sawczyn und Krohn, dass es im Interesse eines Unternehmens liegt, die Aufmerksamkeit der eigenen Mitarbeiter zu gewinnen und dies vor allem über digitale Kanäle und Maßnahmen. Darum kann heute keine interne Kommunikation und am wenigsten die Nachhaltigkeitskommunikation auf digitale Plattformen verzichten.

Unterschiedliche Dimensionen der internen CSR und deren Wirkung werden im Rahmen eines empirischen Erklärungsmodells von *Linda Mory* dargelegt und analysiert. Das Modell entstand auf Basis von 28 Gesprächen mit Experten aus Wissenschaft und Praxis, aus der umfassenden Analyse des relevanten Schrifttums und aus den Erkenntnissen einer Vielzahl interner und externer Expertenkolloquien (u. a. bei Bayer Business Consulting, der Leibniz Gemeinschaft und an der Jönköping Business School in Schweden). Anschließend wurde eine Vollerhebung mit insgesamt 2081 Rückläufern in einem der größten forschenden Pharmaunternehmen in Deutschland realisiert und insbesondere mit den Verfahren der Strukturgleichungsanalyse untersucht. In ihrem Beitrag weist Mory empirisch nach, dass die interne CSR ein komplexes, vielschichtiges Phänomen ist, welches sich aus den zwei Dimensionen „wahrgenommene Mitarbeiter-CSR" und „wahrgenommene organisationale CSR" zusammensetzt, dessen interdependente Komponenten nur in ihrer Gesamtheit ihr volles Potenzial entfalten können. Die Dimension „wahrgenommene Mitarbeiter-CSR" umfasst nach Mory sieben Faktoren: 1) Arbeitsplatzstabilität (Employment Stability); 2) Arbeitsumfeld (Working Environment); 3) Fähigkeitenförderung (Skills Development); 4) Diversity (Workforce Diversity); 5) Vereinbarkeit Privatleben und Beruf (Work-Life-Balance); 6) materielle Mitarbeiterbeteiligung (Tangible Employee Involvement) und 7) Eigenverantwortlichkeit (Empowerment). Die Dimension der „wahrgenommenen organisationalen CSR" wird durch vier Faktoren gekennzeichnet: 1) Organisationale Transparenz (Transparency); 2) organisationale ethische Grundsätze (Corporate Ethical Culture); 3) organisationale Gerechtigkeit (Justice) und 4) organisationales Engagement (Corporate Mission). Die Verfasserin bestätigt darüber hinaus eine positive Wirkung auf das affektive und normative organisationale Commitment von Mitarbeitern. Mory vertritt in ihrer Arbeit die These, dass die Theorie der sozialen Identität und die Theorie des sozialen Austauschs einen praktikablen Rahmen für die Untersuchung der internen CSR bilden.

Die Institutionalisierung von Unternehmensverantwortung wird im Rahmen des Beitrags von *Riccardo R. Wagner* aus einer neuen theoretischen Perspektive beschrieben und analysiert. Diese entwickelt sich zum einen aus den etablierten organisationspsychologischen Theorieansätzen zur Sinngenerierung und Sinnstiftung in Situationen des organisationalen Wandels und zum anderen aus dem Neo-Institutionalismus, wonach Institutionen als gesellschaftliche Regeln, Routinen und Normen verstanden werden, welche kollektiv Sinn geben und welche von Unternehmen in der Absicht, Legitimität zu erhalten, befolgt werden. In seinem Beitrag stellt Wagner Theorien von Karl E. Weick und Brenda Dervin dar und betont dabei, dass immer Kommunikation im Zentrum der Prozesse von „Sinn herstellen/generieren" (Sensemaking) und „Sinn geben/stiften" (Sensegiving) steht. Damit verantwortet gerade die Kommunikation die Entstehung und Verbreitung eines gemeinsamen Verständnisses (Sinn) bzgl. der Ziele des Unternehmens, der Unternehmenskultur und der Unternehmensstrategie, wodurch das sinnvolle gemeinsame und damit auch gesellschaftlich verantwortliche Arbeiten erst möglich gemacht wird.

Eine Abgrenzung des Corporate-Responsibility(CR)-Begriffs gegenüber dem CSR-Begriff wird im Beitrag von *Bodo Kirf* und *Kai-Nils Eicke* vorgenommen. Dabei zeigen die Verfasser, dass der CR-Terminus als übergeordnete Kategorie der Verantwortung von Unternehmen in gesellschaftspolitischen Interaktionskontexten und Umfeldern eine Erweiterung des Handlungsrahmens darstellt und somit – begrifflich adäquat – die sehr unterschiedlichen Aktivitäten beschreibt, in denen ein Unternehmen verantwortlich handeln kann. Die Bedeutung der strategisch angelegten CR in der internen Unternehmenskommunikation stellen Kirf und Eicke anhand von sieben Argumenten bzw. Handlungsfeldern vor: 1) CR sollte auf Basis einer stringenten CR-Strategie mitsamt ihren Prämissen, Operatoren und Instrumenten konzeptionell fundiert sein; 2) CR sollte mit einem Portfolio von Maßnahmen implementiert werden, die auf die Unternehmensmarke einzahlen und die Corporate Identity abbilden und fördern; 3) CR sollte in erster Linie auf alle relevanten Stakeholder als Adressaten ausgerichtet sein; 4) CR muss auch im Dialog mit den internen Stakeholdern stehen und diskursorientiert umgesetzt werden; 5) CR kann Sinnstiftung und Reputation erzeugen und verfestigen und damit Wertreiber sein; 6) CR braucht Engagement durch aktiv an der Umsetzung beteiligte Mitarbeiter, für Ideen und Initiativen, für die Optimierung und Stabilisierung des CR-Prozesses; 7) CR braucht Storytelling für eine überzeugende Begleit- und Regelkommunikation. Richtig verstanden, kann werthaltige CR als signifikante Aufgabe unternehmerischer Verantwortung ein integrales Kernelement der Unternehmenskultur und ihrer kommunikativen Vermittlung sein. Diese Kriterien werden im Beitrag von Kirf und Eicke am Praxisbeispiel der CR-Aktivitäten von TNT Express Deutschland beispielhaft illustriert und veranschaulicht. Damit wird deutlich, wie der Dialog und die Einbindung der Mitarbeiter in die CR-Programme die Identifizierung und das Commitment mit der CR fördern, und zwar in den drei strategisch und operational miteinander vernetzten CR-Aktivitäten von TNT Express: „Planet me", „Deutsche Tafeln" und „Lernpartnerschaften". Innerhalb des glaubwürdig, authentisch, transparent und verantwortlich handelnden Unternehmens wird eine eigene „Corporate Responsible Community" (CRC) geschaffen – mit einem eigenen kommunikativen Referenzrahmen, Erlebnishorizont und gemeinsam erfahrenen Werten, so die Autoren. Diese spezifische Wertegemeinschaft erlebt die gemeinsame Teilhabe an der CR-Anstrengung im Sinne einer spezifischen „Corporate Responsible Activity" (CRA). Dadurch erhalten die CR-Aktivitäten des Unternehmens insgesamt eine erweiterte Dimension, über eine rein materiell-wertschöpfende hin zu einer immateriell-sinnstiftenden Funktion.

Die unternehmerische Verantwortung bezieht sich nach der Meinung von *Annette Kleinfeld* und *Anke Kettler* vor allem auf die Auswirkungen von Unternehmensentscheidungen. Die Notwendigkeit, Rede und Antwort für diese Auswirkungen zu stehen, macht die Kommunikation für CR so bedeutend. Bevor allerdings nach außen kommuniziert wird, sind im Unternehmen die Voraussetzungen für verantwortliches Entscheiden und Handeln zu schaffen. Ein systematisches Wertemanagement ermöglicht hier einerseits gezielte Veränderung der Unternehmenskultur, wodurch Verhalten informell gesteuert wird, und andererseits das Aufstellen konkreter Regeln, Vorschriften und Richtlinien. Im Fokus der Arbeit von Kleinfeld und Kettler steht die besondere Rolle der internen (CSR-)Kommunikation für die erfolgreiche Umsetzung eines Wertemanagements. Am Beispiel der Fraport AG wird gezeigt, dass ein im Jahre 2003 professionell umgesetztes Wertemanagement zu messbaren Erfolgen führt. Darüber hinaus belegen die Verfasserinnen, dass die interne Kommunikation und Schulung der Belegschaft – trotz zu starker Ausrichtung von Schulungen auf Rechtsthemen und trotz der noch häufig ungenügenden Sensibilisierung und Befähigung der Führungskräfte – in diesem Rahmen von entscheidender Bedeutung sind.

CSR und Nachhaltigkeit stehen in Verbindung mit umfangreichen Veränderungen in Unternehmen, wodurch nach der Meinung von *Bernd Lorenz Walter* ein Change-Management-Prozess ausgelöst wird. Der Anspruch, CSR und Nachhaltigkeit dauerhaft in die DNA des Unternehmens zu integrieren, führt zur Notwendigkeit, den Veränderungsprozess sorgfältig vorzubereiten und zwar auch aus der kommunikativen Sicht. Eine klare, transparente Kommunikation, die sich an den Bedarfen der Mitarbeiter ausrichtet und sie in den Prozess nach Möglichkeit integriert, ist hier erfolgskritisch.

In der Kommunikation von Themen rund um die Übernahme gesellschaftlicher Verantwortung durch Unternehmen ist es notwendig, nicht nur die inhaltliche, sondern auch die sprachliche Ebene zu berücksichtigen. Diese Auffassung vertritt *Annika Schach* in ihrem Beitrag. Bei den verschiedenen Formen des Engagements im Rahmen einer internen CSR-Kommunikation – sei es informative Aufbereitung, argumentative Vermittlung oder narrative Erzählung – spielen klassische Printmedien wie die Mitarbeiterzeitschrift oder Berichte eine ebenso wichtige Rolle wie die digitalen Medien, etwa das Intranet oder Blogs. Mit dem textlinguistischen Analyseinstrumentarium der thematischen Entfaltung differenziert Schach Vertextungsstrategien und zeigt, wie ein wirkungsvoller Text in unterschiedlichen Formaten und Medien der internen Kommunikation zu erstellen ist. Für eine erfolgreiche Vermittlung der Themen im internen Medienmix sind folgende drei Aspekte zu berücksichtigen: 1) die Form des Engagements und der Grad des strategischen Ansatzes sollten Einfluss auf die Medienauswahl und Autorenperspektive haben; 2) eine strategische Planung der Vermittlung von CSR-Themen setzt eine Einbeziehung des Kommunikationsziels, der Zielgruppe und eine entsprechende Auswahl der Medien und Formate voraus; 3) CSR-Themen lassen sich in deskriptiver Form zur reinen Information mit argumentativer Vertextung zur Erhöhung des Imagefaktors und mittels narrativer Geschichten für einen hohen Identifikationsgrad vermitteln. Die Überleitung von den inhaltlichen WAS-Fragen zu den sprachlichen WIE-Fragen, d. h. die sprachwissenschaftliche Beschäftigung mit Texten kann nach Schach einen wertvollen Beitrag in der internen CSR-Kommunikation leisten.

Eine kommunikationspsychologische Sichtweise auf das Thema „Mitarbeitereinbindung" und der damit verbundenen Möglichkeiten für Emotionalisierung von Verantwortungsthemen im Einflussbereich der internen CSR-Kommunikation stellt *Karin Huber* in ihrem Beitrag dar. Sie diskutiert, ob und wie eine Verankerung von Verantwortung und Unternehmenswerten, Sinnstiftung und erhöhte Identifikation mit dem Unternehmen, Mitarbeitergesundheit und -wohlbefinden, Motivationssteigerung sowie langfristige und vertrauensvolle Beziehungen zu den Mitarbeitern durch Emotionalisierung von Kommunikationsinhalten als Basis für erfolgreiche nachhaltige Geschäftsmodelle gelingen kann. Huber vertritt die These, dass gemeinsamer Konsens zu Verantwortungsthemen sowie Freude, Humor und Lachen in der Lage sind, das Zugehörigkeits- und Gemeinschaftsgefühl zu stärken und so den Themenkreis „Verantwortung" durch emotionale Aufladung der Inhalte und die damit einhergehende Möglichkeit der „erlebten Nachhaltigkeit" erlebbar machen können.

Aus narrativer und konstruktivistischer Perspektive wird interne CSR-Kommunikation im Beitrag von *Riccardo R. Wagner* modelliert. Damit versucht der Verfasser, die Unschärfe in der Diskussion um die Kommunikation von Unternehmensverantwortung und Nachhaltigkeit zu korrigieren. Diese Unschärfe und damit auch die Begründung des theoretischen Ansatzes von Wagner entsteht erstens aus der Unklarheit, welches Organisationsverständnis der Nachhaltigkeits- und CSR-Diskussionen zugrunde liegt, zweitens aus der meist dominanten, strategisch-instrumentellen Sicht auf CSR und CSR-Kommunikation, wonach der Kommunikation bestenfalls eine Hilfsfunktion zugewiesen wird, statt sie ins Zentrum der Betrachtung zu stellen, und drittens aus der inflationären Nutzung des Begriffs der (internen) CSR-Kommunikation im Rahmen einer Vielzahl unterschiedlicher kommunikativer Maßnahmen und Handlungen.

Lebendige Vermittlung der Unternehmenswerte im Rahmen der internen Unternehmenskommunikation mittels einer emotionalen Ansprache ist nach der Auffassung von *André Schneider* und *Julia Köhler* durch die Methode des Storytelling möglich. Dabei verdeutlichen die Erzählungen den Mitarbeitern und Führungskräften nicht nur, auf welchen Werten das gesamte Handeln des Unternehmens basiert, sondern zeigen auch anhand konkreter Beispiele, wie diese Werte bei der tagtäglichen Arbeit umgesetzt werden können. Bezüglich der Analyse von vorhandenen Wertestrukturen in Unternehmen eröffnet Storytelling die Chance, nicht nur Altbekanntes, sondern auch bisher Verborgenes zur Unternehmenskultur zu erfahren. Dies setzt jedoch voraus, dass das Unternehmen über eine offene Unternehmenskultur verfügt und bereit ist, sich ehrlich mit der Unternehmensrealität auseinanderzusetzen, d. h. auch unerwünschte Themen aufzudecken und zu bearbeiten. Herausforderungen bzw. Gefahren ergeben sich dabei einerseits durch eine Verfälschung der Geschichte oder andererseits, indem Mitarbeiter durch eine wahrgenommene Manipulation eine kognitive Reaktanz gegenüber dieser Form der Wertevermittlung entwickeln. Schneider und Köhler weisen darauf hin, dass derartige Gefahren des Storytelling gemindert werden können, wenn die Geschichten keine mehrdeutigen und ambivalenten Botschaften enthalten und von den Mitarbeitern als authentisch wahrgenommen werden.

Auf die Herausforderung, für die Theorie der CSR und CSR-Kommunikation eine entsprechende Anwendung in der betrieblichen Praxis zu bekommen, geht *Jan Lies* in seinem Beitrag über Performativität in der CSR-Kommunikation ein. Der aus der Marketingliteratur stammende Begriff der Performativität bedeutet die erfolgreiche Anwendung von Theorien durch das Management. Demnach klärt Lies die Frage auf, ob sich theoretische Aspekte oder ganze PR-Theorien identifizieren lassen, die Eingang in die Praxis von Unternehmen oder anderen gesellschaftlichen Institutionen finden und damit performativ sind. Demnach ist Public Relations dann performativ, wenn es gelingt, auch mit interner CSR-Kommunikation dazu beizutragen, dass Unternehmen „grüne Images" einlösen. Die Forschungsfrage, ob CSR ein Ausweis für eine hohe Performativität von interner PR als verhaltensorientiertes Management ist, wird mit den hohen Zweifeln an der CSR-Praxis und damit der Glaubwürdigkeit anderer Unternehmen für die perfekte und auch effektive Performativität von Lies zumindest weitreichend verneint. Wenn eine hohe Performativität bedeutet, dass Theorie ganz oder in Teilen von der Praxis etabliert wird, gehören dazu – nach der Auffassung von Lies – mindestens drei umgesetzte Anforderungen: 1) Kenntnis der Theorie und der damit verbundenen Anforderungen; 2) weitreichende branchen- oder marktweite Akzeptanz der Umsetzungskriterien; 3) Standards der Umsetzung. Demnach können vorliegende Normen, Kodizes und Richtlinien wie ISO 26000 oder Branchenselbstverpflichtungen derzeit als erste Versuche mit Performativitätsschwäche gewertet werden.

Netzwerkprozesse, die zum Erfolg oder Scheitern interner CSR-Kommunikation führen, können nach der Auffassung von *Jana Kollat* und *Franzisca Weder* mithilfe der sozialen Netzwerkanalyse detailliert beschrieben und in einen größeren Zusammenhang gebracht werden. In ihrem Beitrag gehen die Verfasserinnen u. a. folgende Fragen nach: Welchen Einfluss haben Organisationsstrukturen auf die Genese von interner CSR-Kommunikation, wie lassen sich diese Strukturen aufdecken, welche Rollen haben einzelne Akteure innerhalb einer Organisation und welche Bedeutung tragen sie im Kommunikationsprozess? Das Ziel ist eine vorurteilslose Beschreibung bzw. Erhebung und Analyse reeller Kommunikationsabläufe zwischen den Akteuren eines Netzwerks. Hieraus leiten Kollat und Weder Erkenntnisse ab, wie interne CSR-Kommunikation zu einem Erfolg innerhalb der Organisation werden kann. Demnach liefert die netzwerkanalytische Betrachtung einen Beitrag im Forschungsfeld, der über bisherige Ansätze hinausgeht und neue Anknüpfungspunkte, auch im Rahmen weiterführender Studien, bietet.

Das sich ständig ändernde und in fast jeder Hinsicht risikoreiche und unübersichtlich gewordene betriebliche Umfeld wird mit den Merkmalen „(Markt)Schwankungen", „Unsicherheit", „Komplexität" und „Vieldeutigkeit" („volatility", „uncertainty", „complexity", „ambiguity", kurz VUCA) beschrieben. Eine als Steuerungsinstrument angelegte Compliance-Strategie kann nach der Auffassung von *Ulrike Buchholz* dabei die CSR-

Strategie unterstützen. Die Kommunikation solcherart gelebter sozialer Verantwortung nach innen sensibilisiert die Mitarbeiter für die nötige Mitarbeit bei der entsprechenden Weiterentwicklung der Unternehmensstrategie. So lohnt es sich nach Buchholz im agilen Management, konsequent auf Kooperationen entlang der Wertschöpfungskette zu setzen. Eine nachhaltige Unternehmensführung mit gelebter sozialer Verantwortung und ethischen Standards für die Ausübung der Geschäfte findet schneller geeignete Kooperationen und kann auch die eigenen Mitarbeiter besser für gemeinsames Handeln (untereinander und mit externen Partnern) gewinnen. Compliance-Regeln, ebenfalls ausgerichtet auf die Anforderungen des agilen Managements wie z. B. schnelle Richtungswechsel, Selbstorganisation und hohe Eigenverantwortung der Mitarbeiter sorgen dabei für die nötige Orientierung und Ausrichtung. Die Herausforderungen der VUCA-Welt und die gewünschten Arbeitsweisen bei den Mitarbeitern lassen sich bei CSR-Themen verankern. Sie entsprechen deren eigenen Erwartungen an soziale Verantwortung, erreichen damit ihre Aufmerksamkeit, sensibilisieren für anstehende Anforderungen, und machen Mitarbeiter fit für die Weiterentwicklung der Unternehmensstrategie.

Lebendige unternehmensinterne Communities zu verschiedenen Aspekten und Aufgaben des CSR können nach der Untersuchung von *Thorsten Riemke-Gurzki* durch die enge Einbeziehung der Mitarbeiter mittels Social Intranet entstehen. Demnach stehen die Unternehmen vor der Aufgabe, eine neue Unternehmenskultur zu entwickeln, die den Mitarbeitern mehr Verantwortung zugesteht als in den üblichen Zielvereinbarungen bislang praktiziert wird. Eine solche Kultur stellt nicht nur das wirtschaftliche Überleben eines Unternehmens in turbulenten Märkten sicher, sondern auch das nachhaltige und verantwortungsvolle Handeln. Nach der These von Riemke-Gurzki bringen Start-ups eine solche Kultur in vielen Fällen bereits mit, wobei größere Unternehmen bis hin zu Konzernen eine Kultur, die interne und externe Agilität ermöglicht, in überwiegenden Fällen noch entwickeln müssen.

Den Paradigmenwechsel in der internen (CSR-)Kommunikation beleuchtet *Annemarie Schallhart* aus der Perspektive der soziokratischen Methode. Diese Methode stellt ein Organisationsmodell dar, welches einen strukturellen Rahmen für Kommunikation und Entscheidungsfindung etabliert, der eine ganzheitliche Entwicklung der Kommunikationskultur und damit einhergehend der gesamten Organisation unterstützt. Die Integration von scheinbaren Gegensätzen wie Effizienz und Effektivität, Freiheit und Sicherheit, Agilität und klarer Struktur sowie Individualität und Verbundenheit wirkt sich förderlich auf Kommunikations- und Unternehmenskultur aus. Die Kooperation ersetzt interne Konkurrenz und führt durch Mitentscheiden zur Entstehung der Mitverantwortung, sodass alle Mitarbeiter motiviert sind, ihr volles Potenzial für das Unternehmen und damit auch die Gesellschaft einzubringen. Gelebte soziokratische Kommunikations- und Entscheidungsmechanismen unterstützen Unternehmen bei ihrem Wandel hin zu einer evolutionären Organisation. Schallhart vertritt die Meinung, dass gelebte Soziokratie Unternehmen dabei hilft, eine Umgebung zu schaffen, welche individuelle und kollektive Potenzialentfaltung ermöglicht und damit den Weg frei hin zu einem kreativen, generativen und gesellschaftlich verantwortlichen Unternehmen eröffnet.

Zentrale Begriffe wie „Transparenz" und „Glaubwürdigkeit" sind nach einer Interviewstudie von *Christoph Kochhan*, *Katrin Allmendinger* und *Hannah Korn*, in welcher fünf Großunternehmen detailliert analysiert wurden, wesentliche Faktoren der internen CSR-Kommunikation. Demnach folgt CSR-Kommunikation den formalen Regeln der Unternehmenskommunikation. Zentral im Kontext von CSR-Aktivitäten erscheint den Verfassern die Einschätzung der Expertise des eigenen Unternehmens im Aktionsfeld, um keine Fehler zu machen beziehungsweise Risiken einzugehen. Nur in diesem Fall kann eine positive Kommunikation gewährleistet und damit die gewünschte Resonanz als verantwortungsbewusstes Unternehmen bei den Stakeholdern aufgebaut werden. Alle Unternehmensvertreter erwähnten dabei die gängigen Kommunikationsmittel der externen (Nachhaltigkeitsbericht, Pressemitteilung, Internetauftritt, Social Media etc.) sowie internen Kommunikation (Mitarbeiterzeitschrift, Intranet etc.).

Werte wie „Vertrauen" und „Transparenz", demokratische Entscheidungen, informelle Organisationsstrukturen, Mut, dem Wachstumsdiktat zu widerstehen, daraus resultierende Agilität und Fähigkeit zur schnellen Reaktion und Innovation sind nach der umfangreichen Interviewstudie von *Stéphanie Looser* einige der Schlüsselmerkmale von Schweizer Klein- und mittelgroßen Unternehmen (KMU) im Kontext von CSR. Looser stellte fest, dass KMU in der Kommunikation von CSR sehr dezent sind. Nach ihrer Meinung, sollten aber sie zukünftig noch mehr ihre Verantwortung artikulieren und als gutes Beispiel vorausgehen. So ist es den Schweizer KMU im Sinne einer Verbreitung ihrer glaubwürdig gelebten gesellschaftlichen Verantwortung nahe zu legen, Gutes zu tun und durchaus ab und an darüber zu sprechen.

Ob bei der unternehmensinternen Verankerung der Nachhaltigkeit standardisiert oder differenziert vorgegangen wird, klären *Benedikt Gratzl* und *Franziska Gumpfer* in ihrem Beitrag anhand von fünf Praxisbeispielen international tätiger Schweizer Unternehmen. Sie stellen fest, dass sich beide Strategien in der Praxis bewähren und dass eine überzeugende Umsetzung der Strategie, welche u. a. auch von der Qualität der internen Kommunikation abhängt, für den unternehmerischen Erfolg entscheidend ist.

Der Einsatz von Social Software in der internen CSR-Kommunikation ist aktuell sowohl in der betrieblichen Praxis als auch in der Forschung noch ein recht junges Feld. *Zoe Rost* und *Raphaela Catherine Wille* gehen in ihrem Beitrag davon aus, dass Unternehmen die Bedeutung von Wissensmanagement und interner Kollaboration für erfolgreiche CSR-Maßnahmen in Zukunft noch stärker verinnerlichen müssen und dass die Belegschaft deshalb schon frühzeitig hiermit vertraut gemacht werden soll. Da der Einsatz von Social Software für viele Mitarbeiter noch Neuland ist und diese sich mit der neuen Kommunikationsart zunächst vertraut machen müssen, sollten für den Anfang keine zu hohen Erwartungen geschürt werden. Ein Thema wie CSR kann – so Rost und Wille – die Motivation, sich mit dieser neuen Technologie vertraut zu machen, erhöhen, da es die Werte der Mitarbeiter anspricht. Durch einen fokussierten Aufbau kann eine Social-Software-CSR-Community trotz eines nicht zu unterschätzenden Arbeits- und Zeitaufwands einen großen Zugewinn für die interne Kommunikation darstellen und gleichzeitig Mehrwert für das Nachhaltigkeitsmanagement, das Wissensmanagement und das Change Management liefern. Insbesondere der direkte, ungefilterte Dialog mit und unter den Mitarbeitern ist ein nicht zu unterschätzender Motivator, der die Unternehmenskultur nachhaltig verändern kann. Unternehmen können CSR-Communities in vielfältiger Weise nutzen und auch mehrere themenspezifische CSR-Communities parallel betreiben.

Bei der Mitarbeiterbindung im Rahmen der CSR-Politik unterscheiden *Andreas Deckmann, Franziska Freudenberger, Silke Bustamante, Andrea Pelzeter* und *Rudi Ehlscheidt* vier wesentliche Einflussfaktoren: CSR-Erwartungen, CSR-Performanz, CSR-Kommunikation und CSR-Wahrnehmung. Sowohl die Fallstudien als auch die umfassende Unternehmensbefragung zeigen, dass CSR-Aktivitäten, die die Mitarbeiter betreffen, den CSR-Bereich mit der am stärksten ausgeprägten Aktivität und tatsächlicher Performanz in den Unternehmen darstellen. Damit definieren Deckmann et al. CSR weitaus umfassender als die bekannte Definition der DIN-Norm ISO 26000, wonach CSR „die Verantwortung einer Organisation für die Auswirkungen ihrer Entscheidungen und Aktivitäten auf die Gesellschaft und die Umwelt" (DIN ISO 26000:2011-01, S. 17) ist. Es liegt demzufolge ganz individuell im Ermessen, aber eben auch in der Verantwortung der einzelnen Unternehmen, durch interne CSR-Kommunikation ein gemeinsames Verständnis darüber zu schaffen, was CSR grundlegend bedeutet, wie CSR im Unternehmen gelebt wird und wodurch CSR in der Zukunft geprägt sein sollte.

Ungeachtet von teilweise negativen Attributen wie „window dressing" oder „green washing" hat sich die Nachhaltigkeits- und CSR-Kommunikation in den vergangenen Jahren nach der Auffassung von *Bernhard Schwager* am Beispiel der Bosch-Gruppe sehr positiv entwickelt und ist zu einer Quelle an Unternehmensinformationen geworden, die den Rezipienten – intern wie extern – tiefe Einblicke in Projekte, Aktivitäten und Kennzahlen ermöglicht. Das gestiegene Interesse der unterschiedlichen Stakeholdergruppen treibt das Thema durch die starke Nachfrage weiter voran. Den Unternehmen wird immer deutlicher, in welchem Maße ihr Image durch eine transparente und offene Nachhaltigkeitskommunikation verbessert und die Reputation gesteigert werden können. Bosch ist in der Kommunikation sehr breit aufgestellt und bedient sich einer Vielzahl unterschiedlicher Medien, um interne und externe Stakeholder in allen Bereichen und Gesellschaftsschichten zu erreichen. Das Abhängigkeitsverhältnis zwischen dem Unternehmen und seinen Mitarbeitern verändert sich. Um Bosch-Mitarbeiter zu binden und neue Mitarbeiter zu rekrutieren, schafft das Unternehmen ein „passendes" zielgruppenausgerichtetes Arbeitsumfeld und zielgruppenspezifische Kommunikation. Diese trägt dazu bei, hohe Reputation für das Unternehmen und den Stolz bei der Belegschaft über das Unternehmen, für das man arbeitet, zu generieren.

Um Corporate Social Responsibility zielgerichtet und wirksam umsetzen zu können, hat das Unternehmen Sodexo, welches mit über 420.000 Mitarbeitern in 80 Ländern zu den größten Arbeitgebern weltweit zählt, seine Nachhaltigkeitsstrategie im „Better Tomorrow Plan" zentral verankert. *Jeannine Haberich* und *Franziska Zimmermann* zeigen in ihrem Beitrag auf, wie die zugehörige CSR-Kommunikation und Verantwortung von der Geschäftsleitung bis zu jedem einzelnen Standort in die Organisation eingebettet ist. Bei der internen Kommunikation von CSR-Themen setzt Sodexo auf die Sensibilisierung durch Maßnahmen, welche die einzelnen Mitarbeiter zu einer aktiven Teilnahme motivieren. Durch positive Einbindung in die Projekte und CSR-Kommunikation werden die Mitarbeiter zu überzeugten Botschaftern nach innen und außen. Dabei gehen Haberich und Zimmermann auf vier Faktoren ein, welche eine wirksame interne Kommunikation und Umsetzung von CSR-Maßnahmen in einem internationalen Konzern begünstigen: 1) Orientierung; 2) Organisation; 3) Kontinuität und 4) Motivation.

Eine gelungene integrative Unternehmensführung basiert u. a. auf einer durchdachten internen Kommunikation, welche das Unternehmen auf allen Phasen seiner Entwicklung begleitet. *Sophie von Brühl* zeigt anhand des Fallbeispiels der MICE Portal GmbH auf, dass die interne Kommunikation zum einen die Angestellten mit den Unternehmenswerten verbindet und zum anderen das essenzielle Medium für eine aktive Beteiligung am Arbeitsplatz ist. Durch ihre Wichtigkeit in Bezug auf die eben genannten Voraussetzungen für einen reibungslosen Arbeitsalltag schafft die interne Kommunikation darüber hinaus eine Grundlage für eine motivierende Arbeitsatmosphäre.

Interne CSR-Kommunikation kann – nach der Meinung von *Frederik Lippert* – ein zentraler Schrittmacher für die Implementierung einer Nachhaltigkeitsstrategie im Unternehmen sein. Bei der Vaillant Group hat diese Kommunikation den Anspruch, die eigenen Mitarbeiter für das Familienunternehmen und seine nachhaltige Ausrichtung zu begeistern. Dieses Ziel wird – wie die Arbeit von Lippert zeigt – durch zwei wesentliche, miteinander fest verbundene Elemente erreicht. Zunächst bedarf es eines soliden Nachhaltigkeitsmanagements, welches verbindliche Ziele und konkrete Maßnahmen formuliert. Danach gilt authentische, begeisternde Kommunikation in Form von Storytelling. Die Vaillant Group verfolgt dabei eine dreistufige interne CSR-Kommunikationsstrategie, die alle Kanäle und Formate nach dem Grad der Einbindung der Mitarbeiter bewertet. Anhand zahlreicher Beispiele, allen voran der gruppenweiten Partnerschaft des Familienunternehmens mit der Kinderhilfsorganisation „SOS-Kinderdörfer weltweit", zeigt Lippert die Effektivität dieses Ansatzes, welcher aus Mitarbeitern echte Mitstreiter für eine grüne Transformation des Unternehmens macht.

Verantwortungsvolles und nachhaltiges Wirtschaften wird für Unternehmen immer bedeutender, denn staatliche Institutionen, Kunden und weitere gesellschaftliche Gruppen prüfen heutzutage kritischer denn je nahezu jedes unternehmerische Handeln und verlangen vor diesem Hintergrund nach Transparenz. Dabei hängt die „license to operate" wesentlich davon ab, wie Verantwortung und Nachhaltigkeit gemanagt, verstanden und im unternehmerischen Alltag gelebt werden. Unabdingbar ist es hierbei, die eigenen Mitarbeiter zu diesen Themen zu informieren, zu sensibilisieren und schließlich zum Handeln zu motivieren. *Peter F. Tropschuh*, *Martina Biendl* und *Lukas Petersik* stellen in ihrem Beitrag dar, dass für die Audi AG die Herausforderungen als weltweit agierendes Industrieunternehmen darin bestehen, CR-Inhalte konsistent und zielgruppenspezifisch über geeignete interne Kommunikationskanäle zu verbreiten. Ziel ist es, möglichst viele Mitarbeiter mit relevanten Informationen zu versorgen, den Austausch zu entsprechenden Themen im Unternehmen anzuregen und das aktive Engagement im Bereich der unternehmerischen Verantwortungsübernahme zu fördern. Audi hat sich in diesem Zusammenhang für einen konsequenten crossmedialen Weg in der internen CR-Kommunikation entschieden. Der etablierte Medienmix aus Print-, Online- und persönlicher Kommunikation sowie der Einsatz von Social Media hat sich hierbei in den letzten Jahren bewährt und soll weiter ausgebaut werden.

Ein zielführendes und auf solche gängigen Standards wie GRI G4 ausgerichtetes Nachhaltigkeitsreporting ist nach dem Beitrag von *Michael Sahm* und *Mathias Pianowski* selbst für kleine Unternehmen von Vorteil. Es kann interne Prozesse verbessern und das Kerngeschäft durch Differenzierung stärken. Die Forest Carbon Group hat den Prozess darauf fokussiert, die Mitarbeiter und Netzwerkpartner zusammenzubringen, gemeinsam über Nachhaltigkeit und das Geschäft zu arbeiten. Damit leistete ein Nachhaltigkeitsbericht in einem Unternehmen mit nur sechs Mitarbeitern einen wesentlichen Beitrag für die Verbesserung der internen Kommunikation und für die Weiterentwicklung der Unternehmensstrategie.

Unternehmensleitbilder gelten – so *Stefanie Braune* in ihrem Beitrag – als unternehmenskommunikative Textsorte, welche Wandlungsprozesse unterstützen und neben den externen Stakeholdern eines Unternehmens insbesondere auch den Mitarbeitern Orientierung geben und Sinn stiften sollen. Braune untersucht, inwieweit Unternehmensleitbilder unternehmerische Verantwortung als Wandlungsprozess transportieren und mit welchen Kommunikationsstrategien bei derartigen Wandlungsprozessen hin zu einem auf Nachhaltigkeit ausgerichteten Unternehmen gearbeitet wird. Mit ihrem diachronen Untersuchungsdesign erforscht sie die Unternehmensleitbilder von Fresenius Medical Care von 2000 bis 2014 und stellte fest, dass sich die Leitbilder ab dem Jahr 2007 nicht mehr verändert haben und keine neuen Elemente der Nachhaltigkeitsstrategie oder des Verantwortungshandelns des Unternehmens (so wie es ab 2009 verstärkt im Geschäftsbericht oder aktuell auf der Internetseite kommuniziert wird) aufgenommen haben.

Wir bedanken uns an dieser Stelle ganz herzlich bei allen Autorinnen und Autoren für ihre Bereitschaft und ihr Engagement, an diesem Band mitzuwirken. Wir hoffen, dass die hier aufgezeigten, vielfältigen Ansätze des engen Zusammenspiels zwischen interner Kommunikation und CSR Impulse für die weitere Forschung und die Praxis setzen.

Unser Dank gilt im Besonderen auch dem Herausgeber der CSR-Management-Reihe, Prof. Dr. René Schmidpeter, dem Deutschen Netzwerk Wirtschaftsethik (DNWE) und der Deutschen Public Relations Gesellschaft (DPRG) sowie Michael Bursik vom Springer Verlag, die die Herausgabe dieses Bandes ermöglicht haben.

Prof. Dr. Dr. Alexander Moutchnik
(Hochschule RheinMain, Wiesbaden)

Nicole Susann Roschker
(Leitung Arbeitskreis CSR-Kommunikation von DPRG & DNWE)

Riccardo Wagner
(Leitung Arbeitskreis CSR-Kommunikation von DPRG & DNWE)

Literatur

DIN ISO 26000. Leitfaden zur gesellschaftlichen Verantwortung (ISO 26000:2010), Beuth Verlag, Berlin.

Europäische Kommission (2014) Directive 2014/95 EU of the European Parliament and of the Council of 22 October 2014 amending Directive 2013/34/EU as regards disclosure of non-financial and diversity information by certain large untertakings and groups. http://eur-lex.europa.eu/legal-content/EN/TXT/?uri=CELEX:32014L0095. Zugegriffen: 30.05.2016

Europäische Kommission (2011) Mitteilung der Kommission an das Europäische Parlament, den Rat, den Europäischen Wirtschafts- und Sozialausschuss und Ausschuss der Regionen. Eine neue EU-Strategie (2011–14) für die soziale Verantwortung der Unternehmen (CSR). http://eur-lex.europa.eu/legal-content/DE/TXT/PDF/?uri=CELEX: 52011DC0681&from=DE. Zugegriffen: 30.05.2016

Gallup Deutschland (Hrsg) (2016) Engagement Index 2015. Berlin. http://www.gallup.de/ 183104/engagement-index-deutschland.aspx. Zugegriffen: 22.04.2016

Heinrich P (Hrsg) (2013) CSR und Kommunikation. Unternehmerische Verantwortung überzeugend vermitteln. Berlin, Heidelberg

Heinrich P, Schmidpeter R (2013) Wirkungsvolle CSR-Kommunikation – Grundlagen. In: Heinrich P (Hrsg) CSR und Kommunikation. Unternehmerische Verantwortung überzeugend vermitteln. Berlin, Heidelberg, S 1–25

Huck-Sandhu S (Hrsg) (2016) Interne Kommunikation im Wandel. Theoretische Konzepte und empirische Befunde. Wiesbaden

Janke K (2015) Kommunikation von Unternehmenswerten. Modell, Konzept, Praxisbeispiel Bayer AG. Wiesbaden

Schneider A, Schmidpeter R (Hrsg) (2015) Corporate Social Responsibility. Verantwortungsvolle Unternehmensführung in Theorie und Praxis. Berlin, Heidelberg

Schneider A (2015) Reifegradmodell CSR – eine Begriffsklärung und -abgrenzung. In: Schneider A, Schmidpeter R (Hrsg) Corporate Social Responsibility. Verantwortungsvolle Unternehmensführung in Theorie und Praxis. Berlin, Heidelberg, S 21–42

Stehle H (2016) Von Anweisung bis Orientierung – die wandelbare Rolle interner Kommunikation aus Sicht der funktionalen PR-Forschung und ein Systematisierungsvorschlag. In: Huck-Sandhu S (Hrsg) Interne Kommunikation im Wandel. Theoretische Konzepte und empirische Befunde. Wiesbaden, S 53–70

Die Herausgeber

Riccardo Wagner M.A. ist Inhaber der Agentur BetterRelations, zertifizierter Unternehmens- und PR-Berater, Herausgeber und Autor der Publikation CSR & Social Media, Leitung des Arbeitskreis CSR-Kommunikation (DPRG/DNWE), Orga-Leiter des Deutschen CSR-Kommunikationskongresses und Lehrbeauftragter an der Fachhochschule des Mittelstandes und der Macromedia Hochschule für Medien und Kommunikation.

Nicole Susann Roschker, MBA ist Programmdirektorin bei Common Purpose Deutschland und hat als Expertin für Unternehmenskommunikation und CSR in den letzten Jahren u. a. den Bereich Corporate Responsibility bei der PwC AG Wirtschaftsprüfungsgesellschaft mit aufgebaut und verantwortet. Sie ist Springer-Autorin und leitet den Arbeitskreis CSR-Kommunikation (DPRG/DNWE).

Prof. Dr. Dr. Alexander Mouchtnik ist Professor für Medienwirtschaft und Medienökonomie an der Hochschule RheinMain in Wiesbaden und Mitglied des Herausgeberrates der Springer-Fachzeitschrift „UmweltWirtschaftsForum".

Inhaltsverzeichnis

Glaubwürdigkeit und Transparenz in der CSR-Kommunikation 1
Angelika Sawczyn-Müller und Caroline Krohn

**Dimensionen der internen CSR und dessen Wirkung:
Ein empirisches Erklärungsmodell** 21
Linda Mory

Sensemaking und Sensegiving in der internen CSR-Kommunikation 39
Riccardo Wagner

Integrierte CR-Kommunikation und interne Stakeholder-Orientierung 67
Bodo Kirf und Kai-Nils Eicke

Wertemanagement und interne (CSR-) Kommunikation 87
Annette Kleinfeld und Anke Kettler

Change Management und CSR-Kommunikation 103
Bernd Lorenz Walter

Inhalte, Medien und Formate der internen CSR-Kommunikation 115
Annika Schach

Emotionalisierung in der Internen CSR-Kommunikation 127
Karin Huber-Heim

**Modellierung interner CSR-Kommunikation aus narrativer
und konstruktivistischer Perspektive** 141
Riccardo Wagner

Wertevermittlung durch Storytelling in der CSR-Kommunikation 155
André Schneider und Julia Köhler

Performativität in der CSR-Kommunikation 169
Jan Lies

Netzwerkanalyse und CSR-Kommunikation 183
Jana Kollat und Franzisca Weder

Interne CSR-Kommunikation im VUCA-Umfeld 193
Ulrike Buchholz

**Mitarbeiterpartizipation durch Social Intranet im Rahmen
der CSR-Kommunikation** 203
Thorsten Riemke-Gurzki

Soziokratie und der Paradigmenwechsel in der Internen Kommunikation 213
Annemarie Schallhart

Planung und Umsetzung von CSR-Kommunikation: Eine Interviewstudie ... 225
Christoph Kochhan, Katrin Allmendinger und Hannah Korn

**Schweizer KMU und interne CSR-Kommunikation:
Ergebnisse einer Interviewstudie** 243
Stéphanie Looser

**Interne CSR-Kommunikation: Fünf Praxisbeispiele international tätiger
Schweizer Unternehmen** 261
Benedikt Gratzl und Franziska Gumpfer

**Einsatz von Social Software in der Internen CSR-Kommunikation:
Ein Praxisleitfaden** 277
Zoe Rost und Raphaela Catherine Wille

Dienstleistungssektor: Mitarbeiterbindung und CSR-Kommunikation 293
Andreas Deckmann, Franziska Freudenberger, Silke Bustamante, Andrea Pelzeter
und Rudi Ehlscheidt

**Bosch-Gruppe: Organisation und Ausrichtung
der Internen CSR-Kommunikation** 307
Bernhard Schwager

**Sodexo Group: Organisation und Ausrichtung
der Internen CSR-Kommunikation** 323
Jeannine Haberich und Franziska Hamma

**MICE Portal GmbH: Organisation und Ausrichtung
der Internen CSR-Kommunikation** 339
Sophie von Brühl

**Vaillant Group: Organisation und Ausrichtung
der Internen CSR-Kommunikation** 351
Frederik Lippert

AUDI AG: Crossmedialität der internen CR-Kommunikation 359
Peter F. Tropschuh, Martina Biendl und Lukas Petersik

**Forest Carbon Group: Nachhaltigkeitsberichterstattung
und Interne Kommunikation bei kleinen Unternehmen** 371
Michael Sahm und Mathias Pianowski

**Healthcare-Branche: Unternehmensleitbilder
in der Internen CSR-Kommunikation** 381
Stefanie Braune

AutorInnenverzeichnis

Katrin Allmendinger Fakultät Bauingenieurwesen, Bauphysik und Wirtschaft, Hochschule für Technik Stuttgart, Stuttgart, Deutschland

Martina Biendl AUDI AG, Ingolstadt, Deutschland

Stefanie Braune Jena, Deutschland

Ulrike Buchholz Fakultät III – Medien, Information und Design, Hochschule Hannover, Hannover, Deutschland

Silke Bustamante Hochschule für Wirtschaft und Recht Berlin, Berlin, Deutschland

Andreas Deckmann Beuth Hochschule für Technik Berlin, Berlin, Deutschland

Rudi Ehlscheidt Hochschule für Wirtschaft und Recht Berlin, Berlin, Deutschland

Kai-Nils Eicke DJM Communication GmbH, Düsseldorf, Deutschland

Franziska Freudenberger Beuth Hochschule für Technik Berlin, Berlin, Deutschland

Benedikt Gratzl TAKTKOMM AG, Zürich, Schweiz

Franziska Gumpfer TAKTKOMM AG, Zürich, Schweiz

Jeannine Haberich Brand & Communications, Sodexo Services GmbH, Rüsselsheim, Deutschland

Franziska Hamma Sodexo Services GmbH, Rüsselsheim, Deutschland

Karin Huber-Heim Wien, Österreich

Anke Kettler Dr. Kleinfeld CEC GmbH & Co. KG, Gifhorn, Deutschland

Bodo Kirf DJM Communication GmbH, Düsseldorf, Deutschland

Annette Kleinfeld HTWG Konstanz, Konstanz, Deutschland

Christoph Kochhan Design Informatik Medien, Hochschule RheinMain, Wiesbaden, Deutschland

Julia Köhler Fakultät Wirtschaftsingenieurwesen, Hochschule Mittweida, Mittweida, Deutschland

Jana Kollat Leuphana Universität Lüneburg, Lüneburg, Deutschland

Hannah Korn Fakultät für Psychologie, Universität Wien, Wien, Österreich

Caroline Krohn NetFederation GmbH, Frankfurt am Main, Deutschland

Jan Lies Hamm, Deutschland

Frederik Lippert Vaillant GmbH, Remscheid, Deutschland

Stéphanie Looser Abteilungsleiterin Bevölkerung und Soziales, Oberrieden, Schweiz

Linda Mory Speyer, Deutschland

Andrea Pelzeter Hochschule für Wirtschaft und Recht Berlin, Berlin, Deutschland

Lukas Petersik AUDI AG, Ingolstadt, Deutschland

Mathias Pianowski BCC Business Communications Consulting GmbH, Frankfurt am Main, Deutschland

Thorsten Riemke-Gurzki Fakultät Information und Kommunikation, Hochschule der Medien, Stuttgart, Deutschland

Zoe Rost Zoe Rost Sustainability Services, Starnberg, Deutschland

Michael Sahm Forest Carbon Group GmbH, Frankfurt am Main, Deutschland

Angelika Sawczyn-Müller Fachbereich Wirtschaft, Hochschule Fulda, Fulda, Deutschland

Annika Schach Hochschule Hannover, Hannover, Deutschland

Annemarie Schallhart Wien, Österreich

André Schneider Fakultät Wirtschaftsingenieurwesen, Hochschule Mittweida, Mittweida, Deutschland

Bernhard Schwager Zentralabteilung Unternehmenskommunikation, Markenmanagement und Nachhaltigkeit, Robert Bosch GmbH, Stuttgart, Deutschland

Peter F. Tropschuh AUDI AG, Ingolstadt, Deutschland

Riccardo Wagner BetterRelations, AK CSR Kommunikation DPRG & DNWE, Brühl, Deutschland

Bernd Lorenz Walter Berlin, Deutschland

Franzisca Weder Alpen-Adria-Universität Klagenfurt, Klagenfurt am Wörthersee, Österreich

Raphaela Catherine Wille Robert Bosch GmbH, Stuttgart, Deutschland

Sophie von Brühl MICE Portal GmbH, Attenkirchen, Deutschland

Glaubwürdigkeit und Transparenz in der CSR-Kommunikation

Angelika Sawczyn-Müller und Caroline Krohn

1 Relevanz der unternehmensinternen Nachhaltigkeitskommunikation

Die seit kurzem rechtlich bindende Berichterstattung über die Nachhaltigkeitsleistung von Unternehmen gilt insbesondere bei kapitalmarktorientierten Unternehmen oft als „Vershareholderisierung" der Nachhaltigkeitskommunikation: Unternehmen glaubten den Anspruchsgruppen, die in den letzten Jahrzehnten Druck auf die Unternehmen ausgeübt haben, sich nachhaltig und verantwortlich zu verhalten, mit ihrer Nachhaltigkeitsberichterstattung Rechenschaftspflicht über ihre Nachhaltigkeitsmaßnahmen abzulegen. Doch oftmals stellten diese Berichte nur die positiven Nachhaltigkeitsmaßnahmen dar, ohne deren Wertbeiträge zu quantifizieren. Somit wurden die Kriterien „Transparenz" und „Glaubwürdigkeit" oftmals nicht erfüllt. Erst seit sich die Kommunikation dem Niveau und der Art der Finanzkommunikation angeglichen hat, also utilitaristische Elemente wie Ökonomie (Quantifizierung von Wertbeiträgen, Berichterstattung mit Kennzahlen), Risikomanagement und Compliance in den Vordergrund stellt, profitieren die ursprünglich bedachten Stakeholder von der Aufwertung der Berichterstattung. Kurzum: Erst seitdem das Thema bei der Anspruchsgruppe der Kapitalgeber prominent platziert werden konnte, profitieren die ursprünglichen Adressaten von Nachhaltigkeitsberichten von der gesteigerten Transparenz und Glaubwürdigkeit.

A. Sawczyn-Müller (✉)
Fachbereich Wirtschaft, Hochschule Fulda
Leipziger Strasse 123, 36037 Fulda, Deutschland
E-Mail: angelika.sawczyn-mueller@w.hs-fulda.de

C. Krohn
NetFederation GmbH
Westhafenplatz 8, 60327 Frankfurt am Main, Deutschland
E-Mail: caroline.krohn@net-federation.de

© Springer-Verlag GmbH Deutschland 2017
R. Wagner et al. (Hrsg.), *CSR und Interne Kommunikation*,
Management-Reihe Corporate Social Responsibility, DOI 10.1007/978-3-662-52871-6_1

Während für externe Anspruchsgruppen die unternehmensexterne Nachhaltigkeitsberichterstattung insbesondere bei kapitalmarktorientierten Unternehmen umfangreiche Informationen zu den Nachhaltigkeitsmaßnahmen der Unternehmen bereitstellt, kann häufig beobachtet werden, dass die unternehmensinterne Nachhaltigkeitskommunikation noch immer unzureichend gelebt wird. Für ein aktives Engagement und eine gelebte Verantwortung der Mitarbeiter im Unternehmen ist eine strukturierte und organisierte unternehmensinterne Nachhaltigkeitskommunikation jedoch Grundvoraussetzung. Die Wichtigkeit der unternehmensinternen Nachhaltigkeitskommunikation ist stark verbunden mit den verfolgten Zielen und dem gestifteten Nutzen.

2 Ziele und Nutzen der unternehmensinternen Nachhaltigkeitskommunikation

Die unternehmensinterne Nachhaltigkeitskommunikation umfasst allgemein zunächst nur die Kommunikation von Nachhaltigkeitsthemen und -maßnahmen im Unternehmen. Damit das Thema „Nachhaltigkeit" im Unternehmen transparent und glaubwürdig kommuniziert werden kann, müssen die Mitarbeiter erkennen, dass dieses Thema auch systematisch und strategisch im Unternehmen angegangen wird. Daher liegt dem Beitrag auch das Grundverständnis zugrunde, dass eine systematische und strategische Sichtweise auf das Thema „Nachhaltigkeit" – anders als bei einem Handeln nach dem Gießkannenprinzip – eine Nachhaltigkeitsstrategie erfordert. Diese ist eine elementare Grundlage für eine glaubwürdige und transparente unternehmensinterne Nachhaltigkeitskommunikation und ist gleichzeitig eng verknüpft mit ihren Zielen.

2.1 Identifikation und Mobilisierung der Mitarbeiter

Um Mitarbeiter von den unternehmerischen Nachhaltigkeitsmaßnahmen zu überzeugen, sollten Unternehmen im Kern nachhaltig aufgestellt sein, nicht bloß in Broschüren und Imagefilmen. Begleitend hierzu sollte ein Wertekodex oder ein nachhaltigkeitsorientiertes Leitbild im gesamten Unternehmen strategisch verankert sein und zu der Unternehmenskultur passen. Ein weiteres wichtiges Element für die Glaubwürdigkeit ist vor allem, dass die Werte auch von den Führungskräften gelebt werden. Mitarbeiter (aber auch Bewerber) merken sehr schnell, wenn Nachhaltigkeit nur als „Greenwashing" im Unternehmen betrachtet wird.

Sind die Werte/Leitbilder in die Unternehmenstätigkeit integriert, müssen diese zusammen mit der Nachhaltigkeitsstrategie auch adäquat an die Mitarbeiter kommuniziert werden. Vorteilhaft hierbei ist, wenn die Werte/Leitbilder gemeinsam mit den Mitarbeitern erarbeitet werden oder zumindest die Mitarbeiter im Rahmen eines Feedbackprozesses an der Entwicklung beteiligt werden. Dieses fördert die Akzeptanz und Motivation der Mitarbeiter im Gegensatz zu einem reinen „Top-down"-Ansatz.

Zumeist werden Werte/Leitbilder allgemein beschrieben, sodass beispielhafte Erläuterungen anhand von Alltagssituationen eine große Rolle für ein tatsächliches „Leben" der Werte/Leitbilder durch die Mitarbeiter spielt. Im Rahmen der internen Nachhaltigkeitskommunikation sollten daher „Massenmedien" wie Mitarbeiterzeitschriften, Rundschreiben o. ä. als Kommunikationsinstrument für die rasche Informationsweitergabe an alle Mitarbeiter genutzt werden, um sie über die geplante Neuausrichtung zu informieren. Wichtig hierbei ist, dass die Informationsweitergabe mittels „Massenmedien" durch persönliche Workshops zur Erläuterung der Neuausrichtung an Alltagssituationen und durch eine intern eingerichtete Anlaufstelle als Informationspool ergänzt wird.

Eine erfolgreiche Interne Kommunikation der Nachhaltigkeitsstrategie und der begleitenden Werte/Leitbilder hat zur Folge, dass die Identifikation der Mitarbeiter mit dem Thema „Nachhaltigkeit" gefördert wird und Verbindlichkeit in der gesamten Organisation geschaffen wird. Diese Verbindlichkeit beeinflusst auch die Mobilisierung der Mitarbeiter, sich für das Thema „Nachhaltigkeit" zu engagieren und somit die Maßnahmen, die mit der Nachhaltigkeitsstrategie strikt verbunden sind, umzusetzen und folglich die Nachhaltigkeitsstrategie mit „Leben" zu füllen. Studien weisen nach, dass Mitarbeiter, die sich mit dem Unternehmen und seinen Werten besser identifizieren können, sich auch stärker für das Unternehmen engagieren und loyaler sind. Loyalität und gesteigertes Mitarbeiterengagement wiederum beeinflussen die Produktivität der Arbeitnehmer positiv (vgl. Bhattacharya et al. 2008).

Unternehmen nutzen neben den dargestellten Möglichkeiten auch Events als Kommunikationsmedium für das Thema „Nachhaltigkeit". Hierzu kann auch beispielsweise das Corporate Volunteering gezählt werden, bei dem in Form von Projekttagen Teams von Mitarbeitern gesellschaftliche Aufgaben übernehmen. Neben dem gesellschaftlichen Engagement stiftet Corporate Volunteering vielfältigen Nutzen für das Unternehmen, zum einen durch den Aufbau von sozialen Kompetenzen, die auch während der Arbeit im Unternehmen gebraucht werden. Hierbei werden insbesondere die Team-, Kommunikations- und Kooperationsfähigkeit der Mitarbeiter gestärkt. Ferner kann die Mitarbeiterzufriedenheit sowie die Identifikation mit dem Unternehmen erhöht und die Mitarbeiterfluktuation gesenkt werden. Zum anderen kann sich das Unternehmen durch Corporate-Volunteering-Maßnahmen auf dem Arbeitgebermarkt differenzieren, wodurch neue Zugänge zu Nachwuchskräften und Auszubildenden aufgebaut werden (vgl. Pinter 2006, S. 28–46; Bartsch 2008, S. 324 f.; Schöffmann 2008, S. 259 f.; Booth et al. 2009, S. 245).

Zahlreiche Unternehmen wie z. B. RWE AG („RWE Companius"), Deutsche Telekom AG („engagement@telekom") und Henkel KGaA („MIT-Initiative"), haben die Vorteile, die Corporate-Volunteering-Maßnahmen mit sich bringen, erkannt und fördern dieses Engagement z. B. durch Unterstützung oder Freistellung der Mitarbeiter.

2.2 Stärkung der Leistungsbereitschaft der Mitarbeiter

Die Nachhaltigkeitsstrategie adäquat zu kommunizieren und zu operationalisieren hat nur einen Zweck, wenn die damit verbundenen Ziele für jeden einzelnen Mitarbeiter greifbar sind. Von Wertbeitrags- und Benchmarkingzielen fühlen sich in erster Linie die Geschäftsverantwortlichen angesprochen. Jeder Mitarbeiter muss aber eine Verbindung zwischen den ausgeübten Tätigkeiten und dem Einfluss seiner Tätigkeit auf die Ziele bzw. seinem Beitrag zur Umsetzung der Nachhaltigkeitsstrategie herstellen können. Folglich hat die Interne Kommunikation der bislang erzielten Zielsetzungen und das Erkennen des eigenen Beitrags zur Zielerreichung eine wichtige Motivationsfunktion und stärkt die Bindung zum Unternehmen (vgl. Society for Human Resource Management 2015, S. 9). Eine hohe organisationale Verbundenheit wirkt sich positiv auf die Leistungsbereitschaft der Mitarbeiter aus. In Studien konnte nachgewiesen werden, dass eine positive Leistungsbereitschaft a) zu Produktivitätssteigerung führt und b) zur Kostenreduzierung beitragen kann (Cohen 1991, 1993).

Eine positive Leistungsbereitschaft ist eng verknüpft mit motivierten und engagierten Mitarbeitern, die im Durchschnitt eine bessere Arbeitsmoral aufweisen. Sie sind oftmals Leistungsträger des Unternehmens und erzielen bessere Arbeitsergebnisse als weniger motivierte Mitarbeiter. Insbesondere treiben sie die Innovationsfähigkeit des Unternehmens wie auch die Steigerung der Arbeitsproduktivität mit ihrem höheren Engagement voran.

Gleichzeitig ist für Mitarbeiter mit einer hohen Leistungsbereitschaft charakteristisch, dass sie weniger Absentismus (krankheitsbedingte Abwesenheit) und weniger Präsentismus (Anwesenheit am Arbeitsplatz trotz Krankheit, privater oder beruflicher Probleme, die zu einer eingeschränkten Arbeitsfähigkeit führen) aufweisen (vgl. Gallup 2015). Insbesondere der schwer messbare und oft nicht bekannte Präsentismus führt zu enormen Produktivitätsverlusten im Unternehmen (vgl. Böcken et al. 2010, Böcken et al. 2013). Eine weitere wesentliche Eigenschaft ist die Loyalität der Mitarbeiter, die sich in einer geringeren Fluktuationsrate widerspiegelt, da die Mitarbeiter eine stärkere Bindung zum Unternehmen haben (vgl. Gallup 2015). Für das Unternehmen bedeutet dies, dass Kostenersparnisse durch den geminderten Absentismus und Präsentismus sowie durch die Vermeidung von Such-, Einarbeitungs- und Ausbildungskosten und von Produktivitätsverlusten bei Neueinstellungen erzielt werden können.

Die SAP AG hat in ihrem integrierten Bericht für das Geschäftsjahr 2014 eine Fallstudie zu den finanziellen Auswirkungen eines gesundheitsfördernden Arbeitsumfelds dargestellt. Basierend auf einer Ursache-Wirkungs-Kette für den betrieblichen Gesundheitskulturindex (misst die kulturellen Rahmenbedingungen, die es dem Mitarbeiter ermöglichen, gesund und im Gleichgewicht zu bleiben) wird erstmals dargelegt, wie die finanziellen Auswirkungen dieser nicht finanziellen Kennzahl ermittelt werden. Im Rahmen der Fallstudie wurde untersucht, wie sich eine Abweichung von einem Prozentpunkt der Messgröße auf das Betriebsergebnis der SAP auswirken würde. Für die Messgröße

des betrieblichen Gesundheitsindexes ergibt sich ein Bruttoeffekt von 65 bis 75 Mio. €
bei einer Veränderung von einem Prozentpunkt (vgl. SAP AG 2015).

2.3 Mitarbeiter als positive Imageträger

Der Wandel von der Industriegesellschaft zur dienstleistungs- und wissensorientierten Gesellschaft bewirkt eine Änderung der Determinanten für den Unternehmenserfolg. So gewinnen immaterielle Erfolgsfaktoren wie beispielsweise Humankapital der Mitarbeiter, Kundenstamm, Zuliefererbeziehungen oder Innovationsfähigkeit des Unternehmens neben dem Finanzkapital immer mehr an Bedeutung. Für Unternehmen ergeben sich daraus neue Herausforderungen, die sich vor allem in der Verbindung von ökonomischen Anforderungen mit ökologischer und sozialer/gesellschaftlicher Verantwortung zeigen.

Damit die gesellschaftliche Verantwortung und die ökonomischen Ziele eines Unternehmens erfolgreich umgesetzt werden, reicht es nicht aus, ökologische und soziale/gesellschaftliche Maßnahmen an den Kernkompetenzen des Unternehmens auszurichten. Vielmehr müssen die Mitarbeiter motiviert, die Organisationsstruktur und Informationsversorgung angepasst, ein transparentes Berichtswesen aufgestellt sowie geeignete Anreizsysteme implementiert werden. Unternehmen erhoffen sich durch ein glaubwürdiges und gelebtes Nachhaltigkeitsverständnis positive Effekte auf ihre Geschäftstätigkeit und insbesondere eine Steigerung der Unternehmensreputation (vgl. Sawczyn 2011, S. 111–115). Eine Vielzahl von empirischen Befunden weist nach, dass durch Reputationseffekte u. a.

- die Kundenloyalität positiv beeinflusst wird (vgl. Aqueveque 2005, S. 77–79; Luo und Bhattacharya 2006, S. 10 ff.; Lev et al. 2010, S. 193 ff.),
- die Beschaffungspolitik sowohl von öffentlichen wie auch privaten Institutionen zugunsten von nachhaltigkeitsorientierten Unternehmen ausgerichtet wird (vgl. Kunzlik 2003, S. 193–220; Ambec und Lanoie 2008, S. 47),
- die Leistungsbereitschaft der Mitarbeiter erhöht wird (vgl. Pinter 2006) und
- die Arbeitgeberattraktivität verbessert wird (vgl. Institut der deutschen Wirtschaft Köln 2014, S. 4).

Da im Rahmen der unternehmensinternen Nachhaltigkeitskommunikation vorrangig die Mitarbeiter als primäre Stakeholder angesprochen werden, sind sie auch diejenigen, die maßgeblich zur Verbesserung der Unternehmensreputation durch eine glaubwürdige und gelebte Nachhaltigkeitsstrategie beitragen können. Ohne das Engagement der Mitarbeiter ist ökologisch und sozial ausgerichtetes Handeln als Unternehmen schlichtweg unmöglich. Wichtig ist deshalb, dass nachhaltigkeitsorientierte Maßnahmen nicht isoliert ergriffen werden, sondern ein Element einer langfristig orientierten Unternehmensstrategie sind. Nur dann können Investitionen und Maßnahmen im Bereich Nachhaltigkeit zur

Steigerung der Unternehmensreputation und Arbeitgeberattraktivität beitragen und den Unternehmen auch einen nachweisbaren ökonomischen Vorteil verschaffen.

Dieser ökonomische Vorteil basiert hauptsächlich auf zwei Ebenen. Zum einen belegen Studien (vgl. Peterson 2004), dass das Verhalten der Mitarbeiter signifikant von der wahrgenommenen Unternehmensreputation abhängt. Mitarbeiter, die in Unternehmen mit einer guten Unternehmensreputation in Hinblick auf die soziale Säule der Nachhaltigkeit tätig sind, weisen eine höhere Zufriedenheit mit ihrem Job auf, die wiederum das Mitarbeiterengagement signifikant positiv beeinflusst (vgl. Society for Human Resource Management 2015, S. 29).

Geht man einen Schritt weiter und fokussiert nicht nur auf die derzeit im Unternehmen tätigen Mitarbeiter, sondern auch auf potenzielle Bewerber bzw. zukünftige Mitarbeiter, so zeigt sich, dass auch das HR-Management den Ansatz eines nachhaltigen Personalmanagements, verstanden als sozial verantwortliche und wirtschaftlich zweckmäßige Gewinnung, Entwicklung und Bindung von Mitarbeitern, genügen sollte. Ziel sollte es sein, in Zeiten des „War of Talents" die besten Köpfe für sich zu gewinnen und Leistungsträger langfristig an das Unternehmen binden zu können.

3 Erfolgsfaktoren einer transparenten und glaubwürdigen Nachhaltigkeitskommunikation

Der Nutzen einer transparenten und glaubwürdigen Kommunikation der Nachhaltigkeitsstrategie ist vielfältig. Um beispielsweise die Unternehmensreputation zu steigern, die Arbeitgeberattraktivität zu verbessern oder auch das Mitarbeiterengagement und die Produktivität zu erhöhen sind Glaubwürdigkeit und Transparenz die zentralen Erfolgskriterien im Rahmen der internen Nachhaltigkeitskommunikation. Eine erfolgreiche Nachhaltigkeitskommunikation lässt sich am besten messen an einer erfolgreichen Implementierung von Nachhaltigkeit im Unternehmen. Hierfür sind folgende Erfolgsfaktoren von entscheidender Bedeutung:

- ein klar formuliertes Zielbild – nachvollziehbar und im Einklang mit den Kernkompetenzen des Unternehmens,
- verbindliche Umsetzung des Zielbildes durch klar formulierte Erwartungen gegenüber Themenverantwortlichen und Verbundenheit zum Thema durch die Führungsebene,
- Operationalisierung der Nachhaltigkeitsstrategie und Erfolgskontrolle der Effektivität im Rahmen der Umsetzung,
- Ableitung einer transparenten und glaubwürdigen Kommunikationsstrategie in Hinblick auf die Kommunikation der Inhalte der Nachhaltigkeitsstrategie, der einzuleitenden Maßnahmen und Verantwortlichkeiten wie auch der erreichten Ziele.

3.1 Klar formuliertes Zielbild

Ein klar formuliertes Zielbild bedeutet, dass es nachvollziehbar und im Einklang mit den Kernkompetenzen des Unternehmens sein muss. Der Mehrwert eines klar definierten Zielbildes spiegelt sich in einem tieferen Verständnis der Anforderungen an das Unternehmen und der damit verbundenen Handlungsfelder wider. Unternehmen können diese Informationen für eine Materialitätsanalyse nutzen, welche wesentliche Chancen und Risiken von Nachhaltigkeitsthemen für ein Unternehmen und seine Stakeholder transparent adressiert. Die angemessene Erfassung der Bedeutung von Themen und eine darauf aufbauende Priorisierung, dienen als Basis für die Umsetzung eines integrierten Managementansatzes. Dieser bietet eine Vielzahl von Synergie- und Effizienzsteigerungspotenzialen (vgl. Sawczyn et al. 2014, S. 146).

Um ein klar formuliertes Zielbild zu entwickeln, sind mehrere Schritte notwendig:

a. **Identifizierung von Anspruchsgruppen und Analyse der Erwartungen**
Im Rahmen der Identifizierung wird auf die primären und die wesentlichen sekundären Anspruchsgruppen fokussiert, die durch die Geschäftstätigkeit des Unternehmens in ihren Entscheidungen und Handlungen hinsichtlich ökologischer, sozialer/gesellschaftlicher und governancebezogener Aspekte (Environment Social Governance; ESG) eingeschränkt werden. Weiterhin erfolgt eine Analyse der Stärke dieser ESG-Auswirkungen auf die Anspruchsgruppen sowie eine Aufnahme der Erwartungen und Anforderungen von den Anspruchsgruppen an die Geschäftstätigkeit des Unternehmens zur Minimierung oder gar Vermeidung der Auswirkungen. Basierend auf diesen Informationen erhält das Unternehmen ein tieferes Verständnis über die am stärksten betroffenen Anspruchsgruppen und ihren Anforderungen/Erwartungen an das Unternehmen im Bereich der Nachhaltigkeit.

b. **Identifizierung und Priorisierung der wesentlichen Nachhaltigkeitsthemen**
Die Ergebnisse unter a) berücksichtigend, kann eine vollständige Erfassung von allen für das Unternehmen relevanten Nachhaltigkeitsthemen erfolgen. Hierbei wird insbesondere auf Themen fokussiert, die mit strategischen, operativen, reputativen und stakeholderspezifischen Risiko-, Effizienz- und Wachstumspotenzialen in Verbindung stehen. Die Priorisierung der erfassten Themen hat sich einerseits an der direkten geschäftlichen Relevanz der Themen für das Unternehmen zu orientieren, andererseits an der Bedeutung der Themen aus Sicht der internen und externen Anspruchsgruppen. Die Einschätzung der Bedeutung für Stakeholder resultiert aus Faktoren wie zum Beispiel dem Grad der „Betroffenheit", dem Einfluss des Themas auf die Entscheidungen von Stakeholdern oder faktische ökologische/soziale Belastungen. In einem weiteren Schritt ist die Definition von Schwellenwerten/-kriterien notwendig, um die wesentlichen Nachhaltigkeitsthemen zu identifizieren, welche gleichzeitig die Kernhandlungsfelder darstellen. Im Rahmen eines guten und erfolgreichen Nachhaltigkeitsmanagements sind diese sichtbar aktiv zu steuern. Das bedeutet, dass Kenngrößen zu definieren sind, Erfolgskontrollen durchgeführt, Entwicklungen aktiv gesteuert und

Ergebnisse kommuniziert werden. Das Unternehmen erhält ergänzend zu der Übersicht der wesentlichen Anspruchsgruppen und ihren Anforderungen (siehe a), eine Übersicht über wesentliche Chancen und Risiken von Nachhaltigkeitsthemen für das Unternehmen und die Unternehmenstätigkeit selbst.

c. **Definition von Maßnahmen zur Schließung der Lücke zwischen Zielbild und Ist-Zustand**
Unter Berücksichtigung der Anforderungen und Erwartungen der externen und internen Anspruchsgruppen an die Geschäftstätigkeit und den identifizierten Handlungsfeldern ist ein Zielbild abzuleiten, welches mit den Kernkompetenzen des Unternehmens im Einklang steht. Da das abgeleitete (geplante) Zielbild in der Regel vom Ist-Zustand abweicht, sind Maßnahmen zur Verbesserung des Ist-Zustands hin zur Erreichung des Zielbildes zu definieren.

3.2 Bekenntnis der Führungsebene und klare Festlegung der Verantwortlichkeiten

Einen wesentlichen Erfolgsfaktor für eine glaubwürdige Nachhaltigkeitskommunikation und gelebte Nachhaltigkeitsstrategie stellt das klare Bekenntnis der Führungsebene zu der umzusetzenden Nachhaltigkeitsstrategie dar. Dies hat im Wesentlichen mit der Vorbildfunktion zu tun und wirkt sich entsprechend auch positiv auf die Motivation der Mitarbeiter aus. Um diese Vorbild- und Motivationsfunktion ausfüllen zu können, ist es notwendig, dass eine Festlegung klarer Verantwortlichkeiten der Führungsebenen in Zusammenhang mit Nachhaltigkeit erfolgt, um auch langfristig Verbundenheit zu zeigen. Im Rahmen der internen Nachhaltigkeitskommunikation ist die Veröffentlichung des Bekenntnisses der Führungsebene zur Verankerung von Nachhaltigkeit in der Organisation an alle Mitarbeiter im Unternehmen förderlich. Ein klares Bekenntnis der Führungsebene zur Umsetzung von Nachhaltigkeit in der Organisation fördert die Identifizierung der Mitarbeiter mit dem Thema und schafft Verbindlichkeit in der gesamten Organisation.

Um aber auch die Strategie operationalisieren zu können, sind zunächst Managementstrukturen für die Umsetzung des Themas „Nachhaltigkeit" auf den verschiedenen Ebenen des Unternehmens zu etablieren. Denn eine klare Zuordnung von Verantwortlichkeiten auf den verschiedenen Ebenen sowie die verbindliche Signalwirkung der Führungsebene sind im Rahmen der Umsetzung für eine erfolgreiche Interne Kommunikation der Nachhaltigkeitsstrategie Grundvoraussetzung.

Dies erfordert ganz konkret folgende Maßnahmen im Bereich der Organisationsstruktur:

- Festlegung der Aufgaben, welche z. B. ein Nachhaltigkeitsbeauftragter im Rahmen seiner Koordinationsfunktion zu erfüllen hat,
- Analyse hinsichtlich einer erforderlichen Modifikation bestehender Gremien im Unternehmen, um die verschiedenen Nachhaltigkeitsthemen zuverlässig steuern zu können,

- Klärung, ob neu einzurichtende Gremien wie beispielsweise ein externer Beirat erforderlich sind und welche Ausgestaltung diese Gremien im Bedarfsfall haben sollten,
- Ausgestaltung der Managementstrukturen für Nachhaltigkeit auf den verschiedenen Ebenen des Unternehmens (Vorstandsebene, mittleres Management, Abteilungsebene, Werksebene, Produktionsstandorte etc.),
- Klärung, wie Nachhaltigkeit auf der Führungsebene verankert sein sollte.

Ergänzend zu der Ausgestaltung der internen Strukturen und Zuteilung der Verantwortlichkeiten sollte überlegt werden, ob die Einrichtung eines Gremiums mit dem Ziel einer kontinuierlichen Einbeziehung von internen und externen Anspruchsgruppen bei z. B. wesentlichen Projekten oder Unternehmensentscheidungen sinnvoll wäre. Somit könnten die vertretbaren Erwartungen und Interessen von externen Anspruchsgruppen bei Entscheidungen, welche die Anspruchsgruppen betreffen, frühzeitig in Betracht gezogen werden. Eine systematische Einbindung von Anspruchsgruppen schafft Vertrauen und Glaubwürdigkeit und reduziert gleichzeitig Risiken, welche von Anspruchsgruppen aus Nicht-Berücksichtigung ihrer Anforderungen resultieren können (vgl. Sawczyn und Prengel 2016, S. 536).

Ein Beispiel hierfür stellt die RWE AG mit ihrem im Jahr 2014 etablierten Stakeholder-Council dar.

> Dieses konzernübergreifende Gremium berät den Vorstand in Nachhaltigkeitsfragen und besteht aus acht unabhängigen Experten, die Sichtweisen der Wissenschaft und der Zivilgesellschaft vertreten. Sie stammen aus Deutschland, Großbritannien, den Niederlanden und Polen und bringen damit verschiedene regionale Perspektiven in die Diskussion ein. [...] Das Stakeholder Council wird künftig zweimal jährlich tagen und die aktuellen Herausforderungen für das Unternehmen diskutieren (RWE AG 2015, S. 28).

3.3 Operationalisierung der Nachhaltigkeitsstrategie und Erfolgskontrolle

Die Operationalisierung der Nachhaltigkeitsstrategie hat eine hohe Bedeutung für die Erfolgskontrolle der Nachhaltigkeitsstrategie und die Motivationswirkung der Mitarbeiter. Die adäquate Definition von Messgrößen für die Zielerreichung und Maßnahmenwirkung bildet die Basis für eine Erfolgskontrolle und ermöglicht somit eine glaubwürdige und nachvollziehbare Kommunikation des Nachhaltigkeitsfortschritts. Hierbei ist zu berücksichtigen, dass die entwickelten und festgelegten Messgrößen für die Zielmessung und Maßnahmensteuerung geeignet sein müssen und die Kriterien Klarheit, Nachvollziehbarkeit und Transparenz erfüllen sollten.

Weiterhin werden die Zielmessgrößen in der Regel um geeignete Messgrößen zur Wirkung von eingeleiteten Maßnahmen ergänzt. Die Messung der Wirkung von Maßnahmen ist elementar für die Reduzierung der Differenz zwischen Zielbild und Ist-Zustand. Denn nur wenn die Mitarbeiter wahrnehmen, dass ihre Handlungen auch positive Auswirkungen auf die Zielerreichung haben, können sie auch kontinuierlich motiviert werden. Die Motivation kann noch stärker begünstigt werden, wenn im Rahmen der Operationalisierung der Nachhaltigkeitsstrategie Ziele auf verschiedenen Ebenen wie z. B. in Abteilungen, an Standorten, zu Funktionen oder in Teams des Unternehmens definiert werden. So kann eine Verbindung zwischen den Auswirkungen des eigenen Handelns und dem Zielerreichungsgrad leichter vom Mitarbeiter wahrgenommen werden.

Nachdem die Nachhaltigkeitsstrategie adäquat operationalisiert wurde und der Beitrag der Mitarbeiter zur Zielerreichung und Strategieumsetzung identifiziert, analysiert und an die Mitarbeiter kommuniziert wurde, ist es notwendig, dass bei Abweichungen zwischen geplanter Zielerreichung und Ist-Zielerreichung, Anpassungen der Maßnahmen vorgenommen werden. Denn eine zeitnahe Anpassung von Maßnahmen und Zielen an geänderte Prämissen ermöglicht zum einen eine aktive Steuerung der Nachhaltigkeitsmaßnahmen und zum anderen eine aussagekräftige Erfolgskontrolle. Unter Berücksichtigung der Eigenschaften „Transparenz" und „Glaubwürdigkeit" spielt die Operationalisierung und Erfolgskontrolle von Nachhaltigkeit eine wesentliche Rolle für die interne Nachhaltigkeitskommunikation (vgl. Sawczyn und Prengel 2016, S. 537 f.).

3.4 Ableitung und Umsetzung der internen CSR-Kommunikationsstrategie

Die Interne Kommunikation ist der wichtigste Träger der Governance eines Unternehmens. Aus ihr keimt die Glaubwürdigkeit der Unternehmensführung und ihr konsequentes Bekenntnis zu einer stringent gelebten Unternehmenskultur. Die Interne Kommunikation bestand viele Jahrzehnte darin, den Mitarbeitern in regelmäßigen Abständen eine Mitarbeiterzeitschrift zukommen zu lassen, in denen Führungsthemen illustriert und in mundgerechten Häppchen verarbeitet wurden, damit die Mitarbeiter auch den freundlichen Hinweis verstanden, sich den Initiativen der Unternehmensspitze zu fügen. Das Medium der Mitarbeiterzeitschrift wurde seit der Jahrtausendwende zunehmend ergänzt oder ersetzt durch digitale Medien, in denen ähnliche Inhalte wie im Printmedium beispielsweise als Bewegtbild dargestellt wurden.

Die Herleitung des Nachhaltigkeitsmanagements für die internen Stakeholder – die unterschiedlichen Mitarbeitergruppen – bietet nun eine Chance, Kommunikation als reziproken Prozess zu verstehen und nicht nur als Gelegenheit, Führungsthemen zu senden. Die Anstrengung, Haltungsbekenntnisse und Nachhaltigkeitsmaßnahmen gerade denjenigen verständlich zu machen, die im erfolgreichen Fall individuell als Wertebotschafter und Glaubwürdigkeitsleumund fungieren sollten, will gut durchdacht sein. Sie setzt eine Grundüberwindung voraus: Die Unternehmensführung muss lernen, loszulassen und Kontrolle abzugeben. Glaubwürdigkeit in der Kommunikation erzielt man schlechterdings nicht in Zeiten, in denen Einvernehmen besteht. Vielmehr steht das Selbstbekenntnis der Unternehmensleitung gerade dann auf dem Prüfstand, wenn es um den Umgang mit

Kritik und Konflikt geht. Die Ordnungspolitik einer jeden Organisation braucht einen Interessensausgleich, der sich mehr denn je in einer fairen Handhabung der Pluralität eines Unternehmens entfaltet.

Es zeigt sich, dass die Unternehmenskultur im besten Fall Mitarbeiter hervorbringt, die die tragende Säule des Reputationsmanagements bilden, indem sie intern und extern Zeugnis über die Glaubwürdigkeit der Unternehmenshaltung und der Unternehmenswerte ablegen. Ein Mitarbeiter, der sich mit dem Unternehmen identifiziert, wird auch in seiner Freizeit das Logo auf einem Hoodie tragen, mit Freuden an medienwirksamen Community-Events teilnehmen und auf jeder privaten Party Rede und Antwort stehen. Ein Mitarbeiter, den die Unternehmensführung nicht überzeugt, möchte im Regelfall nicht mit dem Unternehmen in Verbindung gebracht werden. Wer dann noch im Unternehmen bleibt, tut demselben gewiss keinen Gefallen.

Wer sich nun intensiv mit Interner Kommunikation befasst, wird feststellen, dass diese Dynamik zwar durch digitale Kommunikation und die damit zusammenhängende neue Kommunikationskultur verstärkt wird, sie aber auch schon ohne den Aspekt der Nachhaltigkeit gilt. Warum spielt die Nachhaltigkeitskommunikation nun gerade in der internen eine so große Rolle, wie eingangs postuliert?

Die Nachhaltigkeitskommunikation ist primär keine Kommunikation ökologischer oder sozialer Errungenschaften eines Unternehmens. Nachhaltigkeitskommunikation ist die Kommunikation über die Weltanschauung eines Unternehmens. Nachhaltigkeitskommunikation umfasst vor allem anderen die Existenzberechtigung eines Unternehmens, sein Selbstbild hinsichtlich seines individuellen gesellschaftlichen Wertbeitrags, seine grundlegende Haltung, aus der sich die einzelnen Handlungen und Entscheidungen konsequent ableiten lassen – und letztendlich die Summe seiner Werte. Keine Maßnahme im Nachhaltigkeitsmanagement ist von Bedeutung, wenn sie diesem manifestierten und vorgelebten Selbstverständnis zugrunde liegt. Im Gegenteil: jede Maßnahme, die sich nicht durch die Unternehmenswerte erklären lässt, erzielt den gegenteiligen Effekt: Das Misstrauen steigt, „Greenwashing" wird anheimgestellt.

Nachhaltigkeitskommunikation ist eine Kommunikation, die erklärt. Die Kompetenz der Darstellung logischer Herleitungen ist essenziell – sei es für den Bericht, sei es für die lebendige Kommunikation. Nur wer ableiten kann, kann sich auch kritischen Fragen stellen. Und darum sind kritische Fragen hier ausdrücklich erwünscht. Werden diese nicht gestellt, so muss das Unternehmen um seine Relevanz fürchten. Ein Unternehmen, das in der Kommunikation nur im Grundsätzlichen bleibt, predigt und indoktriniert – das schreckt auch mehr ab als etwas anderes. Die Nachhaltigkeitskommunikation ist eine, die durch eine wirkliche Dialogabsicht an Glaubwürdigkeit und an Bedeutung gewinnt und darum ist sie gleichsam eine große Chance für eine besonders erfolgreiche Unternehmenskommunikation – gleichsam aber auch ein erhebliches Risiko. Wenn ein Unternehmen mit Nachfragen wortkarg, patzig, unlogisch oder schlicht spät reagiert, so fällt es im Ansehen seiner Stakeholder und muss sich die Glaubwürdigkeit erst lange wieder mühsam erarbeiten. Gerade, weil Nachhaltigkeitserwägungen so grundsätzlich sein müssen, ist dies immer ein Drahtseilakt.

Eine mögliche Lösung für dieses qualitative Problem ist aber wiederum die Heranziehung der Kommunikationskultur, die aus den digitalen Möglichkeiten erwächst. Digitale Kultur bedeutet, dass Hochglanzbroschüren, geglättete Statements und sterile Sätze gegenüber dem Nahbaren, dem Provisorischen, dem Vergänglichen und dem Menschlichen verlieren. Die digitale Welt hat eine hohe Fehlertoleranz, weil sie das Menschliche in den Vordergrund stellt und dort, wo es „menschelt" eben knirscht. Eine misslungene Kommunikation kann daher schnell Entrüstung erzeugen und diese kann große und sehr unangenehme Wellen schlagen – gerade dort, wo über Werte und Moral debattiert wird. Doch zum einen finden sich in dieser heterogenen Welt immer auch so viele Befürworter wie Ablehner. Befürworter haben als Außenstehende ohnehin mehr Glaubwürdigkeit als ein Unternehmen, das eine Botschaft auszusenden versucht. Doch die Haltung eines Unternehmens ist hier entscheidend, ob Glaubwürdigkeit erzeugt werden kann: Entscheidet sich das Unternehmen dafür, zu seinem Statement zu stehen, so kann es in einer Entrüstungswelle viele Unterstützer verlieren. Doch wer Haltung zeigt, der bekommt andererseits die richtigen – und dann noch verbindlicheren und dauerhafteren Unterstützer auf die Seite, die der Haltung des Unternehmens entspricht. Entscheidet sich ein Unternehmen, zurück zu rudern und sich zu entschuldigen, so kann dies auch zu einem Vertrauenszuwachs führen, weil der sensible Umgang mit eigenen Fehlern insbesondere digitalaffinen Menschen viel Respekt abringt.

Diese Phänomene finden genauso in der Internen Kommunikation statt. Die Unternehmensführung steht für die Führungsinteressen nach innen, wie sie für die Unternehmensinteressen nach außen steht. Die Netzcommunity, die für die digitale Ausdrucksform besonders zugänglich ist (und inzwischen die Medien der konventionellen Kommunikation entscheidend beeinflusst), ist intern die Mitarbeiterschaft, die sich der digitalen Kommunikationskanäle bedient. Hierbei ist festzustellen: Auch wenn die digitale Plattform, auf der die offizielle Interne Kommunikation stattfindet, eine unternehmenseigene Lösung sein kann, so kann heute nicht mehr davon ausgegangen werden, dass eine Kommunikation je intern bleibt. Digitale Möglichkeiten schaffen Transparenz in jeder nur denkbaren Hinsicht. Anonymität ist schwer durchsetzbar, auch wenn Betriebsräte mit Recht immer wieder auf Datenschutz verweisen. Die Verweildauer von Nutzern auf bestimmten Inhalten digitaler Plattformen ist genau messbar – man kann leicht ermitteln, wer wie lange auf einem digitalen Beitrag ausgeharrt hat, wodurch er zu diesem Beitrag gelangt ist und ob er wiederkommt. Gleichzeitig aber können Nutzer jederzeit digitale Beiträge auf unterschiedliche Weise kopieren und extern veröffentlichen. Umso mehr ist es wichtiger denn je, Interne Kommunikation möglichst positiv, möglichst stringent und möglichst attraktiv zu gestalten und dann nicht nur die Kontrolle abzugeben, was mit dieser Kommunikation passiert, sondern auch den Mitarbeiter zu ermutigen, Inhalte zu teilen, indem die Teilbarkeit von Inhalten bereits vorprogrammiert ist. Dies kommt einem Statement gleich „wir sind uns unserer Sache sicher – wir haben nichts zu verbergen. Und wenn jemand anderer Meinung ist, stellen wir uns der Diskussion!"

Glaubwürdigkeit ist die Währung erfolgreicher Kommunikation – auch und besonders im internen Bereich. Der Erfolg der Internen Kommunikation entsteht, wenn sie eine hohe

Anzahl von Befürwortern, Fürsprechern und Repräsentanten der Unternehmenswerte und der Unternehmenskultur generiert. Glaubwürdig ist man immer mehr, wenn über einen gesprochen wird, als wenn man selbst über sich spricht. Nachhaltigkeitskommunikation eignet sich am besten für die positiv besetzte Kommunikation über ein Unternehmen. Die aus den digitalen Möglichkeiten abgeleitete Außendarstellung bzw. -wahrnehmung generiert eine besondere Erwartungshaltung an ein Unternehmen, seine Haltung, seine Handlungen, seinen Umgang mit den Mitarbeitern und seinen Umgang mit Inhalten. Dies darf gerade hinsichtlich der Nachhaltigkeitskommunikation als Chance gesehen werden, auch wenn der Lernprozess einen Kulturwandel vor allem in der Unternehmensführung nach sich zieht.

4 Probleme und Chancen der aktuellen Nachhaltigkeitskommunikation: Der Benchmark

Die NetFederation in Köln hat sich wie in jedem Jahr auch in 2015 die Nachhaltigkeitswebsites der führenden deutschen Unternehmen angeschaut und hat dabei identifizieren können, welche Probleme symptomatisch für eine noch fehlende ganzheitliche Betrachtungsweise des Nachhaltigkeitsmanagements und der Nachhaltigkeitskommunikation besteht (NetFederation 2015). Drei Trends bilden sich dabei heraus.

Trend 1: Stakeholder Management
Nachhaltigkeitsmanagement und Nachhaltigkeitskommunikation werden durch den Gesetzgeber auf das Niveau der Shareholderkommunikation angehoben. Dies hat für viele Unternehmen jedoch zur Folge, dass die für Shareholder relevanten Inhalte aus der Nachhaltigkeitskommunikation herausfiletiert und bestenfalls dem Bereich der Investor Relations als Risikomanagementthema zugeschrieben werden. Die übrigen Aspekte guten Nachhaltigkeitsmanagements werden kommunikativ weitgehend außer Acht gelassen. Dabei ist Nachhaltigkeit ein dankbares Thema, um sämtliche Anspruchsgruppen des Unternehmens qualitativ hochwertig zu bedienen und sie langfristig in die Unternehmenskultur zu integrieren.

Nachhaltigkeitskommunikatoren erkennen zwar die Wertschätzung ihrer Mitarbeiter und die damit verbundenen Aktionen und Programme als soziale Aspekte des Nachhaltigkeitsmanagements und berichten im Nachhaltigkeitsbereich. Kunden aber scheinen hinsichtlich der Unternehmenshaltung, die in der Nachhaltigkeitsseite ihre Betonung finden sollte, nicht als relevant wahrgenommen zu werden und werden vor allem über die Hauptwebsite angesprochen. Investoren ergeht es kaum besser: Sie werden ausschließlich auf die ihnen zugedachte Unterwebsite – der IR-Website – angesprochen. Auch die Öffentlichkeit – sei es in Form von NGO (Non-governmental organizations), der Politik oder der Medien – muss sich den Weg zu den für sie interessanten Informationen erst erschließen, denn über die Nachhaltigkeitsseite dürfte sie sich nicht als besondere Anspruchsgruppe willkommen fühlen. Auch Lieferanten und Partner werden selten angesprochen – und dies, obwohl der essenzielle Gegenstand des Nachhaltigkeitsmanagements und der Nachhaltigkeitskommunikation in der Wertschöpfungskette des Unternehmens liegt.

Trend 2: Konsistente Kommunikation
Nachhaltigkeitsmanagement und folglich auch die Nachhaltigkeitskommunikation leitet sich aus den Unternehmensgrundsätzen und damit aus den Unternehmensstrategien ab. Wer der Fragmentierung der Unternehmenskommunikation in interne Kommunikation, externe Kommunikation, Employer Branding, Executive Communication, Media Relations, Investor Relations, Innovationsmanagement oder Corporate Venture Kommunikation, Supply Chain Management etc. entgegenwirken möchte, sollte die Nachhaltigkeitskommunikation zum Anlass nehmen, die zielgruppenabhängige Kommunikation zu integrieren und die Relevanz für die jeweiligen Zielgruppen stringent abzuleiten. Ein Unternehmen, das ein seriöses Anliegen hat, welches über die reine Gewinnerzielung hinausgeht, sollte dies auch erklären können und die Bedeutung für die jeweiligen Stakeholder herausarbeiten.

Bei den untersuchten Unternehmen erkennt gerade einmal jedes zweite, dass die Herleitung der Maßnahmen aus den Zielen und der Strategie wichtig ist. Allzu oft reicht der Horizont der Nachhaltigkeitsberichterstattung aber nicht über das Nachhaltigkeitssegment hinaus. Willkür ist gerade im Nachhaltigkeitsmanagement Gift. Wenn sich nicht erkennen lässt, warum ein Unternehmen eine Maßnahme ergreift und eine andere nicht, schwindet die Glaubwürdigkeit und vermeintlich benachteiligte Anspruchsgruppen erheben den Vorwurf des „Greenwashings". Eine mühsam aufgebaute, positive Reputation kann dann innerhalb kurzer Zeit nachhaltig kompromittiert werden.

Was hilfreich ist, um die Bemühungen nachhaltigen Wirtschaftens belegen zu können, sind Kennzahlen. In der Wirtschaft ist man es gewohnt, den Erfolg von Maßnahmen zu messen. Darum stehen Nachhaltigkeitsmanager und Nachhaltigkeitskommunikatoren vor dem Problem, Maßnahmen so auszudrücken, dass ein Fortschritt ersichtlich ist. Dies ist ein schwieriges Unterfangen, denn die positiven Auswirkungen nachhaltigen Wirtschaftens sind oft quantitativ nicht zu erfassen. Aus diesem Grund scheinen es 60 % der Unternehmen auch nicht zu tun.

Trend 3: Nachhaltigkeit als Service: Interaktivität und Reziprozität
Ernst gemeinte und damit authentische Nachhaltigkeitskommunikation darf als freundliche Einladung des Unternehmens an sämtliche seiner Stakeholder betrachtet werden. Die Themen, die im Sinne des nachhaltigen Wirtschaftens behandelt werden, zeigen, dass die Belange der jeweiligen Anspruchsgruppe ernst genommen werden und dass zudem erkannt wird, dass die Erfüllung der Bedürfnisse der Stakeholder kein Wunschkonzert sein muss, dem ein Unternehmen verpflichtet ist. Vielmehr zeugt es von Weitblick, zu erkennen, dass das Ernstnehmen von Stakeholderwünschen und die Erfüllung derselben einer ökonomischen Logik entspricht – wenn auch einer langfristig ausgerichteten. Darum liegt eine Dienstleistungshaltung gerade in diesem Segment im ureigenen Interesse eines Unternehmens.

Die Realität sieht anders aus: schon die einfachsten Maßnahmen, die digital möglich sind und die die Benutzerfreundlichkeit erhöhen, werden von über 90 % der Unternehmen nicht wahrgenommen. Es sollte im ureigenen Interesse eines Unternehmens liegen, dass möglichst viele Menschen die Inhalte der Nachhaltigkeitskommunikation zur Kenntnis nehmen und möglichst viele Menschen es einfach haben, mögliche Fragen schnell und unkompliziert beantwortet zu bekommen. Ob dies gelingt oder nicht, lässt sich digital auch mit einfachen Mitteln messen: Wie viele Menschen besuchen eine Website, bzw. einen bestimmten Teil einer Website? Wie viele Menschen und welche verbleiben dort? Wie viele Menschen besuchen die Seite erneut? Wenn sich Unternehmen mit diesen Fragen beschäftigen, werden sie bald erkennen, dass bestimmte Maßnahmen erforderlich sind, um die Zugriffszahlen zu optimieren. Man bittet seinen Besuch zu Hause eben auch lieber die Treppe hinauf als die Strickleiter, wenn sich dies leicht bewerkstelligen lässt. Und an einem schönen Haus hängt in der Regel überhaupt auch selten eine Strickleiter.

Mit derselben Logik möchte man auch fragen, ob der Gastgeber zu Hause den Gast, der sich den Weg in das schöne Haus über die Strickleiter erklommen hat, denn begrüßen und vor allem dann auch bewirten möchte. Auf allzu vielen Seiten bitten die Unternehmen ihre Gäste, sich gern einmal umzuschauen – fast möchte man fortsetzen: und dann auch direkt wieder zu gehen.

Dies ist natürlich das Gegenteil von Gastfreundschaft. Online ist hierbei dieselbe Dynamik zu finden wie im physischen Leben: Menschen Wertschätzung entgegenzubringen erfordert vor allem: Menschen. Da der Aufenthalt in Räumen, die nicht die eigenen sind, mit größerer Unsicherheit behaftet ist, bedeutet Service, auf den Gast zuzugehen und ihm die Akklimatisierung bestmöglich zu erleichtern. Online ist dies noch viel einfacher als physisch: Die Möglichkeiten der Kontaktaufnahme sind zahlreich, dynamisch, reversibel und stimmungsunabhängig sympathisch. Dies nicht oder kaum wahrzunehmen ist folglich das Gegenteil und damit kontraproduktiv.

Jemanden ehrlich und authentisch willkommen zu heißen, spricht für eine positive und ermutigende Unternehmenskultur. Die Vertrauenskrise, die aus der Wirtschafts- und Finanzkrise der letzten Jahre resultiert, trifft vor allem große Organisationen und abstrakte Gebilde mit sterilen Marken. Vertrauen wird in den etablierten Märkten durch Nähe generiert, Nähe wird durch Augenhöhe suggeriert. Wenn es Unternehmen daher gelingt, nicht nur gesehen, sondern auch kontaktiert zu werden, darf dies als Erfolg der Kommunikation gewertet werden. Oft sind Social-Media-Kanäle unmittelbarer, einfacher und für User daher naheliegender. Diese Ansicht scheinen allerdings nur 14 % der untersuchten Unternehmen zu teilen.

Die Kür der Social-Media-Einbindung ist dabei die Interaktion mit Stakeholdern des Unternehmens. Ein Minimum des Anreizes, in den Dialog zu treten, ist die Teilbarkeit von Inhalten über Social-Media-Plattformen. Es sollte im Interesse des Unternehmens liegen, dass eine erfolgreiche Maßnahme im Bereich der Nachhaltigkeit verbreitet wird und dass Menschen sich dazu äußern.

Unternehmen fürchten in der digitalen Kultur jedoch oft das Loslassen und den damit zusammenhängenden Kontrollverlust – und erkennen noch nicht, dass Authentizität heute gegenüber der Verringerung von Haftungsrisiken die stärkere Währung darstellt, weil diese wirklich nachhaltig ist.

5 Zusammenfassung und Fazit

Die Auswertung der Nachhaltigkeitswebsites der führenden deutschen Unternehmen zum Thema „Nachhaltigkeitsmanagement und -kommunikation" zeigt: Eine Dokumentation von Nachhaltigkeitsinhalten findet in deutschen Unternehmen zunehmend bereits sowohl offline als auch online statt. Allzu oft orientieren sich Unternehmen dabei an den Standards der anstehenden Gesetzgebung und allzu selten zeigen sich Konzepte der Nachhaltigkeitskommunikation gut durchdacht. Die Auswirkungen haben einen Effekt auf alle Stakeholder, aber der Blick auf die besondere Gruppe der internen Stakeholder, nämlich der Mitarbeiter, verdient hier eine besondere Aufmerksamkeit.

Inzwischen hat sich durchgesetzt, dass sich Nachhaltigkeitsmanagement an der Wertschöpfung eines Unternehmens orientiert. Ein erheblicher Teil der Wertschöpfungskette eines Unternehmens sind die Ziele und Prozesse rund um die internen Stakeholder: die Mitarbeiter. In einer digitalisierten Welt können und sollten diese zwar nicht isoliert von den übrigen Wertschöpfungsfaktoren und den dort jeweils handelnden Personen betrachtet werden, aber Mitarbeiter verdienen im Kontext der Nachhaltigkeitsberichterstattung eine besondere Beachtung.

Die Untersuchung der NetFederation hat gezeigt, dass von allen Stakeholdergruppen die Mitarbeiter die vergleichsweise größte Berücksichtigung finden. Die Inhalte verdichten sich auf Fragen wie Work-Life-Balance und Leistungen des Unternehmens an die Mitarbeiter, daher eignet sich der Nachweis über Maßnahmen dieser Art als positiver Faktor für die Unternehmensreputation als Arbeitgeber. Ein Unternehmen, das viel für seine Mitarbeiter tut, hat größere Chancen, die besseren Mitarbeiter am Markt zu werben und zu halten. Mitarbeiter werden heute nicht mehr so oft mit Statussymbolen wie finanzielle Boni, Dienstwagen oder nicht finanzielle Incentives wie Reisen in die Karibik gelockt: Vielmehr zeigt der Zeitgeist, dass sich gute Mitarbeiter mit ihrer Tätigkeit identifizieren möchten und einen Wertbeitrag leisten möchten. Dieses Bedürfnis gibt der Nachhaltigkeitskommunikation eine besondere Bedeutung.

Mitarbeiter sind aber bei Weitem nicht nur selbst Ziel eines guten Nachhaltigkeitsmanagements, sie sind im Rahmen ihrer Tätigkeit und als Träger einer positiven Unternehmenskultur auch ganzheitliche Rezipienten einer gut durchdachten Nachhaltigkeitsstrategie eines Unternehmens. Wenn Kunden sich von einer mangelhaften Nachhaltigkeit eines Unternehmens abschrecken lassen, so hat dies unmittelbare Auswirkungen auf die Jobsicherheit der Mitarbeiter eines Unternehmens. Gibt es Probleme in der Lieferkette, die durch ein gutes Nachhaltigkeitsmanagement behoben werden könnten, so sichert dies die effizienten und effektiven Abläufe in der täglichen Arbeit eines Mitarbeiters. Überzeugt das Risikomanagement die Investoren, so kann der Mitarbeiter auf höhere finanzielle und nicht finanzielle Ressourcen zurückgreifen, um seine jeweilige Tätigkeit in kreativer und auch bereichernder Weise nachgehen, als wenn er immer Sparzwängen unterliegt.

Die Nachhaltigkeitskommunikation ist ein integraler Bestandteil eines erfolgreichen Nachhaltigkeitsmanagements. Der Schlüssel zu einer guten internen Nachhaltigkeitskommunikation liegt in folgenden Aspekten:

1. grundsätzliches Haltungsbekenntnis eines Unternehmens mitsamt seiner Werte und seinem Selbstbild für gesellschaftlichen Wertbeitrag (*Basis*),
2. Ableitung sämtlicher Entscheidungen und Handlungen eines Unternehmens aus der postulierten Unternehmenshaltung (*Governance*),
3. Herausarbeitung sämtlicher Nachhaltigkeitsmaßnahmen für sämtliche Bereiche der Wertschöpfungskette eines Unternehmens (*Compliance*),
4. Herausarbeitung des Nutzens einer jeden Maßnahme, zugeschnitten auf sämtliche Stakeholdergruppen (*Kommunikation*),
5. Fokussierung auf größtmögliche Transparenz und Verständlichkeit für den Zweck des Weitererzählens nach außen mit dem Ziel, größtmögliche Glaubwürdigkeit gegenüber allen Stakeholdergruppen des Unternehmens zu erlangen (*Botschafter*),
6. Heranführung der Stakeholder mit dem Ziel der Identifikation mit dem Unternehmen zur soliden Positionierung eines Unternehmens am Markt mittels der Nachhaltigkeitskommunikation (*Konsolidierung*),
7. Integration der Stakeholder über digitale Kanäle zur Sicherung der schnellen, nahbaren, ehrlichen, fehlertoleranten und vor allem umfassenden Dialogfähigkeit (*Dynamik*).

Berücksichtigend, dass insbesondere (potenzielle) Mitarbeiter sowohl ein erhöhtes Bedürfnis nach ethisch vertretbarem Handeln haben wie auch ihre Lebenszeit einer sinnerfüllten Aktivität widmen möchten, ist die Nachhaltigkeitsthematik eine fundamental wichtige Position innerhalb einer ganzheitlich verstandenen Unternehmenskommunikation. Es liegt im Interesse eines Unternehmens, die War of Attention bei den eigenen Mitarbeitern zu gewinnen und dies funktioniert künftig vor allem über digitale Kanäle und Maßnahmen. Darum kann heute keine Interne Kommunikation und am wenigsten die Nachhaltigkeitskommunikation auf digitale Plattformen verzichten.

Literatur

Ambec S, Lanoie P (2008) Does It Pay to be Green? A Systematic Overview. Acad Manag Perspect 22(4):45–62

Aqueveque C (2005) Signaling Corporate Values: Consumers' Suspicious Minds. Corp Gov 5(3):70–81

Bartsch G (2008) Corporate Volunteering – ein Blickwechsel mit Folgen. In: Backhaus-Maul H, Biedermann C, Nährlich S, Polterauer J (Hrsg) Corporate Citizenship in Deutschland – Bilanz und Perspektiven. VS, Springer, Wiesbaden, S 323–336

Bhattacharya CB, Sen S, Korschun D (2008) Using Corporate Social Responsibility to Win the War for Talent. Mit Sloan Manag Rev 49(2):37–44

Böcken J, Braun B, Landmann J (Hrsg) (2010) Gesundheitsmonitor 2009. Gesundheitsversorgung und Gestaltungsoptionen aus der Perspektive der Bevölkerung. Bertelsmann Stiftung, Gütersloh

Böcken J, Braun B, Repschläger U (Hrsg) (2013) Gesundheitsmonitor 2012. Bürgerorientierung im Gesundheitswesen – Kooperationsprojekt der Bertelsmann Stiftung und der BARMER/GEK. Bertelsmann Stiftung, Gütersloh

Booth JE, Park KW, Glomb TM (2009) Employer-Supported Volunteering Benefits: Gift Exchange Among Employers, Employees, and Volunteer Organizations. Hum Resour Manage 48(2):227–249

Cohen A (1991) Career stage as a moderator of the relationships between organizational commitment and its outcomes: A meta-analysis. J Occup Psychol 64(3):253–268

Cohen A (1993) Organizational commitment and turnover: a meta-analysis. Acad Manag J 36(5):1140–1157

Gallup (2015) Pressemitteilung vom 10. März 2015 zum Engagement Index Deutschland 2014. www.gallup.com/de-de/181871/engagement-index-deutschland.aspx. Zugegriffen: 9. Jan. 2016

Institut der deutschen Wirtschaft (2014) IW-Kurzberichte vom 1. Oktober 2014. www.iwkoeln.de/infodienste/iw-kurzberichte/beitrag/corporate-social-responsibility-nachhaltigkeit-macht-arbeitgeber-attraktiv-186641. Zugegriffen: 13. Jan. 2016

Kunzlik P (2003) National Procurement Regimes and the Scope of Environmental Factors in Public Procurement. In: OECD (Hrsg) The Environmental Performance of Public Procurement – Issues of Policy Coherence. Paris, S 193–220

Lev B, Petrovits C, Radhakrishnan S (2010) Is Doing Good Good For You? How Corporate Charitable Contributions Enhance Revenue Growth. Strateg Manag J 31(2):182–200

Luo X, Bhattacharya CB (2006) Corporate Social Responsibility, Customer Satisfaction and Market Value. J Mark 70(4):1–18

NetFederation (2015) Der NetFed CSR Benchmark – Die aktuelle Studie zu digitaler Nachhaltigkeitskommunikation großer deutsche Unternehmen. www.csr-benchmark.de/corporate-social-responsibility-benchmark-2015/ueber-den-benchmark. Zugegriffen: 13. Jan. 2016

Peterson, DK (2004) The relationship between perceptions of corporate citizenship and organizational commitment. Bus Soc 43(3):269–319

Pinter A (2006) Corporate Volunteering in der Personalarbeit – Ein strategischer Ansatz zur Kombination von Unternehmensinteresse und Gemeinwohl? Center for Sustainability Management, Lüneburg

RWE AG (2015) Nachhaltigkeitsbericht 2014:28

SAP AG (2015) Integrierter Bericht 2014. http://sapintegratedreport.com/2014/de/strategie-und-geschaeftsmodell/integrierte-leistungsanalyse.html. Zugegriffen: 13. Jan. 2016

Sawczyn A (2011) Unternehmerische Nachhaltigkeit und wertorientierte Unternehmensführung. Empirische Untersuchung der Unternehmen im HDAX. Dr. Kovac, Hamburg

Sawczyn A, Prengel R (2016) Mit Kennzahlen Erwartungen moderieren und die Gesamt Unternehmensleistung greifbar darstellen. In: Hildebrandt A, Landhäußer W (Hrsg) CSR und Energiemanagement. Springer Gabler, Berlin, S 531–544

Sawczyn A, Fink H, Werner M (2014) Leistungssteuerung (III): Managementsysteme für die Steuerung einzelner sozialer und gesellschaftlicher Leistungen. In: Schulz T, Bergius S (Hrsg) CSR und Finance. Springer Gabler, Berlin, S 141–155

Schöffmann D (2008) Corporate Volunteering III. In: Habisch A, Neureiter M, Schmidpeter R (Hrsg) Handbuch Corporate Citizenship. Corporate Social Responsibility für Manager. Springer, Berlin, S 259–267

Society for Human Resource Management (2015) Employee Job Satisfaction and Engagement: Optimizing Organizational Culture for Success, A Research Report by the Society for Human Resource Management. www.shrm.org/Research/SurveyFindings/Documents/2015-Job-Satisfaction-and-Engagement-Report.pdf. Zugegriffen: 13. Jan. 2016

Prof. Dr. Angelika Sawczyn-Müller ist als Professorin an der Hochschule Fulda für das Lehrgebiet „Allgemeine Betriebswirtschaftslehre, insbesondere Investitionscontrolling" verantwortlich. Sie forscht und publiziert (national und international) seit mehreren Jahren zum Themengebiet der Unternehmerischen Nachhaltigkeit, insbesondere der Messung und Steuerung von Nachhaltigkeit sowie der Nachhaltigkeitsberichterstattung. Sie hat durch ihre Tätigkeit als Unternehmensberaterin und Managerin im Bereich Sustainability Services bei der PricewaterhouseCoopers (PwC) AG WPG Berlin mehrjährige praktische Erfahrung u. a. in den Bereichen Nachhaltigkeitsberichterstattung, Ausgestaltung von nachhaltigen Unternehmensstrategien sowie der Bewertung des Einflusses von sozialen und ökologischen Maßnahmen auf die Geschäftstätigkeit. Vor Ihrer Tätigkeit bei PwC studierte sie sowohl Betriebs- wie auch Volkswirtschaftslehre an der Humboldt-Universität zu Berlin und promovierte anschließend am Fachbereich Wirtschaftswissenschaften der Friedrich-Alexander-Universität Erlangen-Nürnberg zum Thema „Unternehmerische Nachhaltigkeit und wertorientierte Unternehmensführung". Ihre Dissertation wurde mit dem Promotionspreis der Hermann-Gutmann-Stiftung sowie den Fürther-Ludwig-Erhard-Preis für Ökonomie ausgezeichnet.

Caroline Krohn ist Corporate Relations Managerin bei der NetFederation in Frankfurt und Inhaberin der Wirtschaftsdiplomaten Krohn & Partner in Frankfurt. Davor war sie für politische Größen wie den ehemaligen Bundesverteidigungsminister Rudolf Scharping und den ehemaligen Bundeskanzleramtsminister Prof. Dr. Dr. h.c. Horst M. Teltschik sowie für Vorstände in der Wirtschaft u. a. für die juwi Holding AG und für die Boeing International Corporation in Stabsfunktionen tätig. Das heutige Tätigkeitsfeld umfasst in unterschiedlichen Schwerpunktfeldern Business Development und Kommunikation. Ein Schwerpunktfeld betrifft das Nachhaltigkeitsmanagement und die Nachhaltigkeitskommunikation von Unternehmen.

Dimensionen der internen CSR und dessen Wirkung: Ein empirisches Erklärungsmodell

Linda Mory

1 Einleitung

Corporate Social Responsibility (CSR) ist zu einem Schlagwort unserer heutigen Gesellschaft, der Politik, aber auch zunehmend des betriebswirtschaftlichen Denkens geworden (vgl. u. a. Basu und Palazzo 2008, S. 122; Bidwell et al. 2013, S. 62). Dabei kann laut Europäischer Kommission (2001) und der DIN ISO 26000 (2011) sowie dem wissenschaftlichen Schrifttum zwischen einer externen und einer internen Dimension der sozialen Verantwortung eines Unternehmens unterschieden werden (vgl. u. a. Baker 2003; Knoepfel 2001; Kok et al. 2001). Bislang haben die unternehmerische Praxis sowie die wissenschaftliche Forschung mehrheitlich die externe Dimension von CSR fokussiert. Jedoch muss konstatiert werden, dass das CSR-Engagement eines Unternehmens nur dann glaubhaft erscheint, wenn soziale Maßnahmen auf der betrieblichen Ebene nicht auf die externe Dimension beschränkt blieben, sondern wenn auch intern, also gegenüber den eigenen Mitarbeitern eines Unternehmens, sozial verantwortlich gehandelt wird (vgl. Mory 2014, S. V und S. 13 f.). Es gibt sogar Verfechter einer Argumentation, die besagt, dass ein Unternehmen zuerst bewusst und kontrolliert intern sozial handeln sollte, bevor es seine Bemühungen im Bereich der sozialen Verantwortung nach außen ausweitet (vgl. v. a. Chassagnon 2014, S. 198; Mory et al. 2015; Mory et al. 2016).

Doch was konkret ist interne soziale Verantwortung und was kennzeichnet diese? Im Allgemeinen kann interne CSR als sozial verantwortliches Verhalten und Handeln innerhalb einer Organisation definiert werden – sie betrifft also vorrangig die Mitarbeiter eines Unternehmens (vgl. hierzu v. a. Mory 2014, S. 38 ff. sowie Europäische Kommission 2001, S. 9; Vives 2006, S. 43; Al-bdour et al. 2010, S. 1842; ALshbiel und AL-Awawdeh 2011, S. 95). Da Mitarbeiter ein wichtiges Gut für Unternehmen darstellen, sollte auch

---

L. Mory (✉)
Christian-Dathan Str. 12, 67346 Speyer, Deutschland
E-Mail: linda.mory@gmx.net

der Gestaltung guter Mitarbeiterbeziehungen ein besonderes Augenmerk zukommen, da positive Mitarbeiterbeziehungen als wertvolle Ressourcen für Unternehmen gelten. Eine Form der Entwicklung und Aufrechterhaltung einer positiven Mitarbeiter-Unternehmen-Beziehung stellt dabei die Übernahme sozialer Verantwortung gegenüber den Mitarbeitern dar (vgl. Mory 2014, S. V).

Studien (vgl. Bundesministerium für Arbeit und Soziales 2012, van Dick 2004) sowie Erfahrungsberichte zeigen beispielsweise, dass sich die Integration eines Verantwortungskonzepts in die Unternehmenskultur auch aufgrund der Steigerung der intrinsischen Mitarbeitermotivation und der organisationalen Bindung lohnt. Auf der betrieblichen Ebene sorgen erfolgreich geführte Mitarbeiterbeziehungen regelmäßig für herausragende und nachhaltige Wettbewerbsvorteile. Konkrete interne CSR-Faktoren werden dabei häufig im Kontext von Arbeitsschutz, Humankapital, Diversity-Aspekten oder auch organisationalen Facetten angesehen (vgl. Bhattacharya et al. 2007, S. 1; Hammann et al. 2009, S. 40; Institut der deutschen Wirtschaft 2010).

Obwohl soziale Verantwortung gegenüber Mitarbeitern eine immer größere Bedeutung für Unternehmen erlangt hat, zeigt die unternehmerische Praxis große Probleme in Bezug auf die Erschließung der Potenziale effektiver und gut implementierter interner CSR auf. Insofern wird unmittelbar die Frage nach dem Wesen und der Ausgestaltung der internen CSR evident, die es ermöglicht, Mitarbeiterbeziehungen seitens des Unternehmens effektiv auszugestalten.

Neben der praktischen Relevanz der internen CSR wird der Thematik auch aus wissenschaftlicher Perspektive eine sehr hohe Relevanz zugewiesen. Bisher gibt es eine Vielzahl konzeptioneller Arbeiten zu diesem Themenbereich, allerdings kaum kausalanalytische Studien, also hypothesentestende Verfahren. Die wenigen empirisch fundierten Arbeiten beschränken sich dabei vorwiegend auf einzelne CSR-Faktoren, die das gesamte interne CSR-Spektrum nicht abdecken. Darüber hinaus liegt der Fokus auf dem anglo-amerikanischen Raum.

Anhand einer kausalanalytischen Untersuchung aus dem Jahr 2012/2013 sollte dieser Forschungslücke Rechnung getragen werden. Die Untersuchung und ihre Ergebnisse werden in den nachfolgenden Abschnitten daher gezielt fokussiert, um konkrete Handlungen für die unternehmerische Praxis daraus abzuleiten.

Die zentrale Zielsetzung der Untersuchung bestand in der grundlegenden Konzeptionalisierung und Operationalisierung des Konstrukts der internen CSR (sprich: Was macht interne CSR konkret aus?) sowie deren Wirkungszusammenhang auf das affektive und normative organisationale Commitment der Mitarbeiter. Hierzu war es zunächst notwendig, eine strukturierte Bestandsaufnahme des Forschungsstands zum Themenfeld „CSR" und dessen Wirkung auf das organisationale Commitment sowie zu den Facetten der internen CSR vorzunehmen. Im Anschluss daran wurden die Erkenntnisse des relevanten Schrifttums und der Expertengespräche sowie der Theorie des sozialen Austauschs und der Theorie der sozialen Identität zu einem integrierten Bezugsrahmen zusammengefügt. Innerhalb dieses Rahmens wurden die Dimensionen des zentralen Konstrukts der wahrgenommenen internen CSR vonseiten der Mitarbeiter abgeleitet und die relevanten Faktoren synthetisiert. Durch die strukturierte Analyse sowie die Aufbereitung der relevanten theoretischen Erklärungsansätze und den Einbezug von sowohl wissenschaftlicher als auch regulatorischer und praxisrelevanter Literatur konnte eine stringente Ableitung von Hypothesen sichergestellt werden.

Ferner wurden theoriebasiert Hypothesen zur Wirkung der internen CSR auf Ergebnisgrößen, die für Unternehmen entscheidend sind, wie z. B. das organisationale Commitment, abgeleitet. Dabei wurden auch die Wirkung einer Determinante („CSR-Erfahrung des Unternehmens") und eines moderierenden Effekts („Glaubwürdigkeit der CSR") berücksichtigt.

Die gesamte Untersuchung wurde durch die Ergebnisse von 28 Expertengesprächen aus Wissenschaft und Praxis, die umfassende Analyse des relevanten Schrifttums und die Erkenntnisse einer Vielzahl interner und externer Expertenkolloquien (u. a. bei Bayer Business Consulting, der Leibniz-Gemeinschaft und an der Jönköping Business School in Schweden) verdichtet. Die Entwicklung des Erhebungsinstruments folgte außerdem dem stringenten Vorgehen des Schrifttums. So wurden zunächst fünf Think-Aloud-Tests und zwei Anderson-Gerbing-Tests (mit 9 und 27 Rückläufen) durchgeführt. Darüber hinaus kamen anschließend drei Pretests zur Anwendung (1. Pretest mit 40 Rückläufen, 2. Pretest mit zwei Rückläufen und somit nicht verwertbar und 3. umfangreicher Pretest mit 386 Fragebogenrückläufen im unternehmerischen Kontext der Energietechnik/-versorgung).

Mit den daraus gewonnenen Erkenntnissen wurde anschließend eine Vollerhebung in einem der größten forschenden Pharmaunternehmen in Deutschland realisiert. Diese Erhebung konnte insgesamt 2081 Rückläufer und eine Rücklaufquote von 20,2 % generieren. Für die empirische Auswertung der Daten wurden insbesondere Verfahren der Strukturgleichungsanalyse herangezogen.

Insgesamt konnte anhand der Untersuchung empirisch nachgewiesen werden, dass die interne CSR ein komplexes, vielschichtiges Phänomen ist, das sich aus den zwei Dimensionen „Wahrgenommene Mitarbeiter-CSR" und „Wahrgenommene organisationale CSR" zusammensetzt und dessen interdependente Komponenten nur in ihrer Gesamtheit ihr volles Potenzial entfalten können. Darüber hinaus konnte eine positive Wirkung auf das affektive und normative organisationale Commitment von Mitarbeitern bestätigt werden. Nachfolgend sollen die Erkenntnisse aus der Untersuchung zunächst anhand einer thesenhaften Annäherung dargestellt werden, um anschließend aufschlussreiche Implikationen für die unternehmerische Praxis zu generieren, die nach der Untersuchung in den beiden teilnehmenden Unternehmen des Pretests und der Haupterhebung weitreichend diskutiert wurden und bereits zur Anwendung kommen.

2 Thesen und erklärendes Modell zur internen CSR-Thematik

Die zuvor erläuterte Untersuchung kann in drei Hauptthesen zusammengefasst werden, die für die betriebliche Praxis eine hohe Relevanz aufweisen. Dabei bezieht sich die erste These vor allem auf die hohe Relevanz interner CSR im Allgemeinen, wobei die zweite

These den theoretischen Bezugsrahmen und das eigentliche Untersuchungsmodell fokussiert, um abschließend in der dritten These das empirische Untersuchungsmodell und dessen Gehalt aufzuzeigen. Darüber hinaus werden ebenso Begleitthesen der Untersuchung kurz vorgestellt.

2.1 These 1: Zur Relevanz interner CSR

Die erste These der Untersuchung fokussiert auf die Relevanz interner CSR und lautet wie folgt: Corporate Social Responsibility ist zu einem wichtigen Konzept mit hoher Relevanz geworden. Es beinhaltet sowohl eine externe als auch eine interne Dimension, wobei insbesondere die interne Dimension immer mehr an Bedeutung gewinnt, jedoch insgesamt bisher vernachlässigt wurde.

Die Übernahme sozialer Verantwortung hat sich in den vergangenen Jahren als eine prägende Erscheinung des Wirtschaftsgeschehens sowie der betrieblichen Praxis, aber auch der Wissenschaft und der Politik dargeboten. Sowohl im wissenschaftlichen Schrifttum (vgl. u. a. Al-bdour et al. 2010, S. 1842 und S. 1844; ALshbiel und AL-Awawdeh 2011, S. 95; Basu und Palazzo 2008, S. 123; Cornelius et al. 2008, S. 355 f.; Korschun et al. 2009, S. 64; Lindgreen et al. 2009, S. 85; Müller und Spieß 2009, S. 7; Turker 2009, S. 189) als auch aus praktischer Sicht (vgl. u. a. Bhattacharya et al. 2007, S. 1; COSORE 2012; Hammann et al. 2009, S. 40; Institut der deutschen Wirtschaft 2010; Österreichisches Institut für Familienforschung der Universität Wien 2007; Pfeffer 2010, S. 35) wird die Zunahme der Bedeutung von CSR stark betont und als logische Konsequenz unserer heutigen Welt gesehen. Daraus erwächst in zunehmendem Maß für Unternehmen die Herausforderung, mit dieser Verantwortungszuschreibung angemessen umzugehen, was jedoch ein umfassendes Verständnis für das Konzept an sich voraussetzt, um es entsprechend im bzw. durch das Unternehmen erfolgreich umzusetzen.

Mory (2014) verdeutlicht, dass insbesondere „in den Anfängen der CSR-Betrachtung [...] die externe Dimension (insbesondere die Anspruchsgruppe der Konsumenten) in den Mittelpunkt der sowohl praktischen als auch wissenschaftlichen Betrachtung gestellt [wurde]. Demgegenüber wurde die interne Dimension weitestgehend vernachlässigt" (S. 7). Aus praktischer sowie wissenschaftlicher Sicht stößt die sehr elaborierte Fokussierung auf externe Anspruchsgruppen fast einstimmig auf große Verwunderung, da vor allem der Anspruchsgruppe der Mitarbeiter, die wesentlich zum Erfolg des Unternehmens beiträgt, eine hohe Aufmerksamkeit zuteilwerden sollte. Mehrere Studien konnten nachweisen, dass eine Beschränkung auf lediglich externe CSR-Aktivitäten die Authentizität des Unternehmens maßgeblich beeinflusst (vgl. u. a. Melynyte und Ruzevicius 2008, S. 26). Abb. 1 fasst die Relevanz von CSR und insbesondere interner CSR sowie die Divergenz zum wissenschaftlichen Forschungsstrang der intern gerichteten sozialen Verantwortung noch einmal zusammen.

Bislang gab es keine wissenschaftliche Arbeit, die eine umfassende theoretisch fundierte Konzeptionalisierung der internen CSR, vor allem im Hinblick auf eine mögliche

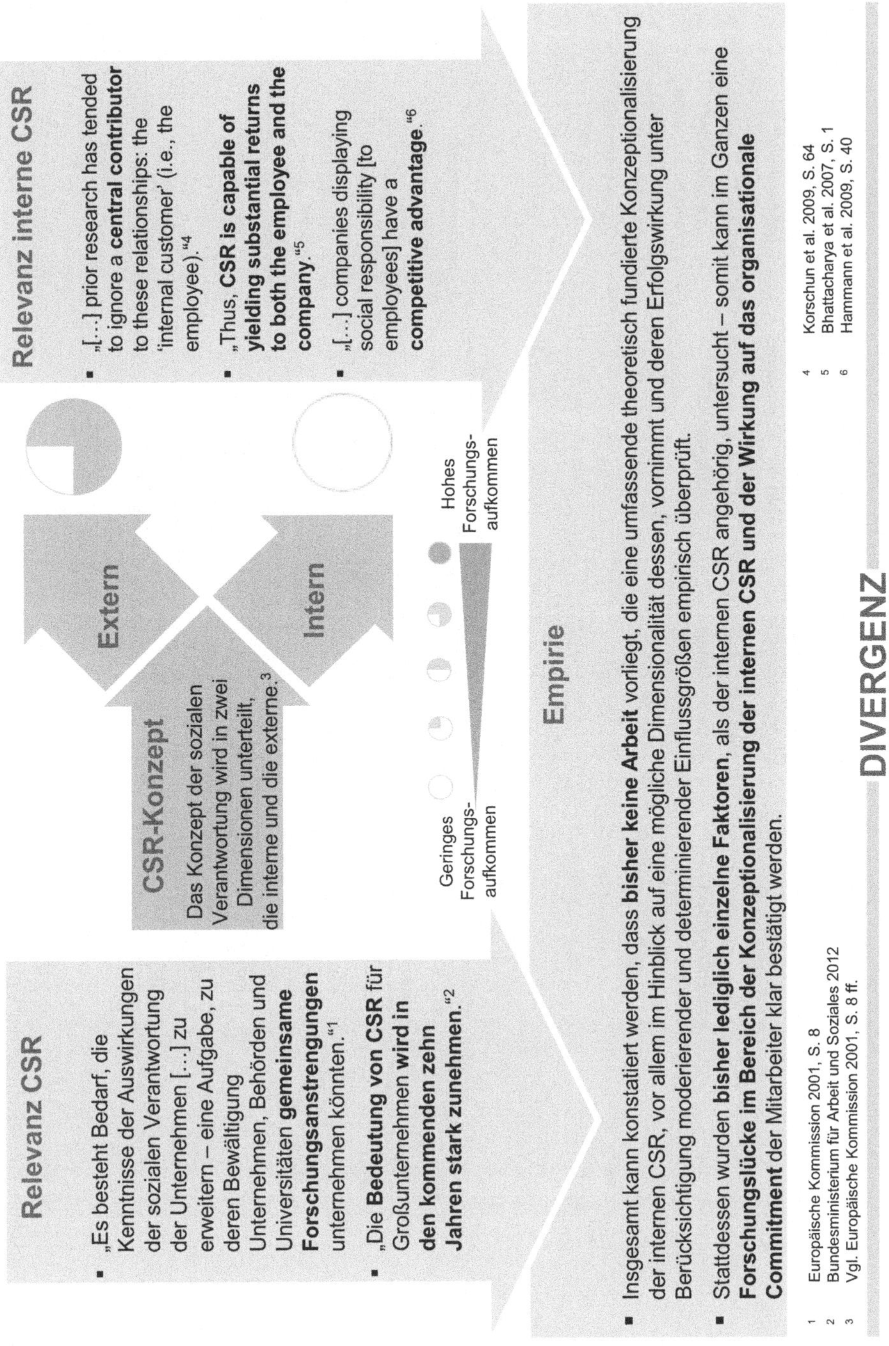

Dimensionen der internen CSR und dessen Wirkung: Ein empirisches Erklärungsmodell

Relevanz CSR

- „Es besteht Bedarf, die Kenntnisse der Auswirkungen der sozialen Verantwortung der Unternehmen […] zu erweitern – eine Aufgabe, zu deren Bewältigung Unternehmen, Behörden und Universitäten **gemeinsame Forschungsanstrengungen** unternehmen könnten."[1]
- „Die **Bedeutung von CSR** für Großunternehmen wird **in den kommenden zehn Jahren stark zunehmen.**"[2]

CSR-Konzept

Das Konzept der sozialen Verantwortung wird in zwei Dimensionen unterteilt, die interne und die externe.[3]

Extern — Hohes Forschungsaufkommen

Intern — Geringes Forschungsaufkommen

Relevanz interne CSR

- „[…] prior research has tended to ignore a **central contributor** to these relationships: the 'internal customer' (i.e., the employee)."[4]
- „Thus, **CSR is capable of yielding substantial returns to both the employee and the company.**"[5]
- „[…] companies displaying social responsibility [to employees] have a **competitive advantage.**"[6]

Empirie

- Insgesamt kann konstatiert werden, dass **bisher keine Arbeit** vorliegt, die eine umfassende theoretisch fundierte Konzeptionalisierung der internen CSR, vor allem im Hinblick auf eine mögliche Dimensionalität dessen, vornimmt und deren Erfolgswirkung unter Berücksichtigung moderierender und determinierender Einflussgrößen empirisch überprüft.
- Stattdessen wurden bisher lediglich einzelne Faktoren, als der internen CSR angehörig, untersucht – somit kann im Ganzen eine **Forschungslücke im Bereich der Konzeptionalisierung der internen CSR und der Wirkung auf das organisationale Commitment der Mitarbeiter** klar bestätigt werden.

DIVERGENZ

[1] Europäische Kommission 2001, S. 8
[2] Bundesministerium für Arbeit und Soziales 2012
[3] Vgl. Europäische Kommission 2001, S. 8 ff.
[4] Korschun et al. 2009, S. 64
[5] Bhattacharya et al. 2007, S. 1
[6] Hammann et al. 2009, S. 40

Abb. 1 Relevanz (interner) Corporate Social Responsibility und empirische Forschung

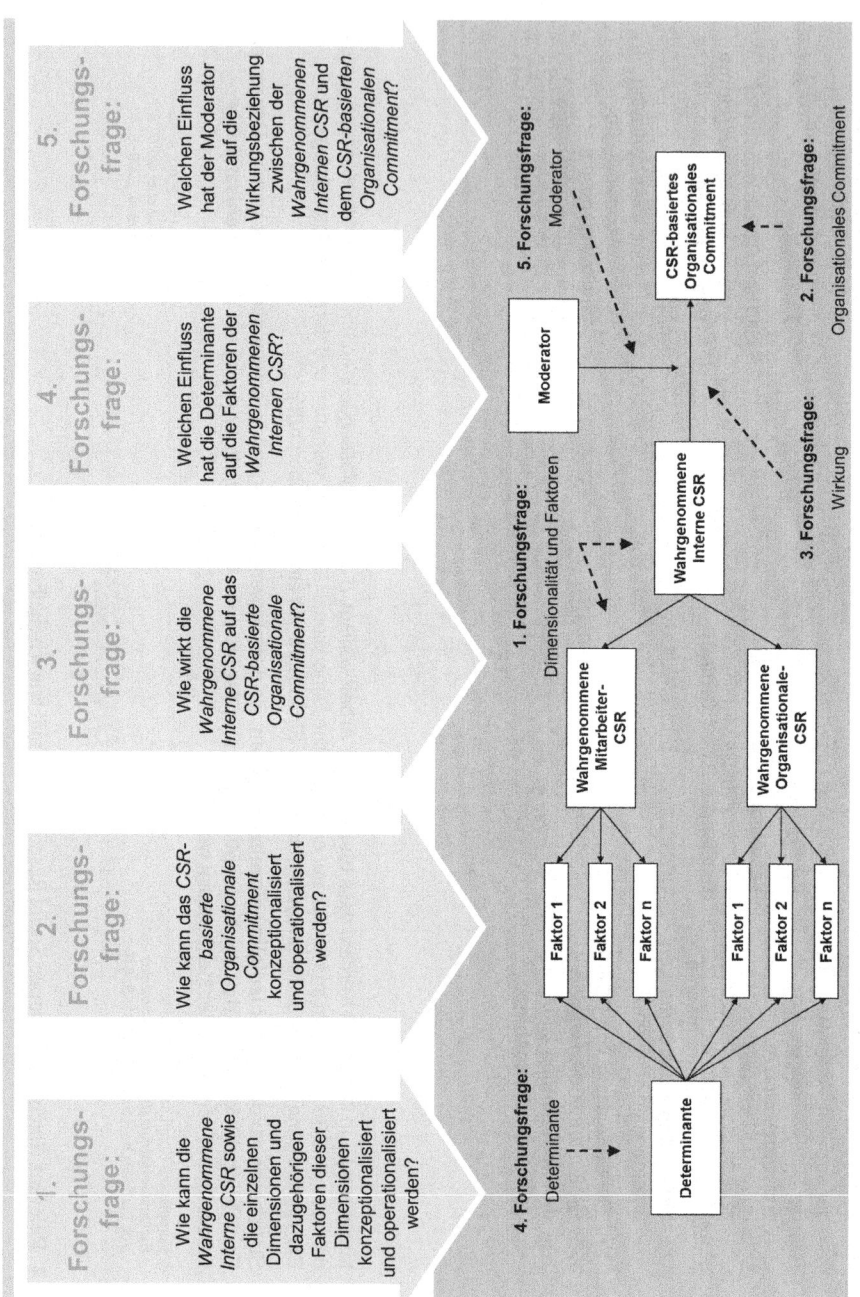

Abb. 2 Forschungsfragestellung der Untersuchung und exemplarisches Untersuchungsmodell

Dimensionalität dessen, vornimmt und deren Erfolgswirkung unter Berücksichtigung moderierender und determinierender Einflussgrößen empirisch überprüft wurde. Bisher wurden lediglich einzelne Faktoren, die der internen CSR zugeteilt/zugeschrieben wurden, untersucht. Es konnte somit daraus folgernd eine Forschungslücke im Bereich der Konzeptionalisierung interner CSR und der Wirkung auf das organisationale Commitment (vor allem das affektive und normative organisationale Commitment) der Mitarbeiter klar bestätigt werden.

Zum besseren Verständnis des nachfolgend zu skizzierenden Untersuchungsmodells ist dieses exemplarisch mit den einzelnen Forschungsfragestellungen in der Abb. 2 dargestellt.

2.2 These 2: Theoretischer Bezugsrahmen und Untersuchungsmodell

Die zweite These der Untersuchung bezieht sich grundlegend auf den theoretischen Bezugsrahmen, anhand dessen ein Untersuchungsmodell theoretisch fundiert abgeleitet werden kann. Die These lautet daher wie folgt: Die Theorie der sozialen Identität und die Theorie des sozialen Austauschs bilden einen praktikablen Rahmen für die Untersuchung der internen CSR.

Die Analyse des Schrifttums ergab zwei grundlegende Theorien, die die Dimensionalität interner CSR sowie deren Wirkungsbeziehung auf das organisationale Commitment erklären können: die Theorie der sozialen Identität (vgl. Tajfel und Turner 1986) und die Theorie des sozialen Austauschs. Beide Theorien sind seit vielen Jahren in der betriebswirtschaftlichen Forschung etabliert und fanden auch in der bisherigen CSR-Forschung erfolgreich Anwendung (vgl. Ferreira und Real de Oliveira 2014; Mory 2014, S. 111 ff. und S. 114 ff.).

Beide Theorien liefern einen grundlegenden Ansatz zur Begründung sowohl der Dimensionalität des Konstrukts der internen CSR als auch des Wirkungszusammenhangs zum organisationalen Commitment (Kausalstruktur). So fundiert die Theorie des sozialen Austauschs vor allem die Grundlage zur Erklärung der Dimension des Austauschprozesses sowie der grundlegenden Wirkungsbeziehung der internen CSR auf das CSR-basierte organisationale Commitment. Demgegenüber liefert die Theorie der sozialen Identität vorrangig einen Erklärungsgehalt hinsichtlich der Identifikationsdimension und liefert ebenfalls einen Erklärungsansatz hinsichtlich der Wirkung interner CSR auf das CSR-basierte organisationale Commitment (vgl. Abb. 3).

Neben der theoretischen Fundierung wurde der Bezugsrahmen der Untersuchung weiter verfeinert und um die relevanten internen CSR-Faktoren ergänzt. Die Verfeinerung erfolgte vor allem basierend auf der Empirie (empirische Arbeiten zur Untersuchungsthematik), dem regulatorischen und konzeptionellen Schrifttum (Definition ISO-Norm & EU; Definition des Verbandes „CSR in Deutschland"; konzeptionelle CSR-Arbeiten) und der Praxis anhand von insgesamt 28 Expertengesprächen (u. a. SAP, Voith, Bayer, University of Bath, Warwick University, WHU usw.).

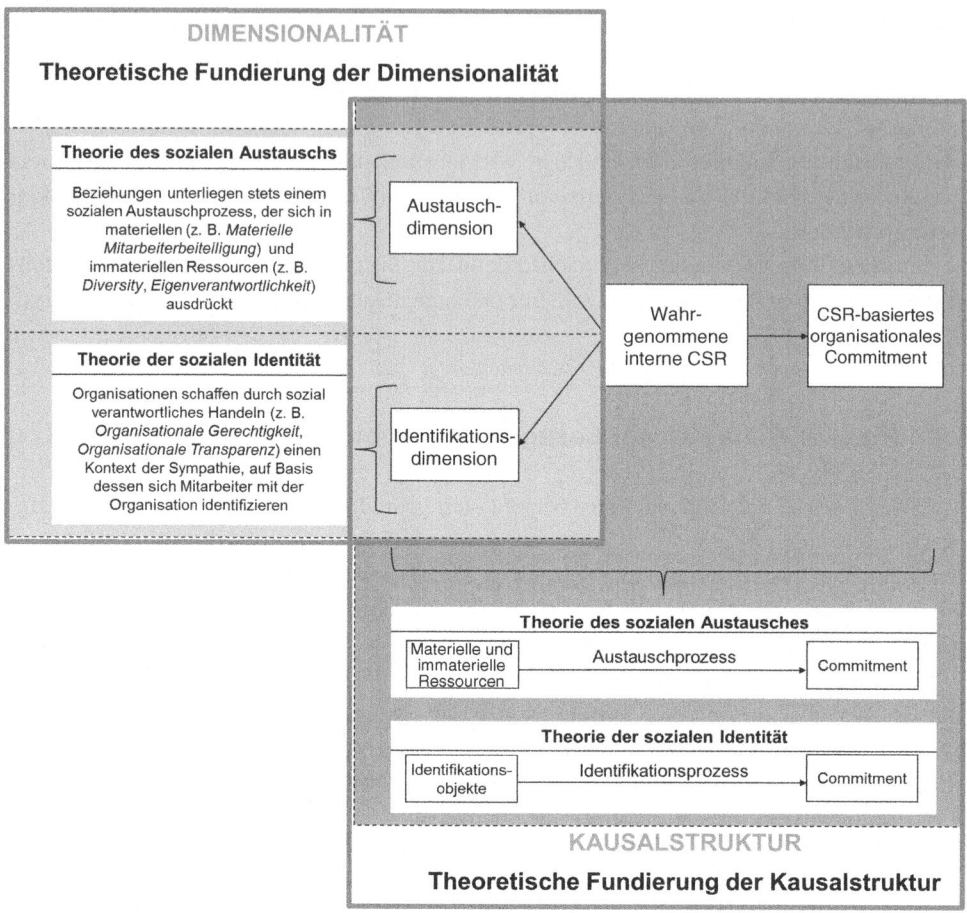

Abb. 3 Theoretische Fundierung der Dimensionalität interner CSR und deren Wirkung

Insgesamt wurde in der durchgeführten Untersuchung die interne CSR als zweidimensionales Konstrukt mit den Dimensionen „Wahrgenommene Mitarbeiter-CSR" und „Wahrgenommene Organisationale-CSR" und insgesamt elf Faktoren identifiziert. Die wahrgenommene interne CSR wirkt im theoretischen Untersuchungsmodell auf das affektive und das normative organisationale Commitment.

2.3 These 3: Empirische Erklärung zur Dimensionalität interner CSR, zu Faktoren und Wirkung auf das organisationale Commitment von Mitarbeitern

Die dritte These der Untersuchung bezieht sich schließlich auf die empirische Erklärung der Dimensionalität interner CSR sowie deren Wirkungsgrad auf das CSR-basierte organisationale Commitment von Mitarbeitern: Die wahrgenommene interne CSR kann als zweidimensionales Konstrukt verstanden werden, das im Ganzen einen maßgeblichen Einfluss auf das affektive und normative organisationale Commitment hat.

Auf der Basis des zuvor skizzierten, theoretischen Bezugsrahmens und des heuristischen Ansatzes der Untersuchung sowie unter Berücksichtigung der bisherigen Forschung, wurde die interne CSR als Konstrukt mit den zwei Dimensionen „Wahrgenommene Mitarbeiter-CSR" und „Wahrgenommene organisationale CSR" konzeptionalisiert.

Dabei umfasst die Dimension der „Wahrgenommenen Mitarbeiter-CSR" sieben Faktoren:

1. Arbeitsplatzstabilität (Employment Stability),
2. Arbeitsumfeld (Working Environment),
3. Fähigkeitenförderung (Skills Development),
4. Diversity (Workforce Diversity),
5. Vereinbarkeit Privatleben/Beruf (Work-Life-Balance),
6. Materielle Mitarbeiterbeteiligung (Tangible Employee Involvement) und
7. Eigenverantwortlichkeit (Empowerment).

Dahingegen ist die Dimension der „Wahrgenommenen organisationalen CSR" durch vier Faktoren gekennzeichnet:

1. Organisationale Transparenz (Transparency),
2. Organisationale ethische Grundsätze (Corporate Ethical Culture),
3. Organisationale Gerechtigkeit (Justice) und
4. Organisationales Engagement (Corporate Mission).

Empirisch gesprochen konnte eindeutig nachgewiesen werden, dass die Konzeptionalisierung der wahrgenommenen internen CSR als Konstrukt dritter Ordnung mit zwei Second-order-Konstrukten zu einer validen Messung geführt hat und durch die erhobenen Daten bestätigt werden konnte. Auch die zwei Dimensionen der internen CSR sowie die diesen zugeordneten, identifizierten Faktoren konnten durch die Daten bestätigt werden.

Für die postulierte Wirkungsstruktur der internen CSR auf das affektive organisationale Commitment und das normative organisationale Commitment konnte für beide Wirkungsbeziehungen ein positiver und signifikanter Pfadkoeffizient nachgewiesen werden. Allerdings war auffällig, dass der Pfadkoeffizient für das affektive organisationale Commitment bedeutend höher ausfiel. Auch wurde ein mediierender Effekt des affektiven organisationalen Commitments auf das normative organisationale Commitment nachgewiesen.

Insgesamt kann damit ein hoher und signifikanter Beitrag der internen CSR zum organisationalen Commitment des Mitarbeiters bescheinigt werden, das vor allem die emotionale Komponente des organisationalen Commitments nachhaltig beeinflusst. Abb. 4 fasst das Gesamtmodell der Untersuchung noch einmal zusammen.

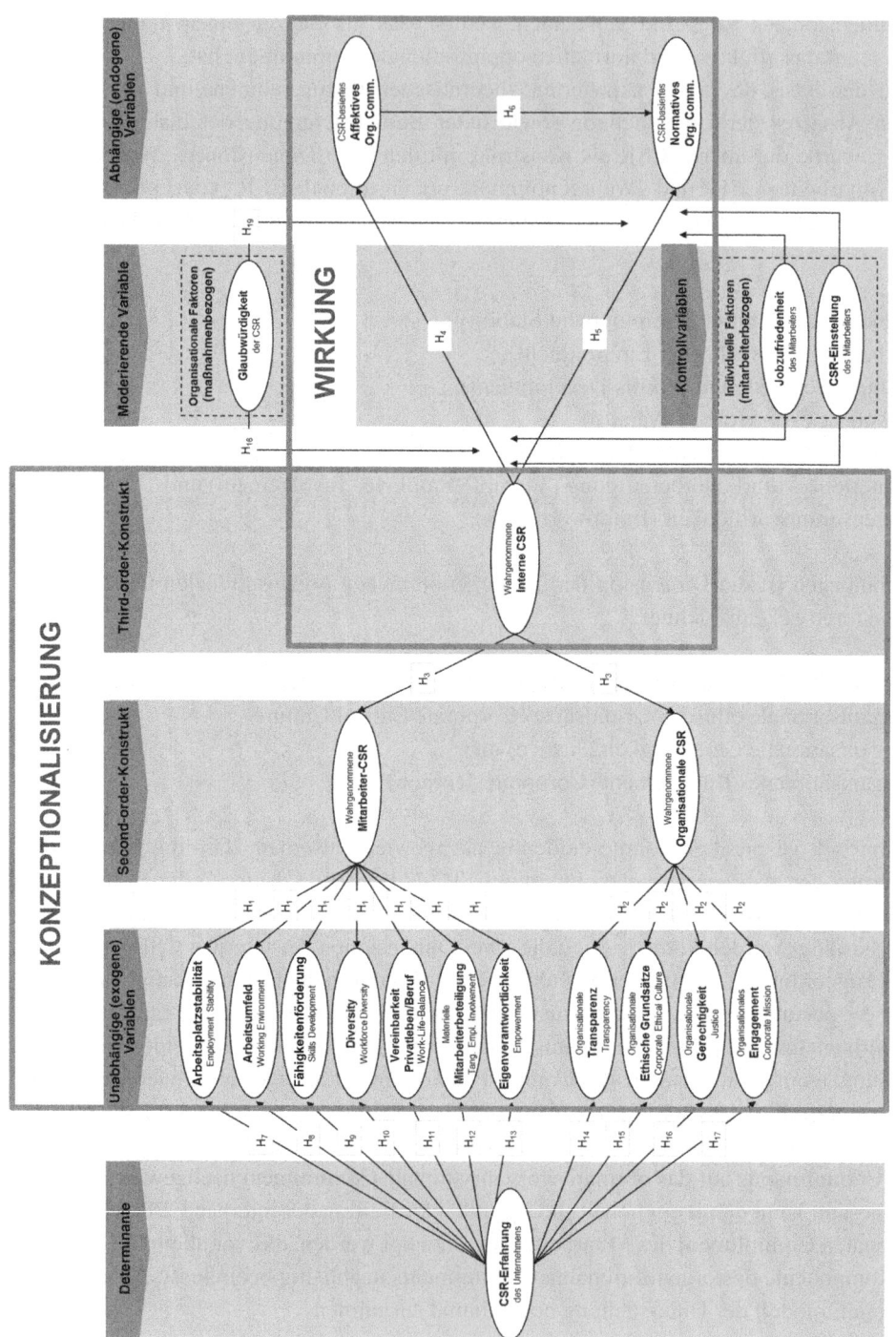

Abb. 4 Gesamtmodell der Untersuchung und Fokus

2.4 Hintergrundthesen der Untersuchung

Zur weiteren Differenzierung des Untersuchungsmodells wurde die Determinante „CSR-Erfahrung des Unternehmens" untersucht, die in den durchgeführten Expertengesprächen und im Unternehmenskontext als relevant identifiziert wurde. So weist der Einfluss der Determinante auf die jeweiligen Faktoren der internen CSR hochsignifikant positive Effekte auf, die hinsichtlich der Werte der Pfadkoeffizienten auch als bedeutungsvoll zu werten sind. Die Erfahrung eines Unternehmens mit CSR ist somit für den Mitarbeiter in seiner Wahrnehmung der derzeitigen internen CSR relevant und stellt eine entscheidende Impulsgröße dar.

Zur weiteren Differenzierung des Untersuchungsmodells wurde der Moderator „Glaubwürdigkeit der CSR" untersucht, der aus dem relevanten Schrifttum abgeleitet wurde. Im Untersuchungsmodell konnte der „Glaubwürdigkeit der CSR" ein signifikanter Einfluss zugewiesen werden – dabei hat der Moderator jedoch einen größeren Einfluss auf das affektive organisationale Commitment als auf das normative organisationale Commitment von Mitarbeitern. So spricht die Glaubwürdigkeit vor allem die emotionale Komponente des Mitarbeiters an. Mit steigender Glaubwürdigkeit der CSR seitens des Unternehmens steigt auch die Bereitschaft des Mitarbeiters, sich vor allem emotional an das Unternehmen zu binden.

Im Untersuchungskontext wurden außerdem zwei Kontrollvariablen analysiert, die „Jobzufriedenheit des Mitarbeiters" sowie die „CSR-Einstellung des Mitarbeiters", um etwaige Scheinkorrelationen auszuschließen. Die Ergebnisse der entsprechenden empirischen Analyse bestätigten schließlich, dass keine Scheinkorrelation hinsichtlich der Wirkung der internen CSR auf das organisationale Commitment vorliegt. So kann konstatiert werden, dass CSR ein vielschichtiges Konstrukt ist, das nicht über die bloße allgemeine Einstellung hinsichtlich CSR oder eine grundlegende Jobzufriedenheit des Mitarbeiters, einen Wirkungszusammenhang zum eigenen organisationalen Commitment einnimmt.

3 Bedeutung für die unternehmerische Praxis

Nachdem in dem vorangegangenen Abschnitt bereits eine thesenhafte Bearbeitung der Thematik stattgefunden hat, soll im Nachfolgenden noch einmal konkret auf die Frage eingegangen werden, welche Implikationen für die unternehmerische Praxis herausgefiltert werden können.

Während bereits aufgezeigt wurde, dass der internen CSR sowohl im wissenschaftlichen als auch im praktischen Schrifttum eine hohe Relevanz sowie erhebliche Potenziale zugeschrieben wird, scheint die unternehmerische Praxis hierzu ein anderes Bild in der Umsetzung zu zeichnen. Schaut man auf die unternehmerische Praxis, lässt sich klar konstatieren, dass sich in vielen Unternehmen entweder eine Zurückhaltung bei der konkreten systematischen Umsetzung interner CSR beobachten lässt oder eine Art Hype, der in vielen Unternehmen durch eine Form von „blindem Aktionismus" gekennzeichnet ist. Diese Entwicklung lässt sich mit dem mangelnden Wissen bezüglich des Konzepts der internen CSR an sich und dessen Erfolgswirkung erklären, was auch in wissenschaftlichen Artikeln wie zum Beispiel dem von Bhattacharya et al. 2008 unterstrichen wurde:

> [...] few managers are clear about how to identify and understand the needs of different employee segments and subsequently configure their CSR efforts to address the unique needs of each segment (S. 38).

Somit wird ganz klar die Frage nach den entscheidungsrelevanten Faktoren, die die interne CSR kennzeichnen, sowie deren Dimensionalität immer relevanter. Dieser Frage wurde mit dem zuvor dargestellten Untersuchungsmodell Rechnung getragen. So wurden innerhalb der Dimension der „Wahrgenommenen Mitarbeiter-CSR" sieben Faktoren als die entscheidungsrelevanten Faktoren im Kontext der internen CSR identifiziert und empirisch überprüft. Dabei ergab sich bezüglich der mittelbaren Wirkung der Faktoren eine Reihenfolge: 1. Fähigkeitenförderung, 2. Vereinbarkeit Privatleben/Beruf, 3. Arbeitsumfeld, 4. Eigenverantwortlichkeit, 5. Arbeitsplatzstabilität, 6. Diversity, 7. Materielle Mitarbeiterbeteiligung (vgl. Mory 2014, S. 456).

Betrachtet man die Reihenfolge der mittelbaren Wirkung, so kann festgestellt werden, dass Mitarbeiter einen sehr hohen Fokus auf ihre individuelle Förderung in Bezug auf die berufliche Weiterentwicklung ihrer Fähigkeiten setzen. Außerdem messen Mitarbeiter einer guten Vereinbarkeit von Privatleben und Beruf hohe Bedeutung zu. Diese beiden Faktoren kennzeichnen die soziale Verantwortung gegenüber den Mitarbeitern in erhöhtem Maß. Nicht minderbedeutend ist den Mitarbeitern aber auch das Arbeitsumfeld, in dem sie agieren, sprich ein gesunder und sicherer Arbeitsplatz sowie die Möglichkeit der eigenverantwortlichen Bestimmung der betrieblichen Tätigkeitsausübung.

In Relation zu den vorgenannten Faktoren können die Sicherung des Arbeitsplatzes, die Diversität innerhalb des Unternehmens und nicht zuletzt eine finanzielle Beteiligung des Mitarbeiters am Unternehmenserfolg als weniger relevant für die Dimension der wahrgenommenen Mitarbeiter-CSR bezeichnet werden. So sollten diese Faktoren von Unternehmensseite selbstverständlich nicht vernachlässigt werden, in Bezug auf eine strategische Implementierung sollte dem Unternehmen jedoch klar sein, dass sie eine untergeordnete Relevanz im Kontext der Dimension der wahrgenommenen Mitarbeiter CSR darstellen. So kann insgesamt für diese Dimension konstatiert werden, dass es für Unternehmen erfolgsentscheidend ist, Mitarbeiter hinsichtlich ihrer beruflichen Weiterentwicklung zu fördern und damit auch selbst von dem so generierten Wissen zu profitieren, aber ihnen gleichzeitig einen Ausgleich zum Arbeitsalltag zu geben und ihnen eine gesunde Balance zwischen ihrem Arbeitsleben und dem Privatleben zu erlauben, um am Ende erholte, zufriedene und motivierte Mitarbeiter im Unternehmen zu haben und langfristig zu halten (vgl. Mory 2014, S. 456 f.).

Neben der erläuterten Dimension „wahrgenommene Mitarbeiter-CSR" wurde in der Untersuchung eine weitere Dimension für die interne CSR als entscheidungsrelevant identifiziert: die Dimension der „wahrgenommenen Organisationalen-CSR", welche sich mit

Faktoren beschäftigt, die nicht unmittelbar nur auf Mitarbeiter gerichtet sind, sondern auch andere Anspruchsgruppen mit einbezieht. Dabei geht es um ein generelles, sozial gekennzeichnetes Verhalten des Unternehmens, das sich durch vier wesentliche Faktoren ausdrückt – auch hier kann eine mittelbare Wirkung der Faktoren anhand der folgenden Reihenfolge dargestellt werden: 1. organisationale Transparenz, 2. organisationale ethische Grundsätze, 3. organisationale Gerechtigkeit, 4. organisationales Engagement.

So lässt sich anhand der Betrachtung der mittelbaren Wirkung der Faktoren ableiten, dass insbesondere die Transparenz sowie die Implementierung und aktive Entfaltung eines sozialen Wertesystems innerhalb des Unternehmens, für Mitarbeiter in Bezug auf die interne CSR maßgeblich sind. Transparenz beinhaltet im Allgemeinen jene Aktivitäten des Unternehmens, die zu einer offenen und transparenten Darstellung beitragen sowie das Wertesystem bzw. die ethischen Grundsätze eines Unternehmens, welche sich vor allem auf die Förderung ethischen Verhaltens im Unternehmen beziehen. Insbesondere in Bezug auf die ethischen Grundsätze des Unternehmens sind Aspekte der Arbeitsweise der Organisation, der Entscheidungsfindung sowie die Identitäten der Entscheidungsträger innerhalb des Unternehmens betreffend, erfolgsrelevant bei der Implementierung einer ehrlichen und erfolgsversprechenden internen CSR. Nicht zu vernachlässigen ist in diesem Kontext auch die wahrgenommene Gerechtigkeit im Unternehmen, welche in einem engen Zusammenhang zu den organisationalen ethischen Grundsätzen eines Unternehmens steht, da die organisationale Gerechtigkeit in ihren Grundsätzen auf ethischen Annahmen beruht.

In Relation zu den vorgenannten Faktoren ist das organisationale Engagement, das ein Unternehmen gegenüber seinen Anspruchsgruppen demonstriert, zwar absolut gesehen ein wichtiger Bestandteil der Dimension der wahrgenommenen organisationalen CSR, wirkt allerdings, relativ betrachtet, schwächer und hat eine geringere Bedeutung für Mitarbeiter (vgl. Mory 2014, S. 457). Mit organisationalem Engagement ist die Ausgestaltung der sozialen Verantwortung des Unternehmens allen Anspruchsgruppen gegenüber mit Ausnahme der Mitarbeiter gemeint.

Um sicher zu stellen, dass die Ergebnisse der Untersuchung nicht nur eine Abbildung von empirischen Daten darstellen, wurde bei der Befragung im Unternehmenskontext dem Mitarbeiter (hier wurde differenziert nach: Mitarbeiter mit Führungsverantwortung und Mitarbeiter ohne Führungsverantwortung) außerdem die Möglichkeit gegeben, anhand einer Freifeldfunktion direkte Kommentare zur Thematik abzugeben. Dabei zeigte sich, dass CSR kein starres Konzept ist, das durch die Durchführung von bloßen Maßnahmen seine Wirkung entfaltet. Darüber hinaus wurden Erkenntnisse gewonnen, die einerseits die empirischen Daten eindeutig bestätigten, aber auch Beobachtungen ermöglichen, die mit Hilfe eines empirischen Untersuchungsmodells nicht klar identifiziert werden können.

So ergab die Analyse der Kommentare, dass es einen Dissens zwischen dem eigentlichen Vorhandensein und der tatsächlichen Ausübung spezifischer CSR-Maßnahmen, insbesondere der gelebten Umsetzung, gibt. So steht bei Mitarbeitern mit und ohne Führungsverantwortung an erster Stelle der Aspekt der gelebten Umsetzung allgemein und im Speziellen durch die Unternehmensleitung selbst bzw. durch den direkten Vorgesetzten:

> Ich bin überzeugt, dass die Unternehmensleitung und die Familie es grundsätzlich gut mit den Mitarbeitern meinen, das aber durch das mittlere Management nicht so umgesetzt wird.

> Die gelebte soziale Verantwortung wird in den letzten Jahren gefühlsmäßig immer weniger.

Die Kommentare stehen im Einklang mit den Erkenntnissen des Untersuchungsmodells, das innerhalb der Dimension der „Wahrgenommenen organisationalen CSR" dem Faktor der „organisationalen ethischen Grundsätze" zugeschrieben werden kann. So befasst sich der Faktor der „organisationalen ethischen Grundsätze" vor allem mit der Umsetzung ethischen Verhaltens im Unternehmen. Diesem konnte anhand des Untersuchungsmodells eine hohe Relevanz attestiert werden.

Darüber hinaus bestätigt dies auch noch einmal die Dimensionalität der internen CSR. Demnach ist es für Unternehmen in Bezug auf die interne CSR nicht nur erfolgsrelevant soziale Maßnahmen gegenüber den Mitarbeitern zu fördern bzw. zu implementieren, sondern auch auf organisationaler Ebene durch konkrete soziale Verhaltensmuster wie der Festschreibung ethischer Grundsätze und deren aktiver Umsetzung im Unternehmen, soziale Verantwortung zu demonstrieren (vgl. Mory 2014, S. 460 f.).

Auch die Bedeutung des Faktors „Vereinbarkeit Privatleben/Beruf" stellte innerhalb der Untersuchung für beide Mitarbeitergruppen (mit und ohne Führungsverantwortung) des Unternehmens, in dem die Untersuchung durchgeführt wurde, eine übergeordnete Relevanz dar und wurde gleich nach der aktiven Umsetzung von sozialer Verantwortung an zweiter Stelle genannt:

> Die rigorose Ausweitung der Aufgaben für Mitarbeiter mit Führungsfunktionen (AT Kräfte) mit den daraus resultierenden exzessiven Überstunden wirkt der Vereinbarkeit von Beruf und Familie entgegen.

> Viele der Maßnahmen bezüglich der Work-Life Balance sind Lippenbekenntnisse oder Wunschdenken.

Weiterhin konnte anhand der Clusterung und qualitativen Inhaltsanalyse der Kommentare verdeutlicht werden, dass für Mitarbeiter ohne Führungsverantwortung Aspekte wie die Stabilität des Arbeitsplatzes und die materielle Mitarbeiterbeteiligung eine Rolle spielen, wohingegen diese Faktoren von Mitarbeitern mit Führungsverantwortung gar nicht thematisiert wurden. Daraus lässt sich die Vermutung anstellen, dass jene Mitarbeiter mit Führungsverantwortung kaum oder wenig um ihren Arbeitsplatz besorgt sind bzw. um dessen Stabilität und auch finanziell die materielle Beteiligung durch das ihnen zugeschriebene höhere Lohnniveau, nicht als relevant erachten.

Adaptiert auf konkrete Handlungsempfehlungen für Unternehmen konnte anhand der differenzierten Betrachtung der Kommentare von Mitarbeitern mit und ohne Führungsverantwortung herausgestellt werden, dass beide Mitarbeitergruppen ein leicht ausdifferenziertes Bedürfnis hinsichtlich der internen CSR haben, die es zu erkennen und entsprechend zu adressieren gilt.

Insgesamt konnte die Untersuchung aufzeigen, dass es sich bei der internen CSR um ein komplexes, vielschichtiges Phänomen handelt, dessen interdependente Komponenten nur in ihrer Gesamtheit ihr volles Potenzial entfalten können. So ist es für Unternehmen nicht sinnvoll, einzelne CSR-Maßnahmen punktuell durchzuführen, sondern einen eher holistischen Ansatz, im Sinne eines Maßnahmenbündels, zu verfolgen. Eine Fokussierung auf einzelne Aspekte der internen CSR ist durch den empirischen Nachweis dieser Untersuchung nicht erfolgsrelevant. Vielmehr sollten Unternehmen damit beginnen, ein CSR-Portfolio zu entwickeln und dieses kontinuierlich zu überprüfen und weiter auszubauen. Dabei sollten der Mitarbeiter und seine Bedürfnisse stets mit einbezogen werden und durch entsprechende Gespräche und Befragungen zur aktiven Partizipation bezüglich der internen CSR-Thematik aufgefordert werden.

Neben der Privatwirtschaft sehen sich jedoch auch öffentliche Institutionen einem steigenden moralischen Legitimationsdruck ausgesetzt. Ein Verständnis für CSR ist daher auch aus Sicht öffentlicher Institutionen hochrelevant. Allerdings weisen öffentliche Institutionen im CSR-Verständnis und der Umsetzung noch elementare Defizite auf. Vordergründig sind öffentliche Institutionen bisher mit der externen Dimension der CSR beschäftigt. So gibt es vielerorts im öffentlichen Bereich sehr lobenswerte Projekte im Bereich Klimaschutz, Energieeffizienz und Ressourcenschonung. Große Defizite bezüglich sozialer Verantwortung bestehen im internen Bereich gegenüber Mitarbeitern, obwohl die Mitarbeiterbindung und das Commitment von Mitarbeitern auch extern verstärkt von Relevanz sind.

Im Hinblick auf die gewonnenen Erkenntnisse lassen sich die Implikationen für die Unternehmenspraxis mit einem einfachen Satz von Chin (2010) zusammenfassen: „Thus, we can argue that CSR needs to become part of the company's DNA."

Literatur

Al-bdour AA, Nasruddin E, Lin SK (2010) The relationship between internal corporate social responsibility and organizational commitment within the banking sector in Jordan. Int J Soc Behav Educ Econ Bus Ind Eng 4(7):1842–1861

ALshbiel SO, AL-Awawdeh WM (2011) Internal social responsibility and its impact on job commitment: Empirical study on Jordanian Cement Manufacturing Co. Int J Bus Manag 6(12):94–102

Baker M (2003) Corporate social responsibility. What does it mean? www.mallenbaker.net/csr/definition.php. Zugegriffen: 28. März 2016

Basu K, Palazzo G (2008) Corporate social responsibility: A process model of sensemaking. Acad Manag Rev 33(1):122–136

Bhattacharya CB, Sen S, Korschun D (2007) Corporate social responsibility as an internal marketing strategy. MIT Sloan Manag Rev (Fall):1–29. https://www.researchgate.net/publication/241561787_CORPORATE_SOCIAL_RESPONSIBILITY_AS_AN_INTERNAL_MARKETING_STRATEGY

Bhattacharya CB, Sen S, Korschun D (2008) Using Corporate Social Responsibility to Win the War for Talent. MIT Sloan Manag Rev 49(2):36–44

Bidwell M, Briscoe F, Fernandez-Mateo I, Sterling A (2013) The Employment Relationship and Inequality: How and Why Changes in Employment Practices are Reshaping Rewards in Organizations. Acad Manag Ann 7(1):61–121

Bundesministerium für Arbeit und Soziales (2012) Verbreitung, Entwicklung und Erfolgsfaktoren von Corporate Social Responsibility (CSR). Eine Expertenbefragung, 8. Oktober 2012, CSR-Preis der Bundesregierung. www.csr-preis-bund.de/fileadmin/user_upload/doc/pressemeldungen/121008_Expertenumfrage_SF.pdf. Zugegriffen: 28. März 2016

Chassagnon V (2014) Toward a Social Ontology of the Firm: Reconstitution, Organizing Entity, Institution, Social Emergence and Power. J Bus Ethics 124(3):197–208

Chin A (2010) Malaysian banks: Debt recovery, ethics and CSR. http://amrjournal.blogspot.de/search?q=CSR. Zugegriffen: 28. März 2016

Cornelius N, Todres M, Janjuha-Jivraj S, Woods A, Wallace J (2008) Corporate social responsibility and the social enterprise. J Bus Ethics 81(2):355–370

COSORE (2012) CSR der kleinen und mittleren Unternehmen in Deutschland (Fortsetzung): CSR der KMU im Großraum München. www.cosore.com/de/ra5_2.html. Zugegriffen: 11. Okt. 2012

van Dick R (2004) Commitment und Identifikation mit Organisationen. Hogrefe, Göttingen

DIN ISO 26000 (2011) Leitfaden zur gesellschaftlichen Verantwortung von Organisationen. Ein Überblick. Bundesministerium für Arbeit und Soziales, Berlin

Europäische Kommission (2001) GRÜNBUCH: Europäische Rahmenbedingungen für die soziale Verantwortung der Unternehmen. Europäische Gemeinschaft, Luxemburg

Ferreira P, Real de Oliveira E (2014) Does corporate social responsibility impact on employee engagement? J Workplace Learn 26(3/4):232–247

Hammann EM, Habisch A, Pechlaner H (2009) Values that create value: Socially responsible business practices in SMEs. Empirical evidence from German companies. Bus Ethics: A Eur Rev 18(1):37–51

Institut der deutschen Wirtschaft (2010) Corporate Social Responsibility: Strategie oder Marketing? www.iwkoeln.de/de/infodienste/wirtschaft-und-ethik/beitrag/53221. Zugegriffen: 6. März 2013

Knoepfel I (2001) Dow Jones Sustainability Group Index: A global benchmark for corporate sustainability. Corp Environ Strategy 8(1):6–15

Kok P, van der Wiele T, McKenna R, Brown A (2001) A corporate social responsibility audit within a quality management framework. J Bus Ethics 31(4):285–297

Korschun D, Bhattacharya CB, Sen S (2009) Using corporate social responsibility to strengthen employee and customer relationships. Adv Consumer Res (8):64–66. www.acrwebsite.org/volumes/14768/volumes/ap08/AP-08. Zugegriffen: 12. März 2017

Lindgreen A, Swaen V, Maon F (2009) Corporate social responsibility within the organization. Corp Reput Rev 12(2):83–86

Melynyte O, Ruzevicius J (2008) Framework of links between corporate social responsibility and human resource management. Forum Ware Int (1):23–34

Mory L (2014) Soziale Verantwortung nach innen. Dimensionen, Wirkungsbeziehungen und Erfolgsgrößen einer internen CSR. Springer Gabler, Wiesbaden

Mory L, Wirtz BW, Göttel V (2015) Factors of internal corporate social responsibility and the effect on organizational commitment. Int J Hum Resour Manag. doi:10.1080/09585192.2015.1072103

Mory L, Wirtz BW, Göttel V (2016) Corporate Social Responsibility Strategies – An Empirical Analysis. J Strategy Manag 9(2):172–201

Müller K, Spieß SO (2009) Mitarbeiterbindung und der Einfluss von CSR im interkulturellen Vergleich. Hr Today (9):5–7. www.hrtoday.ch/de/article/mitarbeiterbindung-und-der-einfluss-von-csr-im-interkulturellen-vergleich. Zugegriffen: 12. März 2017

Österreichisches Institut für Familienforschung der Universität Wien (2007) Unternehmerische Verantwortung für Familien? Eine ÖIF-Studie untersucht die CSR-Praxis von 15 Unternehmen in Österreich. www.oif.ac.at/service/zeitschrift_beziehungsweise/detail/?tx_ttnews%5Btt_news%5D=251&cHash=7fd328e18a2820e3efae3ba7c39266e7. Zugegriffen: 28. März 2016

Pfeffer J (2010) Building sustainable organizations: The human factor. Acad Manag Perspect 24(1):34–45

Tajfel H, Turner JC (1986) The social identity theory of intergroup behavior. In: Worchel S, Austin WG (Hrsg) Psychology of intergroup relations, 2. Aufl. Nelson-Hall Publishers, Chicago, S 7–24

Turker D (2009) How corporate social responsibility influences organizational commitment. J Bus Ethics 89(2):189–204

Vives A (2006) Social and environmental responsibility in small and medium enterprises in Latin America. J Corp Citizsh 21:39–50

Dr. Linda Mory hat Medienkommunikation an der Technischen Universität in Chemnitz studiert (Bachelor of Arts) sowie European Public Relations an der Leeds Metropolitan University in Großbritannien und am Dublin Institute of Technology in Irland (Master of Arts). Danach hat sie als Forschungsreferentin am Deutschen Forschungsinstitut für öffentliche Verwaltung gearbeitet und an der angegliederten Deutschen Universität für Verwaltungswissenschaften in Speyer am Lehrstuhl für Informations- und Kommunikationsmanagement promoviert (Dr. rer. pol.). Heute arbeitet sie im Bereich der Partner-Zertifizierung bei der SAP SE in Walldorf und hält in ihrer Freizeit Vorlesungen zu den Themengebieten „Integrierte Kommunikation", „Design Thinking" und „Betriebliche Personalarbeit" an verschiedenen Hochschulen und Universitäten.

Sensemaking und Sensegiving in der internen CSR-Kommunikation

Riccardo Wagner

1 Einleitung

Die Rolle von und die Kommunikation zu Mitarbeitern bei der Entwicklung und Umsetzung von Nachhaltigkeits- und Verantwortungsstrategien (hier im nachfolgenden kurz und synonym CSR, für Corporate Social Responsibility) wird in der Literatur zwiespältig behandelt.[1] Zum einen wird ausführlich betrachtet, dass Mitarbeitermotivation und -bindung wesentliche Faktoren sind, um Unternehmen zur Einführung einer CSR-Strategie zu veranlassen (Schmitt und Röttger 2011; Prexl 2010). Diese Motive lassen sich mitunter bereits vor gut hundert Jahren unter dem normativen Dach einer „Arbeitswelt mit Sinn" finden (Schultz 2011). Zum anderen werden in Praktikerbeiträgen, aber auch in der empirischen Forschung tatsächlich positive Korrelationen zwischen der Einführung von CSR-Praktiken und der tatsächlichen Mitarbeitermotivation gefunden und betont (Mory 2014; Schmidpeter 2015), wenngleich hier auch die Kausalität und exakten Dimensionen keineswegs immer eindeutig bestimmbar scheinen (Liebl 2011).

Ebenso wird betont, dass Mitarbeiter als Gesicht und Sprachrohr des Unternehmens wesentlich zur positiven Wahrnehmung der umgesetzten CSR-Maßnahmen bei Kunden und Geschäftspartnern beitragen (Coombs und Holladay 2012). Aus diesem Grund sollten die Mitarbeiter auch die primären Adressaten der CSR-Kommunikation sein (Morsing et al. 2008), wobei CSR auch durchaus zur Kontrolle und Beeinflussung der Mitarbeiter genutzt werden kann (Costas und Kärreman 2013).

---

[1] Der Artikel ist eine ausschnittsweise Kurzdarstellung der theoretischen Basis der aktuell laufenden Dissertation des Autors am Lehrstuhl für Kommunikationswissenschaften, Schwerpunkt Organisationskommunikation (Prof. Dr. Stefan Wehmeier) der philosophischen Fakultät der Ernst-Moritz-Arndt-Universität Greifswald zur Rolle der Internen Kommunikation für das CSR-Management.

R. Wagner (✉)
BetterRelations, AK CSR Kommunikation DPRG & DNWE
Von-Holte-Str. 11, 50321 Brühl, Deutschland
E-Mail: wagner@betterrelations.de

© Springer-Verlag GmbH Deutschland 2017
R. Wagner et al. (Hrsg.), *CSR und Interne Kommunikation*,
Management-Reihe Corporate Social Responsibility, DOI 10.1007/978-3-662-52871-6_3

Andererseits ist die explizite Adressierung und Analyse dieser Stakeholdergruppe in der Gesamtheit der CSR-Kommunikationsforschung kaum mehr als eine Randnotiz, verglichen mit der intensiven Betrachtung der CSR-Kommunikation gegenüber externen Stakeholdergruppen (Crane und Glozer 2016; Frynas und Yamahaki 2016; Dhanesh 2012). Das überrascht zunächst wenig, betrachtet man die generell immer noch untergeordnete, wenn auch wachsende Bedeutung der Internen Kommunikation in der Public-Relations(PR)- und Organisationskommunikationsforschung (Huck-Sandhu 2016).

Entsprechend muss festgestellt werden, dass in diesem Teilbereich deutliche Forschungslücken existieren, die sich sowohl auf die Mikroebene der Wahrnehmung, Konstruktion und Kommunikation von CSR bei den einzelnen Mitarbeitern als auch auf die Mesoebene der innerbetrieblichen Übersetzung und Aushandlung von CSR und deren An- und Rückbindung an die gesellschaftliche Makroebene beziehen (Wehmeier und Röttger 2011).

Um zur Schließung dieser Lücke beizutragen, führt der hier vorgestellte theoretische Forschungsansatz eine Entwicklungslinie innerhalb der Organisationskommunikationsforschung weiter, die unter Anschluss an Entwicklungen in der Organisationssoziologie in den letzten Jahren und Jahrzehnten einen stärkeren Fokus auf die Akteure und auf deren individuelle und kollektive interpretative und sinngebende Prozesse gerichtet hat. Damit setzt er sich von den eher strukturalistisch argumentierenden Erklärperspektiven ab, die zudem meist ein eher physikalisch-mechanistisches Kommunikationsverständnis im Sinne eines einfachen Kommunikationsmodells zugrunde legen, bei dem Kommunikation mehr als quasi-automatische Übertragung und Transport von Informationen betrachtet wird, denn als Prozess der Interpretation und Sinngebung der einzelnen Akteure (dazu ausführlicher Schultz und Wehmeier 2011).

Damit trägt der Ansatz der Forderung Rechnung, dass es in der Betrachtung von CSR einen Bedarf an kommunikationszentrierten Arbeiten gibt, die helfen, CSR als kontinuierliche Aktivität zu verstehen, durch welche Individuen und Organisationen „ergründen, konstruieren, verhandeln und anpassen, was es bedeutet eine gesellschaftliche verantwortliche Organisation zu sein" (Christensen und Cheney 2011, S. 491) oder anders ausgedrückt:

> Es gibt einen Bedarf besser zu verstehen, was Kommunikation mit CSR und was CSR mit Kommunikation macht (Crane et al. 2015, S. 2).

Dazu wird der hier vorgeschlagene theoretische Rahmen, basierend auf zunächst zwei zentralen Sensemaking-Theorien, Aufschluss über mögliche Ansätze zur Untersuchung der mit der Institutionalisierung von CSR verbundenen kognitiven, informativen und narrativen Prozesse geben.

Abschließend soll auf dieser theoretischen Fundierung aufbauend kurz aufgezeigt werden, welche neuen theoretischen und praktischen Perspektiven sich daraus für die Forschung zur Internen Kommunikation von CSR ergeben.

2 Was macht Kommunikation mit CSR und CSR mit Kommunikation?

Der Artikel befasst sich mit der Untersuchung der Institutionalisierung von Unternehmensverantwortung durch Interne Kommunikation und der damit verbundenen Sensemaking- und Sensegiving-Prozesse auf individueller und kollektiver Ebene.

Das Interesse der Praxis an How-to-Anleitungen zur Entwicklung erfolgreicher CSR-Strategien und deren passgenauer kommunikativer Begleitung, die Mitarbeiter einsichtig stimmt, motiviert und zu Engagement im Sinne des Unternehmens anregt, ist naturgemäß groß. Doch auch hier gilt, dass vor der Handlung sinnvollerweise ein Verstehensprozess stattfinden muss. Wie geschildert, gibt es jedoch im Verständnis der Übersetzungs-, Wahrnehmungs- und Aushandlungsprozesse (Schultz und Wehmeier 2010), die bei der Institutionalisierung von CSR durch Interne Kommunikation im Unternehmen ablaufen, erhebliche Lücken.

Dies speist sich nicht nur aus dem Umstand, dass wir es bei CSR mit einem sich ständig verändernden und beweglichen Ziel zu tun haben (vgl. Christensen et al. 2013), sondern auch, weil sich durch die massiven Veränderungen des kommunikativen Umfelds, z. B. durch digitale Medien, die Rahmenbedingungen und Beziehungen der Organisationen zur Umwelt als auch die Beziehungen der Organisation zu ihren Mitarbeitern zum Teil massiv verändern (Castelló et al. 2013). So ist allein die Beschreibung der Einflussmöglichkeiten und Grenzen der Internen Kommunikation immer schwerer möglich. Gleichzeitig erhöht sich die Transparenz der Unternehmen und verändert damit auch auf der Beziehungsebene das Kommunikations- und Vertrauensverhältnis zwischen Mitarbeiter und Unternehmen. Wobei hier im Folgenden unter Interner Kommunikation, der Definition von Szyszka und Malczok (2016) folgend,

> alle Prozesse formeller, informeller und darauf bezogener instrumenteller Kommunikation verstanden [werden], die sich innerhalb der Strukturen eines Organisationssystems vollziehen und die Kopplung von Struktur und Mitgliedern als Kommunikation und Beziehungen beeinflussen.

In der Theorie des Neo-Institutionalismus werden Institutionen als gesellschaftliche Regeln, Routinen und Normen verstanden, die kollektiv Sinn geben (Sensegiving) und die von Unternehmen in der Absicht, Legitimität zu erhalten, befolgt werden (DiMaggio und Powell 1983; Meyer und Rowan 1977). Die Verinnerlichung und Umsetzung dieser Regeln wird meist als eine Art Diffusionsprozess verstanden, bei dem die Empfängerperspektive unterbelichtet bleiben muss. Durch die Verbindung mit den Ansätzen aus der Sensemaking-Perspektive wird dieses Bild vervollständigt und versteht die Institutionalisierung eher als Übersetzungs- und Aushandlungsprozess. Institutionalisierung wird, dieser Idee folgend, hier nachfolgend als „Zusammen- und Wechselspiel zwischen (kommunikativen) Handlungen, Bedeutungen und Akteuren und deren gemeinsamer Beobachtung und Erwartungen" (Schultz und Wehmeier 2010, S. 13) verstanden. Bereits Berger und Luckmann (1969) haben festgestellt, dass Institutionalisierung stattfindet, „sobald habitualisierte Handlungen durch Typen von Handelnden reziprok typisiert werden" (Berger und Luckmann 1969, S. 58) und haben dabei auch die Gebundenheit an Sprache und Kommunikation betont.

Zu den zentralen Fragestellungen müssen somit Betrachtungen gehören, die sich mit der kommunikativen Übersetzung, der innerorganisationalen sprachlichen Aushandlung und Sinnstiftung von CSR auf der Mesoebene wie auch mit den auf der Mikroebene ablaufenden Sinngenerierungsprozessen befassen (Golob et al. 2014). Wer diese Prozesse verstehen will, muss die Kommunikation (Cornelissen et al. 2015) und die kommunikativen Akteure ins Zentrum der Untersuchung rücken.

> Hier können die Kommunikationswissenschaften ihre Stärken ausspielen: Indem sie ihre Forschungsanstrengungen nicht so sehr auf die kommunizierende Organisation konzentriert, sondern die Ebene der Bedeutungsaushandlung einbezieht und den Diskurs über CSR auf den Ebenen der Organisation, der Gesellschaft und der Individuen empirisch [...] erforscht (Schultz und Wehmeier 2011, S. 388).

Dieser Ansatz baut auf die Perspektive eines konstruktivistischen Verständnisses von Kommunikation und die Nutzbarmachung organisationssoziologischer und organisationspsychologischer Ansätze, die helfen, die kollektive und individuelle Ebene der Bedeutungsaushandlung und Generierung zu beschreiben.

CSR-Kommunikation sollte in einem umfassenden Modell dargestellt werden, das Kommunikationsprozesse auf allen Ebenen umfasst. In der Mikro-Dimension müsste CSR-Kommunikation aus einer empfängerorientierten Perspektive dargestellt werden, die nicht nur auf traditionellen Forschungen zur Medienwirkung aufbaut, sondern Ansätze inkludiert, die Sinngenerierung und Wahrnehmung aus verschiedenen Disziplinen, wie Sozialpsychologie und Linguistik beinhalten. Eine solche Perspektive könnte offenlegen, wie Individuen Unternehmensgeschichten und andere Erzählungen interpretieren und sie daraus Sinn generieren in ihrer jeweils spezifischen Situation, die beeinflusst wird durch persönliches Wissen und Erfahrungen (Schultz und Wehmeier 2011, S. 482).

3 Sensemaking, Sensegiving und CSR

Unternehmen bringen Menschen mit vielfältigsten Kenntnissen und Erfahrungen zusammen. Diese Menschen bzw. Mitarbeiter sollen durch ein strukturiertes System in die Lage versetzt werden, die Ziele der Organisation verfolgen zu können und zu wollen. Um das erfolgreich tun zu können, bedarf es einer Vielzahl ineinandergreifender Prozesse und eines gemeinsamen Verständnisses (Sinn) der Ziele des Unternehmens, der Unternehmenskultur und der Unternehmensstrategie, sodass sinnvolles gemeinsames Arbeiten möglich wird (Weick 1995).

Im Zentrum dieses Prozesses von „Sinn herstellen/generieren" (Sensemaking) und „Sinn geben/stiften" (Sensegiving) steht immer Kommunikation (van Vuuren und Elving 2008).

Das gilt insbesondere für Veränderungsprozesse (Mills 2006, 2009) und damit auch für das Management von CSR und die interne CSR-Kommunikation (Rama et al. 2009; Richter 2011; Christensen et al. 2013). „Kommunikation stellt die Mittel zur Umsetzung der Prozesse zur Verfügung und auch die Mittel zur Sinngenerierung aus diesen Erfahrungen" (Mills 2009, S. 911), und „wenn wir verstehen, wie Menschen Sinn machen aus Organisationskommunikation, berühren wir die innerste Essenz der organisationalen Realität [...] Sinn ist dabei immer gebunden an soziale Vermittlung und Sprache" (Wetzel 2005).

Sensemaking wird deshalb im Folgenden als Prozess verstanden, der

> stattfindet, wenn widersprüchliche Hinweise/Reize (cues), die fortlaufende Tätigkeiten eines Menschen unterbrechen (gap). [Sensemaking] beinhaltet die retrospektive Entwicklung plausibler Erklärungen, die die Handlungen des Menschen vernünftig begründen (Maitlis und Sonenshein 2010, Übersetzung d. A.).

Mithilfe von Sensemaking strukturieren Individuen das Unbekannte. Die zentralen Fragen der Sensemaking-Forschung fragen danach,

> wie sie konstruieren, was und warum und mit welchem Effekt sie dies tun (Weick 1995, S. 4, Übersetzung d. A.).

Sensemaking (Abb. 1) bedeutet Verknüpfung, denn der Inhalt von Sinnstiftung wird

> von zwei Elementen und deren Verbindung bestimmt. Das aktuelle Element ist der Indikator (Cue) einer Situation, das Vergangene ist ein aus Sozialisation hervorgegangener Bezugsrahmen (frame of reference). Mit Indikator, Rahmen und der Verbindung zwischen beiden liegt die kleinste mögliche Sinnstruktur vor. Die Aktivität der Sinnstiftung besteht nun darin, dem jeweiligen Indikator passende, angemessene Bezugsrahmen zuzuordnen, innerhalb derer sie Bedeutung erhalten (Wetzel 2005, S. 184).

Sensegiving als Teil der zirkulären innerorganisationalen Bedeutungsaushandlung wird dazu komplementär als Prozess verstanden, der „mit dem Versuch beschäftigt ist, das Sensemaking und die Bedeutungskonstruktion anderer Personen in Richtung einer bevorzugten Neudefinition der organisationalen Realität zu beeinflussen" (Gioia und Chittipeddi 1991, S. 442). Dazu gehört unter anderem die offizielle interne (CSR)-Kommunikation

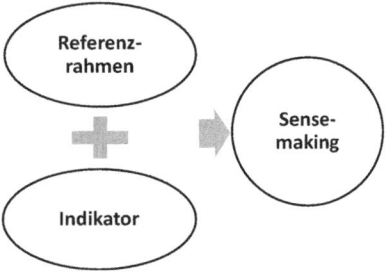

Abb. 1 Elemente der Sinnstiftung

im Sinne des internen Kommunikationsmanagements (Abgrenzung siehe Szyszka und Malczok 2016).

Wie Gioia und Chittipeddi (1991) in ihrer einflussreichen Arbeit feststellten, sind Sensemaking und Sensegiving zwei Seiten derselben Medaille (Rouleau 2005). Der von ihnen beschriebene vierstufige Prozess aus 1) Envisioning (Sensemaking), 2) Signaling (Sensegiving), 3) Revisioning (Sensemaking) und 4) Energizing (Sensegiving) bei der Entwicklung einer organisationalen Change-Strategie macht deutlich, dass wir es bei strategischen Veränderungsprozessen immer mit einem wechselseitigen und zirkulären Verstehens- und Beeinflussungsprozess zu tun haben. Deshalb dürfen wir auch bei der Untersuchung der Institutionalisierung von CSR durch Interne Kommunikation nicht von einfachen Modellannahmen und Kommunikationsflüssen von oben nach unten ausgehen, weil auf jeder Stufe des Sensemaking/Sensegiving-Zyklus alle Stakeholder der Organisation sowohl verstehen und interpretieren, als auch aktiv beeinflussen (vgl. Gioia und Chittipeddi 1991, S. 443).

Trotz aller relativen Übereinstimmung in den geschilderten Grundannahmen über Sensemaking existiert zu diesem Themenbereich kein wirkliches konsistentes und einheitliches Theoriegebäude. Seit den 1970er-Jahren ist eine sehr große Zahl von Beiträgen und Forschungen entstanden, die sich explizit und implizit mit der Sinngenerierung und Sinnstiftung von Menschen, meist in Zeiten von Krisen oder Wandel, befasst: ein Gutteil davon in der Management- und Organisationsforschung, die sich bis zum heutigen Tage mit zunehmender Intensität mit diesen Ansätzen auseinandersetzt (dazu ausführlicher Maitlis und Christianson 2014), auch in Verbindung mit der empirischen CSR-Forschung (beispielsweise Angus-Leppan 2010, van der Heijden et al. 2010; Richter und Arndt 2016). In der Kommunikationswissenschaft ist Sensemaking im Zuge der oben geschilderten konstruktivistischen Theorienströmungen angekommen (beispielsweise Ziek 2009; Schultz und Wehmeier 2010; Schultz und Wehmeier 2011; Cornelissen und Clarke 2010), aber in der empirischen Forschung bisher nur in Ansätzen berücksichtigt.

Den größten und nachhaltigsten Einfluss hat hier sicherlich die Theorie des organisationalen Sensemaking[2] von Karl E. Weick hinterlassen (siehe u. a. Weick 1985, 1995, 2001, 2009; Weick et al. 2005), die auch für den hier zu skizzierenden Ansatz am wesent-

---

[2] Grundsätzlich hat Sensemaking in der Forschung einen breiten Wiederhall gefunden, sodass sich im Anschluss, insbesondere an Weick und Dervin eine Vielzahl weiterer Ansätze und Fortführungen entwickelt haben. Diese können hier aus Platzgründen nicht weiter vorgestellt werden, bieten aber weitere wertvolle Hinweise und Ansatzpunkte für neue Fragestellungen in der kommunikationswissenschaftlichen Arbeit. Beispielhaft hierfür seien genannt: Allard-Poesi 2005, Basu und Palazzo 2008, Balogun und Johnson 2004, Balogun und Johnson 2005, Bartunek et al. 1999, 2006, Cheuk und Dervin 2011, Chun 2014, Cramer et al. 2006, do Nascimento Souto et al. 2012, Ericson 2001, Fiss und Zajac 2006, Greve 2011, Hill und Levenhagen 1995, Kezar 2012, Angus-Leppan et al. 2010, Maitlis 2005, Maitlis und Lawrence 2007, Maitlis und Sonenshein 2010, Mills 2006, Mills 2009, Neill et al. 2007, Nijhof und Jeurissen 2006, Pater und van Lierop 2006, Rouleau 2005, Rouleau und Balogun 2011, Schouten und Remmé 2006, Schultz und Wehmeier 2010, Sonenshein 2007, van der Heijden et al. 2010, van Vuuren und Elving 2008, Weber und Glynn 2006. Für weitere Hinweise siehe auch Maitlis und Christianson 2014.

lichsten sein wird. Es gibt jedoch noch eine ganze Reihe weiterer Sensemaking-Ansätze, die mitunter auch nur den Wortlaut gemeinsam haben. Dennoch lassen sich, insbesondere für die hier formulierte Forschungsperspektive, aus anderen Sensemaking-Theorien und Ansätzen wertvolle Ideen und Fragestellungen mitnehmen. Deshalb wird hier zunächst ein weiteres anschlussfähiges Sensemaking-Konzept integriert, um so im Sinne einer Triangulation einen ganzheitlicheren Blick auf die Forschungsfragestellung zu erhalten.

Die weitere Theorie ist Brenda Dervins empfängerorientierte, eher mikroperspektivisch ausgerichtete Herangehensweise (siehe u. a. Dervin 1998, 1999; Dervin und Foreman-Wernet 2003; Reinhard und Dervin 2011). Diese wurde unter dem Namen Sense-Making-Methodologie entwickelt, die vor allem wegen ihrer ausdrücklich kommunikativen Sichtweise auf ein kommunikatives Problem für die intendierte Untersuchung interessanten Mehrwert verspricht. Nicht näher erläutert wird hier ein dritter möglicher Theoriestrang: David Snowdens Cynefin-Sensemaking Modell (siehe u. a. Snowden 1999, 2000a, 2000b, 2002, 2010; Snowden und Boone 2007). Dieser kann jedoch für eine ausführlichere Ausarbeitung, vor allem aufgrund seiner ausdrücklichen Fokussierung auf Narrative (für einen Vergleich der Sichtweise Weicks und Snowdens, siehe auch Browning und Boudés 2005) sowie aufgrund seiner Berücksichtigung der Auswirkungen eines, auch im CSR-Themenfeld gegebenen, komplexen, adaptiven Managementumfelds interessant sein.

Insgesamt ergibt sich so eine breite und fruchtbare Theoriebasis, die durch die Ableitung vielfältiger empirischer Fragen in der qualitativen, aber auch in der quantitativen Forschung reichhaltigen Erkenntnisgewinn verspricht. Ein erster Versuch dazu soll im Folgenden unternommen werden, ausgehend von einer kurzen Analyse zweier einflussreicher Sensemaking-Ansätze und einer darauf aufbauenden Darstellung möglicher Forschungsansätze. All das in der Hoffnung, dass Sensemaking und seine Anwendung für CSR neue Wege eröffnet, die neue Einsichten bietet in das, was „möglicherweise CSR-Aktivitäten auslöst und formt" (vgl. Basu und Palazzo 2008, S. 5).

Weitere Sensemaking-Theorien, die zum einen eher aus der empirischen und theoretischen Betrachtung der individuellen (Experten-)Entscheidungsfindung (Naturalistic Decision Making) abstammen, wie etwa die Data-Frame Theory (Klein et al. 2006a, 2006b; Moore und Hoffman 2011), zum anderen aus der Erforschung der technisch-kognitiven Interaktion zwischen Mensch und Computer (HCI – Human-Computer Interaction; Russel et al 1993; Pirolli und Russel 2011), versprechen zwar durchaus interessante Anknüpfungspunkte und sollten durchaus genug Anlass geben, um in der weiteren kommunikationswissenschaftlichen Forschung auf ihre Fruchtbarkeit untersucht zu werden, vor allem bei einer stärkeren Fokussierung auf die Mikroebene. Sie wurden aber hinsichtlich der hier dargestellten Erkenntnisabsicht zunächst als weniger zweckmäßig eingeordnet.

3.1 Organisationales Sensemaking nach Karl Weick

> Sensemaking ist genau das was es ist, nämlich aus etwas Sinn machen, Sensemaking sollte wörtlich und nicht metaphorisch verstanden werden (Weick 1995, S. 16, Übersetzung d. A.).

So einfach und kurz bringt Karl E. Weick die Idee des Sensemaking zu Beginn seines bahnbrechenden Werkes „Sensemaking in Organizations" auf den Punkt, der aber besser als Doppelpunkt verstanden werden sollte. Denn natürlich verbergen sich hinter diesem simplen Gedanken unzählige Fragen, Ideen und Impulse vor dem Hintergrund der kognitiven Organisationstheorie, auf deren Grundfesten Weick sein einflussreiches Werk errichtet hat (dazu ausführlicher Wetzel 2005). Die Kernfragen dabei sind: Was sind Auslöser von Sinnstiftung und Sinngenerierung? Wie lässt sich Sinn und Sinnstiftung charakterisieren? Kann man keinen Sinn generieren? Welche Prozesse, Wechselwirkungen und Medien sind mit welchem Effekt notwendig oder involviert? Dazu Weick: Organisationelles Sensemaking befasst sich zuallererst mit der Frage: Wie wird etwas zu einem Ereignis für das Organisationsmitglied? Zweitens befasst sich Sensemaking mit den Fragen: Was bedeutet das Ereignis? Was ist hier die Geschichte? Diese Fragen haben die Kraft, das Ereignis real werden zu lassen und die anschließende Frage „Was soll ich tun?" hat die Kraft, Bedeutung real werden zu lassen, die stabil genug ist, um Menschen handeln zu lassen (vgl. Weick et al. 2005, S. 410).

Das sind Fragen, die sich auch vielfältig an die Umsetzung einer CSR-Strategie und die CSR-Kommunikation anschließen lassen. Wie reagieren Unternehmen und Mitarbeiter auf gesellschaftliche Erwartungen? Wie bewerten Mitarbeiter den Einfluss einer zu entwickelnden oder bereits verabschiedeten CSR-Strategie oder Maßnahme auf ihre Tätigkeit? Was wird diskutiert? Welche Geschichten erzählt? Wer schlüpft in welche Rolle? Was bewegt und berührt die Mitarbeiter bei so emotionalen Themen wie Nachhaltigkeit und gesellschaftliche Verantwortung? Welche Informationen, Medien und Hilfsmittel benötigen Organisationen und ihre Mitarbeiter wirklich?

Bevor diese Mechanismen nicht genauer erforscht sind, ist vieles ein bloßes Fischen im Trüben. Es bleibt allein der Rückgriff auf die üblichen Heuristiken mit den üblichen Erfolgsaussichten. Weick zeigt mit seiner Sensemaking-Theorie reichhaltige Anknüpfungspunkte, um sich diesen Fragen wissenschaftlich fundiert zu nähern.

3.1.1 Organisation als Mythos

Für Weick ist eine Organisation keineswegs etwas Festgefügtes und Stabiles. Für ihn bestehen Organisationen vornehmlich aus verknüpften Handlungen, die, um Mehrdeutigkeiten zu reduzieren, mit Sinn belegt sind. Eine Organisation besitzt danach nicht per se Sinn, sondern produziert ihn ständig im „Prozess des Organisierens" durch den Aufbau von Sinnbezügen über interdependente, ineinandergreifende Verhaltensweisen (vgl. Weick 1985).

> Das Wort Organisation ist ein Substantiv, und es ist außerdem ein Mythos. Wenn Sie nach einer Organisation suchen, werden Sie sie nicht finden. Was Sie finden werden, ist, dass

miteinander verbundene Ereignisse vorliegen, die durch Betonwände hindurchsickern; und diese Sequenzen, ihre Pfade und ihre zeitliche Ordnung sind die Formen, die wir fälschlich in Inhalte verwandeln, wenn wir von Organisationen reden (Weick 1985, S. 129).

Sein Organisationsprozessmodell besteht, ausgehend vom ökologischen Wandel, der einen Impuls setzt, aus den Schritten Gestaltung (Enactment), Selektion und Retention. Versinnbildlicht wird dieser Prozess durch den ikonografischen Satz „Wie kann ich wissen, was ich denke, bevor ich höre, was ich sage?" (Weick 1985, S. 195 ff.), der auch zum Rezept der Sensemaking-Theorie wurde. Mehrdeutige Aussagen in Organisationen (Gestaltung) werden retrospektiv mit Sinn versehen (Selektion) und der so generierte Sinn wird anschließend als Wissen gespeichert (Retention), wobei es zwischen den einzelnen Elementen auch Rückwirkungen und zirkuläre Verbindungen gibt. Während bei der Theorie des Organisierens noch die Frage im Mittelpunkt steht, wie Unternehmen mit mehrdeutigen Umweltinformationen umgehen, nämlich durch eine „mehrstufige, Sinn generierende Organisationsroutine" (Wetzel 2005, S. 177), geht die Sensemaking-Theorie der Frage nach, welche Umstände, Elemente, Formen, Ebenen und Konsequenzen bei der Generierung von Sinn zum Tragen kommen.

3.1.2 Sinn als Ausgangspunkt des organisationalen Handelns

Sensemaking wird dabei als Prozess verstanden, der Situationen und Umstände explizit durch Sprache, vor allem Narrationen, verstehbar macht und als Ausgangspunkt für weitere Handlungen dient (Weick et al. 2005). Sensemaking beinhaltet somit die fortlaufende retrospektive Entwicklung plausibler Vorstellungen, die eine rationale Erklärung dafür liefern, was Menschen tun oder lassen. Dabei geht Weick von einem kontinuierlichen Ereignisstrom aus, der von Mehrdeutigkeiten und einer Mehrzeitlichkeit geprägt ist. Um diesem Zuviel an Informationen Herr zu werden, ist die erste kognitive Leistungen die „Punktierung und Grammatikalisierung" (Wetzel 2005, S. 167) dieses Stroms. Deshalb ist Sensemaking ausdrücklich von reiner Interpretation zu unterscheiden, denn es handelt sich hier ebenso sehr um aktive Gestaltung von Kontexten als auch um deren Deutung (Weick 1995, S. 6 ff.). So entscheiden Menschen aktiv, welche Indikatoren („cues") aus den vielfältigen Informationsangeboten als relevant („framing"/„bracketing" als Teil der Gestaltung/Enactment) wahrgenommen werden und bringen diese mit den vorhandenen Erfahrungen, Erwartungen und Referenzrahmen zusammen. Wie bereits erläutert, ist der Kern des Sensemakings genau diese Verknüpfung zweier Elemente. Notwendig wird diese (neue) Verknüpfung immer dann, wenn Erwartungen enttäuscht werden, überraschende oder irritierende Begebenheiten eine fortlaufende Tätigkeit unterbrechen und die Verknüpfung Voraussetzung wird, um weitermachen zu können. Wer Sensemaking verstehen will, muss deshalb vor allem verstehen, wie Menschen mit Unterbrechungen („gaps") umgehen (Weick 1995, S. 5). Dieser Gedanke ist, wie noch sichtbar werden wird, eine zentrale Brücke zwischen den Ansätzen von Weick und Dervin.

Nimmt man den Gedanken des zentralen Sensemaking oder Organisationsrezepts wieder auf, lässt sich der Sensemaking-Prozess zusammenfassend so beschreiben:

… „Wie kann ich wissen was ich denke …" bezeichnet das Ergebnis, die Folge einer „Sinnstiftungsanstrengung". Damit ist die gespeicherte „Landkarte" einer fertigen gestalteten Umwelt gemeint. Der Term „… bevor ich sehe …" zielt auf den Selektionsprozess und damit die Aktivität der Punktierung, Grammatikalisierung und Ordnung von Ereignissen. Die Aktivität des Sehens bedeutet das Organisieren von Rohdaten aus Buchstaben und Wörtern in einer sinnstiftenden, vernünftigen Weise. Der Enactment-Prozess wird mit der Sequenz „… was ich sage" angesprochen (Wetzel 2005, S. 176, Hervorhebung im Original).

Sensemaking bezieht sich dabei nicht nur auf lebensverändernde Umstände und Umbrüche, im Gegenteil:

> Organisationales Leben entspringt ebenso dem Unscheinbaren, Kleinen, Relativen, Mündlichen und Momentanen, wie dem Auffälligen, Großen, Gehaltvollen, Geschriebenen, Grundsätzlichen und Nachhaltigen. Mit der Idee des Sensemaking zu arbeiten heißt, zu erkennen, dass Unauffälligkeit nicht gleichzusetzen ist mit Unbedeutsamkeit. Unscheinbare Strukturen und kurze Momente können große Konsequenzen haben (Weick et al. 2005, S. 410, Übersetzung d. A.).

Das ist ein Gedanke, der auch für die methodische Umsetzung in der empirischen Forschung von Bedeutung ist, denn auch in der Umsetzung von CSR in einer Organisation steht keineswegs immer nur die Grundsatzrede des Vorstandes auf der jährlichen Hauptversammlung im Mittelpunkt oder die Veröffentlichung des großen GRI-Nachhaltigkeitsberichts.

3.1.3 Sinnstiftungskontexte

Bei der Betrachtung der organisationalen Sinnstiftung unterscheidet Weick insgesamt drei Kontexte oberhalb der intraindividuellen, kognitiven Ebene des Mitarbeiters, also seinen Gedanken. Daran schließt sich die intersubjektive Ebene an, die eine Abstraktionsstufe höher liegt und auf der der Austausch von zwei oder mehreren Individuen auf einer eher informellen und direkten Art und Weise stattfindet und bei dem bereits soziale Realitäten geschaffen werden. Hierzu zählt das Gespräch in der Kaffeeküche, aber auch der direkte persönliche E-Mail-Verkehr zwischen Kollegen. Anders sieht es auf der nächsthöheren Ebene, der generisch subjektiven Ebene, aus. Diese Abstraktionsebene löst das konkrete Selbst des Mitarbeiters auf. Hier wird vom Individuum abstrahiert, stattdessen treten an diese Stelle soziale Strukturen, die sich zum Beispiel in habitualisierten ineinandergreifenden Verhaltensweisen äußern.

> Intersubjektivität ist größtenteils irrelevant (es sei denn, wenn Gaps geschlossen werden müssen), wenn Artefakte, wie beispielsweise standardisierte Verhaltensanweisungen eine generische Subjektivität herstellen, die es erlaubt, dass Menschen sich gegenseitig ersetzen und deren Verhaltensweisen und Bedeutungen annehmen können (Weick 1995, S. 71, Übersetzung d. A.).

Die deutlichere Ausarbeitung der organisationellen Ebene in deren Integration in das Sensemaking-Konzept unterscheidet Weicks Ansatz deutlich von beispielsweise Dervins

Abb. 2 Sinnstiftungskontexte. (Nach Karl E. Weick)

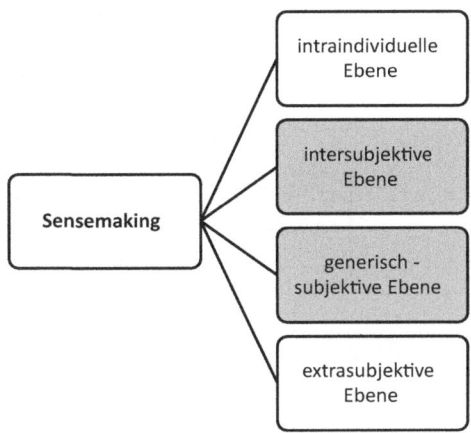

Sense-Making-Methodologie. Weick zufolge sind Interaktionen, die zum Ziel haben Unsicherheiten zu beseitigen, immer ein Mix aus intersubjektiven und generisch subjektiven Handlungen, „was so etwas wie ein Kennzeichen des organisationellen Sensemaking im Allgemeinen ist" (Weick 1995, S. 71). Beide Ebenen stehen dabei auch für das Spannungsverhältnis zwischen relativ autonomem Verhalten und managerialer Überwachung und Routine, die auf Austauschbarkeit und Formalisierung ausgerichtet und damit auch für die Spannung zwischen Innovation und Kontrolle verantwortlich ist. Das Management dieses Übergangs- und Spannungsverhältnisses ist somit auch ein wesentliches Element des organisationalen Handelns und Sensemakings (Weick 1995, S. 72 f.). Besonders wichtig wird dieser Herausforderung in komplexen Managementumgebungen. Zudem lassen sich hier auch für die empirische Forschung vielfältige Fragen und Beobachtungshinweise ableiten, die sich bei der Aushandlung und Umsetzung von CSR-Managementmaßnahmen anwenden lassen. Der Grund: Auch hier gilt es, die Innovationskraft und Eigenverantwortlichkeit des einzelnen Mitarbeiters zu stärken und gleichzeitig das effektive kollektive Handeln möglichst risikoarm umzusetzen. Als letzte Ebene, anschließend an die organisationalen Ebenen, findet sich die extrasubjektive Ebene der „puren Bedeutung" (Weick 1995, S. 72) als Ebene der symbolischen Realitäten und kulturellen Ideen (Abb. 2).

3.1.4 Charakteristika des Sensemakings

Bei der Charakterisierung des Sensemakings fokussiert Weick auf insgesamt sieben Eigenschaften (Abb. 3).

Als zentrales Element des Sensemaking-Prozesses sieht Weick die persönliche Identitätskonstruktion. Erst durch die Abgrenzung zur Umwelt weiß eine Person, wer sie ist und kann bestimmen, was um sie herum stattfindet. Betrachtet man das Sensemaking auf organisationaler Ebene, eröffnen sich hier vor allem aus zwei Gründen Schwierigkeiten für die Mitarbeiter bei der Absicherung des Selbstkonzeptes. Zum einen sind die eigenen Bedürfnisse ein wichtiger Referenzpunkt, zum anderen können Individuen sehr wohl auch Agenten der Organisation und damit auch zum Träger der organisationalen

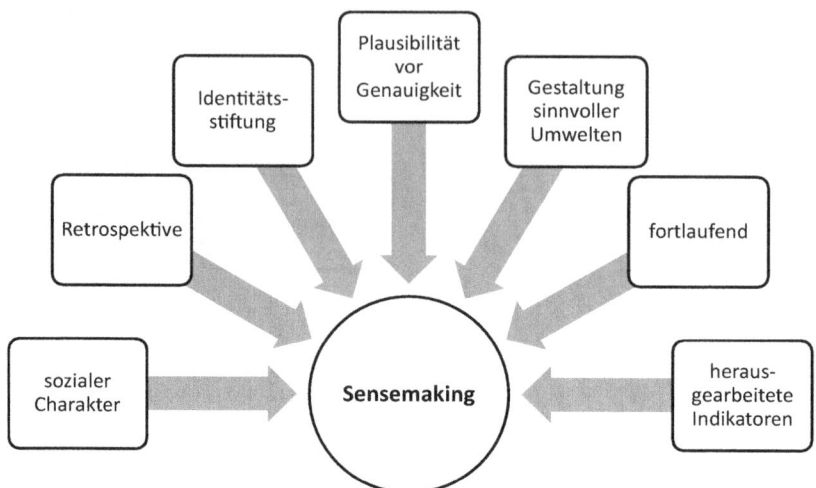

Abb. 3 Die sieben Eigenschaften des Sensemakings. (Nach Karl E. Weick)

Identität werden. Aus diesem Grund wird das Selbstbild davon bestimmt, wie sich die Mitarbeiter selbst sehen, wie sie die Organisation sehen, aber auch wie die Organisation von Außenstehenden gesehen wird; ein Umstand, der auch in der Betrachtung der Institutionalisierung von CSR durch IK von Bedeutung ist und zeigt, dass hier sowohl Mikro- und Mesolinks wie auch die Verbindung zur Makroebene relevant ist (vgl. Schultz und Wehmeier 2010).

Ein weiteres Charakteristikum ist Vergangenheitsgebundenheit, denn Sensemaking wirkt nachrationalisierend, bei der einzelne und kollektive Handlungen im Nachhinein mit Bezügen versehen werden, die eine Legitimation erlauben.

Als drittes Charakteristikum macht Weick den Umstand aus, dass Menschen über Sensemaking eine für sich sinnvolle Umwelt gestalten (Enactment) und damit ins Leben rufen. Diese Gestaltung vollzieht sich durch die bewusste Einklammerung („bracketing") von Ereignissen, wie zuvor bereits beschrieben.

> Wenn Menschen einklammern, handeln sie, also ob es da draußen etwas Bestimmtes gäbe, was es zu entdecken gilt. Sie handeln dabei wie Realisten, vergessen aber den Nominalisten in sich, der a apriori Annahmen und Erwartungen nutz um etwas zu „finden" (Weick 1995, S. 35, Übersetzung d. A., Hervorhebung im Original).

Ein wesentlicher Faktor für das Sensemaking in Organisationen ist die Gebundenheit an soziale Prozesse. So sind auch unsere innerpsychischen Prozesse stets eingebettet in soziale Interaktionen und „Kognition findet demnach nicht ‚in' uns, sondern ‚zwischen uns' statt" (Wetzel 2005, S. 180, Hervorhebung im Original). Dabei ist nicht einmal die physische Anwesenheit anderer Personen vonnöten.

Weiterhin ist Sensemaking für Weick ein „ongoing process" inmitten eines permanenten Daseinsstromes. Dieser wird besonders dann offensichtlich, wenn er scheinbar unterbrochen wird.

> Die Unterbrechung eines Flusses geht typischerweise mit einer emotionalen Reaktion einher, welche dann den Weg ebnet für Gefühle, die das Sensemaking beeinflussen (Weick 1995, S. 45).

Menschen sind dabei nur bis zu einem gewissen Grad der Umwelt ausgeliefert und können nicht zuletzt durch Sprache eine gewisse Gestaltungsfähigkeit gewinnen, denn sprechen heißt immer auch unterbrechen und strukturieren (vgl. Wetzel 2005).

Wer Sensemaking untersucht, der muss zudem auf das sechste Charakteristikum des Sensemakings achten: die Rolle der herausgestellten Indikatoren („cues"). Ein „cue" ist ein einzelner, singulär wahrgenommener Eindruck. Es gilt also explizit darauf zu achten, was Menschen wahrnehmen, extrahieren und dasselbe für sich vereinnahmen.

Als abschließendes Kriterium führt Weick den Gedanken ein, dass Plausibilität im Sensemaking weitaus wichtiger ist denn Genauigkeit und Präzision. Hintergrund dabei ist der vorher eingeführte Ansatz der „bounded reality" sowie der Umstand, dass alle organisationalen Handlungen immer in einem Spannungsverhältnis zwischen Zeit/Geschwindigkeit und Genauigkeit stattfinden, wobei Geschwindigkeit meist die Oberhand gewinnt, denn das eigentliche Ziel des Sensemakings ist die Wiederherstellung der Handlungsfähigkeit. Hier spielt auch Narration eine wesentliche Rolle.

3.1.5 Die Vokabularien des Sensemakings

Weicks Theorie bietet über die Charakteristika hinausgehend auch konkrete Ansatzpunkte zu den eigentlichen Inhalten, die das Sensemaking beeinflussen. Die Bedeutung der Indikatoren („cues") sowie des individuellen Bezugsrahmens wurden in diesem Zusammenhang bereits betrachtet. Die Vokabularien des Sensemakings stellen hier eine Konkretisierung des letzteren dar. Diese lassen sich somit als „konsistente Sets von Heuristiken" (Wetzel 2005, S. 185) verstehen, aus denen der Inhalt des Sinns gebildet wird. Die Begrifflichkeit „Vokabularien" soll dabei auf die Gebundenheit an sprachliche Symbole und Zeichensysteme hinweisen (Abb. 4). Diese Rahmen sind ständig und überall zu finden und durchdringen Organisationen und soziale Settings. Nach Weick zählen hierzu Ideologien, die Kontrolle dritter Ordnung, Paradigmen, Handlungstheorien, Traditionen und selbstverständlich auch Narrationen und Stories.

Ideologien sind dabei (verbindende) Überzeugungen, Werte und Normen in einem eher abstrakten und weitgreifenden Sinne und können auch als Wortschatz der Gesellschaft verstanden werden (vgl. Weick 1995, S. 11–113).

Die Kontrolle dritter Ordnung („premise controls") kann auch als Wortschatz der Organisation verstanden werden. In Abgrenzung zur Kontrolle erster Ordnung durch direkte Führung und Kontrolle oder der Kontrolle zweiter Ordnung durch etablierte Programme und Routinen, bezieht sich diese Ebene auf selbstverständlich gewordene, aber nur selten

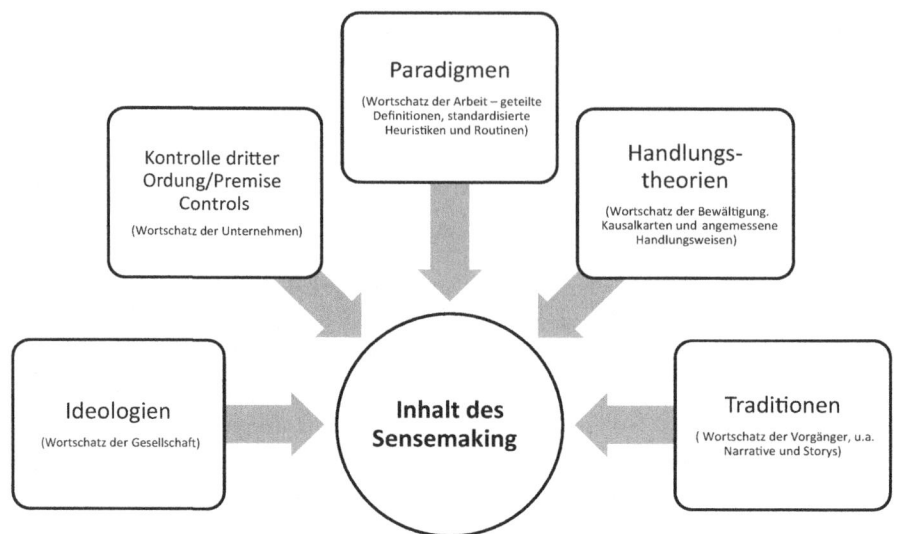

Abb. 4 Die Vokabularien des Sensemakings. (Nach Karl E. Weick)

explizit niedergelegte Annahmen über organisationale Zusammenhänge. Diese impliziten Grundannahmen beeinflussen wesentlich die Entscheidungsfindung der Mitarbeiter und wirken dabei eher latent und unbewusst. Eine Kontrolle dritter Ordnung schränkt die möglichen Handlungsweisen in einem Unternehmen so effektiv ein, dass sie auch für die kommunikationswissenschaftliche Untersuchung von Institutionalisierungsprozessen von einiger Bedeutung sind. Sie wird dann am relevantesten, wenn die Arbeit sich von vorgegebenen Routinen entfernt und neue Wege im Unternehmen gegangen werden sollen, wie beispielsweise beim Thema „CSR" (vgl. Weick 1995, S. 113–118)

Paradigmen versteht Weick als Vokabularien der Arbeit, die geteilte Definitionen von Umwelt, vereinbarte Macht-, Rollen- und Autoritätssysteme, aber auch standardisierte Heuristiken und Handlungsroutinen beinhalten. Paradigmen müssen innerhalb der Organisation illustriert und mit Beispielen belegt werden, um wirksam zu sein. „Paradigmen können dementsprechend auch als ein Satz von wiederkehrenden und quasi-standardisierten Illustrationen definiert werden. Sie verdeutlichen, wie Gemeinschaften ihre selbstkonstruierten Umgebungen wahrnehmen und verstehen" und bilden im Zeitverlauf „einen konkreten Bezugsrahmen für die Einordnung von aktuell relevanten Indikatoren" (Wetzel 2005, S. 186; vgl. dazu ausführlicher Weick 1995, S. 118–121).

Vokabularien der Bewältigung bzw. Handlungstheorien als Inhalte, die das Sensemaking beeinflussen, sind vergleichbar mit den kognitiven Strukturen eines Individuums. Sie sind „Kausalkarten", in denen etablierte Zusammenhänge und angemessene Reaktionsweisen eingezeichnet sind.

Abschließend macht Weick mit den Traditionen oder auch dem Wortschatz der Vorgänger ein weiteres Element der Sensemaking-Inhalte aus, auf dessen Bedeutung in der vorliegenden Arbeit bereits hingewiesen wurde. Hierbei handelt es sich beispielsweise um Erlebnisse, die in der Vergangenheit stattgefunden haben und die im Zeitverlauf weiter vermittelt werden. Die Inhalte von Traditionen sind beispielsweise Vorstellungen und Überzeugungen für zukünftige Handlungen. Geschichten besitzen deshalb im Sensemaking-Prozess eine Reihe wichtiger Funktionen, „weil sie die Diagnose und Antizipation von Interruption erleichtern und die ausgelöste Störung reduzieren helfen" (Wetzel 2005, S. 188).

3.1.6 Die Treiber des Sensemakings

Neben den Eigenschaften und Inhalten des Sensemakings hat sich Weick auch mit den grundlegenden Prozessen befasst und zwei Treiberkategorien mit je zwei weiteren Prozessen identifiziert: Überzeugungen und Handlungen (Abb. 5).

Zu Überzeugungen:

> Beim Sensemaking ist glauben gleich sehen. Zu glauben heißt, selektiv wahrzunehmen. Und zu glauben heißt, Handlungen zu initiieren, die dem Glauben Substanz verleihen (Weick 1995, S. 133 f., Übersetzung d. A.).

Da aber unterschiedliche Personen auch unterschiedliche Dinge glauben, braucht es einen Mechanismus, um sich darüber auszutauschen: das Argumentieren. Dem beigestellt ist der Treiber des Erwartens, welcher aus Überzeugungen gespeist wird.

Der Treiber der Argumentation verweist darauf, dass organisationale Sinnstiftung nur selten konfliktfrei verläuft und immer interessengebunden ist, sodass immer eine Aushandlung erfolgen muss. Dies gilt sogar für die Auseinandersetzung mit sich selbst oder seinen␣rolleninduzierten Überzeugungen. Argumentieren ist somit ein zentraler Treiber

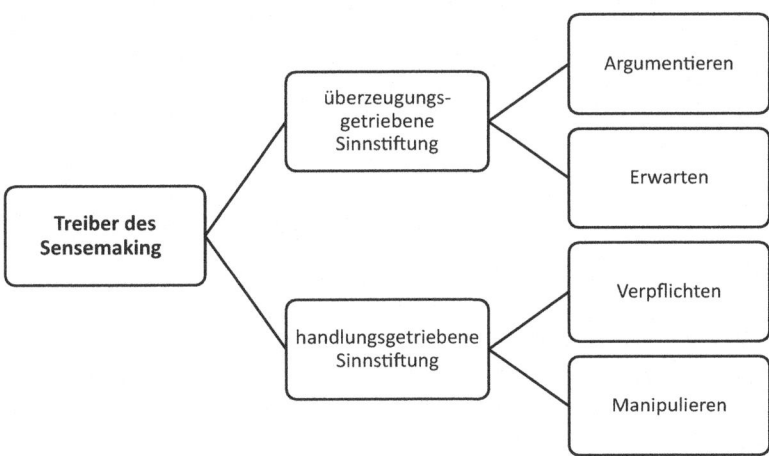

Abb. 5 Die Treiber des Sensemakings. (Nach Karl E. Weick)

der sozialen Sinngenerierung. Die Erwartung als zweiter Treiber, der durch Überzeugungen gespeist wird, hat das Ziel, die Welt vorausschauend zu strukturieren. Dabei gilt:

> Je erwarteter ein Ergebnis, desto leichter wird es wahrgenommen. Insofern neigen Erwartungen dazu, sich selbst zu bestätigen und wirken wie selbsterfüllende Prophezeiungen (Wetzel 2005, S. 190).

Auch in der sozialen Interaktion spielen Erwartungen eine große Rolle, da sie hier für eine gewisse Handlungssicherheit sorgen sollen. In Unternehmen wird dies durch die Definition von funktionalen Rollen herbeigeführt, was zudem die Austauschbarkeit von Personen sicherstellen soll.

> Überzeugungen sind hier in als Rollen kristallisierten Erwartungen enthalten, die bedeutungsvoll sind, zunehmend selbstverständlich werden und schließlich als premise control implizit handlungsleitend und bezugsstiftend sind (Wetzel 2005, S. 190).

Bei der handlungsgetriebenen Sinnstiftung stehen verpflichtende oder manipulierende Handlungen im Vordergrund. Mit Commitment (Verpflichtung) wird ein Prozess bezeichnet, durch den eine Person unveränderbar an seine geäußerten Handlungen gebunden wird.

> Wenn es schwieriger wird die Handlung zu ändern, als die Meinung darüber, dann wird der Glaube selektiv bewegt, um die Handlung zu rechtfertigen (Weick 1995, S. 156, Übersetzung d. A.).

Dies hat unmittelbare Auswirkungen auf das kollektive Sensemaking und die Kommunikation, da Organisationen, die eine hohe Visibilität von Handlungen erreichen, auch einen höheren Grad von Commitment herstellen können und somit auch mehr Sinn für die Mitarbeiter generieren (vgl. Weick 1995, S. 159).

Der Begriff der Manipulation führt den Gedanken fort, dass Organisationen ihre Umwelten selbst erfinden und auch in diese hineinwirken, wie auch umgekehrt.

> Eine manipulative Handlung stellt nun eine Handlung dar, welche eine Umwelt erzeugt, die im Anschluss für die Akteure verständlich ist und kontrolliert werden kann (Wetzel 2005, S. 191).

Karl Weick hat mit seiner Sensemaking-Theorie, wie zum Teil bereits gezeigt werden konnte, reichhaltige Anknüpfungspunkte für die Ausarbeitung einer empirischen Forschungsagenda zur Institutionalisierung von CSR durch Interne Kommunikation bereitgestellt. Die verschiedenen möglichen Betrachtungsebenen (vgl. Abb. 6) sollen im abschließenden Abschnitt noch einmal aufgenommen werden, um daraus erste weiterführende Forschungszugänge zu entwickeln.

Abb. 6 Mögliche Betrachtungsebenen. (Nach Karl E. Weick)

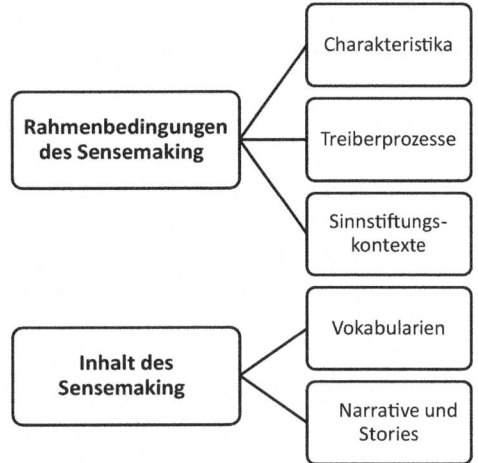

3.2 Sensemaking-Methodologie nach Brenda Dervin

Zunächst einmal erstaunt es, dass das umfangreiche wissenschaftliche Lebenswerk der inzwischen emeritierten Professorin der Ohio State University, Brenda Dervin, in der deutschsprachigen Organisationsforschung und vielmehr in der deutschsprachigen Kommunikationswissenschaft praktisch kaum rezipiert wurde, v. a. weil sie im Konzert der grundlegenden Vordenker des Sensemakings als einzige Kommunikationswissenschaftlerin eine Seltenheit darstellt. Bereits in den 1970er-Jahren hat sie die Betrachtung von Sensemaking aus rein kommunikationswissenschaftlicher Perspektive ins Zentrum gestellt und dabei frühzeitig und durchaus radikal die bis dato noch vorherrschende instrumentelle, transmissionsorientierte Sicht auf Kommunikation mit einem empfängerorientierten, prozesshaften und sozialkonstruktivistisch geprägten Kommunikationsverständnis herausgefordert (Foreman-Wernet 2003). Für Dervin bedeutet Sense-Making[3], „wie Menschen Sinn aus ihrer Welt machen" (Dervin 1999a, Dervin und Foreman-Wernet 2003). Sie sieht die Welt als „sense-made", mit Individuen, die ihr Leben erfahren, interpretieren, Chancen identifizieren und in sonstiger Weise ihren „Sense-Making-Prozess" gestalten (vgl. Dervin 1999b, Dervin und Foreman-Wernet 2003; Chun 2014).

Ihre Definition des Sense-Makings – im Allgemeinen als Verhalten, das es sowohl intern (kognitiv) und extern (prozedural) dem Individuum erlaubt, seine Bewegung durch Zeit und Raum („time-space") zu konstruieren und zu designen sowie im Speziellen, wie Individuen ihre Informationsbedürfnisse und ihre Informationennutzung innerhalb des Sense-Making-Prozesses konstruieren – zeigt, dass Dervins philosophische Basis auf dem

---

[3] Weick, Dervin und auch Snowden bemühen eine jeweils andere Schreibweise für Sensemaking. In diesem Abschnitt wurde die individuelle Schreibweise übernommen. Im restlichen Artikel wird der Einfachheit halber die einheitliche Schreibweise Sensemaking genutzt.

Fundament des Konstruktivismus ruht, mit einer kritischen Note gegenüber dem Objektivismus und Positivismus (vgl. Chun 2014, S. 159).

So legt die Sense-Making-Methodologie[4] (SMM) nicht nur expliziten Wert auf die Frage nach dem „Wie" in der Kommunikation und ist damit sehr gut anschlussfähig an die zuvor vorgestellten Betrachtungsebenen zur Aushandlung und Übersetzung von CSR und dem organisationalen Sensemaking. Sie bringt auch über die strikte Empfängerorientierung und die Fokussierung auf die individuellen Mechanismen und Prozesse auf der Mikroebene wertvolle neue Impulse ein, die eine ganzheitlichere Beschreibung des hier vorgestellten Ansatzes ermöglichen. Aus diesem Grund soll deshalb hier die SMM als Teil der theoretischen Fundierung eingebracht werden.

3.2.1 Die Sense-Making-Metapher

Das von Dervin in der zentralen SMM-Metapher gezeichnete Bild ist das eines menschlichen Wesens, das sich durch Zeit und Raum bewegt und aus vergangenen Situationen mit einer (persönlichen) Geschichte und individuellem Wissen hervorgeht, sich dann in einer neuen Situation wiederfindet und dabei einem „gap" gegenübersteht, beispielsweise einer Frage, einer verwirrenden Information, einem Rätsel, einer Angst, einer unklaren Anweisung oder Ähnlichem. Dervin betont, dass jede Existenz durch Diskontinuitäten und Lückenhaftigkeit geprägt ist. Diese „gaps" können kognitiv, emotional, physisch oder spirituell sein. Das Individuum ist dann gezwungen, eine Brücke über diese Lücke zu bauen, deren Ergebnis bewertet wird, um idealerweise seinen wie auch immer gearteten Weg weitergehen zu können. Neuer Sinn ist immer dann entstanden, wenn das Individuum die Lücke als überbrückt ansieht und ist immer Gegenstand multipler Interpretationen. Verschiedene Personen entwerfen divergierende Bilder der Realität in Zeit und Raum („timespace"). Überbrückung bedeutet jedoch nicht, dass Sense-Making immer zweckorientiert sein muss. Brücken können gebaut werden mit Ideen und Gedanken, Narrationen, Stories oder Erinnerungen, aber auch Gefühlen, Werte etc. Sinn ist in diesem Sinne nichts, was draußen gefunden werden kann, sondern immer das Ergebnis einer – immer auch experimentellen – individuellen Konstruktion. „Die Struktur wird dabei immer energetisiert, erhalten, reifiziert, verändert oder kreiert durch individuelle Kommunikationsakte" (Dervin 1992, Dervin und Foreman-Wernet 2003, S. 276) Hier ist Dervin ebenfalls anschlussfähig an die bereits erwähnte CCO-Perspektive.

In Dervins Perspektive startet Sense-Making mit dem Empfänger und der Forscher schaut sich die Botschaften nur aus dem Blickwinkel an, wie diese sich mit der Gegenwart, der Vergangenheit und der Zukunft des Empfängers überschneiden. Die SMM trifft dabei keinerlei Annahmen über die voraussichtliche Wirkung oder Wirkfaktoren von Botschaften, sondern lässt den Empfänger definieren, wie ihn Botschaften berühren. Die SMM

---

[4] Dervin selbst legt größten Wert darauf, dass ihr Sense-Making-Ansatz als einziger eine vollständig ausgearbeitete Methodologie darstellt, eine Ansicht, die vor allem mit Blick auf die methodischen Ausarbeitungen durchaus unterstützt werden kann, da hier insbesondere Weick eher vage bleibt. Für eine genauere Darstellung dieses Aspektes sei u. a. auf Chun (2014) oder Dervin und Naumer (2009) verwiesen.

sieht die Charakteristika und Lebenskontexte der Empfänger nicht als Barrieren oder Vermittler von Botschaften, sondern als den Kontext, in dem die Empfänger Botschaften nutzen, um Sinn in ihrer Welt zu generieren. Dabei wird die Botschaftennutzung wie auch die Botschaftenerstellung nicht als Input-Output-System verstanden, sondern, wie bereits beschrieben, als konstruierende Aktivität, sodass in diesem Kontext verschiedene Nutzer verschiedenen Sinn aus der „selben" Botschaft generieren können. Information wird dabei als das definiert, was streng im Sinne des Empfängers gesehen, diesen informiert, bzw. diesem nützt und wird als der Sinn gesehen, den der Empfänger zur Überbrückung seiner „gaps" in seiner Welt generiert. Dabei werden mögliche Versuche, die Nutzerreaktion auf eine Botschaft vorherzusagen, immer unter Berücksichtigung der situationalen Kontingenzen unternommen, statt auf Raum-Zeit-übergreifende, stetig gültige Portraits abzustellen, um so allein den individuellen Sinn in individuellen Situationen zu betrachten (vgl. Dervin 1984, Dervin und Foreman-Wernet 2003). Nach Dervin kann jeder Moment so interpretiert werden, dass ein Individuum mit dem Bedarf irgendeiner Form von Hilfe/Führung („guidance") konfrontiert ist, z. B. einer Notwendigkeit, etwas Bestimmtes wissen zu müssen. Die „gap" können überbrückt werden durch das Ausdenken einer Antwort, die Frage nach Hilfe, die Suche nach nützlicher Information oder jeder anderen Maßnahme, die es dem Individuum erlaubt, fortzufahren (vgl. Chun 2014, S. 167). Genau diese Konzeption bietet die Basis für einen kohärenten und systematischen Ansatz gegenüber Situation und Individualität.

Diese Annahmen führen in der empirischen Anwendung zu einem spezifischen Methodenset. Diese Methoden stellen nützliche Herangehensweisen dar, um den Fokus auf die Qualität von Kommunikation zu legen, die Frage zu beantworten, wie Kommunikationssysteme gestaltet sein müssen, und konkrete Interventions- und Verbesserungsmöglichkeiten aufzuzeigen.

Dervin und Weick teilen sich einige gemeinsame Ideen, indem beide Sensemaking als eine Weltsicht darstellen, die die Forschung auf die Untersuchung interner und externer Sensemaking- und Sense-unmaking-Prozesse verpflichtet. Beide erkennen ebenso an, dass Sensemaking nicht durch einen Problemlösungswunsch hervorgerufen wird, sondern um das Unbekannte in der Welt handhaben zu können, vor allem, wenn Menschen mit komplexen, widersprüchlichen oder chaotischen Umgebungen konfrontiert sind.

3.3 Komplexität, Narration und CSR

Die Ideen von Weick und Dervin fielen vielfach auf fruchtbaren Boden. Als eine Fortführung sei hier kurz erneut das Cynefin-Sensemaking-Modell von David Snowden (vgl. Snowden 1999, 2000a, 2000b, 2002, 2006; Snowden und Boone 2007) erwähnt. Sowohl Snowden als auch Weick betonen beide die Bedeutung von Komplexität und Mehrdeutigkeit des ökologischen Umfeldes und dessen Einfluss des organisationalen Sensemaking. Allerdings betont Snowden weniger das Bestreben, Ordnung zu schaffen, sondern bringt die ontologische Vielfalt des Wissensmanagements in seine Konzeption ein und bezweifelt eher die Annahmen Ordnung, Intention, rationale Wahl und Berechenbarkeit in komplexen Systemen wie einer Organisation. Wie Dervin akzeptiert er den Nutzen vielfältiger Einflüsse als Reaktion auf Komplexität, was seine Grundannahmen in der Tat eher mit Dervin in Einklang bringt.

Durch diese Facetten ist Snowden zum einen sehr gut anschlussfähig an die beiden zuvor nutzbar gemachten Theorien und addiert gleichzeitig durch die explizite Berücksichtigung der Einflüsse und Besonderheiten komplexer, adaptiver Systeme eine wichtige Sichtweise zu der hier intendierten Forschungsperspektive. Hier bestehen auch weitere Anschlüsse an bereits in der kommunikationswissenschaftlichen Diskussion befindlichen Konzeptionen und Ideen, wie sie beispielsweise Nothaft und Wehmeier (2007) formuliert haben.

Narration und Storytelling spielen in diesem Zusammenhang eine wesentliche Rolle, da über Geschichten Muster erkennbar werden, die dann analysiert und als Entscheidungsgrundlage genutzt werden können (positive Muster verstärken, negative einbremsen). Gleichzeitig verbessern Stories das organisationale Sensemaking und Wissensmanagement, denn Komplexität ist am besten verstehbar in einer „guten Geschichte" (Browning und Boudés 2005, S. 32).

In der Literatur werden die Begriffe „Narrativ" und „Story" oder „Storytelling" sehr heterogen verwendet, von der vollkommen synonymen Verwendung bis zur völligen Entgrenzung, die jede Äußerung und jedes Textfragment zum Narrativ werden lässt. Hier sollen im Folgenden der Sichtweise von Schultz und Wehmeier (2011, S. 474 f.) gefolgt werden, die Narrative als eine eher generelle Epistemologie verstehen, als einen Prozess und eine Art des Wissens, der sowohl Sensemaking als auch Sensegiving umfasst. Wohingegen der Begriff „Story" für konkretere, sequenzielle Darstellungen und Storytelling für einen eher intentionellen Akt des Sensegiving steht.

Weick, Dervin, aber auch Snowden vereint die Sichtweise, dass Sensemaking als Dialog und speziell als Narrativ verstanden werden muss. Für Dervin wird

> Wissen (knowing) hergestellt und erneuert, reifiziert und erhalten, angegriffen und zerstört in Kommunikation: in Dialog, Wettbewerb und Verhandlung (Dervin 1994, Dervin und Foreman-Wernet 2003, S. 86, Übersetzung d. A.).

Die Ansätze von Weick und Snowden sind mit Blick auf die Funktion von Narration in komplexen Situationen jedoch am weitesten ausgearbeitet (dazu ausführlicher Browning und Boudés 2005). Dazu Snowden:

> Aus fundamentaler Sicht gesehen, liegt der größte Wert einer Geschichte darin, dass sie komplexe und vielschichtige Ideen in einer einfachen und erinnerbaren Form an ein kulturell diverses Publikum vermitteln kann (Snowden 2000a, S. 147, Übersetzung d. A.).

Und wie Weick sagt:

> ... die meisten Modelle von Organisationen basieren auf Argumentation statt auf Narration, aber die organisationale Realität beruht meist auf Narration (Weick 1995, S. 127, Übersetzung d. A.).

Das gilt auch für den kommunikativen Diskurs zu CSR (u. a. Stumberger und Golob 2015; Schultz und Wehmeier 2011), vor allem, weil „Unternehmensgeschichten über CSR mit der polyphonen Komplexität innerhalb und außerhalb der Organisation umgehen müssen" (Schultz und Wehmeier 2011, S. 480) und beispielsweise über das Konzept des polyphonen Storytelling ein weniger autoritärer Diskurs ermöglicht wird, indem sich dann erkennbare Muster ausbilden, die Komplexität zumindest verstehbarer machen (Wehmeier und Schultz, S. 480).

Für die Betrachtung der Institutionalisierung von Unternehmensverantwortung durch Interne Kommunikation ist diese Denkrichtung, vor allem mit Blick auf die praktischen und operativen Umsetzungen, aber auch für die empirische Analyse wertvoll.

4 Neue Perspektiven für die Forschung

Weicks und Dervins Sensemaking-Theorien teilen sich zum einen ein solides Fundament, zum anderen ergänzen sich diese beiden Ansätze gleichzeitig durch eine unterschiedliche Fokussierung organisationaler Phänomene. So ist die weicksche Sensemaking-Theorie besser geeignet, um die Abläufe und Strukturen des Sensemaking auf der organisationalen Mesoebene zu untersuchen und zu beschreiben. Dervins Perspektive addiert hier auf der Mikroebene der Mitarbeiter und Führungskräfte spannende Aspekte hinzu. Beide gemeinsam können in der methodischen Kombination sehr gut für die hier angestrebte ganzheitliche Beschreibung des CSR-Institutionalisierungsprozesses genutzt werden.

4.1 Zusammenfassung der Betrachtungsebenen nach Karl E. Weick

Fasst man die Sensemaking-Theorie von Karl E. Weick zusammen, bietet sie einen hervorragenden Rahmen zur Etablierung zahlreicher Forschungsfragestellungen. Diese ließen sich beispielsweise praktisch in die in Abb. 6 dargestellten Kategorien gliedern. So wären zum einen Fragen nach den Rahmenbedingungen des Sensemakings denkbar, die sich vor allem mit Prozessen und Strukturen befassen, zum anderen Fragen zu den Inhalten des Sensemakings, die sich spezieller mit den Bedeutungen auf sprachlicher Ebene auseinandersetzen.

4.2 Methodische Ansätze nach Brenda Dervin

Als Dervin ihre Sense-Making-Methodologie entwickelte, kam es ihr vor allem darauf an, herauszufinden, was Nutzer, Publikum, Kunden, Mitarbeiter etc. „,wirklich' denken, fühlen, wollen und träumen" (vgl. Abb. 7; Dervin 1998, S. 39).

Abb. 7 Das Sense-Making-Dreieck. (Nach Brenda Dervin)

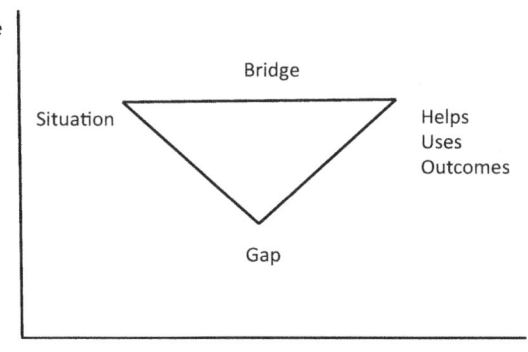

An dieser Stelle soll beispielhaft vor allem auf eine in der SMM ausgearbeitete methodische Vorgehensweise eingegangen werden, das Micro-Moment-Timeline-Interview (MMTI).

Das zuvor beschriebene dialogische Verständnis von Sensemaking führt zwangsläufig zu einer narrativen Analyse. In einem Interviewprozess werden die Befragten ihre Erlebnisse durch Plots und Stories versuchen zu organisieren, die ihre kognitiven und affektiven Motivationen freilegen und ihr Informationsverhalten kontextualisieren werden (Chun 2014). Hier bietet die Verbindung von narrativer Analyse und Sensemaking großes Potenzial, welches Dervin durch ein umfassendes Methodenset innerhalb der SMM zu realisieren versucht hat (dazu ausführlicher u. a. Dervin und Foreman-Wernet 2003).

Im MMTI wird der Teilnehmer gebeten, eine bestimmte Situation zu rekonstruieren. Beispielsweise: Erinnern Sie sich, als Sie das erste Mal von Ihrem Vorgesetzten mit dem Thema „CSR" konfrontiert wurden? Der Teilnehmer wird dann gebeten, jeden einzelnen Teilschritt, der darauf folgte, im Detail zu erläutern. Der Fokus des Interviews liegt dabei auf dem Sensemaking-Dreieck (Abb. 7), mit dessen Hilfe die Situation umkreist und eingeengt wird. So wird für jeden identifizierbaren Teilschritt explizit und in möglichst gleichartiger Weise nach den situativen Umständen, den Fragen und Herausforderungen („gaps") sowie den Hilfen, Hinderungsgründen und Ergebnissen gefragt. Der Teilnehmer wird dabei so wenig wie möglich unterbrochen oder durch das Einbringen fremder Kategorien/Substantive beeinflusst. Das MMTI

> erlaubt es den Teilnehmern, nach eigenen Bedingungen ihre Situationen und ihre Gaps zu definieren und zu beschreiben, wie sie diese überbrückt und wie sie neuen Sinn für sich in Anwendung gebracht haben (Dervin 1984, Dervin und Foreman-Wernet 2003, S. 256 f., Übersetzung d. A.).

4.3 Weitere Anregungen

Die hier beschriebenen methodischen Ansätze und Fragestellungen lassen sich selbstverständlich aufgrund der hohen Anschlussfähigkeit und stabilen gemeinsamen Fundierung der Ansätze auch kombinieren, was je nach Untersuchungsfeld sehr individuelle und passgenaue methodische Vorgehensweisen erlaubt.

Gleichzeitig ergeben sich auf Basis des hier gewählten Theoriefundaments noch eine ganze Reihe weiterer Möglichkeiten durch die Berücksichtigung weiterer anschlussfähiger theoretischer Ansätze wie Neo-Institutionalismus, Strukturationstheorie, Akteur-Netzwerk-Theorie und Netzwerkforschung (siehe Beitrag Kollat und Weder in diesem Band) oder auch Ansätze aus der Linguistik und Narrationsforschung, die hier allesamt aufgrund der räumlichen Beschränkungen nicht weiter ausgeführt werden konnten.

5 Fazit

Es konnte gezeigt werden, dass die Ausgangslage für empirische Forschung zur internen CSR-Kommunikation denkbar positiv ist, da es sich hier um ein weitgehend unbestelltes Feld handelt, sich aber aus wissenschaftlicher und praktischer Sicht eine Vielzahl von Fragestellungen ergeben. Die Forschung in diesem Themenfeld würde zudem der ebenfalls wachsenden Bedeutung der Internen Kommunikation Rechnung tragen.

Weiterhin konnte aufgezeigt werden, dass herkömmliche Erklärungsansätze aus funktionaler und instrumenteller Sicht in ihrer Erklärungskraft deutlichen Grenzen unterworfen sind und wir vor allem in einer zunehmend komplexen Unternehmens-, aber auch Kommunikationswelt neue Perspektiven und Ansätze bemühen müssen, um den tatsächlichen Prozessen bei der Institutionalisierung von Unternehmensverantwortung durch Interne Kommunikation nachspüren zu können. Hier konnte durch die Erschließung und Kombination von zwei maßgeblichen Sensemaking-Ansätzen ein Theorieapparat entwickelt werden, der dem Anspruch des hier zugrundeliegenden Vorhabens, ein ganzheitliches Bild auf die Institutionalisierungsprozesse zu liefern, ausreichend nahekommt.

Bei alledem sind die hier nur angerissenen Perspektiven so ergiebig und in der wissenschaftlichen Diskussion und Empirie noch so wenig erschlossen, dass sich hier auf lange Sicht reichhaltige Forschungsansätze entwickeln und sich auch für andere Theoriekombinationen genügend fruchtbare Anschlussmöglichkeiten herstellen lassen.

Literatur

Allard-Poesi F (2005) The Paradox of Sensemaking in Organizational Analysis. Organization 12(2):169–196

Angus-Leppan T, Mecalf L, Benn S (2010) Leadership Styles and CSR Practice: An Examination of Sensemaking, Institutional Drivers and CSR Leadership. J Bus Ethics 93(2):189–213

Balogun J, Johnson G (2004) Organizational restucturing and middle manager sensemaking. Acad Manag J 47(4):523–549

Balogun J, Johnson G (2005) From Intended Strategies to Unintended Outcomes: The Impact of Change Recipient Sensemaking. Organ Stud 26(1):1573–1601

Bartunek JM, Krim RM, Necochea R, Humphries M (1999) Sensemaking, Sensegiving, and Leadership in strategic organizational Development. Advances of Qualitative Organizational Research, Bd. 2., S 37–71

Bartunek JM, Rousseau DM, Rudolph JW, DePalma, JA (2006) On the Receiving End: Sensemaking, Emotion, and Assessments of an Organizational Change Initiated by Others. J Appl Behav Sci 42(2):182–206

Basu K, Palazzo G (2008) Corporate social responsibility. A process model of sensemaking. Acad Manag Rev 33(1):429–453

Berger PL, Luckmann T (1969) Die gesellschaftliche Konstruktion der Wirklichkeit. Fischer, Frankfurt am Main

Browning L, Boudés T (2005) The use of narrative to understand and respond to complexity: A comparative analysis of the cynefin and Weickian models. E:CO 7(3-4):32–39

Castelló I, Morsing M, Schultz F (2013) Communicative dynamics and the polyphony of Corporate Social Responsibility in the network society. J Bus Ethics 118(4):683–694

Cheuk B, Dervin B (2011) Leadership 2.0 in Action: a Journey from Knowledge Management to „Knowledging". Knowl Manag E-learning: Int J 3(2):119–138

Christensen LT, Cheney G (2011) Interrogating the Communicative Dimensions of Corporate Social Responsibility. In: Ihlen Ø, Bartlett JL, May S (Hrsg) The Handbook of Communication and Corporate Social Responsibility. Wiley-Blackwell, Malden, S 491–504

Christensen LT, Morsing M, Thyssen O (2013) CSR as aspirational talk. Organization 40(1):371–393

Chun LM (2014) A micro-macro sense-making model for knowledge creation and utilization in healtcare organization. Phd-Thesis, Aberystwyth University, UK

Coombs WT, Holladay SJ (2012) Managing Corporate Social Responsibility: A Communication Approach. Wiley-Blackwell, Malden

Cornelissen JP, Clarke JS (2010) Sensegiving in entrepreneurial contexts: The use of metaphors in speech and gesture to gain and sustain support for novel business ventures. Int Small Bus J 30(3):213–241

Cornelissen JP, Durand R, Fiss PC, Lammers JC, Vaara E (2015) Putting Communication Front an Center in Institutional Theory ans Analysis. Acad Mangement Rev 40(1):10–27

Costas J, Kärreman D (2013) Conscience as control – managing employees through CSR. Organization 20(3):394–415

Cramer J, van der Heijden A, Jonker J (2006) Corporate Social Responsibility: Making Sense through thinking and acting. Bus Ethics: A Eur Rev 15(4):3380–3389

Crane A, Glozer S (2016) Accepted Article: Researching csr communication: Themes, opportunities and challenges. J Manag Stud. doi: 10.1111/joms.12196

Crane A, Morsing M, Schöneborn D (2015) Call for Papers: Special Issue of Business & Society, CSR and Communication: Examining how CSR Shapes, and is Shaped by, Talk and Text

Dhanesh GS (2012) The view from within: internal publics ans CSR. J Commun Manag 16(1):39–58

Dervin B (1998) Sense-making theory and practice: an overview of user interests in knowledge seeking and use. J Knowl Manag 2(2):36–46

Dervin B (1999) On studying information seeking methodologically: the implications of connecting metatheory to method. Inf Process Manag 35:727–750

Dervin B, Foreman-Wernet L (2003) Sense-Making Methodology Reader – Selected Writings of Brenda Dervin. HamptonPress, Cresskill

Dervin B (1994/2003) Information-Democracy: An Examination of Underlying Assumptions. In: Dervin B, Foreman-Wernet L (2003). Sense-Making Methodology Reader – Selected Writings of Brenda Dervin. HamptonPress, Cresskill NJ, S 73–100

Dervin B (1999a/2003) Chaos, order, and Sense-Making: Proposed Theory for Information Design. In: Dervin B, Foreman-Wernet L (2003). Sense-Making Methodology Reader – Selected Writings of Brenda Dervin. HamptonPress, Cresskill NJ, S 323–340

Dervin B (1999b/2003) Sense-Making's Journey from Metatheory to Methodology to Method_ An Example Using Information Seeking and Use as Research Focus. In: Dervin B, Foreman-Wernet L (2003). Sense-Making Methodology Reader – Selected Writings of Brenda Dervin. HamptonPress, Cresskill NJ, S 133–163

Dervin B (1992/2003) From the Mind's Eye of the User: The Sense-Making Qualitative-Quantitative Methodology. In: Dervin B, Foreman-Wernet L (2003). Sense-Making Methodology Reader – Selected Writings of Brenda Dervin. HamptonPress, Cresskill NJ, S 267–292

Dervin B (1984/2003) A Theoretic Perspective and Research Approach for Generating Research Helpful to Communication Practice. In: Dervin B, Foreman-Wernet L (2003). Sense-Making Methodology Reader – Selected Writings of Brenda Dervin. HamptonPress, Cresskill NJ, S 251–268

Dervin B, Naumer CM (2009) Sense-Making. In: Littlejohn SW, Foss KA (Hrsg) Encyclopedia of communication theory. Sage, Los Angeles, S 877–881

DiMaggio PJ, Powell WW (1983) The Iron Cage Revisited: Institutional Isomorphism and Collective Rationality in Organizational Fields. Am Sociol Rev 48(2):147–160

Ericson T (2001) Sensemaking in organisations – towards a conceptual framework for understanding strategic change. Scand J Manag 17(1):109–131

Fiss PC, Zajac EJ (2006) The Symbolic Management of strategic Change: Sensegiving via framing and decoupling. Acad Manag J 49(6):1173–1193

Foreman-Wernet L (2003) Rethinking Communication: Introducing the Sense-Making Methodology. In: Dervin B, Foreman-Wernet L (Hrsg) Sense-Making Methodology Reader – Selected Writings of Brenda Dervin. HamptonPress, Cresskill, S 3–16

Frynas JG, Yamahaki C (2016) Corporate social responsibility: review and roadmap of theoretical perspectives. Bus Ethics: A Eur Rev Early View. doi: 10.1111/beer.12115

Gioia DA, Chittipeddi K (1991) Sensemaking and Sensegiving in strategic Change Initiation. Strateg Manag J 12:433–448

Golob U, Johansen TS, Nielsen AE, Podnar K (2014) Corporate Social Responsibility as a Messy Problem: Linking Systems and Sensemaking Perspectives. Syst Pract Action Res 27(4):363–376

Greve S (2011) Towards an understanding of how to enhance sensemaking in organizational strategic change. Henley Business School, University of Reading

van der Heijden A, Driessen PPJ, Cramer JM (2010) Making sense of Corporate Social Responsibility: Exploring organizational processes and strategies. J Clean Prod 18:1787–1796

Hill RC, Levenhagen M (1995) Metaphors and Mental Models: Sensemaking and Sensegiving in Innovative and Entrepreneurial Activities. J Manage 21(6):1057–1074

Huck-Sandhu S (2016) Interne Kommunikation im Wandel: Entwicklungslinien, Status Quo und Ansatzpunkte für die Forschung. In: Huck-Sandhu S (Hrsg) Interne Kommunikation im Wandel. Theoretische Konzepte und empirische Befunde. Springer VS, Wiesbaden, S 1–22

Kezar A (2012) Understanding sensemaking/sensegiving in transformational change processes from the bottom up. Higher Education, Bd. 65., S 761–780

Klein G, Moon B, Hoffman RR (2006a) Making Sense of Sensemaking 1: Alternative Perspectives. IEEE Intell Syst 21(4):70–73

Klein G, Moon B, Hoffman RR (2006b) Making Sense of Sensemaking 2: A Macrocognitive Model. IEEE Intell Syst 21(5):88–92

Liebl F (2011) Corporate Social Responsibility aus Sicht des strategischen Managements. In: Raupp J, Jarolimek S, Schultz F (Hrsg) Handbuch CSR. Kommunikationswissenschaftliche Grundlagen, disziplinäre Zugänge und methodische Herausforderungen, 1. Aufl. VS, Wiesbaden, S 305–326

Maitlis S (2005) The Social Process of organizational Sensemaking. Acad Manag J 48(1):21–49

Maitlis S, Christianson M (2014) Sensemaking in Organizations: Taking Stock and Moving Forward. Acad Manag Ann 8(1):57–125

Maitlis S, Lawrence TB (2007) Triggers and Enablers of Sensegiving in Organizations. Acad Manag J 50(1):57–84

Maitlis S, Sonenshein S (2010) Sensemaking in Crisis and Change: Inspiration and Insights From Weick (1988). J Manag Stud 47(3):551–580

Meyer JW, Rowan B (1977) Institutionalized Organizations: Formal Structure as Myth and Ceremony. Am J Sociol 83(2):340–363

Mills CE (2006) Modelling sensemaking about communication: How affect and intellect combine. South Rev 38(2):9–23

Mills CE (2009) Making organisational communication meaningful: Reviewing the key features of a model of sensemaking about change communication. Communication, Creativity and Global Citizenship. Referred Proceedings of the Australian and New Zealand Communication Association Conference, Brisbane, 2009, S 911–927

Moore DT, Hoffman RR (2011) Data-Frame-Theory of Sensemaking as a Best Model for Intelligence. Am Intell J 29(2):145–158

Morsing M, Schultz M, Nielsen KU (2008) The ‚Catch22' of communicating CSR: Findings from a Danish study. J Mark Commun 14(2):97–111

Mory L (2014) Soziale Verantwortung nach innen. Dimensionen, Wirkungsbeziehungen und Erfolgsgrößen einer internen CSR. SpringerGabler, Wiesbaden

do Nascimento Souto PC, Dervin B, Savolainen R (2012) Designing for Knowledge Creation Work: An Exemplar Application of Sense-Making Methodology. Revista De Adm E Inovacao 9(2):271–294

Neill S, McKee D, Rose GM (2007) Developing the Organizations sensemaking capability: Precursor to an adaptive strategic marketing response. Ind Mark Manag 36(6):731–744

Nijhof A, Jeurissen R (2006) Editorial: a sensemaking perspective on corporate social responsibility: introduction to the special issue. Bus Ethics: A Eur Rev 15(4):316–322

Nothaft H, Wehmeier S (2007) Coping with Complexity: Sociocybernetics as a Framework for Communication Management. Int J Strateg Commun 1(3):151–168

Pater A, van Lierop K (2006) Sense and sensitivity: the roles of organisations and stakeholders in managing CSR. Bus Ethics 15(4):339–351

Pirolli P, Russel DM (2011) Introduction to this Special Issue on Sensemaking. Human–computer Interact 26(1-2):1–8

Prexl A (2010) Nachhaltigkeit kommunizieren – nachhaltig kommunizieren. Analyse des Potenzials der Public Relations für eine nachhaltige Unternehmens- und Gesellschaftsentwicklung. VS Verlag, Wiesbaden

Rama D, Milano BJ, Salas S, Liu CH (2009) CSR Implementation: Developing the Capacity für Collective Action. J Bus Ethics 85(2):463–477

Reinhard CLD, Dervin B (2011) Comparing situated sense-making processes in virtual worlds: Application of Dervin's Sense-Making Methodology to media reception situations. Convergence 18(1):27–48

Richter UH (2011) Drivers of Change: A Multiple-Case Study on the Process of Institutionalization of Corporate Responsibility Among Three Multinational Companies. J Bus Ethics 102(2):261–279

Richter UH, Arndt FF (2016) Cognitive Processes in the CSR Decision-Making Process: A Sensemaking Perspective. J Bus Ethics. doi:10.1007/s10551-015-3011-8

Rouleau L (2005) Micro-Practices of Strategic Sensemaking and Sensegiving: How Middle Managers Interpret and Sell Change Every Day. J Manag Stud 42(7):1413–1441

Rouleau L, Balogun J (2011) Middle Managers, Strategic Sensemaking, and Discursive Competence. J Manag Stud 48(5):953–983

Russel DM, Stefik MJ, Pirolli P, Card SK (1993) The cost structure of sensemaking. CHI '93 Proceedings of the INTERACT '93 and CHI '93 Conference on Human Factors in Computing Systems. ACM, Now York, S 269–276

Schmidpeter R (2015) CSR als betriebswirtschaftlicher Ansatz – quo vadis? In: Corporate Social Responsibility. Verantwortungsvolle Unternehmensführung in Theorie und Praxis, 2. Aufl. SpringerGabler, Wiesbaden, S 1229–1238

Schmitt J, Röttger U (2011) Corporate Social Responsibility Kampagnen als integriertes Kommunikationsmanagement. In: Raupp J, Jarolimek S, Schultz F (Hrsg) Handbuch CSR. Kommunikationswissenschaftliche Grundlagen, disziplinäre Zugänge und methodische Herausforderungen, 1. Aufl. VS, Wiesbaden, S 173–187

Schouten EMJ, Remmé J (2006) Making sense of Corporate Social Responsibility in international Business: Experiences from Shell. Bus Ethics 15(4):365–379

Schultz F (2011) Moral-Kommunikation-Organisation. Funktionen und Implikationen normativer Konzepte und Theorien des 20. und 21. Jahrhunderts. VS, Wiesbaden

Schultz F, Wehmeier S (2010) Institutionalization of corporate social responsibility within corporate communications, Combining institutional, sensemaking und communication perspectives. Corp Commun Int J 15(1):9–29

Schultz F, Wehmeier S (2011) Zwischen Struktur und Akteur: Organisationssoziologische und -theoretische Perspektiven auf Corporate Social Responsibility. In: Raupp J, Jarolimek S, Schultz F (Hrsg) Handbuch CSR. Kommunikationswissenschaftliche Grundlagen, disziplinäre Zugänge und methodische Herausforderungen, 1. Aufl. VS, Wiesbaden, S 372–392

Snowden D (1999) Story telling: an old skill in a new context. Bus Inf Rev 16(1):30–37

Snowden D (2000a) Part 1: Gathering and Harvesting the Raw Material. Bus Inf Rev 17(3):147–156

Snowden D (2000b) The Art and Science of Story or „Are you sitting uncomfortably?" part 2: The Weft and the Warp of Purposeful Story. Bus Inf Rev 17(4):215–226

Snowden D (2002) Complex acts of knowing – paradox and descriptive self-awareness. J Knowl Manag 6(2):100–111

Snowden D (2006) Simple, simplistic & making sense. Blogpost. http://cognitive-edge.com/blog/simple-simplistic-making-sense/ (Erstellt: 12. August). Zugegriffen: 18. März 2016

Snowden D (2010) Appendix 2: Narrative research, Cognitive Edge. http://narrate.typepad.com/100816-narrative-research_snowden-final.pdf. Zugegriffen: 15. März 2016

Snowden DJ, Boone ME (2007) A Leader's Framework for Decision Making. Harv Bus Rev 85(11):68–76, 149

Sonenshein S (2007) The role of construction, intuition, and justification in responding to ethical issues at work: The Sensemaking-Intuition. Model. Acad Manag Rev 32(4):1022–1040

Stumberger N, Golob U (2015) On the Discursive Construction of Corporate Social Responsibility in Advertising Agencies. J Bus Ethics. doi:10.1007/s10551-015-2575-7

Szyszka P, Malczok M (2016) Interne Kommunikation – ein Begriff revisited. In: Huck-Sandhu S (Hrsg) Interne Kommunikation im Wandel. Theoretische Konzepte und empirische Befunde. Springer VS Verlag, Wiesbaden, S 23–40

Van Vuuren M, Elving WJL (2008) Communication, sensemaking and change as a chord of three strands – Practical implications and a research agenda for communicating organizational change. Corp Commun Int J 13(3):349–359

Weber K, Glynn MA (2006) Making Sense with Institutions: Context, Thought and Action in Karl Weick's Theory. Organiszation Stud 27(11):1639–1660

Wehmeier S, Röttger U (2011) Zur Institutionalisierung gesellschaftlicher Erwartungshaltungen am Beispiel von CSR. Eine kommunikationswissenschaftliche Skizze. In: Quandt T, Scheufele B (Hrsg) Ebenen der Kommunikation. Mikro-Meso-Marko-Links in der Kommunikationswissenschaft. VS Verlag, Wiesbaden

Weick KE (1985) Der Prozess des Organisierens. Suhrkamp, Frankfurt am Main

Weick KE (1988) Enacted sensemaking in crisis situations. J Manag Stud 25(4):305–317

Weick KE (1995) Sensemaking in Organizations. Sage, Thousand Oaks

Weick KE (2001) Making Sense of the Organization. Blackwell Publishing, Malden

Weick KE (2009) The Impermanent Organization. Making Sense of the Organization, Bd. 2. Wiley, Chichester

Weick KE, Sutcliffe KM, Obstfeld D (2005) Organizing and the Process of Sensemaking. Organ Sci 16(4):409–421

Wetzel R (2005) Kognition und Sensemaking. In: Weik E, Lang R (Hrsg.) Moderne Organisationstheorien 1 – Handlungsorientierte Ansätze, 2. Aufl. Gabler, Wiesbaden, S 159–205

Ziek P (2009) Making Sense of CSR Communication. Corp Soc Responsib Environ Manag 16:137–145

Riccardo Wagner M.A. ist Inhaber der Agentur BetterRelations, zertifizierter Unternehmens- und PR-Berater, Herausgeber und Autor der Publikation CSR & Social Media, Leitung des Arbeitskreis CSR-Kommunikation (DPRG/DNWE), Orga-Leiter des Deutschen CSR-Kommunikationskongresses und Lehrbeauftragter an der Fachhochschule des Mittelstandes und der Macromedia Hochschule für Medien und Kommunikation.

Integrierte CR-Kommunikation und interne Stakeholder-Orientierung

Bodo Kirf und Kai-Nils Eicke

1 Vorbemerkung

Mit unserem Beitrag haben wir uns das Ziel gesetzt, anhand von sieben Argumenten darzustellen, wie strategisch angelegte Corporate Responsibility (CR) in der internen Unternehmenskommunikation eingebettet sein sollte und wie dies gelingen kann:

1. CR sollte auf Basis einer stringenten CR-Strategie mitsamt ihren Prämissen, Operatoren und Instrumenten konzeptionell fundiert sein.
2. CR sollte mit einem Portfolio von Maßnahmen implementiert werden, die auf die Unternehmensmarke einzahlen und die Corporate Identity abbilden und fördern.
3. CR sollte in erster Linie auf alle relevanten Stakeholder als Adressaten ausgerichtet sein.
4. CR muss auch im Dialog mit den internen Stakeholdern stehen und diskursorientiert umgesetzt werden.
5. CR kann Sinnstiftung und Reputation erzeugen und verfestigen und damit Wertreiber sein.
6. CR braucht Engagement durch aktiv an der Umsetzung beteiligte Mitarbeiter, für Ideen und Initiativen, für die Optimierung und Stabilisierung des CR-Prozesses.
7. CR braucht Storytelling für eine überzeugende Begleit- und Regelkommunikation. Richtig verstanden, kann werthaltige CR als signifikante Aufgabe unternehmerischer Verantwortung ein integrales Kernelement der Unternehmenskultur und ihrer kommunikativen Vermittlung sein.

B. Kirf (✉) · K.-N. Eicke (✉)
DJM Communication GmbH
Schanzenstr. 20a, 40549 Düsseldorf, Deutschland
E-Mail: b.kirf@djm-com.de

K.-N. Eicke
E-Mail: k.eicke@djm-com.de

Am Beispiel des CR-Engagements[1] von TNT Express in Deutschland werden die genannten sieben Standpunkte exemplarisch belegt. Mit der Neuausrichtung der CR in direktem Bezug zur Unternehmensstrategie, der Verankerung von CR-Praxis in interne Kommunikationsprozesse erfolgt deren valide Einbindung in die Unternehmenskultur von TNT Express. CR ist inzwischen im Unternehmen eine alltägliche Haltung geworden und wird als selbstverständlich gelebt. Interne Kommunikation bewirkt in ihrer aktiven Rolle im Rahmen eines gesteuerten Dialogs und Austauschprozesses zum CR-Prozess mit Führungskräften, Mitarbeitern und weiteren Stakeholdern im Unternehmensumfeld gesteigerte Akzeptanz und Attraktivität von TNT Express. Dieser Dialog fördert die Identifizierung mit CR-Projekten, schafft als „Corporate Responsible Community" (CRC) eine konsistente Wertegemeinschaft und fördert die Teilhabe am CR-Engagement im Sinne einer „Corporate Responsible Activity" (CRA). Dadurch erhalten die Unternehmensaktivitäten eine erweiterte Dimension über eine rein materiell-wertschöpfende Bedeutung hinaus, hin zu einer immateriell-sinnstiftenden Funktion.

Corporate Responsibility kann Teil der Wertschöpfung sein, die im Ausweis eines leistungsfähigen und nachhaltig wirtschaftenden Unternehmens eine starke Arbeitgebermarke zeitigt und die internen wie externen Stakeholder an TNT Express bindet. Da CR-Aktivitäten im Idealfall für sich Authentizität beanspruchen, ist bei TNT Express das glaubwürdige Einstehen für die Ziele des CR und das „Leben" der Markenwerte[2] folgerichtig in die Kommunikation mit Führungskräften und Mitarbeitern eingebunden. Die Führungskräfte sollen dabei in ihrer Vorbildfunktion als Wertetreiber und überzeugender Motivator für die konsequente Durchsetzung der Unternehmenswerte sowie als operative Organisatoren der CR-Aktivität wirken. Angesichts einer für Nachhaltigkeit und gesellschaftliche Verantwortung sensibilisierten Öffentlichkeit erfordert CR-Kommunikation streng genommen absolute Glaubwürdigkeit und Offenheit. Das betrifft auch die Interne Kommunikation selbst, die in Planung und Umsetzung auf die Einhaltung der CR-Standards innerhalb des Unternehmens zielt. Dies betrifft übrigens auch typische Managementwerte wie Transparenz und Integrität, die in der Geschäftspraxis von TNT Express gelebt und als compliancekonformes Verhalten dokumentiert werden.

Mit einem in drei Dimensionen ausgerichteten CR-Engagement – Umwelt mit „Planet me", Gesellschaft in der Kooperation mit „Deutsche Tafeln" und „Verantwortungsvoller Mitbürger" mit Partnerschaften vor Ort – bietet TNT Express in Deutschland gute Voraus-

---

[1] Wir greifen für diesen Beitrag – im Kontext des CR-Engagements von TNT Express – den vom Unternehmen in der Kommunikation verwendeten Begriff „CR" (Corporate Responsibility) anstelle von „CSR" (Corporate Social Responsibility) auf. Vgl. hierzu u. a.: Personal- und Sozialbericht TNT Express Deutschland 2014. Wir danken an dieser Stelle ausdrücklich Markus Gehmeyr, Leiter Corporate Communication TNT Express Deutschland, für seine Bereitschaft, den Autoren Einblicke in die gelebte CR-Praxis des Unternehmens zu gewähren.
[2] Die Markenwerte von TNT Express sind Orange, Präsent, Dynamik, Excellence, Caring. Caring bezieht sich in seinem semantischen Anspruch neben Sicherheit und Gesundheit der Mitarbeiter auch auf das CR-Engagement von TNT Express (Quelle: Personal- und Sozialbericht TNT Express Deutschland 2014).

setzungen für die Einbindung von Mitarbeitern und weiteren engagierten Stakeholdern, mit Ideen und Initiativen für die Entwicklung und Umsetzung von CR-Projekten an der Einhaltung und Optimierung der CR-Ziele beizutragen.

2 Begriffswandel von CSR in CR

Corporate Social Responsibility (CSR) ist angesichts der öffentlichen Erwartungshaltung längst mehr als bloße Alibi-Kommunikation und hat sich mittlerweile für Unternehmen im Handlungs- und Kommunikationsmanagement bewährt. Der Trend zu mehr Nachhaltigkeit sowie der öffentliche Anspruch auf Verantwortung von Unternehmen sind durch Klimawandel, Globalisierung und Digitalisierung gewachsen. Im dialektischen Prozess von medialer Thematisierung und Inszenierung ökologischer und sozialer Aspekte bewirkt die dadurch ausgelöste verstärkte gesellschaftliche Wahrnehmung und Aufmerksamkeit für Unternehmenshandeln eine breitere Medialisierung der Thematik von Social Responsibility und Sustainability, die wiederum eine Zunahme des öffentlichen Interesses bewirkt.

Angesichts dieser Herausforderungen an Unternehmen kommt CSR die Rolle eines eigenständigen Segments innerhalb der Kommunikationsaktivitäten des Unternehmens zu, das als Element, Treiber und Wirkfaktor in die Interne Kommunikation wie auch in die Public Relations (PR) eingebettet werden muss. CSR versteht sich in dieser strategischen Ausrichtung einer Leadership Responsibility allemal als ein integrales Segment von Unternehmenskultur und Corporate Identity. Richtig verstanden, werden mit CSR-Engagement – als erkennbare Investition in wertschöpfende und Glaubwürdigkeit generierende Aktivitäten – Stakeholder[3] und Anspruchsgruppen[4] effektiv adressiert. CSR sollte deshalb als „Folie" abgebildeter Unternehmenswerte fest in den Unternehmensleitlinien verankert sein – und so sinnstiftender Bestandteil der Unternehmenskultur werden. Die beiden Komponenten – ethisches und gesetzeskonformes Handeln sowie dauerhafte und nachhaltige Entwicklung – definieren in ihrer Interdependenz und Verzahnung den aktuellen Begriff von CSR in seiner weiteren Fassung: die freiwillige Übernahme der gesellschaftlichen Verantwortung wie auch die ganzheitliche Verpflichtung des Unternehmens für nachhaltiges Wirtschaften.

---

[3] Freeman vertritt die Auffassung, dass sich im Zuge der zunehmenden Fokussierung auf Stakeholder CSR in der „Endstufe" einer Corporate Stakeholder Responsibility manifestieren wird. Die Wertschöpfung im Rahmen geschäftlicher Unternehmensaktivitäten werde sich mittelfristig stärker auf Stakeholder ausrichten und folglich CSR in eine neue Qualität zur Company Stakeholder Responsibility transformieren. Damit sind auch für die unternehmerischen Entscheidungen die distinkten Trennungen zwischen wirtschaftlichen und gesellschaftlichen Auswirkungen sowie den Einflüssen auf die Umwelt aufgehoben und in einem ganzheitlichen Verantwortungsgefüge zusammengeführt, weil sich jede geschäftliche Transaktion auf jeden dieser Bereiche auswirkt (Freemann und Moutchnik 2013).

[4] Social Media hat den „Quantensprung" schon längst vollzogen, als quasi fünfte Macht in Art einer „Wächterfunktion" in den gesellschaftlichen Diskurs einzugreifen.

TNT Express hat sein CR-Konzept konsequent an drei strategische Vorgaben ausgerichtet und effektive CR-Maßnahmen im 1) Segment Nachhaltigkeit – „Planet me" – implementiert, im Segment 2) Unternehmensverantwortung – Deutsche Tafeln – sowie im 3) Rahmen verantwortungsvoller Mitbürger – Lernpartnerschaften – angelegt und ausgebaut. Dabei benutzt das Unternehmen selbst den Begriff der CR anstelle der CSR. Dadurch wird der Rahmen der unternehmerischen Verantwortung über das Soziale hinaus erweitert, wobei dieses immer noch möglicher Bestandteil der CR-Aktivitäten sein kann. Dies zeigt sich entsprechend auch im CR-Portfolio von TNT Express. Für diese strategische Reduzierung auf CR, d. h. dem bewussten Verzicht auf die Begriffskomponente „Social", sei Freemans Einwurf (siehe o.) einer künftigen Stakeholderorientierung von CSR an dieser Stelle gestattet, da das CR-Konzept von TNT Express und die Maßnahmen bereits in der Tendenz die von Freeman ausgearbeitete Transformation von Corporate Social Responsibility in Company Stakeholder Responsibility trägt.

3 Corporate Responsibility und Interne Kommunikation

Zur Frage, wie strategisch angelegte Corporate Responsibility (CR) in der internen Unternehmenskommunikation eingebettet sein sollte und wie dies gelingen kann, haben die Autoren sieben Thesen aufgestellt, die im Folgenden nacheinander diskutiert werden.

Kommunikation ist eine wesentliche Bedingung für die Entscheidungs- und Handlungsfähigkeit von Unternehmen. So hat sich auch in der Diskussion über die Verfahren und Wirkungsweisen interner Kommunikationsprozesse und -szenarien die Erkenntnis durchgesetzt, dass ein konzeptionell-fundiertes, strukturiert-systematisch implementiertes internes Kommunikationsmanagement (Führmann und Schmidbauer 2008, S. 20 ff.; Meier 2002, S. 30) einen wichtigen Beitrag zur wertstiftenden Performance und Karriere von Organisationen leistet (Mast 2013, S. 224 f.).[5] Dies betrifft auch die Kommunikation von CR-Aktivitäten. Auch diese sollte auf einer konzeptionellen Basis und unter Einbeziehung kommunikationsstrategischer Überlegungen erfolgen – und damit in die internen (wie externen) kommunikativen Abläufe eines Unternehmens eingebunden sein. Damit lautet ein erstes Kriterium für die CR-Kommunikation:

1. CR sollte auf Basis einer stringenten CR-Strategie mitsamt ihren Prämissen, Operatoren und Steuerungsinstrumenten konzeptionell fundiert sein

Dabei wird von den Protagonisten zunehmend gefordert, Nachweise für eine effektiv-effiziente interne Kommunikationsarbeit zu liefern, d. h. mittels Bewertungsverfahren die angestrebten Kommunikationseffekte und die damit korrelierenden spezifischen Wert-

---

[5] Zur Bewertung von Kommunikation als Einflussgröße für materielle und immaterielle Wertgenerierung von Organisationen Piwinger und Zerfaß (2007, S. 5 ff.); Mast (2013, S. 86 ff.); weitere Beiträge finden sich bei Pfannenberg und Zerfaß (2005).

schöpfungsbeiträge (Hubbard 2004, S. 14 ff.) dieses Aufgabenbereiches kontrollierbar zu machen (Rolke und Jäger 2009, S. 1021 ff.; Schick 2007, S. 19 ff.). Auch dies ist eine Forderung, die an die Kommunikation von CR gestellt wird, um darzulegen, warum CR-Maßnahmen einen Mehrwert für ein Unternehmen haben. Ist dieses Szenario im Zusammenspiel mit den übrigen Kommunikationsfunktionen Marketing, PR und HR (Human Ressources[6]) – mit Blick auf mögliche Synergiepotenziale und Kooperationsgewinne – strategisch geplant und operativ verortet, stellt Interne Kommunikation als Teil einer integrierten Unternehmenskommunikation (Einwiller et al. 2007, S. 221; Cornelissen 2009, S. 195 ff.; Führmann und Schmidbauer 2008, S. 38 ff.) einen belangvollen Produktions- und Wettbewerbsfaktor (Doorley und Garcia 2007, S. 133 ff.) dar. „Internal communication is the core process by which business can create this value" (Quirke 2000, S. 21).

Tatsächlich sollten die CR-Projekte in das Leitbild des Unternehmens mit eingebunden sein bzw. auf dieses referieren. Sie sind schließlich ein direkter Beleg, inwiefern Unternehmenswerte tatsächlich in der Praxis eine Entsprechung erfahren und stakeholderorientiert umgesetzt werden. Sie bilden somit einen Teil der Corporate Identity aus, die für Mitarbeiter auf allen Ebenen erlebbar und – auch über die Unternehmensgrenzen hinaus – kommunizierbar ist. Umgekehrt sollte damit eine konzeptionell fundierte, integrierte CR-Aktivität idealerweise zur Corporate Identity im Sinne der Unternehmensvision und der Marke passen. So baut eine erfolgreiche Markenführung unter anderem auf eigene Stärken und ist damit für interne und externe Zielgruppen relevant und tatsächlich erlebbar (vgl. Schmidt 2007, S. 32 ff.).[7] Je stärker dieses Kriterium erfüllt wird, desto glaubwürdiger wird die CR-Aktivität auch innerhalb des Unternehmens er- und gelebt werden. In der „Passung" der CR zum Geschäftsmodell und zur Marke können Projekte als selbstverständlicher Teil der Corporate Identity erfahren und verstanden werden.

2. CR sollte mit einem Portfolio gut ausgesuchter Maßnahmen durchgeführt werden, die auf die Unternehmensmarke einzahlen und die Corporate Identity abbilden und ggf. sogar fördern

Idealerweise kann dabei intern ein hohes „Brand Commitment" erreicht werden, welches über die internen Stakeholder hinaus auch extern (emotional geprägte) „Markenbegeisterung" erzeugt (vgl. Schmidt 2007, S. 35). Damit sind wir an einem nächsten zentralen Kriterium angelangt: der internen Bezugsgruppe von CR-Aktivitäten und CR-Kommuni-

---

[6] In der Literatur wird immer noch das Zerfaßsche Drei-Säulen-Modell (Zerfaß 2004, S. 289), das – angelehnt an die „three main forms of corporate communication" von van Riel (1992, S. 8 f.) – die Teilbereiche an unterschiedlichen organisationalen Kommunikationsaufgaben ausrichtet, die wiederum „an praktischen Problemlagen der Unternehmenspraxis" (Zerfaß 2004, S. 289) ansetzen. Dieser Zuordnungsansatz klammert allerdings den Bereich HR-Kommunikation als eigenständige und zugleich Querschnittskommunikationsfunktion aus! Zu Stellenwert und Ausprägung der HR-Kommunikation s. die Beiträge bei Rolke und Jäger (2009).
[7] Schmidt beschreibt dabei den Realitätsbezug als zentral für eine erfolgreiche Markenidentität und daraus resultierende positive Erfahrungen für die Zielgruppen (vgl. Schmidt 2007, S. 32 f.).

kation. Das vieldiskutierte Konzept der integrierten Kommunikation (vgl. Bruhn 2006, S. 1 ff.) intendiert den „Prozess des koordinierten Managements aller Kommunikationsquellen über ein Produkt, einen Service oder ein Unternehmen, um gegenseitig vorteilhafte Beziehungen zwischen einem Unternehmen und seinen Bezugsgruppen aufzubauen und zu pflegen" (Kirchner 2001, S. 36). Dabei soll durch ein unverwechselbares, einheitlich vermittelbares Erscheinungsbild (vgl. Cornelissen 2009, S. 6 ff.) des Unternehmens bei allen relevanten Bezugsgruppen eine Unique Communication Proposition (UCP; Mast 2013, S. 160) zur kommunikativen Differenzierung im Wettbewerb um Aufmerksamkeit und Akzeptanz in den Unternehmensumwelten entwickelt und etabliert werden. Das betrifft auch die internen Stakeholder,[8] d. h. Mitarbeiter, Mittelmanager, Führungskräfte, Top-Management.

3. CR sollte in erster Linie auf alle relevanten Stakeholder als Adressaten ausgerichtet sein

Diese internen Bezugsgruppen sollten idealerweise alle im Zusammenhang mit geplanten oder bereits laufenden CR-Projekten stehen – entweder als aktive oder zumindest als informierte Stakeholder. Ihnen sollte der wertvolle Beitrag, den das eigene Unternehmen durch die CR-Aktivität leistet, plausibel sein. Schließlich sind sie auch Multiplikatoren des Unternehmens, die als solche die CR-Aktivitäten bewerten und in ihren Beziehungsfeldern Storytelling betreiben. Unstrittig ist auch, dass die Gestaltung der Kommunikationsverbindungen – auf Individual- ebenso wie auf Gruppenebene – zu internen Bezugsgruppen als Verständigungsprozess über Aufgaben, Prozesse, Themen, Werte und Zielsetzungen (Einwiller 2007, S. 222 f.) eines Unternehmens als „zweckorientiertes Wissen" (Meier 2002, S. 18) Führungsaufgabe ist (Schick 2007, S. 135 ff.). Interne Kommunikation wird somit als strategisches Instrument des Managementhandelns interpretiert (Meier 2002, S. 34). Kommunikationswille und -fähigkeit des Managements – als „die Projektionsfläche für den Erfolg oder Misserfolg eines Unternehmens" (Deekeling und Arndt 2006, S. 21) in allen unternehmerischen Entwicklungsprozessen vorausgesetzt – zählen zu dessen Kommunikationsaufgaben wie Informationsvermittlung über Arbeitsbedingungen, Rollenerwartungen und Perspektiven von Mitarbeitern und Führungskräften sowie Aussagen zu Vision und Strategie. Damit ist auch bei CR-Projekten die Erwartung verbunden, dass CR – genauso wie alle übrigen Projekte des Unternehmens – vonseiten der Geschäftsführung ernsthaft betrieben und ihre Relevanz in der Kommunikation gegenüber den Mitarbeitern und Führungskräften vermittelt wird. Vom Unternehmensmanagement

---

[8] Zum Stakeholderbegriff die klassische Definition von Freeman (1984, S. 25, 31); vgl. auch Grunig und Hunt (1984, S. 297); zur Stakeholderorientierung als Parameter des strategischen organisationsintern wie -extern ausgerichteten Kommunikationsmanagements vgl. auch Kirf und Rolke (2002, S. 36 ff.); zum Ansatz des Stakeholdermanagements s. a. Karmasin (2008, S. 268 ff.); zur differenzierten „360° Stakeholderexploration" vgl. Ingenhoff und Röttger (2006, S. 343); zum Verfahren der Stakeholder- und Kommunikationsfeldanalyse s. a. die Erläuterungen von Zerfaß (2004, S. 328 ff.).

wird nämlich „ein klares, glaubwürdiges Bekenntnis zu einer wertorientierten, nachhaltigen Unternehmensführung gefordert" (Deekeling und Arndt 2006, S. 19):

4. CR muss entsprechend auch im Dialog mit den internen Stakeholdern stehen und diskursorientiert umgesetzt werden

Die Leistungspotenziale, Produktivitätskapazitäten und Innovationsbeiträge der internen Stakeholder beruhen letzthin auf legitimierten und gelebten kommunikativen Beziehungsmustern, welche die Modalitäten und Prozesse von innerbetrieblicher Handlungskoordination prägen (Mast 2013, S. 225). Damit dieses Beziehungs- und Aktionsgeflecht funktioniert, obliegt es der Unternehmensführung, ein systemförderndes Kommunikationskontinuum durch „eine konstruktive Kultur des Kommunizierens" (Hubbard 2004, S. 59) durch stakeholderorientiertes Storytelling[9] (vgl. Frenzel et al. 2004; Herbst 2011; Mast 2013, S. 53 ff.) sicherzustellen. Ein konsequent auf Dialog und Feedback justiertes integriertes Kommunikationsmanagement umfasst auch für CR-Aktivitäten sowohl Formen der Push- als auch der Pull-Kommunikation, in der bewusst auch die Interessen und Standpunkte der adressierten Bezugsgruppen in die kommunikativen Planungsprozesse und Entscheidungsabläufe eines Unternehmens einbezogen werden (s. Rademacher 2009, S. 76 f.). Für die CR ist das insofern wichtig, als dadurch ein starkes Commitment vonseiten der Mitarbeiter hergestellt werden kann.

Diese kommunikative „Kulturförderung" ist Voraussetzung für die Etablierung eines offenen internen Kommunikationsklimas, das, indem es „sinnstiftende Orientierungen" (Mast 2013, S. 231) ermöglicht, zielgerichtet Motivation und Engagement der Adressaten unterstützt und Loyalitäten bestärkt – auch in problematischen und krisenanfälligen Situationen (Kirf 2015, S. 27). Mit Blick darauf sind einfache Sender-Empfänger-Kommunikationsmodelle obsolet. Neben situationsadäquater Informationsvermittlung muss dieser Prozess grundsätzlich auf Dialog, Interaktion und Partizipation (Einwiller et.al. 2007, S. 226; Back et al. 2009, S. 7; Cornelissen 2009, S. 200 ff.) aller am internen Kommunikationsprozess beteiligten Stakeholder konstruiert und umgesetzt werden. Hierbei kann CR in der Internen Kommunikation erfolgreich im Sinne der Identitätsbildung und Sinnstiftung eingesetzt werden.

---

[9] Zum Storytelling-Prinzip im strategischen Kommunikationsmanagement s. Rademacher (2009, S. 158). Storytelling lässt als dialogbasiertes Verfahren klassifizieren; s. dazu auch die Definition von Frenzel et al. (2004, S. 76). Storytelling unterstützt das Beziehungsmanagement zu allen wichtigen Stakeholdern im Innenwirkungsbereich einer Organisation. Ein wesentliches Signum für dialogorientiertes Storytelling ist die Kenntnis der Erwartungshaltungen, die die Adressaten (s. dazu Karmasin 2008, S. 275) bewegen sowie die Kenntnis der Beziehungskontexte, in denen sie interagieren.

5. CR kann Sinnstiftung und Reputation unterstützen und damit Werttreiber sein

CR als Element der Unternehmenskultur reiht sich ein in den Kanon der Grundwerte, der ethischen Prinzipien, der Vision und Mission eines Unternehmens. CR-Konzepte und -Projekte sollten mit den Unternehmensstrategien und -zielen in Einklang stehen, die Wertekultur eines Unternehmens erlebbar machen. Führungskräfte und Mitarbeiter sollten deshalb idealerweise über die strategische Entwicklung, Durchführung und Steuerung von CR-Maßnahmen auf allen Prozessebenen informiert sein und diese somit mittragen können.

Hierbei geht es primär um das richtige „Mindset" innerhalb des Unternehmens, welches sich auch außerhalb der CSR-Kontexte in „klassischen" Arbeitsabläufen, Geschäfts- und Managementprozessen zeigt. Diese Prozesse verlaufen zwischen dem Unternehmen, den Führungskräften und den Mitarbeitern reziprok. CR ist dabei ein wichtiger Treiber für eine positive Wertekultur des Unternehmens. Denn die damit verbundenen CR-Aktivitäten sorgen auf einer wesentlich breiteren gesellschaftlichen Ebene für Sinnstiftung und schaffen Orientierung sowie Vertrauen über eine rein wirtschaftliche Ebene hinaus (vgl. Bruhn 2001).[10] Neben dem reinen „Mittragen" von CR-Aktivitäten ist dabei das Engagement der Mitarbeiter gefordert.

6. CR braucht Initiative durch aktiv an der Umsetzung beteiligte Mitarbeiter, für Ideen und Initiativen, für die Optimierung und Stabilisierung des CR-Prozesses

Schließlich sind es die Mitarbeiter, die in CR-Programme von Unternehmen eingebunden werden und darin ihre berufliche Expertise mit ihrem persönlichen Engagement verbinden können. Die Mitarbeiter tragen in der Praxis dazu bei, die Maßnahmen zu einem Erfolg zu führen und weiterzuentwickeln. Dabei handeln sie auch als „Markenbotschafter", da sie im Rahmen der CR-Projekte gegenüber externen Stakeholdern ein positives Bild des Unternehmens vermitteln.

Auf einer systematischen Ebene ist damit eine notwendige (horizontal wie vertikal ausgerichtete) Strukturierung und Systematisierung der internen Kommunikationsprozesse verbunden. Diese schafft symmetrische Kommunikationsvernetzung[11] und steuert kommunikative Abläufe im Sinne der Bildung eines systemstützenden internen Diskursklimas (Brauer 2005, S. 103).[12] Durch dieses Prozedere werden Kommunikationskontexte

---

[10] Bruhn zufolge dient die Marke dem Kunden zur Orientierung und der Schaffung von Vertrauen, da sie als Qualitätssignal interpretiert wird (vgl. Bruhn 2001). In vergleichbarer Weise werden CR-Aktivitäten als positiver Indikator interpretiert, wodurch Unternehmen vertraut wird.

[11] Vgl. dazu das Modell der symmetrischen Kommunikation von Cutlip et al. (2000, S. 244).

[12] Eine solche Atmosphäre wirkt zudem hinein in externe Kommunikationsarenen und bestimmt das sie prägende Agendasetting – auch hinsichtlich der progressiven Web 2.0-Modellierung mit neuen Gatekeeper-Rollen, der Verlinkungsmacht und „Netzverdichtung" (Bolz 2007, S. 127 ff.) von Social Media Systemen (Tapscott und Williams 2007: 37 f.; Back et al. 2009: 62 ff.; Cornelissen 2009, S. 195 f.).

hergestellt, die dazu dienen können, divergierende Interessenlagen und Situationsdeutungen aufeinander abzustimmen und – basierend auf einem dialogorientierten, beziehungsfördernden[13] Verständigungswillen – verlässliche integrations- und kooperationsfähige Handlungswege im Hinblick auf konsenshafte Zielarrangements zu formulieren.[14] Kurzum lautet der Auftrag dieses kommunikativen internen Beziehungsmanagements:[15] die Adressaten durch den Einsatz mobilisierender Maßnahmen – auch „durch den Appell an gemeinsame Wertbindungen" (Zerfaß 2004, S. 296) – plausibel anzusprechen und mitzunehmen. Was wiederum die Notwendigkeit der Verankerung der internen CR-Kommunikation auf Führungsebene (vgl. Ahlers 2006, S. 17; vgl. Meier 2002, S. 34) erfordert. Über das Commitment und die Initiative der Mitarbeiter hinaus ist schließlich noch ein weiteres Kriterium für erfolgreiche CR in der Internen Kommunikation relevant:

7. CR braucht Storytelling für eine überzeugende Begleit- und Regelkommunikation

Was wie eine Selbstverständlichkeit klingt, wird oftmals in der Praxis nicht hinreichend durchdacht bzw. durchgeführt. Im Fokus stehen zunächst einmal die Umsetzung und das Gelingen der CR-Aktivität selbst. Aus professioneller Sicht ist dabei ein geplanter Einsatz und für die Interne Kommunikation ein wohldosiertes crossmediales Kommunikationsmanagement empfehlenswert, denn neue Projekte stehen auch innerhalb eines Unternehmens unter der Beobachtung der Stakeholder – das gilt auch für Aktionen unter dem Label „Corporate Responsibility". Schließlich werden Ressourcen eingesetzt, um Projekte zu initialisieren und voranzutreiben.[16] Um für eine möglichst große Akzeptanz und Unterstützung bei Mitarbeitern, Führungskräften und auch dem Topmanagement zu sorgen, kann erfolgreich die Methode des „Storytelling" eingesetzt werden. Dabei können die Erfahrungen

---

[13] Vgl. dazu u. a. Führmann und Schmidbauer (2008, S. 33), die prinzipiell moderne interne Kommunikation in ihrer Stakeholderorientierung als eine „gezielte und differenzierte Beziehungskommunikation" definieren.
[14] Eine derartig auf „kommunikative Integration" (Zerfaß 2004, S. 291 f.; Back et al. 2009, S. 91 ff.) angelegte Interaktionskultur zwischen unternehmensinternen Teilöffentlichkeiten zeigt auch bei der kommunikativen Steuerung von unternehmensbezogenen Transformationsszenarien in „schwierigen Zeiten" (Deekeling und Barghop 2003, S. 6 f.; Schick 2007, S. 101 ff.; Kirf 2015, S. 34) positive Wirkungen, denn es ist eine wichtige Aufgabe der internen Kommunikation, organisationsspezifische Wandlungsprozesse mit glaubwürdiger Kommunikation in der Tiefe und Fläche zu begleiten.
[15] Vgl. dazu u. a. Führmann und Schmidbauer (2008, S. 33), die prinzipiell moderne interne Kommunikation in ihrer Stakeholderorientierung als eine „gezielte und differenzierte Beziehungskommunikation" definieren.
[16] Mit Blick auf die Anforderungskriterien für gelingende interne Organisationskommunikation wird zunehmend die Forderung nach einer engen strategisch-operativen Verzahnung von Kommunikationsaktivitäten in beziehungsrelevanten Innenverhältnissen mit der Organisations- und Personalentwicklung von Unternehmen und den sie konstituierenden Themen- und Problemstellungen laut (Kirf 2011, S. 6 ff.; Einwiller 2007, S. 226 f.). Das tangiert auch Design und Organisation der internen HR-Kommunikation, ihre Inhalte, Themen und Programme.

der Mitarbeiter über CR-Pilotprojekte als Erfahrungswissen für die Kommunikation genutzt werden. Diese sollten aus unterschiedlichsten Perspektiven der Beteiligten erfasst, ausgewertet und in Form einer gemeinsamen Erfahrungsgeschichte aufbereitet werden (vgl. Thier 2010).[17] Auf diese Weise können Argumente und Ideen im Kontext der CR-Aktivitäten greifbar werden. Insgesamt werden somit die kommunikativen Beziehungen in internen wie externen Unternehmensumfeldern gefördert. Ein praxisorientiertes Ziel ist dabei, die gemachten Erfahrungen und das Anwendungswissen zu dokumentieren und damit für das gesamte Unternehmen nutzbar zu machen. Insbesondere im CR-Kontext werden Impulse für offene und bereichsübergreifende Kommunikation gesetzt. Das hängt letztlich mit dem Thema zusammen, das aus dem üblichen Berufsalltag herausragt und durch die zusätzliche moralische Dimension ein erweitertes Unternehmens- bzw. Markenerlebnis und damit eine Diskurserweiterung ermöglicht. Mitarbeiter und Führungskräfte können ihr Unternehmen aus einer anderen Perspektive betrachten und – im Hinblick auf eine Anschlusskommunikation – weiter darüber berichten.

Nach einer Phase der Anschubkommunikation zum Start von CR-Szenarien, ist eine nachhaltige Regelkommunikation gefordert. Dabei empfiehlt es sich, neben dem „klassischen" Instrumentarium auf medialer, personaler und aktionaler Ebene in der Internen Kommunikation populäre digitale Kommunikationsplattformen (wie Blogs und Podcasts) einzusetzen. Im Sinne einer digitalen Geschwindigkeitslogik kann dabei mit sogenannten „snippets" gearbeitet werden, die eine umfassendere Story zunächst anteasern und einen schnellen, kompakten Eindruck über eine aktuelle Entwicklung oder ein interessantes Ereignis bieten. Entsprechend sollte die CR-Kommunikation neben der „Reportage" solche digitalen Formate nutzen, um in einer Live-Kommunikation einen direkten, lebendigen und anschaulichen Eindruck zu vermitteln. Idealerweise entsteht dabei auch ein echter, überzeugender Dialog mit den Stakeholdern im Unternehmen. Langfristig wird dabei die CR-Kommunikation selbstverständlicher Teil der internen Regelkommunikation.

4 Corporate Responsibility am Beispiel von TNT Express

Anlass für eine Neuausrichtung der CR-Strategie der TNT Express und eo ipso des grundlegenden Umbaus der Projekte gab vor allem die Resonanz seitens der Mitarbeiter auf das bis dato praktizierte CR-Engagement. Neben einer Vielzahl unterschiedlicher CR-Aktivitäten wie sogenannte „sponsored walks", war ein zentraler Partner das UN World Food Programme, das von TNT Express mit Spenden und der Entsendung freiwilliger Helfer für Hilfsprojekte in Gambia unterstützt wurde. Anfänglich mit hoher Aufmerksamkeit und starker Beteiligung sehr gut angenommen, verzeichnete das Engagement indes im Laufe der Zeit ein abflauendes Commitment, da die CR-Aktivitäten nicht in der Erfahrungswelt der Helfer angesiedelt waren. Eine interne Umfrage zeigte, dass das deutlich rückläufige Spendenaufkommen einzig seinen Grund darin hatte, dass die überwiegende Zahl der

---

[17] Zur Methode des Storytelling ferner: Frenzel et al. 2006; Herbst 2011.

Mitarbeiter greifbare Unterstützungsprojekte vor Ort wünschte, sodass mit dem CR-Engagement ein sichtbarer und erlebbarer Alltagsbezug gestiftet wird.

In dieser Ausgangslage werden direkt verschiedene der im vorhergehenden Kapitel aufgestellten Kriterien in ihrer Praxisrelevanz deutlich. Zentral ist dabei das Kriterium 4, wonach CR auch im Dialog mit den internen Stakeholdern stehen und konsequent diskursorientiert umgesetzt werden sollte: So geschehen durch eine Mitarbeiterbefragung, die aufgrund nachlassender Initiative durch die Mitarbeiter durchgeführt wurde (vgl. Kriterium 6, s. oben). Hintergrund ist dabei die Frage der Sinnstiftung (vgl. Kriterium 5), wonach für die Mitarbeiter als hauptsächlicher bzw. laut Umfrage „einziger Grund" die fehlende Sichtbarkeit und Erlebbarkeit des CR-Engagements eine wichtige Rolle spielt. Und durch diese Haltung wird direkt deutlich, warum CR in erster Linie stakeholderbezogen sein sollte, denn den internen Teilöffentlichkeiten kommt eine wichtige Rolle als moralische und praktische Unterstützer der Projekte zu. Sie sind letztlich der Dreh- und Angelpunkt für den Erfolg des unternehmerischen CR-Engagements, wie das Beispiel TNT Express Deutschland hier verdeutlicht.

Darüber hinaus zeigte der Dialog mit den Mitarbeitern, dass die bereits erwähnten, in Deutschland bis 2012 umfangreich in den Segmenten Ökologie und Soziales realisierten über 500 CR-Aktivitäten in lokaler bis internationaler Ausrichtung teilweise ohne klaren Bezug zu der Marke TNT Express standen. Sie sprengten sozusagen den Rahmen der Corporate Identity bzw. Corporate Culture (vgl. Kriterium 2). Den Spenden, Patenschaften und jenen in lokalen Mitarbeiteraktionen erfolgten Aktivitäten waren insgesamt das Fehlen einer zentralen Steuerung, verschiedene Verantwortlichkeitsebenen und unterschiedliche Beteiligungsgrade eigen. Damit fehlte im Grunde das erste definierte Kriterium, wonach CR auf Basis einer stringenten Strategie mitsamt ihren Prämissen und Steuerungsinstrumenten konzeptionell fundiert sein sollte (vgl. Kriterium 1).

Die Kernformeln zu Haltung und Anspruch der CR von TNT Express als international renommiertes Unternehmen der Transport- und Logistikwirtschaft spiegeln die gesellschaftlichen Erwartungshaltungen an nachhaltiges unternehmerisches Wirtschaften wider. Diese sind durch Klimawandel durch CO_2-Emission und Flächenversiegelung sowie verantwortungsvollen Umgang mit der Ressource Erdöl geprägt. Diese Erwartungen an die Logistikwirtschaft als Branche mit hohem Ressourceneinsatz werden von TNT Express als gerechtfertigt angesehen, weil die weltweit knapp 20 % der CO_2-Emissionen durch den Transport von Gütern und Waren größtenteils im Straßenverkehr verursacht werden. Trotz ökonomischer Notwendigkeit von Wachstumssteigerung und des gestiegenen Ertrags- und Kostendrucks verpflichtet sich TNT Express uneingeschränkt dem Ziel, die Auswirkungen auf Umwelt und Gesellschaft so gering wie möglich zu halten und Wohlstandsspielräume auch für künftige Generationen zu erhalten. Hiermit steht TNT Express im Einklang mit dem Leitbild des Bundesverbands Paket & Express Logistik (BIEK), eine Beanspruchung von Ressourcen zu minimieren und mögliche Gefährdungen für Menschen, Natur und Klima zu begrenzen. Diese Anspruchshaltung, dass Unternehmen nicht mehr nur an ihren betriebswirtschaftlichen Zahlen gemessen, sondern zunehmend auch danach beurteilt werden, inwieweit sie gesellschaftliche Verantwortung übernehmen, drückt sich im

Mindset von Führungskräften und Mitarbeitern im Unternehmen aus und fließt in dieser Diktion in die Unternehmensstrategie von TNT Express ein. Unternehmerische Verantwortung hat sich zu einer strategischen Größe des unternehmerischen Handelns innerhalb der Corporate Identity entwickelt und ist damit sinnstiftend. Ein Programm zur CO_2-Reduktion für Logistikunternehmen ist indes inzwischen Standard, wie es die Richtlinien des Bundesverbandes BIEK zeigen. Externe Stakeholder wie Kunden oder Medienvertreter und interne Stakeholder, sprich Mitarbeiter und Führungskräfte, erwarten, dass das Logistikunternehmen im Kontext der weltweiten Klimaveränderung seine „Hausaufgaben" macht.

Verantwortung als strategische Bindung und Verpflichtung des Unternehmens gliedert sich bei TNT Express konzeptionell in einem fünfstufigen Modell, das sämtliche Prämissen und Operanden für CR in ihrer neuen Ausrichtung festschreibt (vgl. Kriterium 1):

> Die fünfstufige Ausrichtung der CR-Strategie setzt sich aus den Parametern strategische Verankerung, ökologisches und soziales Handeln, Transparenz, Stakeholder-Orientierung, Kommunikation und Glaubwürdigkeit zusammen (TNT Express Deutschland 2014).

In der strategischen Verankerung wird Verantwortung als Implementierung unternehmerischer Grundausrichtung und relevanter Wertschöpfungsfaktor gesetzt. Ansprüche und Absichten des Verantwortungshandelns finden in Leitlinien adäquaten Ausdruck, korrespondierende Zieldefinitionen bieten parametrische Orientierungsmarken für die Exekutive verantwortlichen Handelns. Wertschöpfungsprozesse orientieren sich neben ökonomischen Vorgaben auch an Maßstäben und Zielen ökologischen und sozialen Handelns (vgl. Kriterium 5). Transparenz wird durch Instrumente gewährleistet, welche die Nachvollziehbarkeit des Verantwortungshandelns und die Einhaltung der Umwelt- und Sozialstandards sichern. Mittels Performanceindikatoren lässt sich für eine gezielte Verantwortungskommunikation letztlich das korrespondierende Verantwortungshandeln messen. Stakeholderorientierung bedeutet die Einbeziehung relevanter Bezugsgruppen in die Ausgestaltung der unternehmerischen Verantwortung, die sich strategisch und pragmatisch an den Ansprüchen der Adressaten ausrichtet. Effektive Kommunikationsmaßnahmen werden kontinuierlich gestaltet, um die Wahrnehmbarkeit des eigenen ethischen Handelns innerhalb und außerhalb des Unternehmens TNT Express Deutschland zu dokumentieren und öffentlichkeitswirksam darzustellen (vgl. Kriterium 7). Dies drückt sich beispielsweise in der Medienarbeit zu regionalen Aktivitäten aus, bis hin zur routinemäßigen Verankerung in periodisch publizierten Personal- und Sozialberichten sowie im Geschäftsbericht als gezielte Kommunikationsprojekte, die Glaubwürdigkeit verfestigen und korrespondierende Reputationsgewinne erzielen sollen. Zudem flankieren und intensivieren der Aufbau themenorientierter Netzwerke und der aktive Dialog mit den verschiedenen Stakeholdern diese Ziele von CR-Kommunikation.

Angestoßen von der Mitarbeiterumfrage, die eine sinkende Akzeptanz der bestehenden CR-Maßnahmen bestätigte, wurde – im Sinne einer konzeptionellen Fundierung (vgl. Kriterium 1) – eine Analyse des CR-Engagements der führenden Branchenwettbewerber durchgeführt, die folgende Resultate erbrachte: Generell fokussieren die großen Post-, Kurier- und Logistikunternehmen ihre Aktivitäten auf die Schwerpunkte Umwelt, Gesellschaft und Logistik. Im Segment Umwelt zielen die Maßnahmen auf Senkung der CO_2-Emmisionen bei Fahrzeugen, Verpackungen, Gebäuden ab. Im Segment Gesellschaft setzen die Wettbewerber auf die Unterstützung regionaler/lokaler Projekte im Rahmen von Sponsoring, Spenden, ehrenamtlichem Engagement von Mitarbeitern, Kooperationen mit Stiftungen und Initiativen in den Bereichen Sport, Kultur, Bildung sowie Volontärprogramme. Im Segment Logistik setzen sich die Wettbewerber in der Notfall- und Katastrophenhilfe ein, indem sie in strategischen Partnerschaften mit Hilfsorganisationen logistische Infrastruktur bereitstellen und sich im Krisenmanagement engagieren. Es wird deutlich, dass hinter diesen Überlegungen in der Branche eine klare konzeptionelle Struktur als CR-Strategie steht (vgl. Kriterium 1), die sich am Markenkern und der Corporate Identity der Unternehmen orientiert. Dieses Portfolio ausgesuchter CR-Maßnahmen ist eben insbesondere für Logistikunternehmen ein sinnvolles CR-Engagement (vgl. Kriterium 2). Dabei ergeben sich – aus den üblichen CR-Aktivitäten Ehrenamt, Volontärprogramm sowie strategische Partnerschaften – die augenscheinlich intensivsten Effekte bzw. Ansatzpunkte für eine Interne Kommunikation mit Blick auf die Stakeholder und ihre Möglichkeit zur Initiative (vgl. Kriterien 3, 4 und 6). Denn hierbei werden Mitarbeiter jeweils selbst als Unternehmensbotschafter verantwortlich tätig. Sie berichten persönlich gegenüber ihren Kollegen und Teams über ihre CR-Projekterfahrung – und über sie und die Projekte wird selbstverständlich in den internen Medien berichtet. Dies wiederum stärkt nach innen die Arbeitgebermarke: Die Mitarbeiter können „stolz" auf das sein, was ihre Kollegen leisten und ihr Unternehmen an sinnstiftender Arbeit ermöglicht (vgl. Kriterien 2 und 5).

Zur Differenzierung von TNT Express vom Wettbewerb wurden auf Basis dieser Analyse schließlich drei zentrale, konzeptionell-fundierte Forderungen für das künftige Portfolio der CR-Maßnahmen und Projekte formuliert (vgl. Kriterium 1): 1) Überregionales Engagement bei gleichzeitig lokaler Sichtbarkeit, 2) Ausrichtung auf Nachhaltigkeit und 3) durchgängiger Bezug zur logistischen Dienstleistung von TNT Express. Priorität haben – im Verzicht auf eine Maßnahmenquantität – eine bessere Fokussierung auf CR-Projekte, die zur Unternehmensmarke passen, und damit einhergehend eine Kontinuität in der Umsetzung. In dieser Intention wurde die Kooperation mit dem World Food Programme langsam zurückgefahren, um den fließenden Übergang in eine künftige strategische Ausrichtung des CSR-Programms zu schaffen. Entlang den Anforderungen aus der Analyse wurden die drei folgenden Schwerpunkte für die gebündelten CR-Aktivitäten definiert. So erstreckt sich die CR-Verpflichtung mit dem Maßnahmenbündel CO_2-Reduktion „Planet me" auf das Segment „Umwelt" und deckt mit einer bundesweiten Partnerschaft mit dem Bundesverband Deutsche Tafeln e. V. und Lernpartnerschaften mit Schulen vor Ort das Segment gesellschaftliches Engagement ab.

4.1 TNT-Umweltschutzmarke „Planet me"

Die strategische Entscheidung, mit der TNT Umweltschutzmarke „Planet me" ein eigenständiges Verantwortungsmanagement in das CR-Programm zu implementieren, wurde der Prämisse Rechnung getragen, dass sämtliche Maßnahmen zur Ressourcenschonung und Schadstoffvermeidung elementarer Bestandteil der strategischen Verantwortung sind. Sie tragen erkennbar die Handschrift der Unternehmensleitung im Sinne einer gezielten Einflussnahme auf den schonenden Umgang mit natürlichen Ressourcen sowie den bedachtsamen Einsatz von Schadstoffen. Das Umweltengagement „Planet me" ist mit den Zielsetzungen verbunden, zum einen ein geschärftes Bewusstsein für Umweltschutz bei Stakeholdern zu erreichen und zum anderen eine konsequente Reduzierung von CO_2-Emissionen zu bewirken. Zur Zielerreichung werden folgende Maßnahmen im Bereich Verkehr/Mobilität sowie bauliche Infrastruktur und Investitionen ergriffen und systematisch umgesetzt:

- Segment Aviation: Einsatz umweltfreundlicher Lufttransportmaschinen, Vermeidung von Leerflügen, Unterstützung der Entwicklung umweltverträglicher Technologien.
- Segment Kraftfahrzeuge: Umstellung auf umweltfreundliche Modelle, ECO-Fahrertraining, Optimierung der Routen und des Fernverkehrsnetzes, Videokonferenzen zur Reduzierung von Reisetätigkeiten.
- Segment Gebäude und Facilities: Reduzierung des Verbrauchs von Wasser, Elektrizität und sonstiger Energien, optimierte Abfalltrennung, Richtlinien für Recycling, Verwendung von Durchflussbegrenzern und Geräten ohne Stand-by-Funktionen.
- Segment Beschaffung: Investitionen anhand ökologischer und ökonomischer Kriterien.

Die mit „Planet Me" vorgelegten Zielmarken und Optimierungshorizonte sind indes keine Postulate *ex cathedra*. Sie schaffen vielmehr Resonanzräume für die aktive Beteiligung und das eigeninitiative Engagement der Mitarbeiter. Diese werden in den Prozess mit einbezogen und sind letztlich die Akteure sämtlicher Maßnahmen, weshalb ihr Commitment unentbehrlich ist (vgl. Kriterien 4, 5 und 6). Als adressierte Ideengeber können sie zudem anhand ihrer praktischen Erfahrungen Verbesserungsvorschläge für gesteigerte Effizienz sowie höhere Effektivität der Maßnahmen einbringen. Das interdependente Wechselspiel eines „Learnings" von Verantwortung der Umwelt gegenüber, das im Rahmen eigenständig praktizierten Umweltschutzes realisiert und erlebt wird, bewirkt ein gestärktes Umweltbewusstsein, fördert und beschleunigt damit sogar die Zielerreichung und stärkt nicht zuletzt die Arbeitgebermarke von TNT Express (vgl. Kriterium 6). „Planet me" als Appell bewirkt mittelfristig die Inkorporation der Mitarbeiter zu „Umweltarbeitern" und „Umweltbotschaftern" von TNT Express, ein starker Output gelebter Corporate Responsibility.

4.2 Bundesweite Kooperation von TNT Express und Deutsche Tafeln

Durch die Partnerschaft mit den Deutschen Tafeln schmiedet TNT Express eine feste Allianz mit einer der bedeutendsten sozialen Bewegungen. Mehr als 900 Tafeln mit ca. 3000 Tafelläden bundesweit versorgen rund 1,5 Mio. bedürftige Menschen regelmäßig mit Lebensmitteln. Einige Tafeln bieten warme Mahlzeiten an bzw. beliefern soziale Einrichtungen, die Mahlzeiten zubereiten, mit Lebensmitteln. Rund 60.000 ehrenamtliche Helfer engagieren sich im Bundesverband der Deutschen Tafeln. Die Partnerschaft mit dem Dachverband der Deutschen Tafeln ist Ausweis für die Übernahme gesellschaftlicher Verantwortung von TNT Express in bundesweiter Ausrichtung. Das Unternehmen fördert damit soziale und karitative Prozesse, die einen direkten Zusammenhang mit den Unternehmensaktivitäten bilden. Als renommierter Transportdienstleister und Logistikspezialist besitzt TNT Express das Know-how, einsatzbereite Transportflotte und kompetente Berufskraftfahrer und Logistikfachkräfte, um den Partner im „Sorgenbereich" des zügigen Transports und der Lagerung von gespendeten Lebensmitteln vom Absender zum Bestimmungsort zu unterstützen. Damit wird dieses wertvolle Engagement klug gewählt, da es als Maßnahme optimal zur Unternehmensmarke des Logistikers und damit einhergehend zur Corporate Identity passt (vgl. Kriterien 1, 2). Eingebunden darin sind Mitarbeiter und Stakeholder, sofern sie in betriebliche Prozesse rundum die Planung und Ausführung der logistischen Dienstleistung involviert sind. Damit sind diese Mitarbeiter direkt initiativ (vgl. Kriterien 4, 6), ihr CR-Engagement wertet ihren Arbeitsalltag auf (vgl. Kriterium 5). Während in der Startphase den beteiligten Mitarbeitern noch die Besonderheit und Konsequenzen der Partnerschaft vermittelt wurden, ist es bei TNT Express heute selbstverständlich, dass sogenannte „Leerkapazitäten" in der Logistik für den Transport von Lebensmitteln für die Deutschen Tafeln mitberücksichtigt werden.

So können beispielsweise Frischegut wie Obst und Gemüse den Tafeln und Verteilungsstellen schnell zugestellt und deutschlandweit verteilt werden. Durch die Unterstützung von TNT Express ist es somit möglich, auch Orte und Regionen mit weniger lokalen Spenden mit Lebensmitteln zu versorgen. Außerdem können spezielle Güter besser von einem Ort deutschlandweit verteilt werden. Dabei werden einfach offene Transportkapazitäten für die Tafeln genutzt.

In einem weiteren Schritt organisieren Mitarbeiter von TNT Express mit ihrer Partnertafel die Weitergabe der Güter des täglichen Bedarfs an die bedürftigen Menschen, entwickeln hierfür ortsbezogene Logistikkonzepte und engagieren sich bei der Ausgabe von Mahlzeiten (vgl. Kriterium 6). Einen besonderen Schwerpunkt der fachlichen Unterstützungsleistungen bildet der Know-how-Transfer im Rahmen von Schulungen der ehrenamtlichen Helfer. Angebote sind hier vor allem die Optimierung logistischer Prozesse und effiziente Routenplanung für die Transporttouren. Das führt zu einer besseren Nutzung der zur Verfügung stehenden Ressourcen und hilft bei der angespannten Finanzlage der Tafeln zu Einsparungen. Durch mehr Wirtschaftlichkeit können auch vermehrt Spender gewonnen werden.

Insbesondere bei diesem Einsatz gelingt es TNT Express, ein CR-Projekt voranzutreiben, das gut zum Markenkern des Unternehmens passt und damit die Corporate Identity positiv unterstützt. Mitarbeiter können als Beteiligte unmittelbar erleben, wie durch die Bereitstellung von Transportkapazitäten, Organisation und Know-how das Unternehmen soziale Verantwortung übernimmt. Mehr noch, sie können sogar selbst einen Beitrag leisten. Über den rein wirtschaftlichen Mehrwert hinaus erfährt die Leistung von TNT Express eine weitere immaterielle, soziale Dimension. Dieser erweiterte Handlungsrahmen hat einen positiven Abstrahleffekt auf die Arbeitgebermarke, stärkt die Legitimation des Unternehmens im Sinne einer „licence to operate" und damit auch das interne wie externe reputationsfördernde „Ansehen".

4.3 Lokale Partnerschaften verantwortungsvoller Mitbürger

Die dritte CR-Aktivität von TNT Express Deutschland besteht in Lernpatenschaften, die unter dem Stichwort „verantwortungsvolle Mitbürger" mit Schulen geschlossen werden. Diese CR-Anstrengung betrifft die Mitarbeiter von TNT Express in ihrer Entscheidung sehr individuell auf freiwilliger Basis. Dieses Engagement unterstützt Schulen vor Ort, beispielweise mit der Versorgung mit Bedarfsmaterialien für den Unterricht, mit der Bereitstellung von Unterrichtsthemen und der Durchführung von Bewerbungstrainings. Daneben richtet sich das Mitbürgerengagement von TNT-Mitarbeitern auf die immaterielle Unterstützung sowie auf die finanzielle Unterstützung durch Spenden förderwürdiger lokaler Projekte von Initiativen und Nonprofit-Organisationen (NPO).

Dieses weitere CR-Instrument der „verantwortungsvollen Mitbürger" mit Lernpatenschaften an Schulen sowie der immateriellen und finanziellen Unterstützung von Initiativen und Nonprofit-Organisationen auf regionaler oder lokaler Ebene setzt auf die Eigenverantwortlichkeit der Mitarbeiter von TNT Express Deutschland. Dadurch wird ein individuell erlebbares Verantwortungshandeln ermöglicht. Zugleich wird damit die Bereitschaft zur Mitgestaltung und Teilhabe am CR von TNT Express gefördert und langfristig das Commitment gestärkt (vgl. Kriterien 5, 6). Bei diesem CR-Projekt ist auch eine kontinuierliche Interne Kommunikation gefordert, die via Storytelling crossmedial die unterschiedlichen Erfahrungen und Erlebnisse der Mitarbeiter untereinander vermittelt und dabei anschaulich Referenzen und Beispiele darstellt, wie als „verantwortungsvoller Mitbürger" gehandelt werden kann (vgl. Kriterien 4, 7).

An dieser Stelle lässt sich einwenden, dass diese dritte CR-Aktivität nur bedingt mit dem Unternehmen TNT Express Deutschland zu tun hat, da hier das individuell erlebbare Verantwortungshandeln im Vordergrund steht. Dieser Einwand trifft allerdings nur bedingt zu, wenn man die Markenwerte von TNT Express betrachtet. Diese sind: Orange, Präsent, Dynamik, Excellence und Caring. Das sogenannte Caring bezieht sich in seinem semantischen Anspruch neben Sicherheit und Gesundheit der Mitarbeiter auch auf die CR-Bereitschaft (TNT Express Deutschland 2014). Im Kontext der Lernpatenschaften haben dabei die Mitarbeiter als „verantwortungsvolle Mitbürger" ein hervorragendes

Aktionsfeld, um diesen Markenwert selbst zu erkunden und zu erleben. Dass dabei das Unternehmen sowohl als Anregungs- als auch als Referenzpunkt dient, wertet dieses Engagement im Grunde zusätzlich auf und verschafft ihm einen Ordnungsrahmen.

5 Fazit

Im vorliegenden Artikel wurde zunächst eine Abgrenzung des CR-Begriffs gegenüber dem CSR-Begriff vorgenommen. Dabei zeigte sich, dass der CR-Terminus als übergeordnete Kategorie der Verantwortung von Unternehmen in gesellschaftspolitischen Interaktionskontexten und Umfeldern letztlich eine Erweiterung des Handlungsrahmens darstellt und somit – begrifflich adäquat – die sehr unterschiedlichen Aktivitäten beschreibt, in denen ein Unternehmen verantwortlich handeln kann. Diese begriffliche Schärfung wird beispielsweise bereits von TNT Express Deutschland verwendet, worunter das Unternehmen drei zentrale CR-Programme subsumiert: eine mit Schwerpunkt im Umweltbereich sowie zwei mit Schwerpunkt im sozialen Bereich.

Davon ausgehend wurden Kriterien entwickelt, nach denen CR-Aktivitäten innerhalb der Internen Kommunikation auszurichten sind. Die Kriterien sind als Handlungsfelder zu berücksichtigen, damit CR-Projekte kommunikativ gegenüber den internen Stakeholdern gelingen. Bei den insgesamt sieben diskutierten Kriterien fällt auf, dass der Stakeholderbegriff zentral ist – letztlich aufgrund der besonderen Rolle, die die Mitarbeiter als indirekte oder aktiv Beteiligte im Rahmen von CR-Projekten innehaben. An dem Stakeholderbegriff hängen in diesem Kontext Fragen der Dialogführung und Diskursorientierung, der Sinnstiftung und des Reputationsmanagements, der Initiativenausprägung und Prozessoptimierung sowie schließlich der Kommunikationsgestaltung insgesamt. Dem gegenüber bzw. komplementär zur Seite sollte der professionelle Anspruch des Unternehmens stehen, CR-Projekte selbst und auch die sie begleitende Kommunikation konzeptionell zu fundieren. Damit kann ein Portfolio ausgesuchter Maßnahmen entwickelt werden, das zur Unternehmensmarke passt und diese sogar als erlebbaren Teil der Corporate Identity positiv unterstützt.

In der Übertragung von der theoretischen Diskussion der sieben Thesen für gelingende interne CR-Kommunikation auf das Praxisbeispiel der CR-Aktivitäten von TNT Express Deutschland konnten die sieben Kriterien beispielhaft illustriert und veranschaulicht werden. Dabei wurde deutlich, dass es für unterschiedliche CR-Projekte in der Kommunikation eine unterschiedliche Gewichtung der sieben Kriterien gibt: Je nach CR-Aktion stehen beispielsweise Unternehmensmarke, Sinnstiftung, Eigeninitiative oder Dialogorientierung mehr oder weniger im Vordergrund. Je nach CR-Maßnahme muss in der Startphase oder auch während der laufenden Regelkommunikation intensiv berichtet und ein strukturiert-systematisches Storytelling etabliert werden. Grundsätzlich empfiehlt es sich, alle sieben Kriterien für die interne CR-Kommunikation zu berücksichtigen, wobei zu Beginn stets eine strategisch-konzeptionelle Gestaltung erfolgen sollte.

Die CR-Programmatik von TNT Express ist eine offene Aufforderung an Mitarbeiter und übrige Stakeholdergruppen, initiativ zu werden und mit eigenen, zusätzlichen Impulsen für weitere Maßnahmen zu den CR-Zielen beizutragen. Damit werden die Mitarbeiter aktiv in den Fortschreibungsprozess eingebunden und die gemeinsame „Corporate Responsible Community" mit gelebter CR im Umfeld des Arbeits- und Lebensmittelpunkts verankert. Durch die sinnstiftenden Erlebnisse der CR-Szenarien geht diese Form von Beteiligung im Idealfall mit einer stärkeren Bindung an das Unternehmen einher: Integrität, Loyalität und Commitment werden gestärkt. Nicht zuletzt ist hier die Unternehmensleitung gefordert – in ihrer aktiven Führungsrolle im CR-Engagement, welches sichtbar intern kommuniziert wird.

Am Beispiel des Unternehmens TNT Express wurde deutlich, wie der Dialog und die Einbindung der Mitarbeiter in die CR-Programme die Identifizierung und das Commitment mit der Corporate Responsibility fördern. Dabei sind die drei strategisch und operational miteinander vernetzten CR-Aktivitäten von TNT Express, „Planet me", Deutsche Tafeln und „Lernpartnerschaften" bereits auf das von Freeman geforderte ökonomische Postulat zeitgemäßen Verantwortungshandelns im Sinne einer Corporate Stakeholder Responsibility ausgerichtet und ausgelegt (s. oben) – im Sinne eines glaubwürdig, authentisch, transparent und verantwortlich handelnden Unternehmens. Führungskräfte und Mitarbeiter sind in diesem Setting von gelebter und erlebbarer CR die internen und auch externen Botschafter und Treiber. Dadurch werden weitere Handlungsspielräume für CR-Aktivitäten eröffnet. Innerhalb des Unternehmens wird eine eigene „Corporate Responsible Community" (CRC) geschaffen – mit einem eigenen kommunikativen Referenzrahmen, Erlebnishorizont und gemeinsam erfahrenen Werten. Diese spezifische Wertegemeinschaft erlebt die gemeinsame Teilhabe an der CR-Anstrengung im Sinne einer spezifischen „Corporate Responsible Activity" (CRA). Dadurch erhalten die CR-Aktivitäten des Unternehmens insgesamt eine erweiterte Dimension, über eine rein materiell-wertschöpfende hin zu einer immateriell-sinnstiftenden Funktion.

Literatur

Ahlers GM (2006) Organisation der Integrierten Kommunikation. Entwicklung eines prozessorientierten Organisationsansatzes. Gabler, Wiesbaden

Back A, Gronau M, Tochtermann K (Hrsg.) (2009) Web 2.0 in der Unternehmenspraxis, 2. Aufl. Oldenbourg, München

Bolz N (2007) Das ABC der Medien. W. Fink, München

Brauer G (2005) Presse- und Öffentlichkeitsarbeit. Ein Handbuch. UVK, Konstanz

Bruhn M (2001) Die zunehmende Bedeutung von Dienstleistungsmarken. In: Köhler R, Majer W, Wiezorek H (Hrsg) Erfolgsfaktor Marke. Neue Strategien des Markenmanagements. München, S 3–20

Bruhn M (2006) Integrierte Unternehmens- und Markenkommunikation. Strategische Planung und operative Umsetzung. Stuttgart

Cornelissen J (2009) Corporate Communication. Sage, London

Cutlip SM, Center AH, Broom GM (2000) Effective Public Relations. Prentice Hall, Upper Saddle River

Deekeling E, Arndt O (2006) CEO-Kommunikation. Strategien für Spitzenmanager. Campus, Frankfurt am Main

Deekeling E, Barghop D (Hrsg) (2003) Kommunikation im Corporate Change. Maßstäbe für eine neue Managementpraxis. Gabler, Wiesbaden

Doorley J, Garcia HF (2007) Reputation Management. The Key to successful Public Relations and Corporate Communication. Routledge, New York

Einwiller S et al (2007) Mitarbeiterkommunikation. In: Schmid BF, Lyczek B (Hrsg) Unternehmenskommunikation. Gabler, Wiesbaden, S 217–256

Freeman ER (1984) Strategic Management. A Stakeholder Approach. Marshfield

Freeman E, Moutchnik A (2013) Stakeholder management and CSR: questions and answers. UmweltWirtschaftsForum 21(1):5–9

Frenzel K et al (2006) Storytelling. Das Praxisbuch. Hanser, München

Frenzel K, Müller M, Sottong H (2004) Storytelling. Die Kraft des Erzählens fürs Unternehmen nutzen. Hanser, München

Führmann U, Schmidbauer K (2008) Wie kommt System in die Interne Kommunikation? Ein Wegweiser für die Praxis. UMC University Press, Potsdam

Grunig JE, Hunt T (1984) Managing Public Relations. Holt, New York

Herbst D (2011) Storytelling, 2. Aufl. UVK, Konstanz

Hubbard M (2004) Markenführung von innen nach außen. Zur Rolle der Internen Kommunikation als Werttreiber für Marken. VS, Wiesbaden

Ingenhoff D, Röttger U (2006) Issues Management. Ein zentrales Verfahren der Unternehmenskommunikation. In: Schmid BF, Lycek B (Hrsg) Unternehmenskommunikation. Kommunikationsmanagement aus Sicht der Unternehmensführung. Gabler, Wiesbaden, S 319–350

Karmasin M (2008) Stakeholder-Management als Ansatz der PR. In: Bentele G, Fröhlich R, Szyszka P (Hrsg) Handbuch der Public Relations. VS, Wiesbaden, S 268–280

Kirchner K (2001) Integrierte Unternehmenskommunikation. Theoretische und empirische Bestandsaufnahme. Westdeutscher Verlag, Wiesbaden

Kirf B (2011) Das Kommunikationskonzept als Steuerungsinstrument strategischer Unternehmenskommunikation. In: Bentele G, Piwinger M, Schönborn G (Hrsg) Kommunikationsmanagement. Loseblatt. Köln (Beitrag 2.39)

Kirf B (2015) Krisen und Krisenkommunikation in der Mediengesellschaft 2.0. In: Bentele G, Piwinger M, Schönborn G (Hrsg) Kommunikationsmanagement. Loseblatt. Köln (Beitrag 2.67)

Kirf B, Rolke L (2002) Der Stakeholderkompass. Navigationsinstrument für die Unternehmenskommunikation. FAZ, Frankfurt am Main

Mast C (2013) Unternehmenskommunikation. Ein Leitfaden. Haupt, Konstanz München

Meier P (2002) Interne Kommunikation im Unternehmen. Orell Füssli, Zürich

Pfannenberg J, Zerfaß A (2005) Wertschöpfung durch Kommunikation. FAZ, Frankfurt am Main

Piwinger M, Zerfaß A (2007) Handbuch Unternehmenskommunikation. Wiesbaden

Quirke B (2000) Making the connections. Using Internal Communications to turn Strategy into Action. Aldershot

Rademacher L (2009) Public Relations und Kommunikationsmanagement. Eine medienwissenschaftliche Grundlegung. VS, Wiesbaden

van Riel CBM (1992) Principles of Corporate Communication. Prentice Hall, London

Rolke L, Jäger W (2009) Kommunikations-Controlling. In: Bruhn M, Esch F-R, Langner T (Hrsg) Handbuch Kommunikation. Wiesbaden, S 1021–1041

Schick S (2007) Interne Unternehmenskommunikation. Strategien entwickeln, Strukturen schaffen, Prozesse steuern. Schäffer/Poeschel, Stuttgart

Schmidt H (2007) Internal Branding. Wie Sie Ihre Mitarbeiter zu Markenbotschaftern machen. Wiesbaden

Tapscott D, Williams AD (2007) Wikinomics. Die Revolution im Netz. Hanser, München

Thier K (2010) Storytelling. Eine Methode für das Change-, Marken-, Qualitäts- und Wissensmanagement. Springer, Berlin Heidelberg New York

TNT Express Deutschland (2014) Personal- und Sozialbericht

Zerfaß A (2004) Unternehmensführung und Öffentlichkeitsarbeit. VS, Wiesbaden

Prof. Dr. Bodo Kirf, promovierter Romanist, ist geschäftsführender Gesellschafter der DJM Communication GmbH. Seit mehr als 25 Jahren ist er in verschiedenen Leitungsfunktionen in renommierten Kommunikationsagenturen tätig, unter anderem als CEO von Trimedia Communications Deutschland von 1998–2006. Seit 2010 ist er geschäftsführender Gesellschafter der DJM Communication GmbH. Neben seinen Beratungstätigkeiten für namhafte Unternehmen und Unternehmer bekleidet Bodo Kirf seit 2009 eine Honorarprofessur für PR und Unternehmenskommunikation an der Hochschule Rhein-Main in Wiesbaden. Er publiziert regelmäßig und hält Vorträge zu Kernthemen, Aufgaben und Problemstellungen des strategischen Kommunikationsmanagements in der Mediengesellschaft 2.0. Zudem ist Kirf Lehrbeauftragter für Krisenkommunikation an der Frankfurt School of Finance & Management.

Dr. Kai-Nils Eicke berät seit über 10 Jahren in Fragen der strategischen Kommunikation und Public Relations. Heute bei der DJM Communication GmbH tätig, zeigt er sich als Team- und Projektleiter in der Corporate Kommunikation für die Analyse, strategische Entwicklung, Kreation bis hin zur Umsetzung von nationalen und internationalen Kommunikationskonzepten und Kampagnen verantwortlich. Für seine Arbeit wurde er bereits mehrfach ausgezeichnet, zuletzt mit dem Internationalen Deutschen PR-Preis 2012. Neben seiner Beratungstätigkeit lehrt er seit 2015 als Dozent an der Hochschule Rhein-Main in Wiesbaden und für die Deutsche Akademie für Public Relations (DAPR). Vor seiner Zeit in der Agenturwelt war der promovierte Neurophilosoph und Medienwissenschaftler freiberuflicher Journalist für Print, Funk und Fernsehen.

Wertemanagement und interne (CSR-) Kommunikation

Annette Kleinfeld und Anke Kettler

1 Verantwortung managen und kommunizieren

1.1 Verantwortung

Unternehmen agieren nicht in einem Vakuum. Ihre Entscheidungen und Handlungen haben stets Auswirkungen nach innen und außen. Nach DIN ISO 26000 ist gesellschaftliche Verantwortung

> die Verantwortung einer Organisation für die Auswirkungen ihrer Entscheidungen und Aktivitäten auf die Gesellschaft und die Umwelt durch transparentes und ethisches Verhalten, das zur nachhaltigen Entwicklung, Gesundheit und Gemeinwohl eingeschlossen, beiträgt; die Erwartungen der Anspruchsgruppen berücksichtigt, anwendbares Recht einhält und im Einklang mit internationalen Verhaltensstandards steht; und in der gesamten Organisation integriert ist und in ihren Beziehungen gelebt wird (DIN ISO 26000 2011, S. 17).

Das Metaziel gesellschaftlicher Verantwortungswahrnehmung besteht nach ISO 26000 für Organisationen darin, ihren spezifischen Beitrag zur nachhaltigen Entwicklung der (globalen) Gesellschaft zu definieren und zu leisten (DIN ISO 26000 2011, S. 26). Jedes Unternehmen, das sich dem Thema „CSR" (Corporate Social Responsibility) professionell stellt, ist gefragt, den Begriff „Verantwortung" auch in die Tat umzusetzen und nach innen und außen Rede und Antwort zu stehen für Sachverhalte und Themen, die sie im

---

A. Kleinfeld (✉)
HTWG Konstanz
Brauneggerstrasse 55, 78462 Konstanz, Deutschland
E-Mail: annette.kleinfeld@htwg-konstanz.de

A. Kettler
Dr. Kleinfeld CEC GmbH & Co. KG
Wollgrasweg 10, 38518 Gifhorn, Deutschland
E-Mail: anke.kettler@kleinfeld-cec.com

hier definierten Sinne verantworten. Unternehmen nehmen diese Aufgabe wahr, indem sie Nachhaltigkeitsberichte oder – in zunehmendem Maße – integrierte Geschäftsberichte (Akzente Kommunikation und Beratung 2012, S. 18) veröffentlichen. Die externe Berichterstattung ist jedoch ein voraussetzungsreicher Schritt, dem viele interne Entscheidungen und Aktivitäten im Rahmen eines auf Verantwortung ausgerichteten Managements vorausgehen. „PR begins at home" (Puttenat 2007, S. 111) – vor der externen Berichterstattung steht zunächst ein internes Management von Verantwortung, das einer professionellen, nach innen gerichteten Kommunikation bedarf. In der Unternehmenspraxis haben sich hierzu bereits seit Mitte der 1990er-Jahre Wertemanagementsysteme bewährt. Ein systematisches Wertemanagement bietet einen wirksamen Rahmen, um CSR im Unternehmen umzusetzen und Mitarbeiter und Führungskräfte für verantwortliches Verhalten zu sensibilisieren und intrinsisch zu motivieren. Gelebte Werte sind prägend für die spezifische Kultur eines jeden Unternehmens (z. B. Wien und Franzke 2014, S. 29 ff.). Ein Wertemanagement zielt u. a. auf die bewusste Stärkung oder Veränderung der gewachsenen Unternehmenskultur ab.

1.2 Unternehmenskultur

Angelehnt an das Drei-Ebenen-Modell von Schein (z. B. Schein 2004, S. 25 ff., Schreyögg 1996, S. 430 ff.) definiert Fichtner das Phänomen Unternehmenskultur als ein erlerntes Regelsystem eines Unternehmens, das die Grundannahmen darüber enthält, wie mit internen Integrations- und externen Anpassungsproblemen umgegangen werden soll. Die Unternehmenskultur ist Teil des organisationalen Ambientes und beeinflusst die Prozesse des Unternehmens auf grundsätzliche Weise (Fichtner 2008, S. 104). Unternehmenskultur wirkt auch dort, wo es keine formalisierten Regeln oder Handlungsanweisungen gibt. Die Identifikation und Kodifizierung von Werten, welche die Identität des Unternehmens bestimmen und seine Entscheidungen strukturieren, sind Grundlage jedes Wertemanagements (Wieland 2004, S. 23 f.). Im Rahmen eines CSR-getriebenen Wertemanagements gilt es demnach, solche Werte kulturell im Unternehmen zu verankern bzw. zu stärken, die Voraussetzung für verantwortliches Entscheiden und Handeln sind, wie beispielsweise Integrität, Ehrlichkeit, Rechtstreue, Fairness, Transparenz und Fürsorge. Die Umsetzung eines Wertemanagements erfolgt mithilfe eines Wertemanagementsystems (WMS) (vgl. z. B. Wertemanagement ZfW 2015). In der Praxis treten Mischformen von Werte- und Compliance-Management-Systemen auf, die einerseits auf die informelle Steuerung durch die Unternehmenskultur abzielen und andererseits konkrete Verhaltensregeln und -vorschriften vorgeben. Während Werte- und Compliance-Management-Systeme seit den 1990er-Jahren häufig im Rahmen der Korruptionsprävention eingeführt wurden, fließen heute weitere CSR-relevante Aspekte in entsprechende Leitfäden ein, wodurch auch der Umweltschutz, internationale Sozialstandards und das regionale Engagement Bestandteil von Wertemanagementsystemen werden (vgl. z. B. ICG 2015, S. 5).

1.3 Bausteine eines Wertemanagementsystems (WMS)

Der Begriff „Wertemanagement" wird nachfolgend synonym für ein Werte- und Compliance-Management-System verwendet, das als solches grundsätzlich alle CSR-relevanten Themen abdecken kann. In Anlehnung an die Prozessstufen von Wieland (2004, S. 23 ff.) besteht ein effektives Wertemanagement aus verschiedenen Bausteinen:

- *Werte definieren und kodifizieren (Leitbilder, Kodizes, Grundwerteerklärungen):* Mit Bezug zu den Unternehmenszielen, relevanten Rechtsgrundlagen sowie Ansprüchen der internen und externen Anspruchsgruppen sowie auf Basis einer Risikoanalyse ist die Identifikation von Unternehmenswerten und Verhaltensregeln und -richtlinien der Ausgangspunkt eines Wertemanagements.
- *Interne und externe Wertekommunikation:* Alle internen und externen Anspruchsgruppen werden über die kodifizierten Werte und Verhaltenserwartungen ebenso informiert wie darüber, wohin sie sich bei Fragen wenden können und was passiert, wenn sich jemand nicht an die Werte oder Verhaltensregeln hält.
- *Systematische Umsetzung:* Zur Festigung der Werte und Durchsetzung der Verhaltensanforderungen sind regelmäßige Schulungs- und Trainingsmaßnahmen notwendig. Aspekte des WMS sollten zudem in die Instrumente des Personalmanagements eingebunden werden. Die Qualitätssicherung und Verbesserung wird durch regelmäßige Befragungen und Selbstevaluierungen gewährleistet. Auditierungen und Zertifizierungen durch externe Dritte unterstreichen darüber hinaus die Ernsthaftigkeit des implementierten WMS und unterstützen die kontinuierliche Verbesserung durch Expertenempfehlungen. Schließlich ist eine regelmäßige Berichterstattung zur WMS-Umsetzung an das verantwortliche Management gefordert.
- *Organisation:* Es sind Funktionen und Strukturen zu schaffen, welche die Umsetzung des WMS gewährleisten. Während die Hauptverantwortung für Handlungen aus dem Unternehmen heraus immer bei der Unternehmensführung liegt, werden in der Praxis operative Aufgaben des WMS delegiert, z. B. an Wertemanagementbeauftragte, Compliance Officer, CSR-Manager oder andere geeignete Funktionen. Große Unternehmen verfügen über eigenständige Abteilungen, die mit der Umsetzung des WMS beauftragt sind (beispielsweise die Compliance-Abteilung) oder Aufgaben werden in bestehenden Abteilungen verortet, wie beispielsweise dem Qualitätsmanagement mit seiner Querschnittsfunktion. Eine besondere organisatorische Herausforderung besteht in der Gestaltung der Kommunikationswege im Fall von Fehlverhalten. Wie gehen Mitarbeiter damit um, wenn sie von Fehlverhalten betroffen sind oder Kenntnis darüber haben? Für Unternehmen, in denen Eigentümerschaft und Management getrennt sind, bieten sich externe Ombudspersonen (meist Rechtsanwälte) oder elektronisch gestützte Hinweisgebersysteme an, die insbesondere bei strafrechtlich relevanten Themen die Anonymität des Hinweisgebers garantieren können.

2 Interne Kommunikation als Erfolgsfaktor

Am Ende haben Unternehmen das Ziel, ihren Anspruchsgruppen gegenüber über ihr CSR-Engagement und ihre CSR-Erfolge zu berichten. Dazu gibt es umfangreiche Literatur. Dieser Beitrag befasst sich damit, was interne Kommunikation leisten muss, um ein WMS erfolgreich zu implementieren und kontinuierlich zu verbessern, damit CSR-Ziele – über die dann am Ende glaubhaft berichtet werden kann – überhaupt erst erreicht werden. Es fließen dabei viele Erfahrungen aus der Beratungs- und Auditierungspraxis der Verfasserinnen dieses Beitrags ein. Jeder der skizzierten Bausteine eines WMS stellt besondere Anforderungen an die interne Kommunikation. Alle kommunikativen Maßnahmen verfolgen letztlich das Ziel, dass die kodifizierten Unternehmenswerte und WMS-Inhalte von allen Beschäftigten internalisiert werden und sich eine Unternehmenskultur entwickelt, die verantwortliches Entscheiden und Handeln zur Selbstverständlichkeit im Unternehmen werden lässt, während konkrete Rechtsgrundlagen, Verhaltensregeln und -richtlinien gekannt und eingehalten werden.

2.1 Akzeptanz und Veränderungsbereitschaft schaffen

Der Entschluss, ein WMS einzuführen, bedeutet für ein Unternehmen gleichzeitig eine Veränderung zu gestalten (vgl. hierzu ausführlich Kleinfeld und Kettler 2006, S. 7 ff.). Die interne Kommunikation ist Change-Kommunikation und sollte aus der Perspektive des (kulturellen) Change Management betrachtet und geplant werden. Das Unternehmen wird mit den typischen Herausforderungen des Change Management konfrontiert, wie insbesondere mit den vielfältigen Widerständen in Veränderungsprozessen (z. B. Landes und Steiner 2014, S. 5 ff.). Aufgabe der internen Kommunikation ist demnach in erster Linie, die Sinnhaftigkeit und den Nutzen von Unternehmenswerten und WMS-Inhalten im Gesamtkontext und bezogen auf jeden Einzelnen aufzuzeigen und möglichen Widerständen von vornherein argumentativ zu begegnen. Unternehmen, die ein WMS infolge von Fehlverhalten einführen, z. B. als Prozess der Selbstreinigung nach einem Korruptionsskandal, haben einen starken Leidensdruck und werden weniger gegen Widerstände ankämpfen müssen als Unternehmen, die das WMS als präventives Instrument nutzen möchten, um sich ihrer gesellschaftlichen Verantwortung zu stellen und Fehlverhalten aus nicht wahrgenommener Verantwortung zu vermeiden.

Unternehmenswerte und WMS-Inhalte können im stillen Kämmerlein entwickelt werden, die Erfolgsaussichten, dass diese im Unternehmen gut ankommen und angenommen werden, sind bescheiden. Idealerweise erfolgt eine breite Partizipation der Mitarbeiter, um die Motivation für die Veränderung zu erhöhen, Widerständen zu begegnen und das vorhandene Wissen im Unternehmen zu nutzen (z. B. Lauer 2014, S. 145 ff.). Typische Mittel der Partizipation bieten Workshops, Gruppenmoderationen oder Mitarbeiterbefragungen (Lauer 2014, S. 145).

Ein spezifisches Kommunikationsinstrument im CSR-Management ist der Stakeholderdialog. In der Praxis wird dieses Instrument sehr unterschiedlich aufgefasst und umgesetzt (Hetze 2015, S. 52 f.) und richtet sich vorwiegend an externe Anspruchsgruppen. Für die WMS-Entwicklung empfiehlt es sich, Stakeholderdialoge mit den internen Zielgruppen intensiv zu nutzen, um deren Erwartungen und Einschätzungen bezogen auf die unternehmenseigenen Werte und andere WMS-Inhalte zu berücksichtigen. Die Beratungspraxis zeigt, dass sich aus den so gewonnenen Informationen – in extern moderierten Workshops – Werte und WMS-Inhalte gemeinsam mit der Belegschaft gut erarbeiten lassen. Die in den internen und externen Stakeholderdialogen gewonnenen Informationen werden den unternehmenspolitischen, strategischen und rechtsrelevanten Rahmenbedingungen des Unternehmens unter Risikoabwägungen gegenübergestellt.

2.2 Informieren und Vorleben

Nachdem Unternehmenswerte, Grundsätze und andere normative WMS-Inhalte in einem partizipativen Vorgehen entwickelt, kodifiziert und abgestimmt wurden, beginnt die Einführung (Roll-out) des WMS. Jedes Unternehmensmitglied muss nun zielgruppengerecht über dessen Inhalte und über die ggf. abgeänderten Rahmenbedingungen im Unternehmen informiert werden (vgl. z. B. Kleinfeld und Kettler 2011, S. 288). Unverzichtbar sind in diesem Kontext Informationen, wie mit Fehlverhalten umzugehen ist und welche Sanktionen bestehen, wenn gegen WMS Inhalte verstoßen wird.

Die Interne Kommunikation erfolgt bspw. über die direkte Information durch Vorgesetzte oder in Anschreiben, in Besprechungen oder Betriebsversammlungen, durch Informationsmaterialien, elektronische Medien (Intranet, Homepage), durch Aushänge sowie über Arbeitsverträge, Verpflichtungserklärungen, Anweisungen, Anleitungen und Vorschriften. Die Instrumente der Internen Kommunikation und Information sind vielseitig (vgl. z. B. Grupe 2011, S. 201 ff.), wobei die Art und Weise immer auch ein spezifisches Merkmal der Unternehmenskultur ist. Die Kommunikationsinstrumente und -wege sollten daher den Gewohnheiten im Unternehmen entsprechen, es sei denn, eine neue oder selten genutzte Kommunikationsform wird bewusst genutzt, um die Aufmerksamkeit für das Thema zu erhöhen, wie beispielsweise das Aufhängen von Plakaten, die über das WMS informieren.

Nach der Information ist eine Rückkopplung wichtig, denn dass informiert wurde, heißt nicht, dass diese Informationen auch zur Kenntnis genommen oder positiv aufgenommen wurden – im Gegenteil: Ein kommentarloser Versand nach Hause verstärkt oft eine potenziell ablehnende Haltung. Empfohlen wird, dass Führungskräfte sich in persönlichen Gesprächen davon überzeugen, dass ihre Mitarbeiter die Informationen nicht nur erhalten, sondern vor allem auch verstanden habe. Es sollte die Möglichkeit eingeräumt werden, Rückfragen zu stellen und Antworten zu erhalten. Erst dann ist es sinnvoll, Mitarbeiter den Erhalt der Dokumente quittieren oder eine Verpflichtungserklärung dazu unterschreiben zu lassen.

Unerlässlich ist eine glaubwürdige und authentische Kommunikation und Ansprache der Werte und WMS-Inhalte durch das Topmanagement, der sog. „tone at the top" (vgl. z. B. Staicu et al. 2013, S. 81). Mit überzeugenden Ansprachen bei Versammlungen oder durch Beiträge in internen Medien (beispielsweise Mitarbeiterzeitschrift, Intranet, Rundschreiben) unterstreicht das Management die Bedeutung und Ernsthaftigkeit des WMS. Das Storytelling (vgl. z. B. Deutinger 2013, S. 99 ff.) hat sich in der Praxis als effektives Kommunikationsinstrument für die Change-Kommunikation und so auch für die WMS-Vermittlung bewiesen, da darüber gezielt und einprägsam Botschaften sowie Umsetzungsbeispiele vermittelt werden können. Generell haben alle Führungskräfte eine zentrale Vorbildfunktion für die WMS-Umsetzung und leben mit ihrem Verhalten – verbal oder nonverbal – vor, was im Extremfall erlaubt ist und was nicht (vgl. Sackmann 2004, S. 212). Die persönliche Information und Kommunikation durch die Führungskräfte erzeugt das in Veränderungsprozessen psychologisch wichtige Vertrauen (Landes und Steiner 2014, S. 25) in die Sinnhaftigkeit und Notwendigkeit des Neuen.

2.3 Verstehen, Anwenden und Festigen

Nur wer versteht, was in einer konkreten Situation von ihm erwartet wird, kann verantwortlich handeln und Hilfen in Form von Werteorientierungen, Regeln, Richtlinien und Grundsätzen anwenden. Von großer Bedeutung für die Umsetzung eines WMS ist deshalb die Schulung der Führungskräfte und Mitarbeiter, um sie dazu zu befähigen, durch werteorientiertes sowie rechts- und regelkonformes Verhalten verantwortlich zu handeln. Entscheidungen werden fast immer unter Unsicherheit getroffen, nicht selten treten Dilemmasituationen auf. Typische Dilemmasituationen ergeben sich z. B. aus Interessenskonflikten, bei denen private Interessen mit denen des Unternehmens im Konflikt stehen: Ein Mitarbeiter aus dem Personal fühlt sich z. B. aus familiären Gründen verpflichtet, einen nahen Verwandten einzustellen, obwohl andere Bewerber deutlich besser qualifiziert sind. Schulungsmaßnahmen als Teil des WMS verfolgen vier Ziele (Kleinfeld und Müller-Störr 2010, S. 399):

- die Information und Sensibilisierung der Führungskräfte und Mitarbeiter;
- die Bewusstseinsbildung und Stärkung der (ethischen) Reflexionsfähigkeit;
- die Befähigung, angemessen und verantwortlich zu handeln;
- die Prävention von Fehlverhalten.

Als Schulungsmethoden werden Präsenzschulungen und Onlineangebote genutzt. Für die Planung der Maßnahmen sollte der Schulungsbedarf genau ermittelt und auf eine zielgruppengerechte Konzeption geachtet werden, die mit der Arbeitsrealität der Teilnehmer übereinstimmt. Bei der Bedarfsermittlung sollten spezifische Verhaltensrisiken betrachtet werden. Je nach Art der Tätigkeit und Hierarchie im Unternehmen bestehen unterschiedliche Verantwortlichkeiten und Verhaltensunsicherheiten bzw. -risiken. In der

Praxis stehen auf den Schulungsprogrammen häufig die klassischen Legal-Compliance-Themen wie Kartell- oder Vergaberecht. Für diese Themen gibt es von spezialisierten Anbietern ausgereifte E-Learning-Angebote. Nicht außer Acht gelassen werden sollte bei der Schulungsplanung das eigentliche Anliegen des WMS: die Bedeutung von Werten und Verantwortung für die Kultur des Unternehmens bewusst zu machen, zu entwickeln, und zu stärken. Hierfür eignen sich Präsenzschulungen, in denen Führungskräfte für ihre Vorbildrolle sensibilisiert werden und durch das Bearbeiten von Fallbeispielen Verhaltenssicherheit einüben. Eine zu einseitige Ausrichtung auf die Vermittlung von Gesetzesinhalten und Sanktionen reduziert das WMS auf ein reines Compliance Management System mit dem Risiko, dass der Schutz, den Werteorientierungen insbesondere in Grauzonen und ungeregelten Situationen bieten können, nicht zur Entfaltung kommt. Denn wie oben erläutert, kann Unternehmenskultur informell auch dort steuern, wo es keine formalisierten Regeln oder Vorschriften gibt. Ein Beispiel sind fehlende Regeln im Umgang mit Geschenken. Wo eine Kultur der Transparenz, Ehrlichkeit und Fairness gelebt wird, werden sich Mitarbeiter nicht mit unangemessen teuren Geschenken in ihrer Entscheidung zu Ungunsten des Arbeitgebers beeinflussen lassen.

Schulungen sollten darüber hinaus genutzt werden, um jene Elemente des WMS besser verständlich zu machen, mit denen es Berührungsängste gibt. Ein Beispiel sind Hinweisgebersysteme, für die es in der Praxis einen verstärkten Aufklärungs- und Kommunikationsbedarf gibt (vgl. z. B. Süße 2014, S. 200 f.). Vorurteile gegenüber dem sog. Whistleblowing, das oft fälschlicher Weise mit „Verpfeifen" übersetzt wird, und die Angst vor etwaigen negativen Folgen stellen eine große Hemmschwelle bei der Aufdeckung von Fehlverhalten dar. Die Aufgabe der Kommunikation und Schulung besteht darin, den präventiven Charakter und die Schutzfunktion von Hinweisgebersystemen zu verdeutlichen und die dahinterstehenden Prozesse zu erklären.

Schulungen und Trainings zum WMS fördern die Verankerung und Festigung einer erlebbaren Verantwortungskultur, die wechselseitig eingefordert und von neuen Mitarbeitern auch jenseits von Schulungen „on the job" erlernt wird. Diese kulturelle Steuerungskraft im Dienste der Unternehmensverantwortung nutzbar zu machen ist das eigentliche Ziel eines WMS.

2.4 Nachfragen, Verbessern, Berichten

Ein WMS ist als kontinuierlicher Verbesserungsprozess konzipiert. Dies erfordert eine regelmäßige Evaluation der Wirksamkeit aller getroffenen Maßnahmen. Hierfür können die eingangs erwähnten internen Stakeholderdialoge ebenso genutzt werden wie bestehende Mitarbeiterbefragungen oder -gespräche. Denkbar sind zusätzlich spezifische Befragungen und Erhebungen wie eine Analyse der Unternehmenskultur. Es gilt auf diesen Wegen auch, den Dialog über die Unternehmenswerte und das WMS aufrechtzuerhalten und mit Fehlverhalten oder Fehlern offen umzugehen. Schließlich können sich Rahmenbedingungen – Ansprüche der Stakeholder, Anforderungen von Kunden oder Gesetze –

ändern. Insofern korreliert ein WMS mit dem internen Risikomanagement und erweitert das Betrachtungsfeld auf alle Verhaltensrisiken, die im Verantwortungsbereich des Unternehmens liegen.

Das Management, welches letztlich die Hauptverantwortung für Entscheidungen und Handlungen des Unternehmens trägt, muss regelmäßig über die Umsetzung des WMS sowie über mögliches Fehlverhalten informiert werden, um ggf. gegensteuern zu können. Neben schriftlichen Informationen werden WMS-Themen in der Praxis in die Gesprächsroutinen des Managements integriert.

3 Praxisbeispiel Fraport AG

Dieses Praxisbeispiel konnte mit freundlicher Unterstützung von Clemens von Stockert, Leiter Compliance und Wertemanagement der Fraport AG, erstellt werden (Stand: November 2015).

Die Fraport AG (Frankfurt Airport Services Worldwide) betreibt mit 21.000 Beschäftigten den Flughafen Frankfurt, eines der bedeutendsten Luftverkehrsdrehkreuze der Welt. Im Zuge des Flughafenausbaus führte der Konzern im Jahr 2003 Compliance und ein WMS ein. Compliance und Wertemanagement sind in einem wertebasierten Compliance Management System zusammengeführt. Dabei unterstützt die an Werten ausgerichtete Unternehmenskultur die zusätzlichen Anforderungen, die von einem umfassenderen Compliance Management System erfüllt werden müssen. Im Jahr 2012 wurde der grundlegende Verhaltenskodex um die Prinzipien des UN Global Compact erweitert, wodurch das ursprünglich auf Anti-Korruption ausgerichtete System um das Thema „Menschenrechte und internationale Sozialstandards" erweitert wurde.

3.1 Fraport: Umsetzung und Kommunikation des WMS

Jedes einzelne Mitglied der Fraport AG soll dazu beitragen, dass der Konzern seine Verantwortung wahrnimmt, indem Rechtsvorschriften, internationale Normen und Standards sowie die selbst festgelegten Unternehmenswerte und Verhaltensstandards beachtet werden. Eine besondere Verantwortung haben dabei alle Beschäftigten mit Entscheidungsbefugnissen und Zugang zu sensiblen Informationen.

Um integres Verhalten in diesem Sinne zu gewährleisten, werden gezielte Mittel und Wege der Internen Kommunikation genutzt. Werte und Verhaltensanforderungen sind definiert, verschriftlicht und der Belegschaft zugänglich gemacht. Diese sollen von allen verstanden und als verpflichtend akzeptiert werden. Schließlich existieren Plattformen und Wege, um Fragen und Hinweise ohne Ängste vor Nachteilen kommunizieren zu können, damit das wertebasierte Compliance-System seine präventive Wirkung entfalten und mögliches Fehlverhalten schnell nachverfolgt werden kann.

Wesentliche Elemente und Bestandteile der Internen Kommunikation des wertebasierten Compliance Management System der Fraport AG sind:

Kodifizieren

- definierte, verschriftlichte Werte und Verhaltensnormen im Verhaltenskodex und, daran ausgerichtet, konkretisierende Verhaltensstandards für Beschäftigte;

Informieren

- Aushändigung der Dokumente an Beschäftigte und/oder Beilage zu Arbeitsverträgen;
- Zugang zu den Dokumenten durch interne elektronische Medien (Intranet) sowie über die/das konzerneigene externe Webpage/Internet;
- Aushänge an schwarzen Brettern und Anschlagtafeln;

Verstehen und Festigen

- regelmäßige Onlineschulungen und Präsenzschulungen insbesondere für Personen mit Entscheidungsbefugnissen und Zugang zu sensiblen Informationen (u. a. Führungskräfte, Beschäftigte im Einkauf und in der Vergabe, Datenverarbeitung);
- Förderung des persönlichen Dialogs zu entsprechenden Inhalten und Themen zwischen Führungskräften und Beschäftigten sowie Beschäftigten und Ansprechpartnern der Compliance-Abteilung;

Verpflichten

- Verpflichtungserklärung des Vorstands zur Beachtung und Umsetzung der im Verhaltenskodex formulierten Grundwerte und nachgelagerten Richtlinien;
- Aufnahme der Verhaltensanforderungen in arbeitsvertragliche Vereinbarungen von Führungskräften und Beschäftigten;

Nachfragen und Melden

- direkte Vorgesetzte und Compliance-Abteilung als Ansprechpartner in Fällen von generellen Fragen, Unsicherheit und Verdachtsmomenten;
- elektronisches, anonym nutzbares Informations- und Meldesystem zur Prävention oder Aufdeckung von Verstößen;
- externe Ombudsperson für vertrauliche (anonyme) Hinweise auf unternehmensbezogene Straftaten, unzulässige Geschäftspraktiken und Regelverstöße.

3.2 Ausgewählte Ergebnisse der Mitarbeiterbefragung 2015

Zur Messung der Wirksamkeit des wertebasierten Compliance Management System und im Zuge der kontinuierlichen Verbesserung führt die Fraport AG seit 2003 regelmäßig repräsentative Mitarbeiterbefragungen mit den Beschäftigten durch. Ziel der Befragung ist zu erfahren, wie sich Akzeptanz und Durchdringung des Themas entwickeln, wie erfolgreich die bisher ergriffenen Maßnahmen sind und welche Verbesserungsmöglichkeiten es für die weitere Umsetzung gibt. Letztlich spiegeln diese Ergebnisse auch die Qualität der Wertekommunikation wieder.

Aus der im April 2015 durchgeführten Befragung unter Aufgabenleitern, Führungskräften und Sachbearbeitern im ausgewogenen Verhältnis können auszugsweise die folgenden Rückschlüsse gezogen werden:

Akzeptanz
Die Befragten bestätigten eine große Akzeptanz der Inhalte des wertebasierten Compliance Managements sowie dessen Umsetzung (Abb. 1). Die Zustimmung – voll und ganz oder weitgehend – zu den jeweiligen Aussagen in der Befragung lag insgesamt bei jeweils 80–96 % (Abb. 2).

Mit den Jahren hat sich die Akzeptanz des Themas verbessert. Im Jahr 2006 waren 86 % der Befragten voll und ganz oder weitgehend mit der Bearbeitung von Compliance-Themen bei der Fraport AG zufrieden. Bis zum Jahr 2015 konnte dieser Wert auf 91 % gesteigert werden, mit einem noch größeren Anteil an Beschäftigten, die dem sogar voll und ganz zustimmten (Abb. 2).

Als weiterer Indikator für die Wirksamkeit des wertebasierten Compliance-Management wird die Frage nach der wahrgenommenen Praxistauglichkeit gestellt. In der Befragung gaben 80 % der Teilnehmer an, dass die Verhaltensstandards für sie in der Arbeitspraxis voll und ganz oder weitgehend eine wichtige Rolle spielen (Abb. 3). Im Jahr 2006 lag dieser Wert noch bei 68 %. Diese Steigerung weist darauf hin, dass durch das systematische Management von Werten und Compliance und einer zielgruppengerechten Internen Kommunikation ein Wandel der Unternehmenskultur in die gewünschte Richtung eingeleitet werden konnte.

Durchdringung
Von den Teilnehmenden an der Befragung hatten mit 98 % nahezu alle bereits E-Learning-Schulungen zu Compliance absolviert. 33 % der Befragten hatten in der Vergangenheit zusätzlich an einer Präsenzschulung teilgenommen.

Es kann darauf geschlossen werden, dass die angebotenen Schulungsmaßnahmen, allen voran das E-Learning-Angebot, zur oben aufgezeigten verbesserten Akzeptanz des wertebasierten Compliance-Managements beigetragen haben.

In der Kommunikation hebt der Konzern bewusst die positiven Aspekte seines wertebasierten Compliance Management System hervor, was das Beispiel E-Learning belegt. Das konzerneigene E-Learning-Programm „Vertrauenskultur" wurde von der Fraport AG

Wertemanagement und interne (CSR-) Kommunikation

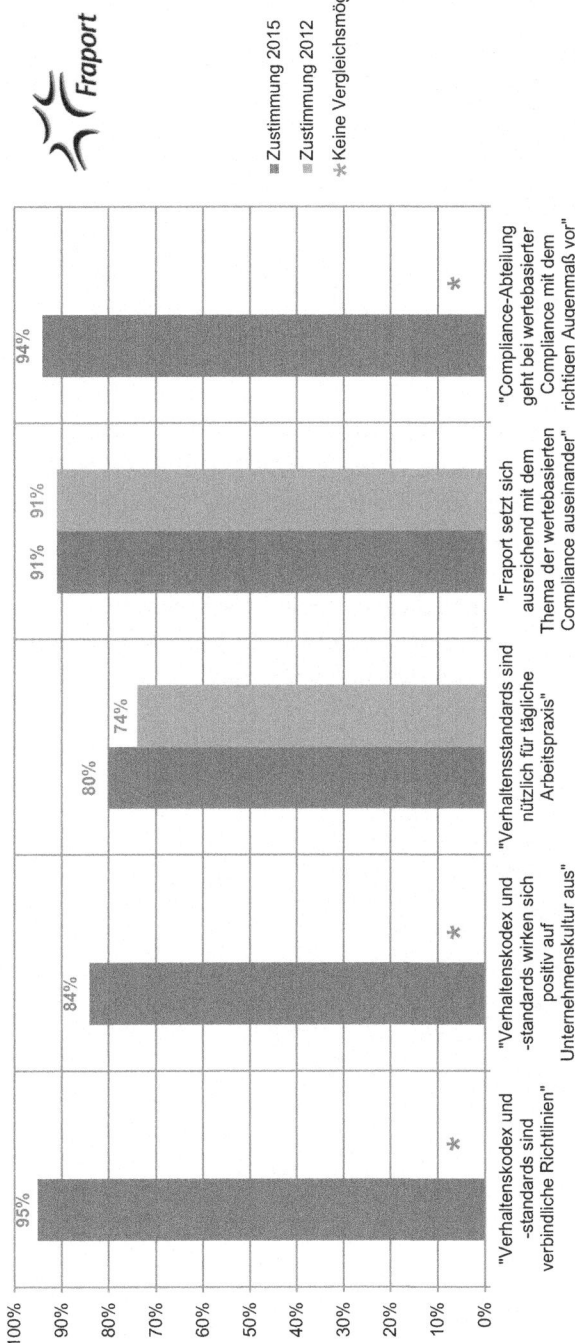

Abb. 1 Akzeptanz von Verhaltenskodex und -standards bei der Fraport AG. (Fraport AG, November 2015)

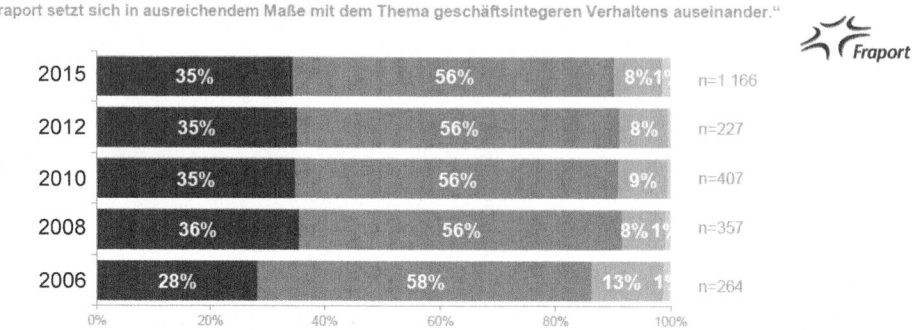

Abb. 2 Entwicklung der Akzeptanz von Verhaltenskodex und -standards bei der Fraport AG seit 2006. (Fraport AG, November 2015)

als vertrauensbildende Maßnahme konzipiert und zielt darauf ab, den Umgang mit den Meldesystemen unter positiven Vorzeichen einzuüben. Der Bezug zu den Unternehmenswerten gibt dem eher schwierigen Thema „Compliance" einen geeigneten Kontext, um ein positives Verständnis dafür zu entwickeln.

Auf diese Weise wird Vorbehalten gegenüber Compliance-Maßnahmen entgegengewirkt: In der Praxis werden diese häufig als zusätzliche Kontrollinstanzen und Einschränkung der Handlungsspielräume empfunden, was zu Widerständen mit entsprechenden negativen Konsequenzen für die Umsetzung führen kann.

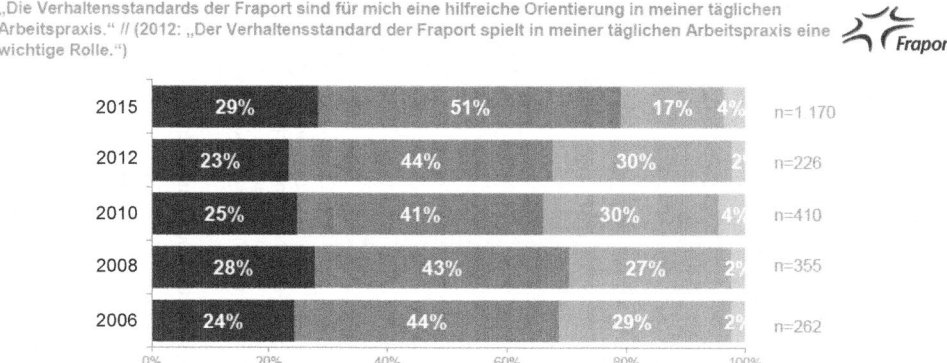

Abb. 3 Wahrnehmung des praktischen Nutzens der Verhaltensstandards der Fraport AG seit 2006. (Fraport AG, November 2015)

Verbesserungspotenziale
Die Fraport AG konnte aus weiteren Befragungsergebnissen (u. a. offene Fragen im Fragebogen), auf die hier nicht weiter eingegangen werden kann, wesentliche Erkenntnisse für die Weiterentwicklung ihres wertebasierten Compliance Management System ziehen. Verbesserungen werden vor allem in diesen Punkten gesehen:

- Förderung des „tone from the middle": Schulung und Training des mittleren Managements in ihrer Verantwortung und Vorbildrolle zur weiteren Stärkung einer integren Unternehmenskultur, die auf Vertrauen aufbaut;
- Wiederaufnahme von Präsenzschulungen: Es zeigte sich, dass das Gesamtverständnis der Befragten, die Teilnehmer an Präsenzschulungen waren, fundierter war.

4 Fazit

Unternehmen, die sich ihrer gesellschaftlichen Verantwortung stellen möchten, sollten dabei nicht in erster Linie den CSR-, Nachhaltigkeits- oder integrierten Geschäftsbericht vor Augen haben und sämtliche ihrer Aktivitäten daran ausrichten. Zunächst gilt es, die spezifische eigene Verantwortung zu kennen, zu verstehen und alle Akteure im Unternehmen zu verantwortlichem Verhalten zu befähigen und zu motivieren. Dazu gehört auch die bewusste Entwicklung und ggf. Veränderung der Unternehmenskultur, die informell auf das Verhalten von Beschäftigten einwirkt und verantwortliches Entscheiden und Handeln auch dort möglich macht, wo konkrete Regeln und Verhaltensanleitungen fehlen. Mit der Implementierung eines Wertemanagementsystems können Unternehmen zum einen auf die gezielte Entwicklung der Unternehmenskultur Einfluss nehmen, zum anderen Verhaltensregeln und -richtlinien für verantwortliches Verhalten im Unternehmen systematisch in der Unternehmensführung verankern. Wertemanagementsysteme, die in der Vergangenheit häufig zur Korruptionsprävention eingeführt wurden, können auf andere CSR-Themen ausgeweitet und für ein ganzheitliches Verantwortungsmanagement genutzt werden. Der Erfolg eines WMS hängt letztlich von der frühzeitigen Einbindung der Mitarbeiter und einer gut geplanten und umgesetzten Internen Kommunikation ab, die auf das Unternehmen und die jeweiligen Zielgruppen zugeschnitten sein sollte. Eine dialogorientierte interne CSR-Kommunikation ermöglicht es Unternehmen, ihre spezifischen Verantwortungsbereiche umfassend aufzudecken und der identifizierten Verantwortung auch dadurch nachzukommen, dass alle Beschäftigten wissen und akzeptieren, wie sie sich im Namen und im Sinne des Unternehmens verantwortlich verhalten.

Das Beispiel der Fraport AG zeigt, dass ein über die Jahre professionell umgesetztes Wertemanagement zu messbaren Erfolgen führt und belegt, wie bedeutend die Interne Kommunikation und Schulung der Belegschaft in diesem Rahmen ist. Verantwortung benötigt Vorbilder – eine Rolle, die von allen Führungskräften ernst zu nehmen ist. In der Praxis gibt es hier häufig Verbesserungsbereiche, da Schulungen zu stark auf Rechtsthemen ausgerichtet sind und die Sensibilisierung und Befähigung der Führungskräfte oft zu kurz kommt.

Verantwortung sucht nach Antworten, die zunächst im eigenen Unternehmen gefunden werden müssen. Der Dialog und das Einbinden der Mitarbeiter sind wichtige Wege, um verantwortliches Handeln und Entscheiden zum gelebten Selbstverständnis im Unternehmen werden zu lassen.

Literatur

Akzente Kommunikation und Beratung GmbH, Hamburger Geschäftsberichte GmbH (2012) Integrated. Integrierte Berichterstattung. Von der Herausforderung zum Praxismodell. Studie unter börsennotierten Unternehmen in Deutschland. München, Hamburg

Deutinger G (2013) Kommunikation im Change. Erfolgreich kommunizieren in Veränderungsprozessen. Springer Gabler, Heidelberg

DIN ISO 26000 (2011) Leitfaden zur gesellschaftlichen Verantwortung. Beuth Verlag, Berlin

Fichtner H (2008) Unternehmenskultur im Strategischen Konzeptmanagement. Springer Fachmedien, Wiesbaden

Grupe S (2011) Public Relations. Ein Wegweiser für die PR-Praxis. Springer, Berlin Heidelberg

Hetze K (2015) Der Stakeholderdialog in der unternehmerischen Nachhaltigkeitskommunikation. Empirische Befunde im deutschen und italienischen Bankensektor. Igel Verlag RWS, Hamburg

ICG – Initiative Corporate Governance der deutschen Immobilienwirtschaft e.V. (2015) Pflichtenheft zum Compliance Management in der Immobilienwirtschaft. www.immo-initiative.de/wp-content/uploads/2011/11/Pflichtenheft-finale-Druckfassung-4-2015.pdf. Zugegriffen: 5. März 2016

Janke K (2015) Kommunikation von Unternehmenswerten. Modell, Konzept und Praxisbeispiel Bayer AG. Springer, Wiesbaden

Jost J, Olbricht E (2007) Luhmanns Gesellschaftstheorie: Anregung und Herausforderung für eine allgemeine Theorie komplexer Systeme. Soziale Systeme. Zeitschrift Für Soziol Theor 13(1–2):46–57

Kleinfeld A, Kettler A (2006) Beratungspraxis: Ethisch fundiertes Wertemanagement als kulturrelevanter Veränderungsprozess in Organisationen. Forum Wirtschaftsethik 14(2):7–17

Kleinfeld A, Kettler A (2011) Verantwortung Compliance – Integrität als Bestandteil gesellschaftlicher Verantwortung. In: Sandberg B, Lederer K (Hrsg) Corporate Social Responsibility in kommunalen Unternehmen. Springer Fachmedien, Wiesbaden, S 273–292

Kleinfeld A, Müller-Störr C (2010) Die Rolle von Interner Kommunikation und interaktiver Schulung für ein effektives Compliance-Management. In: Wieland J, Steinmeyer R, Grüninger S (Hrsg) Handbuch Compliance-Management. Konzeptionelle Grundlagen, praktische Erfolgsfaktoren, globale Herausforderungen. Erich Schmidt, Berlin, S 396–414

Landes M, Steiner E (2014) Psychologische Auswirkungen von Change Prozessen Widerstände, Emotionen, Veränderungsbereitschaft und Implikationen für Führungskräfte. Springer Fachmedien, Wiesbaden

Lauer T (2014) Change Management. Grundlagen und Erfolgsfaktoren, 2. Aufl. Springer Gabler, Berlin Heidelberg

Puttenat D (2007) Praxishandbuch Presse- und Öffentlichkeitsarbeit. Eine Einführung in professionelle PR und Unternehmenskommunikation. Gabler, Wiesbaden

Sackmann AS (2004) Erfolgsfaktor Unternehmenskultur. Mit kulturbewusstem Management Unternehmensziele erreichen und Identifikation schaffen. Gabler, Wiesbaden

Schein E (2004) Organizational culture and leadership, 3. Aufl. Jossey-Bass, San Francisco

Schreyögg G (1996) Organisation. Grundlagen moderner Organisationsgestaltung. Gabler, Wiesbaden

Staicu AM, Tatomir RI, Lincă AC (2013) Determinants and Consequences of „Tone at the Top". Int J Adv Manag Econ 2(2):76–88

Süße S (2014) Whistleblowing. Hinweisgebersysteme als Bestandteil eines effektiven Compliance-Managements. In: Schettgen-Sarcher W, Bachmann S, Schettgen P (Hrsg) Compliance Officer. Das Augsburger Qualifizierungsmodell. Springer Gabler, Wiesbaden, S 195–217

Wertemanagement ZfW (2015) www.dnwe.de/wertemanagement.html. Zugegriffen: 9. Dez. 2015

Wieland J (2004) Grundlagen des Wertemanagements. In: Wieland J (Hrsg) Handbuch Wertemanagement. Erfolgsstrategien einer modernen Corporate Governance. Murrmann, Hamburg, S 13–51

Wien A, Franzke N (2014) Unternehmenskultur: Zielorientierte Unternehmensethik als entscheidender Erfolgsfaktor. Springer Gabler, Wiesbaden, S 29–45

Prof. Dr. Annette Kleinfeld lehrt seit März 2014 im Bereich Business & Society an der University of Applied Sciences (HTWG) Konstanz und forscht als Direktorin für CSR und Nachhaltigkeit amKonstanzer Institut für Corporate Governance (KICG). Die promovierte Unternehmensethikerin gründete 2004 die Dr. Kleinfeld CEC GmbH & Co. KG und berät, auditiert und schult unter diesem Dach zu einem breiten Themenspektrum im Bereich Ethik-, Werte- und Verantwortungsmanagement. Sie referiert zu ihren Fachthemen auf zahlreichen Podien in der Wirtschaft sowie als Gastdozentin an Universitäten und Business Schools. Ihr Fachwissen und ihre langjährigen Erfahrungen bringt sie zudem in verschiedenste Interessensgemeinschaften ein, aktuell u. a. als Vorstandsmitglied der Stiftung Club of Hamburg®.

Anke Kettler ist geschäftsführende Gesellschafterin der Dr. Kleinfeld CEC GmbH & Co. KG und berät, auditiert und schult unter diesem Dach seit 2004 zu einem breiten Themenspektrum im Bereich Ethik-, Werte- und Verantwortungsmanagement sowie Change Management. Die Diplom-Kauffrau war u. a. als Gastdozentin für Wirtschaftsethik und Wertemanagement tätig. Ende 2013 gründete sie die Syltfisch GmbH, die sich auf die Entwicklung, den Einkauf und Vertrieb von nachhaltigen Geschenkideen für Sylt spezialisiert hat.

Change Management und CSR-Kommunikation

Bernd Lorenz Walter

1 Einleitung

Die Dynamik und Komplexität der Märkte ist in den letzten Jahren exponentiell gewachsen. Hinzu kommen steigende gesellschaftliche und regulatorische Anforderungen an Unternehmen. Immer strengere gesetzliche Richtwerte, aber auch die Erwartung von Kunden und anderen Stakeholdern, dass Unternehmen gesellschaftliche Verantwortung übernehmen, wirken sich unmittelbar auf diese aus.

Veränderungen sind daher Alltag geworden. Im Idealfall sollten Unternehmenskulturen „agil" sein, also die Fähigkeit besitzen, sich rasch auf Veränderungen einzustellen. Ein Anspruch, der im betrieblichen Alltag allerdings nicht immer eingelöst wird.

Wie schnell es zu Veränderungen kommen kann, bekamen 2011 zum Beispiel die Energieversorger in Deutschland zu spüren. Nahezu über Nacht wurden sie aufgrund eines folgenschweren Erdbebens in Japan aufgefordert, ihr gesamtes Geschäftsmodell neu auszurichten. Dieses Beispiel zeigt auch, welch tiefgreifende Veränderungen Themen der Nachhaltigkeit in Unternehmen auslösen können – oder, wie in diesem Fall, sogar müssen.

2 CSR und Nachhaltigkeit: Veränderungen managen

Mit Corporate Social Responsibility (CSR) und Nachhaltigkeit sind weitreichende Aufgaben verbunden, die nahezu alle Bereiche des Unternehmens und seiner Wertschöpfungskette betreffen. Während CSR die Verantwortung für die Auswirkungen unternehmerischen Handelns in den Fokus nimmt, erweitert Nachhaltigkeit den Verantwortungsbegriff und schließt die Verantwortung für zukünftige Generationen mit ein. Beide Ansätze haben

---

B. L. Walter (✉)
Katzbachstr. 3, 10965 Berlin, Deutschland
E-Mail: welcome@blwalter.com

einen signifikanten Einfluss auf die Unternehmenskultur bzw. das „Corporate Mindset", ob es darum geht, Compliance-Programme zu initiieren, Umweltschutzmaßnahmen umzusetzen oder Leitlinien zu überarbeiten – sie alle prägen das Unternehmen in seiner Wirkung nach außen und in seinem Selbstverständnis.

Die Global Reporting Initiative (GRI), eine international anerkannte Multistakeholder-Initiative zur Standardisierung von Nachhaltigkeitsberichten, hat in ihrem Strategiepapier „Empowering Sustainable Decisions" vom Juni 2015 neue Akzente gesetzt. Der Schwerpunkt liegt demnach auf dem Prozess der Berichterstattung. Dieser soll als Katalysator für Veränderungen in Unternehmen wirken („enabling smart policy") und die Ergebnisse zur Verbesserung der Nachhaltigkeitsperformance nutzen („moving beyond reports"). Der neue Chief Executive der GRI, Michael Meehan sagte dazu in einem Interview: „When GRI first started up, we had to convince everyone that sustainability is important. Now, people get it. What they need is better tools to integrate sustainability into the way they make decisions" (Cohen 2015).

Voraussetzung für die erfolgreiche Integration von Nachhaltigkeit in Unternehmen ist allerdings, dass die Unternehmensleitung die Treiber für Veränderungen auch als solche erkennt und den ausdrücklichen Wille äußert, diese umzusetzen. Das ist bei den Themen CSR und Nachhaltigkeit keine Selbstverständlichkeit. Oftmals versucht man, sie zu delegieren und damit quasi intern auszulagern. Eine echte Integration von CSR und Nachhaltigkeit in die Unternehmenskultur findet auf diese Weise jedoch nicht statt. Das Potenzial von CSR und Nachhaltigkeit für das Unternehmen und nicht zuletzt auch für die Gesellschaft bleibt dadurch ungenutzt und Impulse für Innovationen bleiben unberücksichtigt. Anders verhält es sich in Unternehmen, wo CSR und Nachhaltigkeit Chefsache sind und der Veränderungsprozess als solcher realisiert und gemanagt wird.

CSR und Nachhaltigkeit sind letztlich Oberbegriffe für ein Selbstverständnis, das mit konkreten Maßnahmen untermauert werden muss. Dabei sind Unternehmen gefordert, sich auf die Anforderungen und Erwartungen an Verantwortung und Nachhaltigkeit einzustellen, die im gesellschaftlichen Diskurs permanent neu ausgehandelt werden. Was heute als verantwortlich gilt, kann morgen schon als selbstverständlich angesehen oder sogar als unverantwortlich angeprangert werden. Man erinnere sich beispielsweise an den „Bio-Sprit", der zunächst als die ökologisch, nachhaltige Alternative zu Erdöl gepriesen wurde, bis man endlich erkannte, dass er in Konkurrenz zur Lebensmittelproduktion steht.

3 Veränderungen auf allen Ebenen

Je nachdem, an welcher Stelle sich das Unternehmen auf dem Weg zu verantwortlichem und nachhaltigem Wachstum befindet, kann die Implementierung von CSR und Nachhaltigkeit für den einzelnen Mitarbeiter mit einschneidenden Veränderungen verbunden sein. Das kann bis zum Verlust von Arbeitsplätzen führen, wenn beispielsweise aufgrund einer Neuausrichtung ganze Geschäftsbereiche aufgegeben oder verlagert werden. Aber auch vermeintlich kleine Änderungen können hohe Wellen schlagen. So scheiterte beispielsweise das Bemühen eines Dienstleistungsunternehmens, doppelseitiges Drucken als Umweltschutzmaßnahme einzuführen, am Widerstand der Belegschaft.

3.1 Struktur-, Prozess- und Steuerungsveränderung

Im Veränderungsmanagement (Change Management) unterscheidet man die Veränderung von sogenannten „harten Faktoren", die aus betriebswirtschaftlicher Sicht notwendig sind, und „weichen Faktoren", die eher die Stimmung oder das Image tangieren. Entscheidend für die Kommunikation ist in jedem Fall, wie sich die beiden Faktoren auf den einzelnen Mitarbeiter auswirken. Bezogen auf CSR und Nachhaltigkeit zählen demnach zu den „harten Faktoren" Struktur-, Prozess- und Steuerungsveränderung, die direkt den Tätigkeitsbereich und das Anforderungsprofil des Mitarbeiters beeinflussen, wie zum Beispiel Datenerhebungsprozesse für den Nachhaltigkeitsbericht, Umweltschutzmaßnahmen oder veränderte Einkaufsrichtlinien. Dazu gehören aber auch Maßnahmen, die unmittelbar für die Mitarbeiter entwickelt wurden, wie beispielsweise die betriebliche Gesundheits- und Altersvorsorge oder die Einrichtung familienfreundlicher Arbeitszeitmodelle.

Inwieweit die notwendigen Maßnahmen tatsächlich den Bemühungen um CSR und Nachhaltigkeit dienen oder ohnehin betriebswirtschaftliches Gebot sind bzw. gesetzlichen Vorgaben entsprechen, ist manchmal schwierig voneinander abzugrenzen. Folgt man Elkingtons „Triple-Bottom-Line-Accounting-Ansatz", scheint diese Abgrenzung auch nicht notwendig zu sein (Elkington 1994): Wenn ein Auto weniger verbraucht und gleichzeitig weniger Schadstoffe emittiert, kann das sowohl für den Hersteller als auch für die Gesellschaft nur gut sein. Allerdings ist es für die Kommunikation und ihre strategische Ausrichtung maßgeblich, inwieweit die ethischen Aspekte von CSR und Nachhaltigkeit in der Wahrnehmung der Stakeholder eine Rolle spielen. Hier ist es wichtig, widerspruchfrei die richtige „Balance zwischen Moral und Profit" (Walter 2010, 2014) in der Argumentation zu finden. Ein Fehltritt kann sich unmittelbar negativ auf die Reputation und Glaubwürdigkeit eines Unternehmens auswirken.

3.2 Veränderung der Unternehmenskultur – Paradigmenwechsel durch CSR

Im Zentrum der anstehenden Veränderungen bei der Implementierung von CSR und Nachhaltigkeit steht die Unternehmenskultur, die zu den „weichen Faktoren" zählt. Denn nur eine gelebte CSR und Nachhaltigkeit kann zur Entfaltung und Nutzung ihrer Potenziale führen. Das bedeutet für jeden einzelnen Mitarbeiter, dass es um Veränderungen geht, die die Geschäftstätigkeit des Unternehmens als Ganzes betreffen und die sich entsprechend auf die individuellen Einstellungen und Verhaltensweisen auswirken.

Schließlich geht es bei der Unternehmenskultur um das Selbstverständnis eines Unternehmens, verbunden mit Werten und Normen, welche die Organisation steuern. Schein definiert Unternehmenskultur als „ein Muster gemeinsamer Grundprämissen, das die Gruppe bei der Bewältigung ihrer Probleme externer Anpassung und interner Integration erlernt hat, das sich bewährt hat und somit als bindend gilt; und das daher an neue Mitglieder als rational und emotional korrekter Ansatz für den Umgang mit Problemen weitergegeben wird" (Schein 1985, S. 25). Diese Muster aufzubrechen, durch CSR und Nachhaltigkeit zu bereichern und damit neu zu gestalten, kann für manche Unternehmen einen Paradigmenwechsel bedeuten. Tradierte Überzeugungen und langjährige Gewohnheiten sind nicht einfach aufzugeben und durch andere zu ersetzen. Der Veränderungsprozess muss daher sorgfältig geplant und mit viel Geduld behutsam umgesetzt werden. Er setzt eine ehrliche, dialogorientierte Kommunikation und das klare Bekenntnis der Geschäftsleitung und der Mehrheitseigentümer voraus.

Die Veränderung der Unternehmenskultur hin zu mehr Verantwortung und Nachhaltigkeit ist gleichzeitig Treiber und Anker für die Veränderung „harter Faktoren". Denn die Unternehmenskultur und die damit verbundenen Werte bilden letztlich die Basis sämtlicher Handlungen und Entscheidungen. Das bedeutet, dass die Unternehmenskultur weder vor noch, wie von Kotter empfohlen (Kotter 2011), nach der Veränderung der „harten Faktoren" geändert werden muss. Vielmehr sollten beide Veränderungsprozesse gleichzeitig aufeinander abgestimmt und miteinander verzahnt werden. So können beispielsweise die Anpassungen von Stellenbeschreibungen, Beförderungs- oder Anreizkriterien einen strukturellen Rahmen geben, innerhalb dessen eine gewünschte Unternehmenskultur gedeihen kann. Andererseits kann nur ein von der Veränderung überzeugter Mitarbeiter die veränderten Prozesse, Strukturen und Steuerungsmechanismen auch mit Leben füllen. Die zentrale Frage für die Unternehmen ist daher: Wie bekommen wir CSR und Nachhaltigkeit in die Köpfe und Herzen der Mitarbeiter?

4 Widerstände und deren Ursachen verstehen

Jede Veränderung in einer Organisation verursacht Widerstände. Diese Widerstände äußern sich in vielfältiger Weise. Sie sind auch durchaus messbar und können mit erheblichen Kosten verbunden sein: Die Fehlzeiten nehmen zu, der Krankenstand erhöht sich, die Fluktuation steigt, die Leistungsbereitschaft sinkt, Konflikte und Intrigen häufen sich und vieles mehr.

Jeder Widerstand ist gleichzeitig eine Botschaft, der bestimmte (unbefriedigte) Bedürfnisse zugrunde liegen – sei es das grundsätzliche Bedürfnis nach einem sicheren Arbeitsplatz oder einfach nur nach Anerkennung und Statuserhalt. Diese Bedürfnisse gilt es zu erkennen. Denn wenn sie nicht beachtet werden, kann es zu Blockaden oder offenen Konflikten kommen, die außer Kontrolle geraten. Außerdem besteht die Gefahr, dass Fehleinschätzungen der Situation wiederum falsche Entscheidungen nach sich ziehen. Es ist daher wichtig, Einwände gegen die geplanten Veränderungen wertzuschätzen und den Mitarbeitern genau zuzuhören.

Die Beweggründe für Widerstände haben oft unterschiedliche Ursachen und hängen in hohem Maße vom Unternehmen und der jeweiligen Situation ab.

Ängste als Schutzmechanismus: „Was passiert mit meinem Arbeitsplatz?"
Die Angst vor Veränderungen ist jedem Menschen als eine Art Schutzmechanismus angeboren („survival anxiety"). Konkreter äußert sich die Angst um den Arbeitsplatz oder vor zusätzlicher Arbeit und, damit meistens einhergehend, vor ungerechter Arbeitsaufteilung. Aber auch die Angst vor Disqualifizierung oder Degradierung spielt besonders für Führungskräfte eine Rolle („learning anxiety"). Dazu zählen zum Beispiel Prestigeverlust, Verlust von Kompetenzen oder Einkommenseinbußen. Das wirkt sich auch unmittelbar auf den privaten Bereich aus („hidden Agenda"). Schließlich befürchten manche auch eine Diskreditierung der eigenen Biografie und fragen sich: Habe ich nicht schon immer verantwortlich gehandelt? Ist das, was ich bisher getan habe, unverantwortlich?

Passiver Widerstand und Veränderungsmüdigkeit: „Warten wir mal ab, bis der Sturm vorübergezogen ist."
Jeder steht sich selbst am Nächsten und möchte sein aktuelles „Wohlfahrtsniveau" aufrechterhalten. Diese Einstellung ist in den Belegschaften weit verbreitet und schlägt sich in der großen Gruppe der „Aussitzer" eines Veränderungsprozesses nieder. Deren Widerstand ist zwar eher passiv, aber es ist deshalb nicht minder wichtig, ihm zu begegnen – gerade wenn es darum geht, Einstellungen und Verhaltensweisen zu verändern.

Eng damit verbunden ist auch eine gewisse „Veränderungsmüdigkeit" in vielen Unternehmen. Denn es kommt immer wieder vor, dass mehrere Change-Projekte gleichzeitig laufen und untereinander um die Aufmerksamkeit der Mitarbeiter – insbesondere der Führungskräfte – konkurrieren.

Mangelnde Glaubwürdigkeit: „Moral hat im Unternehmen nichts verloren!"
CSR und Nachhaltigkeit erfordern eine positive Grundhaltung in puncto Werte und Menschenbild, doch trifft man quer durch die Belegschaften durchaus auch auf Vorbehalte. Die Gründe dafür sind oft auf die oben genannten Ängste zurückführen, verbunden mit dem immer noch weit verbreiteten Missverständnis, dass es sich bei diesen Themen um reine Philanthropie handelt. Dies ist insbesondere dann der Fall, wenn CSR und Nachhaltigkeit nicht in das Geschäftsmodell integriert werden, sondern nur als freiwilliges Engagement über die Unternehmenstätigkeit hinaus verstanden und praktiziert werden. Es gibt aber auch Mitarbeiter und Führungskräfte, die der Ansicht sind, dass diese Themen im Unternehmen nichts zu suchen haben – ganz dem vielzitierten Satz des neoliberalen Ökonomen Edward Freeman folgend: „The social responsibility of business is to increase its profit" (Friedman 1970, S. 122).

Vorbehalte bei der Umsetzung von CSR: „So funktioniert das nicht!"
Selbst wo CSR und Nachhaltigkeit als erstrebenswerte Ziele allgemein geteilt werden, gibt es einzelne Skeptiker, deren Widerstand sich gegen die Herangehensweise, die Stra-

tegie oder gegen Maßnahmen richtet, die sie nicht überzeugend finden. Wenn eine solche Einstellung sich verfestigt, kann sie den Veränderungsprozess blockieren, indem sie selbst das Scheitern anstrebt.

5 Zentrale Herausforderungen der Veränderungskommunikation

5.1 Prozessbegleitende Kommunikation während aller Phasen der Veränderung

Trotz ausgefeilter Konzepte und Maßnahmen ist es nicht der Widerstand an sich, der viele Veränderungen scheitern lässt, sondern der ausbleibende oder fehlerhafte Umgang mit ihm. Eine an den Bedarfen der Mitarbeiter orientierte prozessbegleitende Kommunikation über sämtliche Phasen des gesamten Veränderungsprozesses hinweg spielt dabei eine zentrale Rolle.

Letztlich muss es das Ziel der Veränderungskommunikation sein, die Mitarbeiter zu befähigen und zu motivieren, Veränderungen mitzutragen, umzusetzen und sie im besten Fall aktiv mitzugestalten. Das kann nur gelingen, wenn sich jeder Mitarbeiter zunächst einmal eine klare Vorstellung davon machen kann, was er persönlich von der Veränderung hat und was diese für ihn konkret bedeutet.

Dazu braucht er in erster Linie bedarfsgerechte Informationen, die ihn in die Lage versetzen, ein ausreichendes Sach- und Problemverständnis zu entwickeln. Neben der Deckung des Informationsbedarfs müssen die Mitarbeiter auch methodisch, fachlich und persönlich qualifiziert werden. Ein Großteil des Widerstandes gegen Veränderungen in Belegschaften liegt darin begründet, dass die Mitarbeiter für die neuen Herausforderungen nicht ausreichend qualifiziert sind oder sich hierfür nicht genügend vorbereitet fühlen.

5.2 Motivation durch materielle und immaterielle Anreizsysteme und Beteiligung

Damit die Mitarbeiter motiviert sind, die Veränderungen und den damit verbundenen Prozess mitzutragen, müssen sie, über die reine Informations- und Wissensvermittlung hinaus, von der Sinnhaftigkeit des Vorhabens überzeugt werden. In diesem Zusammenhang ist es wichtig, die Argumentation nicht moralisch zu überfrachten und stattdessen in den Vordergrund zu stellen, wie jeder Einzelne durch die Veränderung zum Erfolg des Unternehmens beitragen kann.

Die Mitarbeiter müssen „auf die Reise" mitgenommen werden – im ursprünglichen Sinne des lateinischen Wortes „communicare", was so viel wie „gemeinsam machen" oder „vereinigen" bedeutet (Kirchner und Brichta 2002). Eine emotional ansprechende, dialogorientierte, aktive Beteiligung der Mitarbeiter, begleitet von materiellen und immateriellen Anreizsystemen, ist für den erfolgreichen Wandel entscheidend (z. B. Role

Champion, Wettbewerbe, Balance Score Card). Je besser es gelingt, die Mitarbeiter in den Veränderungsprozess einzubinden, desto weniger werden Mitarbeiter geneigt sein, in den Widerstand zu gehen, da sie nicht mehr Betroffene, sondern vielmehr „Beteiligte" oder gar „Mitgestalter" des Veränderungsprozesses sind. Die Form der Beteiligung kann variieren und reicht von Mitbestimmungsverfahren über Vorschlagsmöglichkeiten bis hin zu freiwilligen Engagements. Von zentraler Bedeutung ist, dass die der Beteiligung zugrundeliegenden Strukturen und Personalmanagementsysteme entsprechend angepasst bzw. ausgerichtet werden.

Um die Mitarbeiter für eine Beteiligung an dem Veränderungsprozess zu gewinnen, ist es wichtig, eine glaubwürdige, bildhafte und für jede greifbare Vision zu entwickeln. Sie entwirft ein Bild der Zukunft, das hilft, Themen in einen größeren Zusammenhang zu stellen und das Handeln unterschiedlicher Menschen richtungsweisend zu koordinieren.

Erste kleine Erfolgserlebnisse tragen entscheidend dazu bei, die Mitarbeiter für eine Beteiligung an dem Veränderungsprozess zu motivieren. Sie stellen unter Beweis, dass die Veränderung möglich und der dafür eingesetzte Aufwand gerechtfertigt ist. Erste Erfolge belohnen die am Prozess aktiv Beteiligten und schwächen gleichzeitig die Position der Kritiker.

5.3 Rolle der Führungskräfte als Vorbilder und Multiplikatoren

Die Unternehmenskultur wird am stärksten durch die Werte und das tägliche Verhalten der Geschäftsleitung und der Führungskräfte geprägt. In ihrer Rolle als Führungskraft geben sie Orientierung und wirken wie ein „Transmissionsriemen" zwischen den Unternehmenswerten und den Mitarbeitern. Sie geben der Kommunikation ein Gesicht und füllen die Veränderung mit Leben. Es ist daher für den Erfolg des Veränderungsprozesses von ausschlaggebender Bedeutung, möglichst viele Führungskräfte als „implizite Nachhaltigkeitsbeauftragte" zu gewinnen, „die im Rahmen ihrer konventionellen Aufgaben ... eine nachhaltige Unternehmensgestaltung professionell vorantreiben" (Schaltegger 2015). Ganz nach Augustinus' Votum „Was du in anderen entzünden willst, muss in dir selbst brennen" sind Führungskräfte dazu angehalten, die Veränderung nicht nur zu fördern und einzufordern, sondern auch vorzuleben.

Für diese Rolle müssen Führungskräfte entsprechend vorbereitet werden. Durch gezielte Trainings lernen Führungskräfte nicht nur die erforderlichen Fähigkeiten, sondern vielmehr eine innere Haltung zu gewinnen und sie zielgruppengerecht mit überzeugenden Botschaften zu vermitteln. Denn die Mitarbeiter verlangen von ihren Führungskräften im Veränderungsprozess eine erkennbare Entschlossenheit, ein glaubwürdiges Engagement und ein offenes Ohr.

Die Dialogbereitschaft ist wichtig, um Widerständen frühzeitig zu begegnen. Sie ist darüber hinaus ein Ausdruck von Wertschätzung – auch gegenüber denjenigen, die Widerstand leisten. Allerdings muss sich das Gesagte dann auch im konkreten Handeln widerspiegeln, um wertvolles Vertrauen nicht zu verspielen. Denn grundsätzlich gilt: Je höher das Vertrauen in die Führungskräfte, desto wirksamer sind ihre Botschaften und ihre Durchsetzungskraft.

6 Anforderungen an das Change Communication Management

6.1 Phasenmodelle geben Orientierung

Veränderungen hin zu mehr CSR und Nachhaltigkeit im Unternehmen müssen wie jede andere Veränderung in Form eines strategischen Managementprozesses aufgesetzt und gesteuert werden. Die prozessbegleitende Kommunikation ist dabei von Anfang an in die Strategie zu integrieren. Watzlawicks Axiom folgend „Man kann nicht nicht kommunizieren" (Watzlawick et al. 1967, S. 48) findet Kommunikation ohnehin statt, auch wenn sie nicht aktiv gesteuert wird.

Die wissenschaftliche und beratende Literatur bietet für das Change Management eine Fülle von verschiedenen Modellen und Ansätzen. Die wohl am häufigsten zitierten Modelle sind die von Lewin und Kotter. Lewin teilte den Veränderungsprozess in drei Phasen (Lewin 1947):

- *Unfreeze*: Diese Phase beschreibt die Vorbereitung und die erste Mitteilung über die Veränderung an die Betroffenen.
- *Move*: In dieser Phase wird die Veränderung ein- bzw. durchgeführt.
- *Freeze*: In dieser letzten Phase wird die Veränderung verfestigt.

Kotter unterschied später auf Grundlage seiner Beobachtungen in der Praxis acht Schritte, die in der vorgegebenen Reihenfolge abzuarbeiten sind (Kotter 2011):

- Bewusstsein für die Dringlichkeit schaffen,
- Verantwortliche mit Veränderungsbereitschaft gewinnen und zusammenbringen,
- die Zukunftsvision ausformulieren und eine Strategie entwickeln,
- die Zukunftsvision bekannt machen,
- Handeln im Sinne der neuen Vision und der Ziele ermöglichen,
- kurzfristige Erfolge planen und gezielt herbeiführen,
- erreichte Verbesserungen systematisch weiter ausbauen,
- das Neue fest verankern.

Diese und andere Phasenmodelle bieten einen ersten Orientierungsrahmen, doch lassen sie sich in der Praxis nur bedingt umsetzen – gleiches gilt für Erfahrungswerte von anderen Unternehmen. Denn die „Natur der Veränderung" ist sehr unterschiedlich. Diese hob Smeltzer als einen der sechs wichtigsten Einflussfaktoren in seinem viel diskutierten Modell zur Veränderungskommunikation heraus. Demnach unterscheidet er vier Bedingungen, die die Veränderungsart bestimmen (Smeltzer 1993):

- das Ausmaß, in welchem die Veränderung den Status quo verändert,
- die Komplexität der Veränderung,
- der emotionale Gehalt der Veränderung,
- die Kontroverse, die um die Veränderung innerhalb des Unternehmens entsteht.

Darüber hinaus führt er im Bereich der „Organizational Dynamics" drei weitere Aspekte an, die ebenfalls ein standardisiertes Lösungsverfahren unmöglich machen:

- Unterschiede zwischen den Mitarbeitern,
- die Organisationskultur,
- das Organisationsklima.

Außerdem geht es konkret bei CSR und Nachhaltigkeit um Veränderungen, die einen evolutionären Charakter haben und dem Geschäftserfolg einen moralischen Anspruch verleihen. Das ist für viele Mitarbeiter neu und braucht Zeit, bis sich die Vorstellung bei jedem durchgesetzt hat, dass das tatsächlich möglich und für den Unternehmenserfolg zuträglich ist.

Hinzu kommt, dass die meisten Modelle auf dem Phasenmodell von Kübler-Ross basieren, die den psychologischen Anpassungsprozess nach der Ankündigung von Veränderungen in Phasen einteilt (Kübler-Ross 1969):

- nicht wahrhaben wollen und Isolierung („denial"),
- Zorn („anger"),
- Verhandeln („bargaining"),
- Depression,
- Akzeptanz („acceptance").

Zwar erweiterten Smeltzer (1993) sowie Gemert und Woudstra (1994) dieses Modell, jedoch basieren auch deren Annahmen darauf, dass etwas Negatives den Veränderungsprozess einleitet. Kübler-Ross beschrieb beispielsweise in ihrem Phasenmodell die Bewusstseinsstadien von Sterbenden im Trauerprozess. Dennoch sind die von ihr beschriebenen psychologischen Muster des Anpassungsprozesses in Teilen durchaus auch auf die Implementierung von CSR und Nachhaltigkeit übertragbar.

Entgegen dem Schock, den Kübler-Ross' Ansatz an den Anfang stellt, wird es bei CSR und Nachhaltigkeit eher nötig sein, von der Dringlichkeit der Veränderung zu überzeugen, wie sie bei Kotters erster Phase beschrieben ist (Kotter 2011). Das Gefühl der Dringlichkeit aufzubauen ist eine der zentralen Herausforderungen. Denn es ist wichtig, von Anfang an genügend Momentum zu erzeugen, sodass die Veränderungen und der Umsetzungsprozess bei einer kritischen Masse auch ernst- und wahrgenommen werden und sich gegen die Konkurrenz der anderen anstehenden Veränderungen behaupten können. Es kommt darauf an, die Mitarbeiter nicht nur von der Notwendigkeit zu überzeugen, sondern sie auch aus ihrer Komfortzone zu locken – ohne sie zu überfordern. Das kann nur gelingen, wenn die

Botschaft des Wandels auch einen praktischen Bezug zur Profitabilität des Unternehmens hat und damit zur Sicherheit des Arbeitsplatzes jedes Einzelnen beiträgt.

Da CSR und Nachhaltigkeit auch die persönlichen Werte und Einstellungen der Mitarbeiter betreffen, ist es bei dieser Art von Veränderung wichtig, die Mitarbeiter von Anfang an so breit wie möglich in den Prozess zu integrieren (Morsing und Schultz 2006; Walter 2010; Walter 2014) und vor allem den Führungskräften ausreichend Gestaltungsspielraum zu geben, um sich selbst einbringen zu können. Das verursacht anfänglich zwar zusätzlichen Aufwand, dieser wird aber durch den Erfolg mehr als ausgeglichen.

Die richtige Strategie ist entscheidend, dennoch muss berücksichtigt werden, dass der lineare Ursache-Wirkung-Zusammenhang jederzeit durch Mikropolitik gestört und damit ad absurdum geführt werden kann. Außerdem sind Veränderungen komplexe Angelegenheiten mit vernetzten Wirkungszusammenhängen. Eine Strategie muss daher flexibel auf Unwägbarkeiten reagieren und sich anpassen können. Dies bedeutet im Zweifelsfall auch, die Strategie zu verwerfen und komplett neu zu denken.

6.2 Gap-Analyse

Jeder Kulturwandel ist ein Lernprozess und setzt eine systematische Analyse der jeweils bestehenden und der erwünschten Unternehmenskultur voraus (Homma et al. 2014). Erst auf Grundlage dieser Gap-Analyse kann eine Strategie entwickelt und konkreter Handlungsbedarf ermittelt werden. Denn sie analysiert die Lücke („gap") zwischen der Ist-Situation und dem gewünschten Soll-Zustand. Die damit verbundene Analyse der vorhandenen Unternehmenskultur informiert zusätzlich über die grundsätzliche Bereitschaft bei den Mitarbeitern, die Kulturveränderung mitzutragen, und gibt wichtige Impulse für die Kommunikationsstrategie. Außerdem können frühzeitig eventuelle Risiken, aber auch Chancen, erkannt werden, die der Veränderungsprozess mit sich bringt.

Die Ergebnisse dieser „Kultur-Analyse" geben häufig erst den entscheidenden Anstoß, um das Bewusstsein für Veränderung zu schaffen und zu stärken. Differenzierte und belastbare empirische Ergebnisse begünstigen darüber hinaus eine Versachlichung der Diskussion und tragen entscheidend zur gemeinsamen Meinungs- und Entscheidungsfindung bei. Diese Befunde liefern auch wichtige Erkenntnisse für die spätere Gestaltung der Kommunikation hinsichtlich der Auswahl von Themenschwerpunkten, der inhaltlichen Aufbereitung und der sprachlichen Formulierung (Homma et al. 2014).

7 Fazit

CSR und Nachhaltigkeit stehen in Verbindung mit umfangreichen Veränderungen in Unternehmen. Sie müssen als solche wahrgenommen werden, wenn der Anspruch verfolgt wird, sie in die DNA des Unternehmens zu integrieren. Daran misst sich letztlich der Erfolg des Veränderungsprozesses.

Um dieses Ziel zu erreichen, muss der Veränderungsprozess sorgfältig vorbereitet werden. Auf diese Weise lassen sich zu erwartende Widerstände in der Belegschaft adäquat adressieren oder im besten Fall vermeiden. Eine klare, transparente Kommunikation, die sich an den Bedarfen der Mitarbeiter ausrichtet und sie in den Prozess nach Möglichkeit integriert, ist dafür erfolgskritisch.

Literatur

Cohen E (2015) Will GRI's new strategy work? Blogpost: 13. Juni 2015

Elkington J (1994) Towards the sustainable corporation: Win-win-win business strategies for sustainable development. Calif Manage Rev 36(2):90–100

Friedman M (1970) The social responsibility of business is to increase its profit. New York Times Magazine, 13.09.1970: 122–126

Gemert L van, Woudstra E (1994) Diagnosis and solutions of communication problems. In: Bungarten T (Hrsg) Kommunikationsprobleme in und von Unternehmungen, Wege zu ihrer Erkennung und Lösung. Attikan, Tostedt, S 61–107

Homma N, Bauschke R, Hofmann LM (2014) Einführung Unternehmenskultur. Springer Gabler, Wiesbaden

Kirchner A, Brichta R (2002) Medientraining für Manager. Gabler, Wiesbaden

Kotter JP (2011) Leading Change. Franz Vahlen, München

Kübler-Ross E (1969) On Death and Dying. Macmillan Publishing, New York

Lewin K (1947) Changing as three steps: Unfreezing, Moving, and Freezing of Group Standards. Frontiers in Group Dynamics: Concept, Method and Reality in Social Science; Social Equilibria and Social Change. Hum Relations 1(1):5–41. doi:10.1177/001872674700100103

Morsing M, Schultz M (2006) Corporate social responsibility communication: stakeholder information, response and involvement strategies. Bus Ethics: A Eur Rev 15(4):332–338

Schaltegger S (2015) Kompetenzen impliziter Nachhaltigkeitsmanager stärken. Corporate Responsibility. ACC, Frankfurt am Main, S 20–23

Schein EH (1985) Organizational Culture and Leadership. Jossey-Bass, San Francisco (in Emmanuel Ogbonna (abridged from E. Ogbonna), Managing organisational culture: fantasy or reality, Human Resource Management Journal, 3, 2 (1993), S. 42–54 in Jon Billsberry (Hrsg.) The Effective Manager, Open University, Milton Keynes 1997)

Smeltzer L (1993) Development of a Model for Announcing Negatively Perceived Changes. J Organ Chang Manag 6(5):56–69

Walter BL (2010) Verantwortliche Unternehmensführung überzeugend kommunizieren. Gabler, Wiesbaden

Walter BL (2014) Corporate Social Responsibility: Towards a phase model of strategic planning. In: Tench R, Sun W, Jones B (Hrsg) Communicating Corporate Social Responsibility. Perspectives and Practice Critical Studies on Corporate Responsibility, Governance and Sustainability, Bd. 6. Emerald Group, Bingley, S 59–79

Watzlawick P, Beavin-Bavelas J, Jackson D (1967) Some Tentative Axioms of Communication. Pragmatics of Human Communication. A Study of Interactional Patterns, Pathologies and Paradoxes. Norton, New York, S 48

Bernd Lorenz Walter arbeitet seit über 20 Jahren als unabhängiger Berater für strategische Kommunikation mit exzellenten Referenzen namhafter Unternehmen und Organisationen. Seine Spezialgebiete sind die Unternehmenskommunikation, CSR Kommunikation und interne Kommunikation. In diesem Zusammenhang bereitet er auch als Medien-, Kommunikations- und Krisentrainer Führungskräfte auf ihren Auftritt vor und unterstützt sie, ihr Anliegen überzeugend auf den Punkt zu bringen. Als zertifizierter Lehrbeauftragter ist Bernd Lorenz Walter darüber hinaus an wechselnden Hochschulen tätig. Er ist ein international gefragter Referent und Autor diverser Essays und bereits prämierter Buchbeiträge.

Inhalte, Medien und Formate der internen CSR-Kommunikation

Annika Schach

1 Einleitung: Aufgaben der Internen Kommunikation in Unternehmen

Eine wirkungsvolle Kommunikation kann das ganze Potenzial von Corporate-Social-Responsibility(CSR)-Themen nur ausschöpfen, wenn auch die Mitarbeiter aktiv in die Kommunikation eingebunden sind. In der Textlinguistik wird das Textthema definiert als Hauptgegenstand eines Textes, aber auch – angelehnt an das Alltagskonzept „Text" – als den Grund- oder Leitgedanken eines Textes. Das Thema ist der Kern des Textinhalts, wobei sich der Terminus „Textinhalt" auf Personen, Sachverhalte, Ereignisse, Handlungen oder Vorstellungen beziehen kann (vgl. Brinker 2014, S. 56). Geht es um das CSR-Engagement, also die freiwillige Übernahme von gesellschaftlicher Verantwortung in ökonomischer, ökologischer und sozialer Hinsicht durch Unternehmen, ist das Spektrum der Textinhalte breit gefächert. Mit CSR-Themen werden im Folgenden somit solche Textthemen bezeichnet, die sich im Rahmen von Handlungsfeldern der CSR, beispielsweise in den Bereichen Führung, Markt, Mitarbeiter, Umwelt und Gesellschaft, bewegen. Wenn CSR-Aktivitäten effektiv zu einem Thema gemacht werden, können die mit der CSR-Strategie verbundenen materiellen und immateriellen Ziele tatsächlich erreicht werden. Erfolgversprechend ist der Ansatz, die gesellschaftliche Verantwortung des Unternehmens als Verantwortung aller Organisationsmitglieder zu begreifen. Die Voraussetzung dafür ist, „dass die Interne Unternehmenskommunikation nicht nur den Sinn von CSR erklärt, sondern dieses Aufgabenfeld als Bindeglied zwischen Führungskräften und Mitarbeitern gestaltet" (Buchholz und Knorre 2012, S. 178). CSR-Maßnahmen sind demnach ein Ausdruck der gelebten Unternehmenswerte und stärken nach innen und außen die unternehmerische Bindekraft (vgl. Glauner 2013, S. 209).

A. Schach (✉)
Hochschule Hannover
Expo Plaza 12, 30539 Hannover, Deutschland
E-Mail: annika.schach@hs-hannover.de

In einer strategischen Planung von CSR-Themen geht es aber auch darum, den zielgruppenspezifischen, kommunikativen Output in allen relevanten internen Kanälen und Plattformen zu erhöhen. Betrachtet man die Ziele der Internen Kommunikation im Allgemeinen, so lassen sich verschiedene Wirkungsebenen differenzieren. Die Interne Kommunikation soll die Mitarbeiter informieren und somit einen ausreichenden Informationsstatus sicherstellen. Sie fördert zielgerichtetes Arbeiten und erhöht dadurch die Motivation. Gleichzeitig bedient die Interne Kommunikation sozio-emotionale Bedürfnisse der Mitarbeiter und schafft so eine hohe Identifikation und Bindung zum Unternehmen. Letztlich ist auch die Außenwirkung ein wichtiges Ziel der Internen Kommunikation, denn die Mitarbeiter sollen das Unternehmen glaubwürdig nach innen und nach außen vertreten. In der Internen Kommunikation geht es demnach nicht ausschließlich um die Vermittlung von Wissen, sondern auch um die Initiierung eines Dialogs zwischen Unternehmensleitung und Belegschaft. CSR-Themen sind zur Einbindung und Teilhabe von Mitarbeitern in die Projektarbeit besonders gut geeignet. Sie fokussieren die Frage: Welches Gefühl wollen Mitarbeiter in punkto Identität und Unternehmenskultur vermittelt bekommen? Dabei ist es jedoch wichtig, die Zielgruppe und deren spezifischen Informationsbedarf zu ermitteln, um dem sogenannten Rezipientenparadoxon vorzubeugen. Dieses besteht darin, dass Mitarbeiter auf der einen Seite eine Informationsflut (von für sie uninteressanten Informationen) beklagen, sie aber gleichzeitig nach mehr (für sie relevanten) Informationen verlangen. Eine Verbreitung von Information nach dem Gießkannenprinzip ist also unbedingt zu vermeiden.

2 Mit Engagement punkten: CSR-Themen in der Internen Kommunikation

Unternehmen, für die das Thema „Nachhaltigkeit" eine strategische Rolle spielt, setzen in der Regel darauf, Engagements und Projekte für die externe Kommunikation zu nutzen. Die Interne Kommunikation sollte jedoch ein ebenso relevanter Teil der Kommunikationsstrategie sein. Denn die Mitarbeiter als wichtige Stakeholdergruppe und Repräsentanten des Unternehmens müssen zunächst für das CSR-Thema sensibilisiert werden, damit sie dann wiederum das Engagement ihres Unternehmens zu würdigen wissen und selbst unterstützen. Es geht also um ein internes Agenda-Setting, mit dem die Aufmerksamkeit der internen Zielgruppen auf Themen jenseits des engeren Arbeitsumfelds gelenkt wird (vgl. Buchholz und Knorre 2012, S. 180).

Es gibt drei Formen von CSR-Themen eines Unternehmens, die sich nach ihrem strategischen Ansatz unterscheiden (vgl. Tab. 1). Je nachdem, ob es sich bei einem Projekt um eine Initiative des Unternehmens, bei welcher die Mitwirkung der Mitarbeiter erwünscht ist, oder ob es sich um ein freiwilliges Projekt der Mitarbeiter handelt, ergeben sich Rückschlüsse auf die spätere Aufbereitung in Bezug auf die Autorenperspektive und Medienauswahl.

Tab. 1 Kommunikation von CSR-Engagements in internen Medien

Form des Engagements	Ansatz	Autorenschaft/ Perspektive	Medien
CSR-Engagement des Unternehmens	Strategisch	Perspektive des Unternehmens	Alle internen Medien
CSR-Projekte mit Beteiligung der Mitarbeiterschaft	Strategisch oder/und taktisch	Perspektive des Unternehmens oder eines Mitarbeiters	Alle internen Medien
Soziale Projekte aus dem Mitarbeiterkreis	Nicht strategisch, keine klassische CSR-Maßnahme	Perspektive des Mitarbeiters	Interne Medien mit Schwerpunkt Dialog, informeller Austausch

Alle drei Formen des Engagements eignen sich für eine Kommunikation über interne Medien – jedoch in unterschiedlicher Ausgestaltung. Die von der Unternehmensleitung strategisch entwickelten CSR-Engagements passen für alle internen Medien. CSR-Aktivitäten sind aber umso wirkungsvoller, je mehr es gelingt, die Mitarbeiter in Aktivitäten einzubeziehen. Daher sind CSR-Projekte mit Beteiligung der Mitarbeiter besonders geeignet für die Interne Kommunikation. Ein Perspektivwechsel vom Unternehmen als Absender oder einem Mitarbeiter als Autor eines Beitrags ist möglich – dadurch erhöht sich auch die Varianz der Textstrategien von der deskriptiven Darstellung des Projektes bis zur persönlichen Geschichte eines beteiligten Mitarbeiters. Soziale Projekte, die Mitarbeiter eigenständig im Kollegenkreis organisieren, zählen nicht zum engen Kreis der CSR-Aktivitäten eines Unternehmens, da sie nicht strategisch angelegt sind. Dennoch eignen sich auch diese Projekte für eine Berichterstattung in internen Medien, allerdings eher in einem Bereich, der dem persönlichen Austausch dient. Projektgeschichten aus solchen Engagements könnte man sich beispielsweise sehr gut im Social-Media-Bereich eines Intranets vorstellen. Denn betrachtet man die Ziele, Motivation und Identifikation der Internen Kommunikation, können auch solche nicht strategisch geplanten Projekte einen Beitrag zur gewünschten Unternehmenskultur leisten. Das Unternehmen kann zudem aktiv soziale Projekte aus der Mitarbeiterschaft fördern oder die Mitarbeiter dazu aufrufen, selbst Projekte vorzuschlagen. Dann kann das Engagement strategisch genutzt werden.

Insgesamt ist es sinnvoll, eine Beteiligung von Mitarbeitern in strategisch angelegten CSR-Aktivitäten zu fördern. Somit erweitert sich die Zielgruppe der Aktivitäten auch in das private Umfeld der Mitarbeiter wie Familie oder Bekanntenkreis. Und auch potenzielle Mitarbeiter beurteilen Unternehmen danach, ob sie die Werte aktiv leben, die man selbst vertritt oder zumindest für richtig hält. Zugleich unterstützen CSR-Mitarbeiteraktivitäten die Identifikation mit dem Unternehmen und erhöhen im besten Fall die individuelle Leistungsbereitschaft. Eine Anerkennung durch Dritte, die den Mitarbeitern bei sichtbarem sozialem Engagement ihres Unternehmens sicher ist, gehört zu den Motivationsfaktoren. Die individuelle Leistungsfähigkeit wird oft schon allein deshalb erhöht, weil Mitarbeiter zum Beispiel durch regelmäßige Freiwilligenaktivitäten ihre sozialen Kompetenzen erhöhen. Weist man den Mitarbeitern in CSR-Strategien eine aktive Rolle zu, entwickelt man ein gemeinschaftsorientiertes Führungsverständnis (Buchholz und Knorre 2012, S. 181).

In der CSR-Planung für Unternehmen ist es nicht nur relevant, welche Themen ausgewählt werden, sondern auch, wie diese Themen vermittelt werden. Eine Kombination von den WAS-Fragen (Themenauswahl) mit den WIE-Fragen (Darstellung und Vertextungsstrategie) sollte in einer professionellen Content-Strategie auch für CSR-Themen münden.

3 Strategische Planung von CSR-Themen für die Interne Kommunikation

Die strategische Planung von CSR-Themen kann sich an den Elementen einer Content-Strategie orientieren. Damit ist eine Kommunikationsstrategie gemeint, die den professionellen und strukturierten Umgang mit (digitalen) Inhalten fokussiert:

> Content strategy plans for the creation, delivery and governance of useful, usable content (Halvorson 2008).

Es geht dabei um eine sinnvolle Koordination von Inhalten und ihrer Planung in verschiedenen Formaten. Besonders die digitale Entwicklung hat die Bandbreite dieser Formate enorm erhöht. Ziel der Content-Strategie ist der möglichst effiziente Einsatz von Themen und Inhalten in allen Kommunikationsmaßnahmen eines Unternehmens. Die Content-Strategie umfasst dabei die Analyse, Organisation und Planung von Inhalten, die in der Kommunikation eingesetzt werden – häufig in einem ganzheitlichen Ansatz unter Einbeziehung von Online- und Offlineformaten.

Beispielhaft gesprochen, könnte eine Aktion, die von Mitarbeitern eines Standortes initiiert wurde, ebenfalls für den YouTube-Channel des Unternehmens interessant sein, sich für die Pressearbeit eignen oder in der Kundenkommunikation eingesetzt werden. Ein solches Themensystem, vergleichbar mit einem Redaktionssystem, kann somit auch für die Content-Strategie des Unternehmens hilfreich sein: In einer Themenmatrix werden der Themenfokus, das Themenfeld, Hauptthema und Subthemen auf der einen Seite und Verantwortliche, Zielgruppen, Maßnahmen und Kanäle auf der anderen Seite systematisiert. Der so für alle verbindlich erstellte Themenplan bietet die Grundlage für die strategische kurz-, mittel- und langfristige Themenplanung im Unternehmen. Daraus entstehen dann auch die Festlegungen der Formate. Ein systematischer Handlungsleitfaden für die Organisation und die Planung von CSR-Themen müsste demnach folgende Fragen beantworten und in einer systematischen Planung zusammenführen:

1. *Thema bzw. Engagement:* Um welche Form des Engagements handelt es sich? Ist es ein klassisches, strategisches CSR-Thema oder eine freiwillige Initiative der Belegschaft? Inwiefern sind Mitarbeiter eingebunden?

2. *Kommunikationsziel und Zielgruppe(n):* Welches Wirkungsziel soll mit der Kommunikation des CSR-Themas erreicht werden – geht es um ein Informations-, Einstellungs- oder Verhaltensziel? Welche Zielgruppen sind relevant?
3. *Instrumente/Medien:* Für welche Instrumente der Internen Kommunikation und für welche Medien eignet sich das Thema? Ist es z. B. ein Thema, das seine Wirkung in einer ausführlichen Print-Berichterstattung entfaltet oder sind Onlinemedien besser geeignet oder eine Kombination aus beidem?
4. *Formate:* Welche Formate sind denkbar? Lassen sich beispielsweise Bilder oder Videos einbinden? Ist es sinnvoll, dass eine Dialogmöglichkeit zu diesem Thema geschaffen wird?

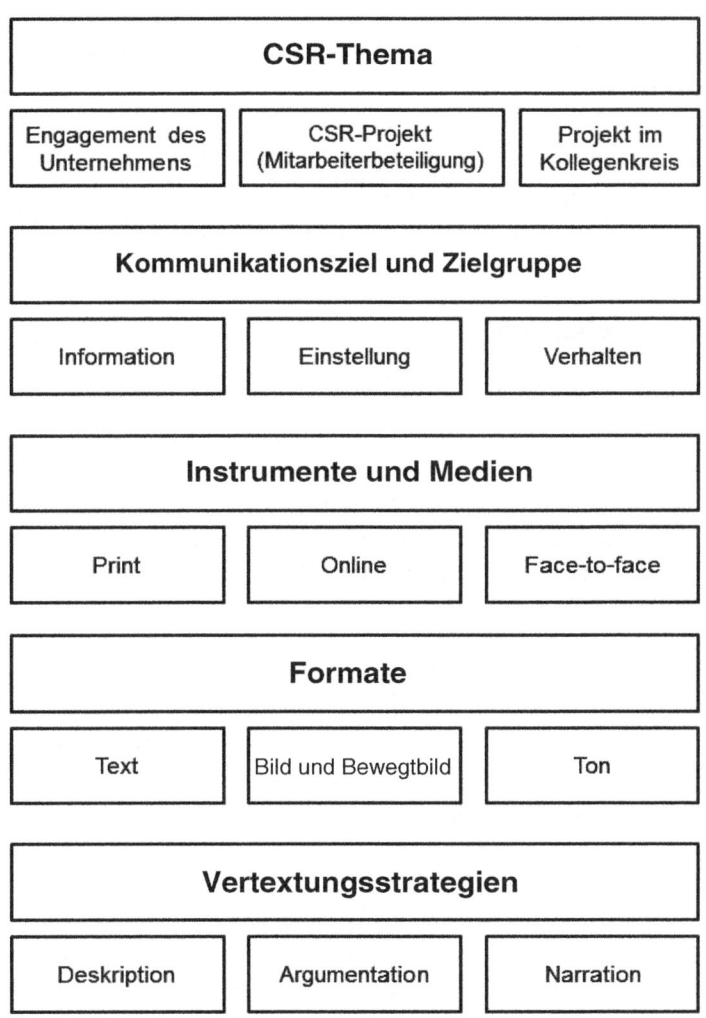

Abb. 1 Content-Planung von CSR-Themen für die Interne Kommunikation

5. *Vertextungsstrategie:* CSR-Themen lassen sich mittels verschiedener Vertextungsstrategien kommunizieren. Je nach Kommunikationsziel ist ein deskriptiver, argumentativer oder narrativer Text am erfolgversprechendsten.
6. *Sprachliche und grafische Gestaltung:* Auf welche grafischen und sprachlichen Anforderungen muss man Rücksicht nehmen? Gibt es bestimmte Vorgaben in Bezug auf Corporate Language und Design? Insbesondere Aspekte der Lexik, also Wortwahl, gilt es zu berücksichtigen.

Ein Handlungsleitfaden für die Organisation und Planung von CSR-Themen kann als Vorlage für ein systematisches Vorgehen mit den entsprechenden Inhalten hilfreich sein, wie in Abb. 1 zusammengefasst.

4 Rolle der Print-Medien bei CSR-Themen der Internen Kommunikation

Trotz der digitalen Entwicklung spielen die klassischen Printmedien oftmals noch eine wichtige Rolle in der Internen Kommunikation – da sie durch die Kraft des gedruckten Wortes eine andere Wertigkeit ausdrücken und allen Mitarbeiter zugänglich sind.

4.1 Mitarbeiterzeitschrift

Die Mitarbeiterzeitschrift zählt zu den wichtigsten klassischen Printmedien in der Internen Kommunikation. Durch ihre bisweilen lange Tradition in den Unternehmen ist sie eine wichtige weil etablierte Plattform, um Transparenz und Kommunikation zu ermöglichen. Die Rolle der Mitarbeiterzeitschrift hat sich durch die digitale Entwicklung gewandelt und in ihrer Positionierung ausdifferenziert. Sie eignet sich aufgrund ihrer Wesensmerkmale besonders gut zur Inszenierung von CSR-Themen in der Internen Kommunikation. Die heutige Mitarbeiterzeitschrift richtet den Fokus auf die Emotionalisierung von Themen. Sie bietet eine Bühne für Geschichten. Daher hat das soziale und ökologische Engagement von Unternehmen einen festen Platz in den Mitarbeitermagazinen – mit hohem Identifikationspotenzial. Die Kommunikation von CSR-Projekten bedarf daher in besonderer Weise einer personalisierten und emotionalen Ansprache der Leser. Die Mitarbeiterzeitschrift verbindet in einzigartiger Weise die Intentionen des Unternehmens mit einer journalistisch hochwertigen Darstellungsform. Sie genießt den Schutz der Pressefreiheit und ist dabei kein basisdemokratisches Medium der Belegschaft, sondern ein Organ der Unternehmensleitung. Dennoch dokumentiert sie die Wertschätzung der Mitarbeiter und wird oftmals als „vorzeigbarer Imagefaktor" im Familien- und Bekanntenkreis herumgereicht (Femers 2011, S. 126.). Die Kernfunktionen der Mitarbeiterzeitschrift sind das Interpretieren, Inszenieren und Vertiefen von CSR-Themen, die entweder als bestehendes Element in die Rubrikenstruktur oder als einzelne Beiträge in eine übergreifende Rubrik eingebunden werden.

4.2 CSR-Bericht für interne Stakeholder

Das klassische Berichtswesen im Unternehmen dreht sich um die Kommunikation von Geschäftszahlen und Entwicklungen im Unternehmen und ist Element der externen Unternehmenskommunikation. Der Nachhaltigkeitsbericht, der als Publikationsform dem „Geschäftsbericht" sehr nahe ist, kann jedoch einen starken internen Fokus haben. Er bringt somit allen interessierten Stakeholdern die Positionierung, die Konzepte und die konkrete Umsetzung der CSR-Strategie im Unternehmen näher. Der Nachhaltigkeitsbericht besitzt primär eine Informationsfunktion, hat aber einen größeren Spielraum hinsichtlich der Ausformulierung der Fakten. Da heute oftmals eine integrierte Berichterstattung von Geschäfts- und Nachhaltigkeitsbericht erfolgt, kann oftmals nicht mehr von einer reinen Informationsfunktion die Rede sein. Obgleich Berichte von ihrem Wesen her für die externe Unternehmenskommunikation ausgerichtet sind, spielt sie für die Interne Kommunikation eine große Rolle. CSR-Berichte werden nicht nur über das Intranet bereitgestellt, sondern darauf wird durch weitere interne Medien verlinkt. Das Themenspektrum des CSR-Berichts eignet sich als Themenfundus für die weitere Verarbeitung in Medien der Internen Kommunikation.

5 Bedeutung digitaler Medien für die interne CSR-Kommunikation

Die digitalen Medien der Internen Kommunikation haben der Print-Konkurrenz die höhere Aktualität und Dialogkomponenten voraus. Zu den meistgenutzten Informationsinstrumenten gehören sicherlich das Intranet, der Mitarbeiternewsletter und der Mitarbeiterblog. Die Möglichkeit, Social Media Elemente zu integrieren, stellt einen großen Vorteil dar. Denn die Ideen von Crowdsourcing, Co-Creation und die kooperative Gestaltung von Botschaften eignen sich besonders für die Themen, die einen Dialog erfordern, wie es bei den Kernthemen des CSR-Managements gegeben ist (vgl. Wagner und Eichhorn 2013, S. 110).

5.1 Intranet

Das Intranet versteht sich als eine Kommunikations- Arbeits- und Wissensplattform und ist multimedial, hypermedial und interaktiv. Das Intranet bietet nicht mehr nur eine schnelle Bereitstellung von Informationen, sondern auch die Möglichkeit, Social-Media-Elemente zu integrieren und leichter in den Dialog mit Mitarbeitern zu treten. Dies gilt gerade dann, wenn die Gesamtbelegschaft über weite Distanzen, verschiedene Länder, Sprachzonen oder Kontinente verteilt ist. Das Intranet ist nach einer einmaligen Einrichtung in der Regel ohne zusätzliche Druckkosten mit Inhalten zu befüllen. Die Informationen sind tagesaktuell und bieten den Vorteil der Archivierungsfunktion und Suchmöglichkeiten. Da Nutzer die Informationen schnell und unkompliziert aufnehmen wollen, sollten die Texte kurz und gegliedert aufbereitet werden, damit sie sofort erfasst werden können (vgl. Führmann und Schmidbauer 2011, S. 179).

5.2 Newsletter

Newsletter sind ein gängiges elektronisches Informationsinstrument der Internen Kommunikation, die sich je nach Zielgruppe (z. B. Führungskräfte, Abteilungen etc.) differenzieren lässt. Dieses Medium eignet sich für die Kommunikation von Neuigkeiten, u. a. aus dem Themenfeld der Nachhaltigkeit. Der Newsletter selbst hat durch kurze Textbausteine nicht die Möglichkeit, ein Engagement über die informative Darstellung hinaus zu vermitteln. Er bietet aber durch die Teaser-Funktion die Chance, die Mitarbeiter auf bestimmte Themen aufmerksam zu machen, die dann in verlinkten elektronischen Medien wie der Website, dem Intranet oder dem Corporate Blog ausführlicher behandelt werden.

5.3 Mitarbeiterblog

Mitarbeiterblogs werden in der internen, aber auch externen Kommunikation gleichermaßen eingesetzt. In der Regel sind sie entweder in die Unternehmenswebseite eingebunden oder über die Firmenseiten der Social-Media-Plattformen verlinkt. Die hohe Glaubwürdigkeit von Mitarbeitern als Blog-Autoren nutzen Unternehmen auch für die Kommunikation von CSR-Projekten, die dann aus Perspektive der Mitarbeiter dargestellt werden kann. Gerade im CSR-Themenspektrum lassen sich die persönlichen Eindrücke der Mitarbeiter nutzen. Kommunikationsinhalte, die eins zu eins die Informationen aus anderen Medien beinhalten, sind uninteressant (vgl. Amireh und Beckmann 2012, S. 323). Für eine Darstellung der Ziele und Themen, die eine konsistente Darstellung verlangen, eignen sich Mitarbeiterblogs hingegen nicht optimal (vgl. Buchholz und Knorre 2012, S. 143 ff.).

6 Informieren und involvieren: Vertextungsstrategien von CSR-Projekten

Wie lassen sich CSR-Themen in den jeweiligen internen Medien aufbereiten? In der Unternehmenskommunikation sind drei Vertextungsstrategien relevant: Deskription, Argumentation und Narration (vgl. Schach 2015, S. 24). Alle drei Vertextungsstrategien werden in CSR-Beiträgen in internen Medien verwendet.

6.1 Information: Deskriptive Darstellung

Informative Texte der Unternehmenskommunikation orientieren sich an tatsachenbetonten Pressetextsorten. Das kommunikative Ziel besteht darin, dem Leser bestimmte Informationen in einer sachlichen Darstellungsweise näher zu bringen. Die Themenentfaltung in den informativen Texten ist deskriptiv, d. h. die Fakten werden beschreibend aufbereitet. Das Wichtigste wird zuerst geschrieben, d. h. bereits im ersten Absatz werden die klassischen W-Fragen beantwortet. Zu den informativen Texten zählen in der externen Kommunikation beispielsweise die Pressemitteilung, der Autorenbeitrag und in Teilen der Geschäftsbericht; in der Internen Kommunikation u. a. der Newsletter, Meldungen im Intranet oder auch informative Meldungen in der Mitarbeiterzeitschrift – wie folgender Beispieltext aus der Mitarbeiterzeitschrift der Sana Kliniken mit deskriptiver Aufbereitung zeigt:

> **Rudern gegen Krebs** Die Vorbereitungen laufen. Am Samstag, den 14. September 2013 findet die 2. Benefizregatta zur Förderung des Projekts „Sport und Krebs" in Lübeck statt. Ziel der gemeinsam von den Sana Kliniken Lübeck, der Stiftung Leben mit Krebs und dem Lübecker Ruderklub veranstalteten Regatta ist es, Krebspatienten mithilfe des Sports in ihrer Therapie zu unterstützen. […] Allein das Sana Klinikum stellte 8 Doppelvierer. Auch in diesem Jahr herrscht bereits wieder reges Interesse an der Veranstaltung. […] (360 Grad, Mitarbeiterzeitung der Sana Kliniken, 01.2013).

6.2 Appell: Argumentative Inszenierung

Ein weiteres Vertextungsmuster, das in der Unternehmenskommunikation häufig Verwendung findet, ist die Argumentation. Nach dem Argumentationsmodell von Toulmin besteht die allgemeine Struktur der Argumentation aus drei wesentlichen logisch-semantisch definierten Kategorien: dem Claim (These, Behauptung), Argumenten und einer Schlussregel. Der Claim und die Argumente sind die zwingende Grundlage von argumentativen Texten, die Schlussregel kann auch implizit ausgedrückt werden oder lediglich mitgedacht sein. Eine strittige Aussage wird mithilfe einer unstrittigen Aussage, einem oder mehreren Argumenten belegt. Somit wird die strittige Aussage in die Konklusion überführt, einen nicht mehr strittigen Schlusssatz (vgl. Brinker 2014, S. 71 ff.). Argumentative Vertextungsmuster sind klassischerweise in werblichen Texten zu finden, die eigentlich in der Unternehmenskommunikation keine große Rolle spielen sollten. Dennoch handelt es sich bei der Unternehmenskommunikation um intentionale Kommunikation und imageprägende Texte zeichnen sich ebenfalls durch eine argumentative Art der Themenentfaltung aus. Das beschriebene CSR-Projekt soll beispielsweise positiv dargestellt werden, was sich dann im Schreibstil niederschlägt. Folgender Textabschnitt aus dem Nachhaltigkeitsbericht 2012 des Modeunternehmens C&A zeigt ein argumentatives Vertextungsmuster:

> Unser Kerngeschäft ist Mode für die ganze Familie. Nachhaltigkeit ist dabei für C&A kein erst kürzlich aufgekommenes Modephänomen. Denn auf sie hat sich unser Geschäftsmodell in den 170 Jahren unserer Geschäftstätigkeit, die wir 2011 feiern konnten, seit jeher und in zunehmender Weise gestützt. Unser Fokus in Fragen der Nachhaltigkeit geht weit über kurzfristige Überlegungen in Bezug auf Risiken, Chancen und Ergebnisse hinaus und setzt voraus, dass wir größere und längerfristige Perspektiven in unsere Planungen und daraus resultierende Aktivitäten integrieren. Darüber hinaus wird es immer klarer, dass es nicht nur unsere unmittelbaren Handlungen sind, auf die wir uns im Rahmen unserer Nachhaltigkeitsstrategie konzentrieren müssen (CR Report C&A 2012, S. 5).

Die These, dass Nachhaltigkeit für C&A kein kurzfristiges Modephänomen ist, wird im Text durch verschiedene Argumente belegt.

6.3 Storytelling: Narrative Geschichten

Eine immer wichtiger werdende Vertextungsstrategie ist die Narration. Der Begriff „Storytelling" ist Schlagwort und Trendthema in der PR-Praxis. Insbesondere für Themen wie Nachhaltigkeit und soziales Engagement sind Geschichten nutzbar. Sie bleiben eher im Kopf und sprechen Menschen auf einer emotionalen Ebene an. Sie verbinden in einzigartiger Weise verschiedene Ziele der Unternehmenskommunikation: Komplexe Inhalte können durch eine bildhafte Darstellung vereinfacht werden, eine Aktivierung der Zielgruppen durch einen hohen Grad der Einbeziehung ist möglich und die Inhalte werden besser erinnert.

Die Kernelemente einer Geschichte sind die Handelnden, die Handlung und die Bühne. Im Storytelling werden Geschichten über handelnde Menschen erzählt. Das erleichtert die Identifikation. Diese Personalisierung kann mit verschiedensten Personen aus dem Unternehmen erreicht werden, die dann zu Charakteren einer Geschichte werden. Erzählungen bzw. Narrationen handeln von einem Konflikt zwischen unterschiedlichen Wertvorstellungen. Es geht demnach um binäre Eigenschaften von Erfahrung, die auch moralisch und wertgeladen sein können. Da eine wesentliche Aufgabe der Internen Kommunikation in der Vermittlung von Werten und Deutungsmustern besteht, liegt die Faszination, die von dieser Methodik und den ihr zugeschriebenen Wirkungen auf die Rezipienten ausgeht, auf der Hand.

Nach dem klassischen Modell von Labov und Waletzky wird Erzählen definiert als „verbale Technik der Erfahrensrekapitulation (...), im Besonderen als die Technik der Konstruktion narrativer Einheiten, die der temporalen Abfolge der entsprechenden Erfahrungen entsprechen" (Labov und Waletzky 1973, S. 79). Eine Geschichte gliedert sich in drei thematische Grundkategorien: Situierung, Repräsentation und Resümee (Brinker 2014 S. 71 ff). Die Aneinanderreihung solcher Ereignis-Teileinheiten wird in der Erzähltheorie mit dem Terminus Plot beschrieben. Eine Erzählung besteht demnach aus einer zeitlichen Abfolge von Handlungen, die sich zu einem komplexen einmaligen Ereignis verknüpfen. Diese Ereignisse verbinden sich in ihrer logischen, kausalen, zeitlichen Aufeinanderfolge zu Ereignisketten.

Die narrative Vertextungsstrategie lässt sich gut an folgendem Auszug aus einem Blogbeitrag des Mitarbeiterblogs der Daimler AG zeigen. Es geht hierbei um die Erzählung über ein Fußballturnier für Flüchtlingskinder des Projekts Arabic Business Circle, einem Daimler-Mitarbeiternetzwerk, erzählt aus der Perspektive einer teilnehmenden Mitarbeiterin.

Kein Tag wie jeder andere […] Dann war es endlich soweit. Nach und nach trudelten die Teilnehmer auf dem Sportplatz des TV Cannstatt ein. Es waren deutsche Kinder dabei, aber auch syrische, irakische, kurdische und kosovarische. Am Anfang waren die Flüchtlingskinder schüchtern, doch kaum waren die Fußbälle ausgeteilt, wandelte sich ihre Schüchternheit in Begeisterung. Die engagierten Helfer waren von Anfang an mit Feuer und Flamme dabei und zeigten viel Eigeninitiative. Ein anfangs kaputt geglaubter Pavillon beispielsweise konnte, dank einer fleißigen Helferin, doch noch aufgerichtet werden. […] (http://blog.daimler.de/2015/09/30/kein-tag-wie-jeder-andere-fluechtlingshilfe-arab-business-circle-fluechtlinge-fussball/). Zugegriffen: 29.11.2016.

7 Fazit

Wenn CSR-Themen systematisch in die Interne Kommunikation eingebunden werden, verbessern sie nicht nur die Identifikation und Motivation innerhalb der Organisation, sondern auch die Wertevermittlung nach außen. Für eine erfolgreiche Vermittlung der Themen im internen Medienmix sind folgende drei Aspekte zu berücksichtigen:

- Die Form des Engagements und der Grad des strategischen Ansatzes sollten Einfluss auf die Medienauswahl und Autorenperspektive haben.
- Eine strategische Planung der Vermittlung von CSR-Themen setzt eine Einbeziehung des Kommunikationsziels, der Zielgruppe und eine entsprechende Auswahl der Medien und Formate voraus.
- CSR-Themen lassen sich in deskriptiver Form zur reinen Information, mit argumentativer Vertextung zur Erhöhung des Imagefaktors und mittels narrativer Geschichten für einen hohen Identifikationsgrad vermitteln.

Die sprachwissenschaftliche Beschäftigung mit Texten kann in der internen CSR-Kommunikation einen wertvollen Beitrag leisten, da sie von den inhaltlichen WAS-Fragen zu den sprachlichen WIE-Fragen überleitet. Ob ein Text einer deskriptiven, argumentativen oder narrativen Logik folgt, kann durch die textlinguistische Analyse ermittelt werden. Und darüber hinaus: Eine Beschäftigung mit der Art der Themenentfaltung kann vor der Erstellung eines Textes die Funktionalität beeinflussen. Ob das Unternehmen seine Mitarbeiter informieren oder zu einer Handlung anregen möchte, sollte sich demnach nicht ausschließlich in der Entwicklung von Kommunikationszielen und der Auswahl der Formate und Medien niederschlagen, sondern auch auf sprachlicher Ebene stattfinden.

Literatur

Amireh N, Beckmann A (2012) Blogs als Instrument für die Interne und Externe Kommunikation. In: Dörfel L (Hrsg) Social Media in der Internen Kommunikation. School for Communication and Management, Berlin, S 313–326

Brinker K (2014) Linguistische Textanalyse. Eine Einführung in Grundbegriffe und Methoden, 7. Aufl. Erich Schmidt, Berlin

Buchholz U, Knorre S (2010) Grundlagen der Internen Unternehmenskommunikation. Quadriga Media, Berlin

Buchholz U, Knorre S (2012) Interne Unternehmenskommunikation in resilienten Organisationen. Springer, Berlin

CR Report C&A (2012) We care. Nachhaltig handeln. http://www.c-and-a.com/de/de/corporate/fileadmin/templates/master/img/fashion_updates/CR_Report/CR_Report_D.pdf. Zugegriffen: 29. November 2016

Femers S (2011) Textwissen für die Wirtschaftskommunikation. UVK Lucius UTB, Konstanz

Führmann U, Schmidbauer K (2011) Wie kommt System in die Interne Kommunikation? Ein Wegweiser für die Praxis. Talpa, Potsdam

Glauner F (2013) CSR und Wertecockpits. Mess- und Steuerungssysteme der Unternehmenskultur. Springer Gabler, Wiesbaden

Halvorson K (2008) The Discipline of Content Strategy. http://alistapart.com/article/thedisciplineofcontentstrategy. Zugegriffen: 29. März 2016

Ingenhoff D, Kölling A (2011) Internetbasierte CSR-Kommunikation. In: Raupp J, Jarolimek S, Schultz F (Hrsg) Handbuch CSR. Kommunikationswissenschaftliche Grundlagen, disziplinäre Zugänge und methodische Herausforderungen. VS, Wiesbaden, S 480–498

Labov W, Waletzky J (1973) Erzählanalyse. In: Ihwe J (Hrsg) Literaturwissenschaft und Linguistik. Fischer, Frankfurt am Main, S 79–126

Schach A (2015) Advertorial, Blogbeitrag, Content-Strategie & Co. Neue Texte der Unternehmenskommunikation. Springer Gabler, Wiesbaden

Silberschmidt K (2013) Mehr über das Geschäft berichten. Schreiben in der Wirtschaftskommunikation. In: Stücheli-Herlich P, Perrin D (Hrsg) Schreiben mit System. PR-Texte planen, entwerfen und verbessern. Springer VS, Wiesbaden, S 53–64

Wagner R, Eichhorn M (2013) CSR-Kommunikation & Social Media. In: Heinrich P (Hrsg) CSR und Kommunikation. Springer Gabler, Heidelberg, S 103–117

Prof. Dr. Annika Schach ist Professorin für Angewandte Public Relations an der Hochschule Hannover und selbstständige Kommunikationsberaterin. Die Soziologin und promovierte Germanistin arbeitete zuvor über zehn Jahre in der Unternehmenskommunikation in verschiedenen Organisationen und Agenturen. Ihr Schwerpunkt in Lehre und Forschung ist Sprache in den Public Relation.

Emotionalisierung in der Internen CSR-Kommunikation

Karin Huber-Heim

1 Einleitung

Wie holen wir die Mitarbeiter ins Boot? Diese Frage stellen sich viele Unternehmen, wenn es um die Unternehmensverantwortung im Tagesgeschäft geht. Eine rein instrumentelle interne Unternehmenskommunikation auf Basis einer Sender-Empfänger-Logik scheint hier nicht ausreichend in der Lage zu sein, die gewünschte Identifikation mit den Verantwortungszielen und die damit einhergehende persönliche Involvierung zu bewirken. Nachhaltigkeitsberichte und die monologische Verbreitung von internen CSR-Maßnahmen stellen limitierte Instrumente zur Einbeziehung von Mitarbeitern dar. Unternehmen sind jedoch in der Lage, eine tiefergehende Verankerung von Unternehmenswerten und -verantwortung durch emotionale Involvierung zu erzielen, um den Markenwert von innen heraus so zu festigen, dass er auch nach außen hin authentisch und stringent wirkt.

Reines „Darstellen" sollte in der Internen Kommunikation von Nachhaltigkeits- und Verantwortungsthemen um Anlässe und Kanäle zum Dialog ergänzt werden, die ein Erleben von CSR im Unternehmensalltag für die Mitarbeiter möglich machen. Eventkommunikation kann ein gelegentliches Highlight bilden, der Fokus sollte aber auf einem ausgewogenen Verhältnis zwischen Information und Einbindung liegen, denn Nachhaltigkeit muss am Arbeitsplatz durch direkte Beteiligung und Mitwirkung erfahrbar sein. Dazu bedarf es einer Unternehmens- und Kommunikationskultur, in der auf allen Ebenen Werte gelebt werden.

Die vorliegende Arbeit beschäftigt sich in der Folge mit den operativen Zielen Interner Kommunikation, also den informativen, wissensvermittelnden und schwerpunktmäßig

---

K. Huber-Heim (✉)
Baumannstr. 5/19, 1030 Wien, Österreich
E-Mail: kh@csr-and-communication.com

emotionalen Zielen.[1] Pflichtkommunikation, wie Unterrichtungs- und Erörterungspflichten des Arbeitgebers etc. finden in diesem Rahmen keine Beachtung.

2 Nachhaltigkeits- und Verantwortungsthemen in der Unternehmenskommunikation

In „Eine neue EU-Strategie (2011–2014) für soziale Verantwortung von Unternehmen (CSR)" (2011), definiert die Europäischen Kommission nicht nur die Verantwortung von Unternehmen für die Auswirkungen ihrer Aktivitäten neu und abseits der Freiwilligkeit. Sie beschreibt darin die Notwendigkeit, langfristige und vertrauensvolle Beziehungen mit den Mitarbeitern als Basis für erfolgreiche nachhaltige Geschäftsmodelle zu fördern und hebt deren Relevanz für Innovation und Wachstum hervor. Die Kommission verweist weiterhin darauf, dass die Bereiche Berufsbildung, Vielfalt, Gleichstellung der Geschlechter sowie Mitarbeitergesundheit und -wohlbefinden als Praktiken mit direkt positivem Einfluss auf CSR angesehen werden (EU Kommission 2011).

Das Wissen um die Wichtigkeit und das Ausmaß, in welchem motivierte Mitarbeiter zum Geschäftserfolg beitragen, ist längst auch in der Unternehmenspraxis angelangt, wie beispielsweise ein von einem Wirtschaftsprüfungsunternehmen entwickelter Employee-Engagement-Index zeigt (PwC 2014), in welchem sich Mitarbeiterengagement in Leistungskennzahlen zu gesteigerter Motivation, Unternehmenszugehörigkeitsgefühl, erhöhter Leistungsbereitschaft oder geplanter Verweildauer im Unternehmen niederschlägt. Ziel Interner Kommunikation von CSR sollte es sein, durch Einbeziehung der Mitarbeiter in Nachhaltigkeits- und Verantwortungsthemen eine effektivere und ganzheitlichere Umsetzung unternehmerischer Nachhaltigkeitsziele zu erreichen.

2.1 Aufgaben der Internen Kommunikation

Die Interne Kommunikation von Unternehmen dient einerseits der Unterstützung des Kommunikations- und Verhaltensmanagements der Organisation und zum anderen der medialen und persönlichen Kommunikation auf der operativen Ebene. Sie kann in dieser Funktion einen wichtigen Beitrag zur Beförderung von internen Prozessen leisten, wie etwa die Informationsvermittlung, die es braucht, um Nachhaltigkeitsziele des Unternehmens zu erreichen, hat aber eigene operative Ziele und Kennzahlen. Aus strategischer Sicht hat Interne Kommunikation die Aufgabe, „Erfolgspotenziale zu sichern, die sich aus

---

[1] Unternehmensangaben konnten für die vorliegende Arbeit nicht eingeholt werden, weshalb eine externe Recherche herangezogen werden musste. Viele Unternehmen, vor allem große, sind mit Fragebögen und Erhebungen überlastet und erteilen keinerlei Auskünfte, was eine Einschränkung von Untersuchungen darstellt. Psychologische Forschungsergebnisse neueren Datums müssen zukünftig mit einbezogen werden, eine weitere Vertiefung des Themas durch die Autorin erfolgt im Rahmen einer Anschlussarbeit.

den Unternehmenszielen ableiten, indem anhand von Wahrnehmungs-, Verständnis- und Identifikationsbeiträgen Motivation auf- bzw. Widerstand abgebaut wird." (Gabler Wirtschaftslexikon 2016) Die Vermittlung von Werten und Normen gehört ebenso dazu wie die Begleitung von Veränderungsprozessen, welche durch CSR- oder Nachhaltigkeitsmanagement angestoßen und umgesetzt werden.

2.2 Die Rolle der internen CSR-Kommunikation

CSR-Kommunikation vermittelt die Bereitschaft von Unternehmen, Verantwortung zu übernehmen, und hat darüber hinaus die Funktion, auf strukturierte Art und Weise die Erwartungen von Anspruchs- und Interessensgruppen, der „Stakeholder", zu moderieren und zu verarbeiten. Ihr oberstes Ziel ist es, tragfähige Beziehungen mit den Stakeholdern herzustellen.

Eine weitere Funktion der CSR-Kommunikation ist die Vermittlung glaubwürdiger und authentischer Informationen sowie die Schaffung von Möglichkeiten zur Einbeziehung der Stakeholder. Aufgrund des so geschaffenen größeren Verständnisses für Unternehmensentscheidungen erweitert sich auch der Handlungsspielraum beim Ausbalancieren von ökonomischen, ökologischen und gesellschaftlichen Erwartungen.

CSR braucht also Kommunikation in zwei unterschiedlichen Funktionen, um erfolgreich zu sein: einerseits, um den CSR-Prozess voranzutreiben – als Teil der internen aber auch der externen Unternehmenskommunikation durch aktive Einbeziehung der Stakeholder – und andererseits um über ökonomische, ökologische und soziale Verantwortungsübernahme zu berichten – als Teil des Reputationsmanagements sowie der internen und externen Unternehmenskommunikation (Huber 2015).

Interne Kommunikation unter dem Gesichtspunkt von CSR bedeutet somit das strategische Management von Interaktionen und Beziehungen zwischen den unterschiedlichen internen Anspruchsgruppen auf allen Organisationsebenen.

2.3 Instrumente, Methoden und Kanäle

Zu den klassischen in der Internen Kommunikation verwendeten Instrumenten gehören Mitarbeiter-Magazine oder Intranet ebenso wie persönliche Kommunikation oder Mitarbeiterveranstaltungen. Das Modell der Top-down-Information wird in der internen CSR-Kommunikation durch horizontale Kommunikationswege wie Social Media, Webcasts, Blogs, u. ä. sowie beständig um Möglichkeiten zu persönlicher Interaktion ergänzt und verstärkt. Stakeholder-zentrierte Kommunikation bemüht sich stets um den Einsatz von Dialoginstrumenten, um eine Einbindung der Mitarbeiter in die Kommunikation und damit Rückmeldungen ebenso wie eigene Beiträge zu ermöglichen.

Um Vertrauen durch angemessene Beteiligung am Kommunikationsprozess herzustellen, sollte der Dialog mit den Stakeholdern aus folgenden Elementen bestehen:

- der Identifizierung möglicher Bedenken der Mitarbeiter, der Förderung des Verständnisses für unternehmerische Entscheidungen,
- der Vermittlung von möglicherweise voneinander abweichenden Interessen einzelner Mitarbeitergruppen (Hierarchieebenen, Abteilungen, Funktionen),
- der Identifizierung von Schlüsselthemen,
- der Definition von Möglichkeiten für langfristige Kommunikationsprozesse, also kontinuierlich im Gegensatz zu kurzfristig angelegten Kommunikationsprojekten (themen- bzw. zielspezifisch),
- der Vermeidung von Konflikten zwischen unterschiedlichen Mitarbeitergruppen sowie
- der Beobachtung von Trends.

Diese Form der Strukturierung macht den Dialog nicht nur vergleichbar, sondern im Rahmen des AA1000SES Stakeholder Engagement Standard (2011) auch auditierbar.

Die Interne Kommunikation ist damit Teil eines Wertemanagementprozesses, in welchem sich die mit den Mitarbeitern geschaffenen Werte in einer gemeinsamen Vision durch Handlungen ausdrücken, welche die Erreichung finanzieller Ziele ermöglichen. Sie muss daher auf ein ausgewogenes Zusammenspiel massenmedialer Kommunikationsformen wie etwa Nachhaltigkeitsbericht, Mitarbeiterzeitung, Unternehmensbroschüren etc. mit persönlichen und kleinteiligen Formaten wie Gesprächen, Briefen, Seminaren, Workshops, Round Tables etc. achten. Diese sollten Ergänzung finden durch innovative und kreative Zugänge neuer Medientechnologien wie Webcasts, Blogs und Soziale Medien, so sie unter den Mitarbeitern Verbreitung und Akzeptanz finden.

3 Einbindung von Mitarbeitern durch Emotionalisierung von Nachhaltigkeitsthemen

Zahlreiche Studien und Untersuchungen (vgl. Friedman und Kreibig 2010) bestätigen die Wirkungen von Emotionen auf prosoziale Handlungsweisen (freiwilliges Verhalten, das darauf abzielt, einer anderen Person zu helfen, wie Hilfsbereitschaft und Selbstlosigkeit, und mit Empathie oder Altruismus in Verbindung gebracht wird (vgl. Erdmann 2015), und kognitive Funktionen). Es liegt daher nahe, diese Rückschlüsse auch auf Nachhaltigkeitsthemen auszuweiten und emotionales Aufladen von Inhalten bzw. das Erzeugen von positiven Emotion durch Kommunikation als Verstärkungsstrategie und Unterstützung zur emotionalen Einbindung von Mitarbeitern in Hinblick auf Nachhaltigkeits- und CSR-Strategien und Initiativen zu sehen.

Eine allgemeine Definition von Emotionen beschreibt diese als „komplexes Muster körperlicher und mentaler Veränderungen, darunter physiologische Erregung, Gefühle, kognitive Prozesse und Reaktionen im Verhalten als Antwort auf eine Situation, die als persönlich bedeutsam wahrgenommen wurde" (Gerrig und Zimbardo 2008). Gerrig und Zimbardo (2008) definieren diese als „spezifische Reaktion auf spezifische Ereignisse" und des Weiteren daher als „ziemlich kurzlebig und intensiv".

Zahlreiche Forschungsarbeiten wie etwa Lang und Bradley (2010) oder Kreibig et al. (2010), die sich den unterschiedlichen Funktionen von Emotionen widmen, kommen zu der Ansicht, dass diese oftmals eine motivationale Funktion erfüllen, also den Antrieb für Handlungen darstellen. Ebenso haben emotionale Reaktionen Einfluss auf die Ausrichtung unserer Aufmerksamkeit, Konzentration und unseres Gedächtnisses (Gerrig und Zimbardo 2008). Emotional aufgeladene Bilder werden besser erinnert als nicht emotional aufgeladene (Kensinger et al. 2006). Auch zeigen Studienergebnisse einen direkten Zusammenhang mit Lernfähigkeit, Erinnerungsvermögen, Kreativität und sozialen Urteilen (u. a. Forgas 2000). Ein positiver Zusammenhang zwischen Stimmung und Kognition konnte schon sehr früh belegt werden: Positive Gefühle und daraus resultierende angenehme Stimmungen fördern Problemlösung durch effizienteres und kreativeres Denken (Isen et al. 1987) – in der Studie konnten diese positiven Gefühle bei den Probanden bereits durch das Verschenken einer kleinen Süßigkeit durch den Versuchsleiter erreicht werden. Darüber hinaus belegen bereits frühe Forschungsergebnisse auch die Auswirkungen von positiven Emotionen auf die Anregung prosozialer Handlungsweisen (Hoffmann 1986; Isen 1984; Schroeder et al. 1995), die einen Zusammenhang zwischen „sich gut fühlen" und einer erhöhten Hilfsbereitschaft herstellen, und dass auch die Fähigkeit zu helfen das subjektive Wohlgefühl positiv beeinflusst.

Zusammenfassend kann also davon ausgegangen werden, dass das Hervorrufen positiver Emotionen im Zusammenhang mit einem ausgewählten Thema zu einer ganzen Reihe an positiven Effekten führen kann, angefangen von gesteigerter Aufmerksamkeit, Achtsamkeit und Wahrnehmung über Lernfähigkeit und soziale Urteilsfähigkeit bis zu beförderter Problemlösung durch effizienteres und kreativeres Denken sowie prosoziale Handlungsweisen und erhöhte Hilfsbereitschaft. Die genannten Effekte sind im Rahmen eines Nachhaltigkeitsprozesses im Unternehmen durchwegs wünschenswert und für den sozialen Zusammenhalt innerhalb der Mitarbeiterschaft eines Unternehmens sowie auch für Produktivität und Erfolg durch Innovation förderlich.

4 Identifikation der Mitarbeiter mit dem Unternehmen fördern

Die Vorteile von erhöhter Mitarbeiterloyalität und die Unterstützung der gemeinsamen Geschäfts- und Nachhaltigkeitsziele lassen sich durchwegs in Zahlen darstellen: von guten Ergebnissen bei Mitarbeiterzufriedenheitsumfragen über niedrige Fluktuationsraten, eine geringe Anzahl an Arbeitskonflikten, weniger Krankheitstage und eine lange Verweildauer im Unternehmen bis zur Reputation als guter Arbeitgeber und der damit verbundenen raschen Gewinnung von qualifizierten Fachkräften am Arbeitsmarkt und mehr. Es lohnt sich also durchwegs für Unternehmen, wenn sich Mitarbeiter mit den Werten und den strategischen Zielen identifizieren können, diese voll inhaltlich unterstützen und in ihrem täglichen Handeln leben.

Studien zu „Employee Engagement", belegen jedoch, dass der gegenwärtige Grad der Identifikation und Unterstützung von Mitarbeitern für Unternehmen keinesfalls befriedigend sein kann (vgl. Mirvis 2012; Lockwood 2007; Avery et al. 2007 oder Harvard Business Review 2013). Andere Studien (vgl. Zimmermann et al. 2013) zeigen, dass Mitarbeiter von Unternehmen mit einer guten Reputation und Außendarstellung ihrer Verantwortung ein höheres Prestige für ihre Firmenzugehörigkeit erfahren. Firmen ohne nennenswerte Außendarstellung verantwortungsvoller Unternehmensführung, welche jedoch ihre Mitarbeiter verstärkt in Nachhaltigkeitsstrategie und -aktivitäten miteinbeziehen, erfahren ebenfalls Loyalität und Identifikation mit dem Unternehmen. Dies erscheint speziell für Firmen in kritischen Industrien oder Branchen wie Bergbau, Öl und Gas, Chemie, o. ä. relevant (vgl. Hae-Ryong et al. 2010).

4.1 Der Einfluss von Organisations- und Kommunikationskultur auf die Interne Kommunikation

Organisationskultur bezeichnet die kulturellen Wertmuster innerhalb von Organisationen und schließt auch Leitbild, Normen, Umgangsformen und das Erscheinungsbild des Unternehmens mit ein (vgl. Karmasin und Weder 2008). Sie wirkt auf alle Mitglieder des Unternehmens und auf sämtliche Bereiche der Entscheidungsfindung, der Führung sowie der Beziehungen zu internen und externen Stakeholdern. Auch wird die Organisationskultur stark durch das Management bzw. die oberste Unternehmensführung geprägt. In verantwortungsvoll agierenden Unternehmen unterstützt oftmals zusätzlich ein Ethikkodex, beruhend auf den Unternehmenswerten, deren Institutionalisierung. Er enthält entsprechende Führungsgrundsätze und Richtlinien für das Verhalten aller Unternehmensangehörigen und soll Anwendung im Arbeitsalltag finden.

Die sprachliche und kommunikative Kultur des Unternehmens steht in engem Zusammenhang mit der Organisationskultur, beides wird stark von der Unternehmensführung und der Historie geprägt. Sie spiegelt neben visuellen Symbolen und Verhalten die Unternehmenskultur wider, sie beeinflusst das Verhalten innerhalb und außerhalb des Unternehmens und erstreckt sich in diesem Zusammenhang auch auf nonverbale Kommunikation. Die jeweils herrschende Organisations- und Kommunikationskultur determiniert maßgeblich Rahmen und Handlungsspielraum der Internen Kommunikation von Verantwortungsthemen. Während es in der externen Kommunikation etwa durch eine geeignete Image- oder Werbekampagne eher möglich ist, ein von den tatsächlichen Gegebenheiten abweichendes Bild zu zeichnen, so ist dies für die Interne Kommunikation von Nachhaltigkeits- und Verantwortungsthemen weitaus schwieriger. Etwaige Diskrepanzen werden von den Mitarbeitern, die eine (Nicht-)Umsetzung von Nachhaltigkeit und Verantwortung direkt erleben, gegebenenfalls sogar als „interne Propaganda" wahrgenommen und ein gegenteiliger Effekt erreicht. Interne Kommunikation mit reinem Informationscharakter ohne aktive Einbeziehung und Teilnahme an der Entwicklung von CSR-Aktivitäten im Arbeitsalltag und Initiativen im Besonderen, verzichtet auf das große Potenzial durch Einbindung.

Fallbeispiel: IKEA
Wie Interne Kommunikation mit modernen Mitteln der Einbeziehung gelingen kann, zeigt das Beispiel des schwedischen Möbelproduzenten IKEA. In einem Interview im Jahr 2014 gibt Anders Lundblad, Chef der Internen Kommunikation, Einblicke in die Methoden der Internen Kommunikation des global agierenden Konzerns. Dieser setzt einen Mix aus Kollaborationstools dazu ein, 135.000 Mitarbeiter des Konzerns zu vernetzen. Bereits 28.000 Mitarbeiter nutzten den Microblogging-Dienst Yammer, um dort Ideen einzureichen, neue Produkte vorzuschlagen oder bestehende zu verbessern (IKEA Deutschland hat den Dienst Yammer als einziges Land der IKEA-Gruppe aufgrund von Privatsphärebedenken nicht implementiert). Alle Ideen der 2011 eingerichteten Gruppe „My IKEA Product Idea" werden direkt an das Produktentwicklungsteam in Schweden geleitet. Die User teilen auch Hintergrundmaterial, folgen einander und können jedem Mitglied Fragen stellen. Der Konzern betrachtet diese Kommunikationslösung als Gewinn, da dort bisher zahlreiche Tipps und Ideen zu neuen Artikeln eingegangen sind.

Das Mitarbeitermagazin „read me" hingegen hat die Aufgabe, Bewusstsein zu erzeugen, die Mitarbeiter darüber zu informieren, was das Unternehmen vorhat, übernimmt also eine traditionell monologische oder One-Way-Kommunikation. „Darin kommen sowohl der CEO zu Wort als auch die Mitarbeiter selbst, etwa wenn es zu Fehlern gekommen ist", beschreibt Lundblad (2014) im Interview den sehr progressiven internen Kommunikationsansatz des Unternehmens: „Oder wir lassen Leute zu Wort kommen, die erzählen, was gerade schiefgelaufen ist. Das Redaktionsteam arbeitet dann gemeinsam mit den Betroffenen auf, was passiert ist, wie es dazu kommen konnte und wie aus einem Fehler gelernt werden kann." Dies bezeichnet Lundblad als „zweite Sprosse der Ambition Ladder" (diese besteht aus den drei Stufen Wissen, Fühlen, Handeln), also den Effekt, den Mitarbeitern ein „Gefühl" zu vermitteln. Hierzu werden als Mittel Geschichten über die Unternehmenskultur wie etwa die Spendentätigkeit der Ikea-Foundation eingesetzt, welche im Intranet und auf anderen Kanälen publiziert werden. Lundblad sieht hierin eine Möglichkeit, die Mitarbeiter die Kultur fühlen zu lassen, und den sich daraus ergebenden nächsten Schritt, die Mitarbeiter zum Handeln zu bewegen, sie zum Mitreden zu animieren und einen Dialog zu provozieren.

Das Unternehmen setzt dazu „Kollaborationstools" wie Livechats oder offene, für alle zugängliche Meetings ein, bei welchen alle eingegangenen Fragen direkt beantwortet werden können. So steht dann beispielsweise der Sustainability Manager mitsamt seinem Team für mehrere Stunden für Fragen und Antworten, nach Möglichkeit konzernweit, zur Verfügung.

Als wichtigste Erfolgsfaktoren für echten Dialog sieht Lundblad die Zeit, die investiert werden muss, um das Wissen über gemeinsame Interessen der Mitarbeiter konzernweit zu verbinden sowie bereits verwendete Kommunikationsinstrumente, mit denen die Mitarbeiter vertraut sind, mit internen Kommunikationsinhalten zu füllen.

5 Beziehungsebenen für internes Stakeholderengagement

Mitarbeiter stellen eine inhomogene interne Anspruch- und Interessensgruppe dar, weshalb es auch für die Interne Kommunikation wichtig ist, eine Kategorisierung nach Ansprüchen und Interessen und in der Folge, geeigneten Inhalten zu erstellen. Um die Ebenen und den Grad der Einbindung der jeweiligen Stakeholdergruppe zu strukturieren, empfiehlt sich eine Adaption des „five levels of engagement"-Modells der International Association for Public Participation IAP2 für Interne Kommunikationszwecke, welches sich wie folgt beschreiben lässt (IAP2 International Federation 2014):

1. *Information:* Den Mitarbeitern werden ausgewogene und objektive Informationen zur Verfügung gestellt, um Verständnis für Unternehmensentscheidungen und Aktivitäten, Probleme, Alternativen, Chancen oder Lösungen zu ermöglichen. Instrumente hierfür wären etwa: Websites, Newsletter, Flyer, Unternehmensbroschüren, Berichte, persönliche Mitteilungen. Monologische Instrumente können zum Einsatz kommen.
2. *Konsultation:* Die Mitarbeiter werden befragt und Feedback eingeholt, etwa mithilfe von persönlichen Interviews, Onlineumfragen, Fokusgruppen und Mitarbeitergesprächen. Wichtig sind die Dokumentation der in Erfahrung gebrachten Information sowie deren Verarbeitung.
3. *Involvierung:* Direkte Kontakte mit den Beteiligten stellen sicher, dass das Unternehmen sowohl die Interessen der Mitarbeiter als auch deren Feedback verstanden hat und berücksichtigen kann. Dies kann etwa durch persönliches Feedback in Teamsitzungen, Interviews, Podiumsdiskussion im Rahmen von Symposien oder Workshops geschehen. Gemeinsame Ideenfindung und Problemlösung kann initiiert werden.
4. *Kollaboration:* Unternehmen machen Mitarbeiter zu einem ausgewählten Themenbereich zu gleichberechtigten Partnern und binden die Mitarbeiter in die Lösungsfindung einschließlich der Entwicklung von Alternativen und der Ermittlung von Lösungen ein, wobei die letztgültige Entscheidung nach wie vor der Unternehmensleitung überlassen werden kann. Mittel dafür sind etwa Arbeitskreise, Lenkungsausschüsse oder die Mitgliedschaft im CSR/Nachhaltigkeitsteam.
5. *Ermächtigung:* Finale Entscheidungsfindungen für bestimmte Themen liegen in den Händen der beteiligten Akteure, Arbeitsgruppen sind verantwortlich für bestimmte Entscheidungen, Mittel der Wahl wäre etwa ein Mitarbeiterreferendum zur Abstimmung über ein bestimmtes Thema.

Die Einbeziehungsebenen 1 und 2 sind bei vielen Unternehmen bereits gebräuchlich, 3 ist eine Herausforderung, vor der viele CSR- und Kommunikationsmanager derzeit stehen. Die Ebenen 4 und 5 sind der nächste größere Schritt und kommen derzeit noch relativ wenig zum Einsatz, bieten aber große Möglichkeiten für eine verstärkte Involvierung mit einer damit verbundenen, erhöhten Identifikation mit dem Unternehmen und seinen Nachhaltigkeitszielen, da diese erst auf Ebene 3–5 erlebbar und damit spürbar werden. Nur so erfahren die dort verarbeiteten Themen eine emotionale Aufladung und ermöglichen Bindung.

6 Rahmenbedingungen zur Einbindung von Stakeholdern im Unternehmen

Klarheit sollte in der Unternehmensführung nicht nur über die strategischen Ziele der Nachhaltigkeit, sondern auch über die Interne Kommunikation in diesem Zusammenhang herrschen. Die Frage „Was wollen wir erreichen?" muss am Beginn jeder zielgerichteten CSR-Kommunikationsaktivität, intern ebenso wie extern, beantwortet sein. Sie kann sich etwa zum Ziel setzen, Bewusstsein für die Verantwortungsthemen des Unternehmens zu schaffen und die Mitarbeiter zu motivieren, ihren Beitrag zu leisten oder ihr Potenzial als Markenbotschafter zu heben. Sie kann aber auch Sinngebung und eine Stärkung des Gemeinschaftsgefühls zum Ziel haben oder der Vernetzung, der (Weiter-)Entwicklung von Kapazitäten sowie der Errichtung einer Innovationskultur dienen. Im nächsten Schritt gilt es, dazu die notwendigen Einbeziehungseben für die relevanten internen Mitarbeitergruppen zu definieren sowie geeignete Mittel bereitzustellen. Sodann erfolgt die Zusammenstellung eines Teams für die Erarbeitung von Themen und Projekten und im Anschluss die Umsetzung. Hier geht es jedoch nicht um aufgesetzte CSR-Projekte, sondern in erster Linie um die Integration relevanter Verantwortungsthemen im Arbeitsalltag.

Kommunikation besitzt einen wesentlichen Anteil in sämtlichen erwähnten Schritten und hat ihre Aufgabe als Treiber und Vermittler zu erfüllen. Wird die Kommunikation ihrer Aufgabe gerecht, so sind geplante und laufende CSR-Projekte im Unternehmen bekannt und Mitarbeiter können sich hier von Beginn an (mit-) engagieren.

Fallbeispiel: C&A
Unter dem Motto „Inspiring Women" waren Mitarbeiter des Bekleidungsunternehmens C&A aus 28 Geschäftseinheiten weltweit eingeladen, Selfies hochladen und dabei Geschichten über Frauen zu erzählen, die ihr Leben besonders inspiriert haben. 23.000, mehr als die Hälfte aller Mitarbeiter, machten davon Gebrauch und posteten auf einer eigens dafür eingerichteten Website ein Selfie mit einem Bericht. Für jeden dieser Berichte spendete das Unternehmen einen festgelegten Betrag und generierte so mehr als eine Million Euro für Hilfsprojekte, welche durch die C&A Foundation koordiniert werden. Neben den damit unterstützten Organisationen profitierten vor allem die Mitarbeiter selbst von der Idee, die sie laut Unternehmen zu neuen Themen miteinander ins Gespräch brachte.

„Sogenannte ‚Champions' motivierten ihre Kolleginnen für die Teilnahme, in Fokusgruppen tauschten sich die Mitarbeiter über ihre Geschichten aus. Dabei kamen am Arbeitsplatz manche persönlichen Geschichten zur Sprache", berichtet Stephanie Klotz, Sprecherin der C&A Foundation (csr-news.net 2015). Aufgrund des großen Erfolges und der hohen Teilnehmerzahl soll die Aktion nun ausgewertet und später wiederholt werden. „Inspiring Women" soll zukünftig auch das Corporate Volunteering – den ehrenamtlichen Einsatz der Angestellten – beleben. Das Frauenthema liegt aufgrund der überwiegend weiblichen Kundschaft nah, aber Frauen stellen auch unter den Beschäftigten des Unternehmens und ebenso unter den Beschäftigten in seinen Lieferketten einen Anteil von über 80 %. „Wir wollten Strömungen wie Selfies nutzen, um Relevanz und Begeisterung zu fördern", so Thorsten Rolfes, Sprecher von C&A Europe (csr-news.net 2015). Die CSR-Maßnahme, die zunächst unter den eigenen Mitarbeitern Sensibilität und Interesse an Frauenthemen wecken sollte, kommuniziert das Unternehmen inzwischen ebenso nach außen. Ein Teil der Erlöse geht an den Global Fund For Women, der sich etwa in Ländern der textilen Lieferkette – Kambodscha, Indonesien, Bangladesch – für Frauenrechte engagiert (vgl. csr-news.net 2015).

7 Vorbildwirkung von Führungskräften

Mitarbeitermotivation und Identifikation mit dem Unternehmen und seinen Werten hängen nicht nur von Kommunikationsinhalten und ihrer Inszenierung ab, sondern ganz zentral von erlebtem Führungskräfte- und Organisationsverhalten in Bezug auf gesellschaftliche Verantwortung. Vor allem das Führungsverhalten gilt als Erfolgsfaktor mit großer Wirkung nach innen und Kommunikationspotenzial nach außen.

Fallbeispiel „Facebook Väterkarenz"
Mark Zuckerberg, Chief Executive Officer (CEO) von Facebook, nahm nach der Geburt seines Kindes zwei Monate Elternzeit für sich in Anspruch. Da in den USA kein Recht auf Elternkarenz besteht, kann dieser Schritt möglicherweise ein Umdenken in Gang setzen. Die Entscheidung eines Topmanagers, eines der mächtigsten und erfolgreichsten Unternehmen des Landes, sich für zwei Monate zurückzuziehen, kann ein Signal setzen, gilt sie doch vor allem in seiner Position als ausgesprochen ungewöhnlich. Auch Facebook-Mitarbeitern aller Ebenen ist es neuerdings erlaubt, während des ersten Lebensjahres ihres Kindes bis zu vier Monate bezahlt auszusetzen. Gemessen an den Standards in den USA gilt dies als ungewöhnlich großzügig. Es gilt abzuwarten, ob das Verhalten des CEO Schule macht und männliche wie weibliche Mitarbeiter, vor allem des Managements, seinem Beispiel von nun an folgen. Yahoo-CEO Marissa Mayer hat bereits angekündigt, wie bei ihrem ersten Kind nur eine begrenzte Auszeit zu nehmen und durchweg zu arbeiten. Auch in ihrem Unternehmen wird ihr Beispiel Signalwirkung haben (vgl. FAZ online 2015).

8 Verhaltensänderung durch Nudging – eine Option für verantwortungsvolle Unternehmen?

Der englische Begriff „Nudge" bedeutet in etwa „Schubs" und stammt aus einem Teilgebiet der Wirtschaftswissenschaften, der „Behavioural Economics" oder auch Verhaltensökonomie. Er fand durch das von Thaler und Sunstein publizierte Buch „Nudge: Wie man kluge Entscheidungen anstößt" erstmals größere Beachtung (Thaler und Sunstein 2008). Unter einem „Nudge" verstehen die Autoren einen „Anstoß", mit welchem das Verhalten auf eine bestimmte Weise beeinflusst wird, ohne Verbote und Gebote einzusetzen oder ökonomische Anreize setzen zu müssen. Die Marketingkommunikation hat bereits Potenziale gesehen und sich sehr schnell des Themas angenommen, aber auch aus Sicht der CSR-Kommunikation könnte sich ein Blick auf die Methoden des „Nudging" für verantwortungsvolle Unternehmen lohnen.

Thaler und Sunstein erwähnen beispielhaft für Nudging, etwa das System der Organspende so zu gestalten, dass jeder als Organspender gilt, es sei denn, er entscheidet sich explizit dagegen. Dies ist in Österreich, im Gegensatz zu Ländern wie den USA oder Deutschland, bereits der Fall und hat zur Folge, dass keine Engpässe im Bereich von Organspenden bestehen. Sogenannte „Default-Regeln", also Voreinstellungen, als beliebtes Werkzeug der Nudging-Politik kommen aber auch im Unternehmensbereich zum Tragen: Die US-amerikanische Rutgers University verbrauchte in drei Jahren 55 Mio. Blatt weniger Papier, nachdem alle Drucker auf beidseitig drucken umgestellt wurden, aber auch Gerätehersteller bedienen sich mehr oder weniger geschickt der Voreinstellung und arbeiten mit der Trägheit der Menschen, diese zu ändern. Die vom Unternehmen eingerichtete Voreinstellung erleichtert also etwa sozial erwünschtes Verhalten in Übereinstimmung mit Werten oder CSR-Politik und ermöglicht gleichzeitig auch eine Alternative, jedoch verbunden mit einer zusätzlichen aktiven Entscheidung und Handlung. Ethisch vertretbar ist dieses Vorgehen jedoch nur, wenn es auch transparent gemacht wird. Nach Thaler sollte die Verwendung von „ethischen Nudges" von drei Grundsätzen geleitet sein:

- Transparenz: Nudges müssen transparent und dürfen nicht irreführend sein.
- Freie Entscheidung: Es sollte so einfach wie möglich sein, sich gegen einen Nudge zu entscheiden.
- Nutzen für das Allgemeinwohl: Das Verhalten, welches durch einen Nudge ermutigt wird, sollte dem Wohlergehen der Gesellschaft dienen (vgl. Thaler 2015).

Um den Vorwurf der Manipulation in Eigeninteresse zu vermeiden, sollte Stakeholdereinbindung in profitorientierten Unternehmen von Beginn an an oberster Stelle stehen. Gerade beim Nudging sollte sich das Unternehmen ganz klar und deutlich zu seinen Intentionen bekennen und bereits im Vorfeld repräsentative ebenso wie betroffene Stakeholder an der Entwicklung derartiger Maßnahmen teilnehmen lassen, um deren Legitimität zu gewährleisten. Ein gemeinsam erarbeiteter Wertekatalog und ein Bekenntnis der Unternehmensführung zu Transparenz, Fairness und gesellschaftlicher Verantwortung können Vertrauen in die Anreize zu Verhaltensänderung herstellen und so Vorwürfe oder Verweigerungshaltung wegen Beeinflussung gar nicht erst aufkommen lassen. So könnten etwa Erfolge bei einer Steigerung der Mitarbeitergesundheit durch gesundheitsförderndes Verhalten von Nichtrauchen bis zu gesünderem Essen erreicht werden, die Arbeitssicherheit durch stringentere Anwendung von Sicherheitsvorkehrungen verbessert werden oder auch Anreize für umweltschonenderes Verhalten mit Hinweisen auf das einer „Mehrheit" gesetzt werden. In Verbindung mit etwa spielerischen oder humorvollen Elementen, könnten Akzeptanz und eine positive Emotionalisierung erreicht werden. Sicherlich stellt Nudging jedoch nur für Unternehmen mit einer allgemein guten Reputation und vertrauensvollen, stabilen Stakeholderbeziehungen eine Möglichkeit für einen glaubwürdigen Einsatz zum

Wohle der Gesellschaft dar. Unternehmen, die diese Technik für einen internen Einsatz in Betracht ziehen, sollten auch hier die Qualität und Stabilität ihrer Beziehung zu den Mitarbeitern einschätzen können.

9 Fazit und Ausblick

Einer kommunikationspsychologischen Sichtweise auf das Thema „Mitarbeitereinbindung" und der damit verbundenen Möglichkeiten für Emotionalisierung von Verantwortungsthemen im Einflussbereich der Internen Kommunikation sollte zukünftig weitreichendere Bedeutung zukommen. Ob und wie eine Verankerung von Verantwortung und Unternehmenswerten, Sinnstiftung und erhöhter Identifikation mit dem Unternehmen, Mitarbeitergesundheit und -wohlbefinden, Motivationssteigerung und langfristige und vertrauensvolle Beziehungen mit den Mitarbeitern als Basis für erfolgreiche nachhaltige Geschäftsmodelle durch Emotionalisierung von Kommunikationsinhalten gelingen kann und welche Methoden sich für eine Umsetzung am besten eignen, gilt es in der nächsten Zeit zu untersuchen bzw. noch zu entwickeln. Der durch Studien belegbare Einfluss positiver Emotionen auf Verhaltensänderung könnte durch neue, dialogische Kommunikationsmethoden und -technologien einen kreativen Schub erhalten, der sich, nicht zuletzt durch die Einbeziehung der internen Stakeholder potenzieren kann. Gemeinsamer Konsens zu Verantwortungsthemen sowie Freude, Humor und Lachen sind in der Lage, das Zugehörigkeits- und Gemeinschaftsgefühl zu stärken und können so den Themenkreis Verantwortung durch emotionale Auflading der Inhalte und die damit einhergehende Möglichkeit der „erlebten Nachhaltigkeit" mit neuem Leben erfüllen. Wenn Unternehmen in der externen Kommunikation, wie etwa im Marketing, die Intuition ansprechen und auf den Spieltrieb oder auf ein bestimmtes Wording setzen, um Verhaltensänderungen bei Kunden herbeizuführen, so wie Nudging dies in anderen Bereichen tut, so sollte untersucht werden, ob dies unter Einhaltung von CSR-Kriterien wie Transparenz und Respekt vor den Stakeholdern auch in der Internen Kommunikation erfolgreich sein kann, wobei hier auch neue, dialogische Kommunikationstechnologien einen großen Beitrag zur Einbeziehung leisten werden.

Literatur

AA1000SES, Stakeholder Engagement Standard (2011) https://aa1000ses.files.wordpress.com/2011/11/aa1000ses2011_pre-publication-copy_v1-007nov11.pdf. Zugegriffen: 6. Dez. 2016

Avery DR, McKay PF, Wilson DC (2007) Engaging the aging workforce: The relationship between perceived age similarity, satisfaction with coworkers, and employee engagement. J Appl Psychol 92(6):1542–1556

csr-news.net (2015) C&A Selfie Kampagne: http://csr-news.net/main/2015/11/12/selfie-aktion-ca-mitarbeiter-posten-zu-inspirierenden-frauen. Zugegriffen: 29. März 2016

Erdmann M (2015) Motive für empathisches prosoziales Verhalten. Egoistische und altruistische Erklärungsansätze. Grin, München

EU Kommission, COM (2011) 681 (25. Okt. 2011) http://eur-lex.europa.eu/LexUriServ/LexUriServ.do?uri=COM:2011:0681:FIN:DE:PDF. Zugegriffen: 29. März 2016

Forgas JP (2000) Feeling and thinking: The role of affect in social cognition. Cambridge University Press, New York

Frankfurter Allgemeine Zeitung (FAZ) online (21.11.2015) Mark Zuckerberg nimmt Vaterschaftsurlaub. http://www.faz.net/aktuell/wirtschaft/menschen-wirtschaft/facebook-gruender-mark-zuckerberg-nimmt-vaterschaftsurlaub-13924189.html. Zugegriffen: 6. Dezember 2016

Friedman BH, Kreibig SD (2010) The biopsychology of emotion: Current theoretical and empirical perspectives. Biol Psychol 84(3):381–382

Gabler Wirtschaftslexikon (2016) Lemma „Interne Kommunikation", Hrsg. Springer Gabler. http://wirtschaftslexikon.gabler.de/Archiv/326738/interne-kommunikation-v3.html

Gerrig RJ, Zimbardo PG (2008) Psychologie, 18. Aufl. Pearson, Hallbergmoos

Hae-Ryong K, Moonkyu L, Hyoung-Tark L, Na-Min K (2010) Corporate Social Responsibility and Employee-Company Identification. J Bus Ethics 95(4):557–569

Harvard Business Review (2013) The impact of employee engagement on performance. Achievers report

Hoffmann ML (1986) Affect, cognition, and motivation. In: Sorrentino R, Higgins E (Hrsg) Handbook of motivation and cognition: Foundations of social behaviour. Guilford Press, New York, S 244–280

Huber K (2015) Schritte einer erfolgreichen Stakeholderkommunikation. In: Schneider A, Schmidpeter R (Hrsg) Corporate Social Responsibility. Springer, Wiesbaden, S 793–806

IAP2 (2014) Spectrum of Public participation, increasing Level of Public Impact. http://c.ymcdn.com/sites/www.iap2.org/resource/resmgr/Foundations_Course/IAP2_P2_Spectrum.pdf. Zugegriffen: 5. Dez. 2016

Isen AM (1984) Toward understanding the role of affect in cognition. In: Wyer R, Srull T (Hrsg) Handbook of social cognition. Erlbaum, Hillsdale, NJ, S 174–236

Isen AM, Daubman DA, Nowicki GP (1987) Positive affect facilitates creative problem solving. J Pers Soc Psychol 52(6):1122–1131

Karmasin M, Weder F (2008) Organisationskommunikation und CSR: Neue Herausforderungen an Kommunikationsmanagement und PR. LIT, Münster

Kensinger EA, Garoff-Eaton RJ, Schacter DL (2006) Memory for specific visual details can be enhanced by narrative arousing content. J Mem Lang (54):99–112

Kreibig SD, Gendolla GHE, Scherer KR (2010) The biopsychology of emotion: Current theoretical and empirical perspectives. Biol Psychol 84(3):474–487

Lang PJ, Bradley MM (2010) Emotion and the motivational Brain. Biol Psychol 84(3):437–450

Lockwood NR (2007) Leveraging Employee Engagement for Competitive Advantage, Society for Human Research Management. www.shrm.org/Research/Articles/Articles/Documents/07MarResearchQuarterly.pdf. Zugegriffen: 21. Febr. 2016

Lundblad A (2014) Interview von 09.01.2014. www.c3.co/blog/interne-kommunikation-bei-ikea-so-aktiviert-man-mitarbeiter. Zugegriffen: 21. Febr. 2016

Mirvis P (2012) Employee Engagement and CSR: Transactional, relational and developmental approaches. Calif Manage Rev 54(4):93–117

PriceWaterhouseCoopers (2014) www.pwc.com/us/en/about-us/corporate-responsibility/assets/pwc-employee-engagement.pdf. Zugegriffen: 21. Febr. 2016

Schroeder DA, Penner LA, Dovido JF, Piliavin JA (1995) The psychology of helping and altruism. McGraw-Hill, New York

Thaler RH (2015) The Power of Nudges, for Good and Bad. www.nytimes.com/2015/11/01/upshot/the-power-of-nudges-for-good-and-bad.html?_r=3. Zugegriffen: 21. Febr. 2016

Thaler RH, Sunstein CR (2008) Improving decisions about health, wealth and happiness. Yale University Press, New Haven

Zeplin S (2006) Innengerichtetes identitätsbasiertes Markenmanagement. Gabler, Wiesbaden

Zimmermann A, Falkner G, Müllner J (2013) Identifikation und Nicht-Identifikation der Mitarbeiter mit ihrer Organisation nach Veränderungsprozessen. J Für Psychol 21(3):(Art. 5). https://www.journal-fuer-psychologie.de/index.php/jfp/article/view/303/335. Zugegriffen: 6. Dez. 2016

Karin Huber-Heim studierte Kommunikationswissenschaften mit Schwerpunkt Kommunikationspsychologie an der Universität Wien und absolvierte 2008 eine akademische Postgraduate-Ausbildung in CSR-Management. Sie doziert heute an verschiedenen Fachhochschulen im In- und Ausland zu Unternehmens- und Managementethik sowie CSR & Kommunikation und betreut Unternehmen weltweit zu den Themenbereichen Stakeholderkommunikation, Corporate Sustainability, Verantwortungsmanagement und Nachhaltigkeitsberichterstattung.

Modellierung interner CSR-Kommunikation aus narrativer und konstruktivistischer Perspektive

Riccardo Wagner

Wer sich mit der Internen Kommunikation von Unternehmensverantwortung und Nachhaltigkeit (hier nachfolgend CSR, nach dem englischen Begriff Corporate Social Responsibility) in Unternehmen befassen möchte, um beispielsweise die damit verbundenen Institutionalisierungsprozesse zu untersuchen, der sollte zuvor zwei wesentliche Fragen beantworten.[1]

Zum einen ist dies die Frage nach dem Wesen der zu untersuchenden Organisation. Nicht selten bleibt hier im Dunkeln, welches Organisationsverständnis der jeweiligen Betrachtung zugrunde liegt, was die empirische Operationalisierung der Grundannahmen und die Schlüssigkeit und Nachvollziehbarkeit der daraus entstehenden Folgerungen erschwert.

Zum anderen ist zu klären, was man eigentlich unter CSR-Kommunikation versteht. So wird der Begriff der (internen) CSR-Kommunikation für eine Vielzahl höchst unterschiedlicher kommunikativer Maßnahmen und Handlungen benutzt, die ihn letztendlich für eine wissenschaftliche Betrachtung entwerten, wenn nicht gar unbrauchbar machen.

Dieser Beitrag wird versuchen für diese Fragestellungen eine belastbare Perspektive zu entwickeln, von der aus auch eine weitere empirische Untersuchung der Institutionalisierung von CSR erfolgen kann.

Dazu wird hier zunächst eine konstruktivistisch geprägte Sichtweise auf Organisationskommunikation, im Sinne des Communication-Constitutes-Organizations Ansatzes

---

[1] Der Beitrag beleuchtet ausschnittartig einen Teil der theoretischen Basis der aktuell laufenden Dissertation des Autors am Lehrstuhl für Kommunikationswissenschaften, Schwerpunkt Organisationskommunikation (Prof. Dr. Stefan Wehmeier) der philosophischen Fakultät der Ernst-Moritz-Arndt-Universität Greifswald zur Rolle der Internen Kommunikation für das CSR-Management.

R. Wagner (✉)
BetterRelations, AK CSR Kommunikation DPRG & DNWE
Von-Holte-Str. 11, 50321 Brühl, Deutschland
E-Mail: wagner@betterrelations.de

(CCO) entwickelt, die vielfältige Einstiegspunkte in die mit der Internen Kommunikation von CSR verbundenen Prozesse und Strukturen bietet und auch praktisch verwertbare Hinweise auf die inhaltliche Gestaltung dieser Abläufe durch Narration und kollektives Sensemaking beinhaltet. Diese Gedanken sollen dann aufgenommen und für die Beantwortung der Frage nach dem Wesen von (interner) CSR-Kommunikation nutzbar gemacht werden, indem die konsequent prozessorientierte und kommunikative Sichtweise auf Organisationen angewendet wird auf (interne) CSR-Kommunikation.

1 Organisieren durch kommunizieren

Folgt man dem Bild von CSR in der Managementliteratur, findet sich eine eher dominante bzw. strategisch instrumentelle Darstellung. Diese befasst sich mit dem Business Case von CSR, der unter anderem dazu dient gesellschaftliche Ansprüche zu antizipieren, um eine wie auch immer geartete „licence to operate" zu erhalten und konkrete Wettbewerbsvorteile zu erreichen bei gleichzeitiger Befriedigung oder Befriedung von Stakeholdern und deren Ansprüchen an das Unternehmen (u. a. Beckmann et al. 2006; Breitbarth 2011; Hine und Preuss 2009; May 2011). Dabei dominiert immer noch die Perspektive auf die externen Stakeholder (Frynas und Yamahaki 2016).

Wenig anders stellt sich das Bild dar beim Blick auf die Literatur zur CSR-Kommunikation. Auch hier dominiert der instrumentelle Blick, allenthalben in der Praktikerliteratur (bspw. Walter 2010; Heinrich 2013; Faber-Wiener 2013), aber auch in der wissenschaftlichen Betrachtung (dazu mehr bei Schoeneborn und Trittin 2013). Im Zentrum stehen hier Fragestellungen der effektiven Übermittlung von CSR-Botschaften an bestimmte Stakeholdergruppen (Bhattacharya et al. 2011).

Diese Stakeholdergruppen werden meist ausschließlich als Adressaten und passiver Bezugspunkt für die CSR-Botschaften des Unternehmens gesehen (Waddock und Googins 2011), deren Ansprache Zugang zu wichtigen Ressourcen bietet, Risiken zu vermeiden hilft, oder die schlicht einer ethischen Verpflichtung nachkommt. Der in diesen Konzepten verankerte Grundgedanke eines instrumentellen und strategischen Zugangs zu den Bezugsgruppen des Unternehmens äußert sich auch in Begriffen wie dem des Stakeholdermanagements, welches den „richtigen" Zugang zu den Personen und Gruppen herstellen soll, die die Unternehmenstätigkeit beeinflussen oder von ihr beeinflusst werden (Freeman 1984; Donaldson und Preston 1995; Wieland und Schmiedeknecht 2010). Die diesen Ansätzen unterliegenden kommunikativen Modelle folgen dabei eher einem einfachen Bild von Kommunikation, die mehr oder weniger automatisch von oben nach unten oder von innen nach außen diffundiert. Diese Blickrichtung kann als Basis kommunikationswissenschaftlicher Betrachtungen eher nicht überzeugen.

1.1 Von der Diffusion zum Dialog

In den letzten Jahren hat sich jedoch aus dieser Sichtweise heraus zunehmend eine Öffnung in Richtung eines interaktiven Beziehungsaufbaus und Dialoges mit den Stakeholdern entwickelt. Es gilt hier Stakeholder nicht nur über die CSR-Maßnahmen eines Unternehmens zu informieren, sondern diese in den Prozess aktiv einzubinden (Morsing und Schultz 2006; Gelbmann und Baumgartner 2015). Die Integration der Stakeholder soll hier im Ideal ein gemeinsames Verständnis darüber hervorbringen, welche CSR-Aktivitäten für die Organisation passend sind (dazu ausführlicher: Bartlett und Devin 2011). Hier spielen auch bereits Ansätze eines gemeinsamen Sensemaking eine Rolle (Nijhoff und Jeurissen 2006), basierend auf der Annahme, dass Unternehmen und Stakeholder die Bedeutung von CSR ko-konstruieren, sprich gemeinsam aushandeln.

Dieser Ansatz zeigt bereits ein neues Verständnis von Kommunikation im Rahmen von CSR als Mittel der gegenseitigen Verständigung und der gemeinsamen Bedeutungsaushandlung. Dies ist ein Ansatz, den Bator und Stohl (2011) als dritte Generation von CSR mit symmetrischer Kommunikation und zirkulärem Sensemaking und Sensegiving beschrieben haben, oder den Schneider (2015) in seinem CSR-Reifegradmodell aus betriebswirtschaftlicher Sicht als Stufe CSR 2.0 beschreibt.

Doch auch hier findet sich meist eine gedankliche Trennung zwischen Organisation und Kommunikation und ein eingeschränktes Verständnis von diesen Begriffen. Dies erschwert das Beschreiben und Analysieren bestimmter mit der Institutionalisierung von CSR verbundener kommunikativer Prozesse und Strukturen. Um hier einen neuen und erfolgversprechenden Zugang zu finden, ist es notwendig, eine alternative Konzeption auf Basis einer sozialkonstruktivistischen Epistemologie zu wählen.

> In dieser Erkenntnisperspektive ist die Welt weder gegeben, noch kann sie mittels Modellen präskriptiv bearbeitet werden. Vielmehr ist in dieser Perspektive die Welt ein Zusammenspiel unterschiedlicher sozialer Handlungen und unterschiedlicher Beschreibungen. Da es in dieser Epistemologie keinen neutralen Zugang zur Welt gibt und Wissenschaft keine Möglichkeit hat, die einzig richtige Perspektive zu erkennen, ist es das Ziel der Forschung, die unterschiedlichen Beschreibungen als Diskurs zu erfassen (Wehmeier et al. 2013, S. 15).

1.2 Emergenter Charakter organisationaler Kommunikation

Die Idee, dass Akteure ihre eigene Realität konstruieren, dabei die (sprachlichen) Handlungen anderer Akteure interpretieren und daraus Sinn generieren (Sensemaking, vgl. Weick 1995) und wiederum selbst handeln, vor dem Hintergrund ihrer Sozialisation sowie der Erwartungen anderer Individuen, bietet reichhaltige Ansatzpunkte für die Analyse der Institutionalisierung von CSR in Organisationen (Wehmeier und Schultz 2011), für deren Erforschung hier das Fundament gelegt werden soll.

Die Kommunikation von CSR rückt damit unmittelbar ins Zentrum der Betrachtung, da sie direkt als aktive und konstituierende Kraft in der Konstruktion von Organisationen wirkt (Christensen und Cornelissen 2013). Dieser Theorieansatz bildet den Ausgangspunkt einer neueren Strömung der Organisationskommunikationsforschung, die unter der Bezeichnung Communication Constitutes Organizations (CCO) immer mehr Beachtung findet und die hier als grundlegende Forschungsperspektive vorgeschlagen werden soll. Aus Platzgründen soll es hier genügen, kursorisch die wesentlichsten Grundannahmen[2] vorzustellen (dazu ausführlicher u. a. Schoeneborn und Wehmeier 2014; Schoeneborn et al. 2014).

So folgt die CCO-Sichtweise einem konstitutiven Kommunikationsverständnis. Dies bedeutet, es wird angenommen, dass soziale Phänomene erst durch Kommunikation hervorgebracht werden. Weiterhin betont sie den emergenten Charakter organisationaler Kommunikation. Hier geht sie davon aus, dass komplexe Kommunikationsphänomene wie Organisationen eine Eigenlogik entwickeln, die nicht mehr vollkommen durch individuelle Akteure durchdrungen und gesteuert werden kann. Drittens wird dabei ein prozesshaftes Verständnis an Organisationen angelegt. Man spricht in diesem Zusammenhang eher von organisieren statt von Organisation (Weick 1985). Organisationen bestehen in dieser Sichtweise aus etwas sehr Flüchtigem, nämlich aus Kommunikationsereignissen, die gleichsam ihre Bausteine bilden.

Organisationen werden somit in einem kommunikativen Prozess der Ko-Orientierung erzeugt, aufrechterhalten und auch geändert (vgl. Kuhn 2008). Für die empirische Untersuchung der internen CSR-Kommunikation zeigt sich, dass die CCO-Perspektive geeignet ist, genau „jene Kommunikationsprozesse in den Blick zu nehmen, die gerade nicht einer strategischen-instrumentellen Steuerbarkeit unterliegen, sondern die einen emergenten Charakter aufweisen" (Schoeneborn 2013, S. 110). Dies gilt im besonderen Maße für die innerorganisationale CSR-Kommunikation, verstanden als konstitutiver Prozess, durch den Akteure erkunden, konstruieren, aushandeln und modifizieren, was es bedeutet, eine verantwortungsvolle Organisation zu sein (Christensen und Cheney 2011, S. 491). Bei dieser Sichtweise rücken vor allem die Institutionalisierungs- und Sensemakingprozesse auf der Meso- und Mikroebene in den Mittelpunkt, denn:

> Eine Organisation entsteht auf zwei spezifischen Wegen, abhängig von der sprachlichen Dimension, die wir betonen: Interaktion oder Sensemaking. Durch Interaktion werden wir eine Organisation; durch Beobachten und Mitteilen unserer Erfahrungen – Sensemaking – kreieren wir die Organisation als ein Objekt des Diskurses (Taylor 2009, S. 175; Übersetzung d. A.).

Soll also eine kommunikationswissenschaftliche Betrachtung der Institutionalisierung von CSR das Ziel sein, gilt es sowohl Rahmenbedingungen von Interaktionen als auch die Inhalte des hier als Sensemaking bezeichneten Vorganges zu betrachten (siehe dazu auch den Beitrag „Sensemaking und Sensegiving in der internen CSR-Kommunikation" hier im Buch).

---

[2] In Anlehnung an Reichmann, S. Stakeholdereinbindung und Unternehmensverantwortung: Zur kommunikativen Konstituierung von CSR, Doktorandenkolloquium EMAU Greifswald, Hiddensee, 10.07.2015.

1.3 Sensemaking, Narrativität und CSR

Die hier dargelegte CCO-Perspektive sieht die Menschen als „sensemaking creatures", die sich permanent an spezifischen Normen, Werten, Regeln und Prozeduren orientieren und ihnen gegenüber Position beziehen, während sie mit anderen Menschen interagieren (vgl. Cooren und Fairhurst 2009, S. 126). Das natürliche Medium des Sensemakings in Organisationen ist dabei die Erzählung oder auch das Narrativ (vgl. Taylor 2009, S. 169; Wehmeier und Schultz 2011, S. 474). Narrative sind dabei keineswegs nur individuelle, sondern auch kollektive Leistungen, und die gesammelten Narrative eines Unternehmens werden gleichsam zu einer „Landkarte" für die Mitglieder einer Organisation (Taylor und Van Every 2000). Eine solche „Landkarte" entsteht auch im Rahmen der CSR-Kommunikation eines Unternehmens, denn auch CSR wird in einem sozialen Prozess narrativ konstruiert (Schultz 2009).

> CSR selbst ist ein soziales Narrativ, das erschaffen wird innerhalb eines öffentlichen Diskurses: Unternehmen kreieren nicht nur ihre eigenen CSR-Stories (sensegiving); zur selben Zeit versuchen sie aus dem Konzept selbst mittels Narrativen Sinn zu generieren. CSR-Kommunikation kann deshalb als Sensemakingprozess angesehen werden (Wehmeier und Schultz 2011, S. 477, Übersetzung d. A.; siehe dazu auch Basu und Palazzo 2008).

Der Prozess des narrativen Sensemaking kann dabei, auch als Gegenentwurf zum oben beschriebenen Diffusionsmodell, als Übersetzungsprozess visualisiert werden. Dabei wandert das Konzept CSR von Unternehmen zu Unternehmen oder von Mitarbeiter zu Mitarbeiter und wird jedes Mal neu ausgelegt und mit Leben gefüllt, je nachdem, mit welchen Erfahrungen, Einstellungen und Absichten das Konzept betrachtet wird und mit welchen örtlichen und zeitlichen Gegebenheiten es konfrontiert wird (vgl. Wehmeier und Schultz 2011).

Für die empirische Forschung bedeutet dies, dass die im Unternehmen vorzufindenden Erzählungen, Anekdoten und Stories ein entscheidendes Licht auf den Institutionalisierungsprozess werfen. Es bedeutet aber auch, dass die Rahmenbedingungen die Mitarbeiter zur Narration befähigen und Narration im Unternehmen möglich machen, und dass sie in die Analyse einbezogen werden sollten.

2 Was ist (interne) CSR-Kommunikation?

Eine möglicherweise nicht ausreichende, aber dominierende Sichtweise auf CSR-Kommunikation wurde im vorangegangenen Abschnitt bereits beleuchtet. Eine vornehmlich instrumentelle Sicht (z. B. CSR Europe 2010) auf CSR-Kommunikation trägt dem „messy Problem" (Golob et al. 2013) CSR nicht hinreichend Rechnung, denn es verengt die Sichtweise auf einfache Regeln und Mechanismen, die möglicherweise in den komplexen Beziehungsgeflechten einer Organisation nicht die intendierten Wirkungen entfalten können.

Doch dieser perspektivischen Verengung steht nicht selten auch eine Ausweitung gegenüber, die für die präzise Betrachtung der hier in den Fokus genommenen Prozesse mindestens ebenso abträglich ist, nämlich die inhaltliche Überdehnung des Begriffes CSR-Kommunikation, die es kaum möglich macht weiterhin auf der analytischen Ebene sauber zwischen Werbung, PR, Marketing und eben CSR-Kommunikation zu unterscheiden (vgl. Heinrich und Schmidpeter 2013). Dennoch zeigt sich in der empirischen Forschung, die eine genaue Beschreibung des Forschungsgegenstandes notwendig zur Grundlage haben muss, dass mit einer inhaltlichen Ausweitung, die jede Kommunikation von Organisationen in Reichweite eines CSR-Themas als CSR-Kommunikation beschreibt, nur schwerlich präzise und zielführend gearbeitet werden kann.

2.1 Ansatz eines narrativen CSR-Kommunikationsmodells

Es wurde festgestellt, dass es sich bei CSR-Kommunikation um einen sowohl individuellen wie auch kollektiven, zirkulären Sensemaking- und Sensegivingprozess handelt. Dieser ist eingebettet in einen übergeordneten sozialkonstruktiven Prozess des Organisierens durch Kommunikation, in dem die Realität des Unternehmens stetig neu erschaffen und definiert wird. Kern dieses Prozesses sind Narration und Storytelling als grundlegende soziale Prozesse der Organisation, die u. a. für Bedeutung, Orientierung, Normsetzung, Komplexitätsreduktion und Identität sorgen (Wehmeier und Schultz 2011; vgl. auch Bruner 1990; Bruner 2002; Polkinghorne 1988; Brown et al. 2005; Czarniawska 2004). Darauf aufbauend böte es sich an, genau von diesem zentralen Element der Narrativität ausgehend eine Beschreibung des Gegenstandes zu entwickeln, denn zusammengefasst lässt sich der „öffentliche und organisationale Diskurs über CSR als eine Art gesellschaftliche Narration verstehen" (Wehmeier und Schultz 2011, Übersetzung. d. A.). Aus diesem Grund soll hier der Gedanke einer konstruktivistischen und narrativen Perspektive weitergeführt werden, der CSR-Kommunikation als erzählte Geschichten von Unternehmen versteht (Wehmeier und Schultz 2011, S. 467).

Was genau passiert auf kommunikativer Ebene beim Thema „CSR"?
Zunächst ändert sich durch einen tiefgreifenden globalen wie regionalen gesellschaftlichen Wandel, bedingt durch ökologische, politische, demografische, kulturelle und soziale Veränderungen, das grundlegende Narrativ von Unternehmen (Hine und Preuss 2009), wenn nicht gar der Wirtschaft (Ki-moon 2007). Ob sich das Narrativ von außen oder von innen wandelt oder gewandelt wird, ob es sich dabei um Rückbesinnung auf vergessene Werte oder die Entwicklung neuer Sichtweisen handelt, spielt dabei zunächst eine untergeordnete Rolle. Diese Fragen behandeln lediglich nachgelagerte inhaltliche Gestaltungsfragen des Narrativs.

Aus dieser Perspektive heraus ist das CSR-Management ein Methodenset, das helfen soll, das Handeln des Unternehmens diesem Narrativ anzugleichen, bzw. ein neues Narrativ für das Unternehmen zu schaffen. CSR-Management soll erstens herausfinden, was getan werden muss, und es soll zweitens die gefundenen Maßnahmen umsetzen. Als Vorgabe dafür gelten die bekannten Leitlinien und Standards, also der Dialog mit Stakeholdern nach den Maßgaben der Materialität etc. (siehe Berichtsnorm GRI4 2013). Die CSR-Kommunikation ist für beide Aufgaben der entscheidende Schlüssel zur Umsetzung von CSR-Management (Walter 2014). Weder die Analyse der notwendigen Maßnahmen noch die effektive und wirkungsvolle Umsetzung sind ohne bewusste und zielorientierte Kommunikation denkbar. Interessanterweise fokussieren Betrachtungen von CSR-Kommunikation häufig nicht auf diese beiden Aufgaben, sondern genau auf die nachfolgenden Prozesse, wie das Reporting, das Marketing und die Öffentlichkeitsarbeit der mit CSR verbundenen Themen und Maßnahmen (Jarolimek 2012; Golob et al. 2013). Dies führt genau zu dem beschriebenen Überdehnungsphänomen, dass die Beschriftung von Produktverpackungen mit Umwelthinweisen oder Joghurtwerbung mit dem Hinweis auf einen neuen Bio-PVC-Becher als CSR-Kommunikation verstanden wird. Bei Licht betrachtet wird durch diese Grenzverwischung der Begriff der CSR-Kommunikation mehr oder weniger unbrauchbar.

Dieses Phänomen „Alles ist irgendwie CSR" oder „CSR steckt in allem" findet sich im Übrigen in ähnlicher Weise in der Management-Betrachtung von CSR, was nicht selten auch in einem gewissen Geltungsanspruch seitens der CSR-Experten und -Berater begründet liegen dürfte. Es ist zwar richtig, dass CSR-Maßnahmen alle Bereiche des Unternehmens betreffen und auch kommunikativ alle Bereiche, Kanäle und Medien des Unternehmens betroffen sein können. Dennoch ist CSR-Management nie kongruent mit Unternehmensführung oder CSR-Kommunikation gleich Unternehmenskommunikation. Dies schließt nicht aus, dass CSR und vielleicht auch CSR-Kommunikation zukünftig als Begriffe verschwinden werden, weil die damit verbundenen Maßnahmen und Denkweisen in der klassischen Betriebswirtschaft und PR komplett verinnerlicht wurden. Dahin ist es aber noch ein weiter Weg und wir sprechen hier grundsätzlich nicht von Substitution, sondern von Integration, Adaption und Addition.

Bleibt man bei der hier vorgeschlagenen engeren Definition von CSR-Management, so ist CSR-Kommunikation im Kern ein Umsetzungsmittel des CSR-Managements – nicht mehr, aber auch nicht weniger. Interne CSR-Kommunikation umfasst somit in Anlehnung an die Definition von Interner Kommunikation von Szyszka und Malczok (2016)[3] und an die Ansätze von Wehmeier und Schultz (2011) alle Prozesse formeller, informeller und darauf bezogener instrumenteller Kommunikation, die sich innerhalb der Strukturen eines Organisationssystems zur Aushandlung und Übersetzung der mit der Strategieentwicklung und dem Management von Nachhaltigkeit und Verantwortung verbundenen Narrative vollziehen.

---

[3] Unter Interner Kommunikation werden alle Prozesse formeller, informeller und darauf bezogener instrumenteller Kommunikation verstanden, die sich innerhalb der Strukturen eines Organisationssystems vollziehen und die Kopplung von Struktur und Mitgliedern als Kommunikation und Beziehungen beeinflussen (Szyszka und Malczok 2016, S. 37).

Hier stellt sich die Frage, wie genau die so eingegrenzte CSR-Kommunikation abläuft, wie sie wirkt und welche Inhalte, Prozesse und Mechanismen sich hier finden lassen. Bisherige CSR-Kommunikationsmodelle bilden, wie gezeigt, diese Fragen nur ungenügend ab. Hier kann es deshalb sinnvoll sein, die vorliegende Definition von (interner) CSR-Kommunikation mit dem zuvor etablierten Gedanken der Narrativität zu verbinden und eine Kategorisierung entlang prototypischer narrativer Motive vorzunehmen (vgl. Tab. 1).

Bei dem hier vorgestellten Modellansatz handelt es sich um einen ersten groben Entwurf einer narrativen Sichtweise auf CSR-Kommunikation, der ohne Zweifel zu diskutieren, weiterzuentwickeln, zu ergänzen und zu präzisieren sein wird. Zudem gelten natürlich auch hier alle bekannten Einschränkungen einer modellhaften Darstellung der Realität. Dennoch bietet er bereits in diesem Stadium Antworten auf die vorangestellten Fragestellungen und Zielsetzungen.

So findet sich eine klare Grenzziehung zwischen der unmittelbaren, dem CSR-Management zugeordneten Kommunikation („für CSR", hier als eigentliche CSR-Kommunikation bezeichnet) und der weiteren Kommunikation CSR-naher oder CSR berührender Themen („über CSR" und „von CSR", hier als CSR-PR klassifiziert) sowie, als vierter Dimension, der grundlegenden Fundierung der Kommunikation nach den Maßstäben einer Kommunikation mit Verantwortung, Nachhaltigkeit und ethischer Orientierung („mit CSR").

Bei der Kommunikation „von CSR" ist das grundsätzliche Narrativ der „gute Unternehmensbürger/ehrbare Kaufmann" oder das „nachhaltige Unternehmen". Diese Kommunikation hat eher den Charakter einer persuasiven Erfolgskommunikation, und lässt sich so eher dem Ideal des Sensegivings zuordnen.

Ergänzend und auch oft überlappend findet sich die Kommunikation „über CSR", deren Hauptmotiv das CSR-Management und die Bemühungen des Unternehmens um Nachhaltigkeit selbst ist. Auch hier befinden wir uns mehrheitlich noch im Sensegiving, sehen aber eine eher informative Ausrichtung, die die Stakeholder über die Fortschritte des Unternehmens auf dem Laufenden halten soll.

Tab. 1 Narratives CSR-Kommunikationsmodell

Kommunikation	Von CSR	Über CSR	Für CSR	Mit CSR
Klassifizierung	CSR-PR		CSR-Kommunikation	Kommunikations-CSR/Ethik
Narrativ	„Nachhaltiges Unternehmen"	„CSR-Management"	„Ko-Konstruktion von CSR"	„Rahmenbedingungen der Kommunikation"
Charakter	Erfolgskommunikation	Fortschrittskommunikation	Prozesskommunikation	Meta-Kommunikation
Ideal	Sensegiving	Sensegiving	Sensemaking & Sensegiving	Sensemaking & Sensegiving
Ziel	Persuasion	Information	Integration	Regulation

Der Kernbereich ist hier als Kommunikation „für CSR" bezeichnet und betrachtet Kommunikation als Werkzeug, um das CSR-Management erfolgreich zu gestalten. Wir finden hier, bei Orientierung an den aktuellen Standards und Leitlinien, das zentrale Motiv in der Ko-Konstruktion von CSR, also die aktive Einbindung der Stakeholder in die Prozesse des CSR-Managements, z. B. zur Materialitätsbestimmung. Hier ist die Integration das Ziel und die Organisation befindet sich in einem zirkulären Sensemaking- und Sensegiving-Modus. In dieser Kategorie findet die eigentliche soziale Konstruktion von CSR statt.

Der vierte Bereich der Kommunikation „mit CSR" baut unter anderem auf dem Gedanken der Quadruple Bottom Line nach Karmasin und Weder (2008) und auf grundsätzlichen Überlegungen zur CSR von Kommunikation, Kommunikationsethik und Wertemanagement auf. Hier geht es als Hauptmotiv von Kommunikation um die Diskussion von ethischen Fragestellungen in der Unternehmenskommunikation, die dazu führen sollen (Regulation), dass am Ende auch die Kommunikation mit gesellschaftlicher Verantwortung geführt wird. Auch hier ist ein zirkulärer Sensemaking- und Sensegiving-Prozess zur Aushandlung gegeben.

Selbstverständlich finden sich in der Regel in einer Organisation alle hier vorgestellten Perspektiven in einer gewissen Parallelität, sodass wir auch kommunikative Darstellungen und Maßnahmen finden, die sich keineswegs trennscharf in das hier vorgestellte Raster einordnen lassen. Auch die grundlegenden Narrative sind durchaus in Kombination und Mischungen denkbar und zudem auch wesentlich breiter und bunter möglich, da z. B. auch im CSR-Management Kommunikation rein informativen Charakter haben kann.

3 Fazit

Mit der wissenschaftstheoretischen Verortung des hier beschriebenen Ansatzes in der interpretativen und qualitativ orientierten Sozialforschung (Kleemann et al. 2013) und der Beschreibung der sozialkonstruktivistischen Forschungsperspektive, basierend auf dem CCO-Ansatz, wurde für die weitere empirische Untersuchung der Institutionalisierung von CSR durch Interne Kommunikation ein tragfähiges Fundament gelegt. Gleichzeitig konnte über den Vorschlag eines narrativen CSR-Kommunikationsmodells und einer spezifischen Definition von interner CSR-Kommunikation eine explizit kommunikative Sichtweise entwickelt werden, die für die empirische Arbeit eine hinreichend präzise Beschreibung des Forschungsgegenstandes erlaubt.

Das narrative CSR-Kommunikationsmodell fokussiert den Blick auf den Beitrag der CSR-Kommunikation zum CSR-Management und stellt damit den mitunter nur schwer eingrenzbaren Ansätzen anderer Modelle eine für die hier angestrebte Forschungsperspektive sachdienliche Strukturierung gegenüber.

Dazu passend richtet die hier integrierte CCO-Perspektive den Blick auf die zugrundeliegenden Prozesse der CSR-Kommunikation und ihres Beitrages zur gemeinschaftlichen

Konstruktion einer sich ändernden Unternehmensnarrative im Rahmen des CSR-Managements.

Beide Theorieansätze richten zudem den Blick auf die Inhalte und Aushandlungsmechanismen der Internen Kommunikation, indem sie Wichtigkeit und Zentralität von Sensemaking und Narration betonen, die auch für die weitere theoretische Ausarbeitung im Zentrum stehen können (siehe Beitrag „Sensemaking und Sensegiving in der internen CSR-Kommunikation" hier im Buch).

Literatur

Bartlett JL, Devin B (2011) Management, Communication, and Corporate Social Responsibility. In: Ihlen Ø, Bartlett JL, May S (Hrsg) The Handbook of Communication and Corporate Social Responsibility. Wiley-Blackwell, Malden, S 47–66

Basu K, Palazzo G (2008) Corporate social responsibility. A process model of sensemaking. Acad Manag Rev 33(1):429–453

Bator MJ, Stohl C (2011) New Partnerships for a New Generation of Corporate Social Responsibility. In: Ihlen Ø, Bartlett JL, May S (Hrsg) The Handbook of Communication and Corporate Social Responsibility. Wiley-Blackwell, Malden, S 399–422

Beckmann SC, Morsing M, Reisch LA (2006) Strategic CSR communication: An emerging field. In: Morsing M, Beckmann SC (Hrsg) Strategic CSR Communication. Jurist- og Økonomforbundets Forlag, Kopenhagen, S 11–36

Bhattacharya CB, Sen S, Korschun D (2011) Leveraging Corporate Responsibility. The Stakeholder Route to Maximizing Business and Social Value. Cambridge University Press, New York

Breitbarth T (2011) The Business Case for Corporate Social Responsibility, Evolution, Construction and Manifestation in Europe. AVM, München

Brown SL, Denning S, Groh K, Prusak L (2005) Storytelling in Organizations – Why Storytelling Is transforming 21st Century Organizations and Management. Butterworth-Heinemann, Burlington

Bruner J (1990) Acts of Meaning. Harvard University Press, Cambridge (MA)

Bruner J (2002) Making Stories – Law, Literature, Life. Harvard University Press, Cambridge (MA)

Christensen LT, Cheney G (2011) Interrogating the Communicative Dimensions of Corporate Social Responsibility. In: Ihlen Ø, Bartlett JL, May S (Hrsg) The Handbook of Communication and Corporate Social Responsibility. Wiley-Blackwell, Malden, S 491–504

Christensen LT, Cornelissen (2013) Bridging Corporate and Organizational Communication: Review, Development and a Look to the Future. In: Zerfaß A, Rademacher L, Wehmeier S (Hrsg) Organisationskommunikation und Public Relations. Forschungsparadigmen und neue Perspektiven. Springer VS, Wiesbaden, S 43–72

Cooren F, Fairhurst GT (2009) Dislocation and Stabilization: How to Scale Up from Interactions to Organization. In: Putnam LL, Nicotera AM (Hrsg) Building Theories of Organization. The Constitutive Role of Communication. Routledge, New York, S 117–152

CSR Europe (2010) Issue Specific Report: Internal CSR communication and employee engagement

Czarniawska B (2004) Narratives in Social Science Research. Sage, London

Donaldson T, Preston L (1995) The stakeholder theory of the corporation: Concepts, evidence and implications. Acad Manag Rev 20(1):65–91

Faber-Wiener G (2013) Responsible Communication – Wie Sie von PR und CSR-Kommunikation zu echtem Verantwortungsmanagement kommen. SpringerGabler, Wiesbaden

Freeman RE (1984) Strategic Management. A Stakeholder Approach. Pitman, Boston Mass

Frynas JG, Yamahaki C (2016) Corporate social responsibility: review and roadmap of theoretical perspectives. Bus Ethics: A Eur Rev. doi: 10.1111/beer.12115

Gelbmann U, Baumgartner RJ (2015) Strategische Implementierung von CSR in Unternehmen mit Schwerpunkt KMU. In: Corporate Social Responsibility.Verantwortungsvolle Unternehmensführung in Theorie und Praxis, 2. Aufl. SpringerGabler, Wiesbaden, S 427–440

Golob U, Podnar K, Elving WJ, Ellerup Nielsen A, Thomsen, Schultz F (2013) CSR communication: quo vadis? Corp Commun Int J 18(2):176–192

GRI (Global Reporting Initiative) (2013) Leitlinien zur Nachhaltigkeitsberichterstattung, V4.0, deutsch. https://www.globalreporting.org/resourcelibrary/German-G4-Part-One.pdf. Zugegriffen: 18.12.2016

Heinrich P (2013) CSR und Kommunikation. Unternehmerische Verantwortung überzeugend kommunizieren. SpringerGabler, Wiesbaden

Heinrich P, Schmidpeter R (2013) Wirkungsvolle CSR-Kommunikation – Grundlagen. In: Heinrich P (Hrsg) CSR und Kommunikation. Unternehmerische Verantwortung überzeugend kommunizieren. SpringerGabler, Wiesbaden

Hine JAH, Preuss L (2009) „Society is Out There, Organisation is in Here": On the Perceptions of Corporate Social Responsibility Held by Different Managerial Groups. J Bus Ethics 88(2):381–393

Jarolimek S (2012) CSR-Kommunikation. Begriff, Forschungsstand und methodologische Herausforderungen. UmweltWirtschaftsForum 19(3–4):135–141

Karmasin M, Weder F (2008) Organisationskommunikation und CSR: Neue Herausforderungen an Kommunikationsmanagement und PR. Lit, Wien

Ki-moon B (2007) Ban Ki-moon's perspective on business: what does the Secretary-General say about private sector engagement and corporate social responsibility? https://business.un.org/en/documents/227. Zugegriffen: 13. März 2016

Kleemann F, Krähnke U, Matuschek I (2013) Interpretative Sozialforschung – Eine Einführung in die Praxis des Interpretierens, 2. Aufl. Springer VS, Wiesbaden

Kuhn TR (2008) A Communicative Theory of the Firm: Developing an Alternative Perspective on Intra-organizational Power and Stakeholder Relationships. Organ Stud 29(8/9):1227–1254

May S (2011) Organizational Communication and Corporate Social Responsibility. In: Ihlen Ø, Bartlett JL, May S (Hrsg) The Handbook of Communication and Corporate Social Responsibility. Wiley-Blackwell, Malden, S 87–109

Morsing M, Schultz M (2006) Corporate Social Responsibility: stakeholder information, response and involvement strategies. Bus Ethics: A Eur Rev 15(4):323–338

Nijhof A, Jeurissen R (2006) Editorial: a sensemaking perspective on corporate social responsibility: introduction to the special issue. Bus Ethics: A Eur Rev 15(4):316–322

Polkinghorne DE (1988) Narrative Knowing and the Human Sciences. State University Press of New York, New York

Schneider A (2015) Reifegradmodell CSR – eine Begriffsklärung und -abgrenzung. In: Corporate Social Responsibility. Verantwortungsvolle Unternehmensführung in Theorie und Praxis, 2. Aufl. SpringerGabler, Wiesbaden, S 21–42

Schoeneborn D (2013) Organisations- trifft Kommunikationsforschung: Der Beitrag der „Communication Constitutes Organization"-Perspektive (CCO). In: Zerfaß A, Rademacher L, Wehmeier S (Hrsg) Organisationskommunikation und Public Relations. Forschungsparadigmen und neue Perspektiven. Springer VS, Wiesbaden, S 97–115

Schoeneborn D, Trittin H (2013) Transcending transmission. Towards a constitutive perspective on CSR communication. Corp Commun Int J 18(2):193–211

Schoeneborn D, Wehmeier S (2014) Kommunikative Konstitution von Organisationen. In: Zerfaß A, Piwinger M (Hrsg) Handbuch Unternehmenskommunikation, Strategie, Management, Wertschöpfung. Springer Gabler, Wiesbaden

Schoeneborn D, Blaschke S, Cooren F, McPhee RD (2014) The Three Schools of CCO Thinking: Interactive Dialogue and Systematic Comparison. Manag Commun Q 28(2):285–316

Schultz F (2009) Moral communication and organizational communication: On the narrative construction of social responsibility. Paper presented at the International Communication Association, Chicago, 21–25 May.

Szyszka P, Malczok M (2016) Interne Kommunikation – ein Begriff revisited. In: Huck-Sandhu S (Hrsg) Interne Kommunikation im Wandel. Theoretische Konzepte und empirische Befunde. Springer VS, Wiesbaden, S 23–40

Taylor JR (2009) Organizing from the Bottom Up? Reflections on the Constitution of Organization in Communication. In: Putnam LL, Nicotera AM (Hrsg) Building Theories of Organization. The Constitutive Role of Communication. Routledge, New York, S 153–186

Taylor JR, Van Every EJ (2000) The emergent organization: communication as its site and surface. Lawrence Erlbaum, Mahwah

Waddock S, Googins BK (2011) The Paradoxes of Communicating Corporate Social Responsibility. In: Ihlen Ø, Bartlett JL, May S (Hrsg) The Handbook of Communication and Corporate Social Responsibility. Wiley-Blackwell, Malden, S 23–43

Walter BL (2010) Verantwortliche Unternehmensführung überzeugend kommunizieren. Strategien für mehr Transparenz und Glaubwürdigkeit. Gabler, Wiesbaden

Walter BL (2014) Corporate Social Responsibility: Towards a Phase Model of Strategic Planning. In: Tench R, Sun W, Jones B (Hrsg) Communicating Corporate Social Responsibility: Perspectives and Practice. Emerald, Bingley, S 59–80

Wehmeier S, Schultz F (2011) Communication and Corporate Social Responsibility, A Storytelling Perspective. In: Ihlen Ø, Bartlett JL, May S (Hrsg) The Handbook of Communication and Corporate Social Responsibility. Wiley-Blackwell, Malden, S 467–488

Wehmeier S, Rademacher L, Zerfaß A (2013) Organisationskommunikation und Public Relations: Unterschiede und Gemeinsamkeiten. Eine Einleitung. In: Zerfaß A, Rademacher L, Wehmeier S (Hrsg) Organisationskommunikation und Public Relations, Forschungsparadigmen und neue Perspektiven. Springer VS, Wiesbaden

Weick KE (1985) Der Prozess des Organisierens. Suhrkamp, Frankfurt am Main

Weick KE (1995) Sensemaking in Organizations. Sage, Thousand Oaks

Wieland J, Schmiedeknecht M (2010) Corporate Social Responsibility (CSR), Stakeholder Management und Netzwerkgovernance. KIeM Working Paper No. 31/2010

Riccardo Wagner M.A. ist Inhaber der Agentur BetterRelations, zertifizierter Unternehmens- und PR-Berater, Herausgeber und Autor der Publikation CSR & Social Media, Leitung des Arbeitskreis CSR-Kommunikation (DPRG/DNWE), Orga-Leiter des Deutschen CSR-Kommunikationskongresses und Lehrbeauftragter an der Fachhochschule des Mittelstandes und der Macromedia Hochschule für Medien und Kommunikation.

Wertevermittlung durch Storytelling in der CSR-Kommunikation

André Schneider und Julia Köhler

1 Einleitung

Werte bilden ein zentrales Element einer nachhaltigen CSR-Kommunikation und damit auch einer erfolgreichen Unternehmensführung. So wurde in verschiedenen Studien nachgewiesen, dass gemeinsame Werte die persönliche und unternehmerische Leistungsfähigkeit steigern (vgl. McDonald und Gandz 1992; O'Reilly et al. 1991) und dass wertebasierte oder wertegetriebene Unternehmen nachweislich erfolgreicher sind als solche Firmen, die kein bewusstes Wertemanagement betreiben (vgl. Biesel 2012). Beispielsweise wurde gezeigt, dass Werte sich positiv auf das Vertrauen und die Glaubwürdigkeit von Unternehmen nach innen und außen auswirken (vgl. Bentele und Nothhaft 2011; Esch und Vallaster 2005). Ferner belegen Studien, dass eine werteorientierte Unternehmensführung einen positiven Einfluss auf die Mitarbeitermotivation und -zufriedenheit besitzt, die sich wiederum positiv auf die Produktivität des Unternehmens auswirken (vgl. Beck und Vochezer 2006, S. 9 f.; Auinger 2005, S. 65 ff.). Darüber hinaus wurde nachgewiesen, dass Werte auch bei der Mitarbeitergewinnung und Mitarbeiterbindung eine wesentliche Rolle spielen (vgl. Beck und Vochezer 2006, S. 10; Vogelsang und Burger 2004, S. 72).

Ein wesentliches Problem beim Umgang mit Werten ist deren Kommunikation, d. h. die Frage, wie die Wertvorstellungen des Unternehmens bzw. wie Wertvorstellungen der Führungskräfte in die Köpfe der Mitarbeiter gelangen. Dies zeigt sich u. a. darin, dass nach wie vor eine große Diskrepanz zwischen der bloßen Präsenz des Themas Werteorientierung in den Unternehmen und der tatsächlichen Umsetzung einer werteorientierten

---

A. Schneider (✉) · J. Köhler
Fakultät Wirtschaftsingenieurwesen, Hochschule Mittweida
Technikumplatz 17, 09648 Mittweida, Deutschland
E-Mail: andre.schneider@hs-mittweida.de

J. Köhler
E-Mail: julia.koehler@hs-mittweida.de

Unternehmensführung in Form „gelebter Werte" besteht. Beispielsweise gaben in der Studie „Leadership im Top-Management deutscher Unternehmen" des Beratungsunternehmens Rochus Mummert, bei der im Sommer 2012 insgesamt 220 Mitarbeiter und Führungskräfte großer und mittelständischer Firmen aus Handel, Dienstleistungssektor und Industrie befragt wurden, sämtliche befragte Topmanager an, dass ihr Unternehmen Leitbilder definiert hat, die den Beschäftigten bekannt seien. Jedoch wussten nur 53 % der leitenden Angestellten und 47 % der Mitarbeiter, dass ihre Firma derartige Leitbilder bzw. bestimmte Werte besitzt und sich nach diesen orientiert. Lediglich 17 % der Befragten fanden, ihre Chefs würden die selbst definierten Grundsätze auch vorleben (vgl. Mummert 2012).

Ein erfolgreiches Wertemanagement setzt voraus, dass ein Unternehmen konsequent entlang seiner Werte geführt wird, d. h. die im Unternehmen vertretenen Werte sind so aufeinander abzustimmen, dass sie von allen Mitarbeitern im Unternehmen geteilt und gelebt werden. Bei der Konstruktion dieses Wertesystems kommt der Internen Kommunikation eine zentrale Aufgabe zu (vgl. Schmieja 2014; Mast 2008; Zerfaß 2007). Jedoch sind sich viele Unternehmen nicht der Bedeutung der Vermittlung von Werten mittels der Internen Kommunikation bewusst. Oftmals werden für die interne Verankerung der Unternehmenswerte lediglich das Inter- und Intranet, Präsentationen und Handbücher genutzt, wobei den Mitarbeitern meist nur rein theoretische Konzeptionen und abstrakt formulierte Leitbilder geboten werden. Derartige Instrumente, die Werte auf abstrakte und generische Weise darstellen und sich nicht an den Bedürfnissen der Mitarbeiter orientieren, sind in ihrer Wirkung wenig effektiv (vgl. Wentzel et al. 2012). Um Werte nachhaltig in den Köpfen der Mitarbeiter zu verankern, sind eingängigere Mittel notwendig.

Eine Methode, welche zunehmend als wirkungsvolles Instrument zur Wertevermittlung in Unternehmen diskutiert wird, ist das Storytelling (d. h. das Erzählen von Geschichten). Geschichten gehören zu den ältesten Kommunikationsmethoden der Menschheit. Auch in Organisationen agieren Menschen als Geschichtenerzähler. So erzählen sie z. B. über erfolgreiche Projekte, dramatische Fehlschläge oder Visionen. Dieses sog. Storytelling wird nach Thier (2004, S. 17) definiert „als eine Methode, mit der (Erfahrungs-)Wissen von Mitarbeitern über einschneidende Ereignisse im Unternehmen [...] aus unterschiedlichsten Perspektiven der Beteiligten erfasst, ausgewertet und in Form einer gemeinsamen Erfahrungsgeschichte aufbereitet wird". Obwohl das Interesse an der Methode des Storytelling in der Unternehmenskommunikation wächst, existieren nach wie vor wenige Arbeiten, die sich konkret mit dem Storytelling zur Wertevermittlung innerhalb von Organisationen beschäftigen (vgl. Schmieja 2014; Nymark 2000; Meyer 1995).

In dem folgenden Beitrag wird aufgezeigt, warum das Storytelling für die Vermittlung von Werten gegenüber Führungskräften und Mitarbeitern ein erfolgversprechendes Instrument darstellt. Dabei werden ausgehend von einer Betrachtung der theoretischen Grundlagen zu Unternehmenswerten die Potenziale und Herausforderungen der Methode des Storytelling sowie seine konkrete Anwendung zur unternehmensinternen Wertevermittlung diskutiert.

2   Werte als Grundlage der Unternehmenskultur

Werte werden in verschiedenen Wissenschaftsdisziplinen, insbesondere auf Basis ihrer jeweiligen theoretischen Einbettung, unterschiedlich definiert, z. B. als sozialwissenschaftliches Konstrukt, psychologisches Phänomen, als philosophischer Diskussionsgegenstand oder auch als ökonomischer Wert (vgl. Schmieja 2014, S. 5.; Buchebner 2011, S. 22). In der philosophisch-ethischen Diskussion werden Werte als Repräsentation dessen verstanden, was für den Einzelnen, eine Gruppe oder Gesellschaft wichtig und erstrebenswert ist (vgl. Noll 2002, S. 9). Kleinfeld definiert Werte in diesem Zusammenhang als „Ideen, Orientierungen oder Verhaltensweisen (Werthaltungen), die von Menschen eines Kulturkreises, einer Gruppe oder eben innerhalb eines Unternehmens als richtig, wichtig und wünschens- bzw. erstrebenswert angesehen werden" (Kleinfeld 2003, S. 106). Werte prägen, wie wir die Umwelt, Handlungsalternativen und -folgen wahrnehmen und beeinflussen somit unsere Verhaltensweisen (vgl. Mast 2008, S. 91). Es existieren unterschiedliche Klassifikationen von Werten, die jedoch aufgrund der Veränderbarkeit von Werten und der unterschiedlichen Auffassung verschiedener Kulturkreise umstritten sind. Ganz allgemein unterscheidet man beispielsweise religiöse, ethische, gesellschafts-, wirtschafts- oder politikbezogene sowie individuelle Werte.[1]

Um die Bedeutung von Werten im unternehmerischen Kontext zu diskutieren, ist es notwendig, nicht nur die Angehörigen des Unternehmens als Träger von Werten zu betrachten, sondern auch das Unternehmen selbst (vgl. Schmieja 2014, S. 9; Brechmann 2010, S. 8). So treffen Führungskräfte und Mitarbeiter ihre Entscheidungen innerhalb der vom Unternehmen festgelegten Rahmenbedingungen, nicht jedoch aus ihrer individuellen Werthaltung heraus (vgl. Schmieja 2014, S. 9). Die Werthaltungen der Unternehmensangehörigen können dabei starke Unterschiede zu den Unternehmenswerten aufweisen. Der Grad der Homogenität der Werte in einem Unternehmen ist laut Rothenberger ein wichtiger Indikator für die Kraft einer Unternehmenskultur (vgl. Rothenberger 1992, S. 18). Unternehmenskultur wird zudem als Wertesystem gesehen, das Mitarbeitern Orientierungshilfen und Beurteilungsmaßstäbe bereitstellt, um Entscheidungen im Sinne des Unternehmens zu treffen (vgl. Schmieja 2014, S. 12).

Werte sind somit ein wesentlicher Bestandteil der Unternehmenskultur, was auch nachfolgende Definition verdeutlicht: „Unternehmenskultur besteht aus den vorherrschenden Werten, Normen, Meinungen und Überzeugungen, die historisch gewachsen sind und nun die Verhaltensweisen und Entscheidungen der Belegschaft eines Unternehmens wesentlich beeinflussen" (vgl. Körner 1993, S. 36). Das am häufigsten genutzte Modell der Unternehmenskultur in Wissenschaft und Praxis, ist das Drei-Ebenen-Modell von Schein (1995), welches die Beziehungen verschiedener kultureller Ebenen einer Organisation zueinander erklärt (vgl. Abb. 1).

Das Grundgerüst der Unternehmenskultur stellt die Ebene der Grundprämissen dar. Diese Ebene kann als Resultat der Lernhistorie eines Unternehmens betrachtet werden.

---

[1] Siehe weiterführend zu Werteklassifikationen z. B. Schmieja 2014, S. 14 ff.; Kunze 2008, S. 41ff.

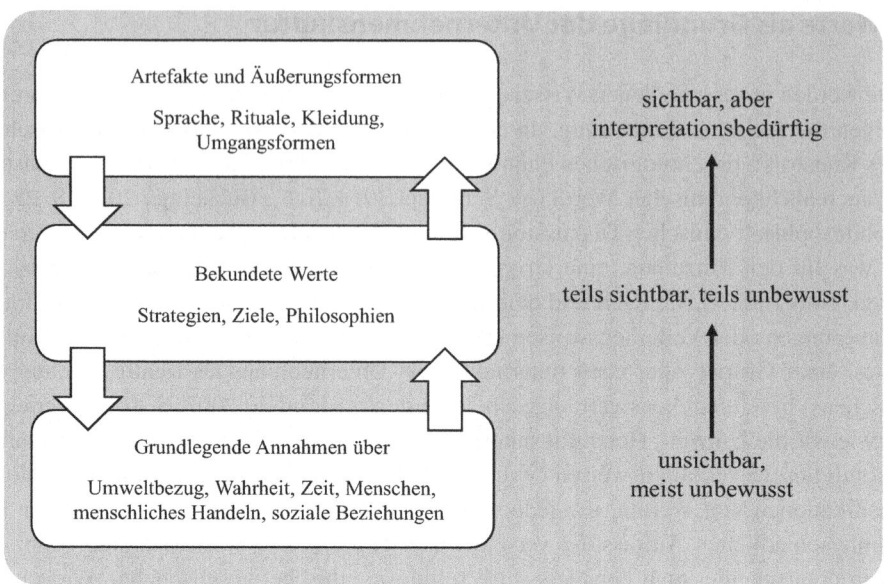

Abb. 1 Drei-Ebenen-Modell der Organisationskultur. (In Anlehnung an Schein 1995, S. 30)

So wurden erfolgreiche Handlungsweisen und Überzeugungen internalisiert und damit zu unausgesprochenen Annahmen, die den Unternehmensangehörigen vielfach nicht mehr bewusst sind und daher auch nicht direkt erfragt oder beobachtet werden können (vgl. Baumgartner et al. 2007, S. 39). Sie lassen sich häufig auf die Gründer und Ideengeber der Organisation zurückführen und sind nur schwer zu verändern (vgl. Schein 1995, S. 30).

Die Ebene der Grundprämissen erklärt die Ebene der bekundeten Werte und Normen. Sie umfasst die Einstellungen, Normen und Werte des Unternehmens und wird u. a. in Zielen, Strategien und Philosophien deutlich (vgl. Schein 1995, S. 30 f.; Baumgartner et al. 2007, S. 38). Werte schaffen eine eigene kulturelle Identität im Unternehmen und stellen Verbindungen zu neben- oder übergeordneten Kulturkreisen her (vgl. Kleinfeld 2003, S. 54). Sie geben Mitarbeitern eine Orientierung und Motivation. Weiterhin übernehmen Werte in Unternehmen, wo Verhaltensstandards benötigt werden, eine Bewahrungsfunktion (vgl. Schmieja 2014, S. 17). Darüber hinaus haben Werte eine integrative Funktion. Sie stellen die Basis für eine aufrichtige, produktive Zusammenarbeit dar und schaffen Vertrauen (vgl. Kouzes und Posner 2011; Denning 2011; Schmieja 2014). Schließlich wirken sie auch präventiv, indem sie zur Vermeidung unerwünschten Verhaltens oder zu Konfliktlösungen zwischen verschiedenen Gruppen innerhalb des Unternehmens beitragen (vgl. Schmieja 2014; Kleinfeld 2003). Für Unternehmen ist entscheidend, dass die angestrebten Werte von allen Führungskräften und Mitarbeitern geteilt und gelebt werden, d. h. Einigkeit und Bindung gegenüber diesen Unternehmenswerten vorherrscht (vgl. Abbate 2014, S. 17; Schmieja 2014, S. 17). Wurden die Werte jedoch nicht durch Lernprozesse verinnerlicht, besteht die Gefahr, dass das werteorientierte Handeln lediglich eine bloße Behauptung bleibt (vgl. Baumgartner et al. 2007, S. 38).

Die Kenntnis der Ebene der Normen und Werte erklärt zum Teil die Ebene der Artefakte. Hier drücken sich die tieferliegenden Grundprämissen und Werte in sichtbaren, hörbaren und fühlbaren Zeugnissen aus (vgl. Schmieja 2014, S. 12). Hierzu gehören auch die in einem Unternehmen erzählten Geschichten.

Laut Schein besteht zwischen den drei Ebenen eine dynamische Wechselwirkung, wobei die Beeinflussungsprozesse in beide Richtungen verlaufen. Unternehmenskultur wird dabei als etwas Gestaltbares betrachtet, das von Führungskräften geschaffen, weiterentwickelt und verändert werden kann. Mythen, Symbolen und Geschichten wird in diesem Gestaltungsprozess eine hohe Bedeutung beigemessen (vgl. Schein 1995; Smircich 1983, S. 347).

3 Potenziale und Herausforderungen des Storytelling

Storytelling stellt ein Phänomen dar, welches uralt und elementar für alle Kulturen und Gesellschaften ist. Menschen haben sich schon immer Geschichten erzählt, denn diese besitzen ein verbindendes Element: Geschichten sprechen die emotionale Seite der Zuhörer an und schaffen es, durch immer wiederkehrende Muster schwierige Umstände einfach zu erklären (vgl. Hilzensauer 2014, S. 87). Sie liefern Hintergründe und stellen uns Protagonisten vor, mit denen wir uns leicht identifizieren können. Dies wird dadurch ermöglicht, dass Geschichten aus kognitiver und emotionaler Sicht Empathie zwischen dem Rezipienten und dem Protagonisten herstellen und uns so helfen, die Erfahrungen und Ansichten von anderen zu verstehen (vgl. Lämsä und Sintonen 2006). Es besteht Konsens, dass Geschichten bzw. das Storytelling eine wichtige Basis für die Sinnkonstruktion darstellen, da sie Ereignissen eine Struktur geben und somit eine zeitliche Kohärenz ermöglichen so wie Werte und Bedeutung transportieren (vgl. Weick 1995; Boje 1995). „Stories help us to make sense of what we are, where we come from, and what we want to be" (Soin und Scheytt 2006, S. 55). Der emotionale Zugang und die sinnstiftende Wirkung von Geschichten fördern auch deren nachhaltige Verankerung im Gedächtnis. So zeigt sich beispielsweise auch, dass Geschichten eine wesentliche Rolle beim Aufbau kollektiver Erinnerungen in Unternehmen spielen (vgl. Orr 1990) und somit einen entscheidenden Beitrag zum Verständnis der Unternehmenskultur leisten können (vgl. Weick und Browning 1986). Auch Werte und Normen als Teilbereiche der Unternehmenskultur stellen hier einen wichtigen Ansatzpunkt dar. So belegen Untersuchungen, dass sich Geschichten zur Vermittlung von Werten und Einstellungen in Unternehmen sowie zur Erforschung der Unternehmenskultur eignen (vgl. Schmieja 2014; Nymark 2000; Denning 2006; Meyer 1995). Eine Geschichte bringt nicht nur die Werte, Normen und Eigenschaften eines Unternehmens explizit zum Ausdruck, sondern ist auch in der Lage anhand von konkreten und nachvollziehbaren Beispielen aufzuzeigen, wie Werte im unternehmerischen Alltag umgesetzt werden können (vgl. Wentzel et al. 2012, S. 428 f.; Martin et al. 1983, S. 440).

In diesem Sinne kommt Geschichten bei der werteorientierten Kommunikation eine doppelte Funktion zu: eine präskriptive, indem sie aufzeigen, welche Werte und Kompetenzen in einem Unternehmen als wichtig gelten, und eine deskriptive, indem sie veranschaulichen, wie diese Werte und Kompetenzen erfolgreich angewendet werden können (vgl. Schreyögg und Geiger 2003, S. 16). Damit ist das Storytelling nicht nur ein geeignetes Instrument, um bestimmte Werte im Unternehmen zu verbreiten und in den Köpfen der Mitarbeiter zu verankern, sondern es lässt sich auch als Methode nutzen, um die im Unternehmen vorhandenen Wertestrukturen zu analysieren und offenzulegen.

Neben den aufgezeigten Potenzialen ist die Methode des Storytelling auch mit einigen Herausforderungen verbunden. So besteht beispielsweise die Gefahr, dass die ursprüngliche Intention der Geschichte bei der Weitergabe verändert oder verfälscht wird. Dadurch kann es im Unternehmen zu sogenannten „Doppelgänger-Geschichten" kommen, die sich zwar durch einen ähnlichen Inhalt, aber eine diametrale Valenz auszeichnen (vgl. Thompson et al. 2006, S. 54 ff.). Diese gegensätzlichen Erzählungen können bei den Mitarbeitern einen Eindruck der Verwirrung und Inkonsistenz hinterlassen, da sie sich häufig nicht zu einem stimmigen Konzept der Wertekommunikation integrieren lassen (vgl. Wentzel et al. 2012, S. 433; Schweiger und Denisi 1991). Um diese Gefahr zu minimieren, ist es wichtig, dass die Geschichten, die vom Unternehmen zur Wertevermittlung genutzt werden, stets eindeutig und leicht verständlich sind und keine bedrohenden, isolierenden oder ambivalenten Elemente beinhalten. Weiterhin ist bei der Verwendung von Geschichten darauf zu achten, dass diese bei den Mitarbeitern keine kognitive Reaktanz auslösen. Dazu kommt es dann, wenn die Mitarbeiter das Gefühl haben, dass das Unternehmen versucht, sie auf eine unrechtmäßige und unfaire Weise zu beeinträchtigen (vgl. Wentzel et al. 2012, S. 420). Die vermittelte Botschaft des Unternehmens wird dann kritisch von den Mitarbeitern begutachtet und kognitiv abgewertet (vgl. Campbell 1995, S. 228 ff.).

Um die Potenziale des Storytelling im Unternehmen entsprechend für die Wertevermittlung zu nutzen und mögliche Risiken zu minimieren, empfiehlt es sich Geschichten nicht ad hoc, sondern systematisch auf Basis einer vorher festgelegten Strategie einzusetzen. Ein mögliches Vorgehen hierfür wird im Folgenden vorgestellt.

4 Anwendung des Storytelling zur Wertevermittlung im Unternehmen

Um Werte mittels Geschichten bei Führungskräften und Mitarbeitern im Unternehmen zu verankern, kann der fünfstufige Managementprozess von Fog et al. (2010), der für den Einsatz des Storytelling in der internen Unternehmenskommunikation konzipiert wurde, als Ausgangspunkt dienen (vgl. Fog et al. 2010, S. 155 ff. sowie Abb. 2). Im Folgenden werden die einzelnen Phasen des Prozesses erläutert.

Abb. 2 Storytellingkreislauf. (In Anlehnung an Fog et al. 2010, S. 157)

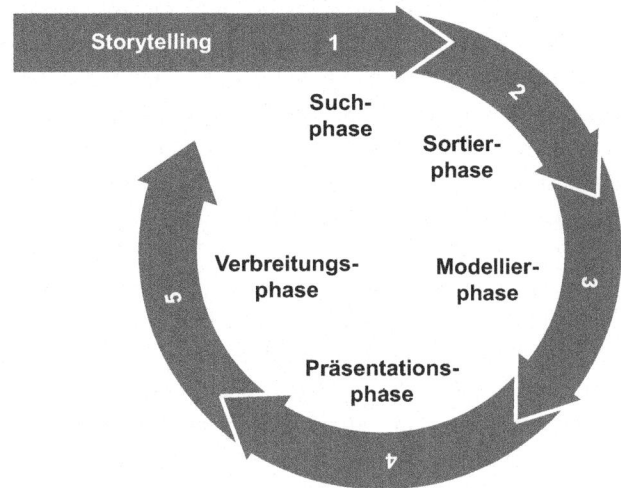

Suche und Selektion geeigneter Geschichten mit Hilfe der Storytelling-Analyse

In der ersten Phase, der sog. Suchphase, wird nach geeigneten Geschichten gesucht. Hierzu bietet sich die Methode der Storytelling-Analyse (vgl. Thier 2010, S. 49 ff.) an. Bei der Durchführung der Analyse ist es zunächst wichtig, ein klares und umfassendes Bild über die Unternehmenskultur bzw. Werte zu erhalten, indem vorhandene Dokumente wie Leitbilder oder Imagebroschüren ausgewertet werden. Danach erfolgt mittels Interviews die Erhebung von Werten, Einstellungen und Wahrnehmungen der Mitarbeiter. Oftmals lassen sich diese nicht einfach abfragen, da sie meist unbewusst in den Köpfen der Mitarbeiter verankert sind (vgl. Thier 2009, S. 6). Aus diesem Grund werden in den Interviews Geschichten und Erlebnisse von Mitarbeitern erhoben, in denen sich die (subjektiv) empfundene Unternehmenskultur widerspiegelt. Bei der Auswertung der Interviews wird ein Abgleich der bei den Mitarbeitern erhobenen Werte mit den unternehmensseitigen Werten bzw. der gewünschten Unternehmenskultur durchgeführt. Dabei werden Schnittstellen und auch Abweichungen herausgearbeitet und mit der Unternehmensleitung diskutiert. Die mittels der Storytelling-Analyse gewonnenen Geschichten werden in Phase 2 nach dem Grad der Relevanz für die Wertekommunikation selektiert.

Modellierung der dramaturgischen Elemente und Aufbau des Spannungsbogens

Im nächsten Schritt sind die Geschichten entsprechend der strukturellen Grundelemente – Motiv, Charakter der Akteure, Konflikt, Plot und Moral – zu modellieren (vgl. u. a. Wentzel et al. 2012, S. 435 f.; Fog et al. 2005, S. 30; Propp 1972, S. 27 ff.). Es empfiehlt sich, die Geschichte nach der Struktur eines klassischen Dramas aufzubauen (vgl. Shaw 2000, S. 185 f.; Shaw et al. 1998, S. 44 f.). Die genannten Grundelemente bilden dabei die Struktur und sind im Rahmen der Erzählung eng aufeinander abzustimmen (vgl. Wentzel et al. 2012, S. 435).

Das Motiv bildet den Kern der Geschichte, verleiht ihr Sinn und beschreibt, was vermittelt werden soll. Im vorliegenden Fall leitet sich das Motiv der Geschichte aus den Unternehmenswerten ab. So kann beispielsweise eine Geschichte auf dem Motiv der „Fairness" basieren, wobei das Ziel der Geschichte darin liegt, die Relevanz eines „fairen" Verhaltens der Mitarbeiter im Unternehmen zu verdeutlichen und anhand einer dramatischen Struktur zu vermitteln (vgl. Wentzel et al. 2012). Aber auch mehrere Motive, wie z. B. „Fairness" und „Zuverlässigkeit" können zur Wertevermittlung in einer Geschichte kombiniert werden.

Der Charakter der jeweiligen Akteure stellt ein weiteres wichtiges dramaturgisches Element der Geschichte dar. Dabei treiben die Akteure die Handlung voran und personifizieren das Drama (vgl. Wentzel et al. 2012, S. 435 f.; Harringer und Maier 2009, S. 12 f.; Spath und Foerg 2006, S. 90 f.). Jedem der Akteure wird eine bestimmte Funktion zugesprochen sowie ein individueller Charakter zugewiesen, wobei die einzelnen Rollen miteinander in Verbindung stehen und sich gegenseitig ergänzen (vgl. Harringer und Maier 2009, S. 13). Zu den typischen Charakteren von Geschichten zählen Protagonisten und Antagonisten (vgl. Herbst 2014, S. 92). Während die Protagonisten durch ihr Handeln bei den Rezipienten Sympathie, Neugier und Interesse erwecken, so entsteht gegenüber den Antagonisten in der Regel Antipathie, Hass oder Mitleid (vgl. Gesing 2004, S. 67). Beide Charaktere repräsentieren dementsprechend verschiedene Werte, Einstellungen und Ziele, die in der Geschichte dargestellt werden (vgl. Spath und Foerg 2006, S. 90 f.). Es ist jedoch nicht zwingend erforderlich, dass den Protagonisten Antagonisten gegenüberstehen, was sich auch bei dem später in diesem Beitrag erläuterten Beispiel der Post-it-Story zeigt. Auch ein erfolgreiches Handeln der Protagonisten ist keine notwendige Grundbedingung für eine gelingende Geschichte, sondern die Protagonisten können ebenso in der Niederlage bzw. dem Misserfolg ihre Größe zum Ausdruck bringen und somit eine wichtige Werthaltung und Moral aufzeigen (vgl. Herbst 2014, S. 92; Gesing 2004, S. 67).

Ein weiteres Element ist der Konflikt. Er sorgt für die Dynamik in der Geschichte (vgl. Harringer und Maier 2009, S. 12; Fog et al. 2005, S. 33). Bei einem Konflikt kämpfen die Protagonisten zum Beispiel gegen Angst, Unsicherheit, Unterlegenheit, Ungerechtigkeit oder auch Hochmut (vgl. Herbst 2014, S. 104). Dabei setzen sich Menschen mit unterschiedlichen Werten auseinander. Seinen Höhepunkt und Ausdruck findet der Konflikt in einer Krise, d. h. einer gestörten Ordnung, die zu einer Lösung motiviert (vgl. Harringer und Maier 2009, S. 12). Konflikte und die dadurch ausgelöste Krise führen zur Anregung eines Veränderungsprozesses des Individuums oder von Gruppen (vgl. Herbst 2014, S. 104; Gesing 2004, S. 96). Insbesondere die Bewältigung des Konfliktes in der Geschichte stellt nicht nur das zu lösende Problem dar, sondern zeigt uns im Verlauf der Erzählung einen Wendepunkt, der Spannung aufbaut (vgl. Harringer und Maier 2009, S. 12). Während sich in klassischen Erzählungen der Konflikt zwischen „guten" und „bösen" Akteuren zeigt, so besteht im Unternehmen beispielsweise ein Konflikt zwischen Mitarbeitern oder Abteilungen, welcher sich beispielsweise in einem nicht wertekonformen Verhalten eines Akteurs äußert. Von besonderer Bedeutung ist die Ursache des

Konflikts, da diese in einer direkten Beziehung zu dessen Lösung und der abschließenden Moral und Botschaft der Geschichte steht (vgl. Wentzel et al. 2012, S. 436).

Der Plot bzw. Handlungsverlauf bringt verschiedene Handlungsstränge und -orte zu einem einheitlichen Bild zusammen (vgl. Harringer und Maier 2009, S. 13). Im Handlungsverlauf beginnen die Akteure ihrem individuellen Charakter entsprechend zu handeln, wobei der Protagonist die Lösung des entstandenen Konflikts verfolgt. Hierbei ist es wichtig, dass eine dramatische bzw. spannende Schilderung des Konflikts vorgenommen wird, da diese der Geschichte einen Spannungsbogen verleiht und den Willen des Protagonisten stärkt (vgl. Wentzel et al. 2012, S. 436). Die Grundzüge des Spannungsbogens werden seit Aristoteles mit den drei Akten der Dramaturgie beschrieben, d. h. in die Stufen des Einatmens, des Höhepunktes und des Ausatmens, eingeteilt (vgl. Mikunda 1992, S. 144). Die drei Akte lassen sich in weitere Phasen untergliedern, die zunächst das Gefühl einer aufsteigenden Spannungskurve vermitteln und dann in eine absteigende Spannungskurve der Erzählung übergehen. In dieser chronologischen Abfolge gilt es, die wesentlichen dramaturgischen Elemente der Geschichte, wie das Motiv, den Konflikt oder die Charaktere der Akteure, zu integrieren (vgl. Harringer und Maier 2009, S. 13).

Die Moral steht am Ende der Geschichte und ist mit einer Belohnung des Protagonisten für sein wertekonformes Handeln und damit der Verwirklichung des Motivs verbunden (vgl. Wentzel et al. 2012, S. 436). Dementsprechend lässt sich aus der Lösung des Konflikts die Moral der Erzählung ableiten. Die Moral bildet die Voraussetzung für das Verstehen der Botschaft der Geschichte. In Bezug auf die Wertekommunikation ist sie der Schlüssel zur anschließenden Verinnerlichung der vermittelten Werte.

Wie die Dramaturgie einer Geschichte zur Wertevermittlung gestaltet werden kann, wird im Folgenden anhand des Beispiels der Post-it-Story von 3M veranschaulicht (vgl.

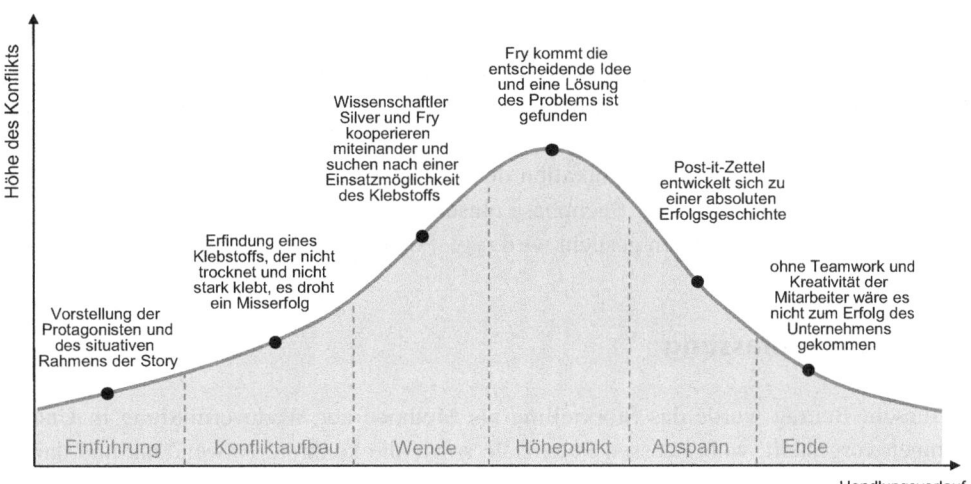

Abb. 3 Dramaturgie und Spannungsbogen der Post-it-Story

Abb. 3). Als Motive stehen „Teamwork" und „Kreativität" im Fokus, die sich aus den Unternehmenswerten von 3M ableiten lassen (vgl. Wentzel et al. 2012; Fry 1987). Als Akteure treten die beiden Wissenschaftler Silver und Fry auf, die in der Forschungsabteilung des Unternehmens tätig sind. Silver ist beauftragt einen sehr starken Klebstoff für Tapeten zu entwickeln. Der Konflikt in der Geschichte entsteht, indem seine Entwicklung stattdessen einen Klebstoff hervorbringt, der weder trocknet noch stark ist. Alles sieht nach einem Misserfolg aus, da die Wissenschaftler zunächst nicht wissen, was Sie mit dem Klebstoff anfangen sollen. Die Handlung erfährt ihren Höhepunkt, als Silver sich an seinen Kollegen Fry wendet und dieser die entscheidende Idee hat. Er nutzt den Klebstoff für die Notizzettel seines Gesangsbuchs, da ihm diese in der Vergangenheit zu seinem Leidwesen immer wieder herausfielen. Die Lösung des Problems und die Erfindung des Post-it-Haftzettels stehen am Ende der Handlung der Akteure. Die Moral offenbart sich darin, wie „Teamwork" und „Kreativität" der beiden Wissenschaftler belohnt werden. Dabei wird auch aufgezeigt, wie diese Werte in der täglichen Arbeit durch die Mitarbeiter umgesetzt werden können.

Auswahl geeigneter Medien zur narrativen Wertevermittlung
Neben dem Inhalt und dem Handlungsverlauf ist es entscheidend, wie Geschichten im Unternehmen transportiert werden. In der vierten Phase werden daher die Medien ausgewählt, mithilfe derer die Geschichten im Unternehmen vermittelt werden sollen (vgl. Fog et al. 2010, S. 155 ff.). Dies kann beispielsweise durch die persönliche Kommunikation oder über Podcast im Intranet, Events oder auch Printmedien geschehen (vgl. Schmieja 2014, S. 54; Herbst 2014, S. 128).

Nachhaltige Verankerung der Geschichten
Damit das Storytelling im Unternehmen eine nachhaltige Wirkung erzielt, dient die abschließende Phase 5 der Verfestigung der Geschichten, d. h. es werden Möglichkeiten geschaffen, dass die Geschichten fortlaufend erzählt, verbreitet und durch individuelle Ideen der Rezipienten weiterentwickelt werden. Dabei ist jedoch darauf zu achten, dass es nicht zu einer Verzerrung oder ungünstigen Veränderung der Geschichten durch die Mitarbeiter kommt. Mit der Kommunikation der Geschichten entsteht ein wiederkehrender Prozess, der jedes Mal mit der Suchphase einsetzt, wobei jeweils nach Ergänzungen zu den vorhandenen Geschichten gesucht wird (vgl. Fog et al. 2010, S. 156).

5 Zusammenfassung

In diesem Beitrag wurde das Storytelling als Methode zur Wertevermittlung in Unternehmen vorgestellt, wobei dessen Potenziale sowie die konkrete Anwendung und damit verbundene Herausforderungen diskutiert wurden. Es wurde deutlich, dass sich Storytelling als Werkzeug der Internen Kommunikation eignet, um Werte bei Führungskräften und Mitarbeitern im Unternehmen zu analysieren und zu verankern. Geschichten sprechen

Emotionen an, wirken sinnstiftend und stellen deshalb eine Verbindung zu unseren eigenen Erfahrungen her. Dadurch behalten wir diese auch länger im Gedächtnis als statische und abstrakte Informationen. Im Rahmen der Wertekommunikation können Unternehmen Geschichten nutzen, um Mitarbeitern und Führungskräften zu verdeutlichen, auf welchen Werten das Handeln des Unternehmens basiert und anhand konkreter Beispiele erlebbar machen, wie diese Werte bei der täglichen Arbeit umgesetzt werden können. Bezüglich der Analyse von vorhandenen Wertestrukturen in Unternehmen eröffnet das Storytelling die Chance, nicht nur Altbekanntes, sondern auch bisher Verborgenes zur Unternehmenskultur zu erfahren. Dies setzt jedoch voraus, dass das Unternehmen über eine offene Unternehmenskultur verfügt und bereit ist, sich ehrlich mit der Unternehmensrealität auseinanderzusetzen, d. h. auch unerwünschte Themen aufzudecken und zu bearbeiten (vgl. Thier 2010, S. 5).

Der Beitrag hat neben den Potenzialen auch verdeutlicht, dass die Nutzung von Geschichten im Rahmen der Wertekommunikation mit Herausforderungen verbunden ist. Diese entstehen dadurch, dass das Unternehmen bei der Verbreitung der Erzählungen nur geringe Einfluss- und Kontrollmöglichkeiten besitzt. Gefahren ergeben sich einerseits durch eine Verfälschung der Geschichte oder andererseits, indem Mitarbeiter durch eine wahrgenommene Manipulation eine kognitive Reaktanz gegenüber dieser Form der Wertevermittlung entwickeln. Derartige Gefahren des Storytelling können gemindert werden, indem darauf geachtet wird, dass die Geschichten keine mehrdeutigen und ambivalenten Botschaften enthalten und von den Mitarbeitern als authentisch wahrgenommen werden.

Während der vorliegende Beitrag einen praktischen Vorschlag zum Einsatz und der Anwendung des Storytelling im Rahmen der Wertevermittlung in Unternehmen unterbreitet, besteht weiterer Bedarf vor allem daran, die Wirkung des Storytelling in der unternehmensbezogenen Werte- und CSR-Kommunikation empirisch zu überprüfen. So existieren bis zum jetzigen Zeitpunkt nur wenige Studien, die die Nutzung und Wirkung von Storytelling im Rahmen der Wertekommunikation (vgl. Schmieja 2014, Nymark 2000; Meyer 1995) bzw. vor einem ethischen Hintergrund in Unternehmen untersuchen. Insbesondere das Thema „Soziale und gesellschaftliche Verantwortung (CSR)", das als Treiber der Debatte um eine werteorientierte Unternehmensführung betrachtet werden kann, wurde bisher kaum als Bestandteil von Storytelling adressiert (vgl. Humphreys und Brown 2008; Preuss und Dawson 2009). Rhodes et al. (2010, S. 536) weisen in diesem Zusammenhang auch auf einen Mangel an Untersuchungen hin, die Storytelling unter Gesichtspunkten der organisationalen Ethik betrachten.

Literatur

Abbate S (2014) Unternehmenskultur fördern. Sieben Schritte zu einer dynamischen und motivierenden Wertevermittlung. Gabler, Wiesbaden

Auinger F (2005) The spirit of values – Leitorientierungen für Führungskräfte und Mitarbeiter. In: Auinger F, Böhnisch W, Stummer H (Hrsg) Unternehmensführung durch Werte. Deutscher Universitätsverlag, Wiesbaden, S 65–88

Baumgartner RJ, Biedermann H, Ebner D (2007) Unternehmenspraxis und Nachhaltigkeit. Herausforderungen, Konzepte und Erfahrungen. Rainer Hampp, München und Mering

Beck S, Vochezer R (2006) Was sind Unternehmenswerte „wert"? – Ansätze des Wertemanagements und Beitrag von Werten zum Unternehmenserfolg. In: Banzhaf J, Wiedmann S (Hrsg) Entwicklungsperspektiven der Unternehmensführung und ihrer Berichterstattung. Deutscher Universitätsverlag, Wiesbaden, S 3–13

Bentele G, Nothhaft H (2011) Vertrauen und Glaubwürdigkeit als Grundlage von Corporate Social Responsibility: Die (massen-)mediale Konstruktion von Verantwortung und Verantwortlichkeit. In: Raupp J, Jarolimek S, Schultz F (Hrsg) Handbuch CSR. Kommunikationswissenschaftliche Grundlagen, disziplinäre Zugänge und methodische Herausforderungen. VS, Wiesbaden, S 45–70

Biesel H (2012) Abschied vom Management. 101 Ideen für eine ziel- und werteorientierte Führung. Gabler, Wiesbaden

Boje DM (1995) Stories of the storytelling organization: A postmodern analysis of Disney as „Tamara-Land". Acad Manag J 38(4):997–1035

Brechmann B (2010) Werte – ein Erfolgsfaktor für Unternehmen? In: Merk R, Brechmann B, Weitz A (Hrsg) Mit werteorientierter Personalarbeit die Wertschöpfung steigern. FHM, Bielefeld, S 7–17

Buchebner J (2011) Changing Values. Werte und Wertewandel im Bereich nachhaltiger Entwicklung. Universität für Bodenkultur, Wien

Campbell MC (1995) When Attention-Getting Advertising Tactics Elicit Consumer Inferences of Manipulative Intent: The Importance of Balancing Benefits and Investments. J Consumer Psychol 4(3):225–254

Denning S (2006) The leader's guide to storytelling. Wiley, San Francisco

Denning S (2011) The leader's guide to storytelling. Mastering the art and discipline of business narrative, 2. Aufl. Wiley, San Francisco

Esch F-R, Vallaster C (2005) Mitarbeiter zu Markenbotschaftern machen: Die Rolle der Führungskräfte. In: Esch F-R (Hrsg) Moderne Markenführung. Gabler, Wiesbaden, S 1010–1020

Fog K, Budtz C, Yakaboylu B (2005) Storytelling. Branding in Practice. Springer, Berlin und Heidelberg

Fog K, Budtz C, Munch P, Blanchette S (2010) Storytelling. Branding in Practice, 2. Aufl. Springer, Berlin und Heidelberg

Fry A (1987) The Post-It Note: An Intrapreneurial Success. Sam Adv Manag J 52(3):4–9

Gesing F (2004) Kreativ schreiben. Handwerk und Techniken des Erzählens. DuMont, Köln

Harringer C, Maier H (2009) Organizational Storytelling. Narrative Dimension in der Unternehmenskommunikation, Beitrag 5.35., 43., ergänzte Lieferung. In: Bentele G, Piwinger M, Schöborn G (Hrsg) Kommunikationsmanagement. Strategien, Wissen, Lösungen. Hermann Luchterhand, Neuwied

Herbst D (2014) Storytelling, 3. Aufl. UVK, Konstanz und München.

Hilzensauer A (2014) Storytelling – Mit Geschichten Marken führen. In: Ettl-Huber S (Hrsg) Storytelling in der Organisationskommunikation. VS, Wiesbaden, S 87–101

Humphreys M, Brown A (2008) An Analysis of Corporate Social Responsibility at Credit Line: A Narrative Approach. J Bus Ethics 80(3):404–418

Kleinfeld A (2003) Werte und Wertemanagement. Schlüssel zur integren Kommunikation. In: Schlegel A (Hrsg) Wirtschaftskriminalität und Werte. Traugott Bautz, Nordhausen, S 46–78

Körner M (1993) Corporate Identity und Unternehmenskultur. Ganzheitliche Strategie der Unternehmensführung, 2. erw. Aufl. Deutscher Sparkassenverlag, Stuttgart

Kouzes J, Posner BZ (2011) Credibility. How leaders gain and lose it. Why people demand it, 2. Aufl. Jossey-Bass, San Francisco

Kunze M (2008) Unternehmensethik und Wertemanagement in Familien- und Mittelstandsunternehmen. Projektorientierte Analyse, Gestaltung und Integration von Werten und Normen. Gabler, Wiesbaden

Lämsä AM, Sintonen T (2006) A narrative approach for organizational learning in a diverse organisation. J Workplace Learn 18:106–120

Martin J, Feldman MS, Hatch MJ, Sitkin SB (1983) The Uniqueness Paradox in Organizational Stories. Adm Sci Q 28(3):438–453

Mast C (2008) Unternehmenskommunikation. Ein Leitfaden, 3. Aufl. Lucius & Lucius, Stuttgart

McDonald P, Gandz J (1992) Getting value from shared values. Organ Dyn 38(4):64–76

Meyer JC (1995) Tell me a story: Eliciting organizational values from narratives. Commun Q 43:210–224

Mikunda C (1992) Strategische Dramaturgie. Werbung, Public Relations, Corporate Identity. Gdi Impuls (4):22–23 (Rüschlikon)

Mummert R (2012) Studie: Wertekultur in Unternehmen ist oft nur Schall und Rauch. Pressemitteilung vom 15. November 2012, München

Noll B (2002) Wirtschafts- und Unternehmensethik in der Marktwirtschaft. Kohlhammer, Stuttgart

Nymark S (2000) Organizational Storytelling. Creating enduring values in a high-tech company. Ankerhus, Hinnerup

Orr J (1990) Sharing knowledge celebrating identity: war stories and community memory in a service culture. In: Middleton DS, Edwards D (Hrsg) Collective remembering: memory in society. Sage, Beverley Hills, S 169–189

O'Reilly CA, Chatman J, Caldwell DF (1991) People and organizational culture. A profile comparision approach to assessing personorganization fit. Acad Manag J 34:487–516

Preuss L, Dawson D (2009) On the Quality and Legitimacy of Green Narratives in Business: A Framework for Evaluation. J Bus Ethics 84:135–149

Propp W (1972) Morphologie des Märchens. Carl Hanser, München

Rhodes C, Pullen A, Clegg SR (2010) „If I Should Fall From Grace…": Stories of Change and Organizational Ethics. J Bus Ethics 91:535–551

Rothenberger P (1992) Ein Mehrebenenkonzept zur Diagnose von Werten in Unternehmen: Ein Beitrag zum wertorientierten Personalmanagement. Peter Lang, Frankfurt am Main

Schein EH (1995) Unternehmenskultur. Ein Handbuch für Führungskräfte. Campus, Frankfurt

Schmieja P (2014) Storytelling in der internen Unternehmenskommunikation. Eine Untersuchung zur organisationalen Wertevermittlung. Gabler, Wiesbaden

Schreyögg G, Geiger D (2003) Wenn alles Wissen ist, ist Wissen am Ende nichts?! Die Betriebswirtschaft 63(1):7–22

Schweiger DM, Denisi AS (1991) Communication with Employees Following a Merger: A Longitudinal Field Experiment. Acad Manag J 34(1):110–135

Shaw G (2000) Planning and Communicating Using Stories. In: Schultz M, Hatch MJ, Larsen MH (Hrsg) The Expressive Organization: Linking Identity, Reputation, and the Corporate Brand. Oxford University Press, Oxford, S 182–195

Shaw G, Brown R, Bromiley P (1998) Strategic Stories: How 3M Is Rewriting Business Planning. Harv Bus Rev 76(3):41–50

Smircich L (1983) Concepts of culture and organizational analysis. Adm Sci Q 28(3):339–358

Soin K, Scheytt T (2006) Making the case for narrative methods in cross-cultural organizational research. Organizational Research Methods, Bd. 9., S 55–77

Spath C, Foerg BG (2006) Storytelling & Marketing. echomedia, Wien

Thier K (2004) Die Entdeckung des Narrativen für Organisationen. Entwicklung einer effizienten Story Telling-Methode. Dr. Kovač, Hamburg

Thier K (2009) Employer Branding: Analyse der Unternehmenskultur mit Storytelling. BSO – J (4):6–7

Thier K (2010) Storytelling. Eine Methode für das Change-, Marken-, Qualitäts- und Wissensmanagement, 2. Aufl. Springer, Berlin und Heidelberg

Thompson CJ, Rindfleisch A, Arsel Z (2006) Emotional Branding and the Strategic Value of the Doppelgänger Brand Image. J Mark 70(1):50–64

Vogelsang G, Burger C (2004) Werte schaffen Wert. Warum wir glaubwürdige Manager brauchen. Econ, München

Weick K (1995) Sensemaking in organizations. Sage, Thousand Oaks

Weick K, Browning L (1986) Arguments and narratives in organizational communication. J Manage 12:243–259

Wentzel D, Tomczak T, Herrmann A (2012) Storytelling im Behavioral Branding. In: Tomczak T et al (Hrsg) Behavioral Branding. Gabler, Wiesbaden, S 426–442

Zerfaß A (2007) Unternehmenskommunikation und Kommunikationsmanagement: Grundlagen, Wertschöpfung, Integration. In: Piwinger M, Zerfaß A (Hrsg) Handbuch Unternehmenskommunikation. Gabler, Wiesbaden, S 21–70

Prof. André Schneider wurde 2015 auf die Professur Corporate Sustainability Management an der Hochschule Mittweida berufen. Nach absolviertem Diplomstudium der Betriebswirtschaftslehre und Masterstudien in den Bereichen Eventmarketing, Erwachsenenbildung sowie Industrial Management, arbeitete er über zehn Jahre in leitenden Positionen im Bereich des strategischen Managements sowie der Organisationsentwicklung. Seine Forschungsschwerpunkte liegen im Bereich der werteorientierten Unternehmensführung, dem Sportmanagement sowie dem Eventmarketing.

Dr. Julia Köhler ist seit 2014 wissenschaftliche Mitarbeiterin an der Fakultät Wirtschaftsingenieurwesen der Hochschule Mittweida. Sie promovierte 2013 zum Thema „Events als Instrumente des Regionalmarketing" bei Prof. Dr. Cornelia Zanger an der TU Chemnitz. Derzeit forscht sie in einem Projekt zu „gesellschaftlichen Wandlungsprozessen" zum Thema „Werteorientierte Unternehmensführung". Weitere Forschungsinteressen liegen im Bereich Social Entrepreneurship.

Performativität in der CSR-Kommunikation

Jan Lies

1 Einleitung und Fragestellung

Eine sehr ursprüngliche (Engelmann 1971, S. 11 ff.; Fischer-Winkelmann 1994: 2 ff.) und durch den Performativitätsbegriff erneuerte Debatte der theoretischen Wirtschaftswissenschaften betrifft die Frage, inwieweit die Theorie die Unternehmenspraxis in Teilen prägt oder sogar ganz bestimmt. Dies thematisiert die Performativitätsdebatte im theoretischen Marketing. Hat Theorie starken Einfluss auf die Praxis, wird ihr eine hohe Performativität attestiert, die hier auf das (interne) Management von Public Relations (PR) übertragen wird. Der Performativitätsbegriff ist von den Sprachwissenschaften entliehen worden. Im Anschluss an die Performativitätsdebatte im Marketing stellt sich auch für die PR-Theorie die Frage, ob und inwieweit sie performativ ist. Genauer:

> Ist die Anwendung von Corporate Social Responsibility (CSR) ein Nachweis für eine hohe Performativität von (interner) Public Relations (PR) als verhaltensorientiertes Management (behavioral management)?

Es soll dabei deutlich werden, dass das Ziel von PR nicht zuerst in der Organisation von Mitteilungshandlungen bestehen sollte, sondern auf Verhaltensweisen und Haltung auszurichten ist, um die Gefahr von Imageschäden nicht zusätzlich zu erhöhen.

2 Corporate Social Responsibility als Integritätsstrategie

Einführend wird Corporate Social Responsibility(CSR)-Kommunikation als handlungsorientierte Aufgabe des PR-Managements verortet. Integrität kann als wirtschaftsethische Haltung verstanden werden. Im Idealfall stimmen in der Unternehmenspraxis dann bestimmte moralisch-ethisch vorherrschende Werte und Normen mit den jeweiligen Werten verschiedener gesellschaftlicher Stakeholdergruppen überein, beispielsweise in Umwelt- oder Menschenrechtsfragen. Dem steht das Green-/Bluewashing gegenüber, also die oft werbliche Kommunikation überhöhter Versprechen, sich als Unternehmen für ökologische oder soziale Themen wie z. B. Menschenrechte zu engagieren, ohne diese belegen zu können oder zu wollen (Pride und Ferrell 2016, S. 539). Dass die Messkriterien und Benchmarks für die Beurteilung solcher Werte oftmals unklar und zeitgeistabhängig sind – zum Teil wird die Messbarkeit als „chaotisch" charakterisiert (Curbach 2009, S. 29) – und solche Verfahren für Unternehmen daher in vielen Fällen hoch risikoreich sind, wird hier nicht weiter thematisiert.

In der Praxis nutzt das PR-Management insbesondere die CSR-Kommunikation oft auch für Imageziele (Weber 2014, S. 102 f.). Im Gegensatz zu anderen Handlungsfeldern wie der Markenkommunikation oder der Social Media-PR, die meist dem PR-Management als Aufgaben zugeschrieben werden, liegt der Akzent solcher Integritätsstrategien normativ weniger in der Kommunikation als vielmehr in der Verhaltensorientierung, da sie die Prägung von Einkauf, Produktion und anderen Funktionen des Unternehmens erfordert.

> CSR und andere Integritätsstrategien betonen die Notwendigkeit des PR-Managements unternehmensintern und verhaltensorientiert anzusetzen. Sie machen PR zu einem Handlungsfeld von Behavioral Economics, also verhaltensprägendem Management (vgl. Lies 2015a, S. 503).

3 Konkretisierung der Performativitätsidee

Um die Fragestellung zu beantworten, ob CSR ein Nachweis für interne PR als verhaltensorientiertes Management ist, greift dieser Beitrag auf die Performativitätsdebatte zurück. Dabei handelt es sich um einen Begriff, der die komplexen Beziehungen der Interaktion zwischen der Theorie und angewandtem Management radikal vereinfacht. Er wird aktuell in der Marketingliteratur diskutiert und ist aus den Sprachwissenschaften übernommen. In Anlehnung an John Langshaw Austin sind beschreibende Sprachakte (z. B. „die Tür ist zu") von performativen Sprechakten zu unterscheiden. Performative Sprechakte sind solche, denen eine Handlung folgt (z. B. „Ich entschuldige mich") (Austin 1970, S. 233). Die Wirtschaftswissenschaften haben diese Idee aufgegriffen, um die Interaktion zwischen Theorie und Praxis zu beschreiben. Nach MacKenzie (2006, S. 16) sind hier drei Performativitätstypen zu unterscheiden. Sie gliedern den Performativitätseffekt auf drei Ebenen (vgl. Tab. 1).

Tab. 1 Performativitätstypen und -beispiele

Performativität	Beispiele
Generische Performativität	Veröffentlichungen über Theorie wie Beiträge über die normative PR, wonach Unternehmen vertrauenswürdig und integer handeln sollten, um mit Reputation erfolgreicher zu sein als nicht vertrauenswürdige Organisationen
Effektive Performativität	Die Anwendung in definierten Teilen wie die Anwendung von CSR als Integritätsstrategie zum Aufbau von Reputation
Perfekte Performativität	Komplette Anwendung von Theorie durch die Praxis, z. B. die Repositionierung einer Organisation auf Basis der Einführung nachhaltiger Produktweisen sowie der Aufbau von Stakeholderansprüchen bei Nichterfüllung von Nachhaltigkeitsversprechen

4 Unternehmensbefragung zur Performativitätsanalyse

Um Performativität genau zu verstehen und wirkungstreu an ausgewählten Theoriebeiträgen darzustellen, wäre eine vergleichende Langzeitanalyse erforderlich, die den Prozess des Einflusses von einer Theorie oder einem theoretischen Aspekt auf die Praxis nachzeichnen. Ersatzweise basiert dieser Beitrag auf zwei selbst durchgeführten Umfragen.

Befragung (1)

Es wurden 1100 Abteilungen im Jahr 2010 für Unternehmenskommunikation/PR in deutschsprachigen Ländern kontaktiert, von denen 82 antworteten (Quote: 7,5 %). Um Performativitätshinweise zu erfragen, verläuft der Forschungspfad über die Fragen, ob die antwortenden Unternehmen sich überhaupt für CSR engagieren, ob dieses Engagement zum Verantwortungsbereich der Unternehmenskommunikation/PR gehört, inwieweit die Interne Kommunikation zur Durchsetzung von CSR beiträgt und was diese Integritätsstrategie im eigenen Unternehmen bewirkt. Die oben dargestellten Performativitätsbegriffe – generische, effektive und perfekte Performativität – werden hier in ein Phasenmodell überführt (vgl. Abb. 1).

Perfekte Performativität bedeutet für PR-Management am Beispiel von CSR, dass nachhaltige Verfahrensweisen und/oder Produkte von Unternehmen eingeführt werden und zugleich, dass die Nichteinhaltung von CSR-Strategien zur Provokation von Stakeholderprotesten führt. CSR wird zum strategischen Stakeholdermanagement.

Die unten folgende (selbst-)kritische Frage beinhaltet dann einen Perspektivenwechsel, indem die Unternehmen nach der Glaubwürdigkeit von CSR anderer Unternehmen befragt werden. Hiermit soll vor allem das oben angemerkte Risikopotenzial von CSR zum Ausdruck kommen, da einerseits die Bewertungskriterien von „gesellschaftlicher Verantwortung" oft unklar sind und andererseits auch opportunistisches Antwortverhalten in Untersuchungen durch solche Kontrollfragen Berücksichtigung finden muss.

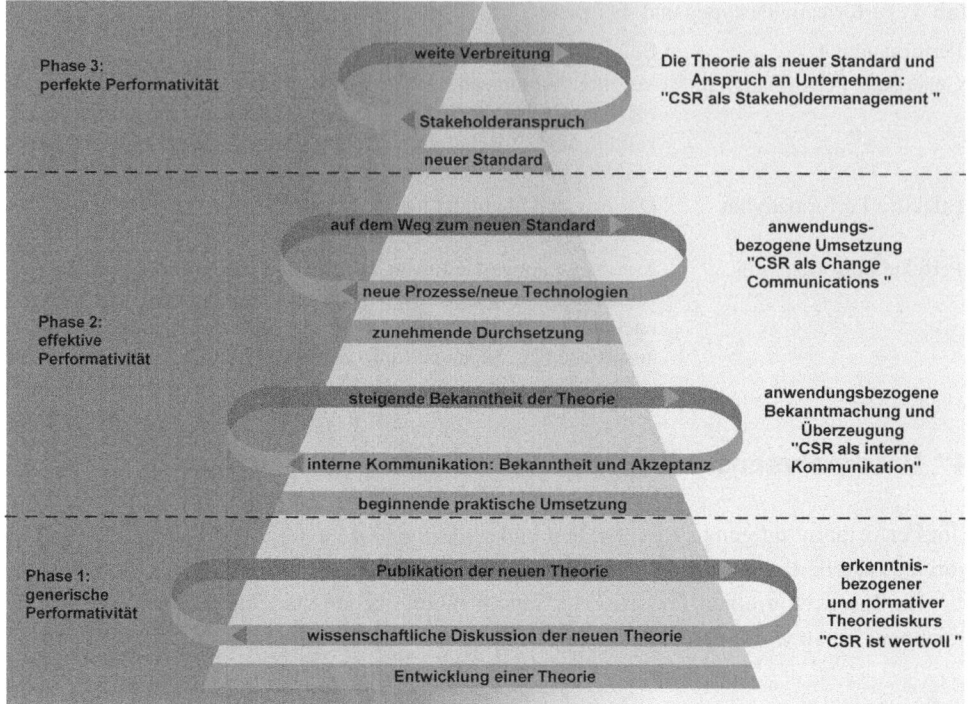

Abb. 1 Der idealisierte Performativitätsprozess in Bezug auf CSR und (interne/externe) Unternehmenskommunikation

Befragung (2)
Performativität bedeutet auch, nach der Rolle der Internen Kommunikation bei der Durchsetzung von Innovationen zu fragen. Betrachtet man die Durchsetzung einer CSR-Strategie als Innovation für ein Unternehmen, so wird sie oftmals die Anforderungen eines Wandels bedeuten. Welche Rolle spielt Interne Kommunikation in einem Change? Hierfür wurden im Jahr 2010 60 PR-Agenturen befragt, deren Ergebnisse hier herangezogen werden.

5 Engagement für Nachhaltigkeitsthemen

Im Folgenden werden die einzelnen Fragen und ihre Ergebnisse aufgezeigt. Die erste Frage zielte darauf ab, ob die befragten Unternehmen überhaupt CSR betreiben. Ob es überhaupt möglich ist, sich bedarfsweise für Nachhaltigkeit zu engagieren (vgl. Tab. 2; zweite Antwort) sei dahingestellt. Jedenfalls gab die Mehrheit der Unternehmen an (56 %), eine CSR-Strategie zu verfolgen.

Frage: Verfolgt Ihr Unternehmen eine CSR-Strategie?

Tab. 2 CSR als aktuelles Handlungsfeld – 82 befragte Unternehmen

Antwort	Anzahl	%
Unser Unternehmen betreibt aktuell kein gesellschaftliches Engagement	2	2,44
Unser Unternehmen engagiert sich gesellschaftlich nach Bedarf	33	40,24
Unser Unternehmen verfolgt eine CSR-Strategie	46	56,10

Um einen Einfluss des PR-Managements auf das Handeln der Organisation zu ermitteln, wurde zudem gefragt, ob CSR zu den Tätigkeiten der Unternehmenskommunikation zählt. Gut 70 % der befragten Abteilungen gaben an, dass dies zu ihren Aufgaben gehört (vgl. Tab. 3).

Frage: Welche Tätigkeiten gehören zur Kommunikationsabteilung Ihres Hauses?

Tab. 3 Tätigkeitsfelder der Unternehmenskommunikation – 82 befragte Unternehmen

Antwort	Gehört zur Abteilung	Andere Abteilung	Wird derzeit nicht aktiv betrieben
Presse/Public Relations/ Öffentlichkeitsarbeit	79 (96,34 %)	2 (2,44 %)	0 (0,00 %)
Marketing/Werbung	32 (39,02 %)	41 (50,00 %)	3 (3,66 %)
Corporate Social Responsibility	58 (70,73 %)	16 (19,51 %)	5 (6,10 %)
Interne Kommunikation	77 (93,90 %)	3 (3,66 %)	0 (0,00 %)
Online/Internet/Web 2.0	64 (78,05 %)	14 (17,07 %)	1 (1,22 %)
Marke/Markenmanagement	38 (46,34 %)	32 (39,02 %)	2 (2,44 %)
Sponsoring	51 (62,20 %)	19 (23,17 %)	9 (10,98 %)

Die Antworten dokumentieren, dass die Unternehmenskommunikation in einer Mehrheit der befragten Unternehmen zumindest Einfluss auf die CSR-Tätigkeit nimmt.

Eine detaillierte Analyse, welche Funktionsbereiche in diesen Unternehmen CSR umsetzen, war nicht Teil der Befragung. Es wird sich aber weiter unten zeigen, dass die Analyse der CSR-Umsetzung zentral für Hinweise zur Performativität verhaltensorientierten PR-Managements sind. Hier wird die hohe Quote der Antworten, die CSR als Handlungsfeld der Unternehmenskommunikation angeben, zunächst als Grundvoraussetzung gewertet, dass PR in Bezug auf die Etablierung von CSR-Strategien Performativitätsbeiträge leistet.

6 CSR als Stakeholdermanagement

Public Relations wird in der PR-Theorie zum Teil mit „Stakeholdermanagement" bezeichnet (Lies 2015b, S. 320). Um die praktische Relevanz dieser Kennzeichnung zu belegen und damit Performativitätsbelege zu erfassen, wurde gefragt, welche treibende Kraft hinter der Übernahme gesellschaftlicher Verantwortung durch Unternehmen steht (Abb. 2). Man könnte die Wissenschaft hier als Generator von Stakeholderansprüchen verstehen, indem sie etwa technische Defizite in Bezug auf den Schutz der Umwelt verdeutlicht, sie quantifiziert und qualifiziert, um so Umweltgruppen, aber auch Medien, eine Anspruchsgrundlage an die Hand zu geben. Dies äußert sich dann als Stakeholdermanagement von Unternehmen, sofern sie zugleich solche umweltrelevanten Leistungsprozesse betreiben.

Frage: Welcher der folgenden Aspekte ist Ihrer Meinung nach treibende Kraft dafür, dass Unternehmen und Organisationen mehr gesellschaftliche Verantwortung übernehmen?

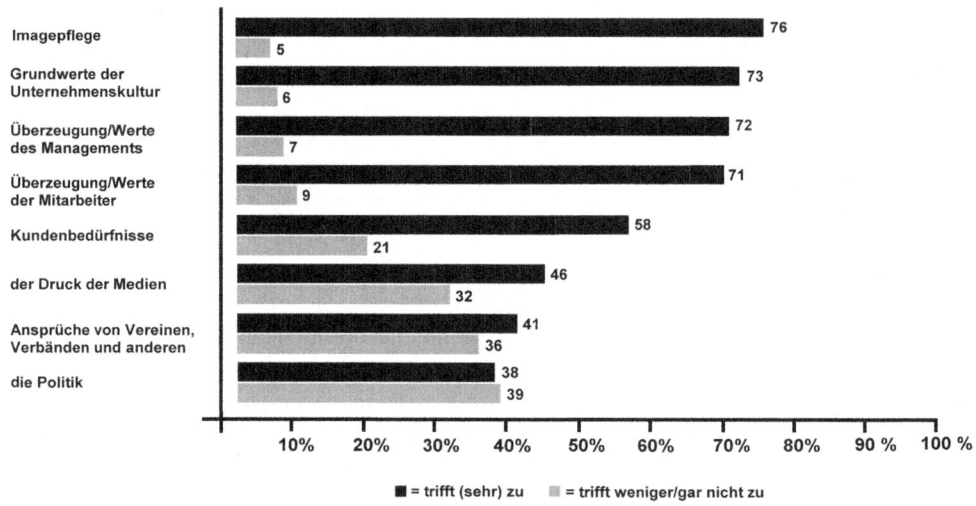

Abb. 2 Treibende Aspekte von CSR – 82 befragte Unternehmen. (Quelle: Eigene Befragung)

Für die Mehrheit (76) der befragten Unternehmen ist es (sehr/etwas) zutreffend, dass die Imagepflege die treibende Kraft dafür ist, dass Unternehmen und Organisationen mehr gesellschaftliche Verantwortung übernehmen. Auffällig ist, dass internen Kräften insgesamt eine größere Rolle zugesprochen wird als externen Kräften: Grundwerte der Unternehmenskultur (73 antwortende Unternehmen), Überzeugungen und Werte unseres Managements (72) sowie der Mitarbeiter (71) stehen dabei deutlich vor Kräften wie dem Druck der Medien (46) oder den Ansprüchen von Vereinen, Verbänden und anderen Nichtregierungsorganisationen (41) – also auch der Wissenschaft. Performativität erfährt hier aus der Analyseperspektive von Wissenschaft als Initiator von CSR erhebliche Einschränkungen, da priorisierte Impulsgeber vor allem in den eigenen Werten der Mitarbeiter oder denen der Gesellschaft gesehen werden. Nun kommt aber Wissenschaftswirkung z. B. auch in Form von Medienpräsenz zum Ausdruck. Bereits hier zeigt sich, wie problematisch die Performativitätsanalyse von Wissenschaft ist, wenn diese als Themeninitiator oft gar nicht wahrgenommen wird.

7 CSR als hohe PR-Performativität durch Integritätsausweis

Die einfachste Frage, um einen Performativitätshinweis von PR auf das Verhalten des angesprochenen Unternehmens zu erhalten und spürbare Verhaltensänderungen zu ermitteln, die durch die Initiierung von CSR-Strategien hervorgerufen werden, (vgl. Tab. 3) lautet wie folgt.

Frage: Hat CSR zu spürbaren Veränderungen der Verhaltensweisen Ihres Unternehmens geführt? Bitte bewerten Sie folgende Aussagen.

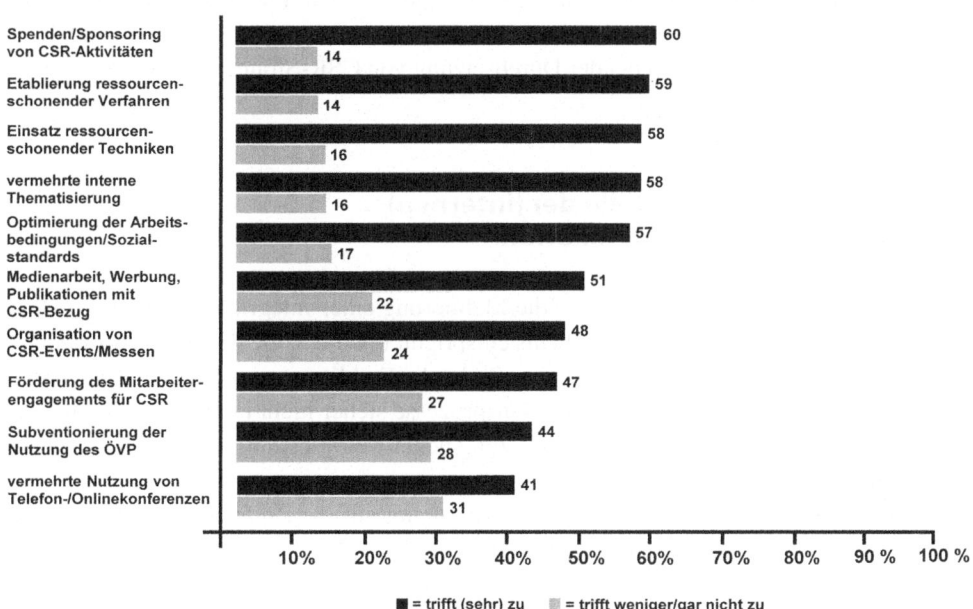

Abb. 3 Verändertes Verhalten durch CSR – 82 befragte Unternehmen

Schaut man über die Bandbreite und Zustimmungswerte (trifft sehr/etwas zu) der abgefragten Verhaltensdimensionen, könnte man tatsächlich zu dem Schluss gelangen, dass CSR zu weitreichenden Veränderungen in den leistungsbezogenen Prozessen der befragten Unternehmen geführt hat: Den Spitzenwert der Veränderungen nimmt das Spenden und Sponsoring für CSR-Projekte ein. Für 60 der befragten Unternehmen ist es (sehr/etwas) zutreffend, dass hier erhöhtes Engagement von ihrer Seite stattfindet. Aber auch in der Kommunikation werden Veränderungen beobachtet. So trifft es für 58 von 82 befragten Unternehmen (sehr/etwas) zu, dass vermehrt eine interne Thematisierung von Nachhaltigkeit und gesellschaftlicher Verantwortung bei den Mitarbeitern stattfindet. In diesem Beitrag wurde aber ein verhaltensbezogenes PR-Verständnis zugrunde gelegt. Insofern gilt es auch, durch CSR veränderte Leistungsprozesse zu erfragen, die die Integrität in zentralen Produktions- und/oder Distributionstätigkeiten dokumentieren. Bezüglich des unternehmerischen Leistungsprozesses ist es für 58 Befragte (sehr/etwas) zutreffend, dass der vermehrte Einsatz energie-/ressourcenschonender Techniken in der Produktion und/oder Vertrieb erfolgt.

Das wäre ein starker Performativitätsausweis bei den hier befragten Unternehmen.

In der Verantwortung der Unternehmenskommunikation betreiben sie zum großen Teil CSR-Strategien, die mit den Umfrageergebnissen nicht nur zu verändertem Kommunikationsverhalten nach innen führte, sondern auch neue Produktionsweisen als neu ausgerichtetes Unternehmensverhalten bewirkte, die auf den Werten von Mitarbeitern und Führungskräften basiert. Um den Performativitätsprozess von der Theorie in der Praxis weiter zu folgen, wurde daher nach Erkenntnissen gesucht, ob und inwieweit die (interne) Unternehmenskommunikation bei der Durchsetzung von CSR-Strategien in Unternehmen eine Rolle spielt.

8 CSR als Change: die Rolle der (internen) Unternehmenskommunikation

Im Folgenden wird angenommen, dass die Etablierung einer Integritätsstrategie den Herausforderungen des Change-Managements entspricht, um die Rolle der Internen Kommunikation in diesem Prozess zu untersuchen: So ist die Etablierung nachhaltig produzierter Produkte mit der Anpassung der Produktionsprozesse sicher nicht in allen Unternehmen, aber doch häufig mit der internen Durchsetzung neuer Marktleistungen und/oder Produktionstechniken verbunden.

Die Performativitätsanalyse konzentriert sich damit auf die Rolle und den Beitrag der Internen Kommunikation im Change Management.

Würde also der CSR-Gedanke durch eine theoretische Diskussion vielleicht aus der Medienethik heraus abgeleitet in ein Unternehmen hineingetragen, so wäre zunächst die Interne Kommunikation mit der Bekanntmachung, Verständnisschaffung und Durchsetzung der damit verbundenen Restrukturierungen mandatiert (vgl. Tab. 4).

Frage: Als ein Ziel von Change Communications gilt oft die Verhaltensänderung von Führungskräften und Mitarbeitern: Inwieweit geht Change Communications in Unternehmen Ihrer Erfahrung nach über die Konzeption und Umsetzung purer Kommunikationsmaßnahmen hinaus?

Tab. 4 Change Communications: Mehr als pure Kommunikation? – 60 befragte Agenturen

Antwort	Anzahl	%
Change Communications konzentriert sich meist auf Kommunikationsmaßnahmen, da dies Auftrag und Kernkompetenz von Kommunikationsabteilungen/PR-Agenturen ist	12	20,00
Change Communications leistet sowohl Kommunikationsmanagement (Medienarbeit, Reden, Eventorganisation...) als auch Verhaltensmanagement (Workshops zu Verhaltensaspekten, Trainings zum Umgang mit Kunden und Mitarbeitern...)	28	46,67
Change Communications leistet Kommunikations- und Verhaltensmanagement und ist in die Etablierung von Steuerungsinstrumenten (Zielsysteme und Anreize im Change, Einführung von Balanced Scorecards...) eingebunden	20	33,33

Nimmt man also an, dass die Abteilung für Unternehmenskommunikation einen strategischen Impuls mit der Durchsetzung eines grünen Images für ein Unternehmen leisten wollte und dafür eine strategische Neuausrichtung erforderlich wäre, so ist das Bild bzgl. der Rolle der Internen Kommunikation als Change Communications zwiegespalten. So gibt immerhin ein Drittel der hier befragten Experten an, dass Change Communications Kommunikations- und Verhaltensmanagement leistet und auch in die Etablierung von Steuerungsinstrumenten (Zielsysteme und Anreize im Change, Einführung von Balanced Scorecards...) eingebunden ist. Umgekehrt sind zwei Drittel nicht dieser Meinung.

Hier deutet sich also eine spürbare Performativitätslücke bei der Durchsetzung von Theorieimpulsen durch (interne) Unternehmenskommunikation an (effektive Performativitätsschwäche der PR).

Klar ist aber auch, dass eine große Unklarheit über die „Kanäle" oder „Transfermechanismen" von der Theorie in die Praxis besteht, wenn man nur die Verhaltensrelevanz Interner Kommunikation betrachtet.

9 CSR als hohe PR-Performativität durch Integritätsausweis

Die folgende Frage zielt auf die wirtschaftlichen und Imagegewinne durch CSR ab. Warum ist das für Performativität eine wichtige Analysedimension? Wenn Image und Reputation zentrale PR-Ziele sind, würde Performativität bedeuten, dass die Nichteinhaltung von Integritätsdimensionen zu Reputationsverlusten führen müsste (vgl. Tab. 5).

Frage: Wenn Ihr Unternehmen im Bereich CSR aktiv ist: Glauben Sie, dass Ihr Unternehmen langfristig wirtschaftliche Einbußen und/oder Reputationsverluste erleidet, wenn es keine CSR betreiben würden? (Mehrfachnennung möglich)

Tab. 5 Wirtschaftliche Erfolge und Imageeffekte durch CSR – 82 befragte Unternehmen

Antwort	Anzahl	%
Das Unternehmen betreibt systematisch keine CSR	11	13,41
Ja, das Unternehmen würde wirtschaftliche Einbußen erleiden	28	34,15
Ja, das Unternehmen würde Reputationsverlust erleiden	53	64,63
Nein, das Unternehmen würde keine wirtschaftlichen Einbußen erleiden	15	18,29
Nein, das Unternehmen würde keinen Reputationsverlust erleiden	8	9,76

Hier ergibt sich also ein hoher Performativitätsbeitrag für die CSR, da auf diese Frage fast 65 % (53 Unternehmen) antworten, dass das Unternehmen Reputationsverluste erleiden würde, sofern es diese CSR-Aktivitäten einstellen würde.

Stakeholderansprüche scheinen gegenüber den Nachhaltigkeitsversprechen vieler Unternehmen aufgebaut worden zu sein (hoher perfekter Performativitätshinweis der PR).

10 Performativitätshinweise und Performativitätszweifel

Die bisherigen Fragen scheinen PR als einem Treiber von CSR-Management einerseits eine hohe Performativität zu bescheinigen, die andererseits mit einigen Schwächen bei der Internen Kommunikation als „Strategiedurchsetzer" (effektive Performativität) auftritt. So drücken die Angaben zum veränderten Verhalten durch CSR einen hohen Umsetzungseinfluss von CSR-Strategien auf das unternehmerische Verhalten aus, sodass häufige „Greenwashing"-Vorwürfe und ähnliche Effekte nicht der Realität zu entsprechen scheinen. – Allerdings muss bei solchen Befragungen immer auch ein opportunistisches Antwortverhalten der Befragten beachtet werden. So ist denkbar, dass sich ein Teil der Befragten etwa aus Image- oder Selbstrechtfertigungsgründen positiver darstellt als Dritte es attestieren würden. Die folgende Frage könnte als Kontrollfrage und Beitrag zur Relativierung der Antworten aufgefasst werden. So wurde ein Perspektivenwechsel in der Befragung vollzogen und um die kritische Einschätzung der CSR-Tätigkeiten anderer Unternehmen gebeten.

Frage: Zum Teil gilt Corporate Social Responsibility von Unternehmen als wenig glaubwürdig. Was schätzen Sie: Wie viele Unternehmen betreiben in Deutschland CSR-Kommunikation aus Imagegründen, die sie aber nicht durch faktisches Handeln untermauern? (zum Beispiel durch Sponsoring, ressourcenschonende Technik etc.).

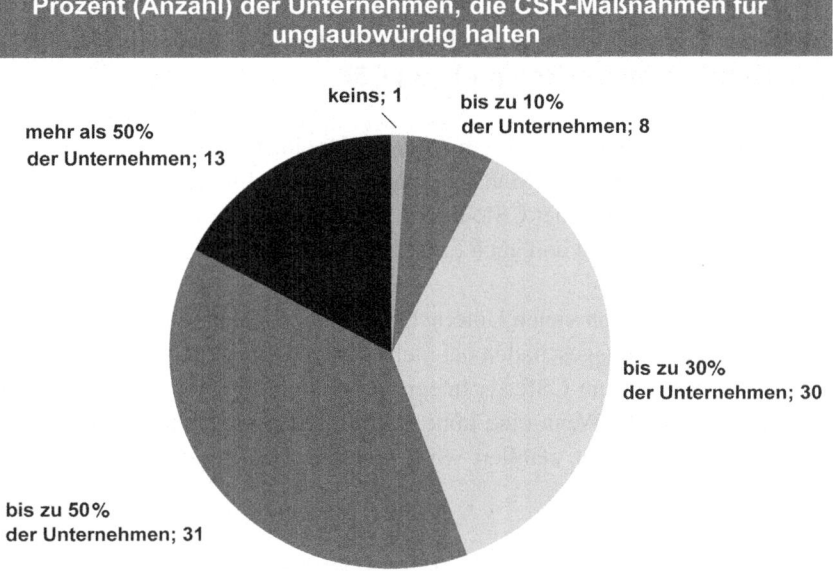

Abb. 4 Anzahl der Unternehmen (in %), die CSR-Maßnahmen für unglaubwürdig halten – 82 befragte Unternehmen. (Quelle: Eigene Darstellung)

Hier nehmen 30 der Befragten an, dass bis zu 30 % der Unternehmen in Deutschland CSR-Kommunikation aus Imagegründen betreiben, die sie aber nicht durch faktisches Handeln untermauern. Fast ebenso viele (31) geben an, dass sich sogar 50 % der Unternehmen so verhalten.

Hier ist deutliche Kritik der Befragten an der CSR-Praxis ablesbar.

Dieses Ergebnis zeigt mindestens vier wichtige Aspekte auf:

1. Durch das hohe Misstrauen in die Antworten zeichnen diese Angaben ein pessimistisches Bild in Bezug auf die Ehrlichkeit der vorigen Antworten.
2. Zum anderen bekommt der häufige „Greenwashing"-Vorwurf plötzlich einen ganz anderen Stellenwert: Das durch CSR-Strategien oben noch ermittelte veränderte Verhalten wie etwa die Etablierung ressourcenschonender Produktionsverfahren wird damit von vielen Kommunikationsexperten bezweifelt.
3. Hier wird drittens deutlich, dass die Maßstäbe für CSR-gerechtes Verhalten keine (wirtschafts-)gesellschaftsweiten akzeptierten Stellenwert erreicht haben. Wenn es akzeptierte Standards für Nachhaltigkeit und Offenlegung in der Produktion, im Ener-

gieverbrauch oder bei anderen definierten Spezifikationen des Ressourcenverbrauchs geben würde, wäre solche Skepsis gegenüber der CSR-Positionierung vieler Unternehmen der Boden entzogen.
4. Zum Vierten wird so die Komplexität der Performativitätsmessung angedeutet, die durch opportunistisches Antwortverhalten noch erhöht wird.

11 Fazit und Diskussion zur Performativität von (interner/externer) Kommunikation am Beispiel von CSR

Die eingangs gestellte Frage, ob CSR ein Ausweis für eine hohe Performativität von interner PR als verhaltensorientiertes Management („behavioral management") ist, muss angesichts der hohen Zweifel an der CSR-Praxis und damit an der Glaubwürdigkeit anderer Unternehmen für die perfekte und auch effektive Performativität zumindest weitreichend verneint werden.

Vermutlich wird CSR von vielen Unternehmen nicht nachhaltig umgesetzt.

Aber: Der vermutete Imageschaden bei nicht vorhandener CSR zeigt, dass die Theorie auf einem guten Weg ist, um CSR als Integritätsstrategie in Unternehmen zu verankern (perfekte Performativität). Wenn eine hohe Performativität bedeutet, dass Theorie ganz oder in Teilen von der Praxis etabliert wird, gehören dazu mindestens drei umgesetzte Anforderungen:

- Kenntnis der Theorie und der damit verbundenen Anforderungen. In Bezug auf CSR ist zumindest die generische, vielleicht auch die effektive Performativität hoch, da der Nichteinhaltung bzw. der Nichtausübung von CSR hohe Imageschäden attestiert werden.
- Weitreichende branchen- oder marktweite Akzeptanz der Umsetzungskriterien: Zugleich zeigen sich aber mit den hohen Zweifeln der CSR-Integrität anderer Unternehmen Performativitätsschwächen in Bezug auf die Umsetzung von CSR-Strategien, sodass sich Lücken in Bezug auf die Durchsetzung von Integritätsstrategien zeigen. Speziell die Interne Kommunikation scheint sich derzeit noch als Performativitätslücke dazustellen.
- Standards der Umsetzung: Es werden also mehr leicht nachvollziehbare CSR-Kriterien in Bezug auf die Verständlichkeit und auch Dokumentationsfähigkeit und damit Messbarkeit notwendig, sodass vorliegende Normen, Kodices und Richtlinien wie ISO 26000 oder Branchenselbstverpflichtungen derzeit als erste Versuche mit Performativitätsschwäche zu werten sind.

Speziell der Aspekt der messbaren Standards führt die Wirtschaftsgesellschaft schnell in ein Dilemma. Hohe Anforderungen an Umweltstandards sind vor allem politisch in Westeuropa gefällig, bedeuten zugleich aber wirtschaftsethisch und wettbewerbspolitisch und damit unternehmenskritisch problematische Auflagen für südeuropäische oder gar sogenannte Entwicklungsländer. Dieses Dilemma ist keineswegs eine Absage an die Durchsetzung von Integritätsstrategien auch weltweit tätiger Unternehmen. Es wird aber deutlich, welche Konsequenzen sich für standortübergreifend produzierende Unternehmen ergeben müssten. Sie müssten jedenfalls nationalstaatlich unterschiedlich ausgelegt werden dürfen. Wenn dies dann zu Stakeholderansprüchen führt, ist dies ein Teil des Performativitätsprozesses, also der Durchsetzung von theoretischen Impulsen in die Praxis einer Wirtschaftsgesellschaft.

Literatur

Austin JL (1970) Performative Utterances. Philosophical Papers, London

Curbach J (2009) Die Corporate-Social-Responsibility-Bewegung. VS, Wiesbaden

Engelmann K (1971) Wirtschaft und Wissenschaft, Wege und Irrwege der ökonomischen Forschung und Lehre zu ihrer sozialwissenschaftlichen Bestimmung. Volkswirtschaftliche Schriften, Bd. 16. Duncker & Humblot, Berlin

Fischer-Winkelmann WF (1994) Praxisvollzug der Betriebswirtschaftslehre, Prolegomena statt einer einleitenden Übersicht. In: Fischer-Winkelmann WF (Hrsg) Das Theorie-Praxis-Problem der Betriebswirtschaftslehre: Tagung der Kommission Wissenschaftstheorie. Springer, Wiesbaden, S 2–5

Lies J (2015a) Unternehmenskultur. In: Lies J (Hrsg) Praxis des PR-Managements, Strategien – Instrumente – Anwendung. Springer-Gabler, Wiesbaden, S 504–507

Lies J (2015b) Stakeholder-Management. In: Lies J (Hrsg) Praxis des PR-Managements, Strategien – Instrumente – Anwendung. Springer-Gabler, Wiesbaden, S 320–323

MacKenzie D (2006) An Engine, Not a Camera. How Financial Models Shape Markets. MIT Press, Cambridge MA

Pride WM, Ferrell OC (2016) Marketing. South Western Educational Publishing, Boston

Weber T (2014) Nachhaltigkeitsberichterstattung als Bestandteil marketingbasierter CSR-Kommunikation. In: Fifka M (Hrsg) CSR und Reporting – Nachhaltigkeits- und CSR-Berichterstattung verstehen und erfolgreich umsetzen. Springer-Gabler, Wiesbaden, S 95–106

Prof. Dr. Jan Lies (1970) ist promovierter und habilitierter Wirtschaftswissenschaftler. Seit 2013 ist er Professor für Betriebswirtschaftslehre, insbesondere Unternehmenskommunikation und Marketing an der FOM Hochschule für Oekonomie und Management in Dortmund und Münster. Zu seinen Forschungsgebieten gehören das evolutions- und verhaltenswissenschaftliche Kommunikationsmanagement und Marketing, das er auch in der Praxis anwendet. So gehört die Einführung der wertschätzenden Führung in einem Universitätsklinikum zu seinen aktuellen Projekten.

Netzwerkanalyse und CSR-Kommunikation

Jana Kollat und Franzisca Weder

1 Einführung

Von allen Phänomenen, die in den vergangenen Jahren in der Geschäftswelt aufgetaucht sind, haben nur wenige einen solch großen Einfluss wie die Netzwerkanalyse, so beschreiben Parkhe et al. (2006) die zunehmende Popularität des Netzwerkbegriffs in der Organisationsforschung. Gleichzeitig verdeutlicht das anhaltende Interesse das bisher häufig ungenutzte Potenzial in der Auseinandersetzung mit den Strukturen und Prozessen, die eine Organisation konstituieren und in die Gesellschaft einbetten. Die Beschreibung und Analyse von internen und externen Netzwerken und insbesondere Kommunikationsprozessen ermöglicht es, den Sozial- und Kommunikationscharakter von Organisationen sowie Kommunikation als sinnstiftende Prozesse zu erfassen und zu kontextualisieren. Insbesondere interne Kommunikationsstrukturen und -prozesse werden so aus einer netzwerktheoretischen Perspektive nicht länger als einseitiger, funktionalistischer Prozess zwischen Sender und Empfänger verstanden, sondern vielmehr als dynamischer und strukturbildender Prozess, der die Identität von Organisationen formt (Weder 2010; Schoeneborn 2011). Damit wird auch das bisher ungenutzte Potenzial dieses analytischen Blickwinkels in Bezug auf die unternehmerische Wahrnehmung von Verantwortung (Corporate Social Responsibility) deutlich. Insbesondere im Hinblick auf die CSR-Aktivitäten und deren kommunikativer Verbreitung innerhalb von Organisationen ermöglicht der Netzwerkansatz neue Analyseebenen und darauf aufbauende Erkenntnisse. In den Mittelpunkt rückt

J. Kollat (✉)
Leuphana Universität Lüneburg
Scharnhorststr. 1, 21335 Lüneburg, Deutschland
E-Mail: jana.kollat@leuphana.de

F. Weder
Alpen-Adria-Universität Klagenfurt
Universitätsstraße 65-67, 9020 Klagenfurt am Wörthersee, Österreich
E-Mail: Franzisca.Weder@aau.at

die Netzwerkanalyse den Prozess des Netzwerkbildens als kommunikativen Austauschprozess zwischen verschiedenen Akteuren. Aus dieser Perspektive heraus ist der Sinn interner CSR-Kommunikation also nicht allein darin zu suchen, einzelne Akteure über die CSR-Aktivitäten zu informieren, sondern sie mit einzubeziehen und innerhalb der Organisation ein gemeinsames CSR-Verständnis zu entwickeln. Erst so kann die interne CSR-Kommunikation zu einem Schlüsselfaktor in der Herausbildung und Implementierung einer organisationalen Identität werden und damit auch von Strukturen und Prozessen der Verantwortungszuordnung und Verantwortungswahrnehmung.

Bei der Analyse organisationaler Netzwerke geht es darum, Beziehungsmuster und die strukturelle Kopplung einzelner Akteure darzustellen (Wald 2010). Dabei können netzwerktheoretische Ansätze einerseits Performanceindikatoren analysieren, andererseits ermöglichen sie aber auch ein tieferes Verständnis von Strukturen und Verbindungen innerhalb von Organisationen und deren Auswirkungen auf einzelne Akteure (Borgatti 2003). Dabei nutzt die Organisationsforschung insbesondere die Analyse 1) sozialer Beziehungen von Akteuren, 2) der Einbettung von Akteuren in das Gesamtnetzwerk, 3) struktureller Muster innerhalb von Netzwerken und 4) des Nutzens von Verbindungen innerhalb eines Netzwerks (Kilduff und Brass 2010). Erste Forschungsarbeiten zeigen, dass solche Analyseansätze gewinnbringende Erkenntnisse innerhalb der CSR-Kommunikationsforschung zulassen (Nielsen und Thomsen 2011; Chen 2010; Schultz et al. 2013). Allerdings konzentriert sich die Forschung derzeit noch vornehmlich auf die externe CSR-Kommunikation und lässt eine interne Perspektive häufig vermissen (vgl. hierzu auch Golob et al. 2013), daher widmet sich dieser Beitrag einer netzwerkanalytischen Betrachtung der internen CSR-Kommunikation und zeigt Analysemöglichkeiten ihrer konstituierenden Wirkung auf. Verantwortung wird als relationaler Begriff verstanden (Weder 2010). Dementsprechend kann die Netzwerkanalyse einen wertvollen Beitrag zur Erforschung interner CSR, der Rollenverantwortung beteiligter Akteure sowie der Rolle der Kommunikation in der Zuschreibung und Wahrnehmung von Verantwortung leisten.

Im Rahmen der internen CSR-Kommunikation ist es also entscheidend, aufzudecken, wann genau und unter welchen Umständen CSR-Aktivitäten Relevanz bei den Mitarbeitern erzeugen können. Von besonderem Interesse sind in diesem Zusammenhang die Kommunikationsbedingungen und -strukturen, die einen solchen Identifikationsprozess tatsächlich ermöglichen. Relevante Kommunikationsteilnehmer sowie meinungsbildende Multiplikatoren müssen identifiziert werden. Anhand einer solchen Analyse kann anschließend bestimmt werden, wie interne CSR-Kommunikation so implementiert und verfolgt werden sollte, dass die Inhalte bei den Mitarbeitern ankommen, verarbeitet und schließlich auch aufgenommen werden. So kann aufgedeckt werden, welche Kommunikationsstrukturen und -abläufe für die interne CSR-Kommunikation geschaffen werden und welche Multiplikatoren in den Prozess mit eingebunden werden müssen, damit CSR von den Mitarbeitern im Unternehmenskontext wahrgenommen und verstanden wird. Die soziale Netzwerkanalyse begegnet all diesen Ansprüchen und kann damit auf Fragestellungen im Bereich der internen CSR-Kommunikation neue Antworten liefern. Der Fokus liegt dabei auf Beziehungsstrukturen und auf Akteuren als elementare Einheiten der Netzwerkanalyse. So lässt sich der absolut dynamische Prozess der Netzwerkbildung nachzeichnen, der Interesse, Beeinflussung, Suggestion, Disposition und Forderung der Akteure aufdeckt. Zugleich bildet die Netzwerkanalyse unterschiedliche Analyseebenen ab: Individuum, dyadische Beziehungen, lokale soziale Beziehungsgefüge sowie die globalen Strukturen eines Netzwerks. Die Netzwerkperspektive ist damit nicht nur eine bloße Erweiterung zu den klassischen sozialwissenschaftlichen Methoden, sondern bringt auch eigene theoretische Grundannahmen mit.

2 Die soziale Netzwerkanalyse in der Organisationsforschung

Organisationen konstituieren sich zu einem wesentlichen Teil aufgrund der Kommunikation unterschiedlicher sozialer Akteure. Kommunikation ist aus dieser Sicht heraus absolut wesentlich für organisationales Verhalten; ohne Kommunikation wäre die Existenz von Organisationen ausgeschlossen. Die Beziehungen, die zwischen den einzelnen Kommunikationsakteuren (z. B. Individuen, Arbeitsteams, Abteilungen, aber auch ganze Organisationen) bestehen, bestimmen daher, wie Organisationen agieren. Das Verständnis dieser Beziehungen ist für den Erfolg einer Organisation zwingend, daher hat in jüngster Zeit nahezu zwangsläufig die relationale Perspektive der sozialen Netzwerkanalyse an Bedeutung gewonnen und sich als ein zentrales Instrument der Organisationsforschung etabliert. Das Organigramm einer Organisation mag zwar zeigen, wie bestimmte Abteilungen und Individuen hierarchisch verbunden sind, die tatsächlichen Kommunikationsabläufe, d. h. wer tatsächlich mit wem kommuniziert, kann ein Organigramm allerdings nicht abbilden (Ricken und Seidl 2010). Ein Großteil der Arbeit in Organisationen geht also jenseits der formalen Strukturen vonstatten. Die Aufgabe der Unternehmenskommunikation ist es, in diesem Rahmen Relevanz bei den Mitarbeitern zu erzeugen.

Gerade die interne CSR-Kommunikation steht aber vor der großen Herausforderung, auch den informellen Informationsfluss bedienen zu müssen, um so die Mitarbeiter des Unternehmens authentisch einzubinden und von den eigenen Vorhaben zu überzeugen, sodass beim Mitarbeiter eigenes Interesse erzeugt wird, sich zu beteiligen. Die zwei wichtigsten Grundannahmen der sozialen Netzanalyse und der zugrundeliegenden Netzwerktheorien sind, 1) dass Individuen sich, basierend auf ihren Interaktionsmöglichkeiten, die von den spezifischen Gegebenheiten der Treffpunkte abhängen, zu Gruppen zusammenschließen und dass 2) die Kommunikation und der Informationsfluss innerhalb von Gruppen höher ist als zwischen Gruppen. Gleichzeitig ist auch der Beeinflussungsgrad innerhalb von Gruppen höher als zwischen Gruppen; man entwickelt innerhalb einer Gruppe also ähnliche Annahmen und Einstellungen. Wichtig ist hierbei zu betonen, dass es der sozialen Netzwerkanalyse um die Analyse von Relationen und nicht von Attributen geht, d. h. um die Analyse von Beziehungsmustern und nicht um die Betrachtung der Ausprägung individueller Merkmale. Einzelne Individuen haben dabei in der dynamischen Entwicklung eines Netzwerks eine Doppelfunktion inne: Einerseits ist das Denken und Handeln des einzelnen Akteurs das Ergebnis von Netzwerkprozessen. Mit anderen

Worten: Wie ein Akteur in ein bestimmtes Netzwerk eingebunden ist, bestimmt seine Identitätsbildung. Individuelle Interessen, Meinungen und Handlungen sind daher immer beeinflusst von dem Verhalten anderer Akteure im Netzwerk. Wie sich ein einzelner Akteur verhält, ist also immer in Abhängigkeit zu den die Zuschreibungsprozesse anderer Akteure zu sehen. Andererseits kann ein einzelner Akteur gleichzeitig auch immer selbst zum Initiator solcher Zuschreibungsprozesse werden. Burt (1992, S. 5) bringt diesen Anspruch treffend auf den Punkt: Personen und Organisationen sind nicht der Ursprung von Handlungen, vielmehr sind sie Träger strukturell hervorgerufener Tätigkeiten.

Dementsprechend lassen sich zwei Ansatzpunkte für die Netzwerkanalyse identifizieren, um die Dynamik von Netzwerken nachzeichnen zu können: Aus der einen Perspektive „folgt der Beobachter den Akteuren, um herauszufinden, wie diese die unterschiedlichen Elemente definieren und in Verbindung bringen, mit denen sie ihre Welt aufbauen und erklären" (Callon 1986, S. 201). Die andere Perspektive ermöglicht es, den Zuschreibungen der Aktanten zu folgen, also „wie ein Aktant B einem Aktant A eine feste Grenze zuschreibt, wie B A Interessen oder Ziele zuweist, wir können der Definition von Grenzen und Zielen folgen, die A und B teilen, und schließlich der Verteilung von Verantwortung zwischen A und B hinsichtlich ihres gemeinsamen Handelns" (Latour 1991, S. 129). Für die Betrachtung interner CRS-Kommunikation ist dies insbesondere relevant, da CSR nicht als festgelegte Strategie gesehen werden kann, sondern immer gefordert ist, sich dynamisch an aktuelle Veränderungen anzupassen. Das besondere Potenzial der Netzwerkanalyse ist die Möglichkeit, interne CSR-Kommunikation tatsächlich als dynamischen Prozess zu erfassen und aktuelle Umweltbedingungen sowie gesellschaftliche Beziehungen widerzuspiegeln.

3 Die Erfassung von sozialen Netzwerken

Die Datenerhebung lässt sich grundsätzlich mittels unterschiedlicher Verfahren realisieren. Beispielsweise lassen sich Daten durch die Analyse sozialer Medien wie beispielsweise Twitter oder Facebook gewinnen und die darin enthaltenden Akteure miteinander verknüpfen. Insbesondere im Hinblick auf die wachsende Bedeutung sozialer Medien auch in der Internen Kommunikation gewinnt die soziale Netzwerkanalyse gerade in jüngster Zeit rasant an Bedeutung. Auch der Nutzen qualitativer Erhebungsmethoden wird immer wieder betont (Fuhse und Mützel 2011). Im Unternehmenskontext ist jedoch nach wie vor die klassische Erhebungsmethode der Befragung vorherrschend. Die Daten können dabei mittels eines geschlossenen oder offenen Fragebogens gewonnen werden. Sind die Mitglieder eines Netzwerks bekannt, empfiehlt sich ein geschlossener Fragebogen mit einer Liste aller potenziellen Interaktionspartner. Der Befragte gibt dann an, ob die nachgefragte Beziehung mit den Mitgliedern des Netzwerks existiert oder nicht. Sind die Mitglieder eines Netzwerks dagegen nicht bekannt, empfiehlt sich eine offene Vorgehensweise; der Befragte listet hierbei die nachgefragten Interaktionspartner seines Netzwerks selbstständig auf.

So entsteht ein relationaler Datensatz, der Informationen darüber bereitstellt, wer mit wem die nachgefragte Beziehung unterhält. Im Rahmen einer Untersuchung der internen CSR-Kommunikation bietet sich demnach an, Organisationsmitglieder dahingehend zu befragen, wer mit wem über CSR-relevante Themen kommuniziert. Die Aufnahme der Daten erfolgt mithilfe von Matrizen, in denen die äußeren Zeilen und Spalten die auftretenden Akteure enthalten. Üblicherweise werden die Akteure von der Zeile ausgehend als Sender betrachtet, von der Spalte aus als Empfänger. Der verbindende Zelleninhalt beschreibt dann die Beziehung der Akteure. Hierbei kann sowohl binär („1" bei bestehender Beziehung, „0" bei nicht bestehender Beziehung) kodiert werden als auch mit einer Gewichtung, sollte diese im Fragenbogen mit aufgenommen worden sein (z. B. „1" bei wöchentlicher Kommunikation, „2" bei einer Kommunikation mehrmals pro Woche etc., wobei „0" immer die Abwesenheit einer Beziehung bezeichnet). Eine so gebildete Matrix lässt sich im Anschluss visualisieren, wobei die Knotenpunkte die Akteure repräsentieren und die Linien bzw. bei gerichteten Daten die Pfeile die Beziehungen, die diese Akteure unterhalten. Insbesondere im Rahmen der Erforschung interner Kommunikationsprozesse kann eine solche Visualisierung attraktiv sein, da die beteiligten Akteure meist noch zu überschauen sind und das visualisierte Netzwerk so verständlich bleibt. Bereits auf den ersten Blick können so mögliche Schwachstellen oder Potenziale in den Kommunikationsprozessen identifiziert werden.

Auch wenn die soziale Netzwerkanalyse diverse Möglichkeiten für die Erfassung organisationaler Strukturen ermöglicht, so bleiben bei der praktischen Umsetzung immer auch ethische und datenschutzrechtliche Faktoren zu berücksichtigen. Netzwerkdaten können überaus sensible Informationen enthalten und sollten dementsprechend behandelt und verwahrt werden. Um Hemmungen und Ängste gegenüber der Datenerhebung abzubauen, empfiehlt es sich, externe Ansprechpartner miteinzubeziehen, die die erhobenen Daten nur anonymisiert weitergeben: Der Netzwerkanalyse geht es nicht darum, einzelne Akteure bloßzustellen, sondern eine Analyse des Zusammenspiels aller Akteure zu gewährleisten. Herrschen in einem Unternehmen starke Konflikte vor, ist unter Umständen von einer Netzwerkanalyse abzusehen, um Mitarbeiter nicht zusätzlich zu verunsichern.

4 Das Potenzial der sozialen Netzwerkanalyse für die Erfassung interner CSR-Kommunikation

CSR wird als ein offenes Konzept betrachtet, das individuelle Interpretationen dynamisch annimmt und dementsprechend einem ständigen Wandel unterzogen ist. Wie bereits beschrieben, gilt hierbei, dass Organisationsstrukturen wie der Führungsstil oder die Beziehungen der einzelnen Mitarbeiter untereinander die Bedingungen für das kommunikative Entstehen eines unternehmenseigenen CSR-Diskurses bestimmen. Die soziale Netzwerkanalyse erlaubt es nun, einen direkten Blick auf diese kommunikativen Strukturen und die ihr zugrundeliegenden Beziehungen zu werfen (Hatala 2006). Es gibt vielfältige Maßstäbe, anhand derer die Struktur eines erhobenen Netzwerks ausgewertet werden kann (siehe hierzu auch Wassermann und Faust 1994). Hilfestellung kann hierbei eine zu diesem Zweck entwickelte Software leisten, z. B. UCINET oder Pajek.

4.1 Zentralität

Das Zentralitätsmaß gibt Auskunft darüber, welche Position ein Akteur in einem bestimmten Netzwerk aufgrund seiner Beziehungen innehat. Bestimmt wird das Zentralitätsmaß über die Beziehungen zu anderen Akteuren, über die ein bestimmter Akteur im Netzwerk verfügt. Das Zentralitätsmaß eines Akteurs innerhalb eines CSR-Kommunikationsnetzwerks würde also Auskunft darüber geben, ob sich dieser zentral im Informationsfluss befindet, d. h. sich mit anderen Akteuren über CSR-relevante Themen austauscht. Eine weitere Möglichkeit, die Position von Akteuren zu bestimmen, bietet die Berechnung der sog. „Betweeness"-Zentralität. Dieses Zentralitätsmaß referiert auf die Position eines Akteurs zwischen anderen Akteuren im Netzwerk. Ein hohes Maß an „Betweeness"-Zentralität bedeutet also, dass dieser Akteur eine entscheidende Position im Netzwerk hat, er verbindet andere Akteure, die sonst nicht miteinander in Beziehung treten würden. Daher ist es überaus wichtig, diese zentralen Akteure zu identifizieren. Vieles, was Organisationen gerade im Hinblick auf CSR an ihre Mitarbeiter weitergeben möchten, wird nicht weitergetragen oder gar missverstanden. Der Informationsfluss innerhalb einer Organisation kann nicht immer gewährleistet werden und kann über einzelnen Akteuren oder Gruppen mit hoher „Betweeness"-Zentralität zum Stocken oder gar ganz zum Erliegen kommen, beispielsweise durch Krankheit oder sonstigem Ausfall dieser Akteure. Die Gefahr, dass Akteure nicht mehr zusammenkommen, ist immens, es entstehen Lücken im Beziehungsgeflecht. Diese sog. „structural holes" entstehen also aufgrund fehlender Beziehungen, sodass der Informationsfluss, also die Kommunikation zwischen Akteuren, nicht mehr gewährleistet ist.

4.2 „Structural holes"

Die „structural holes" bedeuten nicht zwangsläufig, dass die entsprechenden Akteure nichts voneinander wissen – vielmehr sind sie ein Indikator dafür, dass die entsprechende Akteursgruppe auf ihre eigenen Aktivitäten fokussiert ist und diese gegenüber Aktivitäten anderer Gruppen priorisiert (Burt et al. 2013). Strukturelle Löcher wirken auf der einen Seite also als Hemmnis hinsichtlich der Kommunikation zwischen zwei Gruppen. Wenn signifikante Unterschiede im Verständnis eines bestimmten Konzepts auftreten, geschieht dies meistens zwischen zwei Gruppen und nicht innerhalb einer Gruppe. Sieht das Management einer Organisation hier keine klaren strukturellen Bedingungen vor, sind Barrieren für den Wissenstransfer nahezu zwangsläufig gegeben. Auf der anderen Seite offenbaren strukturelle Löcher aber auch das Entwicklungspotenzial von Organisationen, da sie Punkte definieren, an denen nichtredundante Informationen zusammenlaufen und

Akteure sich vielmehr in ihren Fähigkeiten ergänzen, als sich zu wiederholen. Anhand der sozialen Netzwerkanalyse kann so also identifiziert werden, wo Strukturen geschaffen werden müssen, damit Mitarbeiter im Hinblick auf die CSR-Aktivitäten in einen Austausch gebracht werden und sich in ihrem Wissen ergänzen können.

Mitarbeiter können demnach in einer Organisation zwei Positionen einnehmen: Entweder sie spezialisieren und fokussieren ihr Wissen innerhalb einer Gruppe („closure") oder sie verbinden das Wissen verschiedener Gruppen („brokerage"). Beide Positionen können hinsichtlich der Performance einer Organisation von großem Nutzen sein. Akteuren mit einer „Closure"-Position geht es um das Verstärken ihrer Beziehungen, um bereits vorhandenes Wissen zu intensivieren, zu verbessern und so einen Wettbewerbsvorteil zu erlangen. Akteure, die eine „Brokerage"-Position einnehmen, verbinden dagegen Wissensbestände und kreieren so neues Wissen. So kann auch diese Strategie zu einem Wettbewerbsvorteil führen.

4.3 Dichte

Die Netzwerkdichte gibt den Grad der Verbundenheit der einzelnen Akteure an. Sie repräsentiert die Anzahl der vorhandenen Verbindungen und setzt sie ein Verhältnis zu allen möglichen Verbindungen, die im Netzwerk existieren. Der so kalkulierte Wert kann zwischen 0 bis 1 variieren, wobei 1 die maximal mögliche Dichte, also das Vorhandensein aller möglichen Beziehungen, ausdrückt. Ein Netzwerk mit einer errechneten Dichte von 0,35 nutzt 35 % seiner möglichen Beziehungen tatsächlich aus. In den meisten Fällen drückt eine hohe Netzwerkdichte also die enge Verbundenheit und das gegenseitige Verständnis zwischen Mitarbeitern einer Organisation aus. Dennoch kann auch eine hohe Netzwerkdichte nicht immer zielführend sein: Werden zu viele Verbindungen genutzt, besteht die Gefahr, dass Informationen zu stark diffundieren und nicht mehr gezielt und zeitnah weitergegeben werden. Ein ähnlicher Effekt kann aber auch bei einer zu geringen Netzwerkdichte entstehen, da hier das Risiko besteht, dass nicht jeder Akteur die benötigten Informationen erhält. Die bestmögliche Netzwerkdichte ist dementsprechend immer abhängig von den individuellen Gegebenheiten einer Organisation. Dennoch müssen sich Organisationen dessen bewusst werden, da insbesondere das Themenfeld CSR den beteiligten Akteuren abverlangt, wichtige Bezugsgruppen gezielt anzusprechen. Zudem wird gerade im Bereich der CSR-Kommunikation ein stockender Informationsfluss schnell dem Vorwurf ausgesetzt, wichtige Informationen bewusst zurückzuhalten (Parguel et al. 2011).

4.4 Cliquen

Gerade für die Analyse organisationsinterner Strukturen ist es insbesondere wichtig, die ihnen zugrundeliegenden Dynamiken und die handelnden Akteure genauer zu betrachten. Die soziale Netzwerkanalyse versucht daher, die Beziehungsmuster innerhalb eines

Netzwerks näher zu beleuchten und identifiziert Cliquen. Eine Clique lässt sich dabei als eine Untergruppe an Akteuren definieren, die eng miteinander verbunden sind und keinen anderen Untergruppen zugehören. Für das Verfahren wird festgelegt, wie stark die Verbindungen innerhalb einer Clique sein sollen: Soll also jeder Akteur mit jedem verbunden sein (1-Clique) oder soll beispielsweise auch die Verbindung über einen anderen Akteur mit einbezogen werden (2-Clique)? In den meisten Fällen kann alles, was über eine 2-Clique hinausgeht, nicht mehr als verlässlich angesehen werden. Die Identifikation von Cliquen, die sich unabhängig von z. B. Abteilungen oder Arbeitsteams formen, zu erfassen, ist wichtig, um informelle Strukturen besser verstehen zu können. Meinungsbildende Prozesse laufen innerhalb von Cliquen ab – umso wichtiger ist es für Organisationen, hier intervenieren zu können und gezielt unterschiedliche Cliquen zusammenzubringen. Gerade der CSR-Kommunikation fällt es häufig noch schwer, sich wirklich in meinungsbildende Prozesse integrieren zu können. Die Identifizierung von Cliquen innerhalb einer Organisation liefert mögliche Ansatzpunkte, diesen Prozessen beizuwohnen und für einen Meinungsaustausch zu sorgen.

4.5 Reziprozität

Damit eine Gruppe untereinander wirklich kohäsiv ist, muss zwischen den einzelnen Akteuren ein Geben und Nehmen herrschen. In Gruppen mit einem hohen Maß an Reziprozität geben sich also die Akteure gegenseitig Hilfestellung und bringen andere mit ihrem Wissen weiter. Gleichzeitig erfahren sie auch von der anderen Seite die volle Unterstützung und müssen nicht fürchten, von anderen hintergangen zu werden, indem Informationen vorenthalten werden. Mithilfe der sozialen Netzwerkanalyse kann genau diese Dynamik erfasst werden. Sie ermöglicht es, zu ergründen, ob die Beziehungen zwischen einzelnen Akteuren wirklich auf Gegenseitigkeit beruhen. Aufgrund bidirektionaler Verbindungen können Akteure identifiziert werden, die offen mit anderen kommunizieren. Organisation können darauf aufbauende Strategien entwerfen, die dieses Verhalten stärken und so einen langfristigen Austausch garantieren. Ist ein solcher Austausch dagegen nicht vorhanden, sollte die Organisation den Hintergründen nachgehen und versuchen, mögliche Hinderungsgründe zu beseitigen. Im Hinblick auf die interne CSR-Kommunikation erfährt diese Analysemöglichkeit eine besondere Relevanz, da gerade hier eine symmetrische Kommunikation gefordert wird, die allen Kommunikationsteilnehmern Austausch und Partizipation ermöglicht (Morsing und Schultz 2006).

5 Fazit

Zusammengefasst liefert die Betrachtung der Dynamik von Netzwerkstrukturen für die interne CSR-Kommunikation einen wertvollen Beitrag, der neue Erkenntnisse zulässt. Netzwerkprozesse, die zum Erfolg oder Scheitern interner CSR-Kommunikation führen, können mithilfe der sozialen Netzwerkanalyse detailliert beschrieben und in einen größeren Zusammenhang gebracht werden. Die Möglichkeit, Beziehungen innerhalb ihrer sozialen Strukturen zu erfassen, kann so zu einem mächtigen Werkzeug für das Management von Organisationen werden. Um ein vollständiges Bild von dem Verhalten von Organisationen zu erhalten, reicht es nicht, nur das Individuum ohne die soziale Umgebung, in der es agiert, zu betrachten. Die soziale Netzwerkanalyse gibt Organisationen wertvolle relationale Informationen zur Hand, die helfen, den Informationsfluss und die Interne Kommunikation über CSR-relevante Themen zu gewährleisten. Die einzelnen Maßzahlen, die die soziale Netzwerkanalyse bereitstellt, können dabei helfen, den richtigen Ansatzpunkt für mögliche Interventionsmaßnahmen zu beleuchten. Das Ziel ist eine vorurteilslose Beschreibung bzw. Erhebung und Analyse reeller Kommunikationsabläufe zwischen den Akteuren eines Netzwerks. Hieraus lassen sich Erkenntnisse gewinnen, wie interne CSR-Kommunikation zu einem Erfolg innerhalb der Organisation werden kann. So liefert die netzwerkanalytische Betrachtung einen Beitrag im Forschungsfeld, der über bisherige Ansätze hinausgeht und neue Anknüpfungspunkte, auch im Rahmen weiterführender Studien, bietet.

Literatur

Borgatti S (2003) The Network Paradigm in Organizational Research: A Review and Typology. J Manage 29(6):991–1013

Burt RS (1992) Structural Holes. Harvard Univ. Press Burt, Cambridge, MA

Burt RS, Kilduff M, Tasselli S (2013) Social network analysis: Foundations and frontiers on advantage. Annu Rev Psychol 64:527–547

Callon M (1986) Some Elements of a Sociology of Translation: Domestication of the Scallops and the Fishermen of St. Brieuc Bay. In: Law (Hrsg) (1991) Power, Action and Belief: A New Sociology of Knowledge. Routledge, London, S 196–232

Chen S (2010) Corporate Responsibilities in Internet-Enabled Social Networks. J Bus Ethics 90(S4):523–536

Fuhse J, Mützel S (2011) Tackling connections, structure, and meaning in networks: quantitative and qualitative methods in sociological network research. Qual Quant 45(5):1067–1089

Golob U et al (2013) CSR communication: quo vadis? Corp Commun Int J 18(2):176–192

Hatala JP (2006) Social Network Analysis in Human Resource Development: A New Methodology. Hum Resour Dev Rev 5(1):45–71

Kilduff M, Brass DJ (2010) Organizational Social Network Research: Core Ideas and Key Debates. Acad Manag Ann 4(1):317–357

Latour B (1991) Technology is Society Made Durable. In: Law (Hrsg) Power, Action and Belief: A New Sociology of Knowledge. Routledge, London, S 103–131

Morsing M, Schultz M (2006) Corporate social responsibility communication: stakeholder information, response and involvement strategies. Bus Ethics: A Eur Rev 15(4):323–338

Nielsen AE, Thomsen C (2011) Sustainable Development: The Role of Network Communication. Corp Soc Responsib Environ Manag 10:1–10

Parguel B, Benoît-Moreau F, Lacreneux F (2011) How Sustainability Ratings Might Deter „Greenwashing": A Closer Look at Ethical Corporate Communication. J Bus Ethics 102:15–28

Parkhe A, Wasserman S, Ralston DA (2006) New frontiers in network theory development. Acad Manag J 31(3):560–568

Ricken B, Seidl D (2010) Unsichtbare Netzwerke. Wie sich die soziale Netzwerkanalyse für Unternehmen nutzen lässt. Springer Gabler, Wiesbaden

Schoeneborn D (2011) Organization as Communication: A Luhmannian Perspective. Manag Commun Q 25(4):663–689

Schultz F, Castelló I, Morsing M (2013) The Construction of Corporate Social Responsibility in Network Societies: A Communication View. J Bus Ethics 115(4):681–692

Wald A (2010) Netzwerkansätze in der Managementforschung. In: Stegbauer C, Häußling R (Hrsg) Handbuch Netzwerkforschung. VS Verlag, Wiesbaden, S 627–634

Wassermann S, Faust K (1994) Social network analysis. Methods and Applications. Cambridge University Press, Cambridge

Weder F (2010) PR und Organisationskommunikation. Facultas UTB, Wien

Jana Kollat ist derzeit Promotionsstipendiatin am Institut für Unternehmensentwicklung der Leuphana Universität Lüneburg. Ihr Interesse gilt dem Kommunikationsverhalten und den zugrundeliegenden Kommunikationsstrukturen von Organisationen. Der Schwerpunkt ihrer Arbeiten liegt dabei insbesondere auf der internen sowie der externen Kommunikation von Corporate Social Responsibility.

Dr. Franzisca Weder forscht und lehrt als Assistenz-Professorin an der Universität Klagenfurt in den Bereichen Organisationskommunikation, Öffentlichkeitsforschung, Kommunikationsmanagement in Netzwerken, Medienökonomie und -ethik, Wirtschaftsethik und Corporate Social Responsibility sowie strategische Gesundheitskommunikation.

Interne CSR-Kommunikation im VUCA-Umfeld

Ulrike Buchholz

1 Einleitung

CSR hat sich mittlerweile in zahlreichen Unternehmen zu einem elementaren Thema entwickelt. Wirtschaftliches unternehmerisches Handeln ist im steten Abgleich mit gelebter Verantwortung für Umwelt und Gesellschaft zu sehen und setzt sich mit der Art und Weise auseinander, wie Unternehmen ihr Geld verdienen (vgl. Mast 2015, S. 483). Eine solche nachhaltige Unternehmensführung fokussiert nach wie vor auf das Erreichen der ökonomischen Geschäftsziele und die Erweiterung von Handlungsspielräumen, hat dabei aber gleichermaßen die Unterstützung des Gemeinwohls im Auge. Die Ansprüche von Bezugsgruppen mit ökologischen oder sozialen Interessen werden als legitim betrachtet und in der Unternehmenspolitik berücksichtigt. Die Wertschöpfungskette gestaltet sich demnach auch mit Blick auf soziale und ökologische Erfordernisse und bindet alle Beteiligten wie z. B. Mitarbeiter, Zulieferer, Kunden oder Standortnachbarn in das Nachhaltigkeitsmanagement ein. Unternehmen mit einer nachhaltigen Unternehmensführung sorgen für „Transparenz und Dialog zu Nachhaltigkeitsthemen entlang ihrer Wertschöpfungskette und ihren Kernkompetenzen" (Mast 2015, S. 486.) Diese Erkenntnisse sind bekannt (vgl. etwa Blowfield und Murray 2008; Kirstein 2008; Matthes 2009; Duong Dinh 2010; Vitols 2011; Schneider und Schmidpeter 2012), wenngleich sich die Bedeutung von CSR-Gesamtkonzepten gegenüber eher willkürlich wirkenden und wenig konzertierten Einzelmaßnahmen erst langsam durchzusetzen beginnt.

U. Buchholz (✉)
Fakultät III – Medien, Information und Design, Hochschule Hannover
Expo Plaza 12, 30539 Hannover, Deutschland
E-Mail: ulrike.buchholz@hs-hannover.de

2 Interne CSR-Kommunikation als Agenda-Setting für Nachhaltigkeit in Unternehmen

Auch die Ausrichtung von CSR-Maßnahmen nach innen zur Bezugsgruppe der Mitarbeiter ist keine neue Errungenschaft. Aber die interne Kommunikation von CSR nimmt kontinuierlich zu, und es werden zunehmend Themen der Personalführung wie etwa die Vereinbarkeit von Privatleben und Beruf, die karrierefördernde Weiterentwicklung der eigenen Fähigkeiten oder die körperliche und mentale Gesundheitsvorsorge als CSR-Themen ausgewiesen (vgl. etwa Schucht 2010; Mory 2014). Denn wenn die Wertschöpfungskette tatsächlich nachhaltig auf alle Beteiligten hin ausgerichtet werden soll, muss man zunächst einmal den internen Zielgruppen erklären, was das Unternehmen überhaupt unter CSR versteht und warum bestimmte gesellschaftliche Bezugsgruppen besonders adressiert werden und andere nicht. Dazu kommt, dass Mitarbeiter ihr Unternehmen zunehmend als sozial verantwortlich wahrnehmen möchten – gerade, wenn sie zur jüngeren Generationen gehören (vgl. Mory 2014, S. 457). Es ist sinnvoll, interne Zielgruppen entsprechend zu sensibilisieren, damit sie das Engagement ihres Unternehmens würdigen und es in der Zusammenarbeit mit externen Bezugsgruppen vertreten können. Es geht also aktuell um ein internes Agenda-Setting, mit dem die Aufmerksamkeit der internen Zielgruppen auf Themen jenseits des engeren Arbeitsumfeldes gelenkt wird.

CSR-Themen eignen sich dafür besonders gut, da sie meist konkret erlebbar sind und nicht zuletzt aufgrund ihres Storytelling-Potenzials rasch Aufmerksamkeit erzielen können. Beim genauen Hinsehen ist zu erkennen, dass die meisten als interne CSR ausgewiesenen Themen wie etwa Gesundheitsmanagement, Vereinbarkeit von Beruf und Familie, Sozialleistungen oder Arbeitsschutz im Grunde nichts Neues ansprechen. Aber versehen mit dem CSR-Label erhalten sie einen neuen Anstrich und dadurch eben die Aufmerksamkeit, die das Unternehmen benötigt, um die eigenen oder zukünftige Mitarbeiter (Stichwort „Employer Branding") für anstehende Herausforderungen zu sensibilisieren und einzubinden.

Zunächst geht es dabei um die Effektivität von CSR-Strategien im Hinblick auf ihre Außenwirkung. Denn soziales Engagement ist besonders glaubwürdig, wenn es offensichtlich von den Mitarbeitern mitgetragen wird. Wenn sie sich als verantwortungsvolle Bürger zeigen, dann gilt das auch für das Unternehmen als Ganzes und umgekehrt. Zudem tragen Mitarbeiter CSR-Maßnahmen besonders dann mit, wenn sie erkennen, dass ihr Unternehmen diese nicht nur nach ethischen Grundsätzen implementiert, sondern auch lebt und gegenüber den externen Bezugsgruppen ausreichend Transparenz herstellt und pflegt (Mory 2014, S. 457, 461).

3 Einbindung von Mitarbeitern durch Interne Kommunikation und Personalführung

Es geht aber auch um Überlegungen der Personalentwicklung und -führung, denn Mitarbeiter oder Bewerber beurteilen Unternehmen unter anderem danach, ob es dieselben Werte aktiv lebt, die sie selber vertreten oder zumindest für richtig halten. Zugleich unterstützen CSR-Mitarbeiteraktivitäten die Identifikation mit dem Unternehmen und erhöhen im besten Fall die individuelle Leistungsbereitschaft. Denn Anerkennung durch Dritte, die den Mitarbeitern bei sichtbarem sozialem Engagement ihres Unternehmens sicher ist, ist ein starker Motivationsfaktor. Die individuelle Leistungsfähigkeit wird oft schon allein deshalb erhöht, weil Mitarbeiter zum Beispiel durch regelmäßige Freiwilligenaktivitäten ihre sozialen Kompetenzen stärken. Auch nehmen Mitarbeiter, die aktiv beteiligt sind, CSR-Aktivitäten ihres Unternehmens anders wahr und fühlen sich stärker an die Ziele des Unternehmens gebunden (Mory 2014, S. 453, 456; Buchholz und Knorre 2013, S. 180).

Zunehmend wird soziales Engagement von Mitarbeitern, geführt von einer entsprechenden Vorbildrolle des Managements, auch als Ausdruck eines neuen, am Gemeinwohl orientierten Führungsverständnisses von Unternehmen betrachtet, die sich eher auf die Einbindung von Mitarbeitern und somit als Gemeinschaft denn als von wenigen Experten gesteuerte Organisation sehen. Entsprechende Aktivitäten erhöhen die Chancen für einen stärkeren horizontalen und vertikalen Austausch im Unternehmen, der die interne Vernetzung fördert. Solche CSR-getriebenen Mitarbeiteraktivitäten verlangen aber auch sinnstiftende Interne Kommunikation, sie benötigen Bestätigung und Lob, sollen weitererzählt werden können und ihrerseits eine Rückmeldung von den betreffenden Bezugsgruppen erhalten. CSR hat also einen engen, immanenten Bezug zu Kommunikation. Immer geht es im Sinne einer instrumentellen Kommunikation um den Erfolg eines Unternehmens, um das Erreichen materieller und immaterieller Ziele. Das beschränkt sich nicht nur auf die rein praktische Überlegung, dass sich CSR-Aktivitäten sowohl intern als auch extern hervorragend zum Gegenstand von Berichterstattungen machen lassen und exzellente Eventanlässe bieten. Nur wenn CSR-Aktivitäten angemessen kommuniziert werden, können sie ihre geschäftspolitisch motivierten Ziele, also Befriedigung und Befriedung von Bezugsgruppen und die Stärkung der Reputation, auch tatsächlich erreichen (Buchholz und Knorre 2013, S. 178–183).

4 Herausforderungen der VUCA-Welt für Unternehmen

Insgesamt wären wir sicher schon einen bedeutenden Schritt weiter, wäre die hier umrissene, strategisch gestaltete CSR-Konzeption, die die soziale Verantwortung als einen bedeutenden Wertschöpfungstreiber, insbesondere innerhalb der internen Bezugsgruppe „Mitarbeiter", wahrnimmt, in der Mehrheit der Unternehmen bereits Realität. Das trifft sicherlich schon auf viele große Unternehmen zu, die alleine durch ihre internationalen Geschäftsaktivitäten gezwungen sind, nachhaltig zu wirtschaften und die Anforderungen ihrer vielfältigen Bezugsgruppen zufriedenzustellen. Die meisten mittelständischen Unternehmen sind aber erst noch auf dem Weg dorthin (vgl. etwa Mory 2014).

Und doch lohnt es sich schon in diesem Stadium, noch einen Schritt weiter zu denken, wie es die Wirtschaft im angelsächsischen Sprachraum bereits vielfach vormacht. Denn die Herausforderungen der globalisierten Welt fordern Unternehmen entlang ihrer Wertschöpfungskette auf ganz besondere Weise. So hat die seit 2007 andauernde globale Finanz- und Wirtschaftskrise eben in der angelsächsischen Welt vor allem in der sozialwissenschaftlichen Forschung eine Diskussion darüber ausgelöst, wie sich Personen und Organisationen auf ein Umfeld einstellen können, das in fast jeder Hinsicht unsicher und unübersichtlich geworden ist. Dieses veränderte Umfeld wird mit den Merkmalen „Volatility, Uncertainty, Complexity, Ambiguity", kurz VUCA, beschrieben. Dabei kann man Volatilität (Abweichungen, Fluktuation, Turbulenzen) und Unsicherheit als die beiden beobachtbaren Eigenschaften eines hochkomplexen Systems betrachten, die bei der Entscheidungsfindung in einem Managementprozess zu widersprüchlichen Informationen bzw. Situationsbewertungen führen können (vgl. Mack et al. 2016, S. 11). Diese Widersprüchlichkeit ist aber nicht nur eine objektive, sondern auch eine subjektive, abhängig von der Person, die die Unternehmensumwelt beobachtet und bewertet. Die für das Unternehmenswohl richtigen Entscheidungen unter den geschilderten Umständen zu treffen, ist mit altbewährten Verfahrensweisen und Managementmodellen wohl kaum noch möglich. „It seems, that today in times of high dynamics and high interconnectedness, traditional simple mind models and decision making rules and heuristics do not work anymore" (Mack et al. 2016).

Die Suche nach neuen Denkansätzen, wie Unternehmen in einer solchen sog. VUCA-Welt nicht nur ihre Existenz sichern, sondern im gezielten Umgang mit den genannten Merkmalen sogar ökonomische Erfolge erzielen können, ist im angelsächsischen Raum in vollem Gange. Hierzulande erhalten diese Denkansätze erst langsam Aufmerksamkeit. Dabei sind sie gerade im Zusammenhang mit einem professionellen Kommunikationsmanagement von hoher Relevanz.

5 Die Rolle der Internen Kommunikation im VUCA-Umfeld: Komplexität kultivieren, Transparenz schaffen

In einer VUCA-Welt gibt es viele ablaufbezogene und strukturelle Faktoren, die ein Unternehmen berücksichtigen muss, wenn es seine Störanfälligkeit (Vulnerabilität) in den Griff bekommen will. Insbesondere muss die Unternehmensleitung sich über die internen und externen Interdependenzen und Verbindungen bewusst und über deren Belastbarkeit im Falle einer Krise im Klaren sein. Diese Beziehungen und die sie gestaltende Kommunikation werden in der Ökonomie häufig als sog. Schlüsselvulnerabilität bezeichnet, ebenso wie der Informationsfluss von extern in das Unternehmen sowie innerhalb des Unternehmens selbst. So stellt also die (Interne) Kommunikation den Dreh- und Angelpunkt für Erklärungsmuster und Handlungsanweisungen dar (Buchholz und Knorre 2012).

Dies gilt demnach auch für die CSR-Kommunikation, die, wenn CSR wirklich strategisch betrieben wird, eine das unternehmerische Handeln unterstützende oder gar fördernde Beziehung zu den internen und externen Bezugsgruppen gestaltet und damit einen wesentlichen Aspekt der genannten Schlüsselvulnerabilität fokussieren kann.

Kennzeichnend für die VUCA-Welt ist vor allem ihre Komplexität und ihre nicht zuletzt daraus resultierende Ungewissheit und Mehrdeutigkeit in einem volatilen Umfeld mit seinen raschen, oft nicht vorhersehbaren, aber nicht selten tiefgreifenden Veränderungen. Märkte wandeln sich rapide, Währungsschwankungen von 20 % sind nicht ungewöhnlich. Für die Unternehmensführung bedeutet dies, ihre Entscheidungen im Rahmen ihres unternehmerischen Handelns laufend mit der aktuellen Situation abzugleichen und gegebenenfalls auch kurzfristig umzuwerfen, wenn die Situation neu bewertet werden muss.

Wir sind es gewohnt, unternehmerische Anforderungen oder zu lösende Probleme aus der Perspektive der Planbarkeit und Rationalität zu bewerten und sind uns dessen gewiss, dass wir sie mit dem richtigen Expertenwissen steuern und damit Kontinuität und Überschaubarkeit herstellen können. In der VUCA-Welt bilden jedoch viele Einflussgrößen ein vernetztes, sowohl in seinen Einzelteilen als auch im Zusammenhang kaum überschaubares Ganzes. Ein solches System ist hochkomplex und seine Funktionsmuster lassen sich nur im gegebenen Kontext verstehen (Krizanits 2015, S. 43). Richtiges, d. h. erfolgreiches Handeln kann hier nicht mehr mit Expertensteuerung und dem Prinzip der Planbarkeit gemeistert werden. Die größte Herausforderung ist die Komplexitätsbewältigung und hierbei vor allem der Umgang mit Mehrdeutigkeit, die eine Offenheit für alle denkbaren Interpretationen erfordert (Krizanits 2015). Unternehmer, die sich dessen bewusst sind, sehen ihr Handeln deshalb aus dem Blickwinkel langfristiger Effekte. Sie erkennen, dass einzelne Entscheidungen hochkomplexe Wirkungsentscheidungen nach sich ziehen können, und wissen, dass sie längst nicht mehr alle Situationen und Entwicklungen kontrollieren können, sondern auch auf Unterstützung setzen müssen.

Das zentrale Merkmal von Unternehmen, die in der VUCA-Welt erfolgreich sind, ist ihre Agilität. Sie können sich gegenüber Störfällen und Krisen aufgrund ihrer grundsätzlich adäquaten Strukturen und Prozesse flexibel verhalten, was sie in die Lage versetzt, zu agieren und nicht nur laufend zu reagieren. Kennzeichnend sind schnelle Richtungswechsel, wenn es erforderlich ist, das rasche Abrufen von Handlungsalternativen und das Nutzen eigener Ressourcen für notwendige Anpassungen. Auf diese Weise können die Unternehmen ihre Geschäftsziele stets weiterverfolgen und womöglich sogar einen Vorteil aus einer Krise oder einer zunächst als Störung empfundenen Situation ziehen (vgl. Buchholz und Knorre 2012, S. 14). Intuition spielt dabei eine nicht zu unterschätzende Rolle, die durch Neugierde und ein Denken in Bildern gefördert wird. Dazu werden Mitarbeiter benötigt, die mit Ungewissheit und Widersprüchlichkeiten umgehen können und sich dabei nicht andauernd unsicher fühlen. Gerade in einer VUCA-Welt wird die Fähigkeit benötigt, die momentane Faktenlage kritisch überblicken zu können und dabei für typische Fehlschlüsse sensibilisiert zu sein. Außerdem muss man die Nerven haben, trotz vielleicht heftiger Turbulenzen abwarten zu können, bis eine Sachlage hinreichend diagnostiziert ist und sich geklärt hat – dies erfordert ebenfalls besondere Kompetenz, da es bedeutet, Komplexität schnell zu durchdringen und ihre Muster zu extrahieren (Krizanits 2015, S. 45).

Agilität ermöglicht die Bewältigung von Veränderungen ohne Verzögerungen und erhält dadurch auch in schwierigen Zeiten die Wettbewerbsfähigkeit eines Unternehmens. Sie gründet in der Befähigung aller Mitarbeiter zur Selbstorganisation und zu selbstständigem Handeln unter den besonderen Anforderungen der VUCA-Welt. Merkmale sind neben Eigeninitiative, Eigenverantwortung und Flexibilität insbesondere eine wachsame Beobachtung der Unternehmensumwelt und ein ausgeprägter Realitätssinn.

6 Interne Kommunikation als Treiber für Kooperation und Vernetzung

Agiles Management benötigt hoch motivierte und kreative Mitarbeiter, die in einer Kultur des Vertrauens lösungsorientiert denken und selbstverantwortlich Entscheidungen treffen sollen, und zwar auch ohne laufende Rückversicherung in der Hierarchie (Buchholz und Knorre 2012, S. 168). Das erfordert eine verstärkte Zusammenarbeit aller Beteiligten. Kooperation ist daher der Schlüssel zur VUCA-Bewältigung, eine Zusammenarbeit, die sich an gemeinsam getragenen Werten und Prinzipien orientiert. Durch gemeinsames Beobachten und Analysieren können verschiedene Perspektiven eingenommen und Wirkungszusammenhänge erkannt werden, die individuell vielleicht übersehen worden wären. Durch diese Zusammenarbeit werden Handlungsoptionen und kurzfristige Handlungsspielräume besser erkannt und können besser gestaltet werden. Das schließt auch die Erkenntnis ein, dass niemand alleine wirklich erfolgreich sein kann. Kooperation ist essenziell für das Fortkommen und Bestehen in der VUCA-Welt – im Gegensatz zum vielerorts in den Unternehmen praktizierten Silodenken, das Kommunikation eher als Mittel der Abgrenzung versteht. Mitarbeiter der jungen Generation dürften mit der Öffnung hin zur Zusammenarbeit und Kooperation jedoch kaum Schwierigkeiten haben. Für diese ist die soziale Vernetzung und das Teilen von Informationen und Ideen eine selbstverständliche Ausprägung ihres Lebensstils. Ihr Engagement und ihre Motivation sind gekoppelt an ein hohes Maß an Selbstbestimmtheit, soziale Anerkennung, Wertschätzung, Verbundenheit mit anderen und das Gefühl, etwas Nützliches zu tun. Das sind nahezu ideale Voraussetzungen, um über eine CSR-getriebene Themenagenda die Aufmerksamkeit und die Zustimmung der jungen Mitarbeiter für nachhaltiges Wirtschaften in der VUCA-Welt zu gewinnen. Und sind diese Menschen im Unternehmen erst einmal als Treiber des Kooperationsgedankens gewonnen, können sie wiederum die Skeptiker nachziehen. Beides sind elementare Aufgaben der Internen Kommunikation (vgl. Buchholz und Knorre 2012, S. 119–130).

7 Compliance als zentraler Faktor für die Integration von CSR in Unternehmen

Weitere Faktoren zur Bewältigung der VUCA-Herausforderungen sind Ausrichtung und Orientierung, zumal dort, wo in einem agilen Management Selbstorganisation, Reaktionsgeschwindigkeit und Innovationskraft wesentliche Voraussetzungen sind. Neben der Stärkung von Kooperation und Gemeinsamkeit kann strategisch betriebene CSR nach innen auch dafür sorgen. In Zeiten von Unsicherheit, Turbulenzen und Krisen ist es von großer Bedeutung, den Mitarbeitern eine optimale Orientierung zu ermöglichen, wenn sie sich schon auf keine stabilen Sicherheiten mehr verlassen können. Wenn die Sachverhalte und ihre Umstände selbst keinen Halt mehr bieten können, sollte es Leitlinien geben, an denen man sich orientieren kann. Mit Blick auf die VUCA-Welt bieten sich hier insbesondere die Complianceregeln an, die inzwischen in Unternehmen aller Größen auch ohne den Zweck der Mitarbeiterorientierung einen zentralen Stellenwert erhalten haben. Die verbindliche Definition von Verhaltensregeln zielt vor allem auf die Einhaltung gesetzlicher Anforderungen, gepaart mit zusätzlichen freiwilligen Leistungen, die vor allem die hoch sensibilisierte Öffentlichkeit positiv stimmen sollen. „Der Begriff ‚Compliance' steht für die Einhaltung von gesetzlichen Bestimmungen, regulatorischer Standards und Erfüllung weiterer, wesentlicher und in der Regel vom Unternehmen selbst gesetzter ethischer Standards und Anforderungen" (Schach und Christoph 2015, S. 1 f., nach Krügler 2011, S. 50). Ein aus Sicht der Gesellschaft oder Teilen von ihr unangebrachtes Verhalten oder Regelverstöße eines Unternehmens können etwa über das Internet und insbesondere über die Sozialen Medien schnell öffentlich werden und zu womöglich existenzgefährdenden Reputationsschäden führen (Schach und Christoph 2015, S. 2). Externe Ereignisse prägen die gesellschaftlichen Erwartungen an und gesetzlichen Bestimmungen für Unternehmen immer wieder neu. Sie müssen daher vorausdenken, um unliebsamen Überraschungen und somit Kosten vorzubeugen. Schon alleine deshalb ist es sinnvoll, die Mitarbeiter für die Themen der Compliance zu sensibilisieren.

Compliance mit CSR und Nachhaltigkeit in Verbindung zu bringen und darüber eine Orientierungshilfe für Mitarbeiter herzustellen, ist aber derzeit eher unüblich. Statt sie „agil" zu nutzen, wird Compliance aktuell weitgehend mit einer Flut von Richtlinien in Verbindung gebracht, die für sich genommen zunächst einmal eher eine Barriere darstellen, als lösungsorientiert und innovationsfördernd zu wirken.

Compliance fördert die Agilität von Unternehmen dann, wenn man sie nicht nur im Sinne der Definition von Krügler (s. oben) als statisches Regelwerk einsetzt, sondern, als Strukturierungs- und Orientierungshilfe und damit als dynamisches Steuerungssystem. Das mag zunächst verwundern, da Agilität aufgrund der geforderten Reaktionsgeschwindigkeit mit der normativen Einhaltung von Regeln und Gesetzen nur wenig vereinbar erscheint. Aber genau die Notwendigkeit, auf Veränderungen schnell und unkonventionell reagieren zu können, erfordert ein System, das Datentransparenz gewährleistet und ungewollte Abweichungen frühzeitig erkennen lässt. „Je offener Informationen zugänglich sind, desto eher können Probleme identifiziert und durch gemeinsames Handeln gelöst werden" (Scholz 2015). Transparenz wird zu einem Schlüsselfaktor in einem agilen Management, das eine Kultur der Kooperation voraussetzt, in welcher die meisten Informationen geteilt werden. „Stehen die notwendigen Daten geordnet und auswertbar zur Verfügung, können sie nicht nur nach Bedarf abgefragt und ausgewertet werden. Sie können sogar bei Veränderungen automatisch mit Bedingungen abgeglichen werden und im Falle einer unerwünschten Abweichung geeignete Gegenmaßnahmen und Informationen auslösen" (Scholz 2015). Dazu müssen aber entgegen heutigem Gebrauch „Sensoren und Kommunikationsstrecken in den Verfahren implementiert sein. … Complianceanforderungen schnell und effizient umzusetzen wird begünstigt durch eine offene Kultur des Informierens und Diskutierens" (Scholz 2015).

8 Compliance als Orientierungs- und Steuerungsinstrument zur Unterstützung von Agilität etablieren

Für eine nachhaltige Unternehmensführung ist die Einbindung von Compliance im Sinne des geschilderten die Agilität unterstützenden Steuerungssystems daher wesentlich, denn Themenfelder wie Arbeitsbedingungen, Kinderarbeit, Mindestlöhne oder generell Menschenrechte erfordern eine verbindliche Regelung im Rahmen von Richtlinien, u. a. mit Hinblick auf Lieferanten. Dies führt zu einer besseren Integration von gesellschaftlicher Verantwortung in die Unternehmenstätigkeit und damit zur Schaffung entsprechender Prozesse und Strukturen, die automatisch das Navigieren in der VUCA-Welt erleichtern. Ein grundlegender Aspekt von Agilität ist die wachsame Beobachtung der Unternehmensumwelt, das rasche Erkennen von Wirkungszusammenhängen und der von Realitätssinn geprägte Umgang damit. Eine darauf ausgerichtete Compliancekultur in der Zusammenarbeit aller Beteiligten der Wertschöpfungskette überführt gesellschaftliche Verantwortung in überprüfbare und damit belastbare Strukturen und hilft, die über die Ausübung dieser Verantwortung aufgebauten und gefestigten Beziehungen zu den Bezugsgruppen besser zu nutzen. Denn vermittelt über eine CSR-Agenda könnte die (durch Compliance strukturierte und laufend unkompliziert validierbare) Verantwortungsübernahme der Unternehmensleitung gegenüber den Bezugsgruppen und damit auch gegenüber den Mitarbeitern verdeutlicht und das ethikgeleitete unternehmerische Handeln für alle Parteien kontinuierlich transparent und nachvollziehbar gemacht werden. So kann Compliance, wenn sie nicht nur als Anhängsel der Rechtsabteilung für Anti-Korruptionsfragen geführt, sondern als Orientierungshilfe und Steuerungsinstrument genutzt wird, zur unverzichtbaren Grundlage für strategisch aufgebaute, gelebte CSR werden, die mithilfe dieser Grundlage zu einer kontinuierlichen Wertsteigerung des Unternehmens beitragen und in einer sich laufend verändernden VUCA-Welt eine Art Stabilitätsfaktor darstellen kann, an dem sich nicht zuletzt die Mitarbeiter orientieren können. Ein solcher Orientierungsanker in Form einer Verbindung von CSR und Compliance hilft auch in einer globalisierten Welt, geeignete Geschäftspartner zu finden und ganz allgemein die Kooperationsfähigkeit der eigenen Mitarbeiter zu stärken. Die entsprechende Transparenz und das Erkennen von

Zusammenhängen herzustellen und damit Wissen zu generieren, wäre ein weiteres Mal zentrale Aufgabe der (internen) CSR-Kommunikation.

9 Zusammenfassung

Es ist also insbesondere aus den beiden Blickwinkeln Kooperation und Compliance sinnvoll, eine CSR-Agenda angesichts der Anforderungen an eine Unternehmensführung in einer VUCA-Welt nach innen einzusetzen und die Mitarbeiter für die VUCA-Themen zu sensibilisieren. Nachhaltiger Erfolg ist nicht im Alleingang zu erreichen. Zur Risikominimierung beziehungsweise zur Erhöhung der Innovationskraft setzt man auf vertrauensvolle Partnerschaften, die bereit sind, in das Vorhaben mit zu investieren, dafür aber auch gerecht am wirtschaftlichen Erfolg beteiligt werden wollen. Die hochkomplexe VUCA-Welt mit all ihren Verwerfungen und Widersprüchlichkeiten ist mit den Eigenschaften der Agilität wie etwa dynamisierten Strukturen und dynamischen Prozesse für das rasche Abrufen von Handlungsalternativen zu bewältigen. So lohnt es sich im agilen Management, konsequent auf Kooperationen entlang der Wertschöpfungskette zu setzen. Eine nachhaltige Unternehmensführung mit gelebter sozialer Verantwortung und ethischen Standards für die Ausübung der Geschäfte findet schneller geeignete Kooperationen und kann auch die eigenen Mitarbeiter besser für gemeinsames Handeln (untereinander und mit externen Partnern) gewinnen. Complianceregeln, die ebenfalls ausgerichtet sind auf die Anforderungen des agilen Managements wie z. B. schnelle Richtungswechsel, Selbstorganisation und hohe Eigenverantwortung der Mitarbeiter, sorgen dabei für die nötige Orientierung und Ausrichtung. Mit konkreten CSR-Themen verbunden, sind die zu erwartenden Herausforderungen der VUCA-Welt und die gewünschten Arbeitsweisen bei den Mitarbeitern leichter zu verankern. Sie entsprechen deren eigenen Erwartungen an soziale Verantwortung, erreichen damit ihre Aufmerksamkeit, sensibilisieren für anstehende Anforderungen und machen Mitarbeiter fit für die Weiterentwicklung der Unternehmensstrategie. Wie schon mehrfach in diesem Artikel betont, wäre dies ein neuer und sehr essenzieller Wertbeitrag der Internen Kommunikation im Rahmen der strategischen Agilität von Unternehmen, die in der VUCA-Welt erfolgreich bestehen wollen.

Literatur

Blowfield M, Murray A (2008) Corporate Social Responsibility. A Critical Introduction. Oxford University Press, Oxford

Buchholz U, Knorre S (2012) Interne Unternehmenskommunikation in resilienten Organisationen. Springer Gabler, Wiesbaden

Buchholz U, Knorre S (2013) Grundlagen der Internen Unternehmenskommunikation, 2. Aufl. Helios Media, Berlin

Duong Dinh H (2010) Corporate Social Responsibility: Determinanten der Wahrnehmung, Wirkungsprozesse und Konsequenzen. Gabler, Wiesbaden

Kirstein S (2008) Unternehmensreputation. Corporate Social Responsibility als strategische Option für deutsche Automobilhersteller. Gabler, Wiesbaden:

Krizanits J (2015) Der Tanz mit der Komplexität. Organisationsentwicklung. Zeitschrift Für Unternehmensentwicklung und Change Management (4):42–49. doi:ZOE1160721

Krügler E (2011) Compliance: Ein Thema mit vielen Facetten. In: UmweltMagazin, Heft 7/8. http://www.hlfp.de/fileadmin/redaktion/1._Aktuelles/Fachartikel/Compliance_-_ein_Thema_mit_vielen_Facetten.pdf. Zugegriffen: 5. Jan. 2016

Mack O, Khare A, Kramer A, Burgartz T (2016) Managing in a VUCA World. Springer International Publishing. Springer International, Switzerland

Mast C (2015) Unternehmenskommunikation. Ein Leitfaden, 6. Aufl. UVK, Konstanz

Matthes S (2009) Soziales Engagement von Unternehmen: Wirkungsprozesse, Erfolgsdeterminanten und Konsequenzen für den Markenwert. Gabler, Wiesbaden

Mory L (2014) Soziale Verantwortung nach innen: Dimensionen, Wirkungsbeziehungen und Erfolgsgrößen. Springer Gabler, Wiesbaden

Schach A, Christoph C (2015) Compliance in der Unternehmenskommunikation: Strategie, Umsetzung und Auswirkungen. Springer Gabler, Wiesbaden

Schneider A, Schmidpeter R (Hrsg) (2012) Corporate Social Responsibility: Verantwortungsvolle Unternehmensführung in Theorie und Praxis. Springer, Berlin, Heidelberg

Scholz F (2015) Agiles Management und Compliance: Bremst Compliance die Agilität? http://www.cowo.de/a/3220265. Zugegriffen: 5. Jan. 2016

Schucht M (2010) Corporate Social Responsibility: Soziale Verantwortung nach innen mit besonderem Fokus auf alternde Belegschaften am Beispiel eines deutschen Automobilkonzerns. VDM, Saarbrücken

Vitols K (2011) Nachhaltigkeit – Unternehmensverantwortung – Mitbestimmung: Ein Literaturbericht zur Debatte über CSR. edition sigma, Berlin

Prof. Dr. Ulrike Buchholz lehrt seit 2001 das Fach Unternehmenskommunikation an der Hochschule Hannover. Sie studierte Sprachwissenschaften an der Westfälischen Wilhelms-Universität in Münster und war danach in verschiedenen Unternehmen in der Unternehmenskommunikation tätig. Zuletzt leitete sie die weltweite Interne Kommunikation bei Infineon Technologies, München, und war davor bei Siemens mit verschiedenen Kommunikationsprojekten, vor allem in Transformationsprozessen, befasst. Ihre Arbeitsschwerpunkte sind Interne Kommunikation, Kommunikation in Veränderungsprozessen und Führungskommunikation.

Mitarbeiterpartizipation durch Social Intranet im Rahmen der CSR-Kommunikation

Thorsten Riemke-Gurzki

1 Interne Kommunikation mit dem Intranet

Intranets haben sich in den 1990er-Jahren parallel zur Ausbreitung des Internets entwickelt. Die ersten Intranets von Hochschulen waren zum Teil noch aus dem Internet erreichbar und folgten der originären Idee eines World Wide Web von Tim Berners-Lee (Berners-Lee 1991). Die Trojan Room Coffee Machine Webcam, die den Füllstand der Kaffeemaschine zeigte, war ursprünglich für interne Zwecke gedacht (Stafford-Fraser 1995). Sie erlangte jedoch durch Presseberichte Mitte der 1990er-Jahre weltweite Aufmerksamkeit. Sie sollte vermeiden, dass Mitarbeiter mit längeren Wegen im Haus nicht lange auf frischen Kaffee warten mussten. Die Webseiten und die Seiten der Intranets wurden zu dieser Zeit überwiegend noch von Hand erstellt und gepflegt. Die Bereitstellung von Information erfolgte daher in der Regel zweistufig: Der Content wurde von einem Redakteur erstellt und von einem Entwickler manuell in HTML umgesetzt. Mit der zunehmenden Verbreitung von webbasierten Anwendungen begannen auch Content-Management-Systeme sich durchzusetzen. Diese ermöglichten Redakteuren für das Internet und insbesondere auch das Intranet, den Content direkt selbst zu publizieren. Damit stand dem Einsatz von Intranets in der internen Unternehmenskommunikation nichts mehr im Weg. Content-Management-Systeme wurden in der weiteren Entwicklung derart vereinfacht, dass auch Mitarbeiter aus Querschnitts- und Fachbereichen einfach Content intern publizieren konnten. Dabei lag der Fokus immer noch auf der einseitigen Information in Richtung Top-down – von den höheren Hierarchieebenen zu den Mitarbeitern.

In der weiteren Entwicklung wurden Workflows in den Intranets umgesetzt. Diese bilden die Kommunikation zwischen Mitarbeitern sowie zwischen Mitarbeitern und Systemen als Bestandteil eines Geschäftsprozesses ab. Eine darauf aufbauende Vision war

T. Riemke-Gurzki (✉)
Fakultät Information und Kommunikation, Hochschule der Medien
Nobelstraße 8, 70569 Stuttgart, Deutschland
E-Mail: riemke-gurzki@hdm-stuttgart.de

die Abbildung von Prozessen im Intranet, sodass über das Intranet alle oder zumindest die meisten Prozesse des Unternehmens verfügbar sind. Diese Vision ist in den meisten Unternehmen bis heute nicht umgesetzt (Riemke-Gurzki 2015).

In der nächsten Evolutionsstufe der Intranets (Abb. 1) fand der Aspekt der Kooperation (Collaboration) über die definierten Workflows hinaus seinen Weg in die Intranets. Projekt- oder gruppenspezifische Team Rooms bieten Unterstützung für die Ablage von Dokumenten oder den einfachen Informationsaustausch für diese Anwendungsfälle.

Die Begriffe „Intranet" und „Portal" werden heute synonym verwendet. Ein Intranet stellt nach der Definition in Riemke-Gurzki (2014) basierend auf verschiedenen Zugangstechnologien (z. B. Webtechnologien, Sprache) nach einer einmaligen Authentifizierung (Single Sign On) einen zentralen Zugriff auf personalisierte Inhalte (Content und Dokumente), Prozesse und Anwendungen bereit.

Die aktuell letzte Stufe der Evolution ist das Social Intranet. Dieses wird in der Literatur auch Enterprise Social Network (ESN) genannt. Für die Begriffe gibt es keine einheitliche Definition. Häufig werden Social Intranets über ihre Funktionen definiert, die eine Einbindung der Mitarbeiter vorsehen. Hierzu gehören unter anderem Wikis, Blogs, Enterprise Microblogging (EMB), Enterprise Instant Messaging (EIM) und Activity Streams. Für Social Intranets sind unter anderem charakteristisch:

- **User Generated Content:** Der Content wird nicht mehr ausschließlich von ausgewählten und geschulten Redakteuren im Unternehmen erstellt. Im Social Intranet ist jeder Mitarbeiter ein Redakteur. Rezipienten werden gleichzeitig auch Ersteller von Inhalten.
- **Themen und Art:** Der Inhalt ist nicht mehr nur zentral informierend oder steuernd. Der Inhalt dient auch dezentralen, operativen Zwecken oder gar der Unterhaltung.

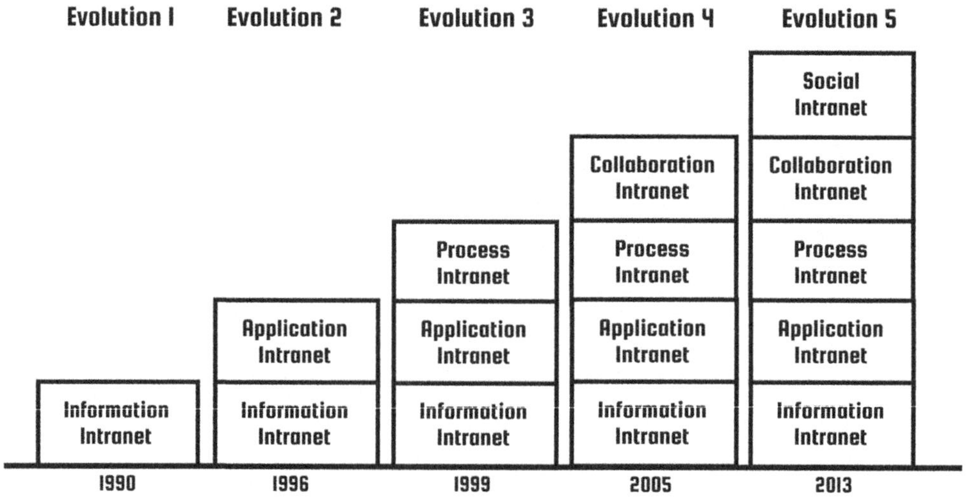

Abb. 1 Evolution des Intranets

- **Informationsverfügbarkeit:** Das Vorhandensein von Information wird nicht zentral gesteuert, sondern ergibt sich durch die Beiträge der Mitarbeiter des Unternehmens. Auch der Ort einer Information kann frei definierbar sein.

2 Vom Intranet zum Social Intranet

Der Übergang vom klassischen, informationsgetriebenen Top-down-Intranet zu einem Social Intranet mit vernetzter Kommunikation ist fließend. Entsprechend bezeichnen einige Intranetbetreiber ihr Intranet bereits als „social", wenn dort ein zentral von der Unternehmenskommunikation geführtes Blog der Geschäftsleitung angeboten wird oder bei Artikeln eine Kommentarmöglichkeit besteht. Auf der anderen Seite stehen vollständige und offene Social Intranets, die den Mitarbeitern weitgehende Freiheiten ermöglichen. Diese orientieren sich an sozialen Netzwerken im Internet, wie zum Beispiel Facebook. Zwischen diesen Extremen können sich viele Arten von Untertypen entwickeln. Diese lassen sich am besten als Social Enhanced Intranets subsumieren.

Die Elemente eines Social Intranets werden in der Abb. 2 dargestellt. Ein voll ausgebautes Social Intranet erfüllt gleichfalls auch die Aufgaben eines klassischen, informationsgetriebenen Intranets. Die Informationen müssen dabei vom Mitarbeiter aktiv im

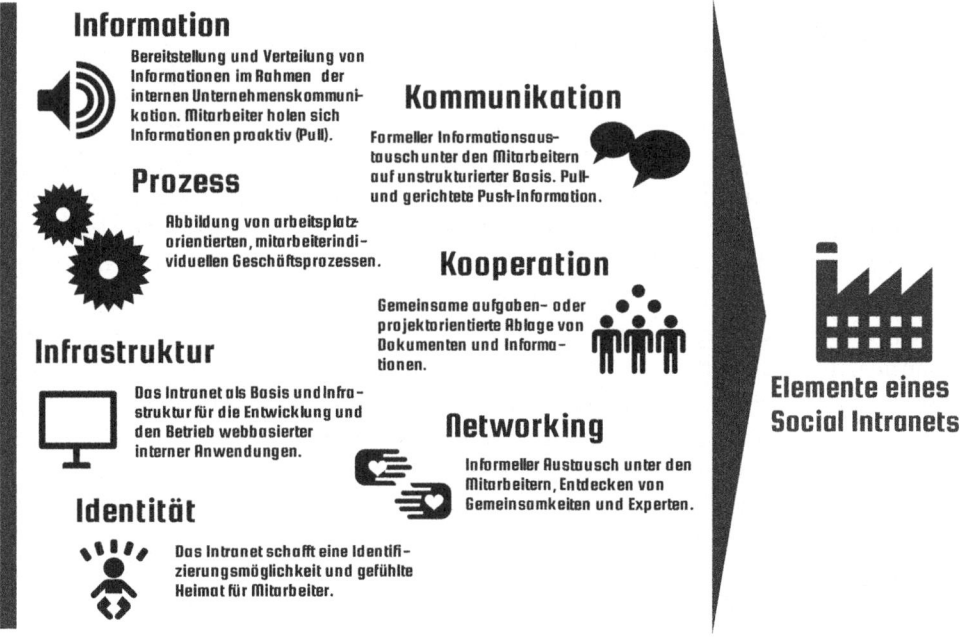

Abb. 2 Elemente eines Social Intranets

Intranet gelesen werden (Pull-Prinzip). Die Abbildung von Geschäftsprozessen kommt als weiterer Grundbaustein hinzu und ermöglicht die Bereitstellung von Prozessen. Damit ist auch die strukturierte Bereitstellung von Informationen entlang dieser Prozesse verbunden. In den meisten Unternehmen stellt das Intranet auch eine IT-Infrastrukturkomponente dar. Softwareeigen- oder externe Auftragsentwicklungen werden auf der technischen Basis der Intranetsoftware entwickelt. Die Kommunikation bildet den formellen Informationsaustausch zwischen Mitarbeitern auf unstrukturierter Basis ab. Das Social Intranet ermöglicht es den Mitarbeitern, sich untereinander zu vernetzen, sodass sie persönliche, aber auch berufliche und aufgabenspezifische Gemeinsamkeiten entdecken können. Nicht zuletzt ist eines der Kernelemente des Social Intranet die Förderung der Identifizierung mit dem Unternehmen.

3 Mitarbeiterpartizipation mit Social Intranets

Grundlegend ist festzustellen, dass sowohl ein klassisches Intranet als auch ein Social Intranet lediglich eine technische Lösung oder Unterstützung für konkrete Aufgabenstellungen darstellen. Die Lösung von Herausforderungen an das Unternehmen ist hingegen eine aufbau- und ablauforganisatorische sowie kommunikative Aufgabe. Sie ist damit Bestandteil der Unternehmensführung. Ausgehend von einer grundlegenden strategischen Entscheidung im Unternehmen für eine Stärkung der Mitarbeiterpartizipation, ist ein Social Intranet ein technisches Unterstützungswerkzeug für die operative Umsetzung. Die Besonderheit eines Social Intranets ist die Möglichkeit zur multilateralen Kommunikation. Ein geeignetes Einsatzgebiet für Social Intranets ist das Innovationsmanagement. Über die reine unternehmensweite und kooperative Generierung von neuen Ideen lässt sich dabei weit hinausgehen. Es gibt zwischenzeitlich erste Unternehmen, die die Entwicklung neuer Produktideen, zusätzlich zum definierten Produktportfolio, den Mitarbeitern überlassen. Die unternehmerische Entscheidung, welche der Ideen auch tatsächlich in ein Produkt umgesetzt werden, ist auch den Mitarbeitern überlassen. Das Selbstverständnis hinter diesem Ansatz ist simpel: Bei Hightechprodukten hat heute in der Regel kaum eine Geschäftsleitung das technische und vertriebliche Know-how, um den Innovationscharakter von Produktideen und die Erfolgschancen bei den eigenen Kunden zu bewerten. Diese Kompetenz besitzen jedoch die Mitarbeiter, die in Vertrieb und Entwicklung in diesen Themenfeldern arbeiten. Das Social Intranet stellt hierfür die technische Möglichkeit der Vernetzung von Experten, die kooperative Arbeit an neuen Ideen und die Bewertung der eingereichten Ideen durch die Mitarbeiter selbst bereit.

Im Bereich Wissensmanagement können Mitarbeiter von Blogs, Enterprise Microblogging (EMB) und Enterprise Instant Messaging (EIM) profitieren. Insbesondere die beiden Varianten des Bloggens ermöglichen einen einfachen Austausch von Fachwissen unter den Mitarbeitern. Dies gilt auch für Mitarbeiter, die sich persönlich nicht kennen. Mitarbeiter profitieren einerseits von der Transparenz des Wissens innerhalb der Organisation und dem einfachen Zugriff hierauf. Alltägliche „Wer-weiß-was"-Fragen können damit effizient durch die interne Unternehmenscommunity beantwortet werden. Andererseits ermöglichen diese internen Kommunikationsmedien auch ein direktes Feedback auf das bereitgestellte Wissen im Unternehmen. Die Autoren erhalten Wertschätzung und fachliches Feedback von den Kollegen.

Das Wissen kann mit Social Intranet in Projektteams auf die gleiche Art und Weise verwaltet und ausgetauscht werden. Vor dem Hintergrund der Internationalisierung von Projektteams wird dieser Aspekt zunehmend wichtiger.

In der Unternehmens- und Teamführung spielt die Kommunikation eine zentrale Rolle für die Steuerung der nachgeordneten Bereiche. Social Intranets erlauben jedoch eine Kommunikation in zwei Richtungen. Diese ermöglicht eine fachliche Diskussion von Themen und Entscheidungen als gesamte Organisation. Dieser Offenheit müssen klare organisatorische Rahmenbedingungen gesetzt werden, die außerhalb des Werkzeugs selbst liegen.

Bei der Umsetzung von Intranets im Allgemeinen, aber besonders bei Social Intranets, ist in der Praxis immer wieder festzustellen, dass ein Teil der Unternehmen diese Werkzeuge in kurzer Zeit umsetzt und effizient im Unternehmen nutzt. Auf der anderen Seite stehen Unternehmen, die sich bereits bei der Konzeption eines Intranets in Details und Grundsatzdiskussionen verlieren. Im Jahr 2015 sahen in einer explorativen Studie 73 % der Befragten Hürden bei der Umsetzung von Social Intranet in ihrem Unternehmen (Riemke-Gurzki 2015). Hingegen sahen 11 % keine Probleme (Abb. 3). Die Studienteilnehmer äußerten Bedenken im Unternehmen in Hinblick auf Datenschutz und

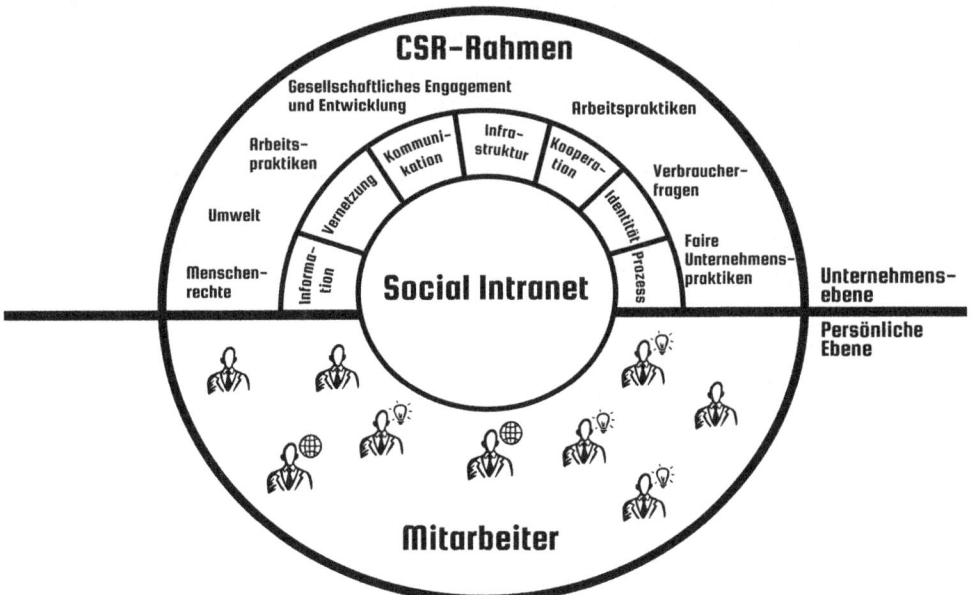

Abb. 3 Social Intranet im Kontext von CSR. (Kernbereiche basierend auf o. V. 2011)

Betriebsrat. Darüber hinaus wurde auch der Aspekt der „Unternehmens(un)kultur" in geringem Umfang thematisiert. Die genannten Punkte lassen sich mit einer offenen und digitalen Unternehmenskultur adressieren. Social Intranets leben und profitieren von der offenen Kommunikation über Bereichs- und Hierarchiegrenzen hinweg. Im Social Intranet werden einzelne Personen und ihre Ansichten für Vorgesetzte und Geschäftsleitung sichtbar. Es erfordert wie nachfolgend kurz dargestellt nicht nur eine entsprechende Führungskultur, sondern eine offene und tolerante Unternehmenskultur im Allgemeinen, um damit umgehen zu können. Mitarbeiter müssen sich dabei sicher sein können, dass ihre fachlichen Meinungen unabhängig von der Hierarchie als solche gewertet und beachtet werden. Vorgesetzte sollten fachliche Vorschläge nicht als Kritik an ihrer Position des Vorgesetzten empfinden. Dies ist eine völlig andere Sichtweise als die eingangs erwähnte Einstufung der Mitarbeiter als Ressource. Diese Kommunikation erfordert eine klare Verantwortung auf allen Hierarchieebenen. Dies gelingt in kleinen Start-ups alleine aufgrund der Unternehmensgröße ungleich einfacher als in großen und gewachsenen Konzernstrukturen. Gelingt es, dies umzusetzen, dann ist der wertvollste Beitrag, den ein Intranet anbietet, die Unterstützung der Agilität von Unternehmen und die Fähigkeit, schnell auf Veränderungen in der Umwelt des Unternehmens zu reagieren (Schönefeld 2011).

4 Corporate Social Responsibility und Social Intranet

Die Möglichkeit zur Stärkung der Mitarbeiterpartizipation in verschiedenen Bereichen und in verschiedenen Ebenen eröffnet neue Perspektiven für die Einbindung der Mitarbeiter bei CSR-Projekten und den Austausch mit internen Stakeholdern. Bevor in diesem Abschnitt Beispiele für Anwendungsmöglichkeiten von Intranets im Kontext von CSR vorgestellt werden, ist eine Betrachtung des Begriffs „CSR" erforderlich. Es existieren vielfältige Definitionen, Sichtweisen und Verständnisse des Themenfelds CSR (vgl. Schneider 2015). Die weiteren Betrachtungen stützen sich auf die Definitionen der ISO 26000. Die Norm ISO 26000 beschreibt die Kernbereiche von Social Responsibility im Unternehmenskontext mit (basierend auf o.V. 2011, Leitfaden zur gesellschaftlichen Verantwortung von Organisationen):

- Menschrechten („human rights"),
- Arbeitspraktiken („labour practices"),
- Umwelt („environment"),
- fairen Unternehmenspraktiken („fair operating practices"),
- Verbraucherfragen („consumer issues"),
- gesellschaftlichem Engagement und gesellschaftlicher Entwicklung („community involvement and development").

Den Kernbereichen werden in der Norm grundlegende Prinzipien zur Seite gestellt, die ein verantwortlich handelndes Unternehmen berücksichtigen muss, im Einzelnen sind dies (basierend auf o.V. 2011):

- Übernahme von Verantwortung („accountability"),
- Transparenz („transparency"),
- ethisches Verhalten („ethical behaviour"),
- Achtung der Interessen der Stakeholder („respect for stakeholder interests"),
- Achtung gesetzlicher Vorgaben („respect for the rule of law"),
- Achtung internationaler Verhaltensstandards („respect for international norms of behaviour"),
- Achtung der Menschenrechte („respect for human rights").

Die Sichtweise von ISO 26000 deckt nicht alle Aspekte aus den aktuellen wissenschaftlichen und praktischen Diskussionen ab, bildet jedoch eine gute Grundlage für eine Betrachtung von CSR im Kontext von Social Intranets. Die Kernbereiche der Norm bilden den organisatorischen Rahmen für die Corporate Social Responsibility des Unternehmens. Das Social Intranet unterstützt mit seinen Kernelementen als Werkzeug die operative Umsetzung der organisatorischen Vorgaben (vgl. Abb. 3).

Das Element „Information" ist integraler Bestandteil jeglicher Unternehmensaktivitäten im Bereich CSR. Die Information der Mitarbeiter über Ziele und Maßnahmen sowie konkrete Handlungsleitfäden kann im Rahmen der internen Unternehmenskommunikation über das Intranet abgewickelt werden. Die Informationen zu CSR-Aktivitäten werden damit in den üblichen Informationsprozess eingebettet und stehen nicht als separates Thema neben den geschäftlichen Aktivitäten. Die Abbildung von Prozessen im Rahmen von CSR-Aktivitäten kann mit der gleichen Motivation integriert im Intranet geschehen. Beispielsweise kann eine Meldemöglichkeit für Verstöße im Bereich Arbeitnehmerrechte oder Korruption direkt in das Intranet integriert werden. Dieser Meldeprozess kann gleichrangig zu den anderen Prozessen im Unternehmen im Intranet positioniert werden und zu einem Element mit Selbstverständnis werden.

Das Intranet selbst bietet für die Entwicklungen von unternehmensindividuellen Anwendungen für Aufgaben des CSR mit der Bereitstellung grundlegender Funktionen, wie z.B. Login und einheitliche Elemente zur Benutzerführung, einen technischen Rahmen.

Die für ein Social Intranet kennzeichnenden Elemente Kommunikation und Networking erhalten im Kontext von CSR eine besondere Bedeutung. Die multilaterale Kommunikation erlaubt unter anderem eine gemeinsame Entwicklung und Umsetzung von Ideen, die Identifikation von Problemfeldern und die Zusammenarbeit in konkreten Projekten bzw. Aufgaben. In einem Social Intranet können Ideen für das soziale Engagement des Unternehmens oder eines Unternehmensbereichs gemeinsam gefunden und entwickelt werden. Einer lebendigen Community im Unternehmen können auch Herausforderungen durch die Unternehmensleitung gesetzt werden. So könnte das Netzwerk der Mitarbeiter die Herausforderung erhalten, eine konkrete Lösung für die Einhaltung von Umweltzielen zu entwickeln. Derartige Konzepte sind in der breiten Anwendung in Unternehmen neu, finden aber bereits im Internet in mehreren Formen ihre Anwendung. So werden bei dem crowd-basierten Logo-Design bei 99designs Spezifikationen für Logos ausgeschrieben. In einem mehrstufigen Wettbewerb wählen die Kunden selbst die beste Lösung (o.V. 2015, 99designs.de). Agenturen lagern bereits einzelne Aufgaben an eine Crowd aus. Intrinsisch motiviert sind auch Entwickler von Open-Source-Software. Sie arbeiten an dieser in den meisten Fällen ohne Entlohnung. Motivation sind unter anderem die Zielerreichung, die Anerkennung und die Freude an der Lösung der gestellten Aufgabe.

Das Networking über eine digitale Plattform kann vorhandene Abteilungsgrenzen und räumliche Distanzen außer Kraft setzen und erlaubt über fachliche Kontaktpunkte hinaus auch das Knüpfen von Kontakten auf persönlicher Ebene. Dabei ist es möglich, die Freiheit über die arbeitsbezogene Kommunikation in den privaten Bereich zu erweitern. Dieser Bereich ist in seiner Wirksamkeit wenig untersucht. Jedoch gibt es praktische Beispiele für Communitys mit Bezug zu Freizeitthemen in Unternehmen, die durch die persönliche Vernetzung der Mitarbeiter, Anerkennung und andere Faktoren positive Wirkung im Unternehmen entfalten.

Social Intranets sind nicht nur ein Werkzeug für die in Abb. 3 dargestellten Kernbereiche von CSR. Die Stärkung der Identifikation der Mitarbeiter mit dem Unternehmen ist eine Folge der Partizipation der Mitarbeiter an der Gestaltung des Unternehmens und der Überwachung der gesetzten Rahmenbedingungen. Social Intranets werden damit selbst von einem Instrument zu einem Element von CSR.

5 Entscheidender Faktor: Unternehmenskultur

Die offene Kommunikation über ein Social Intranet stellt auch ein Korrektiv dar, indem sie Missstände und Fehlverhalten thematisieren kann. Eine persönliche Vernetzung und Community Building beugen diskriminierendem Verhalten vor. Aus Sicht eines abhängig Beschäftigten stellt jedoch eine kritische Äußerung, insbesondere wenn die betreffenden Themen in die Verantwortung von Vorgesetzten oder der Geschäftsleitung fallen, eine Gefährdung der eigenen Person dar. Voraussetzung für den effektiven Einsatz eines Social Intranets ist daher ein Wandel zu einer offenen Unternehmenskultur, die diese Art der Kommunikation als integralen Bestandteil der Arbeit im Unternehmen ansieht und diese positiv im Sinne eines Selbstverständnisses fördert. Der Einsatz von Social Intranet mit seinen Funktionen erlaubt die Nachbildung der agilen Arbeitsweisen und Kommunikationsstrukturen, die Kleinunternehmen einsetzen. Ein kultureller und organisatorischer Ansatz in dieser Richtung ist der des Intrapreneurship. Der Intrapreneur entwickelt als Unternehmer im Unternehmen neue Ideen innerhalb eines definierten Rahmens und setzt diese gegebenenfalls um. Kennzeichnend ist dabei die Eigenverantwortlichkeit des Mitarbeiters.

Voraussetzung für diese für viele Unternehmen völlig neue Sichtweise auf die eigenen Mitarbeiter ist ein geeigneter organisatorischer Rahmen, der mit flachen Hierarchien die

Mitarbeiter verantwortlich involviert. Der zweite Erfolgsfaktor bleibt die Unternehmenskultur, die dem Mitarbeiter und dem Unternehmen eine offene Kommunikation und eine partnerschaftliche Basis ermöglicht. Das Themenfeld Kultur stellt sich jedoch als äußerst komplex dar.

Die Komplexität zeigt sich bereits an einfachen Modellen, wie demjenigen von Edgar Schein. Sein Modell unterscheidet folgende drei Ebenen der Kultur: Artefakte, Werte und Vorstellungen sowie zugrunde liegende Annahmen. Dabei sind die Artefakte die sichtbaren Strukturen und das Verhalten. Die Werte umfassen Ziele und Ideologien. Die Annahmen beinhalten unbewusste Werte und Glauben (Schein 2010).

Bereits an diesen Ebenen zeigt sich, dass es durch die potenziell vorhandenen Widersprüche schwierig ist, eine vorhandene Unternehmenskultur zu verstehen. Ähnlich versteht dies auch (Glauner 2013): „Das Zusammenspiel aller expliziten und impliziten Regeln, Werte und Überzeugungen, die in einem Unternehmen wirken und das Handeln der Akteure prägen, ist die Unternehmenskultur." Eine Veränderung der Unternehmenskultur ist daher als nicht trivial anzusehen. Das Thema „Kultur" ist daher unter dem Begriff „digitale Unternehmenskultur" ein Bestandteil der aktuellen Diskussion der digitalen Transformation von Geschäftsmodellen und Unternehmensorganisation.

6 Zusammenfassung und Ausblick

„Vom Tanker zum Schnellboot" könnte man den Umbruch in der Mitarbeiterpartizipation umreißen. Die Rahmenbedingungen für Märkte und Geschäftsmodelle ändern sich so schnell wie nie zuvor: Regulatorische Vorgaben nehmen tendenziell zu (vgl. auch Schumann und Beland 2016), die Gesellschaft erwartet in großen Teilen eine Nachhaltigkeit des unternehmerischen Handelns (VuMA 2015). So beeinflusst das Thema „Klimaschutz" signifikant das Konsumverhalten (Dialego und W&V 2007). Dies ist mit klassischen, hierarchischen Unternehmensstrukturen und der Sichtweise auf den Mitarbeiter als Ressource nur schwer zu bewältigen. Die Unternehmen stehen vor der Aufgabe, eine neue Unternehmenskultur zu entwickeln, die den Mitarbeitern mehr Verantwortung zugesteht, als in den üblichen Zielvereinbarungen bislang praktiziert wird. Eine solche Kultur stellt nicht nur das wirtschaftliche Überleben eines Unternehmens in turbulenten Märkten sicher, sondern auch das nachhaltige und verantwortungsvolle Handeln. Durch die enge Einbeziehung der Mitarbeiter mittels Social Intranets können lebendige unternehmensinterne Communitys zu verschiedenen Aspekten und Aufgaben des CSR entstehen. Start-ups bringen diese Kultur in vielen Fällen bereits mit. Größere Unternehmen bis hin zu Konzernen sollten eine Kultur entwickeln, die interne und externe Agilität ermöglicht.

Literatur

Berners-Lee T (1991) WorldWideWeb – Executive Summary. https://groups.google.com/forum/#!msg/alt.hypertext/eCTkkOoWTAY/bJGhZyooXzkJ. Zugegriffen: 7. Okt. 2015

Dialego & W&V (2007) Beeinflusst das Thema Klimaschutz Ihr Konsumverhalten? In: Statista – Das Statistik-Portal. http://de.statista.com/statistik/daten/studie/28054/umfrage/einfluss-des-themas-klimaschutz-auf-das-konsumverhalten/. Zugegriffen: 15. Febr. 2016

Glauner F (2013) CSR und Wertecockpits – Mess- und Steuerungssysteme der Unternehmenskultur. In: Schmidpeter R (Hrsg) Management-Reihe Corporate Social Responsibility. Management-Reihe Corporate Social Responsibility, Bd. 69. Springer, Berlin Heidelberg

o.V. (2011) Leitfaden zur gesellschaftlichen Verantwortung von Organisationen. Bundesministerium für Arbeit und Soziales (Hrsg) http://www.bmas.de/SharedDocs/Downloads/DE/PDF-Publikationen/a395-csr-din-26000.pdf. Zugegriffen: 11. Dez. 2015

o.V. (2015) 99designs.de. http://99designs.de. Zugegriffen: 7. Dez. 2015

Riemke-Gurzki T (2014) Unternehmensportale und Intranet – konzipieren, realisieren, betreiben. BoD, Norderstedt

Riemke-Gurzki (2015) Intranet Themen und Trends 2015. BoD, Norderstedt

Schein E (2010) Organizational Culture and Leadership, 4. Aufl. Jossey-Bass, San Francisco

Schneider A (2015) Reifegradmodell CSR – eine Begriffsklärung und -abgrenzung. In: Schneider A, Schmidpeter R (Hrsg) Corporate Social Responsibility – Verantwortungsvolle Unternehmensführung in Theorie und Praxis, 2. Aufl. Springer, Berlin, Heidelberg, S 21–42

Schönefeld F (2011) Social Intranet – Die neue Rolle des Intranets für den digitalen Arbeitsplatz. In: Wolf F (Hrsg) Social Intranet. Carl-Hanser, München, S 14–39

Schumann A, Beland U (2016) Bürokratie-Radar – Jahresanfang 2016. http://www.dihk.de/ressourcen/downloads/dihk-buerokratie-radar-jahresanfang-2016/at_download/file?mdate=1455203242148. Zugegriffen: 15. Febr. 2016

Stafford-Fraser Q (1995) The Trojan Room Coffee Machine. https://www.cl.cam.ac.uk/coffee/qsf/coffee.html. Zugegriffen: 11. Dez. 2015

VuMA (Arbeitsgemeinschaft Verbrauchs- und Medienanalyse) (2015) Bevölkerung in Deutschland nach Einstellung zur Aussage „Beim Kauf von Produkten ist es mir wichtig, dass das jeweilige Unternehmen sozial und ökologisch verantwortlich handelt". In: Statista – Das Statistik-Portal. http://de.statista.com/statistik/daten/studie/182042/umfrage/kaufkriterium---soziale-verantwortung-oekologische-verantwortung/. Zugegriffen: 15. Febr. 2016

Thorsten Riemke-Gurzki ist Professor für Webtechnologien, insbesondere Unternehmensportale, und Usability an der Hochschule der Medien Stuttgart. Er ist Direktor des Global Institute for Digital Transformation (gidt) der Hochschule. Er beschäftigt sich seit über 20 Jahren mit den Themen „Webund Intranet", „Informationsmanagement" und promovierte zum Thema „Kundenportale". Thorsten Riemke-Gurzki beriet in seiner Karriere als Berater zahlreiche Kunden beim Aufbau von Portalen und Intranets. Er ist Autor und Mitautor einer Vielzahl von Publikationen im Themenfeld Electronic Business. Die Schwerpunkte seiner Arbeit liegen im Bereich Digital Transformation, Digital Work und digitale Unternehmenskultur.

Soziokratie und der Paradigmenwechsel in der Internen Kommunikation

Annemarie Schallhart

1 Stellenwert der Kommunikation in sozialen Systemen

Unternehmen und Organisationen sind soziale Systeme. Der Soziologe und Gesellschaftstheoretiker Niklas Luhmann setzt soziale Systeme mit Kommunikation gleich. Wann immer Menschen kommunizieren, bilden sie ein soziales System und umgekehrt muss jedes soziale System kommunizieren (operieren), um zu existieren.

> Ein soziales System kommt zustande, wenn immer ein autopoietischer Kommunikationszusammenhang entsteht und sich durch Einschränkung der geeigneten Kommunikation gegen eine Umwelt abgrenzt. Soziale Systeme bestehen demnach nicht aus Menschen, auch nicht aus Handlungen, sondern aus Kommunikationen (Luhmann 1986, S. 269).

Wenn wir Luhmann folgen, dann ist Kommunikation für kollektives Lernen und Unternehmensentwicklung von immanenter Wichtigkeit.

1.1 Kommunikation und Unternehmensentwicklung

Kommunikationskultur und Kommunikationsstrukturen in Unternehmen haben eine geschichtliche Entwicklung durchlaufen. Während zu Beginn der ersten animistischen und imperialistischen Unternehmensformen Befehle und strenge zentrale Hierarchien vorherrschen, treten im Laufe der Jahrhunderte kooperations- und innovationsförderliche Elemente immer stärker in den Vordergrund (Schallhart 2011, S. 56 ff.; Laloux 2014, S. 17 ff.). Die hier verwendete Kategorisierung von Unternehmen folgt den Entwicklungsebenen des Integral-Nachhaltigen Unternehmensentwicklungsmodells laut Schallhart.

A. Schallhart (✉)
Bandgasse 7/3/19, 1070 Wien, Österreich
E-Mail: annemarie.schallhart@schallhart.com

Unternehmen entwickeln sich unterschiedlich schnell, sodass die einzelnen Ebenen parallel existieren.

In loyalen Unternehmen bilden sich klare Regeln und funktionale Hierarchien aus, in deren Strukturen die Mitarbeitenden den Anweisungen ihrer Vorgesetzten folgen. Menschen in Behörden sowie in traditionellen Groß- und Mittelbetrieben arbeiten auch heute noch oft nach loyalen Verhaltensmustern.

Mit der Industrialisierung beginnt der Aufstieg von strategischen Unternehmen, in denen Gewinnmaximierung das vorrangige Ziel ist. Die Kommunikationskultur ist geprägt von Wettbewerbs- und Leistungsorientierung, effiziente Meetings mit Fachjargon und sachlichen Konfrontationen stehen im Vordergrund. Die meisten internationalen Großkonzerne unserer Zeit gehören dieser gewinnorientierten Unternehmenskategorie an.

Als Gegenbewegung zu diesen materialistisch orientierten Unternehmen bilden sich soziale Netzwerke, die sinnbetonte und ökosozial verantwortliche Arbeit ins Zentrum stellen. Teamarbeit ist in netzwerkenden Unternehmen selbstverständlich. Die Kommunikation wird durch echte Dialogfähigkeit und Konsensorientierung aufgewertet. Basisdemokratische Konsensfindung verringert allerdings oft die Effizienz der Kommunikation. In dieser Kategorie sind häufig Non-Profit-Unternehmen vorzufinden.

Im nächsten Entwicklungsschritt hin zu generativen, evolutionären Gefügen passiert ein echter Paradigmenwechsel. Generative Unternehmen sind fähig, auf die Qualitäten der früheren Ebenen gezielt zuzugreifen, wodurch sie agiler und effektiver als frühere Unternehmensformen vorgehen können. In kokreativen Prozessen betreten sie einen neuen Kommunikationsraum, in dem die einzelnen Mitglieder zur Umsetzung einer nachhaltigen und gesellschaftsverändernden Unternehmensvision ihr volles Potenzial einbringen. Die unternehmerische Tätigkeit wird zum Mittel für globale evolutionäre Systemveränderung. Generative Gefüge sind offene Systeme mit hoher Integrations- und Innovationskraft, sie arbeiten mit transparenten und funktionalen Kommunikationsmechanismen. Erste generative Unternehmen sind als Dienstleistungsunternehmen mit hohem Selbstorganisationsanteil oder als Wissensnetzwerke zu finden.

1.2 Kommunikation und Potenzialentfaltung

Der Neurobiologe und Hirnforscher Gerald Hüther beschreibt unser Gehirn als Sozialorgan, das durch Kommunikation und Beziehungserfahrungen mit anderen Menschen geformt und strukturiert wird. Der Schlüssel für die Potenzialentfaltung sind Beziehungen, die es Menschen erlauben, sich gleichzeitig verbunden und frei zu fühlen (Hüther 2013, S. 46). Individuelle und kollektive Potenzialentfaltung bedingen sich. So weist auch der Gesellschaftsdesigner und Autor Timothy Speed darauf hin, dass es in einem autopoietischen Prozess (Selbstgestaltungsprozess) von Gemeinschaften zentral ist, die inneren Motive sowie den freien Willen des Menschen ganzheitlich und unmittelbar in die Entscheidungsfindung einzubinden (Speed 2009, S. 16).

Inwiefern diese Voraussetzungen durch die Anwendung der Soziokratischen Methode geschaffen werden können, ist Thema des nachfolgenden Beitrags.

In Abschn. 2 wird die Soziokratie als Methode vorgestellt. Im Anschluss wird gezeigt, wie mithilfe soziokratischer Strukturen und Vorgehensweisen (Abschn. 3) ein Paradigmenwechsel der Internen Kommunikation zur Unterstützung evolutionärer Potenzialentfaltung in Unternehmen ermöglicht werden kann (Abschn. 4). Zum Schluss werden die Ergebnisse noch kurz zusammengefasst (Abschn. 5).

2 Begriffsdefinition „Soziokratie" und Entwicklung der Soziokratischen Methode

Soziokratie setzt sich etymologisch aus den lateinischen Begriffen „Socius" (Gefährte, Verbündeter, gemeinsam, gemeinschaftlich) bzw. „Societas" (Gemeinschaft, Bündnis, Gesellschaft) und dem griechischen „Krat(e)ía" (Macht, Herrschaft, Kraft, Stärke) zusammen. Soziokratie bedeutet demnach die Herrschaft von Verbündeten bzw. einer Gemeinschaft. Anders ausgedrückt heißt das, „Gemeinschaft regiert".

Erstmals verwendet wurde das Wort Sociocratie vom französischen Philosophen Auguste Comte (1798–1857), einem der Mitbegründer der Soziologie. Der niederländische Reformpädagoge Kees Boeke (1884–1966) gründet 1926 zusammen mit seiner Frau die „Werkplaats Kindergemeenschap" (Werkstatt Kindergemeinschaft) und erweitert das Konzept der Soziokratie. Er überträgt das System der Selbstorganisation und gleichberechtigten Entscheidungsfindung, das er von den Quäkern kennt, auf diese Schule (Rüther 2010, S. 10 ff.).

Gerard Endenburg (*1933), der Begründer der Soziokratischen Methode, wird durch die Schule von Boeke geprägt. Inspiriert von der Beschlussfassung in seiner Schule und der Systematik der Kybernetik entwickelt er in den 1960er- und 1970er-Jahren in seinem eigenen Elektronikunternehmen die soziokratischen Prinzipien: den Konsent für die Entscheidungsfindung, die Kreisstruktur, die doppelte Verknüpfung der Kreise und die offene Wahl der Führungspersonen. 1974 gründet Gerard Endenburg das „Sociocratisch Centrum", von dem ausgehend die Soziokratische Methode weiterentwickelt und in der Welt verbreitet wird. In den 1990er-Jahren wurde die Soziokratische Methode zudem in Normen festgeschrieben.

3 Grundprinzipien der Soziokratischen Methode

Die Soziokratische Methode stellt viele konkrete Instrumente und Techniken zur Verfügung. Die Essenz dessen, was dieses Modell zu einem ganz besonderen Organisations- und Kommunikationsmodell macht, lässt sich in den folgenden vier Grundprinzipien (auch Basisfunktionen oder Basisregeln genannt) zusammenfassen.

3.1 Der Konsent als Methode der gemeinsamen Beschlussfassung

Konsent bedeutet die Abwesenheit eines schwerwiegenden, begründeten Einwands. Er unterscheidet sich vom Konsens, der eine vollkommene Übereinstimmung aller Beteiligten bedeutet. Nach dem Konsentprinzip können Beschlüsse auch gefasst werden, wenn es Einwände gibt, solange diese Einwände nicht schwerwiegend sind. Schwerwiegende Einwände sind im Sinne der gemeinsamen Ziele zu begründen.

Im Konsentverfahren wird nicht die perfekte Lösung gesucht, sondern die im Moment sinnvollste. Anstelle unterschiedlicher Sichtweisen tritt das gemeinsame Ziel in den Vordergrund. Dadurch dass alle Beteiligten in die Beschlussfassung eingebunden werden, produziert der Konsent – im Unterschied zu Mehrheitsbeschlüssen – keine Gewinner und Verlierer. Einwände von „Gegnern" sind willkommen; sie werden gehört, behandelt und in die Lösung integriert. Schwerwiegende Einwände werden so zum Treiber für die Verbesserung der Lösung; durch deren Integration wird die Identifikation mit der Lösung verstärkt.

3.2 Die Kreisstruktur

In konventionellen Linienorganisationen werden Abteilungen gebildet, die jeweils von einer eigenen Führungskraft geleitet werden. Die Verantwortung für die Abteilungsentscheidungen liegt bei dieser Führungskraft. Im Unterschied dazu sind soziokratische Organisationen in Kreisen strukturiert, in denen sich die Kreismitglieder selbst organisieren, mittels Konsent entscheiden und sich die Verantwortung teilen. Damit wird eine hierarchisch dominierte Führung durch eine gemeinsame Führung aller Kreismitglieder abgelöst (vgl. Abb. 1).

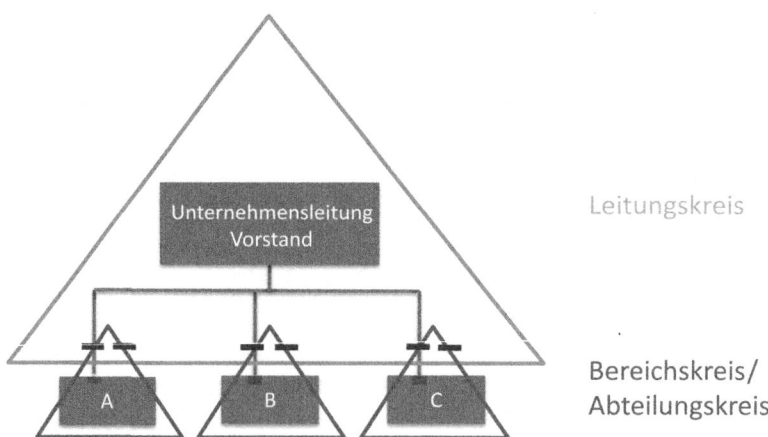

Abb. 1 Soziokratische Kreisorganisationsstruktur

Abb. 2 Informationsfluss zwischen Kreisen mit doppelter Verknüpfung. (Nach TSG 2010, S. 7 f.)

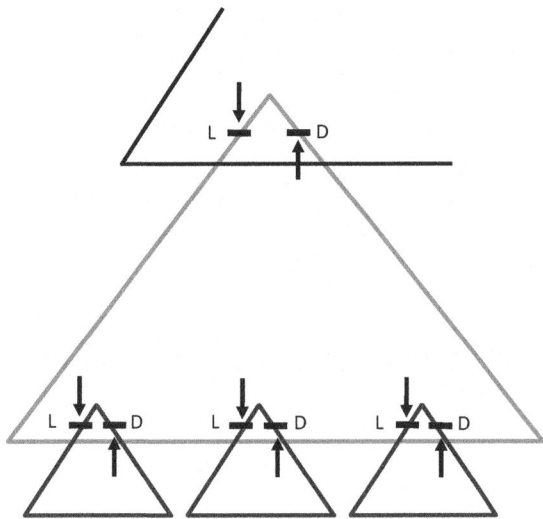

Soziokratische Kreise können sich so organisieren, dass sie Unterkreise (Abteilungskreise, Teamkreise etc.) bilden. So sind beispielsweise Abteilungskreise an den Leitungskreis angebunden. Jeder Kreis hat einen Verantwortungsbereich (ein „gemeinsames Ziel"), der mit dem nächsthöheren Kreis abgestimmt ist. Innerhalb dieser Verantwortungsgrenzen agiert jeder Kreis autonom. Er verteilt Aufgaben und Rollen. Er bestimmt, wer seine Mitglieder sind.

3.3 Doppelte Verknüpfung der Kreise

Alle Kreise einer Organisation sind miteinander doppelt verbunden. Durch die doppelte Verknüpfung ist jeder Kreis über eine leitende Person und eine delegierte Person an den nächsthöheren Kreis angebunden. Das heißt, dass zusätzlich zur leitenden Person (der Führungskraft) ein Repräsentant des Unterkreises in den oberen Kreis entsendet wird. Diese beiden Personen entscheiden somit immer bei allen Beschlüssen der beiden verbundenen Kreise gleichberechtigt mit. Aufgrund der beteiligten Delegierten kann beispielsweise der Leitungskreis niemals ohne Konsent der Abteilungskreise entscheiden. Dadurch verläuft in der soziokratischen Kreisstruktur die Macht durch die Beschlussfassung nicht nur von oben nach unten, sondern auch von unten nach oben (vgl. Abb. 2).

3.4 Offene Wahl der Funktionen

Personen für die Rollen der Leitung, Delegation, Gesprächsleitung, Protokollführung sowie für andere Aufgaben und Funktionen eines Kreises werden soziokratisch gewählt.

Dies bedeutet, dass die Wahl dieser Personen nach offener Argumentation mittels Konsent durchgeführt wird. Alle Kreismitglieder entscheiden gemeinsam, wer für welche Rollen und Aufgaben am besten geeignet ist.

Dadurch dass argumentiert wird, warum eine vorgeschlagene Person für die zur Wahl stehende Position gut geeignet ist, entsteht große Transparenz und Wertschätzung in der Runde. Auch zurückhaltende Personen hören, welche Fähigkeiten und Kompetenzen für ihre Wahl ausschlaggebend sind. Das stärkt und motiviert die Gewählten und fördert die Identifikation mit der neuen Rolle.

4 Beitrag der Soziokratie zu transformierter Interner Kommunikation

Im Folgenden werden die wichtigsten Thesen zur transformierenden Kraft der Soziokratischen Methode beschrieben und mit Beispielen aus der Praxis untermauert. Dabei werden Aussagen der Unternehmensleitung, des Vorstands und von Mitarbeitenden aus verschiedenen Organisationen, welche die Soziokratische Methode eingeführt haben, zitiert. Die Beispiele beruhen u. a. auf einer öffentlichen Umfrage zur Anwendung von Mitbestimmungsmodellen, die Ende des Jahres 2013 vom Sozialwirtschaftlichen Rat (SER) der Niederlande durchgeführt wurde (SER 2013).

4.1 Von hierarchischen und basisdemokratischen Kommunikationsmustern zur soziokratischen Kommunikationsstruktur

Klassische hierarchische Kommunikationsmuster sind durch Befehle und Anweisungen von der Führungsebene zu den Mitarbeitenden charakterisiert. Hierarchische Kommunikation mag zwar effizient sein, aber sie missachtet das Beteiligungsbedürfnis von Mitarbeitenden. Basisdemokratische Kommunikation schließt hingegen alle ein und kann langwierig sein, da sie den Konsens sucht. Oft gibt es selbst nach langen Diskussionen am Ende keinen eindeutigen Beschluss, weil eine klar kommunizierende Gesprächsleitung fehlt. Basisdemokratische Modelle versuchen Beteiligung und Selbstorganisation zu fördern, aber in dem strukturlosen Raum, den sie zur Verfügung stellen, kann die offene Diskussion aufgrund von Ineffizienz zermürbend und demotivierend wirken.

Die soziokratische Kreisstruktur vereint die Vorteile hierarchischer und basisdemokratischer Kommunikationsmuster und schafft es, gleichzeitig Sicherheit und Freiheit zu gewähren. Thomas Becker, der Geschäftsführer des Schmuckateliers Becker in Hamburg, und eine seiner Mitarbeiterinnen beschreiben das wie folgt:

> Die neue Struktur schafft viel Klarheit. Früher hatte ich das Gefühl, dass ich gelegentlich schwamm, nun aber nicht mehr. ... Entscheidungen wurden auf unterschiedliche Weise gefällt. Das eine Mal haben wir sie alle zusammen entschieden, ein anderes Mal habe ich den

Knoten alleine gelöst. Das war verunsichernd. Jetzt gibt es regelmäßige Treffen im Kreis. Themen wie Öffentlichkeitsarbeit, Verwaltung und Projekte haben ihren eigenen Kreis (Becker 2015).

Dadurch, dass die Kreise klare Verantwortungsbereiche besitzen und für die operativen Tätigkeiten gemeinsame Grundsatzbeschlüsse gefasst werden, haben Mitarbeitende einen klaren Rahmen und können selbstständiger entscheiden. Im Vergleich zur hierarchischen Linienorganisation werden in der Kreisorganisation Entscheidungen näher bei der Ausführung getroffen. Feri Eckel erläutert, was das für sie bedeutet.

> Ich mache Werbung. Jetzt weiß ich genau, welches Budget zur Verfügung steht und welche Kriterien für die Magazine wichtig sind, worin wir publizieren. Zuvor besprach ich alles aus Unsicherheit mit Thomas. … ich fühle mich jetzt viel sicherer auch meine eigenen Entscheidungen zu treffen. Das tue ich, und es funktioniert besser. … Wenn das eigene Terrain so klar definiert ist, kann jeder Kreis seinen eigenen Kurs segeln (Eckel 2015).

Die doppelt verknüpfte Kreisstruktur kanalisiert Information und Entscheidungen transparent und strukturiert, und zwar gleichberechtigt sowohl top-down als auch bottom-up. Es ist dies eine Struktur, die Freiraum und Sicherheit sowie Effizienz und Beteiligung aller zugleich ermöglicht. Damit ist die Soziokratie eine Alternative zur klassischen Hierarchie sowie zum eher strukturlosen, chaotisch verbundenen Netzwerk.

4.2 Gleichwertigkeit in der Kommunikation

Konkurrenzbetonte Kommunikation zeigt sich als Debatte, die jemand gewinnt oder verliert. Auch Mehrheitsabstimmungen erzeugen Gewinner und Verlierer. Wettbewerbsbasierte Kommunikation ist zwar effizient, aber immer auf den eigenen Vorteil ausgerichtet. Es werden strategische Allianzen geschmiedet, um sich für einen anderen Konkurrenten unangreifbar zu machen. In strategischen Unternehmen herrscht das Paradigma des „Um-zu" und des „Entweder-oder" vor. Informationen werden strategisch eingesetzt, um Meinungen und Entscheidungen zu lenken. Abteilungen verfolgen ihre vorgegebenen Umsatz- oder Gewinnziele und konkurrieren womöglich intern.

Die Soziokratische Methode – und dabei insbesondere die soziokratische Beschlussfassung – ermöglicht einen Ausstieg aus diesem Verhalten. Sie unterstützt im Unterschied zum konkurrierenden Verhalten ein einschließendes Vorgehen und verfolgt das Paradigma des „Sowohl-als-auch". Kooperation statt Konkurrenz wird möglich.

Eine unbegründete Frontalopposition gegen Entscheidungen wird unvertretbar, da sich Teilnehmende ihrer Stimme nicht mehr enthalten können. Der Betriebsleiter eines Tierlabors formuliert die Auswirkungen der Soziokratischen Methode wie folgt:

> Es gibt weniger Spannungen. Man kann sich nicht mehr hinter dem Rücken eines anderen verstecken, weil jeder aktiv eingeladen ist, seine/ihre Wirklichkeit in Bezug auf das Thema einzubringen (SER 2013, S. 3).

Strategisches Vorgehen im Hintergrund wird überflüssig. Auch müssen Fehler nicht mehr vertuscht werden. Jeder ist aufgefordert Mängel und Einwände auszusprechen, denn nur so können sie behandelt und behoben werden. Der Kreis ist die Basis für eine gleichberechtigte und kooperative Arbeitsweise. Dort kann wertschätzende Kommunikation unabhängig von hierarchischen Positionen gelingen.

> Wenn ich in einem Kreis bin, dann findet dort die Inklusion aller Menschen und Werte statt. Indem du die Soziokratie lebst, lernst du, alle einzubinden. ... Wenn wir anfangen, die Schuldzuschreibungen loszulassen und einfach in diesem Moment zu sein, das ist ein anderes Bewusstsein (Kendrick 2008).

Durch die Gleichwertigkeit in der Beschlussfassung hat der Einzelne ohne Gesichtsverlust die Möglichkeit, vom eigenen Standpunkt abzurücken, wenn sich durch Argumente anderer Kreismitglieder neue Erkenntnisse und Einsichten ergeben. Da alle Kreismitglieder aufgefordert werden, sich zu äußern, werden auch Wissen und Meinungen ruhigerer Mitarbeiter einbezogen. Minderheitsbedürfnisse werden gehört. Meinungsunterschiede werden nicht als Störfaktoren, sondern als Wegbereiter einer besseren Lösung angesehen. Endenburg:

> Die Soziokratie lebt von der Anerkennung des Individuums. Sie kennt keine Gewinner und Verlierer, nur Lösungen (Waldherr 2009, S. 147).

4.3 Soziokratische Meetings – Mitverantwortung durch Transparenz

In hierarchisch strukturierten Unternehmen werden „Chefbotschaften" über die Hierarchie nach unten transportiert. In strategischen Unternehmen werden Informationen gezielt und effizient erhoben und verbreitet. Die Erarbeitung rationaler und datenbasierter Lösungen erfolgt auf gemeinsamer Basis, die Verantwortung für eine Entscheidung trägt aber letztendlich die jeweilige Führungskraft. Soziale Netzwerke geben meist viel Raum für informellen Informationsaustausch und partizipative Entscheidungsprozesse, dabei leidet jedoch oft die Effizienz und Ergebnissicherung von Meetings. Eine effiziente und gleichzeitig effektive Gestaltung von Informationsfluss und Mitentscheidung ist offensichtlich schwer zu bewerkstelligen.

Wie können also Kommunikationsformate diesen Bedarf an effizienten und hochwertigen Informations- und Entscheidungsflüssen decken? Gut moderierte soziokratische Meetings in einer Kreisorganisation können eine Antwort darauf sein.

Für soziokratische Meetings gibt es klare Regeln, welche Qualität, Transparenz sowie eine offene und wertschätzende Gesprächskultur fördern. Die Kreistreffen sind klar strukturiert und werden gut vorbereitet. Es gibt immer eine Moderation bzw. Gesprächsleitung, die für den soziokratischen Prozess verantwortlich ist. Alle Meetings werden protokolliert. Die im Konsent getroffenen Grundsatzbeschlüsse werden im digitalen Gedächtnis des Kreises, dem Logbuch, gespeichert.

Der Vorstandsvorsitzende eines ambulanten Pflegedienstes antwortet auf die Frage, wie sich die Struktur der Mitbestimmung ein Jahr nach Einführung des soziokratischen Organisationsmodells verändert hat, wie folgt:

> Die Gesprächsthemen sind praxisbezogener. Die Mitarbeiter werden mitverantwortlich gemacht für das Geschehen in ihrer eigenen Abteilung und die Ausführung der eigenen Arbeiten. Das bindet die Mitarbeiter stärker ein. ... Management und Leitungsgebende werden zu Transparenz und höherer Motivation bei Strategievorschlägen „gezwungen" (SER 2013, S. 5).

Der Vorstandsvorsitzende berichtet auch über Verbesserungen bezüglich der Transparenz von wichtigen Informationen. Er bestätigt, dass durch den soziokratischen Prozess Verständnis und Mitverantwortung aller für die Organisation wachsen (SER 2013, S. 5).

Paul Stork, Vorstandsmitglied des niederländischen Designbüros Fabrique mit siebzig Mitarbeitenden, weist darauf hin, dass die Informationen richtig fließen und dass früher erkannt wird, dass eine Entscheidung nicht ausführbar sein könnte (Stork 2008).

Dass Mitbestimmung derart gelingt, fußt vor allem auf dem regulierten und lückenlosen Informationsfluss über die doppelte Verknüpfung (top-down und bottom-up) sowie auf dem Einsatz soziokratischer Instrumente, wie z. B. der Gesprächsleitung und dem soziokratischen Logbuch. Das transparente Logbuchablagesystem sorgt dafür, dass die Mitglieder aller Kreise Einblick in die wesentlichen Unternehmensdaten und Beschlüsse der einzelnen Kreise erhalten. Kreismitglieder werden so befähigt, qualitätsvolle Beschlüsse im Sinne des Gesamtunternehmens mitzudenken. Sie identifizieren sich mit den von ihnen mitgestalteten Lösungen und fühlen sich zunehmend für den Geschäftserfolg mitverantwortlich.

4.4 Durch die Integration von Fehlern zur lernenden Organisation

Innovationskräftige, generative Unternehmen sind lernende Organisationen. Vertrauen und eine konstruktive Fehler- bzw. Lernkultur sind wesentliche Voraussetzungen dafür.

Die Soziokratie toleriert Fehler nicht nur, sie akzeptiert diese als wichtige Indikatoren, dass etwas nicht so läuft wie geplant, und kalkuliert diese mit ein. Die Auswirkungen der Entscheidungen werden laufend gemessen und in jeder Kreisversammlung können diese aufgrund von Messungen über einen neuen Konsent korrigiert werden. So etabliert sich aus Fehlern gelernt eine Lernkultur, die ein agiles Veränderungsmanagement unterstützt.

Der Betriebsleiter eines Tierlabors weist darauf hin, dass die Soziokratische Methode in Bezug auf den Umgang mit Fehlern enthüllend sein kann und alle Kreismitglieder lernen müssen, dass sie korrigierbar sind (SER 2013, S. 3).

Der Personalreferent einer Einrichtung zur Schulkinderbetreuung berichtet nach drei Jahren Erfahrung mit der Soziokratischen Methode, dass durch das inhärente Nachprüfen der Beschlüsse deren Qualität gestiegen ist und dass zudem 93 % der Mitarbeiter überdurchschnittlich große Freude an der Arbeit zu haben (SER 2013, S. 8).

Ein so geschaffenes Klima des Vertrauens prägt die Menschen und macht den Weg frei für die Persönlichkeitsentwicklung bestätigt Marten Disberg, CEO der IT-Firma Reekx (Waldherr 2009, S. 147). Der Gründer einer Buchhaltungsfirma erkennt darüber hinaus, dass die Mitarbeitenden durch die Soziokratische Methode aktiver in die Organisation einbezogen werden, sodass sie Betriebsangelegenheiten mehr Aufmerksamkeit widmen und sich frei fühlen, Verbesserungsvorschläge einzubringen (SER 2013, S. 7).

In einer soziokratischen Organisation übernimmt der Kreis die Führung: Er ist selbstorganisiert, entscheidet, setzt um, misst und korrigiert. So wird ein dynamisches Umfeld geschaffen, in dem Menschen autonom entscheiden und kreative Ideen frei entwickeln können.

Selbstmanagement und Ganzheitlichkeit nennt Frederic Laloux in seinem Buch *Reinventing Organizations* als zwei ausschlaggebende Kriterien für einen Durchbruch zu einer generativen, evolutionären Organisation. Unter dem Aspekt der Ganzheitlichkeit spricht Laloux an, dass für die volle Potenzialentfaltung des Einzelnen ein sicherer, vertrauensvoller Platz (ein WIR-Raum) Voraussetzung ist, in dem ohne Angst vor Fehlern und Versagen agiert werden kann (Laloux 2014, S. 56).

Die Soziokratie kann diesen Anspruch auf ganzheitliche Entwicklung nicht per se einlösen. Sie stellt jedoch ein methodisches und strukturelles Rahmenwerk zur Verfügung, das organisationale und individuelle Potenzialentfaltung fördert. Gregg Kendrick von Basileia beschreibt, worin er die Leistung der Soziokratischen Methode sieht:

> Ich war bei meinem Unternehmen CEO und Miteigentümer. Ich wollte, dass das ein Platz ist, wo die Leute wachsen und gedeihen. ... Wir wollten keinen Zwang. Wirkliche Führungskraft respektiert die Autonomie jeder Person, so dass alle etwas aus freier Wahl machen. Für mich wird das durch die Soziokratie gesichert. ... Soziokratie in ihrem Wesen ist ein Hilfsmittel, das eine völlig neue Vision der Zusammenarbeit verwirklichen lässt (Kendrick 2008).

Die Soziokratie ebnet den Weg zu einer evolutionären Organisationsentwicklung. Die Exzellenz des Einzelnen entfaltet sich dabei in Verbundenheit mit der Organisation und dem Ganzen.

5 Fazit

Kommunikation ist der Schlüssel zur Unternehmensentwicklung. Wenn wir davon ausgehen, dass CSR sowie Verantwortung für nachhaltiges Wirtschaften in generativen Unternehmen besser als in loyalen, strategischen oder sozialen Unternehmen integriert sind, dann zeigt dieser Artikel in vier empirisch untermauerten Linien, welchen Beitrag soziokratisch strukturierte Kommunikation für eine zukunftssichernde Organisationsentwicklung leisten kann.

Endenburgs Organisationsmodell etabliert mit den Grundprinzipien Konsent, Kreisstruktur, doppelte Verknüpfung der Kreise und offene Wahl ein Kommunikations- und

Entscheidungsmodell, das eine evolutionäre Entwicklung der Kommunikationskultur sowie der gesamten Organisation unterstützt. Die transformierende Kraft der Soziokratischen Methode beruht auf dem Zusammenspiel der soziokratischen Basisfunktionen und Werkzeuge, welche in einem erprobten Implementierungsprozess in vier Phasen eingeführt werden können.

Die Praxisbeispiele belegen, dass die Methode bei fachgerechter und konsequenter Anwendung über strukturelle Änderungen eine Reihe von sozialen und kulturellen Änderungsimpulsen anstößt (Soziokratie Zentrum Niederlande und Österreich). Die wichtigsten Konsequenzen, die aus den Aussagen von Unternehmensleitung, Vorstand und Mitarbeitern in verschiedenen Organisationen abgeleitet werden, lassen sich wie folgt zusammenfassen:

Soziokratische Kommunikationsmuster verbinden die Effizienz hierarchisch dominierter Kommunikation mit basisdemokratischer Beteiligung in einer neuen effektiven Qualität, die allen Beteiligten durch dynamische Strukturen sowohl Freiheit als auch Sicherheit gibt.

Die soziokratische Kommunikation und Beschlussfassung basieren auf einem gleichberechtigten und einschließenden Vorgehen, das eine Transformation von (interner) Konkurrenz hin zu Kooperation ermöglicht. Das Paradigma von Sieg oder Niederlage kann losgelassen werden und an die Stelle eines „Entweder-oder" kann eine Kultur des „Sowohl-als-auch" treten.

Durch Transparenz und Wertschätzung in soziokratischen Meetings wird qualifiziertes Mitentscheiden unterstützt. Mitverantwortung und Selbstorganisation werden zunehmend selbstverständlich. Die Motivation und Fähigkeit aller Mitarbeitenden, ihr Wissen und ihre Weisheit voll und ganz einzubringen, steigen.

Eine konstruktive Lernkultur wird dadurch unterstützt, dass Fehler erlaubt sind und als Messungen in einem dynamischen Prozess zum laufenden Wandel beitragen.

Gelebte Soziokratie unterstützt Unternehmen dabei, eine Umgebung zu schaffen, in der individuelle und kollektive Potenzialentfaltung möglich werden. So wird der Weg frei hin zu einem kreativen, generativen Unternehmen.

Literatur

Becker T (2015) Soziokratie bei Schmuckatelier Becker. http://www.soziokratie.at/soziokratie-bei-schmuckatelier-thomas-becker/. Zugegriffen: 10. Nov. 2015

Eckel F (2015) Soziokratie bei Schmuckatelier Becker. http://www.soziokratie.at/soziokratie-bei-schmuckatelier-thomas-becker/. Zugegriffen: 10. Nov. 2015

Hüther G (2013) Was wir sind und was wir sein könnten, 3. Aufl. Fischer, Frankfurt am Main

Kendrick G (2008) Interview von Ted Millich, übersetzt von Christian Rüther. In: Rüther C (Hrsg) „Soziokratie". Ein Organisationsmodell. Grundlagen, Methoden und Praxis. www.soziokratie.org, S 116

Laloux F (2014) Reinventing Organizations. Nelson Parker, Brüssel

Luhmann N (1986) Ökologische Kommunikation. Westdeutscher Verlag, Opladen

Rüther C (2010) „Soziokratie". Ein Organisationsmodell. Grundlagen, Methoden und Praxis. 2. Auflage. www.soziokratie.org. Zugegriffen: 6. Nov. 2015

Schallhart A (2011) Integrale nachhaltigkeitsorientierte Unternehmensentwicklung. Grin, Norderstedt

SER (2013) Die Soziokratische Kreisorganisationsmethode (SKM) als Mitbestimmungsmodell in der Praxis. Umfrage Sozialwirtschaftlicher Rat (SER) der Niederlande anlässlich des Kongresses „Erneuerung in der Partizipation/Partizipation in der Erneuerung". Soziokratie Zentrum Deutschland, Bad Salzuflen

Soziokratie Zentrum Österreich. soziokratie.at

Soziokratie Zentrum Niederlande. sociocratie.nl

Speed T (2009) Gesellschaft ohne Vertrauen, 2. Aufl. Books on Demand, Norderstedt

Stork P (2008) Die Macht des Arguments statt der Macht der Mehrheit, con Dominique Haijtema. Slowmanagement Herbst 2008:44–45. http://soziokratie.org/wp-content/uploads/2011/06/artikel-slowmanagement.pdf. Zugegriffen: 12. Nov. 2015

TSG (2010) Die Soziokratische Methode: Muster für die Anwendung. Soziokratische Norm SCN 1001-0. The Sociocracy Group, Rotterdam

Waldherr G (2009) Die ideale Welt. Brand Eins (01):144–150

Annemarie Schallhart, Mag., MBA Sustainability Management, ist integrale Nachhaltigkeitsberaterin, Soziokratie- und CSR-Trainerin. Sie studierte Handelswissenschaften an der Wirtschaftsuniversität Wien und Sustainability Management an der Leuphana Universität Lüneburg. Sie ist Begründerin des Integral-Nachhaltigen Unternehmensmodells und berät Unternehmen, die eine ganzheitliche Entwicklung anstreben. Als Partnerin des Soziokratie Zentrums Österreich trainiert und schult sie Organisationen bei der Einführung soziokratischer Strukturen. Durch ihre Tätigkeit als Universitätslektorin und als Trainerin für den CSR-Führerschein stärkt sie Nachhaltigkeits- und CSR-Professionals von heute und morgen.

Planung und Umsetzung von CSR-Kommunikation: Eine Interviewstudie

Christoph Kochhan, Katrin Allmendinger und Hannah Korn

1 Zusammenschau der Untersuchungsergebnisse

Die Interviewstudie „Status Quo in der CSR-Kommunikation", an der je ein Vertreter von fünf Großunternehmen im Rahmen eines leitfadengestützten Experteninterviews teilgenommen hat, beleuchtete die aktuelle Situation in der CSR-Kommunikation. Hier wurden zum einen die Aspekte „Einbindung in den unternehmerischen Kontext" und „Kommunikationsinstrumente" thematisiert. Zum anderen wurden die Themen „Transparenz und Glaubwürdigkeit" im Hinblick auf ihren Stellenwert im Rahmen von CSR-Kommunikation untersucht. Als eine erste Orientierung liefert Tab. 1 eine überblicksartige Zusammenschau der Einzelergebnisse.

C. Kochhan (✉)
Design Informatik Medien, Hochschule RheinMain
Unter den Eichen 5, 65195 Wiesbaden, Deutschland
E-Mail: christoph.kochhan@hs-rm.de

K. Allmendinger
Fakultät Bauingenieurwesen, Bauphysik und Wirtschaft, Hochschule für Technik Stuttgart
Schellingstr. 24, 70174 Stuttgart, Deutschland
E-Mail: katrin.allmendinger@hft-stuttgart.de

H. Korn
Fakultät für Psychologie, Universität Wien
Liebiggasse 5, 1010 Wien, Österreich
E-Mail: Hannah.Korn@gmx.de

Tab. 1 Interviewergebnisse im Überblick

CSR-Kommunikation: **Einbindung im Unternehmen**	Integration in den unternehmerischen Gesamtprozess
	Wahrnehmung als ein Teilgebiet der Unternehmenskommunikation
	Durchlaufen typischer kommunikativer Planungsschritte, insbesondere klare Differenzierung nach externen bzw. internen Anspruchsgruppen
CSR-Kommunikation: **Typische Instrumente**	*Externe Kommunikation:*
	Nachhaltigkeitsbericht
	Pressemitteilungen
	Social-Media-Aktivitäten/Internetdarstellungen mit der Möglichkeit der Kontaktaufnahme durch Anspruchsgruppen
	Zudem im Kontext interner Kommunikation insbesondere:
	Mitarbeiterzeitschrift
	Intranet
CSR-Kommunikation: **Transparenz und Glaubwürdigkeit als Erfolgsfaktoren**	*Externe Kommunikation:*
	Nachhaltigkeitsbericht als Transparenztreiber
	Grundvoraussetzung für Glaubwürdigkeit: ehrliche Kommunikation, „hinter der Sache stehen"
	Unterstützung von Glaubwürdigkeit: Bestätigung von CSR-Aktivitäten durch zentrale, objektive Instanzen (z. B. Wissenschaft)/gezielte Auswahl eventueller Sponsoren
	Überprüfung von Glaubwürdigkeit: mittels Kommentaren von Dritten
	Zudem auch im Kontext interner Kommunikation wichtig, da Mitarbeiter die Erfolgsfaktoren des Unternehmens sind:
	Gezielte Versorgung mit mitarbeiterspezifisch ausgerichteten CSR-Nachrichten/Nachrichten enthalten hohen Detailgrad (wettbewerberrelevante Informationen werden nicht oder nur verallgemeinert nach außen getragen)
	Schulungen für Mitarbeiter hinsichtlich gezielter CSR-Themen

2 Einführung

Immer wieder wird die Öffentlichkeit in Deutschland aufgrund von Meldungen zu katastrophalen Arbeits- und Sicherheitsbedingungen, die andernorts unter anderem in der Textil- und Bekleidungsbranche herrschen, aufgeschreckt. Als Beispiel sei der Zusammensturz des „Rana Plaza"-Gebäudes in einem der Zentren der Stoffproduktion in Bangladesch genannt, bei dem am 24.4.2013 1127 Menschen ums Leben kamen. Entsprechend haben das Thema des verantwortungsvollen Wirtschaftens und damit die Planung und Durchführung, aber auch die Kommunikation von Corporate-Social-Responsibility-

(CSR-)Maßnahmen in den Unternehmen an Bedeutung gewonnen (Dach und Allmendinger 2014, S. 410).

Als Teil unternehmerischer Kommunikation (Raupp et al. 2011, S. 9; Wagner et al. 2014, S. 4), die Themen in die Öffentlichkeit bringt, Aufmerksamkeit und Reputation erzeugen sowie Verständnis, Vertrauen und Akzeptanz schaffen will (Weder 2010, S. 143), erwartet die Öffentlichkeit im Bereich „CSR" eine korrekte, nachvollziehbare und anspruchsgruppenadäquate Kommunikation der Maßnahmen seitens der Unternehmen (s. hierzu etwa Osburg 2015): Kunden beispielsweise möchten keine unverständlichen und widersprüchlichen Informationen zu CSR-Aktivitäten erhalten. Wichtig erscheint ihnen vielmehr eine transparente und zielgerichtete Informationsvermittlung durch die Unternehmen – in diesem Kontext wird oftmals der Begriff Greenwashing verwendet, um auszudrücken, dass Firmen sich und ihre Aktivitäten in der Öffentlichkeit besser darstellen, als sie tatsächlich sind (Zerfaß und Piwinger 2014, S. 1279). Im Gegensatz zur externen Kommunikation zielt die interne Kommunikation neben der bedarfsgerechten Informationsvermittlung und dem Erzeugen von Verständnis und Akzeptanz auch auf eine Erhöhung der Mitarbeiterbindung, Motivation und Identifikation mit dem Unternehmen ab (Grupe 2011, S. 180 f.).

Der Anspruch an die CSR-Kommunikation ist es somit, dass die unterschiedlichen Anspruchsgruppen (Stakeholder) zielgruppenspezifische Kommunikationsbotschaften erhalten und diese über differenzierte Kommunikationskanäle transportiert werden (Osburg 2015, S. 740). Die interne Kommunikation ermöglicht es, dass im Idealfall durch das Verhalten der Mitarbeiter CSR im Unternehmen gelebt wird; externe Kommunikation wird dementsprechend besonders glaubwürdig.

CSR-Kommunikation sollte somit – unabhängig von der inhaltlichen Dimension – keine formalen Besonderheiten in der Planung und Durchführung hinsichtlich der Kommunikation mit in- und externen Anspruchsgruppen aufweisen. Dieser Aspekt wird im vorliegenden Beitrag anhand der Ergebnisse von Experteninterviews, die in fünf Großunternehmen geführt wurden, hinterfragt. Die Experteninterviews zeichneten sich im Vergleich zu narrativen Interviews durch einen höheren Grad an Strukturiertheit aus (Kaiser 2014, S. 2): Es wurden Personen befragt, die zu den zu erforschenden Sachverhalten über Spezialwissen verfügen (Gläser und Laudel 2010, S. 12). Die vorliegend ausgewählten Unternehmen zählen zu unterschiedlichen Branchen (beispielsweise Energieversorgung, Textil- und Bekleidung, Pharmaindustrie, Anlagen- und Maschinenbau). Die jeweiligen Interviews mit den Unternehmensvertretern dauerten im Durchschnitt 60 min und wurden mittels eines Interviewleitfadens, der die Forschungsfragen umfasste, geführt, um eine Vergleichbarkeit im Rahmen der Vorgehensweise zu gewährleisten. Zur Verbesserung von Verständnis und Erkenntnistiefe wurden in den (jeweils aufgezeichneten und anschließend transkribierten) Interviews darüber hinaus an zentralen Stellen gezielt weitere Detailfragen ergänzt.

Die durchgeführte Interviewstudie verfolgte die übergeordnete Fragestellung, auf welche Art und Weise Unternehmen ihre CSR-Aktivitäten kommunizieren. Mittels der Befragungen wurde überprüft, inwieweit die theoretisch als bedeutsam erachteten Aspekte im realen Unternehmenskontext Anwendung finden. Entsprechend wurde zunächst eruiert, ob und inwieweit die CSR-Kommunikation in den Gesamtprozess der unternehmerischen Implementierung von CSR-Maßnahmen eingebettet ist. Unterstützung und Erläuterung boten diesbezüglich die Interviewergebnisse eines Unternehmens aus der Textil- und Bekleidungsindustrie (Alpha AG). Darauf aufbauend wurde der Bereich der CSR-Kommunikation als solcher fokussiert – auf formaler Ebene werden die Untersuchungsergebnisse zunächst dahin gehend überprüft, inwieweit von Besonderheiten im Hinblick auf die eingesetzten Kommunikationsinstrumente im Rahmen der externen und internen Kommunikationsaktivitäten gesprochen werden kann, bevor auf inhaltlicher Ebene die beiden Darstellungsaspekte Transparenz und Glaubwürdigkeit als Erfolgstreiber unternehmerischer CSR-Kommunikation in ihrer Bedeutung und Wirkung bezugnehmend auf die Interviewergebnisse näher betrachtet werden. Diskutiert wird letztendlich, inwieweit sich die gewonnenen Ergebnisse in den theoretischen Diskurs der CSR-Thematik – und dies vor dem Hintergrund der Herausforderung Greenwashing – einfügen.

3 Kommunikationsgrundlage

Eine systematische Planung und Durchführung von CSR-Maßnahmen erleichtert deren Kommunikation an die unterschiedlichen unternehmerischen Anspruchsgruppen. Dass Unternehmen auch im Themenfeld „CSR" geplant vorgehen, wird anhand von Aussagen der Alpha AG, einem Unternehmen aus der Textil- und Bekleidungsindustrie, hinsichtlich des Prozessablaufs im Kontext der Einführung von Biobaumwolle beispielhaft belegt. Die Aussagen stützen die von Heinrich (2013, S. 3 ff.) dargestellten sieben Prozessschritte im Rahmen der Implementierung von CSR-Maßnahmen:

1. Die strategische Ausrichtung des Unternehmens: Dies beinhaltet die Klärung von Grundsätzen, Werten und der Visionen sowie die Machbarkeit des CSR-Projekts ebenso wie die Benennung des verantwortlichen Teams
In diesem Zusammenhang weist die Alpha AG im Kontext ihrer CSR-Aktivitäten beispielsweise auf den strategischen Bezug zu ihrer Absatzpolitik und Preisgestaltung hin:

> Also wichtig ist, dass die Nachhaltigkeit im Engagement eines Unternehmens ökologisch und sozial immer auch mit ökonomischer Nachhaltigkeit einhergeht. Wichtig ist uns, den nachhaltigen Absatz zu sichern. Also haben wir uns insgesamt sechs Bereiche angeschaut. Der erste Bereich ist der Preis. Wir haben am Markt geschaut und wir sind ja kein Textil-Discounter, aber trotzdem haben wir einen günstigen Preis. Also muss es preiswert bleiben (Alpha AG).

Das Beispiel verdeutlicht, dass CSR-Projekte nicht losgelöst von den übergeordneten unternehmerischen Leitlinien stattfinden. Selbst die Detailebene „Preis" kann hier einen beeinflussenden (Erfolgs-)Faktor darstellen. Von Bedeutung sind hier sicherlich die jeweiligen Anspruchs- bzw. Zielgruppen, die mit den Botschaften erreicht werden sollen.

Der Aspekt der Adressaten im Rahmen der CSR-Strategie ist Thema des nächsten Prozessschrittes:

2. Definition der Anspruchsgruppen: Dies beinhaltet, welche Stakeholder betroffen sind, welche Ansprüche sie haben und wie sie informiert und eingebunden werden
Entlang der bereits erwähnten strategischen Preisgestaltung wird der Preisaspekt auch unter Perspektive der Anspruchs- bzw. Zielgruppe „Kunde" betrachtet und von der Alpha AG einbezogen. Generell muss sich das Unternehmen darüber klar sein, wo es mit seinen CSR-Aktivitäten ansetzen kann beziehungsweise wo gezielt Akzente gesetzt werden können.

> Wir können nicht irgendwelche Aufschläge machen und anders als zu unserer Marktpositionierung jetzt auf einmal teuer werden und damit Menschen ausschließen, die das vielleicht gar nicht bezahlen können (Alpha AG).

Entsprechend ist es wichtig, die Wünsche und Bedürfnisse der Adressaten zu erkennen und anspruchsgruppengerecht umzusetzen. Voraussetzung ist in diesem Kontext, dass sich ein Unternehmen seiner eigenen Stärken und Schwächen bewusst ist und sich selbst entsprechend einschätzen kann:

3. Analyse des Ausgangspunktes: Dies beinhaltet das Kerngeschäft zu definieren, Stärken und Werte zu identifizieren sowie Kennzahlen zu definieren
Für Unternehmen stellt sich also die Aufgabe, die eigene Situation klar zu umreißen sowie die Zielrichtung der CSR-Aktivitäten zu formulieren.

> Und der andere Teil war, dass wir uns gefragt haben, gehen wir jetzt irgendwo an den Markt und kaufen irgendwo Biobaumwolle oder sehen wir das als ganzheitlichen Ansatz. Nachhaltige Beschaffung, also neben dem eigentlichen Produkt haben wir einmal das Thema „Umwelt". Alles was rund um Biobaumwolle Umweltrelevanz hat, und das sind viele Aspekte, Chemikalieneinsatz, Pestizide, Wasserverbrauch. Und das haben wir gesagt, das ist ein Schwerpunkt unseres Engagements und hier wollen wir weiter gehen. Wir haben gesagt, wenn wir durchgreifend agieren wollen, brauchen wir auch Partnerschaften vor Ort. ... Und wir haben gesagt, wir wollen weiter gehen, wir schulen die, wir zeigen, wie man überhaupt vernünftiges Saatgut herstellt, wie man düngt ohne Chemikalien etc. (Alpha AG).

Das Beispiel der Alpha AG zeigt den Stellenwert der Zielformulierung. Diese ist ihrerseits wiederum davon abhängig, welche Chancen und Risiken mit unterschiedlichen Aspekten einhergehen können.

4. Festlegung von Zukunftsthemen: Dies beinhaltet die Ermittlung von Chancen und Risiken sowie die Priorisierung von Themen nach ihrer Relevanz
Dieser Aspekt wird im Praxisbeispiel über die Erkenntnis belegt, dass das Unternehmen das Risiko einer noch fehlenden Expertise erkannt hat und in das CSR-Projekt ein thematisch erfahrener Partner integriert wird:

2004 haben wir Kontakt aufgenommen mit [Name einer Organisation], weil wir gesagt haben, das Thema der Materialien, die wir einsetzen, das hat schon einen Impact, also Umweltaspekte. Und wir haben mal hier und mal da gelesen, dass Biobaumwolle viele Vorteile hat gegenüber konventioneller Baumwolle. Wir hatten aber zu diesem Zeitpunkt null Ahnung, was das eigentlich ist, wie das eigentlich geht, wie man das macht. Und dann haben wir mit [Name einer Organisation] Kontakt aufgenommen und gesagt: „Helft uns mal!" Wir sind dann mit denen eine Partnerschaft eingegangen und haben dann viel geübt bis zu dem Moment, wo wir im Oktober in Europa die erste Biobaumwollkollektion nicht nur im Laden gehabt haben, sondern auch beworben haben als echte Kollektion (Alpha AG).

Entsprechend marketingorientierten Ablaufplänen schließt sich nach den Basisüberlegungen von Situation, Zielgruppen sowie Zielen auch im Rahmen der Implementierung von CSR-Aktivitäten die Maßnahmengestaltung an.

5. Festlegung der Maßnahmen: Dies beinhaltet die Planung des Aufwandes, die Erstellung eines Zeitplanes sowie die Priorisierung

Das hier beispielhaft ausgewählte Unternehmen hat sich im Kontext der Spezifizierung von Maßnahmen auf ein breites Produktangebot in allen Ländern geeinigt:

Dann haben wir gesagt Verfügbarkeit. „Wie wollen wir das eigentlich machen?" Wollen wir so eine Art „Greenwashing" machen und damit fett in die Werbung gehen und sagen: „Wir haben Biobaumwolle." Und im Laden findet man nicht viel und es ist nicht langfristig gedacht. Nein, keine Einzelteile, keine Spezialkollektionen, keinen Shop oder so, sondern breites Produktangebot in jedem Bereich. Dann haben wir gesagt, wir könnten ja sagen Biobaumwolle und es ist nur 20 % Biobaumwolle drin und der Rest der Baumwolle ist herkömmliche Baumwolle. Bei uns ist es immer 100 % Biobaumwolle. Zur Verbreitung. Es gibt natürlich Länder in Europa, die insgesamt eine höhere Affinität haben, Deutschland, Niederlande, Österreich, und es gibt auch Länder, wo das nicht so eine große Rolle spielt. Jetzt könnte man hingehen und sagen, wir machen nur die Länder, in denen es Marketing relevant ist. Aber wir machen da keine Unterschiede und bieten es überall an (Alpha AG).

Die skizzierten Aspekte stellen die Grundlage der Kommunikation bzw. der CSR-Kommunikation dar, die nach Heinrich der sechste Prozessschritt im Prozessablauf ist. Die Übermittlung der durchgeführten Maßnahmen erfordert klare Regeln, um ein Unternehmen beziehungsweise die Unternehmensidentität mit ihren Werten entsprechend nach außen zu kommunizieren und das gewünschte Image bei den Stakeholdern aufzubauen.

6. Kommunikation: Es werden Kommunikationsregeln definiert, Glaubwürdigkeit und Transparenz beachtet sowie die Kommunikationskanäle festgelegt

In diesem Zusammenhang belegt das Beispiel aus der Alpha AG, dass insbesondere auch die Außenwirkung auf unparteiische Dritte entsprechende Wirkungen erzielt:

Das hat natürlich viele Komponenten, die eine Komponente ist, was tut das Unternehmen wirklich, wie ernsthaft meint es das Unternehmen, und dann ist natürlich immer die Frage, wie redet man über dich als Unternehmen und wie redest du selbst über das Unternehmen. Wo wir uns natürlich freuen, ist, wenn es Bestätigungen von außen gibt. Das sind dann zumindest Bestätigungen von Dritten, die erstens mal kein Primärinteresse daran haben, uns zu loben, sondern die schauen sich Dinge an und bewerten Dinge und kommen zu einem Ergebnis. Das Zweite ist, wie man miteinander redet, wenn man mit Kunden redet, gibt es ja mehrere Möglichkeiten auf sie zu reagieren. Wir sind dialogbereit, wir reden. Wie das bei dem anderen ankommt, ob er das als glaubwürdig erachtet, ist immer eine Frage, die man dem stellen muss, der die Bewertung vornimmt (Alpha AG).

Ergänzt wird der Prozess abschließend durch einen Kontrollaspekt in Bezug auf die durchgeführten Maßnahmenpakete.

7. Verstetigung und Verbesserung der Maßnahmen unter anderem durch Messung und Steuerung der Aktivitäten

Das hier beispielhaft angeführte Unternehmen misst und steuert zentrale Aspekte, wie die Verfügbarkeit des Angebots:

> Also 2007 war die [Kollektion] nur in 200 Läden und 2008 dann überall. Und dann haben wir gesagt 2012 60 Millionen und 2020 100 %. Wir sind jetzt bei 130 Millionen. Das schöne ist eigentlich, über die Zeitachse hinweg hat es sich kontinuierlich gesteigert. Und warum? Weil wir es auch gut verkaufen konnten (Alpha AG).

Das Anwendungsbeispiel der Alpha AG verdeutlicht, dass auch im Bereich von CSR-Aktivitäten der klassische Planungskatalog Anwendung findet. Es zeigt, wie gezielt ein Unternehmen auf den unterschiedlichen Ebenen (etwa im Hinblick auf die Preisgestaltung oder die Einbeziehung externer Partner bei mangelnder Expertise im CSR-Bereich) plant, um letztlich eine sichere und damit transparente und glaubwürdige Basis für die Kommunikation seiner CSR-Aktivitäten an die relevanten Stakeholder schaffen zu können.

4 Kommunikationsrahmen

CSR-Kommunikation gilt bei den Unternehmensvertretern als ein Teilgebiet innerhalb der Unternehmenskommunikation mit gezielter Ausrichtung – aus formaler Perspektive wird also keine Differenzierung zu anderen Arten unternehmerischer Kommunikation wahrgenommen.

> Ich denke immer, es gibt gar nicht so viel Unterschied zu der normalen Unternehmenskommunikation (Beta AG).

Entsprechend sind die CSR-Verantwortlichen mit ihrer Funktion unmittelbar an diejenige Abteilung angebunden, die die Ansprache bzw. den Kontakt zu den Adressaten inner- und außerhalb des Unternehmens besitzt. Bereits diese organisatorische Verknüpfung deutet darauf hin, dass auch im Rahmen der CSR-Kommunikation das komplette Instrumentarium an Möglichkeiten genutzt wird, das einem Unternehmen zur Verfügung steht, und somit die Kommunikation zu sogenannten Nachhaltigkeitsthemen keine Besonderheiten auf operativer Ebene aufweist.

Um die aktuellen CSR-Aktivitäten zielgerichtet übermitteln zu können, werden entsprechend einer strategischen Vorgehensweise zunächst die relevanten Stakeholder ermittelt. Im Fokus steht hier die Frage, inwieweit die Information für externe beziehungsweise für interne Partner aufzubereiten ist und welche konkreten Ziele damit verfolgt werden. Generell wird auch aus strategischer Perspektive kein Unterschied in der Vermittlung von CSR-Themen im Vergleich zu anderen unternehmensrelevanten Kommunikationsanlässen gesehen.

> Also man schaut immer natürlich, welche Informationen sind auch für die Zielgruppe wertvoll (Beta AG).

Eine erste zielgruppenspezifische Differenzierung bietet der Blick auf externe und interne Anspruchsgruppen – unterschiedliche Informationen werden zielgruppenadäquat aufbereitet sowie verbreitet.

> Interne Mitarbeiterzeitung sind die Themen intern und bei der externen gibt's so Kundenstories. Je nach Interessenlage werden die Themen getrennt, z. B. Fitnessbereich für Mitarbeiter interessiert Kunden nicht, und wie der Kunde arbeitet, interessiert Mitarbeiter nicht (Gamma AG).

Der strategischen Vorgehensweise im Kontext unternehmerischer Kommunikation entsprechend werden im nächsten Schritt diejenigen Übertragungskanäle bestimmt, mit deren Hilfe die jeweiligen Stakeholder erreichbar sind.

4.1 Instrumente

Eine zentrale Rolle im Rahmen der CSR-Kommunikationsaktivitäten spielt der sogenannte CSR-Bericht (in manchen Unternehmen auch Nachhaltigkeitsbericht genannt), den Unternehmen ihren Stakeholdern anbieten. Er ist dasjenige Instrument, das als klassische Kommunikationsform im Kontext der CSR-Thematik gilt und zugleich Anwendung findet, um die jeweiligen Maßnahmen zu dokumentieren. In der Regel findet hier jedoch nicht jede Einzelmaßnahme eines Unternehmens explizite Erwähnung. Vielmehr werden sie im Rahmen des Berichts in eine Art Gesamtschau übertragen.

> In den Nachhaltigkeitsbericht, was ja eigentlich unsere klassischste Kommunikationsform ist, kommt das nicht im Einzelfall. Mittlerweile sind die Standards für die Nachhaltigkeitsberichterstattung so verdichtet, dass solche Einzelbeispiele nicht interessieren. Die werden dann in Stunden und Personenzahl verdichtet (Beta AG).

Neben dem für den CSR-Bereich typischen Nachhaltigkeitsbericht werden die unternehmerischen Maßnahmen im Bereich der Nachhaltigkeitsthematik in der Regel über die gängigen Kommunikationskanäle an die Stakeholder kommuniziert.

> Also ich glaub, die Art und Weise, wie wir da kommunizieren, also ich bin jetzt kein Kommunikationsexperte, ist eigentlich relativ klassisch (Delta AG).

Es kommen Instrumente wie Pressemitteilungen oder Presseevents zum Einsatz ebenso wie Social-Media-Plattformen, die jeweils auf die unterschiedlichen Anspruchsgruppen und deren Kommunikationsverhalten abgestimmt werden.

> Wir haben es aber zum Beispiel auch auf unserer Facebook-Seite präsentiert, die Presse wurde zur Vertragsunterzeichnung eingeladen, also die regionalen Zeitungen waren da anwesend. Die Vertragsunterzeichnung wird dann über die Presse kommuniziert, über die Facebook-Seite, aber dann auch über das Intranet wird das dann an die Mitarbeiter berichtet. Da legen wir schon Wert drauf (Epsilon AG).

Die Kommunikation von CSR-Aktivitäten an externe Adressaten weist aus formaler Sicht somit keine Besonderheiten auf, die Unternehmen typischerweise berücksichtigen würden. Vielmehr versuchen sie, sich inhaltlich im Kontext der CSR-Thematik zu positionieren, indem sie beispielsweise auf gezielte Partnerschaften setzen.

> Wir hatten ein großes Launch Event in [außereuropäische Stadt] Ende September, das ist natürlich auch ein Kommunikations- oder Stakeholderengagement-Versuch. Wir haben hier was Vergleichbares auch in [Sitz der Delta AG], wo wir natürlich auch versuchen, die Medien herzubekommen. Das, würde ich sagen, sind eher klassische Kommunikationsversuche, wo inhaltlich ein großer Unterschied besteht, dass wir sehr klar sagen, dass [das Projekt der Delta AG] nur funktionieren kann, wenn es als partnerschaftliches Modell gedacht ist (Delta AG).

Auf den Internetseiten der befragten Unternehmen wird die Möglichkeit zur Kontaktaufnahme angeboten. Auf diesem Wege können die externen Stakeholder Fragen stellen und den Unternehmen entsprechendes Feedback zu ihren Fragestellungen und Aktivitäten geben.

Werden die externen Stakeholder, also insbesondere über den Nachhaltigkeitsbericht, über klassische Pressemitteilungen oder die Homepage informiert, werden im Kontext der Internen Kommunikation die hierfür gängigen und bekannten Möglichkeiten wie Mitarbeiterzeitung oder Intranet genutzt.

> Und erstmal wurde dann die Kooperation an sich kommuniziert, im Intranet, Presseevent, ... und von uns, mittlerweile auch die Social Media, dann mache ich Zwischenberichte, wenn einer dann mal im Ausland war, dann gibt es in der Mitarbeiterzeitung mal mit dem ein Interview. Eigentlich nicht anders als bei anderen Projekten (Beta AG).

> Internet, Pressemitteilungen bei besonderen Anlässen, Intranet, Mitarbeiterzeitung, Kundenzeitschrift, Facebook, Twitter, Xing, Print/Online/Social Media (Gamma AG).

Die interne CSR-Kommunikation wird im Vergleich zur externen Darstellung von den Interviewpartnern in der Regel als transparenter wahrgenommen. Inhalte, die für Wettbewerber relevant sein könnten, werden nicht oder nur verallgemeinert nach außen getragen; weitere Informationen, beispielsweise zu Volunteering-Programmen für Mitarbeiter, werden mit hohem Detailgrad intern transportiert.

> Das könnten zum Beispiel Engagement Opportunities von Mitarbeitern sein, typischerweise kann man auch in der Internen Kommunikation auch ein bisschen transparenter sein. Sie können natürlich über gewisse geschäftliche Dimensionen, die auch wettbewerbsrelevant sind, nicht unbedingt über die [Name einer überregionalen Zeitung] kommunizieren. Das wäre ja unvernünftig (Delta AG).

> Also im Intranet steht mehr drin. Klar über so Maßnahmen werden dann eher im internen die Mitarbeiter informiert, aber, wenn man es mal so jetzt betrachtet, könnte man es natürlich auch nach außen tragen, aber es wird eigentlich eher intern an die Mitarbeiter kommuniziert. … Also nach innen, das sag ich jetzt mal ganz platt, wird eigentlich so gut wie alles kommuniziert. Also ich will jetzt nicht sagen, wenn ein Sack Reis umfällt, steht es im Internet, aber es geht schon ein bisschen in die Richtung (Epsilon AG).

Zudem werden neben der klassischen Information auch Veranstaltungen organisiert, damit die Mitarbeiter des Unternehmens tiefer in das Thema der Nachhaltigkeit eintauchen können und sie zu einem nachhaltigen Handeln veranlasst werden.

> Es gibt auch Mitarbeiterveranstaltungen zum Beispiel Schulungen für Mitarbeiter um umweltbewusster zu handeln (Epsilon AG).

Generell erwarten Unternehmen auch, dass sich ihre Mitarbeiter für das Thema als solches interessieren und auch proaktiv nach entsprechenden Informationen suchen.

> Also das Intranet ist die Startseite von jedem Internetexplorer. Also jeder, der ins Internet geht, der gelangt automatisch auf die Intranet-Startseite und auf der Seite sind die ganzen News. Also es ist schwierig als Mitarbeiter um die News drum herum zu kommen. Man will, dass der Mitarbeiter sich auch selber seine Informationen holt. Also das ist schon bewusst so, dass man nicht jedem sagt, „hey, hör mal, da steht die Neuigkeit oder schau mal da". Weil jeder weiß, dass es das Intranet gibt, und da werden nahezu täglich News-Meldungen veröffentlicht und das muss dann für die Mitarbeiter auch reichen. … Also was tatsächlich ist, dass man dann bei Management-Meetings, wo die ganze Führungsmannschaft … versammelt ist, dass da schon der Geschäftsführer vorne steht und sagt, „so Frau XY, was ist denn unsere Vision". Also das wird dann schon abgefragt. Von dem her werden die Mitarbeiter so indirekt auch dazu genötigt, sich mit diesem Thema zu befassen. Aber eigentlich sollte das freiwillig, aus eigener Motivation heraus passieren (Epsilon AG).

Insgesamt zeigt sich sowohl für die externe als auch die interne CSR-Kommunikation ein Bild, das typischerweise auch für diejenigen Projekte gilt, die inhaltlich nicht im CSR-Themenbereich angesiedelt sind.

> Also diese Kommunikationsaktivitäten empfinde ich nicht als unterschiedlicher als das, was sowieso in Projekten gemacht wird. Man hat mal eine Veranstaltung, man baut mal irgendwas in eine Rede ein, man hat Texte, die man dem Intranet, der Mitarbeiterzeitung oder der Presse gibt. Also da ist nicht viel Unterschied (Beta AG).

Betont wird in Bezug auf etwaige Veröffentlichungen mit Partnern explizit das Einvernehmen der Beteiligten in Bezug auf die geplanten Beiträge.

> Alle möglichen Kanäle werden da natürlich im Einvernehmen des Kollegen und auch mit dem [Name des Kooperationspartners], also wie das in der klassischen Unternehmenskommunikation ist (Beta AG).

Die Unterscheidung zwischen der Unternehmenskommunikation im Allgemeinen und der CSR-Kommunikation im Besonderen liegt somit nicht auf einer formalen Ebene, sondern im Bereich der Inhalte, die Unternehmen ihren Stakeholdern vermitteln. Einigkeit herrscht bei den Unternehmen darüber, dass bei der Planung und Verbesserung der CSR-Maßnahmen ein interaktiver Austausch stattfinden muss. Die Unternehmen nutzen den Dialog mit den Stakeholdern zur Einbindung ihrer Ideen und zur Klärung gegenseitiger Erwartungen.

> Wir sind dialogbereit, wir reden (Alpha AG).

Hierfür gibt es beispielsweise in bestimmten Abständen ein Zusammentreffen mit Vertretern unterschiedlicher Anspruchsgruppen. Zudem wird über Social-Media-Kanäle kommuniziert, die den Anspruchsgruppen die Möglichkeit eröffnen, ein Feedback zu geben. Ein Kundenkontaktpersonal schafft darüber hinaus die Voraussetzung für einen Dialog.

In diesem Zusammenhang spielen im Kontext der CSR-Kommunikation insbesondere die Facetten Transparenz und Glaubwürdigkeit eine zentrale Rolle. Hintergrund für diesen hier insbesondere hohen Stellenwert ist das Thema Greenwashing – diesen Eindruck gilt es, mit der Art und Weise der CSR-Kommunikation zu vermeiden.

4.2 Transparenz und Glaubwürdigkeit

CSR-Aktivitäten müssen transparent dargestellt und übermittelt werden – bei externen Stakeholdern wird also nicht nur Reputation verfolgt, sondern auch eine nachvollziehbare Darstellung der Aktivitäten: Für Transparenz sorgt insbesondere der Nachhaltigkeitsbericht als zentrales Kommunikationsinstrument der CSR-Arbeit. Er wird als wichtiger Transparenztreiber betrachtet, wenngleich die darin festgehaltenen Kennzahlen und Ziele noch keinen umfassenden Vergleich zu anderen Unternehmen ermöglichen.

> Das wird sich dann ändern, wenn Nachhaltigkeitsberichterstattung stärker bestückt ist mit Kennzahlen und mit Methoden, die einerseits vergleichbar sind, so weit wie es geht, aber auch so solide sind, dass sie auch glaubwürdig sind (Delta AG).

Darüber hinaus stellt die Teilnahme an Nachhaltigkeitsratings und -rankings als Methode zur Beurteilung und zum Vergleich der Nachhaltigkeitsleistungen von Unternehmen einen Ansatz zur Transparenzverbesserung dar. Sind die Ergebnisse positiv, so wird das Interesse Dritter, beispielsweise der lokalen Presse, kommunikativ genutzt. Im umgekehrten Fall findet in der Regel keine Informationsübermittlung statt.

> Wenn man ... teilnimmt an irgendwelchen Ratings und dann nicht gelistet wird, dann macht man dazu keine Kommunikation, weil es dann nichts Positives zu berichten gibt (Beta AG).

Neben den Angeboten, die extern zur Sicherung von Transparenz angeboten werden, gibt es auch Dokumente, die insbesondere intern zur Verfügung gestellt werden und letztlich das Bewusstsein der Mitarbeiter für den Themenbereich der Corporate Social Responsibility erhöhen.

> Es gibt Energiemanagement-Audits, aber eher intern. ... Wir haben einen Personalbericht, aber der geht nur sporadisch nach außen. Eher für Mitarbeiter, weil das soll nicht so an die große Öffentlichkeit (Epsilon AG).

Kritisch hinterfragt wird jedoch in diesem Zusammenhang, ob die Vielzahl an Berichten von den jeweils angesprochenen Gruppen inhaltlich zur Kenntnis genommen wird und damit zu einer positiven Konsequenz im Sinne der CSR-Maßnahmen und der Unternehmensidentität, auf der sie basieren, führt.

> Ich geh jetzt mal davon aus, dass die meisten Reports, die Unternehmen produzieren, nicht wirklich gelesen werden, und wenn sie gelesen werden, dann werden sie vielleicht von interessierten Investorengruppen gelesen (Delta AG).

Eng verknüpft mit einer transparenten, nachvollziehbaren Darstellung ist das Thema der Glaubwürdigkeit. Glaubwürdigkeit kann ein Unternehmen jedoch nur in denjenigen Fällen den Stakeholdern signalisieren, in denen es selbst von seinen eigenen CSR-Aktivitäten überzeugt ist und zugleich mittels einer transparenten Darstellung Offenheit und Authentizität signalisiert.

> Wir kommunizieren sehr ehrlich von Anfang an (Delta AG).

Von anderer Seite wird defensiver angemerkt, dass man als Unternehmen aufgrund von CSR-Kommunikation Glaubwürdigkeit nicht riskieren möchte. Als Konzern im Bereich der Energieversorgung beispielsweise, dem gegenüber die Bevölkerung grundsätzlich eher misstrauisch sei, müsse man in der Berichterstattung vorsichtig sein und Themen lediglich kommunizieren, wenn sie entsprechend ausgereift und für die Stakeholder detailliert nachvollziehbar sind.

> Also wir versuchen zumindest, Glaubwürdigkeit nicht zu riskieren. ... Aber zumindest können wir mit den Themen vorsichtig umgehen und dann können wir uns die Glaubwürdigkeit auch erhalten (Beta AG).

Es werden somit zum einen offensive, zum anderen defensive Möglichkeiten genutzt, um letztlich nicht dem zentralen Vorwurf im Bereich von CSR-Maßnahmen, dem Greenwashing, ausgesetzt zu werden.

Unabhängig davon wird eine grundsätzliche Notwendigkeit gesehen, zu kommunizieren und sich als Unternehmen mit gesellschaftlicher Verantwortung zu positionieren.

> Diese gesellschaftliche Verantwortung wird schon kommuniziert, aber wir müssten auch viel mehr über die Nachhaltigkeit kommunizieren. Aber da sind wir halt, glaub ich, ziemlich schwäbisch aufgestellt. Also diese gesellschaftliche Verantwortung und diese Nachhaltigkeit, das kann man alles auch viel größer sehen. Die Gebäude, die hier entstanden sind, das sind alles auch schöne Gebäude und das hat auch damit was zu tun, dass sich der Kunde wohl fühlt, dass sich der Mitarbeiter wohl fühlt, und wenn der Mitarbeiter sich wohl fühlt, dann hat er eine höhere Bereitschaft zu arbeiten, als wenn er in einem dunklen Kämmerchen sitzen würde. Aber wir kommunizieren zu wenig. Wir machen durch das Nachhaltigkeitsreporting schon mehr, aber die Kommunikation ist halt schon … also, wenn man einiges arbeitet, dann fällt die Kommunikation manchmal hinten runter. Also wir werden nie über unsere Spenden reden, die wir machen. Weil das machen wir, und wir wollen in manchen Dingen dann gar nicht genannt werden. Das hat auch damit zu tun, wenn wir das kommunizieren, dann kommen auch andere darauf, das [Gamma AG] das finanziert, und dann kommen noch mehr Anfragen. Wir machen das so, weil es uns wichtig ist, und nicht, weil wir das aus Kommunikationsgründen machen. Über Spenden wird intern und extern nicht kommuniziert. Das andere wird schon alles intern kommuniziert (Gamma AG).

Der Interviewpartner der Delta AG spricht in diesem Zusammenhang von der Wichtigkeit, CSR-Maßnahmen mit Relevanzbelegen zu untermauern, um das Thema „Glaubwürdigkeit" sicher besetzen zu können.

> Also wenn das, worüber ich Ihnen hier erzähle, wenn das nur Kommunikation ist, also nur auf dem Papier steht, dann ist das weder etwas, mit dem ich mich persönlich identifizieren möchte, noch wird das gut für [Delta AG] sein. „Greenwashing" fliegt immer irgendwann auf. Das heißt, wenn wir über … [Delta AG] reden, dann müssen wir in 2 oder 3 Jahren zeigen, wie weit wir damit sind. Und die Performance muss man belegen in irgendeiner Art und Weise. Und dann wird es reell und somit auch glaubwürdig. Und um das besser zu machen als in der Vergangenheit, sind wir mit der [Name einer Universität] in Diskussion, um ein „measurement framework" um die [Delta AG] zu bauen. Das führt dann natürlich zu Daten, die nicht nur für uns interessant sind aus der Management Perspektive, sondern die auch für die [Name einer Universität] interessant sind aus der Publikationsperspektive. Und so kreiert man auch Transparenz in einer gewissen Art und Weise. Weil Akademiker publizieren. Also man kann glaubwürdig sein, indem man abliefert und dazu valide Daten hat (Delta AG).

Die Bestätigung von Dritten, die kein Primärinteresse daran haben, ein Unternehmen positiv darzustellen, ist bedeutend in Bezug auf die Glaubwürdigkeit der CSR-Aktivitäten des Unternehmens.

> Ob das eigene CSR-Engagement glaubwürdig und wahrhaftig wahrgenommen wird, erkennt man spätestens an den Kommentaren und Bewertungen, die man von außen bekommt (Alpha AG).

Das stimmige Bild im Bereich der CSR muss auch durch weitere unternehmerische Handlungen – hier auf den Bereich Kommunikation fokussiert – unterfüttert werden. In diesem Zusammenhang wird beispielsweise auf die Wahl der Sponsoren bei Veranstaltungen hingewiesen.

> Man wägt halt ab, bevor man so ein Sponsoring macht. [Epsilon AG] bekommt viele Anfragen und da muss man sich natürlich dann schon überlegen, wo macht es Sinn, wo beteiligen wir uns. ... Klar, es sollte halt auch regional sein. Ich glaub jetzt nicht, dass wir einen Handball-Bundesligist aus [Ort] sponsern würden. Also da ist schon die regionale Komponente ganz, ganz wichtig (Epsilon AG).

Aber nicht nur im Rahmen der externen Kommunikation wird das Thema „Glaubwürdigkeit" als zentral erachtet. Vielmehr wird auch im Kontext interner Kommunikation auf ein stimmiges Bild des Konzerns im Hinblick auf Nachhaltigkeitsaktivitäten Wert gelegt. Die zu besprechenden Themen müssen Substanz aufweisen, damit bei Mitarbeitern nicht der Eindruck einer unternehmerischen „CSR-Fassade" entsteht.

> Intranet, Newsletter, Mitarbeiterzeitung sowieso. Aber da möchte ich auch gar nicht so, dass zu viele Nachhaltigkeitsthemen drin sind, weil das muss schon Hand und Fuß haben und nicht nur ein schönes Bild und eine strahlende Botschaft (Beta AG).

Um hier die Mitarbeiter zu überzeugen und für die unternehmenseigenen CSR-Aktivitäten zu gewinnen, ist es zunächst von Bedeutung, dass die CSR-Aktivitäten entsprechend dem generellen unternehmerischen Leitbild „von oben" gelebt werden.

> Also das, was wir machen, ist wirklich so, dass die Geschäftsleitung auch dahinter steht und dass man das wirklich auch denen abnimmt, dass wir das auch nicht nur aus Kommunikationsseite machen, sondern wir machen das, um unser Unternehmen zukunftsfähig aufzustellen. Auch [Personenname] hat eine Stiftung gegründet, daran sieht man das auch. Also es ist dann auch von oben herab und somit sehr glaubwürdig. Aber wir machen das jetzt nicht, um nach außen toll dazustehen. Also dieses „Greenwashing" machen wir überhaupt nicht. Und wir machen auch viel mehr, als wir kommunizieren. Wir kommunizieren viel zu wenig. Dadurch dass wir zertifiziert sind, ist es auf jeden Fall ernst (Gamma AG).

Transparenz und Glaubwürdigkeit nehmen somit im Rahmen der CSR-Kommunikation aus der untersuchten unternehmerischen Perspektive einen zentralen Stellenwert ein. Nur unter dieser Voraussetzung können die Maßnahmen, die typischerweise über die klassischen Kommunikationsinstrumente an die Stakeholder transportiert werden, die unternehmerisch gewünschte Wirkung in der Öffentlichkeit oder bei der internen Gruppe der Mitarbeiter beziehungsweise der internen Stakeholder erreichen.

5 Zusammenfassung und Fazit

Anhand des Projekts der Alpha AG (Einführung von Biobaumwolle) konnte beispielhaft eine systematische Implementierung von CSR-Maßnahmen in Großunternehmen nachgewiesen werden: Das skizzierte Beispielunternehmen folgt hier den typischen Prozessstufen von der Formulierung der Unternehmensgrundsätze über die Definition von Anspruchsgruppen bis hin zur Kommunikation und Kontrolle der Maßnahmen. Zentral im Kontext von CSR-Aktivitäten erscheinen die Einschätzung der Expertise des eigenen Unternehmens im Aktionsfeld und die gegebenenfalls daraus resultierende Inanspruchnahme externer Unterstützung, um keine Fehler zu machen beziehungsweise Risiken einzugehen. Nur in diesem Fall kann eine positive Kommunikation gewährleistet und damit die gewünschte Resonanz als verantwortungsbewusstes Unternehmen bei den Stakeholdern aufgebaut werden. Im Zusammenhang mit der Informationsübermittlung zeigen die Ergebnisse der Interviewstudie – plakativ formuliert: Kommunikation ist Kommunikation. Unabhängig von den Inhalten werden die allgemein vorherrschenden Wege unternehmerischer Kommunikation auch für die Verbreitung von CSR-Themen beschritten. Dies gilt sowohl im Hinblick auf eine strategische Perspektive wie etwa Zielgruppenbestimmung oder -ansprache als auch für die operative Umsetzung mit dem Einsatz gezielter Kommunikationsmittel. Alle Unternehmensvertreter erwähnen die gängigen Kommunikationsmittel der externen (Nachhaltigkeitsbericht, Pressemitteilung, Internetauftritt, Social Media etc.) sowie internen Kommunikation (Mitarbeiterzeitschrift, Intranet etc.). Insbesondere die Epsilon AG verweist im Hinblick auf ihre internen Kommunikationsaktivitäten auf eine sehr umfassende Kommunikation mit den Mitarbeitern. Sie sollen ausreichend über die Aktivitäten im Bereich von CSR informiert werden und sein, flankiert von Schulungen, die beispielsweise ein umweltbewussteres Handeln fördern. In diesem Zusammenhang deutet auch die Delta AG an, dass Offenheit gegenüber den internen Adressaten eine zentrale Voraussetzung im Zuge einer effizienten CSR-Kommunikation darstellt. Eine entscheidende Rolle spielt in diesem Kontext sicherlich das unternehmerische Leitbild, die Unternehmensidentität, die das Handeln und die Kommunikation – letztlich wie in allen unternehmerischen Themenfeldern – vorgibt.

Im Rahmen der gesellschaftlichen Diskussion ist die Auseinandersetzung mit dem CSR-Thema für Unternehmen nahezu unausweichlich. Entsprechend kann diese als Grundvoraussetzung für eine Organisation betrachtet werden, ihre Identität – ergänzt um unternehmensspezifische Schwerpunkte – zu kommunizieren. Ist dies gelungen, bietet sich im nächsten Schritt die klassische Marken-, Produkt- bzw. Dienstleistungskommunikation an, die um projektspezifische Aktivitäten erweitert werden kann. Letztere werden jedoch nur in denjenigen Fällen positive Konsequenzen entwickeln, in denen das Unternehmen als glaubwürdig wahrgenommen wird. Hier spielt die CSR-Kommunikation als eine Art Basiskommunikation eine wichtige Rolle. Transparente Darstellungen und unternehmensspezifisch glaubwürdige Inhalte sind hier die Erfolgstreiber, sodass kein Verdacht von Greenwashing aufkommen kann. Die Delta AG verweist in diesem Zusammenhang beispielsweise auf die Möglichkeit, CSR-Aktivitäten von unabhängigen Dritten „überprüfen" zu lassen oder eine Zusammenarbeit mit diesen anzustreben und somit eine sichere, nachvollziehbare Kommunikationsbasis zu legen. Wichtig ist in diesem Zusammenhang das Thema der Kontinuität. CSR-Ansätze – und damit weitergedacht die Unternehmensidentität im Sinne einer umweltgerechten Positionierung – können nur in denjenigen Fällen glaubwürdig vermittelt werden, in denen sie dauerhaft im Unternehmen implementiert sind und somit eine regelmäßige CSR-Kommunikation stattfinden kann. Entsprechend reflektierte die Gamma AG im Interview beispielsweise, dass sie die Kommunikation intensivieren müsse. Ziel – und zugleich Herausforderung – ist es, den Nachhaltigkeitsaspekt des Unternehmens in den Köpfen der Rezipienten konstant zu besetzen, was auf Basis einer identitätsbestimmten Kommunikation letztlich zu dem gewünschten Image bei den Stakeholdern führt. Skandale wie im eingangs skizzierten Beispiel in Bangladesch muss ein Unternehmen vermeiden beziehungsweise im Kontext seiner PR-Aktivitäten offen kommunizieren, um seine Glaubwürdigkeit in der Öffentlichkeit im Hinblick auf CSR-Themen zu finden beziehungsweise aufrechterhalten zu können. Dies gilt sicherlich nicht nur für die im vorliegenden Beitrag betrachteten Großunternehmen. Vielmehr muss unabhängig von der Unternehmensgröße auf die allgemeinen Regeln der Kommunikation geachtet werden. Inwiefern hier ähnlich systematisch bei kleinen und mittelständischen Unternehmen vorgegangen wird und welche Bedeutung die Kommunikation von CSR-Aktivitäten in Richtung externer sowie interner Kommunikationsadressaten einnimmt, gilt es, mittels weiterer Studien zu erforschen.

Literatur

Dach L, Allmendinger K (2014) Sustainability in Corporate Communications and its Influence on Consumer Awareness and Perceptions: A study of H&M and Primark. Procedia: Soc Behav Sci 130:409–118

Gläser J, Laudel G (2010) Experteninterviews und qualitative Inhaltsanalyse als Instrumente rekonstruierender Untersuchungen, 4. Aufl. Springer VS, Wiesbaden

Grupe S (2011) Public Relations: Ein Wegweiser für die PR-Praxis. Springer, Heidelberg

Heinrich P (Hrsg) (2013) CSR und Kommunikation: Unternehmerische Verantwortung überzeugend vermitteln. Springer Gabler, Berlin

Kaiser R (2014) Qualitative Experteninterviews – konzeptionelle Grundlagen und praktische Durchführung. Springer VS, Heidelberg

Osburg TH (2015) Strategische CSR und Kommunikation. In: Schneider A, Schmidpeter R (Hrsg) Corporate Social Responsibility: Verantwortungsvolle Unternehmensführung in Theorie und Praxis, 2. Aufl. Springer Gabler, Berlin, S 737–748

Raupp J, Jarolimek S, Schultz F (2011) Handbuch CSR: Kommunikationswissenschaftliche Grundlagen, disziplinäre Zugänge und methodische Herausforderungen. Springer VS, Wiesbaden

Wagner R, Lahme G, Breitbarth T (2014) CSR und Social Media: Unternehmerische Verantwortung in sozialen Medien wirkungsvoll vermitteln. Management-Reihe Corporate Social Responsibility. Springer Gabler, Berlin

Weder F (2010) Organisationskommunikation und Public Relations. UTB, Wien

Zerfaß A, Piwinger M (2014) Unternehmenskommunikation als Erfolgsfaktor und Werttreiber. In: Zerfaß A, Piwinger M (Hrsg) Handbuch Unternehmenskommunikation: Strategie, Management, Wertschöpfung, 2. Aufl. Springer Gabler, Wiesbaden, S 1–18

Christoph Kochhan ist Professor für Medienmarketing an der Hochschule RheinMain, Wiesbaden. Nachdem er zum Thema „Werbekommunikation" promoviert hat, arbeitete er zunächst beim F.A.Z.-Institut PRIME Research. Von dort wechselte er zum Börsenverein des Deutschen Buchhandels e. V. Zuletzt war er Studiengangsleiter Medien- und Kommunikationsmanagement an der SRH Fernhochschule Riedlingen. Christoph Kochhan nimmt zahlreiche Vortragstätigkeiten wahr, z. B. am mediacampus Frankfurt, an der Deutschen Sporthochschule Köln oder an der Fuzhou University, Fuzhou (China). Zudem war er Gastprofessor für Global Brand Management am International College Of NIDA, Bangkok (Thailand). Seine Forschungsinteressen liegen in den Bereichen interne Unternehmenskommunikation sowie Markenkommunikation.

Katrin Allmendinger ist Professorin für Wirtschaftspsychologie an der Hochschule für Technik, Stuttgart. Sie promovierte nebenberuflich über das Thema „Kooperation von Gruppen in virtuellen 3D-Umgebungen". Sie arbeitete zehn Jahre am Fraunhofer Institut für Arbeitswirtschaft und Organisation in Stuttgart und war dort für Forschungsvorhaben sowie firmenbezogene Beratungsprojekte verantwortlich. Forschungsaufenthalte verbrachte sie an der University of California at Santa Barbara. Danach war sie als selbstständige Trainerin und Beraterin tätig sowie als Professorin an der Fernhochschule Riedlingen. Ihre Forschungsinteressen liegen in den Bereichen Digitalisierung sowie deren Bezüge zu unterschiedlichen Themen des Personalmanagements.

Hannah Korn belegt an der Universität Wien den Masterstudiengang Angewandte Psychologie: Arbeit, Bildung, Wirtschaft. Zuvor hat sie ihren Bachelorabschluss im Studiengang Wirtschaftspsychologie an der Hochschule für Technik in Stuttgart gemacht. Die Studienschwerpunkte waren Personalmanagement sowie Consulting. Ihr Praxissemester absolvierte sie in der Abteilung für Organisationsentwicklung bei der Novartis Pharma AG in Basel (Schweiz). Ihre Bachelorarbeit verfasste sie über das Thema „Corporate Social Responsibility von Unternehmen in Deutschland: Ein Vergleich der Maßnahmen und Kommunikation".

Schweizer KMU und interne CSR-Kommunikation: Ergebnisse einer Interviewstudie

Stéphanie Looser

1 Einführung

Die moralische Verpflichtung des Unternehmens zu verantwortungsvollem Handeln ist ein Konzept, das von jeher gegeben zu sein schien. Doch die Etablierung von Gesellschaften, deren Wert im weltweiten Aktienhandel bestimmt wird, hat einschneidende Veränderungen zur Folge gehabt. Die damit verbundene Trennung von Führung und Kapital einer Firma machte es nötig, den Wissensunterschied zwischen diesen Parteien – auch als Principal-Agent-Problematik bezeichnet – durch explizite Berichtskonzepte, insbesondere in der externen Kommunikation, auszugleichen. Während das Kapital in die Hände einer oftmals großen Anzahl anonymer Aktionäre (Principal) wandert, wird die Führung der Unternehmung einem Management übertragen (Agent), woraus naturgemäß divergierende Interessen erwachsen.

CSR operiert exakt an dieser Schnittstelle, die nicht einfach zu fassen ist. Demzufolge gibt es unzählige Definitionsversuche für dieses Konzept. Einen recht umfangreichen Überblick bietet hier zum Beispiel Van Marrewijk (2003). CSR kann dabei etwa stärker auf finanzielle Belange (Shareholder-Ansatz) oder aber auf den Einbezug aller Interessengruppen (Stakeholder-Ansatz) referenzieren. Soziale Bedürfnisse (sozialer Ansatz) oder Philanthropie (philanthropischer Ansatz) stehen im Fokus anderer Definitionsversuche. Dieser diffuse Charakter des CSR-Begriffs hat dazu geführt, dass die zugrunde liegende Thematik und der ursprüngliche Gedanke, einen konzeptionellen Rahmen für die Verantwortung von Unternehmen gegenüber der Gesellschaft zu schaffen, zusehends verwässerten und so an Ernsthaftigkeit einbüßten. Kritiker wie Banerjee (2008, S. 52) meinen, CSR drohe zu einer rhetorischen Farce zu verkommen. Sie sei zu lax definiert und die beste-

---

S. Looser (✉)
Abteilungsleiterin Bevölkerung und Soziales
Alte Landstr. 32, 8942 Oberrieden, Schweiz
E-Mail: s.looser@surrey.ac.uk

hende Fülle an Definitionen sei gar ein Dschungel, lassen zum Beispiel Crane et al. (2013, S. 21) verlauten.

Was CSR für Schweizer Klein- und mittelgroße Unternehmen (KMU) bedeutet, soll in diesem Buchkapitel beleuchtet werden. Dazu wurden Meinungen von Praktikern aus der Schweizer Wirtschaft eingeholt. Der nächste Abschnitt wirft zum Einstieg einen kurzen Blick auf die theoretischen Konzepte hinter der Dichotomie von „implizit vs. explizit", worauf dann Abschn. 3 den Nexus von CSR und KMU beleuchtet. Die Ergebnisse der Studie werden in Abschn. 4 dargestellt und in Abschn. 5 kritisch diskutiert. Abschn. 6 leitet sie dann in Anregungen an die Praxis über.

2 CSR: Impliziter Alltag vs. explizites Berichtskonzept?

In der CSR-Theorie wird – nebst der Unterscheidung in intrinsisch-moralische und extrinsisch-strategische Motive, wie sie etwa von Graafland und Mazereeuw-Van der Duijn Schouten (2012, S. 379 f.) definiert werden – insbesondere zwischen einem impliziten und expliziten Ansatz unterschieden. Matten und Moon (2008, S. 410) folgend, divergieren diese beiden Gesichtspunkte in Hinblick auf ihre Absicht, auf die Codierung im Alltag sowie in puncto Motive und Sprache.

Höllerer (2013, S. 578 f.) zeigt, dass der explizite Ansatz durch Individualismus, durch das Prinzip von Belohnung und Bestrafung, durch liberale Märkte, Deregulierung und Privatisierung bestimmt wird und oftmals mit extrinsisch motivierten Anreizen einhergeht. Vergleichbar zur Allianz von CSR und Strategie beruht er auf der Annahme, dass eine positive Korrelation zwischen einer Investition in CSR-Aktivitäten und der finanziellen Situation einer Unternehmung bestehe, so Vogel (2005, S. 31).

Im impliziten Ansatz ist CSR in den seltensten Fällen explizit als solches deklariert (Vokabular) oder ausformuliert (Codierung), schlussfolgern Matten und Moon (2008, S. 409 f.). Hier manifestiert sich CSR vielmehr in Form von ungeschriebenen Regeln, Normen, Gesetzen und Tugenden und führt zu einem impliziten Verständnis darüber, wie das Unternehmen und dessen Vertreter handeln oder auch wie der Beitrag des Unternehmens zur Gesellschaft sein soll (Motiv). Ein solches Handlungsfeld eröffnet sich zumeist aus Systemen heraus, in denen traditionelle Institutionen wie Handelskammern, Vereine, Familienunternehmen oder aber auch die Kirchen einen großen Einfluss ausüben und CSR gesellschaftliche Interessen erfüllen soll (Absicht). Nach DiMaggio und Powell (1983, S. 150 ff.) greifen diese Institutionen oftmals auf Nichtmarktbeziehungen, z. B. in Netzwerken, zurück.

Tab. 1 fasst nochmals zusammen, wie in der CSR-Theorie zwischen implizit und explizit unterschieden wird.

Demzufolge ist ein primäres Unterscheidungsmerkmal dieser beiden Sichtweisen in der Kommunikation zu finden. Unternehmen mit einem expliziten Ansatz geben CSR-Berichte heraus und kommunizieren ihre entsprechenden Anstrengungen aktiv und demonstrativ. Implizite Firmen haben Mühe, ihre ungeschriebenen Gesetze und Tugenden

Tab. 1 Impliziter vs. expliziter CSR-Ansatz. (Adaptiert von Matten und Moon 2008, S. 410)

Dimension	Implizit	Explizit
Absicht	Unternehmen will eine aktive Rolle in der Gesellschaft übernehmen und primär deren Interessen vertreten	Unternehmen will vor allem die eigenen Interessen vertreten
Codierung	Interne Regeln, ungeschriebene Gesetze und Normen	CSR-Strategien, -Programme, Gesetze, Zertifikate und Standards
Motiv	Motiviert durch Erwartungen an den unternehmerischen Beitrag zur Gesellschaft und den Konsens zwischen beiden Parteien	Motiviert durch Anreize und finanzielle Möglichkeiten in Übereinstimmung mit Stakeholdern
Vokabular	Keine Kommunikation von Aktivitäten, manchmal von Werten	Intensive Bewerbung der CSR-Aktivitäten

in Berichte umzumünzen. Falls sie sich doch dazu entschließen, diesbezüglich etwas verlauten zu lassen, werden sie wohl eher über ihre Werte anstelle konkreter Aktivitäten sprechen. Allgemein kann man schlussfolgern, dass Firmen mit einem expliziten CSR-Ansatz ihre Organisation und spezifisch CSR-Aktionen als Akt und Entscheid eines strategischen Prozesses bewerben, während Unternehmen, die CSR implizit verstehen, ihre Werte im Alltag zu leben versuchen.

Unterschiedliche Studien haben gezeigt, dass vor allem große, multinationale und/oder börsenkotierte Firmen einen expliziten Ansatz verfolgen, welcher Fassin (2008, S. 371) zufolge in Koinzidenz mit extrinsischer Motivation gebracht werden kann. Letztlich wird CSR so zur Managementfunktion (Nkiko 2013, S 381).

Dieser Spannungsbogen zwischen der moralischen Aufgabe und CSR als strategischem Instrument und insbesondere die daraus resultierenden, divergierenden Kräfte sind ausschlaggebend für die Wirksamkeit des Gesamtkonzeptes, weshalb es essenziell ist, sie nachfolgend kritisch und im Detail zu analysieren.

2.1 CSR als moralische Verpflichtung oder Profitmaschinerie?

Mit zunehmender Privatisierung, Liberalisierung und gesetzlicher Deregulierung in Kombination mit Globalisierung und dem Aufkommen multinationaler Unternehmungen sei in den letzten Jahrzehnten ein Trend zu mehr expliziter Kommunikation zu verzeichnen, schlussfolgert Vogel (2005, S. 34). Traditionsreiche Institutionen verlieren in einer globalisierten Welt an Einfluss, so die Konklusion von Matten und Moon (2008, S. 416). Dieser Trend sei jedoch nur vordergründig und für die Welt der KMU wohl nicht ganz zutreffend, da diese sich vornehmlich traditionell, lokal und in regionalen Netzwerken orientieren (Matten und Moon 2008, S. 417).

Während unternehmerische Verantwortung lange ausschließlich von einem Selbstverständnis geprägt war, wandelte sich das Konzept unter dem Einfluss von Konzernskandalen zu einem rhetorischen Instrumentarium (hier sei Greenwashing als Stichwort erwähnt) (Vogel 2005, S. 28). Explizite Kommunikation, Standards und Berichtskonzepte (e. g. GRI) wurden populär (Fassin 2008, S. 364). Obwohl viele Studien – etwa Porter und Kramer (2006) – diesen expliziten Ansätzen einen positiven Effekt nachsagen, gibt es gemäß Fassin (2008, S. 373 f.) sogar auch gegenteilige Ergebnisse zu verzeichnen. Solche formalen Instrumente seien nämlich sehr kostspielig, was sie zum Beispiel für KMU aufgrund dieser Ressourcenintensität mehrheitlich wenig erstrebenswert oder tragbar macht. Betrachtet man CSR nur aus der Perspektive solcher formeller, expliziter CSR-Kommunikation, könnte man fälschlicherweise schlussfolgern, dass KMU gänzlich unverantwortliche Unternehmen und ihre Führungspersonen ihrer gesellschaftlichen Verantwortung ungenügend nachkommen. Dem ist jedoch nicht so, es ist eher vom Gegenteil auszugehen. Ein Beweis hierfür wird in den nächsten Abschnitten erbracht.

KMU tragen in den meisten zentraleuropäischen, angelsächsischen wie aber auch asiatischen Ländern das Wirtschaftsleben (z. B. punkto Bruttoinlandsprodukt (BIP), Exportquote). Sie sind in der Summe die größten Arbeitgeber und somit ein wichtiger Bestandteil eines gesunden Wirtschaftssystems, dabei tun sie dies in vielen Fällen aktiv, nachhaltig sozial und ohne großes Aufheben, informell und implizit aus ihrer Verantwortung als Unternehmer heraus (Looser und Wehrmeyer 2015b, S. 1959). In der Schweiz sind 99,8 % aller Unternehmen KMU, die 70 % der Schweizer Arbeitnehmer beschäftigen (BFS 2013), insgesamt 20 % zum Export (Credit Suisse 2014) und 60 % zum BIP beitragen (SRF 2013).

Abgesehen von offensichtlichen Transaktionskosten (für Zertifizierung, Zeitaufwand) wird explizites Zurschaustellen von CSR-Aktivitäten insbesondere dann als heuchlerisch, trügerisch und unredlich wahrgenommen werden, wenn es nicht der Unternehmenspraxis entspricht (Osuji 2011, S. 50) und als Greenwashing „entlarvt" wird. So kann explizite Kommunikation sowohl gegenüber externen Parteien, aber vor allem auch innerhalb der Firma den gegenteiligen Effekt zum ursprünglich angedachten erzielen und die Glaubwürdigkeit der Unternehmensleitung mindern (Osuji 2011, S. 39 f.).

Die Gründe hierfür sind mannigfaltig: Zum einen wird eine Verbindung expliziter CSR-Rapporte mit dem Imagemotiv postuliert, zum anderen kommen Vorwürfe des Greenwashing auf, wie Kilbourne und Pickett (2008, S. 889) betonen. Berechtigterweise wird diesbezüglich, zum Beispiel von den Praktikern, die in diesem Kapitel zu Wort kommen, die Frage gestellt, warum denn etwas beworben werden muss, das prinzipiell einfach zu einer „sauberen", im Sinne einer nachhaltig verantwortungsvollen Geschäftspraxis gehört? Dies verdeutlicht, welche Bedeutung der Kommunikation und deren Inhalt im Zusammenhang mit unternehmerischer Verantwortung beigemessen werden muss – nicht nur im Hinblick auf die Gestaltung der organisationalen Gegebenheiten von CSR ganz allgemein, mehr noch bezüglich der Effektivität der entsprechenden Botschaft.

Wird CSR als „moralische Verpflichtung" verstanden, dann beinhaltet das eine Vision für eine Welt, die verantwortungsvoll mit ihren Ressourcen umgeht und die auf Vertrauen in globalen Partnerschaften beruht (Newman and Sheikh, 2012, S. 362). Versteht sich CSR aber als Business Case, als Möglichkeit, Profite zu machen, und als strategisch-extrinsisches Managementinstrument, dann wird CSR in den meisten Fällen letztlich nur den Aktionären und einem oftmals umsatzbonifizierten Management von (primär finanziellem) Nutzen sein und nicht der Gesellschaft als Ganzer (Vogel 2005, S. 31).

In puncto Kommunikation wird bei intrinsischer Motivation oftmals auf „moralische Argumentation" (Schultz et al. 2013, S. 689) und auf die Methode des „besseren Arguments" (Habermas 1984, S. 43) zurückgegriffen. Und so gibt es in diesem Zusammenschluss aus intrinsischer Motivation und einem impliziten Ansatz auch keinen Grund, CSR zu formalisieren oder in explizite Instrumente zu überführen, die dann wiederum extrinsische Anreize setzen würden. Auf die Verdrängung intrinsischer Motivation durch extrinsische Stimuli – gerade im Umfeld der KMU – soll im nächsten Abschnitt näher eingegangen werden.

3 CSR und KMU: Eine „spannende" Beziehung

Über KMU und ihre Natur wird verschiedentlich diskutiert, sei es nun darüber, ob dieser Sektor homogen oder heterogen sei, oder was denn die definierenden Aspekte seien etc. (Campopiano et al. 2012, S. 339). Notabene ist bislang noch keine Lösung gefunden, die allen Ansprüchen gerecht wird. Und obwohl Größe kein abschließendes Merkmal für KMU ist, wird oftmals der Einfachheit halber darauf zurückgegriffen. So ist es denn auch im Rahmen dieses Kapitels der Fall.

Das Schweizer Bundesamt für Statistik (BFS 2003) definiert KMU folgendermaßen: Die Größenklasse der Kleinstunternehmen sowie der KMU setzt sich aus Unternehmen zusammen, die weniger als 250 Personen beschäftigen und die entweder einen Jahresumsatz von höchstens 50 Mio. EUR erzielen oder deren Jahresbilanzsumme sich auf höchstens 43 Mio. EUR beläuft. Innerhalb der Kategorie der KMU wird ein kleines Unternehmen als ein Unternehmen definiert, das weniger als 50 Personen beschäftigt und dessen Jahresumsatz bzw. Jahresbilanz 10 Mio. EUR nicht übersteigt. Tatsächlich variieren KMU stark und der Sektor darf als sehr heterogen betrachtet werden. Dennoch gibt es einige Gemeinsamkeiten:

Die geläufigste KMU-Form ist das durch Eigentümer oder eine Eigentümerfamilie geführte Unternehmen. Dies ist auch in der Schweiz der Fall (BFS 2013), wo die Eigentümer oftmals als Patrons bezeichnet werden. Der Eigentümer (oder wahlweise die Familie) ist dann auch der alleinige Verantwortliche, er besitzt die Legitimation, Macht und Ressourcen, die unternehmerische Verantwortung in seinem Einflussbereich, sprich in seiner Firma, wahrzunehmen. Hier fallen Kapital und Kontrolle der Firma zusammen, was zu einem ganz anderen Wertegefüge führt, als dies in einem Großkonzern mit einer großen Anzahl an globalen Aktionären der Fall ist (Looser und Wehrmeyer 2015c).

KMU sind zumeist langfristig orientiert und vor allem daran interessiert, ihr Unternehmen an die nächste Generation weiterzugeben (Bridge et al. 1998, S. 45). So werden einerseits in den meisten Unternehmen die Gewinne nicht ausgeschüttet, sondern wieder in das Unternehmen investiert. Gleichzeitig ist die Nachfolgeplanung eines der Hauptthemen und eine der Schwierigkeiten, mit denen KMU weltweit konfrontiert sind (Looser und Wehrmeyer 2015a, S. 550).

Ein eigenes Unternehmen zu führen, birgt abgesehen davon zumeist ein größeres Risiko, als in einem Angestelltenverhältnis ein sicheres Einkommen zu haben. Und so sind Eigentümer auch immer „spezielle", ziemlich eigensinnige, wenn nicht gar „eigenartige" Persönlichkeiten. Diese Persönlichkeit prägt dann auch das Geschäft, wie Fassin et al. (2014, S. 437) eindrücklich nachwiesen. Dieses wiederum ist stark abhängig von einer guten Reputation in der Gemeinde, von starken, langfristigen Beziehungen zu Mitarbeitenden und Kunden. Trotz oder gerade aufgrund dieses immensen Stellenwerts sind diese Beziehungen selten formalisiert oder in Verträgen festgehalten. Viel mehr beruhen sie auf einem starken Sozialkapital, in dem Nähe Vertrauen schafft. Das heißt aber nicht, dass weniger strikt oder nachsichtiger geführt wird. Ganz im Gegenteil beruhen solche Relationen natürlich nicht nur auf Vertrauen, sondern auch immer auf einem gewissen Respekt vor Sanktionen, falls die ungeschriebenen, impliziten Regeln verletzt werden sollten, wie bereits Coleman (1988, S. 99 ff.) in seiner Analyse zu Sozialkapital (im Diamanthandel) resümierte.

Daran wird nun deutlich erkennbar, dass CSR im KMU-Kontext keine Sache der expliziten Kommunikation sein muss oder gar kann, da viele KMU aufgrund dieser physischen Nähe überhaupt nicht darauf angewiesen sind, ihre Tätigkeiten zu rapportieren (Fassin 2008, S. 370). In den meisten Fällen blicken KMU auf eine lange Tradition der sozialen und unternehmerischen Verantwortung zurück, da sie seit jeher ein essenzieller Baustein des gesellschaftlichen Gefüges sind, dies wurde unter anderem auch von Schwalbach und Klink (2012, S. 231) aufgezeigt. KMU-Patrons sind oft Arbeitgeber, Ratgeber, Sozialamt, Bezugsperson etc. in Personalunion. Abgesehen davon kennen viele KMU-Patrons den technischen Ausdruck „CSR" überhaupt nicht oder hegen ein gewisses Misstrauen gegenüber allem Neuartigen. Dies betrifft vor allem die englische Managementterminologie, die in ihren Augen schon sprachlich das zugehörige profitorientierte Wertesystem beinhalte.

Viele KMU verfolgen dann auch keine primär finanziellen Ziele, sondern sehen ihr Handwerk (oder ihre Dienstleistung oder die Kombination aus beidem) und den Erhalt desjenigen als ihre Mission (Visser et al. 2005, S. 18ff.). Gemäß Le Breton-Miller und Miller (2006, S. 739) Analyse zu Familienbetrieben ist dies ihr ganzer Stolz. Diese Mission ist eine sehr persönliche Angelegenheit und die damit verbundene (Familien-)Tradition umfasst auch immer einen Beitrag zur gesellschaftlichen Gesundheit. Sie prägt den KMU-Alltag, wie Ressourcen allokiert werden, ihre Strategie und Möglichkeiten. Dabei gilt es in den Augen des Patrons, vor allem Unverantwortlichkeit zu vermeiden, sei das nun im ökonomischen, sozialen wie auch umweltbezogenen Bereich. Konsequenterweise bedeutet dies oftmals, das Überleben und die Zukunft der Firma gegenüber kurzfristigen Gewinnen zu priorisieren.

Und so ist es für KMU-Patrons prinzipiell auch überflüssig, gegenüber Mitarbeitenden oder der breiten Öffentlichkeit ihre unternehmerische Verantwortung explizit zu kommunizieren, da die Mitarbeitenden oder auch die Gemeinde sich wohl bewusst seien, was ihr Arbeitgeber oder Gemeindemitglied für sie tue, wie etwa von Santos (2011, S. 497) aufgezeigt. Abgesehen davon ist der Verzicht auf explizite Kommunikation auch ein Beweis intrinsischer Motivation, aber auch für den Erhalt der altruistischen und philanthropischen Einstellung (Fassin 2008, S. 369 f.). Auf explizite Kommunikation zu pochen, sei dies nun von gesetzgeberischer oder medialer Seite, wäre in diesem Konnex wohl eher kontraproduktiv, da extrinsische Anreize bekannt dafür sind, intrinsische zu verdrängen, wie unter anderem Frey und Jegen (2001, S. 601 ff.) bewiesen.

Wie bereits angesprochen, steht dies in Kontrast zum Wirkungsgefüge von CSR in Aktiengesellschaften, die eine viel diffusere Anzahl von Interessen zu befriedigen haben. Hier muss sich das Management vor allem darauf konzentrieren, den kurzfristigen Profit zu steigern, um die Aktionäre über entsprechende Dividendenzahlungen zufriedenzustellen. Der Zeithorizont konzentriert sich also auf Quartals-, Halbjahreszahlen und den Jahresabschluss. Da Aktienkurse zusätzlich empfindlich auf Unternehmensskandale reagieren, liegt der Fokus hier insbesondere auf der Imagepflege, woraus auch eine Rechtfertigung von Kosten und Ausgaben (zum Beispiel für CSR-Maßnahmen) gegenüber Aktionären resultiert. Resümierend führt dies automatisch zur Verpflichtung zu expliziter Kommunikation gegenüber externen wie auch internen Stakeholdern.

Wie bereits angesprochen, sind Unternehmen und die Gesellschaft durch den sozialen Vertrag untrennbar miteinander verbunden. Inwiefern im Schweizer Wirkungsgefüge CSR als Dreh- und Angelpunkt fungiert, soll der nächste Abschnitt klären. Er präsentiert die Erkenntnisse, die im Rahmen einer Standortbestimmung von CSR bei Schweizer KMU gewonnen werden konnten. Darin wurden insgesamt 70 Schweizer KMU besucht und ihre Patrons befragt. Zusätzlich wurden die Meinungen des Schweizer Staatssekretariats für Wirtschaft (Seco) und von Switzerland Global Enterprise eingeholt. Im Folgenden wird nun aufgezeigt, in welchen Dimensionen sich die unternehmerische Verantwortung bei Schweizer KMU in puncto Interne Kommunikation äußert. Externe Aspekte werden dabei auch gestreift, da interne und externe Kommunikation nicht eineindeutig voneinander zu trennen sind, gerade in kleinen Firmen nicht, wo Mitarbeitende zumeist auch in der Gemeinde wohnhaft, in den gleichen Vereinen Mitglied und auch oftmals Kunden sind.

4 Implizite Basis für CSR in Schweizer KMU

Die Studienergebnisse deuten auf ein sehr idiosynkratisch implizites CSR-Modell der Schweizer KMU hin, gerade im Hinblick auf ihr Kommunikationsverhalten. Dies ist eine Schlussfolgerung, die mit aussagekräftigen Zitaten (als Auszug aus den Interviews) unterstützt werden kann. Ganz im Sinne ihres eher dezenten Geschäftsgebarens ziehen es die Schweizer Patrons dabei vor, nicht namentlich genannt zu werden. Die nachfolgende Analyse orientiert sich an den vier Unterscheidungsmerkmalen für implizit/explizit: Absicht, Codierung, Motiv, Vokabular (s. auch nochmals Tab. 1).

4.1 Implizite Absichten

Hinsichtlich ihrer Absicht verstehen KMU ihr Unternehmen als integrierten und integrierenden Bestandteil der Gesellschaft, woraus sich ihre aktive Rolle in Vertretung gesellschaftlicher Interessen ergibt. Konkret bedeutet das in Bezug auf interne, mitarbeiterbezogene Themen zum Beispiel, dass beinahe in jedem KMU behinderte oder sozial schwache Arbeitnehmer integriert sind. Manchmal werden dazu extra geschützte Arbeitsplätze geschaffen. An solchen Beispielen zeigt sich, dass Wirtschaftlichkeit, Subsidiarität und Solidarität bei KMU Hand in Hand gehen. Dies sollte als wichtiger Referenzpunkt für Schweizer wie auch globale Wirtschafts-, Politik- und Gesellschaftssysteme gesehen werden.

> Die Verantwortung gegenüber Mitarbeitenden ist kein Zufall, sondern schon immer ein Bedürfnis. Wir stellen auch Drogensüchtige ein. Wenn wir was machen können, dann tun wir es!
> Ich stelle auch Mitarbeitende ein, die über 60 sind. ... Einige Fälle sind schwer zu integrieren, aber es ist nie hoffnungslos.

Zudem sind KMU ein Pfeiler des dualen Ausbildungssystems mit Berufsehre und dem resultierenden Schweizer Lehrlingswesen. Dabei ist es ihr Anspruch, sowohl ihr Wissen weiterzugeben, aber auch ihre Werte bei der Nachfolgegeneration zu etablieren. Ihrer Meinung nach beruhen diese Werte auf einer Förderung der Stärken und nicht der Schwächen.

> Zu 80 % muss Stärken orientiert unterrichtet werden und nur 20 % Fehler orientiert. Das ist die Grundlage von Unternehmertum.

Selbstverständlich sichern sie sich dadurch aber auch ihre zukünftigen Mitarbeitenden. Vertrauensvolle, langfristige Beziehungen zu ihrer Belegschaft, die nicht selten auf einem demokratischen oder zumindest partizipativen Führungsstil beruhen, sind das Ergebnis. Dazu sind die Firmen zumeist hierarchisch sehr flach ausgestaltet, es herrscht ein Klima des Vertrauens und auf Instrumente zur Kontrolle der Mitarbeitenden wird zumeist verzichtet. Das spart gleichzeitig Kraft, aber auch Zeit und Geld.

> Vor allem aus Gründen der Mitarbeiterbindung muss man halt aber vorleben, dass man nett zu allen ist. Deshalb bin ich jeden Tag zwei Stunden in der Halle, begrüße alle Mitarbeitenden. Mit Handschlag, jeden!
> Ich weiß, wer fehlt und warum er fehlt. ... Ich frage jeweils, ob's wieder gut geht, wenn jemand krank war. Das ist halt „old-fashioned", aber das ist mir wichtig. ... Das Betriebsklima ist sehr wichtig!

4.2 Implizite Codierung

In puncto Codierung verhalten sich Schweizer KMU implizit: Die überwiegende Mehrheit hat keine CSR-Strategie, -Programme oder formalisierten Instrumente. Viel mehr werden Schweizer KMU-Patrons von Visionen geleitet und einem impliziten Verständnis darüber, wie diese Vision erreicht werden kann.

> CSR ist gar keine Frage, sondern Bestandteil der Haltung. Und das ist ja auch nichts, das man lernen muss.

Sie sehen sich dabei immer als Unternehmer, der auch die finanzielle Verantwortung wahrnehmen muss. Dabei fokussieren sie auf langfristiges Überleben und die damit verbundenen Prinzipien.

> Die Firmendauer hat einen großen Einfluss. Sobald es eine Firma seit 50 Jahren gibt, hat sie stärkere Prinzipien.

Dabei wird stark auf Transparenz gesetzt, Mitarbeitende werden in Entscheide einbezogen, Ziele, Saläre, Boni etc. werden offen kommuniziert. Nicht selten werden deshalb Entscheidungen gefällt, die aus reiner Profitsicht unlogisch erscheinen, von den Mitarbeitenden so (aber nicht anders) mitgetragen werden. Ein Beispiel hierzu ist eine Schweizer High-End-Softwarefirma, bei der sich die Mehrheit der Belegschaft gegen einen Eintritt in den globalen Markt entschieden hat, da befürchtet wurde, sonst die essenziellen Firmenwerte, wie Transparenz, Lohngleichheit, Demokratie, nicht mehr aufrechterhalten zu können.

> Der globale Markt ist kein realistisches Szenario, denn wir haben uns gemeinsam dazu entschieden, in der Schweiz zu bleiben. Wir lagern bewusst nichts aus, weil wir sonst unsere Werte, wie Qualitätsansprüche und die Art der Zusammenarbeit, nicht mehr einhalten könnten. Die Lohngleichheit mit Mitarbeitenden in Indien könnten wir zum Beispiel nicht gewährleisten. Das wollen wir bewusst nicht.

Dies bezieht sich sowohl auf externe wie auch auf interne Belange. Schweizer Werte und Altruismus sind dabei wichtige Bezugspunkte, die eine gewisse Codierung in internen Regeln, ungeschriebenen Gesetzen und Normen bedingen.

> Das ist halt typisch schweizerisch und sehr typisch unternehmerisch, weltweit. ... Diese Werthaltung, die eine Person hat, die über das Kapital bestimmt, ist die Werthaltung, die in der Firma gelebt wird.
> Die Patrons haben eine Ethik, die es heute halt oftmals nicht mehr gibt.

Interessanterweise beziehen sich diese Normen nicht nur auf ihre ganz engen Kontakte zu Mitarbeitenden und die Interne Kommunikation: Schweizer KMU betreiben nämlich auch ihre internationalen Geschäfte, vorzugsweise mit KMU, basierend auf dem gleichen Wertegefüge von ungeschriebenen Regeln und Normen.

> Auch, wenn ich mit einem Inder zusammenarbeite, dem das Business gehört, oder im International Family Business Network, wo ich dabei bin, machen wir keine formalen Verträge, sondern besiegeln das Geschäft mit einem Handschlag.

So wird auch im internationalen Kontext vornehmlich auf Verträge verzichtet und der Handschlag gilt als Code für die vertrauensbasierte Geschäftsbeziehung. Die Familienunternehmen der globalen Welt sehen sich, diesen Aussagen zufolge, als eine große Familie, sodass scheinbar externe Verträge zwischen den Firmen zu Verträgen innerhalb der Unternehmung und gleichzeitig zu Interner Kommunikation werden. Offensichtlich ist das ein Weg, etwas Explizites wieder implizit zu machen.

> Es kommt nicht auf den kulturellen Background an, das Verhalten in einem Familienbetrieb ist überall sehr ähnlich. Wahrscheinlich, weil das sehr ähnlich dem Verhalten in der Familie überhaupt ist, wo man einander und die Unterschiede zwischen den Menschen respektiert oder wo man den Gewinn für das gemeinsame Ganze sucht und dies auf Vertrauensbasis.

Hier wurde davon berichtet, dass eher auf ein Geschäft verzichtet wird, wenn der Partner auf einen formalen Vertrag pocht. Vielmehr noch werden formale, explizite Instrumente als Makulatur verstanden. Enge Netzwerke und Handschlagqualität und die damit verbundenen Werte sind ein integrativer Bestandteil der unternehmerischen Tätigkeit und somit auch Verantwortung in Schweizer KMU.

4.3 Implizite Motive

Motiviert werden die interviewten KMU durch Erwartungen an den unternehmerischen Beitrag zur Gesellschaft und den Konsens zwischen beiden Parteien. Dies ist ein eindeutig implizites Verständnis von CSR.

> Die ethische Verantwortung muss mit der Geschäftsführung an einer Person hängen. Entweder bekommen sie das nämlich von außen aufgedrückt oder empfinden Verantwortung als implizit. Das gibt eine ganz andere Motivation!
> Ich stehe mit meinem Namen und Gesicht gerade für alles. ... Diese sozialen Werte werden geschätzt, man findet das sympathisch und das ist schön so und auch gut fürs Geschäft.

Wiederum wird auch hier die Steuerung durch Visionen und Netzwerke ganz deutlich.

> Aber das reine Cash ist nicht die Erfüllung der Vision. Selbstverständlich muss es wirtschaftlich stimmen, weil sonst ist man nicht unabhängig.
> Denn die Komplexität der heutigen Welt ist nur über Netzwerke und Visionen zu bewältigen.

In vielen Fällen widerstehen die befragten Unternehmen auch einfach dem Diktat des ständigen Wachstums. Sie haben den Mut, klein, dadurch aber auch agil und innovativ zu bleiben. Größe bedeutet in ihren Augen nämlich oftmals auch größere Probleme und weniger Bezug zum direkten Umfeld.

> Viele Leute wollen einfach ganz schnell reich werden, alle wollen abkassieren. Niemand denkt mehr langfristig.
> Dass wir beständig sind in der Größe, aber auch bei der Qualität und punkto Werte, das ist unser Wettbewerbsvorteil. Die Langfristigkeit im Auge. Also keine kurzfristigen Profite und gleichzeitig die Substanz aushöhlen. Deshalb bin ich der Meinung, dass Besitzer geführte Unternehmungen viel verantwortungsvoller mit dem Geld und mit den Mitarbeitenden umgehen, als dies die meisten Groß-Konzerne tun.

4.4 Implizites Vokabular

Zu guter Letzt wird deutlich, dass die unternehmerische Verantwortung nicht „herausposaunt" wird, was sich durch die praktisch inexistente explizite CSR-Kommunikation abzeichnet.

> Ja, also ich würde mal sagen, das ist im Wesentlichen eigene Überzeugung. Wir leben das: ökonomisch, ökologisch, sozial. Das dürfen und wollen wir aber nicht für Werbezwecke missbrauchen. Dann verliert es automatisch seine Ehrlichkeit.
> Und das Unternehmertum war schon seit jeher philanthropisch, das ergibt sich aber aus der Haltung – da muss man die Unterscheidung machen, ein Unternehmer ist einer, der das Risiko und die Verantwortung trägt für das, was er macht.

Der Großteil aller befragten KMU gibt an, gänzlich auf interne CSR-Kommunikation zu verzichten. Es gibt Tendenzen, extern über die unternehmerische Verantwortung zu berichten. Dabei sollen aber immer Werte und nicht Aktionen oder Taten vermittelt werden.

> Darum machen wir viele Einsätze in Schulklassen. Wir haben eine Verantwortung diesen jungen Menschen gegenüber.

In anderen Worten, die gesellschaftliche Verantwortung wird gelebt, nicht zur Schau gestellt. Und so wird etwa auf den Einsatz sozialer Medien nur sehr selten zurückgegriffen. Dies ist eine Tatsache, die auch von Berger et al. (2012, S. 27 f.) in ihrer Bestandsaufnahme zur Schweizer Nachhaltigkeit bestätigt wurde.

Gegenteilig zu den Untersuchungen von Berger et al. (2012, S. 23 f.) äußerten sich die hier befragten KMU in puncto gesetzlicher Regelung oder Normwerke, wie ISO 26000 und ISO 14001, denen sie mit einer gewissen Portion Misstrauen begegnen und dafür kein Bedürfnis und keine Nachfrage sehen. Solche Formalisierung generiere viel eher Widerstände und eine gesetzmäßige Einführung würde, nach ihrer Einschätzung, ganz bestimmt zu einem Motivationsverlust führen.

> Sobald etwas reguliert wird, nimmt die Eigenverantwortung ab. Und das kann ja nicht der Weg sein.

> Hier herrscht insbesondere Unverständnis darüber, warum KMU dann nicht zumindest in die Entwicklung oder Etablierung solcher Instrumente involviert werden.

> Warum werden dann KMU, obwohl sie die Mehrheit der Unternehmen ausmachen, gar nicht in Entscheide einbezogen? Etwa beim ISO 26000, da hat die Entwicklung beinahe ohne KMU stattgefunden, weshalb das Werk auch nicht zu KMU-Bedürfnissen passt. Alles fokussiert nur auf Multis [multinationale Konzerne, Anm. der Autorin]. Wo bleibt da die Wertschätzung der unzähligen Kleinbetriebe?

4.5 Ein CSR-Business-Modell von und für Schweizer KMU

Zusammenfassend verfolgen Schweizer KMU also einen definitiv impliziten Ansatz, der auf ihrem Ehrgeiz beruht, ein guter Arbeitgeber und eine Stütze der Gesellschaft zu sein. Dieser Ansatz besitzt einige Eckpfeiler, die ihn auszeichnen, ihn gleichzeitig aber auch dazu befähigen, für die Gesetzmäßigkeiten anderer informeller Kontexte, in denen ähnliche Kräfte wirken, Orientierungspunkt und Modell zu sein. Solche Kontexte könnten unter anderem Start-up-Firmen sein oder Firmen, die in oligopolistischen Märkten operieren. Abb. 1 fasst dieses Fundament nochmals zusammen und überführt es in L'EPOQuE, in das Schweizer KMU-CSR-Modell (Looser und Wehrmeyer 2015a). L'EPOQuE ist dabei das Akronym der englischen Begriffe „leadership" (Führung), „employees" (Mitarbeitende), „product" (Produkt), „organisation" (Organisation), „quality" (Qualität), „education" (Aus- und Weiterbildung).

KMU sind sich ihres Einflusses als Bestandteil dieses Räderwerkes bewusst und entziehen sich dieser Verantwortung nicht durch Anonymität. Viel eher beginnen sie sich langsam zu öffnen und über ihre Werte zu kommunizieren. Dies ist sehr wichtig, wenn diese Werte über Lieferketten zu Kunden und Lieferanten getragen werden und sich in der Gesellschaft (re-)etablieren sollen, wie Ayuso et al. (2013, S. 502) herausarbeiten. Solche Geschäftspraktiken führen notabene dazu, dass Schweizer KMU im Schnitt wenige Personalwechsel zu verzeichnen haben: Die Rate bewegt sich konstant unter 3 % (BFS 2013). Zudem wurden keine Unterschiede zwischen KMU aus dem deutsch-, französisch- und italienischsprachigen Raum der Schweiz verzeichnet. Dies weist auf ein stabiles KMU-Werteset hin, das unabhängig von Sprache oder kulturellem Hintergrund zu sein scheint.

Dass dieses eventuell sogar unabhängig von Ländergrenzen, politischen und finanziellen Systemen und Nationalitäten sein dürfte, dafür sprechen die hier identifizierten internationalen Geschäfte der Schweizer KMU, die beispielsweise ebenfalls auf der Basis eines Handschlags abgewickelt werden. Zudem hat eine komparative Länderstudie von Looser und Wehrmeyer (2015b, S. 1959) einen solch monolithischen KMU-Ansatz bestätigt und Untersuchungen aus anderen Ländern gehen hier konform. Dies ist ein weiterer Grund, weshalb das oben beschriebene Wertegefüge in ein Modell überführt werden kann.

Die Grenzen dieses Modells wurden im Rahmen verschiedener Untersuchungen diskutiert und seine Möglichkeiten der Empirie ausgesetzt, weshalb eine nähere Analyse im Rahmen dieses Buchkapitels wenig Sinn macht. Es sei aber auf die entsprechende Literatur verwiesen: Looser und Wehrmeyer (2015a, 2015c). Die hier gewonnenen Erkenntnisse bezüglich impliziter und/oder expliziter Kommunikation in Schweizer KMU sind ein weiterer empirischer Schritt, der ein übergreifendes Geschäftsmodell, wie in Abb. 1 dargestellt, bestätigt. Ob diese Werte letztlich das Ergebnis der Persönlichkeit des Patrons sind,

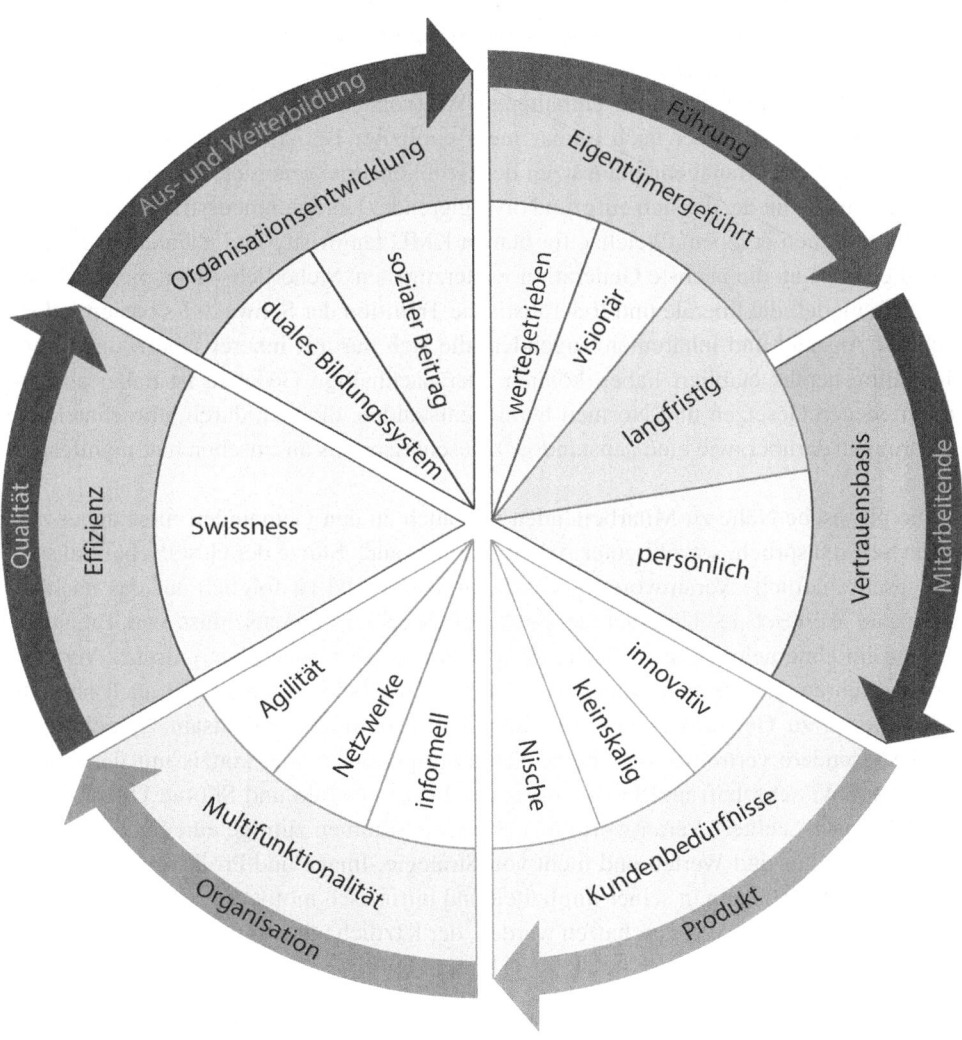

Abb. 1 L'EPOQuE – implizites CSR-Unternehmensmodell der Schweizer KMU

wie von Brandstätter (2011, S. 228) diskutiert, aus institutionellen Effekten (Blindheim 2015, S. 72 f.) resultieren oder auf eine Mischung aus politischen und sozioökonomischen Einflussfaktoren zurückzuführen sind, müsste im Rahmen einer Nachfolgestudie geklärt werden.

5 Diskussion der Ergebnisse: Implizite und informelle Umsetzung von CSR als Stärke

Schweizer eigentümergeführte, mittelständische Firmen verlassen sich auf Vertrauen, Transparenz, Demokratie, flache und informelle Organisationen, enge Netzwerke, Handschlagqualität, Mut zur Kleinheit, daraus heraus Agilität und Innovation und resultierend auf implizite Kommunikation.

Diesen Ansatz und die darin enthaltenen Wertvorstellungen verfolgen sie entgegen dem Druck vieler Politiker nach immer mehr expliziter Berichterstattung. Deren Desideratum ist an den Managementansätzen der Großkonzerne orientiert und berücksichtigt nicht die Unterschiede, die sich aufgrund divergierender Unternehmensstrukturen und Gesellschaftsformen ergeben. Gleichzeitig planen KMU langfristig und nachhaltig mit dem Ziel, die Firma an die nächste Generation weiterzugeben. Sicherlich widerspiegelt dieses Geschäftsmodell die liberale und föderalistische Tradition der Schweiz. Es basiert jedoch auch auf Anstand und inhärenten Tugenden, die sich nur aus innerer Überzeugung und Motivation heraus etabliert haben können. Der nachhaltige Gedanke ist dabei aus ungeschriebenen Gesetzen und Normen heraus entstanden, die sich durch jahrzehntelange Erfahrungen darüber, wie eine „anständige" Geschäftspraxis auszusehen hat, manifestiert haben.

Die physische Nähe zu Mitarbeitenden wie auch zu den Gemeinden führt dabei zum hohen Selbstanspruch, sowohl guter Arbeitgeber als auch Stütze der Gesellschaft zu sein. Die gesellschaftliche Verantwortung von Schweizer KMU ist folglich auf das nachhaltig soziale Werteset des Unternehmers und auf einen Zusammenschluss von Tugenden, Mission im Unternehmen, moralischer Verpflichtung, aber auch ökonomischer Vernunft zurückzuführen (Looser und Wehrmeyer 2015d). Dies beweist, dass CSR auch ohne direkten Bezug zu Gewinnmaximierung oder dem Profitmotiv bedeutsam, gerechtfertigt und insbesondere vertretbar ist. Solche Schlussfolgerungen sind konzis mit den Forderungen aus Wissenschaft und Praxis, etwa von Lorenzo-Molo und Siloran Udani (2013, S. 129 f.), nach „echter" Verantwortung, die diesen Stimmen zufolge eine Sache von Unternehmenskultur und Werten und nicht von Strategie, Image und Profit sein muss. Laut Osuji (2011, S. 50) kann in seiner impliziten und intrinsisch motivierten Ausprägung hier ein gesellschaftlicher Wert geschaffen werden, der letztlich allen und nicht nur den Aktionären zugutekommt.

> CSR ist deshalb bei börsenkotierten Unternehmen absoluter Mumpitz, denn da gilt der Auftrag des Investors, Gewinne zu machen. Auch beim KMU hängt es zu 100 % davon ab, wer das Kapital hat, der Besitzer oder ein Investor. Je nachdem ist das Verhalten diametral anders.

Auf der Basis der geschilderten Informalität (e. g. Handschlagqualität) werden dann auch international Geschäfte getätigt, was im Gegensatz zur gängigen Forschung steht, die einen Standardisierungstrend bei Eintritt in globale Marktsysteme postuliert (Muller 2006, S. 192). Offensichtlich verhalten sich KMU hier entgegen der weitverbreiteten Regel, denn ihre jahrzehntealte mittelständische Tradition und ihre inhärenten Werte (Vertrauen, Qualität) übersteuern sogar nationale Kulturen, so die hier gewonnene Einschätzung. Dies ist kongruent mit Untersuchungsergebnissen aus anderen nationalen Kontexten, zum Beispiel aus diversen europäischen Ländern (Uhlaner et al. 2012, S. 319). Implizit und informell bedeutet also nicht verantwortungslos oder gar „schwach"!

6 Fazit

Die implizite Kommunikation der KMU führt zu Glaubwürdigkeit. Nebst der sprichwörtlichen Schweizer Qualität beherbergt dies einen unbezahlbaren Wettbewerbsvorteil. Ihre Glaubwürdigkeit beruht nämlich vor allem auf der inhärenten und gelebten Überzeugung, dass Verantwortung eine Sache eines jeden Einzelnen ist, die persönlich, unübertragbar auf eine externe Entität, tagtäglich und ständig wahrgenommen werden muss. Diese Überzeugung muss kommuniziert werden, auf persönlicher und emotionaler Ebene, um so ihre volle Wirkung entfalten zu können.

Und so kann es sich bei gesellschaftlicher Verantwortung auch gar nicht um ein explizites Kommunikationskonzept handeln. Verantwortung ist nämlich ein Bestandteil der Grundlogik und des Geschäftsmodells der Unternehmung. Obwohl explizite und formale Managementsysteme als Universallösung sämtlicher sozialer, ökonomischer und ökologischer Problematiken proklamiert werden, kann ein Blick auf die KMU-Tradition und -Tugenden helfen, die von den Patrons angesprochene Erosion eines persönlichen Verantwortungsgefühls einerseits zu stoppen, jedoch auch zu überdenken.

Gleichzeitig erübrigt sich die Suche nach einem innovativen nachhaltigen Geschäftsmodell, „neuer" Moral und Ethik (i. e. in Form von Social Business Planning). Sozialunternehmer gibt es nämlich nicht erst, seit die Großkonzerne Philanthropie und Gemeinwohlorientierung als Marketing- und explizites Kommunikationsinstrument entdeckt haben. Denn nur, weil Großkonzerne einen CSR-Manager anheuern und entsprechende Berichte editieren, werden sie – ohne die Verankerung adäquater Werte in der Unternehmenskultur – noch lange nicht zu sozialen Unternehmen. Ein Aphorismus, der Abraham Lincoln zugesprochen wird, bringt dies folgendermaßen auf den Punkt: Auch, wenn der Schweif eines Pferdes als Bein bezeichnet wird, hat dieses deshalb trotzdem keine fünf Beine. Die heutzutage wohlinformierten Konsumenten sind sich dieser Diskrepanz durchaus bewusst, wie eine Konsumentenbefragung zu CSR gezeigt hat (Looser und Wehrmeyer 2015d).

Und obwohl KMU sehr dezent in der Kommunikation von CSR sind, sollten sie zukünftig doch noch mehr ihre Verantwortung artikulieren und als gutes Beispiel vorausgehen, um so Nachahmung zu initiieren. Der hier bereits eingeschlagene Weg, über Werte offen zu reden, ist sicherlich der richtige, er muss aber mit mehr Nachdruck verfolgt werden. Dabei sollte gleichzeitig darauf geachtet werden, nicht über das Ziel hinauszuschießen, da es eine offensichtliche Gratwanderung ist, CSR und die damit verbundenen Werte wohl zu kommunizieren, dies aber so dezent zu tun, dass es noch greifbar, persönlich und nicht prahlerisch erscheint.

Zum Schluss ist es den Schweizer KMU im Sinne einer Verbreitung ihrer glaubwürdig gelebten gesellschaftlichen Verantwortung nahezulegen, weiterhin Gutes zu tun, jedoch ab und an auch darüber zu sprechen, weshalb sie dies tun.

Literatur

Ayuso S, Roca M, Colomé R (2013) SMEs as „transmitters" of CSR requirements in the supply chain. Supply Chain Manag 18(5):497–508

Banerjee SB (2008) Corporate Social responsibility: the good, the bad and the ugly. Crit Sociol (Eugene) 34(1):51–79

Berger V, Winistörfer H, Weissert S, Heim E, Schüz M (2012) Swiss Corporate Sustainability Survey 2012: Nachhaltigkeit in Schweizer Unternehmen. ZHAW, Winterthur

Blindheim B-T (2015) Institutional Models of Corporate Social Responsibility: A Proposed Refinement of the Explicit-Implicit Framework. Bus Soc 54(1):52–88

Brandstätter H (2011) Personality aspects of entrepreneurship: A look at five meta-analyses. Pers Individ Dif 51:222–230

Le Breton-Miller I, Miller D (2006) Why Do Some Family Businesses Out-Compete? Governance, Long-Term Orientations, and Sustainable Capability. Entrepreneursh Theory Pract :731–746

Bridge S, O'Neill K, Cromic S (1998) Understanding Enterprise, Entrepreneurship and Small Business. Macmillan, Houndsmills

Bundesamt für Statistik (2003) Definitionen. http://www.bfs.admin.ch/bfs/portal/de/index/themen/06/11/def.html (Erstellt: 6. Mai 2003). Zugegriffen: 1. Jan. 2015

Bundesamt für Statistik (2013) Statistik der Unternehmensstruktur 2011. http://www.bfs.admin.ch/bfs/portal/de/index/themen/06/01/new/nip_detail.html?gnpID=2013-716. Zugegriffen: 6. März 2014

Campopiano G, De Massis A, Cassia L (2012) Corporate Social Responsibility: A Survey among SMEs in Bergamo. Procedia – Soc Behav Sci 62:325–341

Coleman JS (1988) Social Capital in the Creation of Human Capital. Am J Sociol 94(Supplement):95–120

Crane A, Matten D, Spence LJ (2013) Corporate Social Responsibility in a Global Con-text. In: Crane A, Matten D, Spence LJ (Hrsg) Corporate Social Responsibility: readings and Cases in a Global Context, 2. Aufl. Routledge, Abington, S 3–26

Credit Suisse (2014) Erfolgsfaktoren für Schweizer KMUs – Perspektiven und Herausforderungen im Export. Swiss Issue Branches. https://www.credit-suisse.com/media/production/pb/docs/unternehmen/kmugrossunternehmen/cs-kmu-studie-de.pdf (Erstellt: Juni 2014). Zugegriffen: 6. Aug. 2015

DiMaggio PJ, Powell WW (1983) The iron cage revisited: Institutional isomorphism and collective rationality in organizational fields. Am Sociol Rev 48:147–160

Fassin Y (2008) SMEs and the fallacy of formalising CSR. Bus Ethics: A Eur Rev 17(4):364–378

Fassin Y, Werner A, Van Rossem A, Signori S, Garriga E, von Weltzien Hoivik H, Schlierer H-J (2014) CSR and Related Terms in SME Owner-Managers' Mental Models in Six European Countries: National Context Matters. J Bus Ethics 128(2):433–456

Frey BS, Jegen R (2001) Motivation crowding theory. J Econ Surv 15:589–611

Graafland JJ, Mazereeuw-Van der Duijn Schouten C (2012) Motives for Corporate Social Responsibility. Economist (Leiden) 160:377–396

Habermas J (1984) The theory of communicative action Vol. 1. Reasons and the Rationalization of Society. Bacon Press, Boston MA, S 43

Höllerer MA (2013) From Taken-for-Granted to Explicit Commitment: The Rise of CSR in a Corporatist Country. J Manag Stud 50(4):573–606

Kilbourne W, Pickett G (2008) How materialism affects environmental beliefs, concerns, and environmentally responsible behaviour. J Bus Res Vol 61(9):885–893

Looser S, Wehrmeyer W (2015a) An emerging template of CSR in Switzerland. Corp Ownersh Control J 12(3):541–560

Looser S, Wehrmeyer W (2015b) Swiss CSR-driven Business Models: Extending the main-stream or the need for new templates? Working Papers Series on Social Responsibility, Ethics & Sustainable Business, Bd. 4.

Looser S, Wehrmeyer W (2015c) Doing well or doing good? UmweltWirtschaftsForum, Bd. 4.

Looser S, Wehrmeyer W (2015d) Stakeholder mapping of CSR in Switzerland. Social Responsibility Journal 11(4). http://www.emeraldinsight.com/doi/abs/10.1108/SRJ-06-2014-0071. Zugegriffen: 27.08.2015

Lorenzo-Molo CF, Siloran Udani ZA (2013) Bringing Back the Essence of the „S" and „R" to CSR: Understanding the Limitations of the Merchant Trade and the White Man Burden. J Bus Ethics 117:123–136

Van Marrewijk M (2003) Concepts and definitions of CSR and corporate sustainability: between agency and communion. J Bus Ethics 44(2):95–105

Matten D, Moon J (2008) „Implicit" and „Explicit" CSR: A Conceptual Framework for a Comparative Understanding of Corporate Social Responsibility. Acad Manag Rev 33(2):404–424

Muller A (2006) Global Versus Local CSR Strategies. Eur Manag J 24(2-3):189–198

Newman A, Sheikh AZ (2012) Organizational commitment in Chinese small and medium-sized enterprises: the role of extrinsic, intrinsic and social rewards. Int J Hum Resour Manag 23(2):349–367

Nkiko CM (2013) SME owner-manager as key drivers of corporate social responsibility in Uganda. Int J Bus Gov Ethics 8(4):376–400

Osuji O (2011) Fluidity of Regulation-CSR Nexus: The Multinational Corporate Corruption Example. J Bus Ethics 103:31–57

Porter M, Kramer M (2006) Strategy and society: The link between competitive advantage and corporate social responsibility. Harv Bus Rev 84(12):78–92

Santos M (2011) CSR in SMEs: strategies, practices, motivations and obstacles. Soc Responsib Journal Vol 7(3):490–508

Schultz F, Castelló I, Morsing M (2013) The Construction of Corporate Social Responsibility in Network Societies: A Communication View. J Bus Ethics 115(4):681–692

Schwalbach J, Klink D (2012) Der Ehrbare Kaufmann als individuelle Verantwortungskategorie der CSR Forschung. In: Schneider A, Schmidpeter R (Hrsg) Corporate Social Responsibility. Springer, Berlin Heidelberg, S 219–240

SRF Schweizer Radio und Fernsehen (2013) Schweizer KMUs – Rückgrat der Wirtschaft. http://www.srf.ch/news/infografik/schweizer-kmu-rueckgrat-der-wirtschaft (Erstellt: 28. Mai 2013). Zugegriffen: 10. Mai 2015

Uhlaner LM, Berent-Braun MM, Jeurissen RJM, de Wit G (2012) Beyond Size: Pre-dicting Engagement in Environmental Management Practices of Dutch SMEs. J Bus Ethics 109(4):411–429

Visser W, Middleton C, McIntosh M (2005) Corporate Citizenship in Africa. J Corp Citizsh 18(Special Issue):17–24

Vogel DJ (2005) Is there a market for virtue? The business case for corporate social responsibility. Calif Manage Rev 47(4):19–45

Stéphanie Looser hat nach einem Psychologiestudium an der Universität Zürich lange im Non-Profit-Sektor gearbeitet, nachdem sie sich dann dazu entschlossen hat, Betriebswirtschaft zu studieren, welches sie 2013 mit einer Masterarbeit zum öffentlichen Sektor und dessen Einfluss auf Start-up-Firmen beendet hat. Ihren PhD hat sie in Environmental Strategy an der University of Surrey gemacht, wo sie ein Research Fellowship innehält. Nach langjähriger Berufserfahrung in der Auditbranche und im öffentlichen Sektor ist sie heute Abteilungsleiterin der Abteilung Bevölkerung und Soziales der Gemeinde Oberrieden.

Interne CSR-Kommunikation: Fünf Praxisbeispiele international tätiger Schweizer Unternehmen

Benedikt Gratzl und Franziska Gumpfer

1 Einleitung

Unterschiedliche Sprachen, Kulturen, Normen und Werte prägen Länder und ihre Bewohner. Auch bei der Nachhaltigkeit gibt es je nach lokalem gesellschaftlichen Kontext Unterschiede, was als nachhaltig erachtet wird und was nicht. Sollten grenzüberschreitend tätige Unternehmen auf solche Unterschiede achten oder eine einheitliche Unternehmenskultur durchsetzen? Welche Vor- und Nachteile hat es, einheitlich oder differenziert zu agieren? Oder braucht es einen pragmatischen Kompromiss?

Vor diesem Hintergrund gelangten die Autoren zum Thema „CSR und interne Kommunikation" zu folgender These:

> Für internationale Unternehmen kann die Unschärfe des Begriffs „Nachhaltigkeit" gerade seine Stärke sein. Internationale Unternehmen sollten Offenheit zeigen und auf Basis eines kleinsten gemeinsamen Nenners, wie z. B. dem Global Compact, regionale Unterschiede in der Umsetzung von Nachhaltigkeit zulassen, um damit eine schnellere, bessere Akzeptanz der Mitarbeitenden zu erreichen. Erst über die Zeit kann sich mit einem gezielt gesteuerten Change-Prozess eine einheitliche Unternehmenskultur bzw. ein einheitlicheres Verständnis von Nachhaltigkeit entwickeln. Einer systematischen und integrativen internen Kommunikation kommt bei diesem Change-Prozess eine erfolgskritische Rolle zu.

Im vorliegenden Artikel überprüfen die Autoren diese These mittels Theorie und Praxis. Dazu haben sie einerseits Fachliteratur ausgewertet. Andererseits haben sie Leitfa-

---

B. Gratzl (✉) · F. Gumpfer
TAKTKOMM AG
Geroldstrasse 33, 8005 Zürich, Schweiz
E-Mail: gratzl@taktkomm.ch

F. Gumpfer
E-Mail: gumpfer@taktkomm.ch

dengespräche mit fünf Vertretern von Schweizer Unternehmen, die international tätig sind und in ihren Leitbildern die nachhaltige Unternehmensführung verankert haben, geführt.

Aus der Praxis

Bucher Industries, Bühler Gruppe, Helvetia Gruppe, Lindt & Sprüngli und Vontobel

Bucher Industries

Hauptsitz: Niederweningen (Schweiz). Technologiekonzern im Bereich Maschinen und Fahrzeugbau mit Mehrmarkenmodell für seine fünf Divisionen, weltweit tätig an 42 Standorten auf fünf Kontinenten, 11.000 Mitarbeitende. Gesprächspartnerin: Vanessa Ölz, Leiterin Recht und Kommunikation. www.bucherindustries.com

Bühler Gruppe

Hauptsitz: Uzwil (Schweiz). Global führendes Unternehmen der Verfahrenstechnik, insbesondere für Produktionstechnologien und Dienstleistungen zur Herstellung von Nahrungsmitteln und technischen Materialien, tätig in 140 Ländern, 7800 Mitarbeitende. Gesprächspartner: Burkhard Böndel, Leiter Unternehmenskommunikation. www.buehlergroup.com

Helvetia Gruppe

Hauptsitz: St. Gallen (Schweiz). Anbieterin von Dienstleistungen im Versicherungsbereich (Lebens-, Schadens- und Rückversicherungsgeschäft), präsent mit Niederlassungen in der Schweiz und in verschiedenen europäischen Ländern, 7000 Mitarbeitende. Gesprächspartnerin: Kristine Schulze, Leiterin Bereich Corporate Responsibility. www.helvetia.com

Lindt & Sprüngli

Hauptsitz: Kilchberg/ZH (Schweiz). Weltweit tätiger Premiumschokoladehersteller, Mehrmarkenmodell bei den Produkten, 12 eigene Produktionsstätten in der Schweiz, Europa und den USA, weltweites Vertriebsnetz mit unabhängigen Distributoren, 12.000 Mitarbeitende. Gesprächspartnerin: Nathalie Zagoda, Leiterin Unternehmenskommunikation. www.lindt-spruengli.com

Vontobel

Hauptsitz: Zürich (Schweiz). Schweizer Vermögensverwalter mit Spezialisierung auf das aktive Vermögensmanagement und maßgeschneiderte Anlagelösungen, aktiv an 21 Standorten weltweit in 13 Ländern, 1400 Mitarbeitende. Gesprächspartnerin: Natalie Ernst, Corporate Sustainability Manager. www.vontobel.com.

2 Standardisierung vs. Differenzierung als Strategieoptionen

2.1 Praktische Herausforderungen in internationalen Unternehmen

In der Kommunikation zwischen Personen aus unterschiedlichen Ländern kommt der Sprache eine zentrale Bedeutung zu. Ebenso gilt dies in der internationalen Unternehmensführung. Denn woher sollen Mitarbeitende ohne persönlichen Austausch in schriftlicher oder mündlicher Form wissen, welches Verhalten Vorgesetzte von ihnen wünschen. Ohne die Folgen zu reflektieren, gilt Englisch in vielen internationalen Unternehmen heute als Arbeitssprache. Dass mit dieser Standardisierung automatisch ein erheblicher Informations- und Wirkungsverlust einhergehen kann, wird vielfach ignoriert. Übersetzungen kosten umgekehrt aber Zeit und Geld. Außerdem ist nicht sicher, dass bei der Übersetzung alle Aussagen so erhalten bleiben, wie sie gemeint waren (Huck 2005, S. 85; Watts und Murray 2001, S. 194).

Solche internationalen Unterschiede führen für Unternehmen unweigerlich zu Zielkonflikten: Entweder man nutzt die Kostenvorteile der Standardisierung und akzeptiert den Wirkungsverlust oder man benötigt Ressourcen für die Differenzierung, statt sie für andere Zwecke einsetzen zu können, gewinnt aber an Wirkung. Die Sprachthematik ist nur ein Aspekt. Namentlich sind es drei relevante Gebiete, in denen internationale Unterschiede die Unternehmensführung und -kommunikation beeinflussen und in denen die Unternehmen mit Zielkonflikten konfrontiert sind (Huck 2005, S. 9 f.; Schick 2014, S. 206; Berndt und Sander 2009, S. 677):

1. Unterschiedliche politisch-rechtliche Rahmenbedingungen.
2. Unterschiede im soziokulturellen Bereich (inklusive der Sprache).
3. Unterschiedliche Verhaltensmuster bei Führung und Kommunikation.

2.2 Vier mögliche Grundausrichtungen in der Theorie

Je nachdem, wie die Unternehmen mit solchen Unterschieden umgehen, werden in der Literatur folgende vier Grundorientierungen der Unternehmensführung, die in Abb. 1 im Überblick dargestellt sind, beschrieben (Heenan und Perlmutter 1979; Berndt und Sander 2009, S. 677):

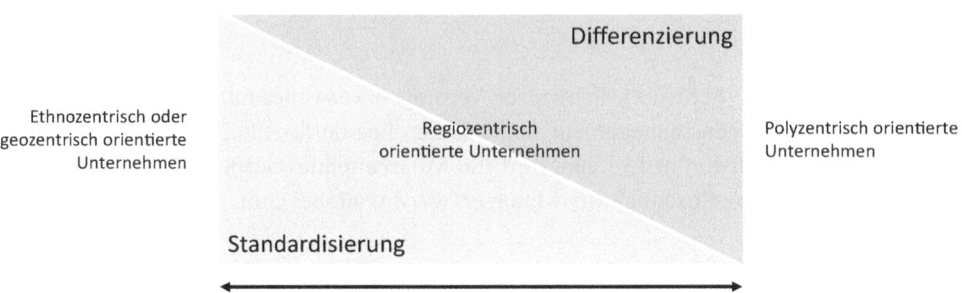

Abb. 1 Grundorientierungen der Standardisierung resp. Differenzierung. (Eigene Darstellung nach Huck 2005, S. 16)

- **Ethnozentrisch orientierte Unternehmen** übertragen ihre im Heimmarkt erfolgreich entwickelten Konzepte möglichst unverändert auf alle Märkte, in denen sie aktiv sind. Diese Form der Standardisierung setzt auf Skaleneffekte, also Kostenvorteile, die sich daraus ergeben, dass die Kosten für die Konzeptionierung nur einmal anfallen und anschließend „nur" noch die Umsetzungskosten in den verschiedenen Ländern entstehen.
- **Geozentrisch orientierte Unternehmen** fassen den Weltmarkt als einen einzigen zusammenhängenden Markt auf, der möglichst standardisiert und unter Ausnutzung von Kostenvorteilen durch Synergieeffekte zu bearbeiten ist. Die Standardisierung geht hier noch einen Schritt weiter. Sowohl die Konzeptionierung als auch die Umsetzung erfolgen vollständig standardisiert. Die Kosteneinsparungen sollen maximiert werden. Wirkungsverluste werden in Kauf genommen.
- **Polyzentrisch orientierte Unternehmen** richten sich explizit nach den Verhältnissen und Bedürfnissen des jeweiligen Marktes. In der Reinform findet eine maximale Differenzierung statt. Höhere Kosten werden akzeptiert. Die maximale lokale Wirkung steht im Vordergrund.
- **Regiozentrisch orientierte Unternehmen** richten sich an den Verhältnissen in verschiedenen Regionen aus. Es handelt sich um eine Mischform: Innerhalb einer Region wird standardisiert; zwischen den verschiedenen Regionen wird differenziert.

2.3 Eine Vielzahl praktischer Varianten

Solche idealtypischen Definitionen sind charakteristisch für die Theorie. In der Praxis sind sie in Reinkultur eher selten zu finden. Wie schon die vierte Grundorientierung der regionalen Zentrierung zeigt, ist auch ein Mittelweg denkbar, der die Stärken der Standardisierung mit den Vorteilen der Differenzierung zu verbinden sucht. Zwischen den beiden Extremen liegt aber nicht nur eine mögliche Orientierung, sondern vielmehr ein breites Kontinuum. Bereits die fünf Unternehmen, mit denen die Autoren Leitfadengespräche geführt haben, lassen sich nicht in allen ihren Facetten den idealtypischen Grundorientierungen zuordnen, sondern nutzen den Spielraum dazwischen. Beobachten lässt sich auch, dass sich Unternehmen entlang des Kontinuums entwickeln und ihre Grundorientierung den Umständen anpassen, weil sich ihr Umfeld geändert hat.

Ein Beispiel dafür ist Lindt & Sprüngli. Nahrungsmittel sind historisch typischerweise lokal geprägt. So sind bei Lindt & Sprüngli bis heute die Produktpalette, verschiedene Produktmarken und das Marketing regional ausgerichtet. Gerade im Nahrungsmittelbereich sind die Konsumenten aber immer sensibler geworden, nicht nur was die Qualität, sondern auch was die Lebensmittelsicherheit und die Gesundheit anbelangt. Die Konsumenten, wie auch der Gesetzgeber, fordern von den Nahrungsmittelherstellern zunehmend Transparenz ein.

Zuerst erfasste dieser Trend die Produktion, wie Natalie Zagoda erläutert: „Bis vor dem Zweiten Weltkrieg und dem Rückkauf der Lizenzen haben die starken Tochtergesellschaften sehr eigenständig agiert. Damit wurde sichergestellt, dass der jeweilige Markt optimal bearbeitet werden konnte, indem man besser auf die lokalen Gegebenheiten eingehen und agieren konnte. Heute gibt es unsere Schokoladeprodukte in 120 Ländern, aber produziert wird nur an 12 ausgewählten Standorten. Die Auswahl der Produktionsstandorte hat auch damit zu tun, das wir sicherstellen wollen, dass wir die gesetzten Nachhaltigkeitsstandards einhalten können. Das wäre nicht in jedem Land einfach so gegeben." Heute hat dieser Trend auch die Herkunft der Rohstoffe erfasst. Wie das Praxisbeispiel erläutert, trägt Lindt & Sprüngli dem Konsumentendruck mit einer weiteren Standardisierung Rechnung. Heute richten sich sowohl die Produktion als auch der Einkauf nach konzernweit einheitlichen Standards.

Aus der Praxis

Lindt & Sprüngli – „From bean to bar" definiert Nachhaltigkeitsverständnis

Lindt & Sprüngli hat sich zum Ziel gesetzt, dass seine einheitlichen, hohen Produktionsstandards ihre Entsprechung in ebenso hohen Ethik- und Nachhaltigkeitsstandards haben sollen. Teil seines Markenversprechens ist, dass alle Produkte diesem Engagement für Nachhaltigkeit entlang der gesamten Wertschöpfungskette entsprechen. Der faire Umgang mit Partnern und Konsumenten sowie die im Code of Conduct definierten Anforderungen für Lieferanten sind ebenso wichtig wie die Rücksichtnahme auf Umwelt und natürliche Ressourcen. „Wir gehören zu den wenigen Schokoladeunternehmen, die jeden einzelnen Schritt der Schokoladeproduktion, von der Auswahl der edelsten Kakaobohne bis hin zum fertigen Produkt, unter eigener Kontrolle haben", betont Nathalie Zagoda. „Diese Kontrolle ist für eine transparente und zurückverfolgbare Lieferkette unerlässlich. Das ist eine Verantwortung, die wir nicht an andere delegieren wollen", so Nathalie Zagoda. „Allen voran bei den Kakaobohnen ist gruppenweit klar vorgegeben, unter welchen Bedingungen dieser für uns zentrale Rohstoff beschafft werden darf. Das betrifft alle unsere Marken gleichermaßen."

Beispielhaft für die Anstrengungen, die Lindt & Sprüngli für eine nachhaltige und sozial verantwortliche Beschaffungskette unternimmt, ist das 2008 lancierte, unternehmenseigene Farming Program in Ghana. Aus diesem westafrikanischen Land bezieht Lindt & Sprüngli den gesamten Bedarf an Konsumkakaobohnen. Mit diesem Programm, das 45.000 Bauern umfasst, lassen sich die Rückverfolgbarkeit und die Verifizierung der Kakaobohnen sicherstellen. Bei der Überprüfung spielen ein internes Monitoringsystem sowie externe Audits eine wichtige Rolle. Das Vorgehen eröffnet die Möglichkeit, dass einzelne Farmen genauer kontrolliert werden können, um insbesondere gegen Missstände wie Kinderarbeit und andere problematische Arbeitsverhältnisse vorzugehen. Für jede Tonne Kakaobohnen, die Lindt & Sprüngli in Ghana bezieht, wird eine Preisprämie bezahlt. Diese Beträge helfen Source Trust (www.sourcetrust.org), einer gemeinnützigen Partnerorganisation von Lindt & Sprüngli, soziale Projekte zu finanzieren. So konnten u. a. eine Schule gebaut, mit Druckern und Computern ausgerüstete Container aufgestellt oder Moskitonetze verteilt werden. Gleichzeitig werden die Bauern im Hinblick auf bessere und ertragreichere Anbaumethoden und die Verringerung oder Vermeidung von Pestiziden geschult. Alle diese Maßnahmen verbessern die Lebensbedingungen der Bauern und der Dorfgemeinschaften.

Wenn es unter den fünf ein Unternehmen gibt, das sich am deutlichsten als Verfechter einer Standardisierung erwiesen hat, so ist dies das Familienunternehmen Bühler mit seiner 150-jährigen Geschichte. „Einheitliche Führungsgrundsätze sowie die Pflege der Unternehmenskultur haben bei uns oberste Priorität", so Burkhard Böndel. Wie das Praxisbeispiel der internationalen Verbreitung des Schweizer Berufsschulmodells bei Bühler zeigt, geht das Engagement für einheitliche Werte und Standards sogar über das eigene Unternehmen hinaus und sucht aktiv eine Verankerung in der Gesellschaft der Zielmärkte. „Wir sind als Qualitätsanbieter bekannt und geschätzt und damit in der glücklichen Lage, unsere hohen Standards international unabhängig von lokalen Herausforderungen implementieren zu können", erklärt Burkhard Böndel. „Die Konzernzentrale setzt klare Rahmenbedingungen und einheitliche Plattformen, aber das Geschäft wird natürlich auch bei uns lokal in den Märkten gemacht."

Aus der Praxis

Bühler – Weltweiter Export des Schweizer Berufsschulmodells

„Einheitliche Grundsätze gelten bei uns nicht nur in der Führungskultur, sondern auch in der Ausbildung", verdeutlicht Burkhard Böndel die an klaren Standards orientierte Unternehmenskultur. „So stärken wir laufend unsere Nachwuchsbasis und vermitteln automatisch unser Qualitätsverständnis." Bühler bietet weltweit jährlich rund 400 Ausbildungsplätze für einen Beruf in kaufmännischer oder technischer Richtung an, 290 in der Schweiz und 110 an den internationalen Standorten. Das Ausbildungsprogramm basiert auf dem Schweizer Berufsschulmodell und wird nach den gleichen Grundsätzen auch in Deutschland, Indien, China, Südamerika und Südafrika durchgeführt.

In dieser Tradition engagiert sich Bühler ebenso außerhalb des Unternehmens im Ausbildungsbereich: Anfang 2015 eröffnete Bühler die erste Berufsschule für Müller in Kenia, Afrika (http://www.africanmillingschool.com/). Die Schule bietet jährlich 27 Ausbildungsplätze für eine zweijährige Lehre zum Müller. Jungen Menschen in Afrika steht damit eine zukunftsweisende Qualifikation offen. Aufgrund des Bevölkerungswachstums ist der Bedarf an Grundnahrungsmitteln in Afrika enorm gestiegen. „Die Ernährungsgewohnheiten in Afrika haben sich in den letzten Jahren geändert. Der Bedarf an Getreideprodukten ist stetig gewachsen", erklärt Burkhard Böndel. „Die lokalen Müllereibetriebe verzeichnen jedoch einen eklatanten Mangel an Fachkräften und können die wachsende Nachfrage nicht bedienen. Eine Ausbildung in Europa können sich aber nur wenige afrikanische Müllerei-Mitarbeiter leisten. Mit unserer Schule bieten wir jetzt vor Ort eine Alternative." Vor über 50 Jahren hat Bühler die erste Schulmühle in der Schweiz in St. Gallen gegründet. Seiter wurden von Bühler Schritt für Schritt auch Müllereischulen in China, Südafrika, Indien und den USA eröffnet. Mit der Eröffnung der Müllereifachschule in Kenia schließt sich damit für Bühler ein langjähriger Kreis.

Auch Helvetia setzt auf einheitliche Standards, nutzt gleichzeitig aber gewisse Freiräume. Die drei Grundwerte Vertrauen, Dynamik und Begeisterung, die im Leitbild verankert sind sowie den Kern des Helvetia-Wertekreises ausmachen, bilden die Basis einer einheitlichen Unternehmenskultur. Die drei Werte geben damit einen Rahmen vor, der in allen Ländermärkten spürbar ist, aber durchaus individuelle Freiheiten und Gestaltungsmöglichkeiten zulässt. Die Ländermärkte bringen sich entsprechend aktiv mit ihren Ideen ein. Auch die Nachhaltigkeit ist in diesem Wertekreis verankert. Sie ist entsprechend kein separates Gefäß, sondern zieht sich integral durch die Wertschöpfungskette.

Nachhaltigkeit ist in der Helvetia Gruppe als CEO-Mandat verankert. Indem das Thema auf höchster Führungsebene gesteuert wird, erhält es Gewicht. Dies wiederum erleichtert die Umsetzung von Maßnahmen. „Die übergeordnete Positionierung und die Nähe zum Kerngeschäft unterstützen ein einheitliches, integriertes Nachhaltigkeitsverständnis", betont Kristine Schulze. „Wenn die Nachhaltigkeit sich nicht auf internationale Vorgaben zu Menschenrechten und Umweltschutz bezieht, dann wird es für Unternehmen schwierig. Sie müssen sich intensiv mit dem Thema beschäftigen und wissen nicht, wie und was sie machen sollen. Gut gemeint und gut gemacht ist eben nicht dasselbe. Die Orientierung an klaren und einheitlichen Standards gibt Sicherheit in der Handlung. Das ist einfacher und effizienter für alle."

Abb. 2 Verrechtlichung beschränkt Möglichkeit der Differenzierung

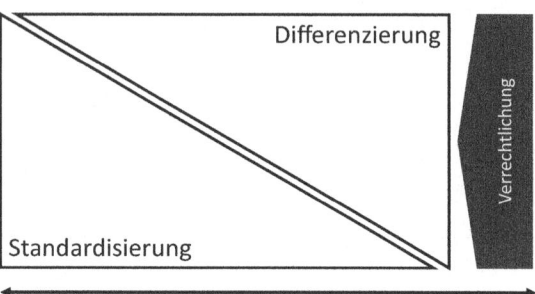

2.4 Verrechtlichung setzt Grenzen

Bucher Industries ist ein Beispiel dafür, welche Auswirkungen dies hat. Traditionell baut das Geschäftsmodell von Bucher auf eine dezentrale, von weitgehender Autonomie geprägte Unternehmenskultur, so auch im Bereich der Nachhaltigkeit oder der internen Kommunikation. Diese Dezentralität spiegelt sich nicht zuletzt auch in einem unterschiedlichen Geschäftsmodell der Divisionen des Konzerns. „Jede Division hat ihre eigene Kundenbasis, ihre eigenen Produkte und somit auch ihre eigenen Fragestellungen, die es optimal zu lösen gilt", erläutert Vanessa Ölz die Ausgangslage. „Die Führung der Division ist Hoheit der Divisionsleiter und so gibt es Divisionen, welche zentral geführt werden, oder andere Divisionen, die dezentral organisiert sind." Das rechtliche Umfeld hat Bucher in den letzten Jahren aber gezwungen, mit der Einführung von Verhaltensrichtlinien (Code of Conduct, Antikorruption, Wettbewerbsrecht) im Konzern einheitliche Standards vorzugeben und durchzusetzen. „Die Akzeptanz der Richtlinien ist heute äußerst stark im Konzern", so Vanessa Ölz. „Die Sorge seitens der lokalen Führungsverantwortlichen ist immer wieder einmal spürbar, dass wir aufgrund des umfassenden Verhaltenskodex und unserer strikten Anti-Korruptions-Richtlinien Geschäftsabschlüsse gefährden. Aber hier ist kein Platz für Pragmatismus. Die Praxis zeigt, dass wir trotz unserer scharfen Regeln in allen unseren Märkten gute Geschäfte machen können, ohne Kompromisse eingehen zu müssen. In unserer dezentralen Kultur bleiben die Compliance-Richtlinien aber die Ausnahme zur Regel" (Abb. 2).

2.5 Mittelweg zwischen einheitlichen Nachhaltigkeitsanforderungen und heterogenen Kundenwünschen

Das rechtliche Umfeld setzt auch dem aktiven Vermögensverwalter Vontobel zunehmend engere Grenzen. Davon abgesehen sucht Vontobel den Mittelweg. „Unsere Nachhaltigkeitsanforderungen an Emittenten sind über alle Produkte und Lösungen hinweg einheitlich definiert", hält Natalie Ernst fest. „Gleichzeitig haben wir den Anspruch an uns, die heterogenen Kundenwünsche und -bedürfnisse beim Thema ‚Nachhaltiges Investieren' adäquat abzubilden. So kommen beispielsweise verschiedene nachhaltige Anlagestrategien zum Einsatz." Der Vermögensverwalter versucht also, die Stärken der Standardisierung mit den Vorteilen der Differenzierung zu verbinden. Die Unternehmenskultur und das Nachhaltigkeitsverständnis sind von der starken Wertorientierung der Gründerfamilie Vontobel geprägt, welche das Unternehmen bis heute mehrheitlich besitzt.

Aus der Praxis

Vontobel – Nachhaltigkeit wird Mainstream

Bei nachhaltigen Anlagelösungen finden neben den finanziellen Kriterien auch Umwelt-, Sozial- und Governance-Kriterien Berücksichtigung, um entsprechende Risiken zu reduzieren bzw. Chancen zu nutzen. „Ausgehend von heterogenen Kundenbedürfnissen haben die Spezialisten bei Vontobel in den letzten Jahren diverse nachhaltige Anlagelösungen entwickelt. Neben vielen Gemeinsamkeiten unterscheiden sie sich gleichzeitig in spezifischen Punkten. So wählen wir beispielsweise unterschiedliche nachhaltige Anlagestrategien oder Ausschlusskriterien", erläutert Natalie Ernst. Privatkunden können zum Beispiel aus einem nachhaltigen Anlageuniversum auswählen. Für Kunden, welche die Vermögensverwaltung ganz oder teilweise an Vontobel übertragen wollen, stehen nachhaltige Vermögensverwaltungsmandate zur Auswahl. Zudem verwaltet Vontobel verschiedene nachhaltige Anlagefonds. Das Volumen nachhaltiger Anlagen bei Vontobel belief sich per Ende 2014 auf CHF 5,7 Mrd., was einem Anteil von 4,5 % an den gesamten verwalteten Kundenvermögen der Vontobel-Gruppe entspricht.

Mit der wachsenden Breite der nachhaltigen Anlagelösungen, welche Vontobel für die verschiedenen Kundengruppen anbietet, ist in den letzten Jahren auch das hauseigene Know-how über die Nachhaltigkeit von Unternehmen deutlich gestiegen. Parallel dazu wünschen Kunden immer häufiger eine zusätzliche Berücksichtigung von ESG-Kriterien im Investmentprozess. Im Jahr 2015 wurde daher das ESG Investment Committee ins Leben gerufen. Das Komitee hat die Aufgabe, die verschiedenen ESG-Aspekte in die traditionellen Anlageprozesse zu integrieren (Stichwort Mainstreaming). Die Nachhaltigkeit ist also in der Vermögensverwaltung auf dem Weg, zum Standard zu werden.

3 Stellenwert der internen Kommunikation im Rahmen eines nachhaltigkeitsorientierten Organisationswandels

Unabhängig davon, ob Unternehmen zentral oder dezentral geführt werden, ist es ihr Ziel, nach außen eine starke und attraktive Identität für ihre Kunden, Aktionäre und nicht zuletzt die Mitarbeitenden auszustrahlen. Alle fünf Unternehmen, mit denen die Autoren Leitfadengespräche geführt haben, haben die Nachhaltigkeit als Teil ihrer Unternehmensidentität verankert. Schriftliche Leitbilder sind aber nur ein Mittel zum Zweck. Entscheidend ist, ob die Identität lebt und tägliche Realität ist, also wie sich das Unternehmen und seine Repräsentanten verhalten.

Für eine erfolgreiche Verankerung der Unternehmensidentität im Denken und Handeln der Mitarbeitenden braucht es zunächst ein einheitliches Verständnis, worum es geht, was die Identität ausmacht und wie sie sich allenfalls weiterentwickeln soll. Als nächste Schritte nach dem Verständnis sollten die Akzeptanz, die Übernahme ins eigene Verhalten und die Weitergabe an Dritte folgen. Nachhaltigkeitsmanagement entspricht also mit anderen Worten in vielen Aspekten dem Change-Management und seinen spezifischen Anforderungen. Entsprechend liegt es auf der Hand, dass in diesem Prozess der internen Kommunikation große Bedeutung zukommt (Esch et al. 2009, S. 1263 f.).

3.1 Formelle und informelle Kommunikation integrieren

Gerade die interne Kommunikation zeichnet sich neben ihrer formellen Seite durch eine große Bedeutung ihrer informellen Seite aus. Auch der emotionale, persönliche Austausch, der die informelle Kommunikation prägt, baut jedoch als Grundlage auf die formal zur Verfügung gestellten Informationen. Gleichzeitig boomt die informelle Kommunikation, wenn die formelle Kommunikation keinen Raum dafür bietet, dass sich die Mitarbeitenden in den Veränderungsprozess einbringen (Lauer 2014, S. 122 f.). Neben den klassischen Formen der formellen Kommunikation gilt es deshalb, im Unternehmen auch den internen Austausch zu formalisieren und zu institutionalisieren. Interne Kommunikation heißt eben nicht nur, dass die Unternehmensleitung von oben Informationen weitergibt (Top-down), sondern auch, dass die Mitarbeitenden ermutigt werden, ihre Meinungen und Einstellungen zu äußern (Bottom-up). Kommunikation bedeutet, dass sich ein gegenseitiger Austausch und Dialog entwickelt – eben Kommunikation statt Information. Führungskräfte und Mitarbeiter sind dabei gleichermaßen gefordert, Vorbild zu sein, den Dialog zu pflegen und ihren Beitrag zur Veränderung und Zielerreichung zu leisten (Prexl 2010, S. 350).

> At its best, communication has an extraordinary power, not simply to inform, but to challenge, and to inspire. It can achieve lasting and meaningful change. That is why it is vital for communications to be an integral part of the journey towards sustainable development (United Nations Environmental Programme/futerra 2005, S. 7).

3.2 Mitarbeitende als interne Kulturbotschafter

Doch welchen Beitrag kann interne Kommunikation vor diesem Hintergrund konkret leisten? Zuerst geht es um eine sprachliche Übersetzung: Das abstrakte Leitbild soll verständlich und damit ins eigene Verhalten umsetzbar werden (Prexl 2010, S. 350 f.). „Bei unseren internen Schulungen für die neuen Mitarbeitenden setzen wir auf langjährige, erfahrene

Führungskräfte, welche die Kultur nach innen vorleben und weitergeben. In den Anfängen der Internationalisierung haben wir unsere Unternehmenskultur mittels Schweizer Führungspersonen in die Welt exportiert. Heute sind wir in allen wichtigen Märkten etabliert und haben viele, sehr langjährige Mitarbeiter aus verschiedensten Nationen, welche die Bühler-Kultur weitertragen", erklärt Burkhard Böndel. Begleitet wird diese persönliche Kommunikation der Unternehmenskultur bei Bühler durch verschiedene, regelmäßige Maßnahmen als ordentlichen, integrierten Bestandteil der laufenden internen schriftlichen und elektronischen Kommunikation.

Interne Kommunikation kann außerdem die Basis für einen offenen Umgang mit Nachhaltigkeitsthemen und damit verbundene Veränderungen schaffen. Interne Kommunikation fördert den aktiven Austausch über Risiken, was idealerweise dazu führen kann, dass sie als Chance und nicht nur als Bedrohung begriffen werden. Ein offener interner Dialog bezieht die Mitarbeitenden in nachhaltigkeitsrelevante Entscheidungen mit ein und verbessert durch prozessbegleitende Kommunikation das Verständnis für Veränderungen und Entscheidungen. Gleichzeitig werden Mitarbeitende wie auch Manager in ihrer kommunikativen Kompetenz und Dialogfähigkeit geschult. Und nicht zuletzt schafft interne Kommunikation beim Management wie auch den Mitarbeitenden Wissen über Nachhaltigkeitsthemen und fördert das Bewusstsein für ein aktives Auseinandersetzen mit einem Thema (Prexl 2010, S. 350 f.). Interne Kommunikation ist immer auch ein vernetzter Prozess zwischen Führungskräften, Projektverantwortlichen und den Fachstellen für Personalmanagement, Nachhaltigkeitsmanagement und Kommunikation. Den Wert eines aktiven, internen Netzwerks als Träger der internen Kommunikation verdeutlicht anschaulich das Praxisbeispiel der Versicherungsgruppe Helvetia.

Aus der Praxis

Helvetia – Internes Ambassador-System schafft Aufmerksamkeit

Obwohl es außer Kristine Schulze kein entsprechend spezialisiertes Nachhaltigkeitsteam auf Gruppenebene gibt, gilt die Nachhaltigkeit in den verschiedenen Bereichen der Helvetia als bestens verankert. Die Helvetia Gruppe setzt intern u. a. auf ein Ambassador-System. Pro Ländermarkt ist jeweils ein Geschäftsleitungsmitglied für das Thema „Nachhaltigkeit" direkter Ansprechpartner, also ein sogenannter Ambassador. Für spezifische Projekte arbeitet Kristine Schulze direkt mit den jeweiligen Funktionsverantwortlichen aus den entsprechenden Markt- und Geschäftsbereichen zusammen.

„Der so strukturierte, bilaterale und gruppenübergreifende Austausch funktioniert sehr gut. Mit den Ambassadoren lässt sich die Nachhaltigkeit zudem bestens vorwärtstreiben und interne Aufmerksamkeit erzielen", so Kristine Schulze. „Der größte Teil meiner Arbeit besteht darin, zu kommunizieren. Man muss die Leute für die Nachhaltigkeit ansprechen und begeistern. Gerade auch was die Standards anbelangt, braucht es ein gemeinsames Verständnis. Es gibt unveräußerliche und nicht verhandelbare Werte und diese müssen gemeinsam im Unternehmensalltag gelebt werden."

3.3 Mitarbeitende als Sprachrohr zur Außenwelt

Die besondere Bedeutung der Mitarbeitenden und damit der internen Kommunikation ist nicht zuletzt in der Rolle der Mitarbeitenden als „externe" Botschafter eines Unternehmens begründet. Sie kommunizieren täglich mit Kunden, Lieferanten, Aktionären, Behörden sowie ihren Familienmitgliedern und Freunden. Agieren sie als überzeugte Botschafter, so wirken sie als positive Multiplikatoren und haben je nach Branche anhaltendere Wirkung als mancher Pressesprecher oder manche Werbekampagne eines Unternehmens (Kilian 2012, S. 45). Umgekehrt gilt selbstverständlich dasselbe, mit entsprechend nachteiliger Wirkung für das Unternehmen. Nicht zuletzt deshalb ist es eine zentrale Aufgabe der internen Kommunikation sicherzustellen, dass die Mitarbeitenden die Werte und Überzeugungen, welche die Nachhaltigkeit eines Unternehmens ausmachen, kennen, verstehen und gegenüber Dritten vermitteln können.

3.4 Sprachen, Distanzen und unterschiedliche Zeitzonen als Herausforderung

Nicht zuletzt liegt eine zentrale Herausforderung in der internationalen, internen Kommunikation in der Sprache. In der Fachliteratur wird deshalb empfohlen, soweit kostenmäßig vertretbar, Übersetzungen in die lokalen Sprachen der Mitarbeitenden vorzunehmen (Huck 2006, S. 85; Watts und Murray 2001, S. 194). Dies erleichtert nicht nur das Verständnis, sondern schafft emotionale Nähe und stärkt damit die Identifikation des Mitarbeitenden mit dem Unternehmen. Der Mitarbeiter als Botschafter muss die Inhalte sodann nicht in seine Sprache übertragen, bevor er sie anderen übermittelt, womit sich die Verständnis- und Übertragungsfehler reduzieren.

Neben der Sprache schaffen die großen Distanzen, unterschiedliche Zeitzonen und die Vielzahl an Standorten eines internationalen Konzerns spezielle Herausforderungen für die interne Kommunikation. Die Grundsätze „intern vor extern" sowie „mit persönlich Betroffenen zuerst kommunizieren" sollen hier stellvertretend genannt werden (Huck 2005, S. 85 f.; Schick 2014, S. 209). Die elektronischen Formen der Kommunikation schaffen auf den ersten Blick neue Möglichkeiten, doch hat ein Videotelefonat nicht den gleichen kommunikativen Wert wie ein persönliches, direktes Gespräch. Einmal mehr sind internationale Unternehmen mit einem Zielkonflikt konfrontiert und müssen sich zwischen verschiedenen Alternativen entscheiden.

3.5 Interne Kommunikation erhält oftmals zu wenig Aufmerksamkeit

Alle fünf Unternehmensvertreter – Kommunikationsverantwortliche wie auch Nachhaltigkeitsmanager – bestätigen die hohe Bedeutung der internen Kommunikation, gerade auch, wenn es um das Thema „Nachhaltigkeit" geht. Bei der Umsetzung in die Praxis zeigen sich jedoch zwei Lager. Ein Teil der Befragten sehen die interne Kommunikation bereits als gleichberechtigten Part in der Gesamtkommunikation des Unternehmens und identifizieren keinen besonderen Nachholbedarf. Andere zeigen sich durchaus selbstkritisch und bezeichnen die interne Kommunikation als Stiefkind im Kommunikationsmix ihrer Unternehmen, vor allem im Vergleich zur externen Kommunikation. Die Vernachlässigung zeige sich einerseits in der Ausrichtung der Kommunikation auf Ergebnisse („Tue Gutes und sprich darüber") anstelle einer transparenten, vollumfänglichen Begleitung des Prozesses. Aber auch die aufgewendeten Ressourcen seien deutlich geringer und beschränken sich auf einen relativ einseitigen, engen Mix eingesetzter Instrumente. Namentlich die Förderung eines offenen, zweiseitigen Dialogs im Unternehmen werde vernachlässigt.

Konkrete Pläne hat hier beispielsweise Lindt & Sprüngli. „Der einheitliche und aktive Informationsaustausch mit den Konsumenten, Lieferanten, den verschiedenen Organisationen oder der Öffentlichkeit ist uns sehr wichtig", bestätigt Nathalie Zagoda. „Hier hat sich das One-Voice-Prinzip sehr bewährt. Intern möchte ich jedoch unser internationales Netzwerk aktivieren." Die verschiedenen Tochtergesellschaften der Gruppe haben für operative Themen spezifische Kontaktpersonen für die Nachhaltigkeit. Die Themen, Schwerpunkte, Prozesse und Entscheide des 2008 gegründeten CSR Committee, das aus Mitgliedern des Verwaltungsrates und internationalen Kadermitarbeitenden besteht, werden über diese Nachhaltigkeitsgruppe in die verschiedenen Länder getragen. „Das System funktioniert bestens und sichert den internen Informationsfluss zum Thema. Wir orientieren uns beim Aufbau der internen Kommunikation, die heute noch weniger formell läuft, deshalb an diesem System. Das heißt, wir sind daran, für die interne Kommunikation eine Kommunikationsgruppe über die Länder hinweg zu organisieren", sagt Nathalie Zagoda.

3.6 Dialog schließt Wissenslücke

Ebenso wie die Umsetzung der internen Kommunikation da und dort noch im Argen liegt, mangelt es den befragten Unternehmen an Kenntnissen über ihre Ausgangslage. Keines der befragten Unternehmen hat bis heute mittels Mitarbeiterbefragung explizit abgeklärt, ob das Nachhaltigkeitsverständnis der Mitarbeitenden in den internationalen Gesellschaften demjenigen entspricht, welches im Leitbild oder in der Nachhaltigkeitsstrategie des Konzerns verankert ist, oder wie die Akzeptanz für die Nachhaltigkeitsbemühungen seitens der Mitarbeitenden ist. Die Einsichtigkeit geht hier weniger weit. Begründet wird dies von den Befragten mit hergeleitetem oder abgeleitetem Wissen, welches eine direkte Befragung überflüssig mache.

Als einen solchen indirekten Indikator mit gleicher Aussagekraft erachtet Burkhard Böndel die Fluktuationsrate: „Wenn die Mitarbeitenden unzufrieden wären oder unsere Unternehmenskultur nicht attraktiv finden würden, dann würden sie mit den Füßen abstimmen und gehen. Bühler weist eine außerordentlich niedrige Fluktuationsrate auf, die auch in den einzelnen Ländern jeweils deutlich unter den branchenüblichen Werten liegt." Indirekte Indikatoren wie die Mitarbeiterfluktuation entsprechen aber eher einer

Kenntnisnahme auf Basis von Symptomen als einem Interesse an den Ursachen und der Möglichkeit, diesen aktiv zu begegnen.

Ein aktiver Stakeholder-Dialog bietet direktere Erkenntnisse und damit erfolgversprechendere Anknüpfungspunkte. Ein solch aktiver Dialog wird beispielsweise durch die vierte Generation der Global Reporting Initiative (GRI) gefordert und gefördert, indem sie zum Teil des verlangten Vorbereitungsprozesses der externen Nachhaltigkeitsberichterstattung wird. Im Kern geht es bei der Wesentlichkeitsanalyse darum, die Erwartungen der Mitarbeitenden abzuholen und die Ziele, Maßnahmen wie auch Berichterstattung auf die für das Unternehmen wesentlichen Themen auszurichten. Damit wird Nachhaltigkeit greifbar, messbar und zielführend. Entsprechend sind auch die Erwartungen, die Bucher Industries an die jüngst lancierte Mitarbeiterbefragung knüpft.

Aus der Praxis

Bucher – Mitarbeiterbefragung zur Wesentlichkeit

Auf dem Weg eine Nachhaltigkeitsstrategie zu entwickeln und die externe Berichterstattung auf die relevanten, wesentlichen Themen auszurichten, hat Bucher im Jahr 2015 den Dialog mit verschiedenen Anspruchsgruppen aufgenommen. So ist erstmals auch eine interne Befragung lanciert worden, welchen Stellenwert die Nachhaltigkeit ihres Arbeitgebers für die Mitarbeitenden hat, wie sie aktuell die Nachhaltigkeit des Unternehmens einschätzen und welche Themen sie als mehr oder weniger wichtig erachten, um die Nachhaltigkeit des Unternehmens zu messen bzw. zu beeinflussen. Mitarbeitende in allen Divisionen wurden auf anonymer und freiwilliger Basis um ihre Einschätzung gebeten. „Von dieser Analyse der Umfrageergebnisse verspreche ich mir eine tragfähige Basis, um künftig im Konzern unsere strategischen Initiativen, aber auch die Kommunikation über Nachhaltigkeitsthemen besser auf die Bedürfnisse ausrichten zu können. Gewisse Themen werden für den gesamten Konzern wesentlich sein und es erlauben, Konzernziele formulieren zu können, womit die Basis für gemeinsame Initiativen im Konzern gelegt ist. In anderen Themenbereichen erwarte ich von den Mitarbeitenden der verschiedenen Divisionen gemäß ihren unterschiedlichen Geschäftsmodellen auch spezifische, unterschiedliche Einschätzungen. Unsere dezentral orientierte Führungskultur kann mit solchen unterschiedlichen Erwartungen bestens umgehen", erläutert Vanessa Ölz.

4 Bewertung der Erkenntnisse und Ausblick

Internationale Firmen bewegen sich in einem unterschiedlichen lokalen Kontext. Ob in der Unternehmensführung (und so auch in der Kommunikation) international standardisiert oder offen und differenziert agiert werden soll, wird in der Literatur ausführlich diskutiert. Beide Formen haben Vor- und Nachteile. Entsprechend werden auch Mischformen dis-

Abb. 3 Einordnung der fünf Unternehmensbeispiele zwischen Standardisierung und Differenzierung

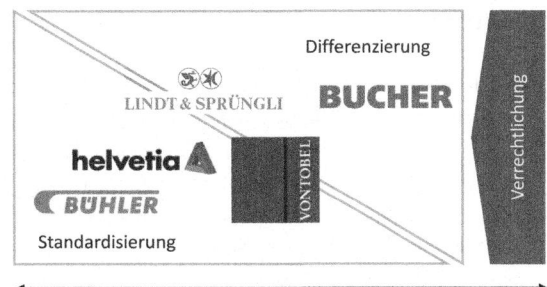

kutiert und praktiziert. Empirische Untersuchungen haben keine eindeutigen Ergebnisse gebracht, ob standardisierte oder differenzierte Kommunikationsinhalte erfolgswirksamer sind (zusammenfassende Darstellung: Berndt und Sander 2009, S. 682 f.); wenn, dann besteht bei den Kommunikationsprozessen eine Tendenz dazu, dass eine Standardisierung erfolgswirksamer ist (Berndt und Sander 2009, S. 682 f.).

4.1 Fazit: Alle Strategieoptionen können erfolgreich sein

Dieses diverse Bild aus der Theorie bestätigt sich auch in der Praxis. Wie Abb. 3 zeigt, verteilen sich die fünf Unternehmen, mit denen Leitfadengespräche geführt wurden, nach eigener Einschätzung der Autoren und im Vergleich über das gesamte Spektrum der möglichen Strategien. Die langjährigen, internationalen Erfolgsgeschichten der fünf Unternehmen lassen jedoch kein eindeutiges Urteil zu, dass eine der drei Strategien den anderen grundsätzlich überlegen ist.

Zum Kern der These, dass die Unschärfe des Nachhaltigkeitsbegriffs den Unternehmen ein differenziertes internationales Nachhaltigkeitsmanagement erlaubt und damit die Erfolgschancen verbessert, liefern weder Theorie noch Praxis eindeutige Ergebnisse. Den Unternehmen bleibt also die Wahl. Entscheidend ist vielmehr eine überzeugende Umsetzung der Strategie, aber gleichzeitig offenzubleiben für das sich ändernde Umfeld. Es gilt, die eigene Strategie und Nachhaltigkeitspositionierung regelmäßig zu reflektieren und gegebenenfalls anzupassen.

4.2 Ungenutztes Potenzial der internen Kommunikation

Die Forschung stützt eindeutig den Teil der These, dass Nachhaltigkeitsmanagement oft einem Change-Management entspricht und dass dessen Erfolg eng mit der Qualität der internen Kommunikation verknüpft ist. Berücksichtigt man das Eingeständnis eines Teils der Gesprächspartner, dass bei der internen Kommunikation einiges im Argen liegt, so besteht bei diesen Unternehmen noch Potenzial, den Erfolg zu steigern.

Literatur

Berndt R, Sander M (2009) Kommunikation im internationalen Kontext. In: Bruhn M, Esch F-R, Langner T (Hrsg) Handbuch Kommunikation. Gabler, Wiesbaden, S 669–696

Esch F-R, Fischer A, Strödter K (2009) Interne Kommunikation. In: Bruhn M, Esch F-R, Langner T (Hrsg) Handbuch Kommunikation. Gabler, Wiesbaden, S 1261–1286

Heenan DA, Perlmutter HV (1979) Multinational Organization Development – A Social Architectural Perspective. Addison-Wesley, Massachusetts

Huck S (2005) Internationale Unternehmenskommunikation. Universität Hohenheim, Stuttgart

Huck S (2006) Internationale Unternehmenskommunikation. In: Mast C (Hrsg) Unternehmenskommunikation. Lucius & Lucius, Stuttgart, S 369–387

Kilian K (2012) Mitarbeiter als Markenbotschafter. Absatzwirtschaft (1–2):44–46

Lauer T (2014) Change Management – Grundlagen und Erfolgsfaktoren. Springer, Berlin

Prexl A (2010) Nachhaltigkeit kommunizieren – nachhaltig kommunizieren. VS, Wiesbaden

Schick S (2014) Interne Unternehmenskommunikation. Schäffer-Poeschel, Stuttgart

United Nations Environmental Programme (UNEP) & Interra Sustainability Communications (2005) Communicating Sustainability. UNEP, Nairobi

Watts RJ, Murray H (2001) Die fünfte Landessprache? Englisch in der Schweiz. vdf Hochschulverlag, Zürich

Dr. Benedikt Gratzl, geschäftsführender Partner der TAKTKOMM AG, Zürich, ist promovierter Wirtschaftswissenschaftler und arbeitete bis 1997 als wissenschaftlicher Mitarbeiter an der Universität Basel. Anschließend war er bei der Schweizerischen Bankiervereinigung und am Flughafen Zürich tätig, bevor er über zwölf Jahre die Unternehmenskommunikation der international tätigen Schweizer Privatbank Sarasin leitete. Während dieser Zeit zeichnete er auch für den Aufbau des Nachhaltigkeitsmanagements der Sarasin Gruppe verantwortlich und trug maßgebend dazu bei, die Nachhaltigkeit als Alleinstellungsmerkmal intern wie extern international zu verankern.

Dr. Franziska Gumpfer-Keller ist geschäftsführende Partnerin der TAKTKOMM AG in Zürich. Vor rund 20 Jahren startete sie ihre berufliche Karriere auf Agenturseite und betreute über die Jahre nationale und internationale Unternehmen aus unterschiedlichen Branchen. Ihr Tätigkeitsschwerpunkt liegt auf der strategischen Beratung in den Bereichen interne und externe Kommunikation, insbesondere der Krisenkommunikation, sowie der Umsetzung entsprechender Maßnahmen. Zwischenzeitlich war sie als stellvertretende Leiterin und Mediensprecherin in der Unternehmenskommunikation einer international ausgerichteten Schweizer Privatbank tätig, zeichnete u. a. für die Konzeption des Nachhaltigkeitsberichtes verantwortlich und unterstützte das hauseigene Nachhaltigkeitsresearch bei der internen und externen Kommunikation. Aktuell unterstützt sie verschiedene Firmen bei der Umsetzung ihrer Nachhaltigkeitsberichterstattungen.

Einsatz von Social Software in der Internen CSR-Kommunikation: Ein Praxisleitfaden

Zoe Rost und Raphaela Catherine Wille

1 Interne CSR-Kommunikation im digitalen Zeitalter

Lange Zeit beschäftigte sich Corporate Social Responsibility-(CSR-)Kommunikation in der Forschung und Praxis insbesondere mit der glaubhaften Vermittlung unternehmerischer Verantwortung gegenüber externen Interessensgruppen (vgl. Heinrich 2013). Die Anwendung diverser moderner Social-Media-Instrumente für einen wirkungsvollen Dialog mit externen Stakeholdern ist für viele Unternehmen heute nicht mehr wegzudenken (Wagner et al. 2014). Der Nutzen von Social Media und der zugehörigen Social Software als Tools der internen Kommunikation ist bislang allerdings wenig dokumentiert. Gerade im Bereich CSR, der in Unternehmen eine Vernetzung und Kooperation unterschiedlicher Akteure erfordert, bietet Social Software jedoch enormes Potenzial für die Interne Kommunikation und das Veränderungsmanagement. Denn gerade unter Mitarbeitern ist die Kenntnis von CSR-Aktivitäten des eigenen Unternehmens oft erschreckend gering (Du et al. 2010, S. 9). Dabei kann eine durchdachte interne CSR-Kommunikation die Binnenwahrnehmung von CSR-Aktivitäten steigern, den nötigen Bewusstseinswandel in der Belegschaft unterstützen, Barrieren abbauen und die Veränderungsbereitschaft erhöhen.

Z. Rost (✉)
Zoe Rost Sustainability Services
Starnberg, Deutschland
E-Mail: zoe.rost@zorosus.com

R. C. Wille
Robert Bosch GmbH
Stuttgart, Deutschland

1.1 Social Software im Unternehmenskontext

Laut Stegbauer und Jäckel (2008) bezeichnet Social Software „Software-Systeme, die die Zusammenarbeit und die Kommunikation von Akteuren unterstützen" (Stegbauer und Jäckel 2008, S. 7), und wird damit fast synonym mit dem Ausdruck „Web 2.0" verwendet. O'Reilly veröffentlichte bereits 2005 einen Artikel über das neuartige Phänomen „Web 2.0", in welchem er die „architecture of participation" als wesentlichen Unterschied zum klassischen Web 1.0 aufzeigte (vgl. O'Reilly 2005). Social Software und Web 2.0 werden somit als Oberbegriffe für einzelne Anwendungen wie Blogs, Wikis, Diskussionsforen und Podcasts verstanden (Döbler 2008). Die Interaktionen im Web 2.0 können dabei u. a. zwischen Privatpersonen, Organisationen und/oder deren Stakeholdern stattfinden.

In den letzten Jahren stoßen das Phänomen Web 2.0 und Social Software zunehmend auch in Unternehmen als Möglichkeit der internen Kommunikation auf Interesse (Döbler 2008). Während das Intranet als statisches Medium hauptsächlich der unidirektionalen Informationsweitergabe dient, fördert Social Software den transparenten Dialog, den multidirektionalen Austausch und den Beziehungsaufbau zwischen Mitarbeitern. Wie auch in der unternehmensexternen Gestaltung von Web 2.0 spielen in der internen Nutzung die Partizipation möglichst vieler Menschen und der Transfer von Wissen und Inhalten eine entscheidende Rolle. Der von Mitarbeitern bereitgestellte „employee generated content" wird dabei in Zukunft von noch größerer Bedeutung sein (Stocker und Tochtermann 2012).

1.2 Der Mehrwert der internen Social-Software-Nutzung im Bereich CSR

Für Social-Software-Plattformen bieten sich in Unternehmen vielfältige Einsatzmöglichkeiten mit Bezug zu CSR. Gerade für eine gelungene interne CSR-Kommunikation weist die Nutzung von Web-2.0-Anwendungen viele Chancen auf.

Sinnstiftung Häufig sind die Kenntnisse von Mitarbeitern zum Thema CSR und den dazu gehörenden Aktivitäten ihres Unternehmens nur gering ausgeprägt (Du et al. 2010). CSR funktioniert allerdings nur, wenn es von der gesamten Belegschaft getragen und gelebt wird. Durch eine umfassende Bereitstellung von dynamischen und interaktiven Informationen können die Mitarbeiter für dieses wichtige Thema sensibilisiert werden, was dazu führen kann, dass ihr Stolz auf die Aktivitäten des Unternehmens geweckt wird. Ein höheres Bewusstsein über das soziale und ökologische Engagement fördert eine stärkere Identifikation der Mitarbeiter mit dem Unternehmen und dessen Werten. Dies ist ein wichtiger Aspekt für das Employer Branding. Jeder stolze Mitarbeiter ist ein Botschafter der Arbeitgebermarke, was wiederum einen Vorteil im „war for talents" bedeutet.

Betriebsklima Gleichzeitig sind Mitarbeiter eine der wichtigsten Stakeholder-Gruppen, die im Bereich CSR berücksichtigt werden müssen. Mitarbeiterbefragungen und Diskussionen können über Social Software problemlos durchgeführt werden, beispielsweise um Bedürfnisse der Mitarbeiter hinsichtlich sozialer Personalmaßnahmen abzufragen (Haller-Mangold und Schaltegger 2014). Ein offener Austausch und Dialog mit der Belegschaft zu ihren Vorstellungen und Wünschen kann dabei auch zu einer Verbesserung des Betriebsklimas beitragen (Adelsberger et al. 2009). Durch die Involvierung der Belegschaft und einen Mitarbeiterdialog auf Augenhöhe erleben die Angestellten eine konkret spürbare Wertschätzung und fühlen sich stärker in die Entwicklung des Unternehmens eingebunden.

Veränderungsbereitschaft Die Sensibilisierung der Mitarbeiter für CSR-Themen ist gleichzeitig ein wichtiger Aspekt des Change-Managements. Um CSR dauerhaft in der Unternehmenskultur zu verankern, müssen Mitarbeiter umfangreich informiert und in das betriebliche Geschehen einbezogen werden. Social Software kann zielgerichtet eingesetzt werden, um die Wandlungsbereitschaft in der Belegschaft und die mitarbeiterseitige Unterstützung von Veränderungsprozessen zu erhöhen.

Transparenz Je größer die Unternehmen sind, desto schwieriger wird es auch, einen Gesamtüberblick über die Aktivitäten an den verschiedenen Unternehmensstandorten zu behalten, da viele CSR-Aktivitäten lokal angestoßen werden. Gerade für mittelständische und große Unternehmen bietet Social Software durch das Management von organisationalem Wissen, d. h. durch die Dokumentation von Wissen, die Sicherstellung einer hohen Aktualität und durch eine leichte Zugänglichkeit, gute Lösungsansätze für diese Herausforderungen (Stocker und Tochtermann 2012). Mit dem Einsatz von Social Software ist es möglich, dass Informationen einfach, zeitnah und direkt aufbereitet werden und das von jedem Mitarbeiter unabhängig von Standort und Funktion. Durch die Publikation von Aktivitäten und Ansprechpartnern kann auf der Plattform somit standortübergreifend Transparenz über alle CSR-Maßnahmen gewonnen werden. Diese Informationen sind sofort für die Allgemeinheit verfügbar und von jedem Mitarbeiter selbstständig abrufbar. Bei regelmäßiger Pflege ergibt sich dadurch ein interner CSR-Informationspool mit großer Aktualität der Informationen.

Wissensmanagement Wie bereits erwähnt eignet sich Social Software, um jegliches im Unternehmen verfügbare Wissen und Know-how über CSR auf einer zentralen Plattform zu sammeln, zu ergänzen und zu erweitern. Außerdem erhoffen sich Unternehmen von der internen Nutzung von Social Software den Zugang zu verdeckten Kompetenzen und implizitem Wissen von Mitarbeitern. Durch kollaborative Verbesserungs- und Erweiterungsprozesse sollen darüber hinaus neues Wissen und innovative Ideen generiert werden (Döbler 2008). So können Good-Practice-Beispiele von anderen Standorten einfacher adaptiert werden. Bei Rückfragen sind die CSR-Verantwortlichen der anderen Standorte direkt und einfach kontaktierbar.

Motivation Gleichzeitig bietet Social Software die Möglichkeit, sich aktiv selbst einzubringen. Die Mitarbeiter sind dadurch in der Lage, Beiträge zu kommentieren, zu empfehlen, zu „liken" und sich so gegenseitig zu motivieren. Jeder Mitarbeiter kann sich so aktiv beteiligen und in einen direkten Dialog eintreten. Die Filterung der Inhalte durch Marketing- oder Kommunikationsverantwortliche entfällt – die CSR-Champions und besonders engagierte Mitarbeiter können direkt und unkompliziert eigene Beiträge mit den Kollegen weltweit teilen. Durch das direkte Feedback der Kollegen erhalten sie Anerkennung für ihre Aktivitäten und eventuell auch neue Mitstreiter, die sich an künftigen Aktionen beteiligen wollen.

Effizienz Eine transparente Kommunikation ist zudem Grundlage für eine systematische Implementierung der CSR-Strategie. Social Software kann dabei die Effizienz und Effektivität bei der Bearbeitung von CSR-Themen erhöhen. Social Software ist ein wichtiges Element, um den Zusammenhalt und die Interaktion zwischen weltweit verteilten Niederlassungen und Abteilungen zu fördern. In einer Umfrage unter deutschen Unternehmen wurden insbesondere die Überbrückung der räumlichen Distanz, die Verbesserung der Kommunikation, eine höhere Vernetzung der Mitarbeiter und eine intensivere interne Zusammenarbeit als Vorteile von Social Software genannt (Adelsberger et al. 2009). Social Software unterstützt dabei die unkomplizierte Kollaboration verschiedener Bereiche und Abteilungen und trägt dadurch zu einer strukturierten Themen- und Lösungsbündelung bei. Organisationsinterne Abläufe können optimiert und abgestimmt werden, beispielsweise hinsichtlich der Datensammlung für die CSR-Berichterstattung.

Innovationen Zudem wird durch die kollektive Nutzung der Plattform die Zusammenarbeit zwischen einzelnen Mitarbeitern, Abteilungen und der ganzen Belegschaft intensiviert. Durch die Beteiligung unterschiedlicher Akteure erhöht sich die Qualität erarbeiteter Lösungen, da Vorschläge von verschiedenen Standpunkten aus analysiert wurden. Die vereinfachte, intensivere Zusammenarbeit und Kommunikation zwischen ansonsten isolierten Abteilungen und Niederlassungen regen die kollaborative Ideenentwicklung und damit Innovationen an. Beispielsweise können CSR-Aspekte bereits frühzeitig in einen Produktentwicklungsprozess integriert oder effizienzsteigernde Maßnahmen in Produktionsprozessen umgesetzt werden. Levy und Karni (2014) empfehlen zum Beispiel eine Web-2.0-Lösung als Arbeitsplattform für die Entwicklung von ganzheitlichen Produkt-Service-Systemen (PSS).

1.3 Die technischen Möglichkeiten von Social Software

Neben Jive, Yammer oder Microsoft Sharepoint ist IBM Connections eine der bekanntesten Social-Software-Lösungen. Der Funktionsumfang, den diese IT-Lösungen für Unternehmen anbieten, ähnelt sich dabei meistens sehr. Mitarbeiter können sich in einem Social Network ein individuelles Profil anlegen und sich darüber – über Standort- und

Ländergrenzen hinweg – mit Kollegen und Vorgesetzten vernetzen. Das Profil kann neben unternehmensrelevanten Angaben zu Abteilung, Funktion, Standort und Kontaktdaten auch persönlichere Informationen wie ein Foto, den beruflichen Werdegang, spezielle Interessen oder Kompetenzen enthalten. Die Plattformen ermöglichen zudem den Aufbau von unternehmensinternen Gruppen, sogenannten Communitys, die speziell dem Informationsaustausch und der Zusammenarbeit mehrerer Individuen dienen. Diese Communitys werden grundsätzlich entweder öffentlich oder geschlossen angelegt: Öffentliche Communitys können von der gesamten Belegschaft eingesehen und bearbeitet werden, der Zugriff auf geschlossene Communitys ist auf ausgewählte Personen beschränkt. Die Ausrichtung der Community kann im Nachgang jederzeit geändert werden, beispielsweise ist es möglich, eine geschlossene Community zu einem späteren Zeitpunkt in eine öffentliche Community umzuwandeln. Zudem ist eine Gründung von sog. Subcommunitys vorstellbar, die hierarchisch unter der eigentlichen Community angeordnet sind. Dadurch ist die Bearbeitung von speziellen Themen oder Aufgabenbereichen in mehreren geschlossenen Subcommunitys innerhalb einer öffentlichen CSR-Community möglich. Eine öffentliche Gruppe eignet sich insbesondere um CSR-Themen mit der breiten Belegschaft zu diskutieren, wohingegen sensible Themen oder strategische Entscheidungsprozesse zunächst in einem abgeschlossenen Umfeld diskutiert werden können.

In den Communitys entfaltet sich der ganze Mehrwert der Social Software für die Interne Kommunikation. Dort kann man beispielsweise Wikis, Blogs, Diskussionsforen, Bookmarks oder Bibliotheken zum Filesharing (dem Austausch von digitalen Daten zwischen Nutzern) anlegen. Die Nutzer sind in der Lage, durch das eigenständige Anlegen von Wikiseiten, das Kommentieren von Blog Posts oder das Antworten auf eine Forendiskussion interaktiv zum Geschehen beizutragen. Projekte können kollektiv geplant, Dokumente gemeinschaftlich bearbeitet und Termine abgestimmt werden.

Gerade im Bereich CSR ist eine ungehinderte Kollaboration unterschiedlicher Akteure unumgänglich und innerhalb der Belegschaft muss viel Überzeugungsarbeit im Sinne eines nachhaltigen Change-Managements geleistet werden. Die Möglichkeiten von Social Software entsprechen somit in vielerlei Hinsicht den Anforderungen an die interne CSR-Kommunikation.

2 Anwendungsbeispiele zur Nutzung von Social Software für CSR

Im Folgenden werden drei Anwendungsszenarien von Social Software für die interne CSR-Kommunikation vorgestellt. Alle beschriebenen Anwendungsfälle sind Praxisbeispiele aus international tätigen, mittelständischen Unternehmen und Großkonzernen und wurden mittels virtueller Gemeinschaften, sogenannter Communitys, auf der Plattform IBM Connections realisiert. Die Beispiele zeigen auf, welche Vorteile durch den Einsatz von Social Software für die interne CSR-Kommunikation konkret geschaffen werden und wie CSR-Communitys als Element des Change-Managements genutzt werden können. Tab. 1 liefert einen Kurzüberblick über die vorgestellten Anwendungsfälle.

Tab. 1 Kurzvorstellung verschiedener Anwendungsszenarien

Anwendungsbeispiel	Primäres Ziel	Community	Mitglieder
Verankerung von CSR in der Unternehmenskultur	Erhöhung des Bewusstseins über CSR-Aktivitäten	Öffentlich	Gesamte Belegschaft
Good Practice Sharing unter CSR-Verantwortlichen	Grenzüberschreitendes Wissens- und Ideenmanagement	Öffentlich; evtl. geschlossene Subcommunitys	(Inter-)Nationale CSR-Verantwortliche
Unterstützung der CSR-Berichterstattung	Effiziente Vorbereitung und Begleitung der CSR-Berichterstattung	Geschlossen	Inputlieferanten und Inputverwerter

2.1 Verankerung von CSR in der Unternehmenskultur

Herausforderung Häufig ist das Wissen und Bewusstsein der Angestellten eines Unternehmens über das CSR-Engagement des eigenen Arbeitgebers sehr begrenzt. Um eine entsprechende Unterstützung der Thematik zu erreichen, muss CSR jedoch erst von der Belegschaft verstanden werden. Der Fokus darf dabei nicht nur auf dem Management liegen, sondern sollte die gesamte Belegschaft involvieren, die fundamental zum Erfolg von CSR-Aktivitäten beiträgt (Brunton et al. 2015). Interne Kommunikation über die eigene Vision, Strategie und Aktivitäten im Bereich Corporate Social Responsibility ist ein wichtiger Bestandteil des Change-Managements (Verčič et al. 2012).

Mehrwert Social Software eignet sich besonders dazu, den gesamten Prozess des CSR-Engagements von Anfang an zu begleiten. Beginnt ein Unternehmen mit der ernsthaften Auseinandersetzung mit ökologischen und sozialen Fragestellungen, wird als erster Schritt oftmals eine Istanalyse empfohlen. Selbst in mittelständischen Unternehmen ist dieser erste Schritt der Standortbestimmung bereits herausfordernd, da Aktivitäten nicht zentral dokumentiert werden und das Bewusstsein über Unternehmensverantwortung fehlt. Über eine entsprechende CSR-Community werden die interne Transparenz erhöht, vorhandene Aktivitäten dokumentiert, das eigene CSR-Verständnis kommuniziert und geschärft sowie gemeinsam mit Mitarbeitern eine CSR-Vision entwickelt. Darüber hinaus können Werte und Ziele gegenüber internen Stakeholdern vermittelt, Ideen zur Erreichung der gesteckten Ziele gesammelt und Vorteile, beispielsweise hinsichtlich des Wissensmanagements und des Employer Branding, geltend gemacht werden.

Gruppentyp Da es das Ziel der Community ist, im Idealfall die gesamte Belegschaft zu involvieren und an CSR teilhaben zu lassen, empfiehlt sich der Aufbau einer öffentlichen Gruppe. Dadurch haben alle Mitarbeiter die Möglichkeit, entweder passiv Informationen zum CSR-Engagement des Unternehmens zu beziehen oder aktiv an dessen Ausgestaltung teilzunehmen. Jeder Mitarbeiter mit einem eigenen Profil kann die Inhalte der Community einsehen, Kommentare schreiben und sich an Diskussionen beteiligen.

Elemente und Inhalte Die Struktur der Community sollte von der verantwortlichen Abteilung (CSR, Nachhaltigkeitsmanagement, Kommunikation) festgelegt werden, die auch die Generierung erster Inhalte übernimmt. Zweifelsohne muss die Community die CSR-Vision und -Strategie enthalten, um in der Belegschaft ein grundsätzliches Verständnis zu schaffen. Eine wikibasierte Vorstellung bisheriger CSR-Aktivitäten inklusive Ansprechpartner liefert einen ersten Überblick über das bisherige unternehmerische Engagement. Eine generelle Sammlung von bereits vorhandenen Aktivitäten erlaubt einen Einblick in das aktuelle Verständnis von Umwelt- und Sozialbelangen und eröffnet eine Bandbreite von Themen, die im Nachgang auf die strategisch wichtigen Themen konsolidiert werden können. Zusätzlich stellt das Forum eine Plattform für Mitarbeiter dar, um Ideen und Vorschläge für weitere Maßnahmen zu sammeln und zu diskutieren.

Ein Blog ermöglicht den Communityeigentümern die Dokumentation von Fortschritten und Meilensteinen, beispielsweise die als wesentlich identifizierten Themen.

2.2 Good Practice Sharing unter (inter-)nationalen CSR-Verantwortlichen

Herausforderung Gerade mittelständische und große Unternehmen, insbesondere mit verschiedenen (Produktions-)Standorten oder internationalen Niederlassungen, haben oft keinen umfassenden Überblick über CSR-Aktivitäten und das Engagement an nationalen und internationalen Standorten. Lokale CSR-Verantwortliche wissen oft wenig über Aktivitäten an anderen Standorten Bescheid. Zu Beginn eines systematischen CSR-Managements fokussiert sich der Ansatz daher häufig auf den Unternehmenssitz und nationale Aktivitäten. Dieses Anwendungsbeispiel hat die Verknüpfung nationaler oder internationaler CSR-Verantwortlicher zum Ziel.

Mehrwert Social Software ermöglicht es CSR-Verantwortlichen, Meinungen und Erfahrungen über durchgeführte und geplante CSR-Maßnahmen und -Aktionen informell, kontinuierlich und problemlos auszutauschen (Trimi und Galanxhi 2014). Durch die Vernetzung nationaler oder internationaler CSR-Verantwortlicher kann die Verbreitung von Good Practices gefördert und ein Überblick über die Aktivitäten an anderen (Produktions-)Standorten oder internationalen Niederlassungen erhalten werden. Der Vorteil von lokalen Ansprechpartnern für CSR ist insbesondere, dass lokale, kulturelle Gegebenheiten und Anforderungen besser verstanden und erfasst werden können. Ein Netzwerk von weltweiten Ansprechpartnern erleichtert es lokalen Verantwortlichen, genau die Beispiele aus der Sammlung herauszusuchen, die sich an ihrem Standort einfach umsetzen lassen. Gleichzeitig sind sie in der Lage, sofort die zugehörigen Ansprechpartner an anderen Standorten zu identifizieren und mit diesen in einen persönlichen Austausch zu treten, um offene Fragen zu klären.

Gruppentyp Um möglichst viele Mitarbeiter zu informieren und zu aktivieren, bietet sich eine öffentliche Gruppe an, in der sich jeder CSR-Aktivist selbst einbringen kann. Nicht immer ist den lokalen CSR-Verantwortlichen jedes Engagement der Mitarbeiter bekannt oder neue Initiativen werden nicht unbedingt an den CSR-Verantwortlichen gemeldet. Über die öffentliche Plattform werden die Mitarbeiter selbst auf CSR-Aktivitäten aufmerksam und sind motiviert für ihre eigenen aktuellen Initiativen und Projekte zu werben. Gleichzeitig wird so das (inter-)nationale Netzwerk informiert. Die Zusammenarbeit mit dem Netzwerk kann ebenfalls in dieser öffentlichen Community stattfinden. Dies hat den Vorteil, dass alle Daten an einem Platz gesammelt werden. Sollte in der Zusammenarbeit ein weiterer Bedarf oder der Austausch vertraulicher Daten nötig werden, können moderierte oder geschlossene Subcommunitys der öffentlichen Community zugefügt werden.

Elemente und Inhalte Die grundlegende Struktur sollte entweder von der zentralen CSR-Abteilung vorgeschlagen oder gemeinsam mit dem Netzwerk erarbeitet werden. Die vorgeschlagene Struktur ist ebenfalls flexibel und kann bei Bedarf im Verlauf der Zusammenarbeit den Bedürfnissen des Netzwerks und der Organisation angepasst werden. Erst in der konkreten Zusammenarbeit werden manche Bedürfnisse sichtbar. Das Medium bietet hier den Vorteil, dass sich in einer digitalen Community Anpassungen mit nur einem Klick schnell und einfach einarbeiten lassen.

Die Basis der Community bildet eine Communitybeschreibung. In dieser werden Zweck und Ziel der Community erläutert. Außerdem sollte sie Hinweise zur schnellen Navigation über die Inhalte enthalten. Diese „about us"-Seite wird optimalerweise im Header verlinkt und kann beispielsweise auf einer Wikiseite dargestellt werden.

Für die Übersicht der einzelnen Standorte, inklusive der jeweiligen Aktivitäten, bietet sich ein gemeinsames Wiki an. Jeder Standort erhält eine Seite, der er weitere Unterseiten zufügen kann. Die Befüllung der Seiten sollte das erste Projekt des gemeinsamen Netzwerks sein. Jeder Standort ist dabei für die Darstellung seines Standortes verantwortlich, da hier auch das größte Wissen vorhanden ist.

Außerdem ist es sinnvoll, ein Forum anzubieten, in dem individuelle Fragestellungen diskutiert werden und gegenseitige kollegiale Beratung stattfindet. Gerade wenn man sich nicht sicher ist, wer der richtige Ansprechpartner für ein Anliegen ist, kann man so eine breite Masse anfragen und der richtige Ansprechpartner wird vom Netzwerk identifiziert oder meldet sich von selbst auf die Frage.

Als weiteres Element ist ein Blog interessant. Dieser ist für aktuelle Aktionen, die gezielt beworben werden sollen, empfehlenswert. Eine interne Verlinkung von den Blogbeiträgen auf die zugehörigen Wikiseiten versorgt die Leser mit dem nötigen Hintergrundwissen.

Eine Social Software soll kein File Storage sein. Dennoch benötigt man immer wieder (auch für die anderen Elemente) weiterführende Daten. Hierfür bietet sich das Element „Dateien" an, auf welches man von Wikis, Blogbeiträgen und den Foren heraus zugreift. Die Dateien werden übersichtlich in einer Liste dargestellt.

Optional kann man noch eine Linksammlung hinzufügen, die beispielsweise auf interessante Artikel oder Nachschlagewerke, aber auch Intranetseiten verweist. In IBM Connections gibt es zudem die Möglichkeit, themenverwandte Communitys als „zugehörige Communitys" oder „related communties" innerhalb der eigenen Community zu verlinken.

2.3 Unterstützung der Nachhaltigkeitsberichterstattung

Herausforderung Interne Social Software kann auch projektspezifisch in der internen CSR-Kommunikation und Kollaboration eingesetzt werden. Ein Anwendungsbeispiel betrifft die Vorbereitung und Unterstützung der Nachhaltigkeitsberichterstattung. Standards wie die Global Reporting Initiative (GRI) oder das Carbon Disclosure Project (CDP) stellen hohe Anforderungen an die Verfügbarkeit und Aufbereitung von komplexen internen Informationen. Oft ist die Suche nach relevanten Daten äußerst kompliziert und zeitaufwendig (Spangler et al. 2014). Viele Unternehmen, die erstmals berichten, unterschätzen einerseits die erforderlichen internen Ressourcen zur Erstellung eines Berichts und überschätzen andererseits die Verfügbarkeit der benötigten Daten und Informationen (Kruse et al. 2014).

Mehrwert In diesem Anwendungsszenario greifen interne Kommunikation und externe Kommunikation ineinander. Eine gelungene Interne Kommunikation ist ein grundlegender Baustein für die das gesamte Unternehmen involvierende Aktivität der CSR-Berichterstattung. Eine social-software-basierte Berichterstattung kann als Arbeitsplattform dienen, um Nachhaltigkeit stärker in das Unternehmen zu integrieren und Frage- und Problemstellungen abteilungsübergreifend zu diskutieren und zu lösen. Sie ermöglicht es, komplexe Daten zu sammeln, einzusehen, zu analysieren und effektiv zu nutzen (Spangler et al. 2014). Durch die direkte Zusammenarbeit von Inputlieferanten und Inputverwertern werden eine zentrale Projektplattform geschaffen und die Effizienz des gesamten Berichterstattungsprozesses gesteigert. Der geringere Zeitaufwand und die erhöhte Produktivität sparen dabei insbesondere Personalkapazität und -kosten. CSR-Aktivitäten werden durch die intensivere Kollaboration verschiedener Akteure in einem weiteren Kontext verstanden und das Verständnis für Implikationen von CSR-Maßnahmen an anderen Stellen im Unternehmen wird erhöht (Kruse et al. 2014).

Gruppentyp Die Erstellung eines Nachhaltigkeitsberichts erfordert die Partizipation verschiedener Abteilungen und Mitarbeiter (Kruse et al. 2014, S. 118). Um das fokussierte Arbeiten an den Berichtsinhalten sicherzustellen, ist eine geschlossene Community von Vorteil. Als Mitglieder werden die Verantwortlichen eingeladen, die notwendige Daten beschaffen sollen, sowie Projektmitarbeiter aus CSR- und Kommunikationsabteilungen. Da zu Beginn des Projektes oftmals nicht absehbar ist, welche Mitarbeiter die benötigten Informationen beitragen können, kann die Mitgliederliste im Projektverlauf kontinuierlich angepasst und erweitert werden.

Um Einzelthemen oder spezielle Berichtskapitel gezielt zu bearbeiten, ist zudem eine weitere Untergliederung der Gruppe in Subcommunitys denkbar.

Elemente und Inhalte Als Grundlage sollten Basisinformationen zur Verfügung gestellt werden, die den Beteiligten Hintergrundinformationen und Orientierung liefern. Welche Daten werden benötigt? Welches Datenformat sollte genutzt werden? Welche Standorte sind relevant? Welche Deadlines müssen eingehalten werden? Sinnvoll ist eine übersichtliche Veranschaulichung der zu verfolgenden Indikatoren des gewählten Berichtsrahmens (z. B. Global Reporting Initiative) in einem Wikieintrag. Auch Vorgängerversionen der Nachhaltigkeitsberichte sollten als Files in die Community geladen werden, um einen einfachen Abgleich mit zuvor gesteckten Zielen zu ermöglichen.

Einzelne Themengebiete können dazu speziell in Subcommunitys behandelt werden, beispielsweise sortiert nach angestrebten Berichtskapiteln oder Aktivitätsbereichen (Energieverbrauch, CO_2-Emissionen, Mitarbeiterengagement, Lieferantenmanagement).

Ein Forum bietet sich an, um Probleme bei der Datenbeschaffung zu diskutieren und um eine für alle Beteiligten praktikable Lösung zu finden.

3 Praxisempfehlungen für den Aufbau von CSR-Communitys

Die illustrierten Anwendungsbeispiele veranschaulichen die vielfältigen Einsatzmöglichkeiten von Social Software für die interne CSR-Kommunikation. In der Praxis werden die Initiatoren solcher Communitys oftmals mit Herausforderungen konfrontiert, die zum einen allgemein bei der Nutzung neuer Softwarelösungen vorkommen, zum anderen speziell durch die CSR-Thematik hervorgerufen werden. Im Folgenden werden deshalb Tipps gegeben, die beim Aufbau berücksichtigt werden sollten, um einen maximalen Erfolg der CSR-Community zu garantieren.

3.1 Interne Unterstützung sicherstellen

Eine der größten Herausforderungen in der Nutzung von Social Software ist die Sicherstellung eines dauerhaften Commitments, sowohl vonseiten des Topmanagements als auch vonseiten der Belegschaft (Adelsberger et al. 2009). In der Belegschaft ist die aktive Partizipation an der CSR-Community oftmals eine zusätzliche Aufgabe „on top" zum normalen Tagesgeschäft und lebt deshalb vom persönlichen Engagement der Eigentümer, Moderatoren und Mitglieder (Makkonen und Virtanen 2015). Gerade CSR-Themen haben im Geschäftsumfeld oftmals noch nicht denselben Stellenwert wie klassisch betriebswirtschaftliche Funktionen. Im Vorfeld zum Aufbau einer CSR-Community ist deshalb oftmals einige Überzeugungsarbeit nötig, um die nötigen Mitstreiter für die Sache zu gewinnen. Für die breite Akzeptanz einer Social-Software-Lösung und den damit einhergehenden organisationalen Wandel ist es unumgänglich, die IT-Lösung nicht als „nice to have", sondern als geschäftsrelevante Business Solution zu positionieren (Back et al. 2012). Oftmals ist daher eine Involvierung des Vorstands oder Topmanagements aus dem CSR-Bereich hilfreich, um der Community die nötige Bedeutung zu verleihen. Insbesondere die Unterstützung des Topmanagements kann nur durch die Festlegung eines klaren Ziels und das Aufzeigen eines Mehrwerts, der mit der Community einhergeht, gesichert werden. Diese Überlegungen im Vorfeld sind darüber hinaus wichtig, um den Erfolg der Gruppe über KPI verfolgen und zielgerichtete Steuerungsmaßnahmen ergreifen zu können.

3.2 Die technischen Voraussetzungen schaffen

Technische Hürden bei der Implementierung werden oftmals unterschätzt, insbesondere was die Bereitstellung aller nationalen und internationalen Zugänge betrifft. Gerade das Auftreten technischer Probleme kann die Inbetriebnahme einer Community stark verzögern (Adelsberger et al. 2009). Nicht zu unterschätzen sind Datenschutzthemen, die rechtzeitig mit der Rechtsabteilung und dem Betriebsrat geklärt werden müssen. Aufbauend auf dem primären Ziel der CSR-Community sollte deshalb im Vorfeld die Zielgruppe mit den teilnehmenden Gruppenmitgliedern genau definiert werden. Dem Anwendungsfall entsprechend muss zudem eine grundsätzliche Entscheidung über die Communitystruktur, über das Anlegen einer öffentlichen oder geschlossenen Gruppe und über eventuell angegliederte Subcommunitys getroffen werden. Je nach geplanter Zielgruppe ist von vornherein eine mehrsprachige Community (beispielsweise Deutsch und Englisch) aufzubauen. Eine hohe Relevanz hat hier auch die Berücksichtigung der zu erwartenden Technologieakzeptanz (Stocker und Tochtermann 2012, S. 90). Insbesondere ältere Menschen sind keine intensiven Webuser und nicht mit der Nutzung von Social Software vertraut. Daher sollten rechtzeitig Schulungen stattfinden und Infomaterial zur Verfügung gestellt werden. Der Nutzen der Technologie muss klar aufzeigt werden und anstatt hochkomplexer Softwarelösungen sollte ein einfaches und überschaubares Interface bevorzugt werden. Insbesondere die ältere Generation muss oftmals an die Nutzung von Social Software herangeführt werden. Dafür bietet sich beispielsweise Reverse Mentoring an, bei dem unerfahrene User jeweils einen Digital Native an die Seite gestellt bekommen.

3.3 Eine attraktive Community aufsetzen

Auch die Elemente der Community müssen festgelegt werden, um der Community eine übersichtliche Struktur zu verleihen, in der sich Mitglieder leicht zurechtfinden können. Auch hier können weitere Elemente nachträglich zugefügt werden. Zu Beginn sollte darauf geachtet werden, die Community nicht mit Funktionen zu überladen. Blog, Wiki und Forum sind für den Start oftmals ausreichend. Auch eine überschaubare Vielfalt an verwendeten Medien macht das CSR-Thema attraktiv, z. B. die Einbindung von Nachhaltigkeitspodcasts oder Videos von kürzlich veranstalteten CSR-Aktivitäten.

Vor dem offiziellen Start der Community und dem Versenden der Einladungen an die Mitglieder müssen erste Inhalte eingestellt werden. Gerade bei Themen wie CSR und Nachhaltigkeit, die im Unternehmensalltag oftmals noch als zweitrangig angesehen werden, ist ein überzeugender Auftritt notwendig. Hat man sich vorab die Unterstützung des Vorstands oder Topmanagements zugesichert, ist ein Eröffnungsblogeintrag des Mentors eine Möglichkeit, um der Community die nötige Strahlkraft zu verleihen. Um die breite Belegschaft für CSR-Themen zu interessieren, müssen Informationen anders aufbereitet und dargestellt werden als für eine Diskussion unter internationalen CSR-Experten. Inhalte sollten von der Komplexität und Tiefe her auf die Zielgruppe abgestimmt werden. Auch für den Umgang der Gruppenmitglieder untereinander sollten klare Regeln, die sogenannte Netiquette, festgeschrieben werden (Adelsberger et al. 2009).

3.4 Verantwortlichkeiten klären

Darüber hinaus müssen im Vorfeld Verantwortlichkeiten für die Betreuung der Community verteilt werden: Wer schreibt Blogbeiträge? Wie oft sollen Neuigkeiten auf der Seite stehen? Wer antwortet auf Fragen im Forum? Für den Erfolg der Community sind eine regelmäßige Aktualisierung der Inhalte und eine rege Aktivität der Eigentümer und Mitglieder ausschlaggebend. Gerade zu Beginn einer Community, bei der diese Art der Kollaboration für den Großteil der Mitarbeiter noch neu ist, müssen Mitglieder durch neue Forendiskussionen und interessante Inhalte zur stetigen Beteiligung animiert werden. Daher lohnt es sich, im Vorfeld einen Redaktionsplan zu erstellen, in dem festgehalten wird, welche Elemente (Blog, Wiki, Forum ...) in welchen Zeiträumen aktualisiert werden und welche Themen dabei behandelt werden. Gerade für die ersten Monate nach Inbetriebnahme ist es sehr hilfreich, Inhalte bereits im Vorfeld überlegt und abgestimmt zu haben, da im normalen Tagesgeschäft oft nicht ausreichend Zeit für kurzfristige Ideengenerierung bleibt. In Anbetracht verfügbarer Ressourcen und Kapazitäten ist eine Aufteilung von Arbeitspaketen unter mehreren Mitarbeitern sinnvoll. Um die Hemmschwelle vor einer aktiven Teilnahme zu überwinden, lohnt es sich zudem, CSR-Champions, die in diesem Bereich besonders engagiert sind, gezielt anzusprechen und um Text- und Bildbeiträge für die Community zu bitten.

3.5 Die Startphase überstehen

Nach der Inbetriebnahme der Community und dem Einladen der Mitglieder ist eine der größten Herausforderungen, die Mitarbeiter des Unternehmens zur aktiven Teilnahme zu motivieren und die Aktivität in der Gruppe zu erhöhen. Ausreichend Inhalte und eine stetige Pflege sind gerade in der Startphase erfolgsbestimmend, um die Community am Leben zu halten. Wechselnde Blogautoren und eine hohe Aktivität in der Community wecken Interesse und regen Mitarbeiter zur aktiven Teilnahme an. Auch mit Gamification lassen sich die Mitarbeiter spielerisch zu einer regen Beteiligung motivieren. Ideen für diese spielerischen Elemente sind beispielsweise Wettbewerbe, Suchspiele und Quizfragen, bei denen virtuelle oder physische Belohnungen auf Aktivitäten in der Community erfolgen. Beispielsweise können Wettbewerbe zu Energieeinsparmaßnahmen veranstaltet oder Quizfragen zum CSR-Engagement des Unternehmens gestellt werden. Möglich sind virtuelle Belohnungen in Form einer Würdigung innerhalb der Community oder durch einen bestimmten Titel bzw. eine Ergänzung des Profilbildes, die für einen bestimmten Zeitraum „getragen" werden darf. Auch eine virtuelle Galerie mit den aktivsten, kreativsten oder fleißigsten Communitymitgliedern ist denkbar. Physische Belohnungen können im Umfang variieren, angefangen bei kleinen Geschenken, die mit der Hauspost versendet werden, bis hin zu einer Beteiligung an den Einsparungen, die z. B. durch eine vorgeschlagene Effizienzsteigerung erzielt werden konnten.

3.6 Checkliste: Ist unsere CSR-Community startklar?

Eine CSR-Community zu gründen bedarf genauer Überlegungen im Vorfeld und sollte nicht ohne klares Ziel verfolgt werden. Um einige Stolpersteine zu umgehen, lohnt es sich, grundlegende Aspekte vorab zu durchdenken und offene Punkte zu klären. Die zentralen Fragestellungen, die vor Inbetriebnahme einer Community berücksichtigt werden sollten, sind in Tab. 2 in einer Checkliste zusammengefasst.

Tab. 2 Checkliste: Ist unsere CSR-Community startklar?

Kritische Phasen	Reflexionsfragen
Interne Unterstützung sicherstellen	Ist das *Ziel* der Community klar definiert?
	Wer ist unsere *Zielgruppe*?
	Hat die Community ausreichend interne *Unterstützung*?
Die technischen Voraussetzungen schaffen	Welche Community*struktur* eignet sich für unser Vorhaben?
	Haben alle Mitglieder technischen *Zugang* zur Plattform?
	Sind *Datenschutzfragen* geklärt?
	Stehen den Mitgliedern *Schulungsmöglichkeiten* zur Verfügung?
Eine attraktive Community aufsetzen	Welche *Elemente* wollen wir nutzen?
	Sind alle *communityrelevanten Informationen* (Ziele, Ansprechpartner, Netiquette) vorhanden?
	Haben wir erste *Inhalte* attraktiv und zielgruppengerecht aufbereitet?
Verantwortlichkeiten klären	Sind *Verantwortlichkeiten* klar zugewiesen?
	Ist ein *Redaktionsplan* zur Gewährleistung stetiger, aktueller Beiträge erstellt?
	Sind ausreichend *Kapazität* und *Ressourcen* für das Communitymanagement eingeplant?
Die Startphase überstehen	Haben wir *Aktivitäten* vorbereitet, um die aktive Beteiligung an der Community zu erhöhen?

4 Fazit

Der Einsatz von Social Software in der internen CSR-Kommunikation ist aktuell noch ein recht junges Feld mit einem enormen Potenzial. Deshalb ist davon auszugehen, dass die digitale interne CSR-Kommunikation in den nächsten Jahren noch an Bedeutung gewinnen wird.

Es ist abzusehen, dass Unternehmen die Bedeutung von Wissensmanagement und interner Kollaboration für erfolgreiche CSR-Maßnahmen in Zukunft noch stärker verinnerlichen werden. Deshalb lohnt es sich, die Belegschaft schon frühzeitig mit Unterstützungsstrukturen und IT-Lösungen vertraut zu machen und den notwendigen Bewusstseinswandel einzuleiten.

Eine Veränderung, insbesondere in der Unternehmenskultur und in der Art, wie in Unternehmen gearbeitet wird, erfordert Zeit und Geduld. Je eher man in die gewünschten Veränderungen investiert, desto früher kann mit ersten Erfolgserlebnissen gerechnet werden. Für den Anfang sollten keine zu hohen Erwartungen geschürt werden, da der Einsatz von Social Software für viele Mitarbeiter generell noch Neuland ist und sie sich zuerst mit der neuen Kommunikationsart vertraut machen müssen. Ein Thema wie CSR kann die Motivation, sich mit dieser neuen Technologie vertraut zu machen, allerdings erhöhen, da es die ethischen Werte der Mitarbeiter anspricht.

Durch einen fokussierten Aufbau kann eine Social-Software-CSR-Community einen großen Zugewinn für die Interne Kommunikation darstellen und gleichzeitig Mehrwert für das Nachhaltigkeitsmanagement, das Wissensmanagement und das Change-Management liefern. Insbesondere der direkte, ungefilterte Dialog mit und unter den Mitarbeitern ist ein nicht zu unterschätzender Motivator, der die Unternehmenskultur nachhaltig verändern kann. Unternehmen können CSR-Communitys in vielfältiger Weise nutzen und projektabhängig auch parallel mehrere themenspezifische CSR-Communitys betreiben.

Allerdings entsteht durch das Management einer CSR-Community ein nicht zu unterschätzender Arbeits- und Zeitaufwand. Die Mitglieder erwarten auf ihre Beiträge zeitnahe Reaktionen und die Inhalte der Community müssen attraktiv und stetig aktuell aufbereitet werden. Eine gute Planung und Vorbereitung inklusive Kapazitäts- und Ressourcenplanung sind daher unerlässlich. In Anbetracht des enormen Potenzials von Social Software in der internen CSR-Kommunikation lohnt sich der Einsatz dieser Ressourcen, da auf lange Sicht mit einem greifbaren Return of Investment gerechnet werden kann.

Literatur

Adelsberger H, Drechsler A, Bruckmann T, Kalvelage P, Kinne S, Pellinger J, Trepper T (2009) Einsatz von Social Software in Unternehmen: Studie über Umfang und Zweck der Nutzung (No. 33). ICB-Research Report

Back A, Isenschmid C, Jastrowski W (2012) Social Software Use-Cases in verschiedenen Geschäftsfunktionen bei Swiss Re. In: Back A, Gronau N, Tochtermann K (Hrsg) Web 2.0 und

Social Media in der Unternehmenspraxis – Grundlagen, Anwendungen und Methoden mit zahlreichen Fallstudien. Oldenbourg, München, S 239–251

Brunton M, Eweje G, Taskin N (2015) Communicating Corporate Social Responsibility to Internal Stakeholders: Walking the Walk or Just Talking the Talk? Bus Strategy Environ. doi:10.1002/bse.1889

Döbler T (2008) Zum Einsatz von Social Software in Unternehmen. In: Stefbauer C, Jäckel M (Hrsg) Social Software. VS, Wiesbaden, S 119–136

Du S, Bhattacharya CB, Sen S (2010) Maximizing business returns to corporate social responsibility (CSR): The role of CSR communication. Int J Manag Rev 12(1):8–19

Haller-Mangold T, Schaltegger S (2014) Aufbau und Führung von Nachhaltigkeitsmarken in Social Media. In: Wagner W, Lahme G, Breitbarth T (Hrsg) CSR und Social Media. Springer, Berlin, Heidelberg, S 25–39

Heinrich P (2013) CSR und Kommunikation. Unternehmerische Verantwortung überzeugend vermitteln. Springer Gabler, Berlin, Heidelberg

Kruse J, Süpke D, Swiecznik S (2014) Mit Enterprise Social Media vom digitalen CR-Reporting zum nachhaltigen Change Management. In: Wagner W, Lahme G, Breitbarth T (Hrsg) CSR und Social Media. Springer, Berlin, Heidelberg, S 117–127

Levy M, Karni R (2014) A Web 2.0 Platform for Product–Service System Management. Serviceology for Services. Springer Japan, Tokyo, S 99–106. doi:10.1007/978-4-431-54816-4_11

Makkonen H, Virtanen K (2015) Social capital approach on Enterprise 2.0: a multiple case study. Technol Analysis Strateg Manag. doi:10.1080/09537325.2015.1061120

O'Reilly T (2005) What is Web 2.0. http://www.oreilly.com/go/Web2 (Erstellt: 30.09.2005)

Spangler W, Sroufe R, Madia M, Singadivakkam J (2014) Sustainability-focused knowledge management in a global enterprise. J Comput Inf Syst 55(1):70–82

Stegbauer C, Jäckel M (2008) Social Software – Herausforderungen für die mediensoziologische Forschung. In: Stefbauer C, Jäckel M (Hrsg) Social Software. VS, Wiesbaden, S 7–10

Stocker A, Tochtermann K (2012) Wissenstransfer mit Wikis und Weblogs. Gabler, Wiesbaden

Trimi S, Galanxhi H (2014) The impact of enterprise 2.0 in organizations. Serv Bus 8(3):405–424. doi:10.1007/s11628-014-0246-x

Verčič AT, Verčič D, Sriramesh K (2012) Internal communication: Definition, parameters, and the future. Public Relat Rev 38(2):223–230

Wagner R, Lahme G, Breitbarth T (2014) CSR und Social Media. Unternehmerische Verantwortung in sozialen Medien wirkungsvoll vermitteln. Springer Gabler, Berlin, Heidelberg

Zoe Rost M. Sc. ist selbstständige Beraterin in München. Sie unterstützt Unternehmen und Organisationen in den Bereichen strategische Nachhaltigkeit, Corporate Responsibility, Change-Management sowie interne und externe Kommunikation. Zuvor war Zoe Rost im Beratungs- und Assessmentgeschäft der DEKRA Consulting GmbH und DEKRA Assurance Services GmbH tätig. Dort bearbeitete und leitete sie nationale und internationale Projekte zu Corporate Sustainability und Product Sustainability. In den vergangenen Jahren unterstützte sie in dieser Funktion diverse mittelständische Unternehmen und Konzerne unter anderem bei der Konzeption von internen CSR-Kommunikationsstrategien und beim Aufbau von Social-Software-Wissensplattformen zum Thema „Nachhaltigkeit". Aktuell promoviert Zoe Rost neben ihrer beruflichen Tätigkeit an der Universität St. Gallen am Institut für Wirtschaft und Ökologie (IWÖ-HSG). Dort forscht sie zur Integration von Nachhaltigkeit in das Kerngeschäft und zur Förderung von Nachhaltigkeitsinnovationen in Unternehmen. Zuvor studierte sie Wirtschaftssprachen Asien und Management (B. A.) an der HTWG Konstanz und der Beijing Language and Culture University (Peking/China) sowie Nachhaltige Landwirtschaft (M. Sc.) an der Universität Hohenheim und der Universität für Bodenkultur (Wien/Österreich).

Raphaela Catherine Wille M. A. ist seit 2012 bei der Robert Bosch GmbH im Geschäftsbereich Diesel Systems Koordinatorin für das Thema „Sustainability/Corporate Social Responsibility" und Eventmanagerin für die Dialogveranstaltungen des internationalen Topmanagements von Diesel Systems. Nach ihrem Studium der Medien und Kommunikation (B. A.) an der Universität Passau (2008) und ihrem Masterabschluss in Electronic Media Schwerpunkt Unternehmenskommunikation an der Hochschule der Medien in Stuttgart (2010) war sie als Contentmanagerin PR/Marketing bei einem Dienstleister für Medienbeobachtung und -analyse tätig. Ihre Affinität für die Nutzung von Social Media in Unternehmen entwickelte sich bereits mit ihrer Masterthesis „Employer Branding und Recruiting mit Social Media – Wie Akademiker soziale Medien nutzen und welche Chancen sich für Unternehmen ergeben". Als Contentmanagerin konnte sie ihre Kenntnisse und Fähigkeiten in der Nutzung sozialer Medien im Marketing und in der Unternehmenskommunikation weiterentwickeln. In ihrer Funktion als Koordinatorin für das Thema „Sustainability/Corporate Social Responsibility" bei der Robert Bosch GmbH im Bereich Diesel Systems sammelte sie mehrjährige Erfahrungen in der Nutzung von interner Social Software im Bereich der internen CSR-Kommunikation.

Dienstleistungssektor: Mitarbeiterbindung und CSR-Kommunikation

Andreas Deckmann, Franziska Freudenberger, Silke Bustamante, Andrea Pelzeter und Rudi Ehlscheidt

1 Zusammenhang von CSR und Mitarbeiterbindung

Die Beweggründe für Unternehmen zur Übernahme von sozialer und ökologischer Verantwortung sind vielfältig (vgl. z. B. Haigh und Jones 2006; Carroll und Shabana 2010). Hierbei spielen Unternehmenskultur, Bekanntheitsgrad, Unternehmensgröße, aber auch Erwartungen der Gesellschaft eine entscheidende Rolle. Unter einer Fülle verschiedener positiver Effekte wird immer wieder die positive Auswirkung von CSR auf das Commitment von Mitarbeitern hervorgehoben (vgl. z. B. Peterson 2004; Brammer et al. 2007; Turker 2009; Rego et al. 2010; Stites und Michael 2011; Farooq et al. 2014; Huber et al. 2015).

Um das Bindungspotenzial von CSR nutzen zu können, sollten Unternehmen wissen, welche CSR-Aktivitäten ihre Mitarbeiter tatsächlich interessieren. Damit können dann geeignete performative und kommunikative Schwerpunkte gesetzt und ausgewählt werden.

A. Deckmann (✉) · F. Freudenberger
Beuth Hochschule für Technik Berlin
Luxemburger Str. 10, 13353 Berlin, Deutschland
E-Mail: deckmann@beuth-hochschule.de

F. Freudenberger
E-Mail: freudenberger@beuth-hochschule.de

S. Bustamante · A. Pelzeter · R. Ehlscheidt
Hochschule für Wirtschaft und Recht Berlin
Alt-Friedrichsfelde 60, 10315 Berlin, Deutschland
E-Mail: silke.bustamante@hwr-berlin.de

A. Pelzeter
E-Mail: andrea.pelzeter@hwr-berlin.de

R. Ehlscheidt
E-Mail: rudi.ehlscheidt@hwr-berlin.de

© Springer-Verlag GmbH Deutschland 2017
R. Wagner et al. (Hrsg.), *CSR und Interne Kommunikation*,
Management-Reihe Corporate Social Responsibility, DOI 10.1007/978-3-662-52871-6_20

Abb. 1 Zusammenhang von CSR und Mitarbeiterbindung

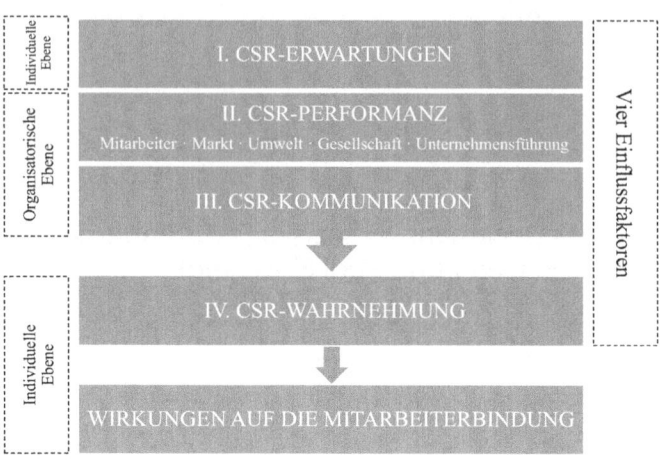

Weiterhin hilft die Kenntnis darüber, wie sich Mitarbeiter über die CSR ihres Arbeitgebers informieren und wie sie informiert werden möchten, um geeignete Kommunikationskanäle identifizieren zu können. Nur dann kann die interne CSR-Kommunikation an den Interessen und Erwartungen der Mitarbeiter ausgerichtet und damit die dem Engagement inhärenten Bindungspotenziale auch genutzt werden. Eine zielgruppengerechte Kommunikation ist ein wesentlicher Erfolgsfaktor der CSR-Kommunikation (vgl. Du et al. 2010; Heinrich und Schmidpeter 2013). Unter den Zielgruppen der CSR-Kommunikation sind neben der allgemeinen Öffentlichkeit Kunden, Shareholder, Investoren, Partner, potenzielle Bewerber und insbesondere die eigenen Arbeitnehmer als wichtige Adressaten zu nennen (vgl. Jamali 2008). Letztere stehen im Fokus dieser Untersuchung.

In der erwähnten Forschung zum Zusammenhang von CSR und Commitment wurde die Wirkung von CSR bislang lediglich auf Basis der durch die Mitarbeiter wahrgenommenen CSR-Aktivitäten untersucht. Eine integrative Betrachtung im Kontext der tatsächlichen unternehmerischen CSR-Leistung sowie der kommunikativen Verbreitung blieb dabei außer Acht. Diese erkannte Forschungslücke soll mit der vorliegenden ganzheitlichen Untersuchung geschlossen werden. Sie umfasst qualitative und quantitative Erhebungen bei Unternehmen des Dienstleistungssektors[1]. Somit wurden einerseits auf organisatorischer Ebene die unternehmerischen Einflussfaktoren CSR-Performanz und CSR-Kommunikation untersucht. Andererseits wurden auf individueller Ebene die CSR-

---

[1] Von Oktober 2014 bis Juni 2015 wurden qualitative Erhebungen in sechs Unternehmen des Dienstleistungssektors durchgeführt. Diese sind als Fallstudien zu interpretieren, deren Tendenzen keine statistische Relevanz beanspruchen. Die Fallstudien umfassen insgesamt 21 Einzelinterviews mit Vertretern der Unternehmensleitung, fragebogengestützte Bewertungen durch Unternehmensvertreter sowie Fokusgruppeninterviews mit insgesamt 25 Mitarbeitern der Unternehmen. Zudem wurde eine quantitative Unternehmensbefragung online durchgeführt, an der während des Befragungszeitraums von Juli bis September 2015 insgesamt 216 Unternehmensvertreter vorwiegend des Dienstleistungssektors (85 %) teilgenommen haben.

Erwartungen und CSR-Wahrnehmung von Mitarbeitern analysiert. Schließlich können damit Erklärungen zur Bindungswirkung von CSR sowie zu CSR-Präferenzen von Mitarbeitern gegeben werden (Abb. 1).

Im vorliegenden Beitrag wird der Zusammenhang von CSR – individuelle und organisatorische Aspekte – und deren Wirkung auf die Mitarbeiterbindung diskutiert. Dazu werden die vier Einflussfaktoren CSR-Erwartungen, CSR-Performanz, CSR-Kommunikation, CSR-Wahrnehmung und deren Bindungswirkung auf Mitarbeiter am Beispiel des Dienstleistungssektors analysiert. Im Anschluss wird die Bedeutung der internen CSR-Kommunikation diskutiert. Abschließend erfolgt ein Ausblick auf die Herausforderungen bei der Nutzung von CSR zur Mitarbeiterbindung.

2 CSR in fünf Dimensionen

In einigen Unternehmen wird nicht von CSR, sondern von Nachhaltigkeit oder verantwortungsvoller Unternehmensführung gesprochen.

MITARBEITER
- Arbeitssicherheit und Gesundheit
- Work-Life-Balance
- Personalentwicklung und -planung
- Gleichberechtigung/Antidiskriminierung
- Partizipation und Mitbestimmung
- Faire Arbeitsbedingungen und Bezahlung

MARKT
- Fairer Wettbewerb
- Fairness gegenüber Partnern und Lieferanten
- Lieferkette
- Vernetzung und branchenspezifisches Engagement
- Konsumenten-/Verbraucherschutz

UNTERNEHMENSFÜHRUNG
- Transparenz nach innen und außen
- Kontrollmechanismen
- Integration von Stakeholder-Interessen
- Commitment und Verankerung in der Unternehmensstrategie
- Zertifizierungen, Kodizes und Richtlinien

UMWELT
- Energiebedarf, Effizienz, Energiemix
- Materialeinsatz
- Wasser und Abwasser und Abfall und Kreislauf
- Umweltwirkungen der Produkte
- Flächen, Logistik und Kfz
- Umweltschulungen

GESELLSCHAFT
- Unternehmerisches Engagement
- Gesellschaftliche Werte mitgestalten
- Berufliche (Erst-)Ausbildung bzw. Ausbildungsbetrieb

Abb. 2 CSR-Dimensionen

Wir machen da ja schon sehr viel, nennen es aber nicht so [CSR] (BIM – Berliner Immobilienmanagement GmbH, Frau Steinmann, Leiterin Personal, 30.10.2014).

Da ein möglichst einheitliches CSR-Verständnis für eine praxisorientierte Untersuchung essenziell ist, wurden fünf Dimensionen gebildet, in denen CSR-Aktivitäten übernommen werden können: Mitarbeiter, Markt, Umwelt, Gesellschaft und Unternehmensführung. Die Dimensionen orientieren sich an den Definitionen der Europäischen Kommission und der DIN ISO 26000 (vgl. European Commission 2008; DIN 2011). Für jeden CSR-Bereich wurden Kriterien abgeleitet, welche die Handlungsräume von CSR-Aktivitäten in den Unternehmen jeweils dimensional konkretisieren (Abb. 2).

3 Vier Einflussfaktoren und ihre Wirkung auf die Mitarbeiterbindung – eine praxisorientierte Klärung im Dienstleistungssektor

3.1 CSR-Erwartungen der Mitarbeiter

Grundsätzlich werden die Erwartungen an die CSR-Performanz durch persönliche, individuelle Aspekte beeinflusst. Hierbei spielen biografisch geprägte Werte, Erfahrungen und persönliche Präferenzen eine entscheidende Rolle. Weiterhin beeinflussen Alter, Qualifikation und Stellenprofil die individuellen Erwartungen. Doch welche konkreten Erwartungen haben Mitarbeiter an die CSR ihres Arbeitgebers? Und welche CSR-Dimension ist Mitarbeitern besonders wichtig?

Die Fallstudien zeigen: Die Mitarbeiter-CSR steht mit großem Abstand vor den anderen Dimensionen bei den Mitarbeitern an erster Stelle. Mitarbeiter interessiert also vornehmlich das, was direkt für sie getan wird. Dagegen spielt eine seit über drei Jahrzehnten in der Öffentlichkeit prominente Thematik kaum eine Rolle: Die Umwelt-CSR ihres Arbeitgebers ist den Befragten am wenigsten wichtig. Die ökologische Verantwortung ist damit zwar im konzeptionellen Grundgedanken von CSR von besonderer Bedeutung. In der hier beobachteten Praxis gerät bei den Mitarbeitern dagegen der unternehmerische Beitrag zu einer ökologischen Ausrichtung zusehends in den Hintergrund.

3.2 CSR-Performanz

Die faktische CSR-Performanz bildet das Potenzial für die CSR-Kommunikation. Nur das, was getan wird, kann kommuniziert werden. Und das sollte vor allem glaubhaft und transparent erfolgen (vgl. Du et al. 2010; Wagner et al. 2009; McShane und Cunningham 2012; Heinrich und Schmidpeter 2013). Die Übereinstimmung von tatsächlicher und kommunizierter CSR-Leistung ist schließlich ein wesentlicher Erfolgsfaktor der CSR-Kommunikation (vgl. Röttger und Schmitt 2014, S. 26).

Rede nicht lange drüber, sondern mach es einfach. Schreiben können sie da extrem viel. Es kauft ihnen nur keiner ab, wenn da nicht ganz konkrete Handlungen dahinter stehen (INTERSEROH Dienstleistungs GmbH (ALBA Group), Herr Müller-Drexel, Geschäftsführer, 9.1.2015).

Die Untersuchung zeigt folgende Verteilung des Engagements: Unternehmen des Dienstleistungssektors übernehmen vorwiegend Verantwortung im Bereich der Mitarbeiter-CSR. Die Aktivität der Umwelt-CSR ist dagegen am geringsten ausgeprägt. Diese Tendenzen zeigen sowohl die Fallstudien als auch die Unternehmensbefragung, bei denen die Aktivität in den fünf CSR-Dimensionen durch Vertreter der Unternehmensleitung von 0 (keine Aktivität) bis 5 (sehr hohe Aktivität) bewertet wurde. Bei den Fallstudien liegt der höchste Mittelwert bei der Mitarbeiter-CSR (3,5) und der geringste bei der Umwelt-CSR (1,8). Die breitere Unternehmensbefragung liefert kongruent dazu ebenfalls den höchsten Mittelwert bei der Mitarbeiter-CSR (3,6) und den geringsten bei der Umwelt-CSR (2,9). Die Mittelwerte der CSR-Aktivitäten in den Dimensionen Markt, Gesellschaft und Unternehmensführung liegen jeweils dazwischen.

Hier wird also ein ähnliches Bild wie bei den CSR-Erwartungen der Mitarbeiter deutlich: Mitarbeiter-CSR wird priorisiert; Umwelt-CSR dagegen eher vernachlässigt. Das geringe ökologische Engagement kann jedoch vermutlich auch auf die Branchenzugehörigkeit zurückzuführen sein, da die untersuchten Unternehmen vorwiegend dem Dienstleistungssektor angehören. Die Relevanz der Umwelt-CSR ist durch das entsprechende Geschäftsmodell hier tendenziell geringer als etwa in produzierenden Unternehmen einzuschätzen.

3.3 Relevanz interner CSR-Kommunikation

Die interne und externe CSR-Kommunikation vermittelt die unternehmerische CSR-Performanz, die somit für die Stakeholder erst ausdrücklich wahrnehmbar wird. Grundsätzlich sollte jedoch als Erstes intern und dann extern kommuniziert werden (Heinrich und Schmidpeter 2013, S. 22). Zudem steht die interne Thematisierung der Unternehmensverantwortung bei der Erhöhung der Mitarbeiterbindung im Vordergrund. Daher sollte der internen CSR-Kommunikation eine hohe Bedeutung zuteilwerden. Die Fallstudien sowie die Unternehmensbefragung bestätigen diese Anforderung in der Praxis. Die interne Kommunikation erfolgt demnach signifikant häufiger als die externe Kommunikation.

Doch inwiefern spiegelt die interne CSR-Kommunikation die tatsächlich gelebte CSR wider? In vier von sechs Fallstudien wird beispielsweise die Markt-CSR deutlich weniger kommuniziert, als die Leistungsbewertung durch die Unternehmen zeigt. Die Umwelt-CSR wird dagegen in drei von sechs Fallstudien intern stärker kommuniziert, als die Leistungsbewertung der Umwelt-CSR vermuten lässt. Oder sehen diese Unternehmen etwa nur die Umwelt-CSR als besonders wichtig an und kommunizieren daher auch verstärkt ihre Umweltaktivitäten?

Nur eine Tendenz ist in allen Fallstudien eindeutig und widerspruchsfrei anzutreffen: Die Mitarbeiter-CSR ist stets unter den am stärksten intern kommunizierten CSR-Aspekten. Damit bestätigt sich auch hier der Trend, dass die auf Mitarbeiter gerichtete, freiwillige Übernahme von Verantwortung eine zentrale Bedeutung im Rahmen des CSR-Konzepts einnimmt, wie bereits bei den CSR-Erwartungen der Mitarbeiter und der unternehmerischen CSR-Performanz aufgezeigt wurde.

Die CSR-Aktivitäten und damit die Inhalte der CSR-Kommunikation orientieren sich grundsätzlich an dem jeweiligen Geschäftsmodell. CSR sollte schließlich auch zum Kerngeschäft des Unternehmens passen (vgl. Du et al. 2010, S. 12; Röttger und Schmitt 2014, S. 26). Die CSR-Kommunikationsformen wurden in Anlehnung an Heinrich und Schmidpeter (vgl. Heinrich und Schmidpeter 2013, S. 11; Heinrich 2013, S. 82) in sechs Kategorien gruppiert: Eigenpublikationen, Medienarbeit, Onlinekommunikation und Social Media, Veranstaltungen, persönliche Kommunikation und Weiteres (Abb. 3).

Eigenpublikationen und persönliche Kommunikation sind laut der Fallstudien und Unternehmensbefragung am weitesten verbreitet. Kommunikationsformen der weiteren vier Kategorien werden jeweils weniger häufig genutzt (Abb. 4 und 5). Der zugeschriebene Bedeutungszuwachs von Onlinekommunikation bzw. konkret Social Media und die damit verbundene Dialogorientierung (vgl. Colleoni 2013, S. 229; Schoeneborn und Trittin 2013, S. 194) sind scheinbar noch nicht in der praktischen Umsetzung der Unternehmen angekommen. Die Onlinekommunikation beschränkt sich bei den Unternehmen zumeist

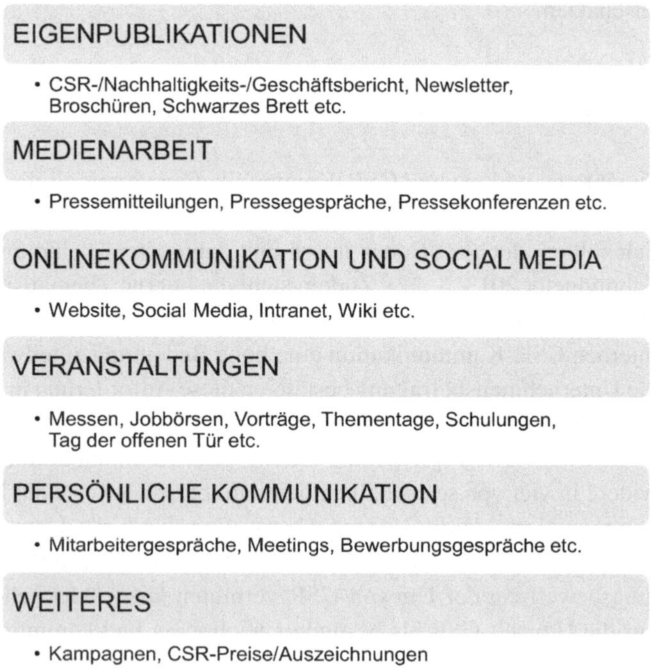

Abb. 3 Instrumente der CSR-Kommunikation. (In Anlehnung an Heinrich und Schmidpeter 2013, S. 11; Heinrich 2013, S. 82)

EIGENPUBLIKATIONEN
- CSR-/Nachhaltigkeits-/Geschäftsbericht, Newsletter, Broschüren, Schwarzes Brett etc.

MEDIENARBEIT
- Pressemitteilungen, Pressegespräche, Pressekonferenzen etc.

ONLINEKOMMUNIKATION UND SOCIAL MEDIA
- Website, Social Media, Intranet, Wiki etc.

VERANSTALTUNGEN
- Messen, Jobbörsen, Vorträge, Thementage, Schulungen, Tag der offenen Tür etc.

PERSÖNLICHE KOMMUNIKATION
- Mitarbeitergespräche, Meetings, Bewerbungsgespräche etc.

WEITERES
- Kampagnen, CSR-Preise/Auszeichnungen

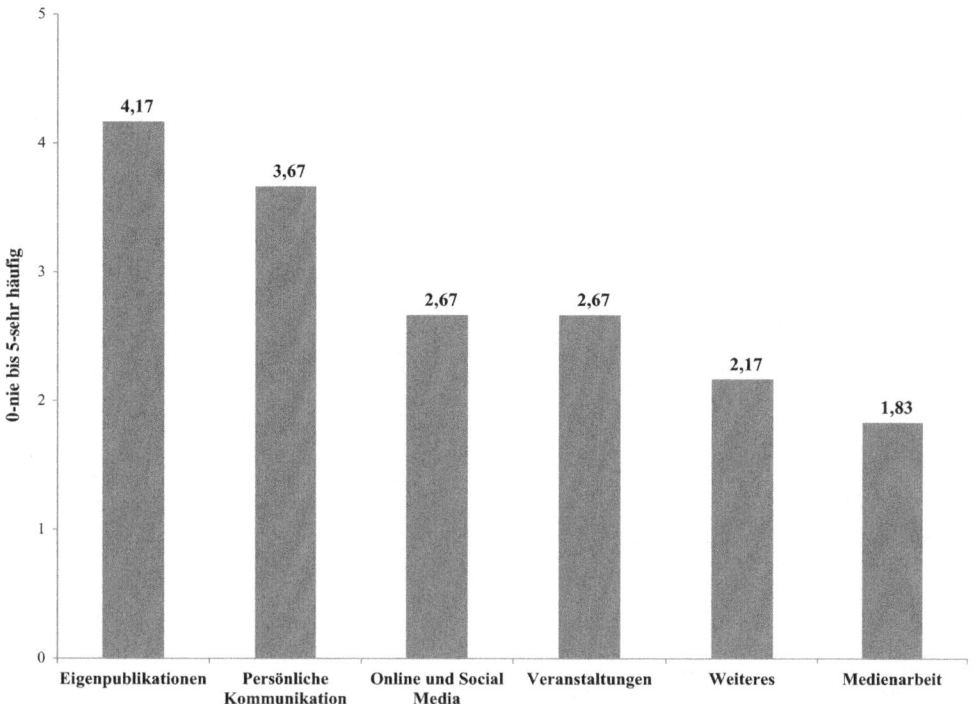

Abb. 4 Mittelwerte der Nutzungsintensität von CSR-Kommunikationsinstrumenten der sechs Fallstudien. (Eigene Erhebung)

auf die eigene Website. Ein Unternehmen äußerte sogar die strikte Ablehnung der Nutzung von Social-Media-Kanälen als Kommunikationsform.

3.4 CSR-Wahrnehmung durch Mitarbeiter

Die CSR-Wahrnehmung stellt den wesentlichen Schlüssel für die Nutzung des Wirkungspotenzials von CSR auf die Bindung von Mitarbeitern dar. Die Wahrnehmung der Arbeitgeber-CSR ist von individuellen und strukturellen Aspekten abhängig. Je nachdem, in welcher Position die Mitarbeiter im Unternehmen beschäftigt sind, kann die CSR-Wahrnehmung erheblich differieren. Doch wie wird die unternehmerische CSR im Allgemeinen durch die Mitarbeiter wahrgenommen? Wie zufrieden sind Mitarbeiter mit der internen CSR-Kommunikation ihres Arbeitgebers? Die Fallstudien zeigen erste Hinweise zur Beantwortung dieser Fragen auf.

Die CSR-Performanz wird durch die Mitarbeiter überwiegend besser eingeschätzt als durch die Unternehmensleitung. Die Mitarbeiter geben zudem häufig an, grundsätzlich zufrieden mit der internen CSR-Kommunikation ihres Arbeitgebers zu sein. Dennoch gibt

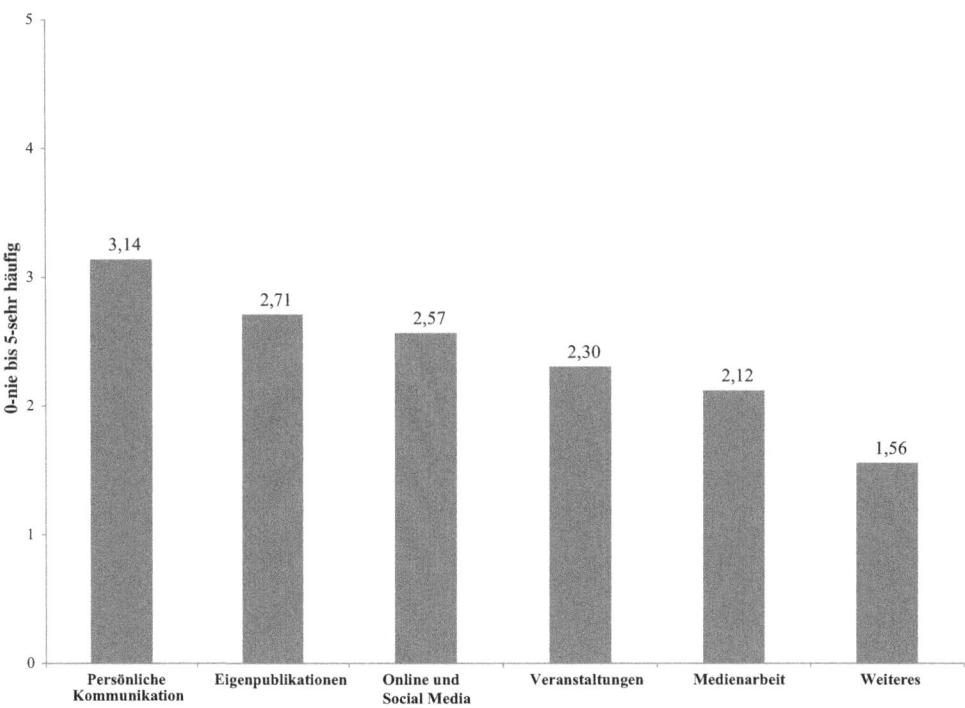

Abb. 5 Mittelwerte der Nutzungsintensität von CSR-Kommunikationsinstrumenten; Befragung von 216 Unternehmen. (Eigene Erhebung)

es Anregungen für Verbesserungen. Dazu zählt der Wunsch eines Unternehmenswikis, um Informationen zur CSR-Aktivität dann abrufen zu können, wenn sie benötigt werden (z. B. um sie an Kunden weiterzugeben). Weiterhin wünschen sich die Mitarbeiter eine zielgruppengerechte, kompakte und mediale Aufbereitung der Informationen, um sich schnell einen Überblick zu verschaffen, ohne lange Texte (z. B. Nachhaltigkeitsberichte) lesen zu müssen. Derart umfangreiche Kommunikationsformate werden unter der Vielzahl von Informationseingängen und anschließenden Verarbeitungspflichten bei der täglichen Tätigkeit eher als Belastung wahrgenommen. An dieser Stelle wurde durch die Interviewten zudem angemerkt, dass die Kommunikation oftmals zu spät erfolgt. Weiterhin werden Geschichten, die „aus dem Leben gegriffen" sind, aufgrund ihrer höheren Anschaulichkeit sowie lebens- und arbeitsweltlichen Nähe gegenüber umfangreichen und abstrakten Berichtsformaten bevorzugt.

3.5 Wirkungen auf die Mitarbeiterbindung

Welche Kriterien zeichnen einen attraktiven Arbeitgeber aus und führen zu einer Erhöhung der Mitarbeiterbindung? Sind darunter tatsächlich Kriterien der fünf CSR-Dimensionen oder doch eher „etablierte Hygienefaktoren" wie Arbeitsort, Stellenprofil und Vergütung? In den Fallstudien überwiegt an dieser Stelle der Einfluss von Hygienefaktoren bzw. klassischer, formeller wie informeller Arbeitgebermerkmale (insbesondere Arbeitsklima und Kollegialität). Diese bilden insgesamt mehr als die Hälfte aller Nennungen der bindungsrelevanten Kriterien. Mit Blick auf CSR schaffen es vor allem Kriterien der Mitarbeiter-CSR sowie einige wenige Kriterien der Unternehmensführung-CSR in die Liste der wesentlichen Einflussfaktoren, die zur Bindung bei einem Arbeitgeber motivieren (s. Abb. 6). Damit kann zunächst nur der Mitarbeiter-CSR ein deutlicher und direkter Einfluss auf das Commitment an den derzeitigen Arbeitgeber zugeschrieben werden. Daneben hat bei den Mitarbeitern als weitere CSR-Dimension nur die verantwortungsvolle Unternehmensführung (insbesondere die nach innen gerichtete Transparenz) eine gewisse Relevanz erlangt.

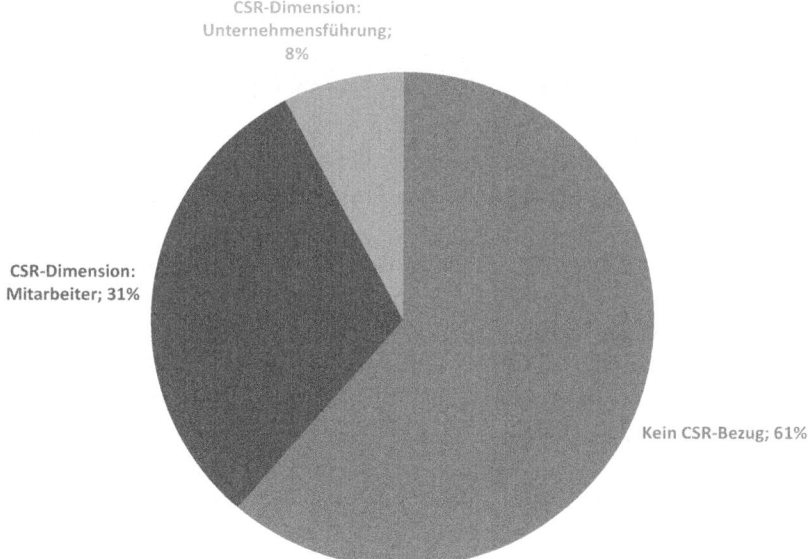

Abb. 6 Prozentuale Häufigkeit bindungsrelevanter Arbeitgeberattribute bei den Fokusgruppen der sechs Fallstudien. (Eigene Erhebung)

4 Konsequenzen für die interne CSR-Kommunikation

Die CSR-Wahrnehmung ist laut der Fallstudien nicht immer mit der CSR-Performanz identisch. Diese Abweichungen können darauf zurückgeführt werden, dass die Mitarbeiter geringere Erwartungen an die CSR-Performanz ihres Arbeitgebers haben oder auch ein grundlegend anderes CSR-Verständnis entwickelt haben als die Unternehmensleitung. Durch interne CSR-Kommunikation kann ein gemeinsames CSR-Verständnis – „was bedeutet CSR in unserem Unternehmen" – und ein gemeinsamer CSR-Wissensstand zum Status quo der Umsetzung im Unternehmen aufgebaut werden. Somit kann eine Annäherung von Performanz und Wahrnehmung erreicht werden. Doch ist dies in den Unternehmen auch tatsächlich immer gewünscht? Durch Aufklärung der Mitarbeiter mittels interner CSR-Kommunikation kann sich die CSR-Wahrnehmung sowohl positiv als auch negativ verschieben. Wenn Mitarbeiter bislang ein rudimentäres Verständnis darüber haben, was CSR konkret bedeutet, kann infolge einer bewussten Angleichung von Aktivität (Leistung) und Kommunikation zukünftig die unternehmerische CSR womöglich besser, aber auch zuweilen schlechter beurteilt werden.

Letztlich aber bedeutet genau diese Aufklärung durch transparente und ehrliche CSR-Kommunikation, sich realiter verantwortungsvoll gegenüber Mitarbeitern zu verhalten. Was haben Unternehmen davon, dass sie intern über CSR kommunizieren? Mit dieser Frage sollte sich jede Unternehmensleitung bewusst und selbstkritisch auseinandersetzen.

Wird zu viel kommuniziert, fühlen sich Mitarbeiter schnell überfordert; wird zu wenig kommuniziert, fühlen sich Mitarbeiter oft nicht ausreichend informiert, ausgeschlossen und unzufrieden. Unternehmen müssen also die richtige Balance finden, um ihre Mitarbeiter auch über ihre CSR informiert zu halten. Aber wie sollte die CSR-Kommunikation – neben grundsätzlichen Erfolgsfaktoren wie zielgruppengerecht, zeitnah, glaubwürdig und transparent – gestaltet sein?

Die Fallstudien geben folgende erste Hinweise: Die Kommunikationsformen sind abhängig von der jeweiligen Unternehmenskultur, Organisationsform sowie dem Unternehmenszweck. Darin begründet sich beispielsweise das klare Nein zur Nutzung von Social Media bei einem der untersuchten Unternehmen. Weiterhin wird vereinzelt Medienarbeit unter den genutzten Kommunikationsformen ausgeschlossen, da diese nicht zu Unternehmenszweck und -form passen. Bei der Online- und Social-Media-Kommunikation wird in der Regel immer noch die Unternehmenswebsite als wichtiges Kommunikationsinstrument hervorgehoben. Intranet, Wiki und Social Media erlangen überwiegend keine große Bedeutung. Die Wünsche der vereinzelten Mitarbeiter nach Formen eines Wissensspeichers, wie beispielsweise ein Unternehmenswiki, zeigen jedoch, dass gerade hier noch ungenutztes Potenzial steckt. Wissensspeicher können Interessierte aktiv nutzen, ohne zugleich alle anderen damit informativ zu belasten.

Die CSR-Kommunikation sollte einerseits informativ und faktenbasiert gestaltet sein und andererseits auch weniger zahlenbasierte Inhalte aufgreifen, also beispielsweise das Storytelling nutzen. Beim Storytelling bleibt jedoch kritisch zu beachten, inwiefern die angestrebte, vermeintlich „objektive" (faktenbasierte) Darstellung der CSR dabei außer

Kraft gesetzt wird. Andererseits möchten Mitarbeiter auch nicht mit Informationen „überflutet" werden und somit in der Regel auch keine zu umfangreichen Nachhaltigkeitsberichte lesen. Zumal CSR- oder Nachhaltigkeitsberichte auch ursprünglich nicht als Kommunikationsform für die Mitarbeiter gedacht waren. Stattdessen wünschen sich Mitarbeiter medial und kompakt aufbereitete Informationen. Zudem sollten die Informationen in Form eines Wissensspeichers angelegt sein, die jeweils bei Bedarf abgerufen werden können. Hier verbirgt sich insgesamt ein anspruchsvolles und fast widersprüchliches Wunschdenken: Mitarbeiter möchten zugleich sowohl mundgerechte Informationen zeitnah geliefert bekommen als auch eine dauerhafte Informationsbasis durch umfassende Wissensspeicher nutzen können.

5 Fazit – Gefahr einer eindimensionalen internen CSR-Kommunikation

> Wir gelten als sicherer Arbeitgeber, und das macht uns attraktiv (BIM – Berliner Immobilienmanagement GmbH, Herr Linnemann, Compliance-Manager, 30.10.2014).

Die Erhebungen in der Unternehmenspraxis zeigen zusammenfassend deutlich: Die Aspekte der Mitarbeiter-CSR stehen bei den Mitarbeitern im Vordergrund. Über die Dimension Mitarbeiter wird auch am stärksten kommuniziert. Positive Wirkungen auf die Bindung an den Arbeitgeber werden weitestgehend nur dieser Facette unternehmerischer Verantwortung zugeschrieben. Sowohl die Fallstudien als auch die umfassende Unternehmensbefragung zeigen zudem: Die Mitarbeiter-CSR ist der Verantwortungsbereich mit der am stärksten ausgeprägten Aktivität, also der höchsten tatsächlichen Performanz in den Unternehmen.

Die Erkenntnis, dass die Dimension Mitarbeiter-CSR für die Angestellten und ihre jeweilige Bindung ans Unternehmen die größte Bedeutung hat, überrascht zunächst wenig. Doch wenn sich die aufgezeigte Tendenz in weiteren Untersuchungen bestätigen sollte, bleibt grundlegend kritisch zu hinterfragen, ob diese eher eindimensionale Interpretation des Konzepts CSR auch tatsächlich in den Unternehmen aufgegriffen und vornehmlich an den eigenen, persönlichen Interessen von Mitarbeitern orientiert sein sollte. CSR wird schließlich weitaus umfassender definiert als „die Verantwortung einer Organisation für die Auswirkungen ihrer Entscheidungen und Aktivitäten auf die Gesellschaft und die Umwelt" (BMAS 2011, S. 11).

Unternehmen sollten sich also nicht verleiten lassen, ausschließlich die Mitarbeiter-CSR zu kommunizieren und sämtliche gute Taten für ihre Mitarbeiter dem Konzept CSR zuzuordnen. Das Konzept CSR sollte auch künftig ganzheitlich aufgefasst werden, so dass das unternehmerische Handeln auf allen fünf CSR-Ebenen dem Leitgedanken der Übernahme gesellschaftlicher Verantwortung für eine nachhaltige Entwicklung folgt. Dies liegt selbstverständlich im individuellen Ermessensspielraum eines jeden Unternehmens und steht damit zur Disposition. Es liegt jedoch ebenso im Verantwortungsbereich des je einzelnen Unternehmens, durch interne CSR-Kommunikation ein gemeinsames Verständnis darüber zu schaffen, was CSR in Gänze bedeutet, wie CSR im Unternehmen gelebt wird und wodurch CSR in der Zukunft geprägt sein sollte.

Literatur

BMAS (Bundesministerium für Arbeit und Soziales) (2011) Die DIN ISO 26000 „Leitfaden zur gesellschaftlichen Verantwortung von Organisationen" – Ein Überblick Bd. 2011. Bonn

Brammer S, Millington A, Rayton B (2007) The Contribution of Corporate Social Responsibility to Organizational Commitment. Int J Hum Resour Manag 18(20):1701–1719

Carroll AB, Shabana KM (2010) The Business Case for Corporate Social Responsibility. A Review of Concepts, Research and Practice. Int J Manag Rev 12(1):85–105

Colleoni E (2013) CSR Communication Strategies for Organizational Legitimacy in Social Media. Corp Commun Int J 18(2):2013

DIN Deutsches Institut für Normung e. V. (2011) DIN ISO 26000. Leitfaden zur gesellschaftlichen Verantwortung (ISO 26000:2010). Beuth, Berlin

Du S, Bhattacharya CB, Sen S (2010) Maximizing Business Returns to Corporate Social Responsibility (CSR): The Role of CSR Communication. Int J Manag Rev 12(1):8–19

European Commission (2008) European Competitiveness Report. COMMISSION OF THE EUROPEAN COMMUNITIES, 2008. COMMISSION STAFF WORKING DOCUMENT. Accompanying document to the COMMUNICATION FROM THE COMMISSION on the European Competitiveness Report 2008. Brüssel

Farooq O et al (2014) The Impact of Corporate Social Responsibility on Organizational Commitment. Exploring Multiple Mediation Mechanisms. J Bus Ethics 125(4):563–580

Haigh M, Jones M (2006) The Drivers of Corporate Social Responsibility: A Critical Review. Bus Rev 5(2):245–251

Heinrich P (2013) CSR-Kommunikation – Die Instrumente. CSR und Kommunikation. Unternehmerische Verantwortung überzeugend vermitteln. Springer Gabler, Heidelberg, S 79–102

Heinrich P, Schmidpeter R (2013) Wirkungsvolle CSR-Kommunikation – Grundlagen. In: Heinrich P (Hrsg) CSR und Kommunikation. Unternehmerische Verantwortung überzeugend vermitteln. Springer Gabler, Heidelberg, S 1–26

Huber F, Czarnowski C, Hainke S (2015) War for engineers im deutschen Mittelstand – Eine empirische Studie zu Erfolgsfaktoren der Gewinnung und Bindung von Ingenieuren. Managementorientierte Arbeitspapiere des Center for Market-Oriented Product and Production Management der Johannes Gutenberg-Universität Mainz, Bd. P 25. Johannes Gutenberg-Universität, Mainz

Jamali D (2008) A Stakeholder Approach to Corporate Social Responsibility. A Fresh Perspective into Theory and Practice. J Bus Ethics 82(1):213–231

McShane L, Cunningham P (2012) To Thine Own Self Be True? Employees' Judgments of the Authenticity of Their Organization's Corporate Social Responsibility Program. J Bus Ethics 108(1):81–100

Peterson DK (2004) The Relationship Between Perceptions of Corporate Citizenship and Organizational Commitment. Bus Soc 43(3):296–319

Rego A et al (2010) How the Perception of Five Dimensions of Corporate Citizenship and Their Inter-Consistencies Predict Affective Commitment. J Bus Ethics 94(1):107–127

Röttger U, Schmitt J (2014) Erfolgsfaktoren der CR-Kommunikation. Eine qualitative Studie zur Kommunikation der gesellschaftlichen Verantwortung von Unternehmen in Deutschland. Forschungsbericht zur Unternehmenskommunikation, Bd. 3. Akademische Gesellschaft für Unternehmensführung und Kommunikation, Leipzig

Schoeneborn D, Trittin H (2013) Transcending Transmission: Towards a Constitutive Perspective on CSR. Corp Commun Int J 18(2):193–211

Stites JP, Michael JH (2011) Organizational Commitment in Manufacturing Employees: Relationships with Corporate Social Performance. Bus Soc 50(1):50–70

Turker D (2009) How Corporate Social Responsibility Influences Organizational Commitment. J Bus Ethics 89(2):189–204

Wagner T, Lutz RJ, Weitz BA (2009) Corporate Hypocrisy: Overcoming the Threat of Inconsistent Corporate Social Responsibility Perceptions. J Mark 73:77–91

Prof. Dr. rer. pol. Andreas Deckmann ist seit 2003 Professor für Allgemeine Betriebswirtschaftslehre und Unternehmensführung an der Beuth Hochschule für Technik Berlin und ist zudem weiterhin in der Managementberatung aktiv. Zuvor war er als Bereichsleiter für den Zentralbereich Unternehmensentwicklung des Energieversorgers N-ERGIE AG in Nürnberg verantwortlich. Davor liegen Tätigkeiten als Consultant bei der Managementberatung Horváth & Partner, als wissenschaftlicher Mitarbeiter an der Brandenburgischen Technischen Universität Cottbus und als Verkaufsleiter bei einem Handelsunternehmen in Bremerhaven. Die Grundlage hierfür bildet das Studium der Wirtschaftswissenschaften an der Universität Hannover.

Franziska Freudenberger (M.A.) ist wissenschaftliche Mitarbeiterin an der Beuth Hochschule für Technik Berlin und in der Lehre für das Themenfeld Unternehmensführung aktiv. Zuvor war sie bei einem Produktionsbetrieb für das Marketing sowie das integrierte Managementsystem für Qualität & Arbeits- und Gesundheitsschutz verantwortlich. Dort absolvierte sie zuvor auch die Praxisphasen ihres dualen BWL-Studiums, das sie 2011 mit ihrer Bachelorarbeit zu dem Thema „CSR in kleinen und mittleren Unternehmen" abgeschlossen hat. Anschließend hat sie ein berufsbegleitendes Masterstudium mit dem Schwerpunkt Management und Beratung im September 2013 absolviert.

Prof. Dr. Silke Bustamante ist seit 2005 Professorin für Allgemeine Betriebswirtschaftslehre, insbesondere Unternehmensführung, an der Hochschule für Wirtschaft und Recht Berlin und seit 2008 Leiterin des Studiengangs BWL/Dienstleistungsmanagement. Im Rahmen von Forschung und Beratung setzt sie einen Schwerpunkt auf die Themen CSR und Nachhaltigkeit. Zuvor war sie als Beraterin bei der Boston Consulting Group tätig und wissenschaftliche Mitarbeiterin am Wissenschaftszentrum Berlin. Im Rahmen des Graduiertenkollegs „Angewandte Mikroökonomik"promovierte sie bei Prof. Dr. Albach zum Thema „Multimarket Contacts and Organizational Design" (Mehrmarktkontakte). Prof. Bustamante hat an der Universität Passau BWL und Kulturwirtschaft studiert.

Prof. Dr. rer. pol. Andrea Pelzeter ist seit 2007 Professorin für Allgemeine Betriebswirtschaftslehre, insbesondere Facility Management, an der Hochschule für Wirtschaft und Recht Berlin. 2006 gründete sie das Beratungsunternehmen Pelzeter Lebenszyklus-Management. Zuvor war sie als wissenschaftliche Assistentin an der ebs Immobilienakademie und als freie Architektin in Berlin tätig. Die Promotion erlangte sie an der European Business School International University Schloss Reichartshausen zum Thema „Lebenszykluskosten von Immobilien". Die Grundlage bildet ein Architekturstudium an der Universität Stuttgart und ein Aufbaustudium zum Immobilienökonom an der ebs Immobilienakademie.

Dipl.-Soz. Rudi Ehlscheidt ist wissenschaftlicher Mitarbeiter an der Hochschule für Wirtschaft und Recht. Davor war er bei einem Berliner Unternehmen für die Konzeptionierung, Durchführung und Auswertung diverser Stakeholder-Befragungen sowie einer Website-Usability-Studie verantwortlich. Eigene Forschungstätigkeiten zur Organisationsstruktur von sozialen Bewegungen führte er bereits im Anschluss an sein Studium im Rahmen einer Untersuchung zu „Stuttgart 21"-Protesten durch. Die methodischen und analytischen Grundlagen für seine berufliche Tätigkeit legte er an der Universität Bielefeld, an der er 2009 das Studium der Soziologie mit organisationssoziologischem Schwerpunkt abschloss.

Bosch-Gruppe: Organisation und Ausrichtung der Internen CSR-Kommunikation

Bernhard Schwager

1 Einleitung

Seit mehr als 125 Jahren verbinden sich mit dem Namen „Bosch" zukunftsweisende Technik und bahnbrechende Erfindungen, die Geschichte geschrieben haben. Die Bosch-Gruppe ist ein international führendes Technologie- und Dienstleistungsunternehmen mit weltweit rund 375.000 Beschäftigten (Stand: 31.12.2015). Sie erwirtschaftete im Geschäftsjahr 2015 einen Umsatz von gut 70 Mrd. Euro. Die Aktivitäten gliedern sich in die vier Unternehmensbereiche: Mobility Solutions, Industrial Technology, Consumer Goods, Energy and Building Technology. Das Ziel der Bosch-Gruppe ist es, die Lebensqualität der Menschen durch innovative, nutzbringende und begeisternde Produkte und Dienstleistungen zu verbessern, kurz „Technik fürs Leben" anzubieten. Eng verzahnt mit dieser Zielsetzung ist das Bekenntnis zu einer verantwortungsvollen Unternehmensführung, welches sich wie ein roter Faden durch die Unternehmensgeschichte zieht. Dazu gehört auch eine umfangreiche Nachhaltigkeitskommunikation.

2 Unternehmen und Stiftung

Das Unternehmen wurde 1886 als „Werkstätte für Feinmechanik und Elektrotechnik" von Robert Bosch (1861–1942) in Stuttgart gegründet. Heute umfasst die Bosch-Gruppe die Robert Bosch GmbH und ihre rund 440 Tochter- und Regionalgesellschaften in rund 60 Ländern. Nachhaltigkeit und eine langfristige strategische Ausrichtung sind für die Bosch-Gruppe Teil der Unternehmenskultur. Dies kristallisierte sich schon bei der

B. Schwager (✉)
Zentralabteilung Unternehmenskommunikation, Markenmanagement und Nachhaltigkeit, Robert Bosch GmbH
Postfach 10 60 50, 70049 Stuttgart, Deutschland
E-Mail: Bernhard.Schwager@de.bosch.com

Unternehmensgründung heraus. So waren die Unabhängigkeit und das langfristige Weiterbestehen seines Unternehmens ein zentrales Anliegen von Robert Bosch (Abb. 1). Die Balance zwischen unternehmerischen und gesellschaftlichen Belangen zu wahren, sah er allerdings nie als ein leichtes Unterfangen an.

Der intensive und offene Dialog mit seiner Belegschaft war für Robert Bosch von enormer Bedeutung. Aus diesem Grund hat der Unternehmensgründer seine Pläne zur Etablierung einer Mitarbeiterzeitung während des 1. Weltkrieges vorangetrieben. Er hatte es jedoch davon abhängig gemacht, dass der richtige Mann für diese Aufgabe gefunden werden könne. Otto Debatin, einem Badener, der nach dem Studium der Naturwissen-

Abb. 1 Robert Bosch (1861–1942)

schaften für die Stuttgarter „Kosmos"-Hefte populärwissenschaftliche Beiträge schrieb, traute Bosch schließlich zu, diese Aufgabe zu bewältigen. Am 15.3.1919 erschien die erste Ausgabe des *Bosch-Zünders*. Die Unternehmensführung wollte mit dieser Publikation den Zusammenhalt stärken und den Arbeitern einen Blick über den Tellerrand ermöglichen. Die Mitarbeiter sollten teilnehmen „an den Sorgen und Hoffnungen des Unternehmens, dem sie sich anvertraut haben ... und dessen Zukunft auch die ihrige ist". Im Jahr 1921 formulierte Robert Bosch im *Bosch-Zünder* einen seiner Grundsätze: „Lieber Geld verlieren als Vertrauen". So standen die Unantastbarkeit seiner Versprechen, der Glaube an den Wert seiner Ware und sein Wort stets höher als ein vorübergehender Gewinn. Noch heute handelt die Bosch-Gruppe nach den Grundsätzen von Robert Bosch.

Eine Besonderheit gegenüber der Mehrzahl anderer Unternehmen vergleichbarer Größe ist, dass 92 % des Stammkapitals der Robert Bosch GmbH der gemeinnützigen Robert Bosch Stiftung GmbH gehören. Die Stimmrechte hält mehrheitlich die Robert Bosch Industrietreuhand KG. Sie übt die unternehmerische Gesellschafterfunktion aus. Die übrigen Anteile liegen bei der Familie Bosch, die ebenfalls langfristig am Erfolg des Unternehmens interessiert ist und diesem dauerhaft verbunden bleiben will (Abb. 2)

Wesentlich ist, dass es den Eignern nicht um das schnelle Geld geht, denn auf die Qualität und den Nutzen kommt es an. Das Ziel der Bosch-Gruppe ist es, die Lebensqualität der Menschen durch innovative, nutzbringende und begeisternde Produkte und Dienstleistungen zu verbessern. Heute werden diese Vorhaben mit dem Slogan „Technik fürs Leben" auf den Punkt gebracht. Eng verzahnt mit dieser Zielsetzung ist das Bekenntnis zu einer verantwortungsvollen Unternehmensführung.

Die Robert Bosch Stiftung verwendet die ihr zufließende Dividende ausschließlich für gemeinnützige Vorhaben – mittlerweile sind dies 700–800 pro Jahr. Um ihre Ziele zu verfolgen, fördert sie Projekte Dritter und ergreift selbst die Initiative zur Entwicklung und Durchführung von Programmen. Seit ihrer Gründung vor über 50 Jahren hat die Stiftung bereits rund 1,4 Mrd. Euro für ca. 20.000 Eigen- und Fremdprojekte zur Verfügung

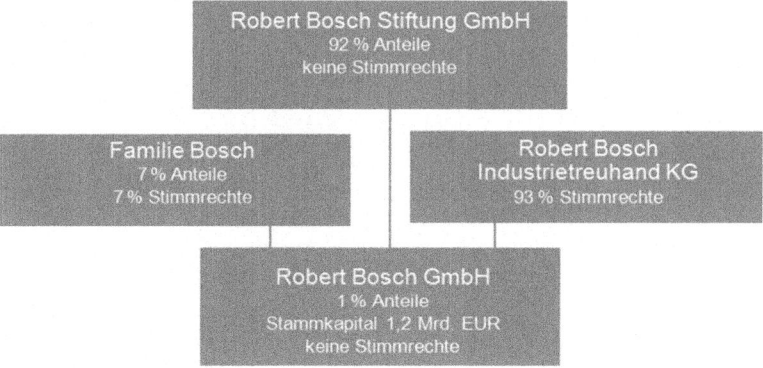

Abb. 2 Heutige Eigentümerstruktur der Bosch-Gruppe

gestellt. Zur Stiftung gehören z. B. das Robert-Bosch-Krankenhaus oder das Institut für Geschichte der Medizin.

3 CSR und Tradition

Bosch lebt CSR oder Nachhaltigkeit aus innerer Überzeugung und versucht internen und externen Stakeholder-Anforderungen gerecht zu werden und in bestimmten Bereichen auch Vorreiter zu sein. Das Bekenntnis zur unternehmerischen Verantwortung muss sich gleichermaßen im Produktportfolio wie auch in der Verfolgung nachhaltiger Ziele bei den Wertschöpfungsprozessen des Unternehmens widerspiegeln. Strategien, Ziele und Chancen sind im neuen Leitbild „We are Bosch" abgebildet, welches Anfang 2015 das bisherige Leitbild „House of Orientation" abgelöst hat. Damit wurde ein aktueller Orientierungsrahmen geschaffen, von dem sich die weitere strategische Ausrichtung der Bosch-Gruppe und der Unternehmensbereiche ableitet. Alle enthaltenen Schwerpunkte sind von Einflussfaktoren wie Megatrends, Veränderungen des Wettbewerbsumfelds, Innovationen, Kundenerwartungen, Ressourcenknappheit sowie politischen Entwicklungen abgeleitet. Auch vor dem Hintergrund des Klimawandels, der demografischen Entwicklung und der Globalisierung wird es zu einem tragenden Anliegen, die Balance zwischen unternehmerischem, gesellschaftlichem sowie ökologischem Erfolg zu halten. Von Bedeutung ist in diesem Zusammenhang, dass kulturelle Kontexte in den verschiedenen Regionen dieser Welt berücksichtigt werden müssen – es aber nur einen Globus für alle gibt und dieser die ökologische Limitierung darstellt (Abb. 3).

Aus dem strategischen Schwerpunkt „Wandel" leitet Bosch erhebliche Chancen ab. Vor allem die Themen Energieeffizienz, Elektrifizierung, Automatisierung, aufstrebende Märkte und Vernetzung stehen hier im Vordergrund. Das Unternehmen kann auf Stärken

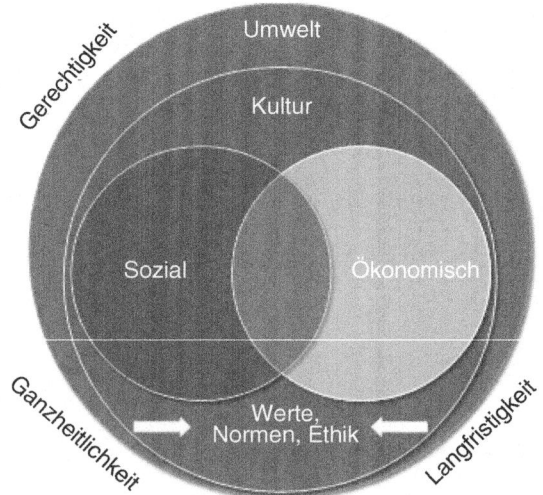

Abb. 3 Balance zwischen ökonomischem Erfolg sowie sozialen und ökologischen Anforderungen

wie der Bosch-Kultur, einer langen Tradition, einer hohen Innovationskraft und Qualität sowie einer breiten globalen Aufstellung aufbauen. Die Grundlage von Strategie und Handeln bilden weiterhin die Bosch-Werte: eine klare Zukunfts- und Ertragsorientierung, Verantwortung und Nachhaltigkeit, Initiative und Konsequenz, Offenheit und Vertrauen, Fairness, Zuverlässigkeit und Glaubwürdigkeit, Legalität sowie Vielfalt.

Der hohe Stellenwert von Nachhaltigkeit für die Bosch-Gruppe wird durch den Rang eines Unternehmenswertes ausgedrückt und findet demzufolge auch Eingang ins Produktportfolio. Der Slogan „Technik fürs Leben" bedeutet für Bosch eine langlebige, beständige und zuverlässige Technik, die Menschen über eine lange Zeit ihres Lebens begleitet. Zugleich heißt das, innovative und nutzbringende Technik zu entwickeln, die zur Ressourcenschonung beiträgt und die dem Menschen hilft, die Lebensqualität für sich und andere zu verbessern (Schwager und Schäpe 2014).

Verantwortliches Handeln geht über das Einhalten gesetzlicher Bestimmungen (Compliance) hinaus und kann sich daher besonders positiv auf die Wechselbeziehungen zwischen internen und externen Stakeholdern wie Arbeitnehmern, Investoren, Kunden, nichtstaatlichen Organisationen oder Behörden auswirken. Zudem ist CSR nicht von der Geschäfts- und Unternehmenstätigkeit zu trennen, da gerade die Verknüpfung von sozialen, ökonomischen und ökologischen Aspekten die Aufgabe des Topmanagements sein muss. Um das Nachhaltigkeitsmanagement ausgeprägt zu leben, wird ein solides organisatorisches Fundament benötigt. Dazu wurden bei Bosch drei Ebenen eingerichtet (Abb. 4):

- **Geschäftsstelle Nachhaltigkeit**: Sie ist Koordinationsstelle für Nachhaltigkeitskommunikation und Ansprechpartner für interne und externe Anfragen, hält Kontakt zu Verbänden, vor allem aber zeigt sie im Unternehmen selbst Probleme und Handlungsbedarf auf.
- **Fachbeirat Nachhaltigkeit:** Darin sind Leiter von Zentralabteilungen wie Kommunikation, Einkauf, Fertigung, Infrastruktur, Personal und Umwelt vertreten, aber auch Bereichsvorstände diverser Geschäftsbereiche.
- **Steuerkreis Nachhaltigkeit:** Hier werden die wesentlichen Ziele festgelegt und überwacht – und in diesem Gremium ist der CEO selbst Mitglied gemeinsam mit zwei weiteren Geschäftsführern sowie drei Vertretern aus dem Fachbeirat.

Damit soll ein klares Signal an die Belegschaft und ebenso an alle externen Stakeholder gesendet werden: „Nachhaltigkeit bei Bosch ist Chefsache – das muss sie in allen Unternehmenseinheiten sein". Die Tatsache, dass nachhaltiges Wirtschaften unmittelbar zum Anliegen der Geschäftsführung gemacht wird, verdeutlicht nochmals, welche enorme Bedeutung diesem Anliegen zukommt. Zudem ist die organisatorische Verortung der Geschäftsstelle Nachhaltigkeit in der zentralen Kommunikationsabteilung mit erheblichen Vorteilen verbunden. Da der Leiter dieser Abteilung – als direkter Mitarbeiter des CEO von Bosch – auch den Fachbeirat Nachhaltigkeit führt, ist die strategische Treiberfunktion für das Thema „Nachhaltigkeit" mit einem angemessenen Durchgriff und geeigneten Kommunikationsmöglichkeiten nach innen und außen verbunden.

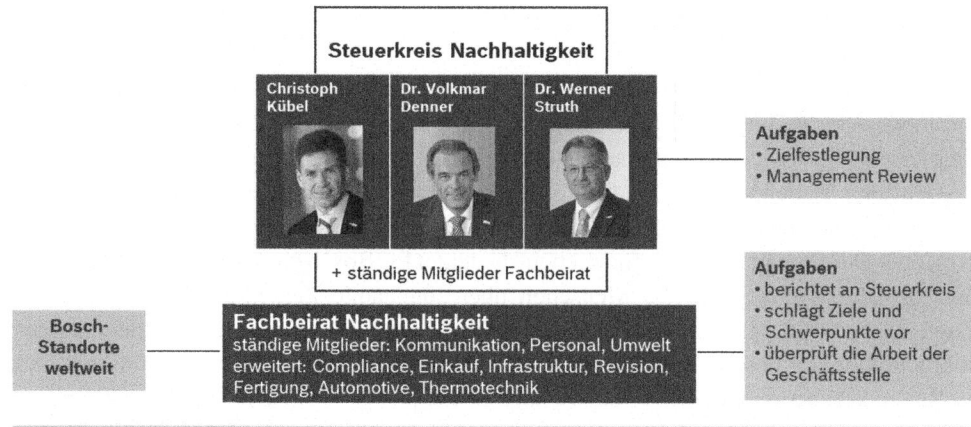

Abb. 4 Organisation Nachhaltigkeit in der Bosch-Gruppe

4 CSR und Interne Kommunikation

Nachhaltigkeit zählt heute zu den wichtigen Treibern für das Image und die Reputation eines Unternehmens und ist demzufolge auch für den Unternehmenserfolg mitentscheidend. Die zentrale Frage für die Bosch-Gruppe ist daher, wie das Engagement und die Aktivitäten des Unternehmens im Bereich Nachhaltigkeit optimal kommuniziert werden können. Dies beinhaltet eine geeignete Rezipientenorientierung.

Historisch wurde regelmäßig zwischen interner und externer Kommunikation unterschieden. Eigene Untersuchungen zeigten, dass die eigenen Mitarbeiter von Bosch mit rund 50 % die größte Gruppe der an Nachhaltigkeitsinformationen interessierten Stakeholder darstellen. Dies ist der Grund dafür, dass sinnvollerweise eine derartige Unterscheidung bezüglich der Inhalte nicht mehr getroffen werden kann. Auch in diesem Beitrag werden alle Kommunikationskanäle gleichbehandelt, da sie allen Mitarbeitern zur Verfügung stehen.

Die Grundsteine für eine erfolgreiche CSR-Strategie müssen im Unternehmen selbst gelegt werden. Dazu sollten die Mitarbeiter auf allen Hierarchieebenen so ausgeprägt wie möglich in die Kommunikationsprozesse eingebunden werden. Der Nachhaltigkeitskommunikation kommt daher eine Schlüsselrolle zu, denn die Mitarbeiter sind ein zentraler Faktor für den Unternehmenserfolg und nehmen eine bedeutende Stellung ein. Mitarbeiter vertreten das Unternehmen nach außen und werden somit zu wichtigen Botschaftern, Innovatoren und Umsetzern des CSR-Engagements. In diesem Zusammenhang darf nicht vergessen werden, wie viele persönliche Kontakte Mitarbeiter im familiären Umfeld und in Vereinen oder im Freundeskreis besitzen.

Punkt 4 „Offenheit und Vertrauen" der Bosch-Werte macht deutlich, dass den Mitarbeitern ein besonderer Stellenwert zugemessen wird, denn sie sind an erster Stelle genannt: „Wir informieren unsere Mitarbeiter, Geschäftspartner und Kapitalgeber rechtzeitig und offen über wichtige Entwicklungen im Unternehmen und schaffen dadurch die Basis für vertrauensvolle Zusammenarbeit."

4.1 Print

Speziell für die Belegschaft der Bosch-Gruppe gibt es seit 15.3.1919 den *Bosch-Zünder*. Er zählt zu den ältesten Mitarbeiterzeitungen und wird heute fünfmal jährlich mit einer Auflage von 180.000 Exemplaren in neun Sprachen angeboten: Deutsch, Englisch, Französisch, Portugiesisch, Spanisch, Chinesisch, Japanisch, Türkisch und Tschechisch (Abb. 5). Hier hat die sachliche Nachricht ebenso ihren Platz wie die lebendige Reportage, das Interview oder die meinungsfreudige Kolumne. Handlungsleitend ist die Motivation, die Mitarbeiter in den Mittelpunkt der Berichterstattung zu rücken, also Geschichten zu erzählen, in denen die Mitarbeiter die Hauptrolle spielen – über neue Produkte, über unternehmensweite Projekte, über Standorte, Regionen und Länder, über besondere Hobbys. Auf diese Weise kommt Nachhaltigkeit in den unterschiedlichsten Facetten und den verschiedensten Themen vor. Jede Auflage ist durchwoben mit Nachhaltigkeitsaspekten,

Abb. 5 *Bosch-Zünder* Medienfamilie

sodass jeder Mitarbeiter kontinuierlich mit den Aktivitäten des Unternehmens in Berührung kommt und mit den Details dazu vertraut gemacht wird.

Bereits 1998 erschien der erste Umweltbericht, welcher den Anfang der Kommunikation von Nachhaltigkeitsthemen bei Bosch markiert. Seitdem wurde die Kommunikation in diesem Bereich stetig weiterentwickelt und verbessert. Weitere Umweltberichte erschienen in den Jahren 2001/2002 und 2003/2004. In der Folge verbreiterte sich die Berichterstattung, sodass 2005/2006 und 2007/2008 zwei umfangreiche Printberichte zur unternehmerischen Verantwortung folgten, welche sich erstmalig an den Richtlinien der Global Reporting Initiative (GRI) orientierten. Damit stiegen der Informationsgehalt sowie die Detailtiefe der Berichte über die Jahre an. Während sich der erste Umweltbericht lediglich auf Daten aus Deutschland konzentrierte, enthielt der zweite Bericht bereits europaweite und der dritte Bericht weltweite Daten. Mit der Veröffentlichung der Berichte

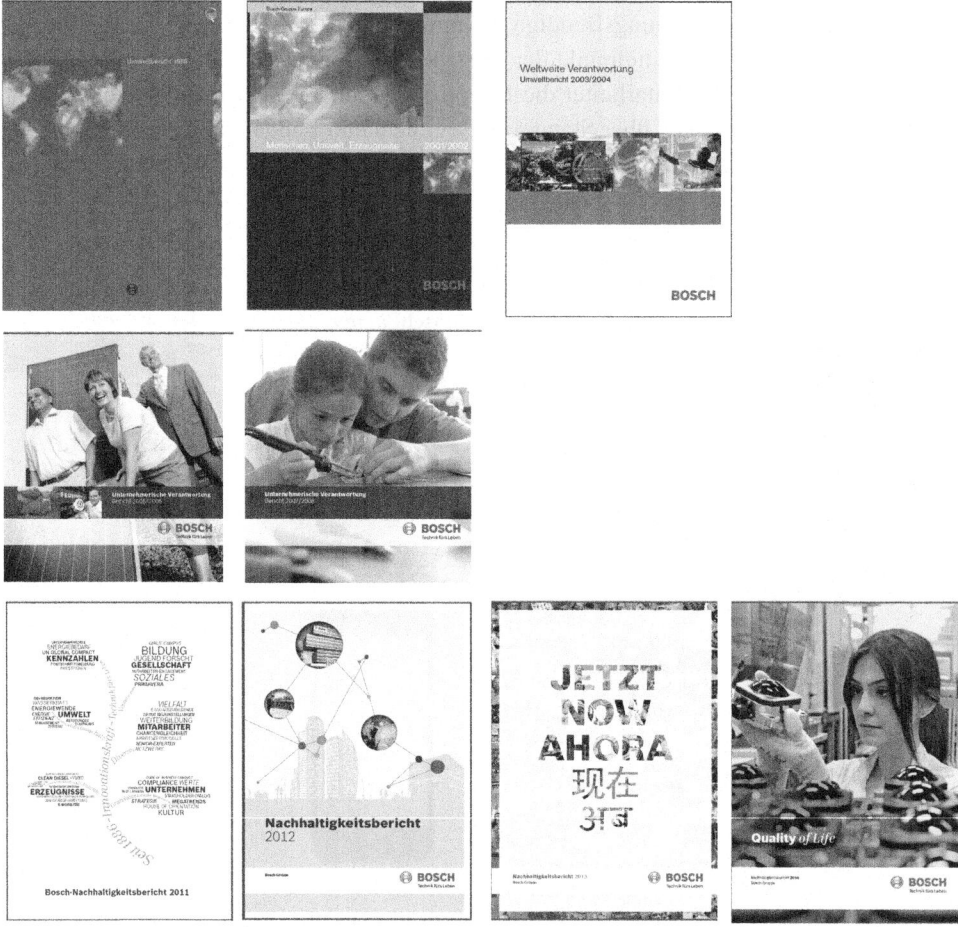

Abb. 6 Nachhaltigkeits- und Geschäftsberichte der Bosch-Gruppe

zur unternehmerischen Verantwortung wurde die Berichterstattung um Themen zu Mitarbeitern und Gesellschaft erweitert. Zudem wurden die Berichte zur unternehmerischen Verantwortung durch ausführliche, jährlich erscheinende Broschüren mit Nachhaltigkeitsdaten und Zielen ergänzt.

Seit 2011 verfolgt die Bosch-Gruppe eine stark reduzierte Nachhaltigkeitsberichterstattung im Printbereich. Durch eine kompakte Aufmachung und „einfache" Darstellung bietet der Nachhaltigkeitsbericht neben der Belegschaft sämtlichen Lesergruppen die Möglichkeit, sich einen Überblick zu verschaffen, ohne tief in die Materie einzusteigen. Eine weitere Besonderheit des 24-seitigen Nachhaltigkeitsberichts von Bosch besteht darin, dass er auch als Vorlage für regionale Nachhaltigkeitsberichte der Landesgesellschaften verwendet werden kann. Hier wird der Nachhaltigkeitsbericht länderspezifisch angepasst und überwiegend in der Landessprache ausgegeben. Die Kommunikationskollegen können so Themen einbringen, die in den jeweiligen Regionen Interesse erwecken und mit denen sich die Leser identifizieren können. Durch das Aufzeigen der Meilensteine, die eine Region erzielt hat, wächst nicht nur die Motivation der Mitarbeiter, sondern auch die Reputation von Bosch in den einzelnen Regionen. Für das Jahr 2014 erschienen bereits sieben regionale Berichte in den folgenden Ländern: Brasilien, China, Frankreich, Italien, Österreich, Portugal und Türkei. Dabei fällt auf, dass sich die regionale Mitarbeiterschaft genau deshalb dafür interessiert, da der persönliche Bezug stärker gegeben ist als bei einer reinen „Corporate"-Publikation (Abb. 6).

4.2 Online

In Analogie zur Printversion des *Bosch-Zünders* existiert im Bosch-Intranet ebenso der *Bosch-Zünder* online. Hier findet der crossmediale Ansatz in vielen Aufforderungen zum Dialog seine Umsetzung, indem die Mitarbeiter um Kommentare zu den Schwerpunktthemen gebeten werden. Beispielhaft seien hier die Kommentarfunktion und die „Likes" genannt.

Bosch bündelt die CSR-Themen in der Geschäftsstelle Nachhaltigkeit, welche die Koordination aller übergreifenden Themen und Fragestellungen zu CSR übernimmt. Damit fungiert sie als Schnittstelle zwischen Geschäftsbereichen und Regionalgesellschaften in deren entsprechenden Aktivitäten wie auch zwischen Zentralabteilungen, die für einzelne Themengebiete wie Umwelt, Compliance, Verantwortung für Mitarbeiter und gesellschaftliche Anliegen zuständig sind. Die Geschäftsstelle ist auch Ansprechpartner für interne und externe Anfragen, die auf das gesamte Spektrum abheben. Innerhalb des Bosch-Intranets bietet die Geschäftsstelle CSR-Informationen an, die die Vertriebe im Bereich von Kundenanfragen unterstützen oder die bei internen und externen Vorträgen in Form geeigneter Foliensätze genutzt werden können. Aktuell wurde eine Informationsseite zum Thema „Flüchtlingshilfe" aufgebaut, die den Mitarbeitern zur Orientierung dient (Abb. 7). Einerseits sind die Aktivitäten der Standorte in Deutschland gelistet und

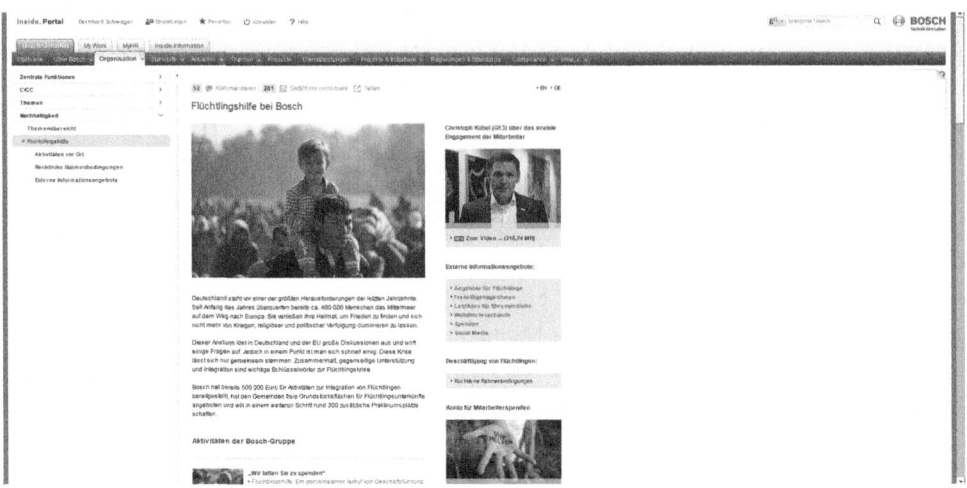

Abb. 7 Mitarbeiterinformation zum Thema „Flüchtlingshilfe". (Zugriff: 7.1.2016)

beschrieben und andererseits stehen interessierten Mitarbeitern weiterführende Adressen und Links zur Verfügung, wenn diese sich selbst auf diesem Gebiet engagieren wollen.

Parallel zur Printberichterstattung etablierte sich 2004 die Onlineberichterstattung mit der Entwicklung des Umweltportals, welches der Vorläufer des im Dezember 2008 eingerichteten Nachhaltigkeitsportals war. Im Zentrum der Nachhaltigkeitskommunikation der Bosch-Gruppe stand bis 2008 der immer ausführlicher werdende Nachhaltigkeitsbericht, unterstützt durch das Umweltportal im Internet. Nach 2008 änderte sich dies grundlegend mit dem Ziel, die Nachhaltigkeitskommunikation attraktiver zu gestalten und eine größere Anzahl interner und externer Rezipienten zu erreichen. Den Kern der Nachhaltigkeitskommunikation bei Bosch stellt die CSR-Homepage dar (http://www.bosch.com/de/com/sustainability/sustainability_homepage.html), welche in die Bosch Global Homepage integriert ist und in dieser Form seit 2008 besteht. Hier werden Informationen zu verschiedenen Teilbereichen der Nachhaltigkeit in unterschiedlicher Form kommuniziert. Zum einen finden sich hier Informationen zu verschiedenen Aspekten der Nachhaltigkeit bei Bosch. Diese Informationen erlauben es dem Besucher, sich in kurzer Zeit einen Überblick zu verschaffen, und gehen daher nicht allzu sehr ins Detail (Abb. 8). Wichtig ist an dieser Stelle zu erwähnen, dass die hier zur Verfügung stehenden Inhalte nicht redundant im Intranet vorgehalten werden. Dort finden sich konkrete Links, die die Mitarbeiter gezielt auf die Internetseiten lenken.

Zum anderen bietet ein interaktives Datentool die Möglichkeit, ökologische, soziale und finanzielle Daten der Bosch-Gruppe einzusehen. Besonders hervorzuheben sind hier die hohe Detailtiefe und Granularität, mit welcher die CSR-Kennzahlen der Bosch-Gruppe in diesem Tool offengelegt werden. Abb. 9 zeigt die verschiedenen Informationsangebote. Kennzahlen (5), wie beispielsweise Wasserverbrauch, Abfallmengen, CO_2-

Bosch-Gruppe: Organisation und Ausrichtung der Internen CSR-Kommunikation

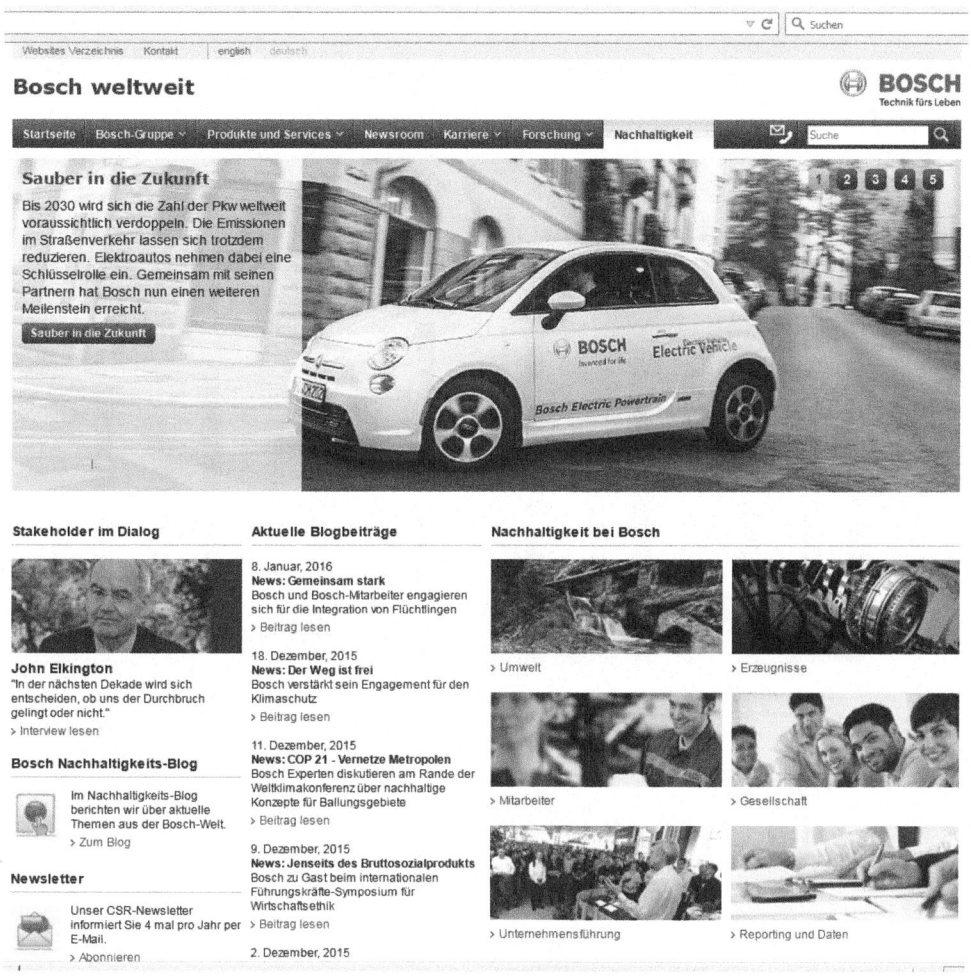

Abb. 8 Website Nachhaltigkeit der Bosch-Gruppe. (Zugriff: 7.1.2016)

Emissionen, Mitarbeiterzahlen, Unfallraten oder der Energiebedarf, stehen sowohl auf Welt- und Erdteilebene (1) als auch auf Landesebene (2) zur Verfügung. Außerdem können die jeweiligen Grafiken in verschiedenen Darstellungsformen angezeigt werden (3). Bestimmte Kennzahlen sind noch einmal sehr detailliert in ihre einzelnen Komponenten untergliedert (4) und lassen sich über einen Zeitraum, der bis zum Basisjahr 2007 zurückreicht, nachvollziehen (6). Darüber hinaus ist es möglich, alle Daten in das Tabellenkalkulationsprogramm Excel zu exportieren (9), um so die Daten bequem offline zu untersuchen.

Ein weiterer wichtiger Bestandteil der CSR-Homepage der Bosch-Gruppe sind Dialoge mit Stakeholdern, zu welchen Bosch in regelmäßigen Abständen namhafte Persönlich-

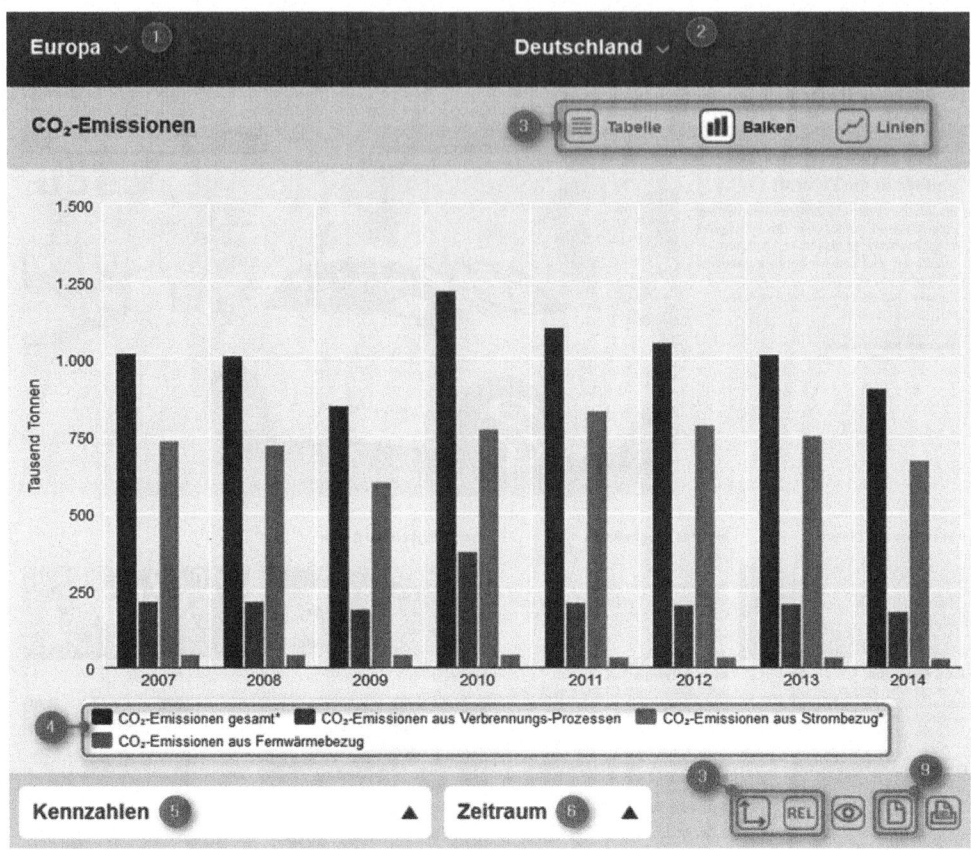

Abb. 9 Interaktives Datentool der Bosch-Gruppe

keiten aus Wissenschaft, Wirtschaft, Politik und Non-Profit-Organisationen dazu einlädt, Stellung zu aktuellen Umwelt- und Nachhaltigkeitsthemen zu beziehen. Es werden dabei auch gesellschaftliche Fragestellungen beleuchtet, die über das Wirkungsfeld von Bosch hinausgehen. Bei diesem Austausch geht es weder um spezielle Einzelmaßnahmen des Unternehmens oder um die Erfüllung von Anforderungen im Bereich CSR, sondern um die grundsätzliche Offenheit gegenüber berechtigten Anliegen verschiedener Anspruchsgruppen. Nachhaltigkeit wird dabei als ein gesellschaftliches Thema aufgefasst, zu dem Unternehmen ihren Beitrag leisten. Speziell an dieser Stelle wird auch deutlich, welche Bedeutung der konstruktiv kritische Dialog mit externen Persönlichkeiten für die Belegschaft hat. Hier wird den „Boschlern" vor Augen geführt, wie das Unternehmen von außen gesehen wird und mit welchen Herausforderungen es sich im Kontext Nachhaltigkeit auseinandersetzen muss.

Die CSR-Homepage wird ergänzt durch den Nachhaltigkeitsblog (http://sustainabilityblog.bosch.com/de/startpage). Hier werden seit 2010 regelmäßig in meist wöchentlichen Abständen kurze Beiträge zu aktuellen, oft auch regionalen CSR-Themen veröffentlicht (Abb. 10). Diese Regelmäßigkeit und Aktualität tragen zu einer erhöhten Transparenz sowie einer verstärkten Leserbindung bei. Zusätzlich besteht seit 2011 die Möglichkeit, sich für den vierteljährlich in deutscher und englischer Sprache erscheinenden CSR-Newsletter zu registrieren. Momentan wird dieses Angebot etwa hälftig von knapp 1000 internen und externen Abonnenten genutzt, Tendenz steigend. Diese Form der Nachhaltigkeitskommunikation richtet sich an eine ganz spezielle Personengruppe. Durch die Anmeldung für den Newsletter unterziehen sich die Abonnenten bereits einer Selbstselektion, sodass der CSR-Newsletter bewusst an Personen mit ausgeprägtem Interesse an Nachhaltigkeitsthemen der Bosch-Gruppe gerichtet wird. Auf diese Weise entstehen unter anderem hochwertige und themenspezifische Kontakte zu potenziellen Arbeitnehmern und Geschäftspartnern.

Abb. 10 Nachhaltigkeitsblog der Bosch-Gruppe. (Zugriff: 7.1.2016)

4.3 Soziale Medien

Um sich als internationales Unternehmen nicht in verschiedene Richtungen zu entwickeln, darf auch die standort- bzw. länderübergreifende Interne Kommunikation nicht vernachlässigt werden. Hier bietet die Bosch-Gruppe unter anderem eine Sozialplattform (BoschConnect) an, auf welcher sich Mitarbeiter aus aller Welt austauschen oder zu gemeinsamen Aktionen zusammenschließen können. Durch diesen Austausch bzw. Aufruf zu gemeinsamen Aktionen werden die Motivation und das Zusammengehörigkeitsgefühl der Mitarbeiter positiv beeinflusst. So ist dies eine gute Möglichkeit, sich organisational und thematisch zu gruppieren, wie dies bestimmte Geschäftsbereiche auch zum Thema „CSR" tun. Zudem gibt es entsprechende Foren, wo sich gleichgesinnte Mitarbeiter aller Geschäftsbereiche und Regionen zu bestimmten Themen finden und austauschen können. Beispiele für solche sozialen Nachhaltigkeitsnetzwerke von Boschlern sind: das Frauennetzwerk „women@bosch", der von Mitarbeitern getragene Verein „Primavera" oder das Schwulen- und Lesbennetzwerk „RBg".

Kommunikation vollzieht derzeit einen tief greifenden Wandel, da sie sich die Gestaltungsmöglichkeit des Internets zunutze macht. Mit dem Internet eröffnet sich ein völlig neuer Kommunikationsraum. Informationen können unabhängig von Zeit und Raum bereitgestellt werden, ebenso sind Formen dialogischer Kommunikation auf den unterschiedlichsten Ebenen möglich. Hierarchische Strukturen oder sozialer Status sind hier eher von nachrangiger Bedeutung. Um das Unternehmen zeitgemäß darzustellen, hat auch Bosch seine Präsenz in den sozialen Medien erweitert und bietet seit 2012 übergreifende Informations- und Dialogangebote auf den wichtigsten internationalen Plattformen Facebook, Youtube und Twitter an. Auch hier ist es so, dass ein beträchtlicher Anteil der Rezipienten dieser Angebote unter den Bosch-Mitarbeitern zu finden ist. Das Übergeordnete Ziel dieser Darstellungsformen ist es, einen ganzheitlichen Auftritt auf allen relevanten Kanälen zu schaffen und eine Steigerung der Reputation von Bosch zu erlangen. Durch ein interdisziplinäres Redaktionsteam werden Nutzer zu Dialogen über aktuelle Unternehmensthemen, wie etwa Mobilität, Energie oder Nachhaltigkeit, eingeladen. So werden auch neue Zielgruppen wie Blogger und andere wichtige Onlinemultiplikatoren erreicht. Aufgrund der hohen Anonymität ist die Einstiegshürde sehr gering und die aktive Beteiligung hoch. Ein weiterer bedeutender Vorteil von Social-Media-Plattformen ist die Tatsache, dass mit geringem Aufwand und übersichtlichen Kosten die Reichweite der Kommunikation in kurzer Zeit gesteigert werden kann. Das direkte Feedback via Likes, Kommentare oder Diskussionsrunden eröffnet dem Unternehmen Einblicke und Know-how, welches sonst nur über lange und aufwendige Studien möglich wäre.

5 Fazit

Bosch ist in der Kommunikation sehr breit aufgestellt und bedient sich einer Vielzahl unterschiedlicher Medien, um interne und externe Stakeholder in allen Bereichen und Gesellschaftsschichten zu erreichen. Die Nachhaltigkeitskommunikation im Unternehmen attraktiv zu gestalten, ist deshalb ein Gebot der Stunde und gewinnt in der heutigen, schnelllebigen Gesellschaft wahrscheinlich noch an Bedeutung. Das Abhängigkeitsverhältnis zwischen Unternehmen und seinen Arbeitnehmern bzw. Stakeholdern verändert sich. Um Bosch-Mitarbeiter zu binden und neue Mitarbeiter zu rekrutieren, muss das Unternehmen ein „passendes" Arbeitsumfeld schaffen. Wie zuvor bereits thematisiert, ist es für motivierte Arbeitskräfte ein wichtiger Aspekt, sich mit ihrem Arbeitgeber bzw. dessen Handeln und Auftreten in der Gesellschaft identifizieren zu können. Die hohe Kunst für Unternehmen oder Organisationen ist nun, wie deren Informationen gezielt an die entscheidenden Zielgruppen adressiert werden können und von diesen aufgrund ihrer Attraktivität auch aufgenommen werden. Dies geschieht bei Bosch über eine Vielzahl zur Verfügung gestellter Medien. Die darin veröffentlichten Informationen werden so aufbereitet, dass sie von den angesprochenen Zielgruppen aufgenommen und verstanden werden. Im idealen Fall tragen sie dazu bei, eine hohe Reputation für das Unternehmen und den Stolz bei der Belegschaft über das Unternehmen, für das man arbeitet, zu generieren.

Literatur

Bosch Geschäftsbericht (2015)

Bosch Nachhaltigkeitsbericht (2015)

Schwager B, Schäpe J (2014) Technik fürs Leben – Nachhaltigkeit und Markenführung bei Bosch. In: Kirchhof A-K, Nickel O (Hrsg) CSR und Brand Management. Springer, Berlin, Heidelberg, S 95–102. doi:10.1007/978-3-642-55188-8

Bernhard Schwager studierte von 1980 bis 1985 Technische Chemie an der Fachhochschule Nürnberg. Zwischen 1985 und 2005 war er zuerst als Umweltschutzbeauftragter eines Werkes und später als Referent für die Unternehmensreferate Umweltschutz und Technische Sicherheit der Siemens AG tätig, anschließend wechselte er zur Robert Bosch GmbH. Im Mai 2006 wurde Schwager zum Präsidenten des Verbandes der Betriebsbeauftragten für Umweltschutz e. V. (VBU) und im Mai 2008 zum Obmann des Ausschusses Umweltmanagementsystem/Umweltaudit im deutschen Institut für Normung (DIN NAGUS) gewählt. Seit Januar 2009 hält er einen Master der Umweltwissenschaften. Schwager ist innerhalb der zentralen Kommunikationsabteilung als Leiter der Geschäftsstelle Nachhaltigkeit von Bosch tätig. In dieser Funktion ist er unter anderem Ansprechpartner für die verschiedenen Stakeholder-Gruppen und treibt Nachhaltigkeitsthemen voran. Dazu vertritt der Umweltwissenschaftler das Unternehmen in verschiedenen nationalen und internationalen Organisationen und Verbänden, wie B.A.U.M., VBU, FCI, GRI, GC, ISO, DIN, ecosense, BDI oder ZVEI.

Sodexo Group: Organisation und Ausrichtung der Internen CSR-Kommunikation

Jeannine Haberich und Franziska Hamma

1 Das Unternehmen Sodexo

Sodexo ist ein global tätiger Konzern mit Hauptsitz in Frankreich. Seine Leistungen fasst das Unternehmen unter dem Dach „Quality of Life Services" zusammen. In diesem Sinne ist Sodexo weltweit führender Anbieter von Lösungen zur Verbesserung der Lebensqualität im Alltag von Menschen. Im Bereich „On-site Services" zählen hierzu Dienstleistungen wie etwa Verpflegungskonzepte (z. B. Catering in Unternehmen, Krankenhäusern und Ausbildungseinrichtungen), Logistik-, Reinigungs- und Sicherheitsdienste sowie der Betrieb unternehmensinterner Kindertagesstätten oder die Errichtung und Bewirtschaftung von Gebäuden (Facility-Management). Kunden von Sodexo sind Wirtschaftsunternehmen, öffentliche Einrichtungen und Organisationen.

Es ist ebenso naheliegend wie wünschenswert, dass ein Unternehmen, das Lebensqualität als Leistungsversprechen an seine Geschäftspartner richtet, diese auch im Sinne einer ganzheitlichen Verantwortung gegenüber der Gesellschaft erhält und verbessert. Wie aber kann Corporate Social Responsibility (CSR) bei einem Arbeitgeber mit über 420.000 Mitarbeitern in 80 Ländern strategisch verankert, wirkungsvoll kommuniziert und praktisch umgesetzt werden?

J. Haberich (✉)
Brand & Communications, Sodexo Services GmbH
Eisenstr. 9a, 65428 Rüsselsheim, Deutschland
E-Mail: Jeannine.Haberich@sodexo.com

F. Hamma
Sodexo Services GmbH
Rüsselsheim, Deutschland

2 Die Basis: Werte und Wirkungsfelder als Wegweiser

Sodexo verfolgt seit der Gründung im Jahr 1966 durch Pierre Bellon die Unternehmensmission, die Lebensqualität der Menschen im Alltag zu verbessern und einen Beitrag zur nachhaltigen, wirtschaftlichen und sozialen Entwicklung von Gemeinden, Regionen und Ländern zu leisten. Sodexo definiert dabei Servicementalität, Teamgeist und Fortschritt als zentrale Werte für das Unternehmen. Die ethischen Grundsätze umfassen darüber hinaus Loyalität als gemeinsames Vertrauen, Respekt gegenüber den Mitmenschen, Chancengleichheit, Transparenz als konstante Lebenseinstellung sowie Integrität bei allen weltweiten Geschäftsaktivitäten. Nachhaltigkeit ist fester Bestandteil der Mission, Unternehmenswerte und ethischen Grundsätze. Folglich entwickelt und realisiert das Dienstleistungsunternehmen von Beginn an Strategien und Programme, die sowohl sozialen Aspekten als auch Umweltkriterien Rechnung tragen.

2.1 Globale Nachhaltigkeitsstrategie: Better Tomorrow Plan (BTP)

Um auch bei zunehmender Größe und Komplexität des Konzerns gewährleisten zu können, dass die CSR-Aktivitäten international zielgerichtet und wirksam durchgeführt werden, verankerte Sodexo im Jahr 2009 sein gesellschaftliches Engagement im „Better Tomorrow Plan" (BTP) – einer globalen Nachhaltigkeitsstrategie, in welcher der gemeinsame Weg zu nachhaltigem Fortschritt formuliert und als verbindliche Verantwortung für das weltweite Wirken festgehalten wird.

Der Plan umfasst vier Verantwortungsbereiche, die das Unternehmen für sich und seine Interessengruppen als maßgeblich definiert hat:

- *Personalentwicklung und Förderung von Vielfalt:* Investitionen in die Weiterbildung der Mitarbeiter auf allen Ebenen sind eine strategische Priorität für Sodexo. Alle zwei Jahre wird daher in 60 Ländern eine Umfrage mit dem Ziel durchgeführt, das Engagement der Mitarbeiter zu messen, wichtige Fortschrittsfaktoren zu bestimmen und Optimierungspläne aufzustellen. Außerdem sind Vielfalt und Inklusion wichtige Faktoren für den Erfolg des Unternehmens. Sodexo legt Wert auf eine ausgewogene Geschlechterverteilung, die Einbeziehung aller Altersgruppen, die Integration von Personen mit Behinderungen und den Respekt gegenüber ethnischer und kultureller Vielfalt sowie sexueller Orientierung und Geschlechteridentität.
- *Aktive Förderung von ausgewogener Ernährung, Gesundheit und Wohlbefinden:* Sodexo beeinflusst als Dienstleister die täglichen Essgewohnheiten von 75 Mio. Menschen. Deshalb sind Ernährungsberatung, ausgewogene Ernährung, Gesundheit und Wohlbefinden ein grundlegender Teil des Sodexo-Angebots und damit des Kerngeschäfts.
- *Unterstützung der Entwicklung von Gemeinwesen:* Das Geschäft von Sodexo ist lokal verwurzelt: 95 % der Mitarbeiter werden lokal angestellt und 80 % der Einkäufe bei lokalen oder regionalen Produzenten und Zulieferern getätigt. Sodexo unterstützt

Gemeinden beim sinnvollen Einsatz ihrer Ressourcen, insbesondere im Kampf gegen Hunger, Fehl- und Mangelernährung. Sodexo ist als Unternehmen weltweit in zahlreichen Entwicklungs- und Schwellenländern tätig: von Kolumbien, Brasilien und Peru über Namibia und Guinea bis hin zu Indien, Bangladesch und Vietnam.
- *Schutz der Umwelt:* Sodexo führt an den einzelnen Kundenstandorten Programme durch, die auf drei Schwerpunkte abzielen: umweltfreundlichen Einkauf, Senkung des Wasser- und Energieverbrauchs sowie Kampf gegen die Verschwendung von Lebensmitteln.

Daraus werden insgesamt 18 konkrete und kontrollierbare Handlungsverpflichtungen abgeleitet, die als Wegweiser zur Umsetzung von CSR-Themen in den kommenden Jahren dienen.

2.2 Drei Säulen für CSR-Kommunikation und -Umsetzung

Sodexo stellt seinen Nachhaltigkeitsplan auf drei strategische Säulen, die den notwendigen Rahmen für eine glaubwürdige Kommunikation und aktive Umsetzung liefern:

- WE ARE: Werte und ethische Grundsätze als Fundament des Unternehmens,
- WE DO: vier Prioritäten und 18 Handlungsverpflichtungen als Wegweiser für die Umsetzung von CSR-Maßnahmen,
- WE ENGAGE: Interessengruppen wie Mitarbeiter, Konsumenten, Kunden, Institutionen und Lieferanten für den Dialog und gemeinsames Handeln.

Während die Dimension WE ARE global die unternehmerische DNA verkörpert, können die Säulen WE DO und WE ENGAGE flexibel in den einzelnen Ländern auf die jeweiligen Anspruchsgruppen ausgerichtet und umgesetzt werden. Damit fixiert der Better Tomorrow Plan (Abb. 1) eine verbindliche CSR-Vereinbarung auf internationaler Ebene für die gesamte Unternehmensgruppe. Gleichzeitig bietet er Raum für die Anpassung an lokale Anforderungen, damit eine sinnvolle Umsetzbarkeit gewährleistet und nachhaltige Ergebnisse erzielt werden können.

3 Die Herausforderung für interne CSR-Kommunikation: Identifikation und Interaktion

CSR lebt nicht vom Reden, sondern davon, dass gehandelt wird. Dennoch und gerade deshalb spielt die Kommunikation eine Schlüsselfunktion dabei, den Mitarbeitern die Verantwortung des Unternehmens bewusst zu machen und ihnen die Themen so nahezubringen, dass sie diese aktiv aufgreifen und in persönliche Aktionen übersetzen.

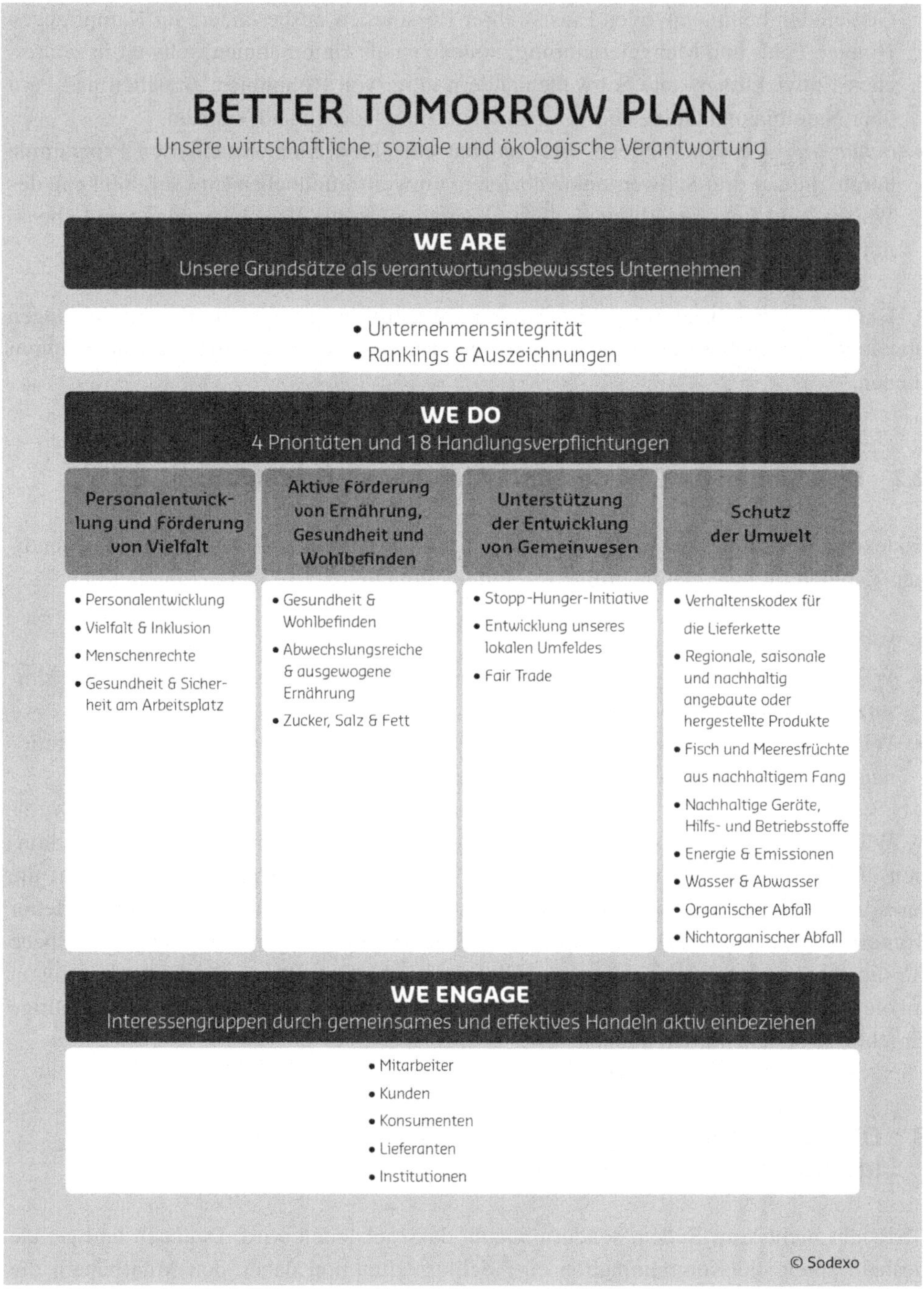

BETTER TOMORROW PLAN
Unsere wirtschaftliche, soziale und ökologische Verantwortung

WE ARE
Unsere Grundsätze als verantwortungsbewusstes Unternehmen

- Unternehmensintegrität
- Rankings & Auszeichnungen

WE DO
4 Prioritäten und 18 Handlungsverpflichtungen

Personalentwicklung und Förderung von Vielfalt	Aktive Förderung von Ernährung, Gesundheit und Wohlbefinden	Unterstützung der Entwicklung von Gemeinwesen	Schutz der Umwelt
• Personalentwicklung • Vielfalt & Inklusion • Menschenrechte • Gesundheit & Sicherheit am Arbeitsplatz	• Gesundheit & Wohlbefinden • Abwechslungsreiche & ausgewogene Ernährung • Zucker, Salz & Fett	• Stopp-Hunger-Initiative • Entwicklung unseres lokalen Umfeldes • Fair Trade	• Verhaltenskodex für die Lieferkette • Regionale, saisonale und nachhaltig angebaute oder hergestellte Produkte • Fisch und Meeresfrüchte aus nachhaltigem Fang • Nachhaltige Geräte, Hilfs- und Betriebsstoffe • Energie & Emissionen • Wasser & Abwasser • Organischer Abfall • Nichtorganischer Abfall

WE ENGAGE
Interessengruppen durch gemeinsames und effektives Handeln aktiv einbeziehen

- Mitarbeiter
- Kunden
- Konsumenten
- Lieferanten
- Institutionen

© Sodexo

Abb. 1 Der Better Tomorrow Plan von Sodexo mit seiner Dimension „We are" und den Säulen „We Do" und „We Engage". (Quelle: Better Tomorrow Plan: http://de.sodexo.com/home/unternehmensverantwortung/der-better-tomorrow-plan.html. Zugegriffen: 04. März 2016)

Sodexo beschäftigt über 420.000 Mitarbeiter weltweit, von denen 95 % im täglichen Kontakt mit Kunden und Konsumenten stehen. Sie alle sollen die gelebten Werte des Unternehmens nach außen verkörpern. Daher ist es von grundlegender Bedeutung, sie als überzeugte Botschafter für Nachhaltigkeitsthemen zu gewinnen. Wie kann CSR also erfolgreich international implementiert und dabei die Akzeptanz und Aktivierung jedes Einzelnen – vom Management bis zum Servicemitarbeiter – bewirkt und bestärkt werden?

3.1 Organisation der CSR-Kommunikation

Bei kleineren Unternehmen steht die Geschäftsführung mit den Mitarbeitern in direktem Kontakt, kann persönlich kommunizieren und Verantwortung glaubhaft vorleben. In einem großen internationalen Konzern müssen CSR-Themen hingegen für die einzelnen Zielgruppen aufbereitet werden und gezielt in Kommunikationskaskaden einfließen, die dafür sorgen, dass jeder erreicht und eingebunden wird.

Bei Sodexo ist CSR an der obersten Konzernspitze in Form eines Mitglieds im Direktionsausschuss angesiedelt, das zum Hauptverantwortlichen für den Bereich Nachhaltigkeit ernannt ist. Dieses Mitglied leitet ein internationales Steuerungskomitee, dessen Mitwirkende aus verschiedenen Ländern sowie unterschiedlichen Funktions- und Verantwortungsbereichen stammen und stetig an der übergeordneten CSR-Strategie und deren Prozessen arbeiten.

Das „Herz" sämtlicher Nachhaltigkeitsaktionen bildet die zentrale Projektleitung in Paris. Dieses elfköpfige Team ist primärer Ansprechpartner für sämtliche Länder, hilft bei der Entwicklung von CSR-Projekten und stellt die Kommunikationsmittel für einzelne Aktionen zur Verfügung. Diese werden in der Konzernzentrale in Paris entwickelt und im Anschluss auf Länderebene nach Bedarf sprachlich angepasst und eingesetzt. Zusätzlich konsolidiert das Team die Daten, die weltweit von unterschiedlichen Standorten geliefert werden, wertet sie aus und erstellt den jährlichen Nachhaltigkeitsbericht der Sodexo-Gruppe.

Internationale Arbeitsgruppen erarbeiten darüber hinaus konkrete CSR-Projekte. Dazu greifen sie auf Erfahrungswerte von den verschiedenen Sodexo-Standorten zurück und entwickeln Best-Practice-Beispiele, von denen wiederum alle Länder profitieren. Zudem überwachen diese Arbeitsgruppen, ob es beispielsweise im Bereich Ernährung verbesserte technische Produktionsverfahren, neue politische oder gesetzliche Entwicklungen, aktuelle Empfehlungen oder veränderte Ansprüche der Konsumenten gibt, und lassen diese in entsprechende Selbstverpflichtungen für Sodexo einfließen.

Für die Realisierung und Betreuung der CSR-Aktivitäten in den einzelnen Ländern und Regionen setzt Sodexo sogenannte BTP-Champions ein. Sie fungieren als Projektmanager und transportieren die Aktivitäten in die einzelnen Abteilungen vor Ort. Die BTP-Champions sind zudem für die Berichte an die Unternehmensgruppe verantwortlich.

Da CSR ein Querschnittsthema ist und sowohl ökonomische, ökologische als auch soziale Belange tangiert, erfordert eine Umsetzung von Nachhaltigkeit im Unternehmen die Kommunikation und Zusammenarbeit verschiedener interner Abteilungen und Funktionsträger. Aus diesem Grund integriert Sodexo neben den zentralen Nachhaltigkeitsbeauftragten in jeder Region zusätzlich Fachverantwortliche. Diese sind dafür zuständig, CSR-Themen in die Prozesse ihrer Abteilungen zu integrieren. Fachverantwortliche sind zum Beispiel Projektmanager aus dem Personalbereich, die auf Diversitätsthemen achten, Umweltspezialisten im Bereich Facility-Management oder Experten im Einkauf, die für eine nachhaltige Lieferkette verantwortlich sind.

Die Interne Kommunikation stellt dabei in den einzelnen Regionen und Ländern durch transparente und aktuelle Berichterstattung zu den Projekten in den internen Medien sicher, dass jeder Mitarbeiter seinen individuellen Beitrag zum Erfolg erkennt. So kann die Motivation des Einzelnen gesteigert werden, sich auch zukünftig zu engagieren.

Mit dieser Organisation gewährleistet Sodexo eine dynamische Weiterentwicklung der CSR-Strategie, die lückenlose Kommunikation bis zu jedem einzelnen Mitarbeiter sowie eine effektive Umsetzung einzelner CSR-Projekte inklusive eines Feedbackkanals als Basis einer fortlaufenden Optimierung.

3.2 Kanäle und Formate der Internen CSR-Kommunikation

Interne CSR-Kommunikation hat die Aufgabe, Beweggründe des Unternehmens zu erläutern und regelmäßig über relevante Themen und Fakten zu informieren. Darüber hinaus sollte sie für Mitarbeiter und Führungskräfte auch Kanäle, Formate und Möglichkeiten zum Dialog und zur aktiven Beteiligung bieten.

Sodexo setzt bei der Internen Kommunikation von CSR-Themen an die Mitarbeiter auf drei Kernelemente, um die Glaubwürdigkeit und Identifikation zu fördern:

- Sensibilisierung durch kontinuierliche Kommunikation.
- Glaubwürdigkeit und Identifikation durch Angebote und Aktionen zur Förderung der aktiven Beteiligung.
- Kommunikation positiver Erfolgserlebnisse unter Einbeziehung der Mitarbeiter.

Damit die Mitarbeiter regelmäßig mit CSR-Botschaften in Berührung kommen und aktiv eingebunden werden, integriert Sodexo diese Botschaften in bestehende Kommunikationsprozesse und -kanäle des Unternehmens. Interne Medien, über die CSR-Strategien, Programme und aktuelle Maßnahmen im Arbeitsalltag bei Sodexo transportiert werden, sind zum Beispiel:

Gedruckte Materialien

- Mitarbeitermagazin.
- Materialien im Rahmen einer Nachhaltigkeitskampagne für Mitarbeiter, wie z. B. Sticker in Gebäuden oder Poster, die zur Ressourceneinsparung aufrufen.
- Aushänge in den Betrieben.

Persönliche Kommunikation

- Betriebsbesuche[1] und Spendenboxen für die Unterstützung gemeinnütziger Aktivitäten in den einzelnen Betrieben, um die Diskussion vor Ort anzuregen.
- Schulungen zum konzernweiten Nachhaltigkeitsplan im Rahmen von Regional- und Betriebsleitermeetings[2].

Onlinekommunikation

- Digitales Mitarbeitermagazin, im Intranet abrufbar.
- Regelmäßige Blogbeiträge der Geschäftsführung im Intranet (Sodexo_Net).
- Versand von Newslettern.
- Social Media (Facebook, Twitter).
- Videoschulungen zu konkreten Themen.

Auf Basis einer regelmäßigen Erfolgskontrolle der bestehenden Kommunikationsmittel werden diese weiterentwickelt, für die Anspruchsgruppen angepasst und bei Bedarf um neue Kanäle erweitert.

3.3 Benchmarking und Botschafter im Rahmen der CSR-Kommunikation

Jährlich führt Sodexo eine Standortaufnahme durch, bei der direkt in den Betrieben Nachhaltigkeitsthemen und deren Umsetzungsstand abgefragt werden. Darauf basierend wird den Verantwortlichen vor Ort aufbereitetes Präsentationsmaterial zur Verfügung gestellt, mit dessen Hilfe sie ihre Ergebnisse mit Angestellten und Kunden besprechen können.

Zudem findet weltweit ein Austausch von Best Practices statt, der im Sinne eines internen Wettbewerbs Anreize schafft, sich als Abteilung, Betrieb oder Mitarbeiter zu bestimmten Themen aktiv und innovativ einzubringen.

Die Mitarbeiter werden im Rahmen der Kommunikation von CSR-Projekten regelmäßig einbezogen und übernehmen dann freiwillig eine Art Botschafterfunktion gegenüber den Kunden. Der CSR-Kommunikation folgt somit unmittelbar eine Aktion, die nach innen und auch nach außen gerichtet ist.

---

[1] Als *Betriebe* werden sämtliche Sodexo-Standorte bezeichnet, in denen von Sodexo-Mitarbeitern beim Kunden vor Ort Dienstleistungen erbracht werden. Dazu zählen beispielsweise Wirtschaftsunternehmen, Bildungseinrichtungen, Krankenhäuser, Pflegeeinrichtungen und Kindertagesstätten.
[2] Ein *Betriebsleiter* hat die Funktion eines Vorgesetzten im Betrieb beim Kunden vor Ort und ist damit zentraler Ansprechpartner sowohl für die operativen Sodexo-Mitarbeiter als auch für den Kunden.

4 Die Praxis: CSR und Interne Kommunikation am Beispiel Ressourcenschonung

Sodexo verpflichtet sich mit dem Better Tomorrow Plan, die Lebensqualität zu erhöhen und einen Beitrag zur ökonomischen, sozialen und ökologischen Entwicklung zu leisten. Dazu gehört auch, dort Abfall zu reduzieren, wo das Unternehmen tätig ist.

Nachfolgend wird aufgezeigt, wie Sodexo-Mitarbeiter im Bereich der Unternehmensgastronomie für das Thema „Ressourcenschonung" sensibilisiert sowie zu Botschaftern und Akteuren für Nachhaltigkeitsthemen des Unternehmens werden.

Das erste Beispiel skizziert dabei einen Ansatz, der die Ressourcenschonung wirksam und dauerhaft im Betriebsalltag integriert. Das zweite Beispiel erläutert eine aktionsbezogene Maßnahme, in der Mitarbeiter gemeinsam mit ihren Kunden zum nachhaltigen Handeln motiviert werden.

4.1 WasteWatch – Achtsamkeit und aktives Mitdenken im Alltag

Eine große Herausforderung bei der kontinuierlichen Einbeziehung von Mitarbeitern in CSR-Projekte ist es, die jeweiligen Nachhaltigkeitsthemen aktiv erlebbar zu machen. Ziele müssen für den Einzelnen greifbar und Ergebnisse sichtbar werden, damit das persönliche Engagement zunimmt.

Zur Reduzierung von Küchenabfällen im Arbeitsbetrieb setzt Sodexo in zahlreichen Betrieben das sogenannte WasteWatch-System ein. Bei dieser Initiative werden Lebensmittelabfälle in transparenten Behältnissen gesammelt, gemessen, dokumentiert und analysiert. Dadurch wird den Mitarbeitern auf einfache Weise täglich vor Augen geführt, wie viele und welche Lebensmittel verschwendet werden. Das schafft zunächst einmal ein Bewusstsein für die Thematik.

Die Betriebsleiter erhalten Unterstützung durch Ablaufpläne sowie Tipps für eine effiziente Durchführung der Initiative. Sie dokumentieren wöchentlich die Abfalldaten ihres Standorts in einem IT-gestützten Kennzahlentool und leiten daraus Kennzahlen ab, die eine umfangreiche Analyse ermöglichen. Zudem werden die Betriebsleiter dazu aufgerufen, gemeinsam mit ihren Teams Möglichkeiten zur Abfallreduzierung zu identifizieren und Verbesserungen für einen ressourcenschonenden Umgang mit Lebensmitteln zu erarbeiten. Dabei werden die Verantwortlichen zentral mit Empfehlungen und gesammelten Erfahrungen aus anderen Betrieben unterstützt. Über die Dokumentation im System können Fortschritte grafisch sichtbar gemacht und so für Teamtreffen oder Berichte an das Management und die Kunden anschaulich aufbereitet werden.

Damit bekommen die Mitarbeiter ein Instrument an die Hand, mit dessen Hilfe sie zum einen ihre Ergebnisse objektiv mit anderen Standorten vergleichen und in eine Art internen Wettbewerb treten können. Zum anderen können sie mit den grafischen Auswertungen ihre eigenen Erfolge intern wie extern professionell präsentieren. Und das tun sie zumeist stolz und gerne: Denn schon in den ersten zwei bis sechs Monaten nach Einführung des

WasteWatch-Systems werden in den Sodexo-Betrieben beachtliche Ergebnisse erzielt, die an einzelnen Standorten eine Ressourcenreduktion von bis zu 45 % erreichen.

4.2 WasteLESS Week – Mitarbeiter zu Botschaftern machen

Die „WasteLESS Week" ist eine fünftägige Kampagne, die Sodexo einmal jährlich weltweit in den Cateringbetrieben der Kunden durchführt. Die Initiative bietet eine Plattform, die Mitarbeiter, Kunden und Verbraucher gleichermaßen mit einfachen Mitteln auf die Verschwendung von Lebensmitteln, Energie und Wasser aufmerksam macht. Die Belegschaft soll sich eine Woche lang bewusst darauf konzentrieren, weniger Lebensmittelabfälle zu produzieren, erleben, wie einfach und wirksam das ist, und dann möglichst motiviert daran arbeiten. Die treibende Kraft, die diese Idee gemeinsam mit den Kunden und Gästen verwirklicht, ist die Belegschaft von Sodexo.

4.2.1 Zentrale Aufbereitung und Ablaufsteuerung

Die „WasteLESS Week" ist das Ergebnis einer zentralen Projektentwicklung der internationalen Arbeitsgruppen in Paris. Diese Arbeitsgruppen haben die Aufgabe, Handlungsverpflichtungen aus dem Better Tomorrow Plan in wirkungsvolle Maßnahmen zu übersetzen und so die Erreichung der Nachhaltigkeitsziele des Unternehmens voranzutreiben.

Unterstützt wird die jährliche Umsetzung der „WasteLESS Week" durch die zentrale Projektleitung, welche die zugehörigen Kommunikationsmaterialien erarbeitet und in einem Materialpool für sämtliche Länder zur Verfügung stellt. Die zuständigen BTP-Champions stellen sich aus diesem Angebot ein passendes Kommunikationsset für ihre Länder und Regionen zusammen und lassen dieses sprachlich für den eigenen Markt adaptieren.

4.2.2 Lokale Adaption und Akzeptanz

Erstes Etappenziel der Aktion ist es, möglichst viele Sodexo-Betriebe zu einer Teilnahme an der „WasteLESS Week" zu bewegen. Die besondere Herausforderung liegt darin, dass die Entscheidung letztendlich vom Kunden am jeweiligen Standort getroffen wird. Hier leisten die Sodexo-Mitarbeiter vor Ort Überzeugungsarbeit gegenüber dem Kunden.

Begeistern kann allerdings nur, wer selbst überzeugt und begeistert ist. Daher nutzt Sodexo die gesamte Bandbreite interner Kommunikationskanäle, um die Mitarbeiter im Vorfeld auf die Aktion aufmerksam zu machen und für die Initiative zu gewinnen. In geplanten Stufen wird die „WasteLESS Week" u. a. über das Mitarbeitermagazin, Artikel und Botschaften der Geschäftsführung im Intranet sowie bei Betriebsleiter- und Teammeetings angekündigt und mit ihren Zielen erläutert.

Zusätzlich unterstützt das zuständige Projektteam jeden Betriebsleiter durch aufbereitete Präsentationen, Informationsmaterialien und Tipps, mit deren Hilfe der Betriebsleiter sein Team und seinen Kunden möglichst einfach und effektiv für eine Teilnahme begeistern kann. In diesem Rahmen erhalten die Betriebsleiter auch einen Managerguide mit

Abb. 2a Plakatkampagne zur „WasteLESS Week 2015". (Kampagne WasteLESS Week: http://www.sodexo.com/en/home/corporate-responsibility/sustainable-development/wasteless-week.html. Zugegriffen: 04. März 2016)

Abb. 2b Plakatkampagne Weniger Papier im Büro: www.sodexo.com. Zugegriffen: 04. März 2016)

einer Anleitung dafür, wie die „WasteLESS Week" an den jeweiligen Standort angepasst und erfolgreich durchgeführt werden kann.

Es ist unverzichtbar für den Erfolg, dass die Aktion vom Betriebsleiter auf seine Mitarbeiter ausstrahlt. Nur so können alle Beteiligten die Initiative verinnerlichen, in ihrem Wirkungsbereich zielführend agieren und darüber berichten – z. B. die Servicekraft an der Ausgabetheke, die ihre Gäste nach der gewünschten Portionsgröße fragt, oder der Spülküchenmitarbeiter, dem auffällt, dass von bestimmten Beilagen große Mengen auf den Tellern zurückbleiben. Nur wenn der betreffende Mitarbeiter den Betriebsleiter auf solche Beobachtungen aufmerksam macht, kann dieser mit seinem Team Lösungen entwickeln, um die Lebensmittelverschwendung zu reduzieren.

Die konkreten Aktionen und Kommunikationsmaßnahmen für die „WasteLESS Week" planen die Sodexo-Mitarbeiter vor Ort gemeinsam mit ihren Kunden. Hierzu können sie sich zum einen individuell aus dem vorhandenen Materialpool bedienen, in dem Aktionsposter, digitale Anzeigen für Bildschirme, Apps, Tischaufsteller und andere Werbemittel zur Umsetzung der Kampagne in den Gastronomiebetrieben bereitliegen. Zum anderen können sie eigene Ideen entwickeln, wie z. B. ein Rätsel für die Restaurantgäste („Wie viele Kilogramm Lebensmittelreste wandern täglich in die Spülküche zurück?") oder einen Aufruf zur Ideenfindung, wie Ressourcen am Standort eingespart werden können. Die Ergebnisse werden während der Aktionswoche möglichst sichtbar an Pinnwänden in den Betrieben angebracht (Abb. 2).

Die Aktion lässt sich je nach Bedarf, Anzahl der beteiligten Mitarbeiter und Unterstützung durch den Kunden skalieren. So kann jeder Betrieb individuell ein Konzept umsetzen, das seine Bedürfnisse und Anforderungen berücksichtigt. Diese Umsetzungsmethode schafft Raum für Eigeninitiative und Kreativität der Teams vor Ort. Oftmals verbleiben Plakate und Aktionssticker mit Aufforderungen zur Ressourcenschonung auch nach der „WasteLESS Week" an den Standorten, sodass die Botschaften über den Aktionszeitraum hinaus wirken.

Die Ideen, Maßnahmen und Erfolge der einzelnen Standorte werden nach der Aktionswoche im Rahmen der Internen Kommunikation präsentiert, denn die „WasteLESS Week" soll neben ihrem Aufforderungs- und Aktionscharakter auch anerkennen und feiern, was mithilfe der Mitarbeiter weltweit bereits erreicht werden konnte. Von den so zusammengetragenen internationalen Beispielen können die Länder und Betriebe im folgenden Jahr erneut profitieren (Abb. 3).

WASTELESS WEEK – KENNZAHLEN
Stand: 26. August 2014

BETEILIGUNG	ANZAHL DER TEILNEHMENDEN BETRIEBE/VERWALTUNGS-STANDORTE (Schätzung)
37 Länder/Regionen Steigerung von 48 % gegenüber 25 teilnehmenden Ländern/Regionen im Jahr 2012	**5364 Standorte** Steigerung von 196 % gegenüber 1813 teilnehmenden Standorten im Jahr 2012

- Australien
- Österreich
- Brasilien
- Brasilien (Benefits & Rewards)
- Bulgarien (Benefits & Rewards)
- Kanada
- Chile
- Kolumbien
- Tschechische Republik
- Finnland
- Frankreich
- Frankreich (Hauptverwaltung)
- Deutschland
- Indien (Benefits & Rewards)
- Italien
- Madagaskar
- Malaysia
- Niederlande
- Niederlande (Remote Sites)
- Neukaledonien
- Peru
- Peru (Benefits & Rewards)
- Polen
- Rumänien
- Rumänien (Benefits & Rewards)
- Russland
- Slowakei
- Slowenien
- Südafrika
- Spanien
- Schweiz
- Thailand
- Großbritannien und Irland
- Großbritannien (Benefits & Rewards)
- Großbritannien (Remote Sites)
- USA
- USA (West)

© Sodexo

Abb. 3 Erfolgszahlen zur Teilnahme von Betrieben weltweit. Kampagne WasteLESS Week, Kennzahlen Betriebe: www.sodexo.com. Zugegriffen: 04. März 2016

5 Fazit: Erfolgsfaktoren für Interne CSR-Kommunikation im internationalen Konzern

Aus den skizzierten Beispielen von Sodexo lassen sich folgende Faktoren ableiten und zusammenfassen, die eine wirksame Interne Kommunikation und Umsetzung von CSR-Maßnahmen in einem internationalen Konzern begünstigen oder gar erst ermöglichen:

- **Orientierung:** Ein zentraler Nachhaltigkeitsplan, im Falle von Sodexo der Better Tomorrow Plan mit festgelegten Themen und konkreten Handlungsverpflichtungen, bildet die Basis dafür, dass lokale CSR-Maßnahmen innerhalb des internationalen Konzerns zielorientiert ausgerichtet werden können. Er dient als Wegweiser für das Handeln und bildet gleichzeitig das Dach für eine ganzheitliche, glaubwürdige und synergetische CSR-Kommunikation im gesamten Unternehmen.
- **Organisation:** CSR-Verantwortung und -Kommunikation müssen als zentrale Bausteine aktiv in die Unternehmensorganisation eingebettet werden, damit eine lückenlose und zielgruppenadäquate Kommunikationskaskade von der strategischen Spitze bis hin zu jedem einzelnen Mitarbeiter an jedem Standort gewährleistet werden kann.
- **Kontinuität:** Sodexo setzt auf eine Kombination aus kontinuierlicher Kommunikation der CSR-Themen im Arbeitsalltag (vgl. WasteWatch Abschn. 4.1) und punktuellen Aktionen, die ausgewählte Themen über einen begrenzten Zeitraum in den Fokus rücken (vgl. WasteLESS Week Abschn. 4.2). Das schafft neben der steten Sensibilisierung für Nachhaltigkeitsthemen wirkungsvolle Plattformen, die schnell sichtbare Ergebnisse liefern und sich für aufmerksamkeitsstarke und aktivierende Kampagnen der Internen Kommunikation nutzen lassen.
- **Motivation:** Man kann Mitarbeiter dazu verpflichten, Verantwortung zu übernehmen und Aktionen umzusetzen. Damit sie aber freiwillig zu überzeugten Botschaftern nach innen und außen werden, sollten sie durch die Interne Kommunikation mit Maßnahmen und Materialien unterstützt werden, die es ihnen so einfach wie möglich machen, ihre Initiativen und Ergebnisse effektvoll umzusetzen und zu kommunizieren. So wird gefördert, dass persönliches Engagement möglichst direkt mit Erfolgserlebnissen verbunden ist – sei es die geglückte Überzeugung des eigenen Kunden zur Kooperation oder die unternehmensinterne, anerkennende Veröffentlichung von umgesetzten Aktionen eines Teams. Die Mitarbeiter entdecken auf diese Weise die Freude am Mitmachen, können sich anhand ihres nachhaltigen Handelns profilieren und werden selbst zu Botschaftern nach innen und außen.

Jeannine Haberich arbeitet seit mehr als neun Jahren für Sodexo im Bereich der Kommunikation. Zu Beginn war sie für die Interne Kommunikation verantwortlich, bevor sie als Manager Communications tätig wurde. Mitte 2014 übernahm sie die Gesamtverantwortung für die DACH-Region. Mit mehr als 15 Jahren Berufserfahrung in der Kommunikationsbranche ist sie ein versierter Profi für die interne und externe Kommunikation in

Disziplinen wie PR, Communications, Krisenmanagement und Unternehmensimage. Frau Haberich studierte an der Fachhochschule Wiesbaden Betriebswirtschaft mit Schwerpunkt Marketing.

Seit Dezember 2015 ist **Franziska Hamma** als Leitung Nachhaltigkeit für die Steuerung und die Implementierung der Nachhaltigkeitsaktivitäten bei Sodexo in der DACH-Region zuständig. Franziska Hamma begann ihre Karriere bei Sodexo im März 2010 als Mitarbeiterin im Qualitätsmanagement der U.D.O. GmbH, eines gemeinsamen Unternehmens von Sodexo und dem Universitätsklinikum Tübingen. Frau Hamma absolvierte an der Hochschule Albstadt Sigmaringen den Studiengang Lebensmittel, Ernährung, Hygiene mit den Schwerpunkten Qualitätsmanagement und Lebensmittel- und Hygienetechnologie. Frau Hamma ist TÜV-geprüfte Nachhaltigkeitsmanagerin.

MICE Portal GmbH: Organisation und Ausrichtung der Internen CSR-Kommunikation

Sophie von Brühl

1 Die MICE Portal GmbH und die Entwicklung hin zur Nachhaltigkeit

Im Jahr 2000 wurde die MICE Portal GmbH als klassische Veranstaltungsagentur in Attenkirchen nahe München von Josephine Gräfin von Brühl gegründet. Mit der Digitalisierung verabschiedete sich die Firma allerdings mehr und mehr vom klassischen Eventmanagement und entwickelte sich zu einem der führenden Softwareanbieter für den Onlineveranstaltungseinkauf. Obwohl das Unternehmen schon seit seiner Gründung sehr familiär und von daher werteorientiert geführt wurde, hat es sich dem Thema „Nachhaltigkeit" erst im Jahr 2014 bewusst gewidmet. Dabei stellte sich recht zügig heraus, dass sich eine nachhaltige Unternehmensführung auf sämtliche Abläufe in der Firma auswirkt und eine weite Bandbreite an Folgen nach sich zieht. Um dem Spektrum der Anforderungen gerecht zu werden, wurde im Januar 2015 Sophie von Brühl als CSR-Beauftragte in der MICE Portal GmbH angestellt.

Ziel des Betriebes ist eine Unternehmensführung nach der integrativen Wirtschaftsethik von Peter Ulrich (2008), nach der jede Handlung, die innerhalb der Firma stattfindet oder von ihr ausgeht, moralisch legitim sein muss (Ulrich 2008, S. 450). Dadurch genießen die Mitarbeiter einen zentralen Stellenwert in der Wertehierarchie des Unternehmens und werden nicht als bloßes Mittel zum Zweck der Gewinnmaximierung angesehen. Vielmehr sollen die Angestellten einen Sinn in ihrer Tätigkeit finden und ihre Zeit dort sowohl aktiv als auch gerne verbringen.

Aus diesem Grund verfolgt die CSR-Strategie einen partizipativen Ansatz und bezieht die Mitarbeiter aktiv bei der Gestaltung mit ein. Somit kommt der CSR-Beauftragten eher die Rolle einer Koordinatorin und Impulsgeberin zu. Vor diesem Hintergrund wurde schon Anfang 2015 das sogenannte CSR-Meeting eingeführt. Hierzu treffen sich Vertreter aller

---

S. von Brühl (✉)
MICE Portal GmbH
Hauptstrasse 22a, 85395 Attenkirchen, Deutschland

© Springer-Verlag GmbH Deutschland 2017
R. Wagner et al. (Hrsg.), *CSR und Interne Kommunikation*,
Management-Reihe Corporate Social Responsibility, DOI 10.1007/978-3-662-52871-6_23

Standorte und Abteilungen in regelmäßigen Abständen und beraten sich über wahrgenommene Missstände und mögliche Lösungswege. Da das Unternehmen aber gerade im Jahr 2015 einen beachtlichen Wachstumsschub erlebte, traten gleichzeitig mit der Fokussierung der Nachhaltigkeit einige Umstrukturierungsmaßnahmen auf den Plan. Die Mittel der Internen Kommunikation, die zuvor genutzt worden sind, kamen dabei an ihre Grenzen und so handelt das folgende Fallbeispiel nicht von der Vermittlung CSR-relevanter Themen in der Mitarbeiterkommunikation, sondern viel eher von der Wichtigkeit der Internen Kommunikation für eine integre Unternehmensführung.

Mit dem Wachstumsschub der MICE Portal GmbH drängte sich durch die vielen Veränderungen auch eine Verbesserung der Internen Kommunikation auf. Doch bevor auf diese im folgenden Fallbeispiel genauer eingegangen wird, wird zunächst die Ausganssituation der Internen Kommunikation skizziert, um die Entwicklung besser nachvollziehen zu können.

2 Der Beitrag der Internen Kommunikation zur integrativen Unternehmensführung

Nach der integrativen Wirtschaftsethik sind die Angestellten eines Betriebes das wesentliche Humankapital, von dem der Erfolg der Umsetzung der angestrebten Unternehmensethik abhängt (Ulrich 2008, S. 465 f.). In diesem Sinne lehnt die MICE Portal GmbH eine hierarchische Unternehmensführung, bei der die Angestellten als reine Befehlsempfänger fungieren, ab und strebt eine diskursethische Unternehmensführung unter aktiver Beteiligung der Mitarbeiter an. Die Interne Kommunikation ist ein existenzielles Werkzeug hierfür, ohne das der angestrebte Führungsstil nicht möglich ist, und trägt auf folgenden drei Wegen dazu bei.

2.1 Identifikation

Damit Unternehmensethik in der Praxis auch tatsächlich gelebt wird, ist es zwingend notwendig, dass sie in der Corporate Identity der Firma verwurzelt ist und sich alle Mitarbeiter mit ihr identifizieren. Dabei wird sich in diesem Beitrag auf die verhaltenstechnische Komponente des Begriffes „Corporate Identity" beschränkt, welcher die Gesamtheit „spezifischer Werthaltungen, Ziele, Denk- und Handlungsweisen sowie Strukturen, durch deren strategische Nutzung sich ein Unternehmen im Markt und in der Gesellschaft positioniert" (Hubbard 2004, S. 94), umfasst. Basierend auf der Annahme, dass die Ausprägungen der Corporate Identity gerade bei kleinen Unternehmen sehr stark mit dem Ethos der Unternehmensführung verbunden sind, ergeben sich für die praktische Umsetzung der Moral im Geschäftsleben zwei Möglichkeiten.

Möglichkeit 1 Die Geschäftsführung entwickelt eine CSR-Strategie, deren Umsetzung überwiegend durch Compliance-Richtlinien und top-down erfolgt. Dies setzt eine persönliche Identifikation mit den Werten des Unternehmens nicht unbedingt voraus. Hierdurch werden die Angestellten in die Position von Befehlsempfängern versetzt, die durch regelkonformes Verhalten ihren Anforderungen gerecht werden. Interne Kommunikation wird in diesem Fall, beispielsweise durch Compliance-Kataloge, zur reinen Informations- bzw. Befehlsübermittlung gebraucht. Hierdurch wird eine persönliche Identifikation mit den Werten des Unternehmens überflüssig.

Möglichkeit 2 Die Reflexion über und Verantwortung für moralisches Geschäftsverhalten werden neben der Geschäftsleitung auf alle Angestellten übertragen. Hierdurch ist jeder Mitarbeiter zu eigenverantwortlichem Handeln im Rahmen der durch die Corporate Identity vorgegebenen ethischen Leitlinien verpflichtet. Die Interne Kommunikation muss in diesem Fall die zugrunde liegenden Werte derart vermitteln, dass sie jedem Beschäftigten als Handlungsrichtlinien bewusst sind (Ulrich 2008, S. 479 f.).

Da Möglichkeit 2 der Unternehmensethik der MICE Portal GmbH entspricht, ist es notwendig, dass die Firmenphilosophie derart an die Angestellten herangetragen wird, dass diese sich mit ihr identifizieren und sie folglich leben können. Sie soll die Basis für ein „Wirgefühl" bilden, das als Herzstück der Belegschaft ein zielgerichtetes Zusammenarbeiten ermöglicht.

2.2 Information

In Bezug auf die Information wird die Interne Kommunikation als Hygienefaktor wahrgenommen, dessen Qualität direkte Auswirkungen auf die Mitarbeitermotivation hat. Dies betrifft sowohl allgemeine Informationen, wie die Unternehmensvision oder aktuelle Vorhaben des Betriebes, als auch Detailinformationen über Arbeitskreisläufe. Denn nur wenn die Angestellten ausreichend Informationen über die Unternehmens- sowie Abteilungsziele und die Verquickung der Arbeitsabläufe in der gesamten Firma besitzen, können sie den Sinn ihrer Arbeit erkennen, eigenmächtig reflektieren und so zu Verbesserungen beitragen. Werden den Beschäftigten diese Informationen jedoch vorenthalten, fällt es ihnen schwerer, sinnvolle, eigenmächtige Beiträge zur Arbeitsgestaltung zu leisten. Hierdurch entsteht eine Diskrepanz zwischen der Erwartungshaltung des Unternehmens und den Möglichkeiten der Arbeitnehmer, dieser Erwartung gerecht zu werden. In diesem Fall ist mit der baldigen Einstellung von Unzufriedenheit zu rechnen.

2.3 Motivation

Da „der innere Antrieb menschlichen Handelns im Streben nach der Erfüllung von Zielen besteht" (Richter 1989, S. 170), liegt nach Auffassung der MICE Portal GmbH der Motor für die Mitarbeitermotivation in der Anerkennung der individuellen Beiträge zur Gestaltung der Arbeitsabläufe. Aus diesem Grund werden beispielsweise abteilungsinterne Workshops veranstaltet, zu denen sich alle Teammitglieder eines Zuständigkeitsbereiches für mehrere Tage an einem Ort zusammenfinden. Dort arbeiten diese dann gemeinsam an der Verbesserung bereits bestehender Prozesse, die im Vorhinein als mangelhaft aufgefallen sind.

Der integrativen Unternehmensethik entsprechend gehen die Führungskräfte der MICE Portal GmbH davon aus, dass durch äußere Zwänge nicht mehr als Dienst nach Vorschrift erreicht werden kann (vgl. Ulrich 2008, S. 14). So wird davon abgesehen, die Angestellten durch strikte Rahmenbedingungen zu einer möglichst hohen Leistungsbereitschaft zu treiben. Dem entgegengesetzt investiert die Geschäftsführung in ein Arbeitsklima, in dem die Beschäftigten von sich aus über ihre vorgeschriebenen Pflichtaufgaben hinaus mitdenken und ihre Arbeitsleistung durch sogenannte freiwillige, vertraglich nicht festgesetzte Komponenten ergänzen. Dabei kann es sich beispielsweise um die Sorgfältigkeit handeln, mit der vorgegebene Aufgaben erledigt werden oder um kooperatives Verhalten den Kollegen gegenüber. Hierdurch wird nicht nur das tägliche Miteinander im Unternehmen verbessert, sondern die Leistung langfristig gesteigert, wodurch sich auch die Gewinnaussichten maximieren.

Für die Umsetzung der eben geschilderten Motivationsstrategie spielt die Interne Kommunikation eine wesentliche Rolle. So ist die aktive Einbringung in die Gestaltung der Arbeitsabläufe ohne eine funktionierende Verständigung und umfassende Informationen über geschäftsinterne Ziele und Zusammenhänge schlichtweg nicht möglich (Stehle und Mücke 2009).

3 Praxisfall: Vernachlässigung der Internen Kommunikation während der Wachstumsphase des Unternehmens

3.1 Interne Kommunikation vor dem Firmenwachstum

Interne Kommunikation war in der MICE Portal GmbH bis zur Eröffnung einer Zweitniederlassung in Berlin im Oktober 2014 kein Thema, da sie aufgrund ihres Funktionierens schlichtweg nicht wahrgenommen wurde. Bewusst war man sich höchstens über den formellen Teil der Mitarbeiterkommunikation, der durch ein täglich stattfindendes Morgenmeeting, dem sogenannten Speedmeeting, mit anschließendem Protokoll abgedeckt war.

Dieser glückliche Umstand ist wohl darauf zurückzuführen, dass sich das Arbeitsleben in der MICE Portal GmbH vor ihrem Wachstumsschub jahrelang an nur einem Standort abgespielt hat und das Team aus sehr vielen, langjährigen Mitarbeitern bestand. Darüber hinaus stammt ein Großteil der Angestellten aus dem näheren Umkreis des Firmensitzes, wodurch auch der kulturelle Hintergrund der Belegschaft sehr homogen war. All diese Umstände führten zu einer sehr familiären Arbeitsatmosphäre und einem starken Zusammengehörigkeitsgefühl.

In diesem fruchtbaren Umfeld waren das Speedmeeting und dessen Protokoll völlig ausreichend, da der Großteil der Mitarbeiterkommunikation reibungslos über informelle Wege ablief. So wurden ausführlichere Erklärungen oder die Weitergabe wichtiger Informationen oft über den Flurfunk übermittelt, der seine Aufgabe durchaus zuverlässig erledigte. Solange sich das gesamte Firmenleben folglich in nur einer Niederlassung abspielte, regelte sich die Mitarbeiterkommunikation hauptsächlich auf informellen Wegen. Da die Interne Kommunikation lange Zeit problemlos funktionierte, wurde sie nicht in die strategischen Planungen miteinbezogen. So machte sie erst während des Wachstums durch ihr Fehlen und die dadurch entstandenen Probleme auf sich aufmerksam.

3.2 Wachstum ohne Interne Kommunikation

Die Notwendigkeit, sich mit Interner Kommunikation auseinanderzusetzen, drängte sich erst im Laufe des Jahres 2015 mit dem stetigen Wachstum des Personals, von 30 Mitarbeitern im September 2014 auf heute 55 Angestellte, auf. Seit diesem Zeitpunkt wurden nacheinander drei neue Niederlassungen in Berlin, Bonn und Hamm eröffnet, wodurch die informelle hausinterne Kommunikation am Standort Attenkirchen nicht mehr ausreichte.

Des Weiteren gingen mit dem Wachstum der Firma auch zwingend strukturelle Veränderungen einher, welche zu einer Neuverteilung der Aufgabengebiete und veränderten Abteilungszusammensetzungen führten. Somit waren die Angestellten nicht nur mit ungewohnten Aufgaben und Kollegen konfrontiert, sondern auch das erste Mal veranlasst, über mehrere hundert Kilometer hinweg im Team zusammenzuarbeiten. Folgendermaßen verwundert es nicht, dass hierdurch jeder einzelne über das normale Arbeitsvolumen hinaus gefordert war und naturgemäß Spannungen auftraten.

Die Interne Kommunikation bündelte sich zu diesem Zeitpunkt hauptsächlich im täglichen Speedmeeting, an dem, anstatt ein Vertreter pro Abteilung, sämtliche neue Mitarbeiter teilnahmen, wodurch es überfüllt und unstrukturiert wurde. Dies ist vermutlich darauf zurückzuführen, dass die Stammbelegschaft des Unternehmens seit Jahren daran gewöhnt war, wirklich wichtige Informationen mündlich und vorzugsweise „face to face" weiterzugeben. Das morgendlich stattfindende Meeting bot den einzigen Rahmen, in dem alle Angestellten abteilungsübergreifend in einem relativ zwanglosen Rahmen Informationen austauschen konnten. Nur so lässt es sich erklären, dass die anderen zur Verfügung stehenden Medien, wie beispielsweise ein interner Chat, Mailings oder Telefonkonferenzen, nur unzureichend genutzt wurden.

Da die Interne Kommunikation hinter den strukturellen Entwicklungen zurückblieb, war keine ordentliche Vernetzung zwischen Arbeitskollegen an verschiedenen Standorten gewährleistet, die in den meisten Fällen noch nicht einmal persönlichen Kontakt zueinander hatten. Die Vernachlässigung der Mitarbeiterkommunikation bereitete einen Nährboden, auf dem Missverständnisse sehr schnell zu gegenseitigem Misstrauen wachsen konnten.

Das vorhandene Misstrauen und die Tatsache, dass ein persönlicher Kontakt zwischen alten und neuen Mitarbeitern fehlte, führte zu weiteren Schwierigkeiten bei der Neuzusammensetzung der Teams. So herrschte bei den Stammangestellten beispielsweise Unklarheit über die genauen Tätigkeiten der Mitarbeiter an anderen Standorten. Dies führte dazu, dass die Notwendigkeit ihrer Stellen und somit auch das Firmenwachstum an sich angezweifelt wurden.

4 Auswirkungen der mangelnden Mitarbeiterkommunikation auf das Arbeitsleben

Im Folgenden wird geschildert, inwiefern sich die mangelnde Weiterentwicklung der Internen Kommunikation auf die Kernelemente der Unternehmensethik (Identifikation, Information und Motivation) auswirkten und welche Maßnahmen vom Unternehmen ergriffen wurden, um das ehemalige Gleichgewicht wiederherzustellen.

4.1 Identifikation der Belegschaft durch Interne Kommunikation

Wie zuvor schon beschrieben, hat sich die Belegschaft der MICE Portal GmbH innerhalb eines Jahres beinahe verdoppelt und sich von einem auf vier Standorte, die sich regional über ganz Deutschland verteilen, ausgedehnt. Während dieses Vorganges war die Bedeutung einer funktionierenden Mitarbeiterkommunikation keinem der Beteiligten bewusst, wodurch diese unter all den Herausforderungen, die solch ein Wachstum mit sich bringt, vernachlässigt worden ist. So war auch niemandem bewusst, dass die Interne Kommunikation hauptsächlich auf informellen Wegen innerhalb des Firmengebäudes in Attenkirchen ablief und sehr stark von der dortigen, ehemaligen Betriebsidentität und dem daraus resultierenden Wirgefühl abhing.

Das fehlende Bewusstsein über das starke Zusammengehörigkeitsgefühl in der Hauptniederlassung führte mit der Vernachlässigung der Internen Kommunikation im Folgenden dazu, dass neue Mitarbeiter mit einer seit vielen Jahren gut funktionierenden Gruppe und somit einem bestehenden, aber fremden Kollektivbewusstsein konfrontiert wurden. Verstärkt wurde das Problem dadurch, dass die Stammbelegschaft relativ unverändert in Attenkirchen bestehen blieb, wodurch die hinzugekommenen Mitarbeiter auch räumlich von ihr abgeschnitten waren. Das Gemeinschaftsgefühl des ursprünglichen Teams konnte sich folglich nicht auf die anderen Standorte ausdehnen, welche begannen sich selbst in Abgrenzung zum Hauptsitz zu definieren.

Da die integrative Unternehmensführung der MICE Portal GmbH jedoch grundlegend auf ein gemeinsames Kollektivbewusstsein und das daraus resultierende Wirgefühl angewiesen ist, kam es bald zu Unsicherheiten und Problemen.

Das Unternehmen stand folglich vor der dringenden Herausforderung, seine „ideelle Identität" (Glöckler 1995, S. 14) durch eine verbesserte Interne Kommunikation auf alle Angestellten zu übertragen.

Hierfür ist es zum einen notwendig, die Werte, die der Attenkirchener Corporate Identity zugrunde liegen, in klare Worte zu fassen und formal zu kommunizieren.

Dies erfolgte in der Praxis auf drei Wegen. Zum einen wurden die Werte in einem internen Dokument zusammen mit der Unternehmensvision und den Unternehmenszielen festgeschrieben, welches vor allen Mitarbeitern vorgestellt und erläutert wurde. Darüber hinaus wurden im Laufe des Jahres 2015 allgemeine Betriebsregeln erarbeitet, die die Wertehaltung des Unternehmens in der Praxis widerspiegeln. Diese Regeln dienen als Handlungsleitfaden für den Alltag und werden auf Anmerkungen der Mitarbeiter sowie durch das Auftreten neuer Präzedenzfälle kontinuierlich überarbeitet, wobei alle Angestellten über jegliche Änderung informiert werden. Beide Dokumente sind so auf dem internen Laufwerk abgelegt, dass sie für jeden Beschäftigten jederzeit abrufbar sind. Darüber hinaus ist der Wertekodex der MICE Portal GmbH und dessen Auswirkungen auf das Arbeitsleben seit dem Jahr 2016 auch Bestandteil der Abteilungsworkshops, von denen zuvor berichtet wurde.

Zum anderen bedarf eine gelungene Kommunikation der stringenten Widerspiegelung der Unternehmensphilosophie im täglichen Arbeitsleben. Darüber hinaus sind derzeit Teambuilding-Maßnahmen in Planung, um die schriftlich festgehaltene Unternehmensvision mit Leben zu füllen. Hierbei soll, da die teamstärkende Funktion der informellen Kommunikation im Unternehmen sehr geschätzt wird, der Flurfunk als Hauptmedium bestehen bleiben. Zwar wird auch stetig an der Verbesserung der formalen Kommunikationskanäle gearbeitet, diese werden aber in Bezug auf die Vermittlung der Corporate Identity nur als sekundäres Medium betrachtet.

4.2 Informationsfunktion der Internen Kommunikation

Die von der MICE Portal angestrebte, integrative Unternehmensführung sieht eine aktive Beteiligung und Mitgestaltung des Arbeitslebens durch die Beschäftigten vor. Hierfür ist die Information der Mitarbeiter über die Unternehmensvision, die Ziele der Firma und der eigenen Abteilung sowie über ihre Rolle im Wertschöpfungskreislauf essenziell, da sie sich ohne dieses Wissen nicht einbringen können. In diesem Fall wird die Interne Kommunikation als essenzieller Faktor betrachtet, der bei Funktionieren dafür sorgt, dass sämtliche Angestellte über alle Informationen verfügen, um eigenständig und aktiv am Arbeitsleben teilnehmen zu können. Für Mitteilungen mit reinem Informationscharakter nutzt die Geschäftsführung schwerpunktmäßig formelle Kommunikationskanäle, welche sodann durch das informelle Netzwerk weitergetragen werden sollen.

Mit den Herausforderungen, die durch das Firmenwachstum zu neuen Strukturen führten, haben sich auch die Wege der formellen Verständigung gewandelt. So existiert heute neben dem Speedmeetingprotokoll auch ein Blog, damit sich jeder Angestellte ein Gesamtbild der aktuellen Vorgänge im Unternehmen machen kann. Für die Bereitstellung von genauen Informationen zu bestimmten Arbeitsabläufen und Besonderheiten bei einzelnen Kunden steht schon seit Langem eine im Portal integrierte, jedoch nur intern sichtbare virtuelle Pinnwand bereit, über die sich die Angestellten Hinweise und Ratschläge zu konkreten Buchungsvorgängen geben können. Diese Pinnwand hat in ihrer Nützlichkeit auch während des Wachstums nichts eingebüßt und erweist sich nach wie vor als sehr nützlich. Mit der Vergrößerung der Firma zeigte sich jedoch, dass für die Vermittlung von grundlegenden Arbeitsstrukturen und Abläufen in mehrere Standorte ein weiteres Informationsmedium nötig ist, welches das reibungslose Funktionieren der überregionalen Zusammenarbeit gewährleistet. Aus diesem Grund entstehen derzeit zusätzlich abteilungsspezifische „Wikis" (in Anlehnung an Wikipedia), auf denen die Mitarbeiter eigenständig Arbeitsabläufe sowie Tipps und Tricks bereitstellen. Jeder Mitarbeiter kann auf diese Wikis zugreifen, neue Beiträge erstellen oder bereits existierende Artikel bearbeiten und ergänzen.

Trotz der Priorisierung formeller Kommunikationskanäle für die interne Wissensvermittlung darf nicht übersehen werden, dass nach der integrativen Unternehmensführung auch diese auf ein starkes Wirgefühl und den daraus resultierenden Willen, andere Mitarbeiter zu unterstützen, angewiesen ist (Ulrich 2008, S. 475). Das heißt, dass die erwünschte diskursive formelle Kommunikation nicht ohne die oben beschriebene informelle Kommunikation funktionieren kann. So verzichtet die Geschäftsleitung darauf, Arbeitsanweisungen vorzugeben, sondern arbeitet beispielsweise mit den eben beschriebenen Wikis. Sie stellt den Arbeitnehmern folglich Plattformen bereit, auf denen Arbeitsabläufe sowie Tipps und Tricks von den Angestellten selbst festgehalten und redigiert werden. Nur durch ein gelingendes soziales Gefüge kann gewährleistet werden, dass die Mitarbeiter die Wikis stetig aktualisieren und sich somit über Arbeitsabläufe austauschen und Tipps für andere hinterlegen.

Darüber hinaus sorgt eine starke Identifikation mit dem Unternehmen und der Belegschaft dafür, dass die Mitarbeiter sich eigenständig über private Belange informieren, sodass auf diese Rücksicht genommen werden kann. So verteilt sich das Arbeitsvolumen automatisch optimal auf die zur Verfügung stehenden Kapazitäten der Angestellten.

Es ist folglich zu erkennen, dass eine integrative Unternehmensführung ohne informelle Informationskanäle, die durch soziale Beziehungen entstehen, nicht umsetzbar ist. Aus diesem Grund werden die Beibehaltung und Ausweitung des Flurfunks von der MICE Portal GmbH fokussiert, welche nun vor der Herausforderung steht diesen auf alle vier Standorte auszubreiten.

4.3 Motivation durch Interne Kommunikation

Die Arbeitsmotivation der Angestellten dient als Messinstrument für die Qualität der Internen Kommunikation, da sie sich direkt im Unternehmenserfolg widerspiegelt (Richter 1989, S. 171 ff.). Da die Verbesserungsmaßnahmen der Internen Kommunikation in der

MICE Portal GmbH noch nicht abgeschlossen sind, wird mit einer Messung ihrer Auswirkung auf die Mitarbeitermotivation wohl noch bis Ende 2016 gewartet. Allerdings macht sich das Unternehmen durch seine integrative Unternehmensführung von der Partizipation der Angestellten abhängig, wodurch deren Motivation durchaus zutage tritt. So hängt das Ergebnis der Wertschöpfungskette wesentlich von der umfassenden Information der Belegschaft sowie deren Annahme der Corporate Identity ab.

Demzufolge müssten die sich oben genannten Probleme in der Internen Kommunikation, wie die mangelnde Übertragung der Corporate Identity oder auch fehlende Informationen über die Unternehmensvision sowie bestimmte Arbeitsabläufe, durch sinkende Motivation negativ auf die Umsatzzahlen auswirken. In der Praxis überrascht die Belegschaft jedoch durch hohe Motivation. Gerade die neuen Mitarbeiter glänzen in vielen Fällen durch Anpassungsfähigkeit und guten Willen. Dies ist wohl darauf zurückzuführen, dass die Unternehmensführung deutlich sichtbare Anstrengungen zur Lösung der aktuellen Probleme erkennen lässt.

Wenn sich der derzeitige Wille zur Verbesserung allerdings nicht durch konkrete Veränderungsprojekte als glaubwürdig erweist, ist bald mit einer weitaus geringeren Motivation der Mitarbeiter zu rechnen. Aus diesem Grund steht die MICE Portal GmbH nun vor der Herausforderung, durch Verbesserungen der Internen Kommunikation das Gemeinschaftsgefühl von der Zentrale auf alle Firmenstandorte auszudehnen, damit sich unter anderem auch der derzeit noch stark standortgebundene Flurfunk auf alle Mitarbeiter gleichermaßen ausweiten kann. Diesbezüglich werden gegenwärtig schon einige Maßnahmen ergriffen. So finden beispielsweise Abteilungsmeetings statt, bei denen alle Mitarbeiter eines Arbeitsbereiches an einem Ort zusammenkommen, um fachlich über strukturelle Abläufe zu diskutieren und sich persönlich kennenzulernen. Darüber hinaus fand im Januar 2016 eine gemeinsame Kick-off-Veranstaltung statt, bei der alle Angestellten ein Wochenende zusammen auf einer Hütte in den Alpen verbrachten, um das gegenseitige Kennenlernen zu erleichtern. Zudem wird das sogenannte Firmenerasmus, bei dem die Beschäftigten für eine gewisse Zeit von einer anderen Niederlassung aus arbeiten, aktiv von der Geschäftsleitung gefördert.

5 Fazit

Abschließend zeigt sich, dass die MICE Portal GmbH aufgrund ihrer integrativen Unternehmensführung entscheidend auf eine funktionierende Interne Kommunikation angewiesen ist, da sie das einzige Medium ist, das die Kernelemente Identifikation, Information und Motivation übertragen und austauschen kann.

So dient diese zum einen als Wurzelnetzwerk, das die Angestellten mit den Unternehmenswerten verankert und sie durchgehend damit speist. Zum anderen werden die Beschäftigten durch dieses Netz auch gegenseitig miteinander verbunden und tauschen Informationen aus, die einem reibungslosen Betriebsfluss dienen. Nur auf diese Weise kann ein gemeinsames Kollektivbewusstsein als Basis für erfolgreiche Teamarbeit geschaffen werden. Des Weiteren stellt sie das essenzielle Medium für die Mitarbeiterinformation dar, welche, wie oben erläutert, die Voraussetzung für eine aktive Beteiligung am Arbeitsplatz ist. Durch ihre Wichtigkeit in Bezug auf die eben genannten Voraussetzungen für einen reibungslosen Arbeitsalltag schafft die Interne Kommunikation darüber hinaus eine Grundlage für eine motivierende Arbeitsatmosphäre. Dem folgend zeigt sich, dass eine funktionierende interne Verständigung auch in Bezug auf die Motivation der Angestellten und letztendlich auf den Unternehmenserfolg eine elementare Rolle spielt.

Dadurch, dass die MICE Portal GmbH schneller wuchs, als sich ihre Interne Kommunikation entwickelte, konnte das elementare Zusammengehörigkeitsgefühl nur schwer auf die neuen Mitarbeiter ausgedehnt werden. Da dieses Wirgefühl jedoch einen Grundpfeiler der integrativen Unternehmensführung ausmacht, traten infolge von dessen Instabilität naturgemäß Spannungen auf. Aus diesem Grund sieht sich der Betrieb nun vor der dringenden Herausforderung, das Kommunikationsnetzwerk derart zu stärken und auszuweiten, dass wieder ein gemeinsames Kollektivbewusstsein und ein reibungsloser interner Informationsfluss gewährleistet sind. Es kommt dem Unternehmen zugute, dass die Mitarbeiter derzeit in der Lage sind, Lücken in der Mitarbeiterkommunikation zeitweilig zu kompensieren, sodass sich diese nicht stark auf ihre Motivation auswirken. Da das Problem schon relativ frühzeitig erkannt wurde und seit diesem Zeitpunkt an Verbesserungsmaßnahmen gearbeitet wird, geht die MICE Portal GmbH von einer Stärkung und Konsolidierung des Teams im Jahr 2016 aus, die langfristig zu einem gesteigerten Unternehmenserfolg beitragen werden.

Literatur

Glöckler T (1995) Strategische Erfolgspotentiale durch Corporate Identity – Aufbau und Nutzung. Dt. Univ.-Verl., Wiesbaden

Hubbard M (2004) Markenführung von innen nach außen – Zur Rolle der Internen Kommunikation als Werttreiber für Marken. VS, Wiesbaden

Richter M (1989) Personalführung im Betrieb: d. theoret. Grundlagen u. ihre praktische Anwendung, 2. Aufl. Hanser, München – Wien

Stehle H, Mücke D (2009) Motivation – eine Frage der richtigen Kommunikation! Mitarbeiterorientierte Kommunikation als Herausforderung für Führungskräfte. Kommunikationsmanager (1):68–70. http://www.cometomove.de/kommunikationmotivation.pdf

Ulrich P (2008) Integrative Wirtschaftsethik – Grundlagen einer lebensdienlichen Ökonomie. Haupt, Bern – Stuttgart – Wien

Weiterführende Literatur

Herzberg F, Mauser B, Snyderman B (1959) The motivation to work, 2. Aufl. Wiley, New York

Hillmann K (1994) Wörterbuch der Soziologie. Stichwort: Kollektivbewußtsein Bd. 421. Kröner, Stuttgart

Mayerhofer T (2008) Integrative Wirtschaftsethik und katholische Sozialethik. Ein zukunftsweisender Dialog? Dissertation im Fach Moraltheologie, Universität Passau

Springer Gabler Verlag (2015) Gabler Wirtschaftslexikon, Stichwort: Hygienefaktoren. http://wirtschaftslexikon.gabler.de/Archiv/77705/hygienefaktoren-v6.html. Zugegriffen: 23. Nov. 2015

Sophie von Brühl studierte Religion-Wirtschaft-Politik an der Universität Zürich mit einem Schwerpunkt auf Wirtschafts- und Unternehmensethik. Seit Januar 2015 ist sie als Personal- und CSR-Beauftragte in der MICE Portal GmbH, einem der führenden Softwareanbieter für den Onlineveranstaltungseinkauf, tätig.

Vaillant Group: Organisation und Ausrichtung der Internen CSR-Kommunikation

Frederik Lippert

Für ein Industrieunternehmen, das umweltfreundliche und hocheffiziente Heiztechnologien entwickelt, liegt es nahe, sich mit dem Themenkomplex „Nachhaltigkeit" auseinanderzusetzen. Nicht zuletzt unsere Kunden haben klare Erwartungen an die Energie- und Ressourceneffizienz unserer Geräte. Für die Vaillant Group meint Nachhaltigkeit allerdings mehr als die Vermarktung besonders energiesparender Produkte. Es drückt aus, dass strategische und operative Entscheidungen immer auch unter Nachhaltigkeitsgesichtspunkten zu treffen sind. Um diesem Anspruch gerecht zu werden, bedarf es zweierlei: soliden Nachhaltigkeitsmanagements und authentischer Kommunikation.

1 Strategisches Nachhaltigkeitsprogramm

Die Vaillant Group bündelt ihre Nachhaltigkeitsaktivitäten in einem strategischen Programm. Unter dem Label S.E.E.D.S. (Abb. 1) werden in den Fokusfeldern Umwelt, Mitarbeiter, Entwicklung und Produkte sowie Gesellschaft verbindliche, messbare Ziele gesetzt, konkrete Maßnahmen abgeleitet und die erzielten Ergebnisse laufend überprüft.

Der Definition dieser Felder liegt ein umfassendes Nachhaltigkeitsverständnis zugrunde, das die wesentlichen Herausforderungen in unserem Kerngeschäft adressiert (Abb. 2).

Abb. 1 S.E.E.D.S. Logo. (Vaillant Group 2011)

F. Lippert (✉)
Vaillant GmbH
Berghauser Str. 40, 42859 Remscheid, Deutschland
E-Mail: frederik.lippert@vaillant-group.com

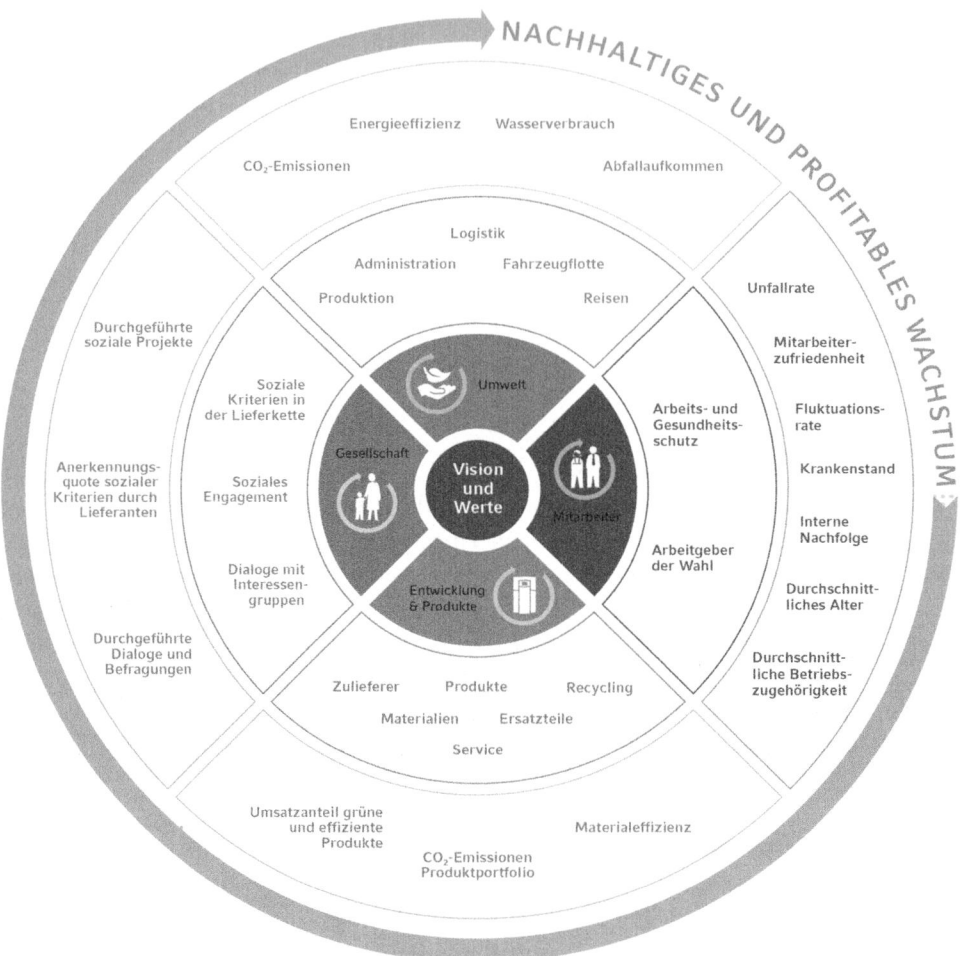

Abb. 2 Nachhaltigkeitskompass. (Vaillant Group 2011)

Auf diesem Weg leistet das Vaillant Group Nachhaltigkeitsmanagement einen wichtigen Beitrag zum langfristigen Erfolg des Unternehmens. Die Abteilung ist dem Bereich Corporate Communications, Sustainability Management & Politics zugeordnet und berichtet direkt an den Vorsitzenden der Geschäftsführung der Vaillant Group. Das Team legt die Nachhaltigkeitsziele in enger Abstimmung mit der Geschäftsführung und den operativen Einheiten fest, überwacht mit einer kennzahlenbasierten Sustainability Scorecard systematisch den Stand ihrer Erreichung und setzt Impulse zur Verbesserung der unternehmensweiten Nachhaltigkeitsleistung. Die gruppenweit gültigen Nachhaltigkeitsziele wurden erstmals 2011 für alle vier Fokusfelder des S.E.E.D.S.-Programms festgelegt. Sie geben den Weg bis zum Jahr 2020 vor.

2 Storybasierte Unternehmenskommunikation

Entlang dieses Weges verfolgt die Unternehmenskommunikation ein klares Ziel. Sie will die wichtigsten Stakeholder für das Familienunternehmen Vaillant Group und seine nachhaltige Ausrichtung begeistern. Die Chiffren des Nachhaltigkeitsmanagements wie EN ISO 14001, Wesentlichkeitsmatrix oder Product Life Cycle Assessment faszinieren außerhalb der einschlägigen Fachzirkel aber nur wenige, die Menschen und Geschichten dahinter, ihre Leidenschaft und Überzeugung, ihre Kreativität und Beharrlichkeit allerdings schon.

Für die interne und externe Kommunikation bedeutet dies: Weiterentwicklung einer rein faktenbasierten, informativen Kommunikation hin zu emotionalisierendem Storytelling, das Inhalte, Werte und Überzeugungen in Form von Narrativen, von Geschichten vermittelt. Hin zu Content und Formaten, die überraschen, die einen Spannungsbogen aufbauen, halten und unerwartet wieder auflösen. Hin zu Ansprachen und Distributionskanälen, die die Bedeutung und den Beitrag des Einzelnen für das Langfristprojekt Nachhaltigkeit würdigen. Denn der vielzitierte Markenbotschafter Mitarbeiter (vgl. alleine 69.300 Suchtreffer auf google.de, Abrufdatum: 17.2.2016) ist sich seiner Ernennung zum Multiplikator der Unternehmenskommunikation nach innen und außen häufig nicht bewusst. Das mag auch daran liegen, dass Interne Kommunikation zuweilen mehr Hofberichterstattung als ein Schlachtruf ist, der eine Belegschaft dank geteilter Ideale zu konkreten Handlungen motiviert.

Von der internen Zielgruppe als glaubwürdig wahrgenommen zu werden, ist dabei keineswegs eine Selbstverständlichkeit. Im Gegenteil: Glaubwürdigkeit ist kein genuines Merkmal von Kommunikation. Sie kann vielmehr einem Kommunikationsabsender von seinen Zielgruppen nur zugesprochen werden. Die Übereinstimmung von kommuniziertem Anspruch und faktischem Handeln ist daher essenziell für das Vertrauen in die Interne Kommunikation. Keine andere Zielgruppe kann so unmittelbar prüfen, ob die Inhalte von Kommunikation und das unternehmerische Handeln nach innen und außen wirklich zusammenpassen, auch und gerade bei konfligierenden Zielen. Und keine andere Zielgruppe wie die Mitarbeiter besitzt so viel Relevanz für die Nachhaltigkeitsperformance eines Unternehmens. Wer, wenn nicht die eigene Belegschaft, prägt den Charakter und das Selbstverständnis eines Unternehmens, wer, wenn nicht die Belegschaft, ist essenziell für eine grüne Transformation? Interne CSR-Kommunikation, so sie auf substanziellem Nachhaltigkeitsmanagement gründet, kann damit nicht weniger als der Schrittmacher einer nachhaltigen Unternehmensperformance sein.

3 Das Drei-Stufen-Modell

Vor diesem Hintergrund verfolgt die Vaillant Group eine dreistufige interne CSR-Kommunikationsstrategie. Sämtliche interne Kommunikationsinhalte und -formate werden da-

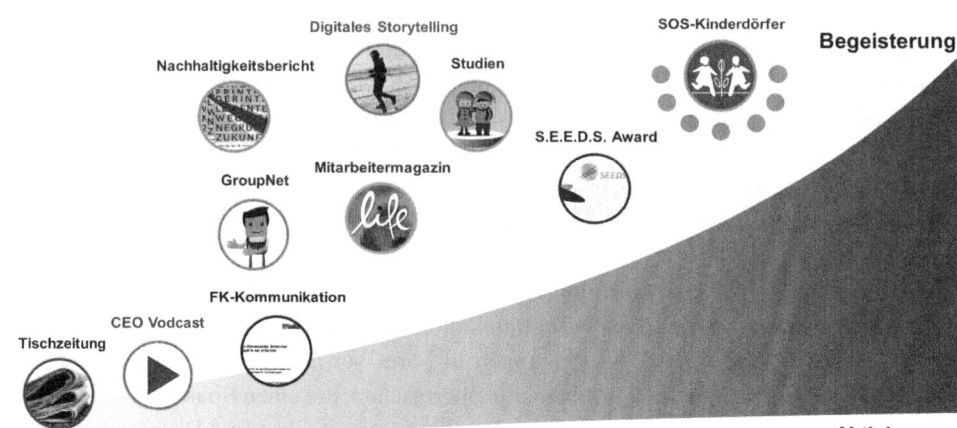

Abb. 3 Matrix interne Kommunikationsformate und -kanäle. (Vaillant Group 2015)

nach bewertet, bis zu welchem Grad sie die Mitarbeiter sachlich informieren, emotional begeistern oder gar zu eigenem Involvement aktivieren (Abb. 3).

Der konkrete Kommunikationsanlass gibt dann vor, ob die Formate punktuell als Einzelmaßnahme oder zu Kampagnen gebündelt über einen längeren Zeitraum mit einer eigenen inhaltlichen und zeitlichen Dramaturgie gespielt werden: von der Tischzeitung, die Sachinformationen in der Betriebskantine an gewerbliche und kaufmännische Kollegen vermittelt, vom Onlinevideocast des CEO, der jedes Quartal Leitthemen erklärt, über den Nachhaltigkeitsbericht, der nicht als nüchterner Report, sondern bewusst in Form eines editorischen Magazins jene Geschichten erzählt, die das Nachhaltigkeitsprogramm S.E.E.D.S. erlebbar machen, über digitale, multimedial aufbereitete Storytelling-Kampagnen bis zur internationalen Partnerschaft mit „SOS-Kinderdörfer weltweit", in der jeder Mitarbeiter ganz persönlich Verantwortung übernehmen kann. Am Ende dieser kaskadierten Kommunikation übersetzt sich ein Impuls des Nachhaltigkeitsmanagements im Idealfall in Handlungen der Mitarbeiter. Aber wie stellt sich die Anwendung des Drei-Stufen-Modells konkret dar? Wie hilft es der Vaillant Group, ihre internen Kommunikationsziele zu erreichen?

4 Best Practice: Strategische Partnerschaft mit „SOS-Kinderdörfer weltweit"

Ein Case, bei dem dies gelungen ist, bei dem aus einer kommunikativ gesäten Idee eine wahre Bewegung geworden ist, ist die gruppenweite Partnerschaft der Vaillant Group mit der Kinderhilfsorganisation „SOS-Kinderdörfer weltweit". Grundlage der Kooperation ist eine unternehmensweit gültige Richtlinie für die Übernahme sozialer Verantwortung, das Vaillant Group CSR Framework (Abb. 4).

Das Grundsatzpapier definiert Zielgruppen, Handlungsfelder und Instrumente gesellschaftlichen Engagements. Alle Kooperations- und Förderprojekte müssen verbindlichen Förderkriterien genügen. Als Familienunternehmen richtet sich die Vaillant Group bewusst an Familien sowie an Bildungs- und Sozialeinrichtungen, die sie nah am Kerngeschäft mit hocheffizienter Heiztechnik und Know-how unterstützt.

Das S.E.E.D.S.-Programm war gerade ein halbes Jahr alt, ein Leuchtturmprojekt im Bereich gesellschaftliche Verantwortung noch nicht identifiziert, als ein Bericht aus der ungarischen Vaillant Vertriebsgesellschaft im Nachhaltigkeitsmanagement einging. Dort hatten sich Kollegen vor Ort engagiert, als im SOS-Kinderdorf Battonya unweit der rumänischen Grenze kurz vor dem Wintereinbruch im Herbst 2011 die Heizungsanlage ausgefallen war. Das Team um Länderchef Gabor Seidl handelte schnell und stattete das gesamte Dorf mit neuer Heiztechnik aus. Kostenlos und unbürokratisch. Der Erfolg des Projekts, das große Reputationspotenzial und die Übereinstimmung mit den Vorgaben des CSR Framework legten nahe, aus der einmaligen Aktion etwas Größeres, Strategisches werden zu lassen. In mehreren Gesprächen mit der Kinderhilfsorganisation wurden anschließend gemeinsame Ziele ausgelotet und am Ende ein Fünf-Jahres-Vertrag unterschrieben, der folgende Elemente beinhaltet:

Operativ beruht die Partnerschaft auf zwei Säulen. Die erste Säule ist eine gruppenweite Vereinbarung, die die Vaillant Group zum herausragenden Partner für die Bereitstellung von Heiztechnik macht. Die einzelnen Vertriebsgesellschaften setzen sie in Form lokaler

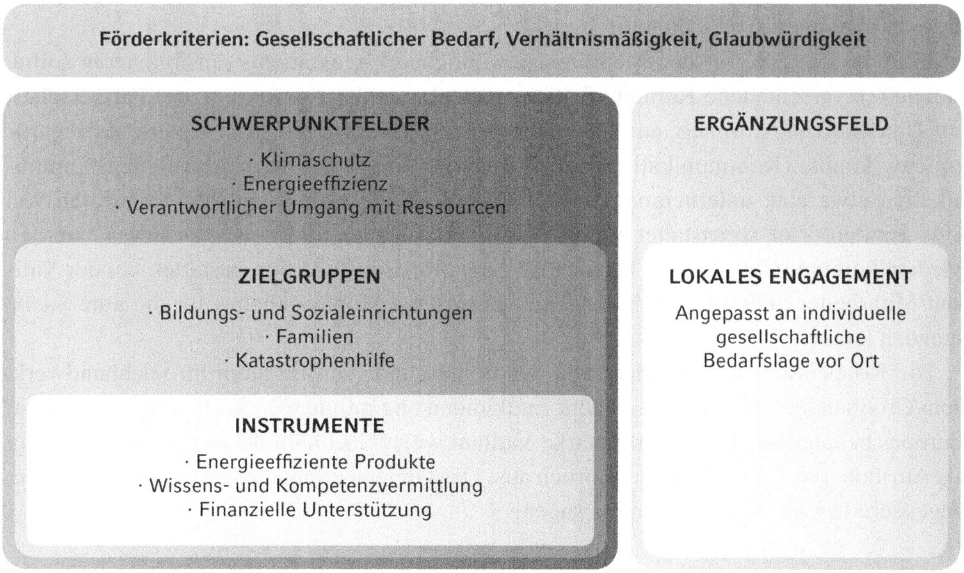

Förderkriterien: Gesellschaftlicher Bedarf, Verhältnismäßigkeit, Glaubwürdigkeit

SCHWERPUNKTFELDER
- Klimaschutz
- Energieeffizienz
- Verantwortlicher Umgang mit Ressourcen

ERGÄNZUNGSFELD

ZIELGRUPPEN
- Bildungs- und Sozialeinrichtungen
- Familien
- Katastrophenhilfe

LOKALES ENGAGEMENT
Angepasst an individuelle gesellschaftliche Bedarfslage vor Ort

INSTRUMENTE
- Energieeffiziente Produkte
- Wissens- und Kompetenzvermittlung
- Finanzielle Unterstützung

Abb. 4 CSR Framework. (Vaillant Group 2012)

Projekte in ihren Ländern um. Im Kern geht es dabei immer um Heiztechnik. Dazu können als zweite Säule weitere Formen der Unterstützung kommen: sei es eine Bildungsakademie, die junge Erwachsene auf das Arbeitsleben vorbereitet, Sportveranstaltungen wie die interne Fußballweltmeisterschaft Vaillant World Cup mit Teilnehmern aus fast 20 Ländern oder das Spenden des Gehaltsrestcents zugunsten eines Kinderdorfes. Die Strategie setzt auf einen fundierten, kerngeschäftsnahen Techniksupport, der den Grundstein für eine langfristige Partnerschaft legt. Bis heute hat das Unternehmen in 14 Ländern Förderprojekte umgesetzt, weitere sowie der Ausbau der Kooperation sind in Planung.

Kommunikation als Enabler für Nachhaltigkeitsprojekte
Das Beispiel verdeutlicht, wie effektiv das Drei-Stufen-Modell der Internen Kommunikation wirkt. In der ersten Kommunikationsphase, die den Launch der Partnerschaft und das erste Bewerben der Mechanik umfasste, wurden kurze Informationsbotschaften zu den ersten Projekten und den Eckdaten der Partnerschaft kommuniziert (Kommunikationsziel Information). Beispielsweise wurden kurze interne Beiträge zum Verständnis von gesellschaftlicher Verantwortung des Unternehmens, die Motivation zu einer breiten Partnerschaft sowie die Architektur der Kooperation veröffentlicht.

In der zweiten Phase setzte die Unternehmenskommunikation auf testimonial-zentriertes Storytelling und eine emotionale Bildsprache, die Nähe und Faszination für das Engagement ausgewählter Kollegen schuf (Kommunikationsziel Begeisterung). Dabei kamen verschiedene internationale Kollegen, Mitarbeiter von SOS-Kinderdörfer und ausgewählte Bewohner einzelner Dörfer in Wort, Bild oder Ton zum Einsatz: von der Kollegin aus dem strategischen Einkauf, die seit vielen Jahren privat ein SOS-Patenkind in Kenia unterstützt, über die Mitarbeiterin eines ungarischen Kinderdorfes, bis zu strahlenden Kindern, die sich über ein warmes Zuhause freuen.

In Phase drei, die für den Mehrwert persönlichen Engagements sensibilisieren sollte, flankierten verschiedene Kommunikationsmaßnahmen die Ausweitung der Partnerschaft auf Unterstützungsformate, an denen eine größere Gruppe von Mitarbeitern aktiv partizipieren konnte (Kommunikationsziel Aktivierung). Hier hat die Unternehmenskommunikation etwa eine unternehmensweite interne Fußballweltmeisterschaft zugunsten von SOS-Kinderdörfer veranstaltet und 360° im Unternehmen und in ausgewählten externen Medien kommuniziert oder in Deutschland die „Restcent"-Aktion gestartet, bei der Vaillant-Mitarbeiter unbürokratisch den Centbetrag ihres Monatsgehaltes für die gute Sache spenden können.

Die Kooperation wird seitdem von der Belegschaft, von Partnern im Fachhandwerk, dem Großhandel und von immer mehr Endkunden eng mit der Marke Vaillant verbunden. Europas bekannteste Heiztechnikmarke Vaillant weist Nachhaltigkeit und Verantwortung als Attribute für ihren Premiumanspruch aus. Das Gleiche könnte man über glaubwürdige, begeisternde CSR-Kommunikation sagen.

5 Fazit

Interne CSR-Kommunikation kann ein wichtiger Enabler, ein wichtiger Schrittmacher für die Implementierung einer Nachhaltigkeitsstrategie im Unternehmen sein. Bei der Vaillant Group hat diese Kommunikation den Anspruch, die eigenen Mitarbeiter für das Familienunternehmen und seine nachhaltige Ausrichtung zu begeistern. Dieses Ziel wird durch zwei wesentliche, miteinander fest verbundene Elemente erreicht. Zunächst bedarf es eines soliden Nachhaltigkeitsmanagements, das verbindliche Ziele und konkrete Maßnahmen formuliert. Erst durch diese Ernsthaftigkeit kann das zweite Element auf fruchtbaren Boden stoßen. Authentische, begeisternde Kommunikation, die nicht als Hofberichterstattung, sondern als involvierendes Storytelling daherkommt. Die Vaillant Group verfolgt dabei eine dreistufige interne CSR-Kommunikationsstrategie, die alle Kanäle und Formate nach dem Grad des Involvements der Mitarbeiter bewertet. An vielen Beispielen, allen voran der gruppenweiten Partnerschaft des Familienunternehmens mit der Kinderhilfsorganisation „SOS-Kinderdörfer weltweit", zeigt sich die Effektivität dieses Ansatzes, der aus Mitarbeitern echte Mitstreiter für eine grüne Transformation des Unternehmens machen kann.

Frederik Lippert verantwortet seit 2014 als Senior Manager Corporate Communications die externe Kommunikation des Heiztechnikspezialisten Vaillant Group. Zuvor steuerte er drei Jahre im Nachhaltigkeitsmanagement des Unternehmens die interne und externe CSR-Kommunikation. Von 2008 bis 2011 war Frederik Lippert bei Ketchum Pleon, einer der führenden Kommunikationsberatungen Europas tätig.

AUDI AG: Crossmedialität der internen CR-Kommunikation

Peter F. Tropschuh, Martina Biendl und Lukas Petersik

1 Corporate Responsibility bei Audi

Zunächst oft als Trend heruntergespielt, hat sich Corporate Responsibility (CR) längst zu einem Synonym für die Zukunftsfähigkeit von Wirtschaftsunternehmen entwickelt. In diesem Sinn verstandene Corporate Responsibility ist nicht „zusätzlicher" Aspekt einer unternehmerischen Gesamtstrategie, sondern integraler Bestandteil jedes Prozesses, jeder Entscheidung und jedes Produktes. Es geht darum, durch verantwortungsvolles Denken und Handeln die ökonomische, ökologische und soziale Grundlage für eine langfristige Geschäftstätigkeit zu sichern. Nachhaltigkeit versteht Audi als Ergebnis einer solchen verantwortungsvollen Unternehmensführung.

Als Hersteller von Automobilen im Premiumsegment setzt sich Audi vor allem mit Fragen der ökologischen und gesellschaftlichen Auswirkungen seiner Produkte und Produktionsprozesse auseinander. Als Arbeitgeber trägt der Konzern Verantwortung für inzwischen knapp 88.000 Audi-Mitarbeiter (Stand: Oktober 2016). Betrachtet man die gesamte Wertschöpfungskette, steigt die Anzahl der Menschen, deren Lebensunterhalt von Audi abhängt, noch einmal deutlich.

Um dieser Verantwortung gerecht zu werden, hat das Unternehmen Nachhaltigkeit als eines von drei Zukunftsthemen in der neuen Audi Strategie 2025 verankert. Damit verbunden ist der Anspruch, über die gesamte Wertschöpfungskette alle Produkte und Services verantwortungsvoll zu gestalten. Zur internen Steuerung sowie zu Zwecken der Berichterstattung haben wir Nachhaltigkeit in vier Kernbereiche untergliedert: Produkte & Services, Wertschöpfung & Produktion, Mitarbeiter & Gesellschaft und Wirtschaften & Integrität. Diese Themen gilt es, an die wichtigsten CR-Stakeholder des Audi-Konzerns

---

P. F. Tropschuh (✉) · M. Biendl (✉) · L. Petersik
AUDI AG
Auto-Union-Straße 1, 85045 Ingolstadt, Deutschland
E-Mail: nachhaltigkeit@audi.de

zu kommunizieren: an Kunden, Mitarbeiter, CR-Experten, Medienvertreter, Geschäftspartner, gemeinnützige Organisationen, die Politik sowie Nachbarn und Kommunen an den Audi-Standorten.

2 Integrierte Kommunikation der CR-Themen

Innerhalb von Audi ist die Abteilung Nachhaltigkeit dem Vorsitzenden des Vorstands zugeordnet und arbeitet bei allen kommunikativen Maßnahmen eng mit der Unternehmenskommunikation zusammen, die sich in die interne und externe Kommunikation unterteilt und ebenfalls an den Vorstandsvorsitzenden berichtet. Auch der Geschäftsbereich „Marketing und Vertrieb" kommuniziert Nachhaltigkeitsbotschaften und stimmt sich dazu mit der Nachhaltigkeitsabteilung ab.

Die Abteilung Nachhaltigkeit ist für die Inhalte und Erstellung des Audi-Nachhaltigkeitsberichts (Audi CR-Report) sowie für zahlreiche interne und externe Kommunikationsmaßnahmen zuständig. Dazu gehören auch verschiedene Dialogformate im Rahmen des Stakeholder-Managements.

Für jede Form der Kommunikation – von Marketing über Pressearbeit bis zum CR-Reporting – muss gelten, dass die Inhalte verständlich und glaubwürdig an die Stakeholder vermittelt werden. Dazu braucht es eine umfassende Kommunikationsplanung sowie abgestimmte Botschaften. Durch eine enge Zusammenarbeit mit den übrigen Kommunikatoren wird sichergestellt, dass die Inhalte und Botschaften aus allen kommunizierenden Bereichen Hand in Hand gehen. Dabei sollen durchaus auch kritische Unternehmensaspekte im Rahmen der CR-Kommunikation beleuchtet werden.

Um Corporate Responsibility dauerhaft im Unternehmen zu verankern und inhaltlich weiterzuentwickeln, braucht es das Verständnis und die Unterstützung der Mitarbeiter. Nur wenn diese eingebunden und überzeugt sind, kann der Nachhaltigkeitsgedanke erfolgreich gelebt und weiter vorangetrieben werden. Die Mitarbeiter sind aufgrund ihrer Expertise wichtige Meinungsführer und können als Multiplikatoren nach innen und außen agieren. Die interne Kommunikation soll deshalb die Mitarbeiter in die Lage versetzen, die Versprechen und Botschaften des Unternehmens durch ihre Arbeit und ihre Kommunikation mitzutragen (Schick 2002, S. 4).

3 Interne CR-Kommunikation bei Audi

Neben den deutschen Standorten gibt es weltweit viele weitere produzierende Werke im Audi-Konzern, zum Beispiel in Belgien, Italien, Thailand und Ungarn, seit 2016 auch in Mexiko.[1] Im gesamten Audi-Konzern arbeiten Menschen aus rund 100 Nationen. Eine gut

---

[1] Im Rahmen des Konzernverbunds mit der Volkswagen AG produziert Audi weltweit auch an anderen Standorten. Vgl. dazu den Audi CR-Report unter www.audi.de/nachhaltigkeit.

geplante interne Kommunikation verfolgt das Ziel, alle Mitarbeitergruppen „angemessen zu informieren, sie fachlich wie sozial in das Unternehmen einzubinden und ihre Motivation zu stärken" (Mast 2014, S. 1122). Als global aufgestelltes Unternehmen ist es für Audi eine große Herausforderung, die interne CR-Kommunikation so zu gestalten, dass sie den kulturellen und sprachlichen Unterschieden gerecht wird.

Um möglichst viele der genannten Mitarbeitergruppen zu erreichen, verfolgt Audi einen Crossmedia-Ansatz mit einem Mix aus verschiedenen Kommunikationskanälen: Printmedien, Online- und soziale Medien sowie persönliche Kommunikation über Vorträge, Workshops und andere Veranstaltungen. Die Auswahl der Kanäle richtet sich nach den jeweiligen Kommunikationszielen, nach den anzusprechenden Zielgruppen und dem Thema. Die Aufbereitung der Inhalte variiert in Tonalität, Textform, Informationsgehalt und Richtung der Kommunikation, wie Information, Austausch oder Diskussion.

3.1 Erfolgsfaktoren

Die interne Kommunikation von CR-Aktivitäten zielt darauf ab, Mitarbeitern Themen der Unternehmensverantwortung und Nachhaltigkeit transparent zu machen und Identität zu stiften (Jarolimek 2014, S. 1279). Die CR-Aktivitäten des eigenen Unternehmens proaktiv und zugleich transparent und glaubwürdig nach innen zu kommunizieren, ist dabei eine anspruchsvolle Aufgabe.

Damit die interne Kommunikation Wissen vermehrt, Einstellungen und Verhaltensänderungen der Mitarbeiter und Führungskräfte ermöglicht, müssen einige Voraussetzungen geschaffen sein (Mast 2014, S. 1122). So darf die CR-Kommunikation keinesfalls „werblich" wirken. Ihre Glaubwürdigkeit hängt in hohem Maße davon ab, ob deren Inhalte von den Mitarbeitern als Bestandteil der eigenen Unternehmenskultur gesehen und auch erlebt werden. Vor diesem Hintergrund kommt der internen CR-Kommunikation eine Schlüsselrolle zu. Nur wenn es gelingt, dass die Mitarbeiter CR-Themen als zentrales Unternehmensanliegen erfahren, können sie dieses Selbstverständnis als authentische Botschafter nach außen tragen (Walter 2010, S. 135).

Im Hinblick auf die Erfolgsfaktoren der internen CR-Kommunikation lässt sich allgemein zwischen strukturellen und kommunikativen Erfolgsfaktoren differenzieren (vgl. Tab. 1 in Anlehnung an Röttger und Schmitt 2014, S. 26). Bei Audi sind alle strukturellen Erfolgsfaktoren erfüllt; für die Umsetzung der kommunikativen Erfolgsfaktoren ist es notwendig, die CR-Kommunikation regelmäßig zu hinterfragen und weiterzuentwickeln.

3.2 Ziele, Inhalte und Sprache

Die Ziele der internen CR-Kommunikation bei Audi lassen sich wie folgt zusammenfassen: Informieren, Sensibilisieren, Aktivieren und erzeugen von Wir-Gefühl. Je nach Kommunikationsanlass rücken dabei einzelne oder mehrere der genannten Ziele stärker in

Tab. 1 Erfolgsfaktoren interner CR-Kommunikation

Strukturelle Erfolgsfaktoren	Kommunikative Erfolgsfaktoren
Institutionalisierung in einer eigenständigen CR-Fachabteilung	Stimmigkeit von Kerngeschäft und gesellschaftlichem Engagement
Enge Zusammenarbeit zwischen CR-, Kommunikations- und Marketingabteilung	Widerspruchsfreiheit von Wort und Tat
Institutionalisierung in CR-Arbeitskreis o. Ä., dem wichtige Entscheidungsträger des Unternehmens aus relevanten Fachabteilungen angehören	Transparenz und Glaubwürdigkeit
Integration von CR in Strategiepapiere, Verankerung von CR in Unternehmenskultur (z. B. Unternehmenswerte, Guidelines, Compliance)	Nachvollziehbarkeit des Engagements (kommunikative Übersetzung abstrakter Ziele, Emotionalität der Kommunikation, Interaktion und Konkretisierung)
Langfristigkeit des gesellschaftlichen Engagements	Dialogorientierung

den Vordergrund als andere. Während es bei der Kommunikation zum Veröffentlichungstermin des neuen Audi Corporate Responsibility Reports vorrangig um das Informieren der Mitarbeiter geht, soll der Aufruf zu einer gemeinnützigen Teamaktion die Mitarbeiter aktivieren und ein Wir-Gefühl erzeugen (vgl. Abschn. 4 zur geeigneten Medienwahl).

Will man bei Mitarbeitern eine Wirkung in Bezug auf die CR-Aktivitäten des Unternehmens erzielen, benötigen die einzelnen Themen stringente Botschaften (Mast 2003, S. 35 f.). Klar erkennbar sollte für den Mitarbeiter in jedem Fall sein, aus welchem Grund das Unternehmen eine bestimmte CR-Aktivität unternimmt. Entsprechend der CR-Strategie des Unternehmens ist es hierbei von Bedeutung, dass nicht zu viele zentrale Botschaften formuliert werden und eine klare, nachvollziehbare Sprache gepflegt wird (Knaut 2013, S. 44). Um die Mitarbeiter auch emotional anzusprechen, ist eine personalisierte Kommunikation – wenn möglich – von Vorteil. Aus diesem Grund arbeitet Audi im Rahmen der internen CR-Kommunikation häufig mit Zitaten, Interviews und Statements. So lässt sich eine intensivere Wirkung erzielen als mit zahlenlastigen Berichten. Um Authentizität zu vermitteln, sollten Mitarbeiter aus verschiedenen Hierarchiestufen zu Wort kommen (Mast 2003, S. 36). Von wesentlicher Bedeutung sind zudem die Kontinuität und Aktualität der Kommunikation. Keinesfalls sollte nur sporadisch, beispielsweise bei besonderen Problemen, kommuniziert werden. Die Mitarbeiter brauchen ebenso regelmäßige Informationen über wiederkehrende, alltägliche Geschehnisse, um sich informiert und beachtet zu fühlen (Klöfer und Nies 2003, S. 37; Niederhaus 2004, S. 22).

Aktualität bedeutet dabei auch kontinuierliches Einbeziehen und Vorbereiten der Mitarbeiter auf sich längerfristig abzeichnende Veränderungen. Fragestellungen, die aller Wahrscheinlichkeit nach auch außerhalb des Unternehmens auftauchen werden, sollten vorher intern thematisiert werden (Knaut 2013, S. 44). Bei Audi geschieht dies z. B. über eine regelmäßige Berichterstattung zu einzelnen CR-Projekten im Intranet oder wiederkehrende Informationsveranstaltungen und Vortragsreihen. Eine wesentliche Prämisse der internen Kommunikation bei Audi lässt sich mit „Mitarbeiter first" zusammenfassen. Erfahren Mitarbeiter beispielsweise aus externen Medien über bestimmte CR-Aktivitäten ihres Arbeitgebers, führt dies – zu Recht – häufig zu Unmut. Die Mitarbeiter sollten daher jederzeit transparent auf dem aktuellen Stand zu Entwicklungen und Neuigkeiten im Unternehmen gehalten werden.

Wichtig ist, dass die Mitarbeiter die Sprache der internen CR-Kommunikation verstehen. Dazu muss sie verständlich, flüssig und klar sein und auf lange Sätze verzichten. Auch übermäßig viele Substantivierungen und Fremdwörter sind zu vermeiden. Letztlich sollte jeder Audi-Mitarbeiter in wenigen Sätzen in seinem Freundes- und Bekanntenkreis erklären können, warum sich sein Arbeitgeber genau so und nicht anders engagiert.

Hinsichtlich der genannten Ziele und in Abhängigkeit der Adressaten der internen CR-Kommunikation gibt es bei Audi verschiedene Herausforderungen, die im folgenden Abschnitt näher beleuchtet werden.

3.3 Herausforderungen

Die Herausforderungen der internen CR-Kommunikation bei Audi sind vielfältig. Allein die stetig zunehmende Unternehmensgröße und Internationalisierung erhöhen die Komplexität der täglichen Arbeit in Bezug auf die Aufbereitung von CR-relevanten Informationen oder die Planung von Kommunikationskampagnen. Auch führen kulturelle Unterschiede an den internationalen Audi-Standorten zu einer differenzierten Wahrnehmung und unterschiedlichem Interesse an bestimmten CR-Themen. Um Themen erfolgreich zu platzieren, müssen die unterschiedlichen Fachbereiche frühzeitig involviert und deren Interessen berücksichtigt werden. In enger Abstimmung mit der Audi-Unternehmenskommunikation müssen übergeordnete Botschaften formuliert werden, die konzernweit Gültigkeit besitzen.

Ein besonderes Augenmerk liegt vor diesem Hintergrund auf der bedarfsgerechten und zielgruppenspezifischen Information der internen Anspruchsgruppen. Abhängig von der Relevanz und dem Inhalt eines Themas können diese variieren. Verschiedene Zielgruppen der internen CR-Kommunikation bei Audi können beispielsweise sein: die Angehörigen eines Geschäftsbereichs, Produktionsmitarbeiter und Büromitarbeiter, außerdem Führungskräfte, Auszubildende, Praktikanten, internationale Mitarbeiter, Mitarbeiter mit Kindern oder pflegebedürftigen Angehörigen etc. Insbesondere die unterschiedlichen Anforderungen an die Informationsaufbereitung und -bereitstellung für Mitarbeiter in der Produktion und an Büroarbeitsplätzen seien an dieser Stelle als Herausforderung noch einmal betont. So sind Produktionsmitarbeiter über Onlinekommunikationswege ungleich schwerer zu erreichen als Mitarbeiter in den Büros. Auch hemmen Schichtdienste zum Teil die Teilnahme an Vortrags- und Informationsveranstaltungen. Nicht zu vernachlässigen sind zudem die unterschiedlichen Expertisen und Erfahrungshintergründe, in Abhängigkeit von der Zugehörigkeit zu einem bestimmten Geschäftsbereich. Nicht zuletzt beeinflusst das Vorwissen zu einem Thema dessen Wahrnehmung und die entsprechende Bedeutung, die ihm zugeschrieben wird.

Zur Sicherstellung einer qualitativ gleichwertigen und zielgruppenspezifischen Information setzt Audi vor diesem Hintergrund auf einen Medienmix, der durch eine crossmediale Aufbereitung der einzelnen Themen gekennzeichnet ist. Neben klassischen Kommunikationsprodukten kommen hierbei auch Social-Media-Tools zum Einsatz, die die Mitarbeiter anregen sollen, sich aktiv zu informieren und einzubringen.

4 Der richtige Mix – crossmediale Aufbereitung von CR-Themen

Um die verschiedenen Möglichkeiten der internen Kommunikation zu nutzen und alle Mitarbeitergruppen möglichst umfassend zu erreichen, arbeitet Audi mit einem crossmedialen Ansatz. Je nach Thema, Zielsetzung und Zielgruppe setzen die Kommunikationsverantwortlichen eine Kombination unterschiedlicher Kommunikationskanäle und -wege ein. Die Herausforderung „besteht darin, die vielfältigen Inhalte mit unterschiedlichen Medien und Kommunikatoren effizient und konsistent zu kommunizieren. Im Zusammenwirken der verschiedenen Formen entscheidet sich, wie wirksam Kommunikation ist und wie glaubwürdig sie die Mitarbeiter einschätzen" (Mast 2014, S. 1131).

4.1 Interne Kommunikationskanäle bei Audi

Audi hat sich das Ziel gesetzt, trotz der heterogenen Mitarbeiterstruktur (vgl. Abschn. 3.2) allen Beschäftigten die Möglichkeit zu geben, sich zu unternehmensrelevanten Themen zu informieren und diese Themen aktiv mitzugestalten. Daher setzt Audi neben klassischen Druckerzeugnissen wie einer Mitarbeiterzeitung und verschiedenen Infobroschüren auf die persönliche Kommunikation in Veranstaltungen wie Vortrags- und Diskussionsreihen sowie Aktionstagen. Im Bereich der elektronischen Medien steht seit 2014 ein neues Intranet mit Social-Media-Komponenten zur Verfügung. Einen Überblick über alle Kanäle zeigt Tab. 2. Die Nachhaltigkeitsabteilung kann für ihre Kommunikationsaktivitäten auf all diese Kanäle und Medien zugreifen.

Die crossmediale Kompetenz des Unternehmens besteht nun darin, die internen Kommunikationsmittel und -wege so zu kombinieren, dass der Mitarbeiter an verschiedenen Orten und zum gewünschten Zeitpunkt die für ihn relevanten Informationen erhält und die Möglichkeit hat, sich aktiv einzubringen.

4.2 Beispiele für die Umsetzung der CR-Mitarbeiterkommunikation

Während die Produktionsmitarbeiter eher über gedruckte Medien zu erreichen sind, nutzen Büromitarbeiter vor allem das Audi-Intranet und die sozialen Medien. Der persönliche

Tab. 2 Kommunikationskanäle bei Audi

Printkommunikation	Onlinekommunikation	Persönliche Kommunikation
Mitarbeiterzeitung	E-Mails	Vorträge
Newsletter	Intranet	Veranstaltungen
Broschüren	Social Media	Gespräche
Magazine	Blogs	Netzwerktreffen/Workshops
Flyer	Wikis	Round Tables
Plakate/Aushänge	Onlinenewsletter	Meetings/Konferenzen
Werksbekanntmachungen/Mitteilungen	Online-TV	Management-/Mitarbeiter-/Bereichsrunden; Betriebsversammlungen

Austausch wird durch Veranstaltungen, Infostände und Vorträge gefördert. Der Erfolg und die Reichweite der Kommunikation hängen dabei stark von der guten Kombination und Verlinkung zwischen den verschiedenen Kanälen ab. Jedem Kommunikationskanal kommt dabei eine andere Bedeutung zu, jeder hat seine eigene Zielsetzung. In den folgenden Abschnitten werden Beispiele für den Kommunikationsmix bei Audi vorgestellt.

Social Media: Onlinecommunity für Austausch und Diskussion
Onlinemedien besitzen heutzutage auch in der internen Kommunikation einen besonderen Stellenwert: Auf der einen Seite bilden sie die technische Plattform, auf der die klassischen Medieninhalte transportiert werden und sich die individuelle, persönliche Kommunikation vollzieht. Beispiele hierfür sind Videokonferenzen oder digital bereitgestellte Dokumente. Auf der anderen Seite bieten digitale Kanäle Möglichkeiten, die über jene der klassischen Medien und Kommunikationsformen deutlich hinausgehen. So erlauben Onlinemedien Mitarbeitern unterschiedlicher Arbeitsbereiche, sich durch Dialogformate, Kommentare zu Intranetnachrichten oder eigene Weblogbeiträge miteinander zu vernetzen und sich gleichzeitig in die interne Kommunikation einzubringen. Zudem können Wissensressourcen und entsprechende Dokumentationen effizienter organisiert und den Mitarbeitern nach ihren unterschiedlichen Bedürfnissen bereitgestellt werden (Mast 2014, S. 1136). Audi nutzt die soeben skizzierten Vorteile seit dem Frühjahr 2014 intensiv und setzt in der internen Zusammenarbeit verstärkt auf Social-Media-Tools. Neben dem interaktiven Intranet (Audi mynet) existieren vier weitere vernetzte Social-Media-Anwendungen, die das tägliche Arbeiten, die Informationsweitergabe und den Austausch unter den Kollegen erleichtern. Dies sind Audi contacts (Kontaktverzeichnis), Audi dox (Dokumentenbearbeitung), Audi wiki (Erfahrungs-/Wissensmanagement) sowie Audi team (Dialogplattform).

Insbesondere letztere Plattform wird verstärkt im Rahmen der internen Kommunikation seitens der Nachhaltigkeitsabteilung genutzt, da sie es ermöglicht, themenspezifische Communities zu gründen und mit interessierten Zielgruppen bedarfsgerecht zu kommunizieren. Das „Forum Verantwortung" in Audi team widmet sich daher seit Start der

Anwendung den Themen der Nachhaltigkeit bei Audi. Erreichbar ist das „Forum Verantwortung" für die Mitarbeiter über wenige Mausklicks und eröffnet daher die Möglichkeit, sich aktiv zu informieren, Fragen zu stellen sowie sich an Diskussionen zu beteiligen. Die Nachhaltigkeit von Produkten und Services bildet – wie zu Beginn des Beitrags beschrieben – die Grundlage der Audi-Unternehmensstrategie. Vor diesem Hintergrund gilt es, ein gemeinsames Verständnis zu diesem vielschichtigen Themenfeld unter den Mitarbeitern zu generieren. Im Rahmen von redaktionellen Beiträgen informieren die Fachabteilungen regelmäßig über relevante Themen und Veranstaltungen. Mittels der Kommentarfunktion können die Mitarbeiter hierzu Fragen stellen und so mit unterschiedlichen Fachexperten in den Dialog treten. In der Rubrik „Was mich bewegt" hat der Audi-Mitarbeiter zudem die Möglichkeit, eine eigene Diskussion zu starten, Projekte vorzuschlagen oder Themen vorzustellen.

In regelmäßigen Abständen werden im „Forum Verantwortung" Mitarbeiteraktionen durchgeführt. Nicht zuletzt aufgrund der unkomplizierten Verbreitung über die internen sozialen Medien erfreuen sich derartige Aktionen bei den Mitarbeitern einer großen Beliebtheit. So radelten beispielsweise über 1100 Audi-Mitarbeiter bei der Aktion „Stadtradeln mit dem Forum Verantwortung" im Juli 2016 insgesamt 295.134 km weit auf dem Weg zur Arbeit und zurück sowie in ihrer Freizeit. Umgerechnet vermieden sie damit den Ausstoß von etwa 42 t CO_2. Für jeden hundertsten geradelten Kilometer seiner Mitarbeiter lobte Audi einen Baumsetzling aus. Auf diesem Weg kamen insgesamt 2951 Baumsetzlinge für die Aufforstung von Waldflächen in und um Ingolstadt zusammen. Audi rundete diese Zahl auf insgesamt 3000 auf. Seit dem Start der Plattform im Frühjahr 2014 verzeichnete das „Forum Verantwortung" bereits über 100.000 Aufrufe und ist damit eine der am häufigsten besuchten Communities im Audi team.

Printmedien: Bedeutung für den Produktionsbereich
So sehr die Digitalisierung auch die interne Kommunikation verändert – das gedruckte Medium ist nach wie vor eines der wichtigsten Informationsmittel für Mitarbeiter, vor allem im Produktionsbereich. Sie haben aufgrund fester Schichtarbeitszeiten wenig Freiraum, um sich im Intranet über Neuigkeiten zu informieren. Audi informiert über News, Veranstaltungen und wichtige Entscheidungen deshalb in Flyern, Aushängen und einer international erscheinenden Mitarbeiterzeitschrift. In Letzterer finden sich vor allem Interviews und Geschichten, wohingegen Flyer und Aushänge kurze und zielgerichtete Informationen sowie Hinweise bieten, in welchen Medien nähere Informationen hinterlegt sind. Für Hintergrundinformationen stehen zu vielen Themen Broschüren zur Verfügung. Diese können sowohl standort- und landesübergreifend als auch standortspezifisch veröffentlicht werden. Das ist nötig, weil an den unterschiedlichen Standorten auch unterschiedliche CR-Aktivitäten betrieben und in den Fokus gerückt werden. Während beispielsweise die duale Ausbildung junger Menschen in Deutschland ganz normal ist und somit nicht gesondert kommuniziert wird, ist die Kombination aus praktischer Arbeit und Berufsschule bei der Audi Hungaria Motor Kft. in Ungarn etwas sehr Besonderes und wird auf vielfältige Weise kommuniziert. In allen Veröffentlichungen legt die CR-Kommunikation großen Wert

auf die Einbindung von Mitarbeitern aller Hierarchieebenen als Testimonials, Experten und Zitatgeber. So lassen sich Themen am Beispiel einzelner Personen veranschaulichen.

Einen ganz anderen Ansatz verfolgt der Audi Corporate Responsibility Report: Er ist ein klassisches Medium, um über Maßnahmen, Fortschritte und Ziele im CR-Umfeld zu informieren. Audi veröffentlicht alle zwei Jahre einen solchen Report, der sich an den Richtlinien der Global Reporting Initiative (GRI) orientiert und von einer unabhängigen Wirtschaftsprüfungsgesellschaft testiert wird. Der letzte Bericht erschien im Mai 2015 nach dem Berichtsstandard GRI G4. Entsprechend den Zielen von GRI – Transparenz, Ausgewogenheit, Vergleichbarkeit, Genauigkeit, Aktualität, Klarheit und Zuverlässigkeit – veröffentlicht Audi einen vollumfänglichen Online- sowie einen gekürzten Printreport. Rund um den Veröffentlichungstermin eines jeden Reports gibt es intern eine vielschichtige Kommunikation: Ankündigungen, Infostände, inhaltliche Auskopplungen im Intranet und Diskussionen im „Forum Verantwortung".

Persönliche Kommunikation: Vernetzung und Austausch im Fokus
Print- und Onlinekommunikation sind für die CR-Kommunikatoren eine gute Möglichkeit, einen Großteil der Mitarbeiter zu erreichen. Und dennoch: Die persönliche Kommunikation ist für die Erklärung, Diskussion und Weiterentwicklung von Corporate Responsibility als komplexem Unternehmensthema sehr wichtig. Kirchgeorg und Ermer schrieben 2014: „Schreitet auf der einen Seite die Digitalisierung weiter voran und übernehmen virtuelle Kommunikationsinstrumente Funktionen der klassischen Kommunikation, wächst andererseits das Bedürfnis nach persönlichen Begegnungen" (Kirchgeorg und Ermer 2014, S. 691).

Seit 2013 veranstaltet die Nachhaltigkeitsabteilung beispielsweise die Vortragsreihe „Perspektive Verantwortung", die aktuelle und besonders relevante Nachhaltigkeitsaspekte zum Thema macht. Die Vorträge dienen zur Information durch interne und externe Experten zu Themen wie Klimawandel, Digitalisierung und Strategie; in erster Linie ermöglicht ein Treffen von bis zu 180 Personen den persönlichen Austausch und den Blick über den Tellerrand des eigenen Arbeitsbereichs. So sollen das Verständnis und Interesse sowie die Motivation der Mitarbeiter für Corporate Responsibility erhöht werden (vgl. auch Mast 2014, S. 1138). Das Erfolgsrezept liegt hier auch darin, dass nicht nur Befürworter der Automobilindustrie, sondern durchaus auch kritische Experten aus Politik, NGOs und Wissenschaft zu Gast sind. So referierte und diskutierte beispielsweise Dr. Gerd Leipold, ehemaliger Vorsitzender von Greenpeace International, mit Audi-Mitarbeitern über den Zusammenhang von Nachhaltigkeits- und Unternehmensstrategie, über die Herausforderungen der Zukunft und die Möglichkeiten, ihnen zu begegnen. Professor Dr. Lutz Eckstein vom Institut für Kraftfahrzeuge an der RWTH Aachen sprach über die wichtigsten Ergebnisse einer umfangreichen Studie zur CO_2-Regulierung in Europa nach 2020. Dass die Vorträge mittlerweile oft bereits am ersten Anmeldetag ausgebucht sind, zeigt, wie wichtig ein offener Austausch zwischen Unternehmen und Mitarbeitern ist.

Crossmedia-Kommunikation – ein Beispiel

Am Beispiel der Kommunikation rund um die Vortragsreihe „Perspektive Verantwortung" lässt sich die crossmediale Herangehensweise bei Audi gut darstellen: Die Einladung zu den Vorträgen erfolgt über Flyer und Plakate, die auf das Audi-Intranet mit näheren Informationen und der Möglichkeit zur Anmeldung verweisen. Der Vortrag selbst ermöglicht den direkten, intensiven und ehrlichen Austausch zwischen Audi-Mitarbeitern und externen Experten und fördert die Vernetzung von Mitarbeitergruppen verschiedener Geschäfts- und Arbeitsbereiche. Während des Vortrags wird ein Videomitschnitt erstellt, der im Anschluss die Highlights des Vortrags interessierten Mitarbeitern der deutschen und internationalen Audi-Standorte zur Verfügung stellt. Die Veröffentlichung des Videos erfolgt sowohl im Audi-Intranet als auch in der Social-Media-Community „Forum Verantwortung" im Audi team. Alle Unterlagen zu den Vorträgen sowie Interviews mit den Vortragenden stehen dauerhaft im Audi-Intranet und auf der Audi-Homepage im Bereich Nachhaltigkeit zur Verfügung. Durch die Vernetzung und Verlinkung der verschiedenen Kommunikationskanäle erhöhen sich die Reichweite und Bekanntheit der Vortragsreihe.

5 Fazit

Verantwortungsvolles und nachhaltiges Wirtschaften wird für Unternehmen immer bedeutender. Heutzutage prüfen staatliche Institutionen, Kunden und weitere gesellschaftliche Gruppen kritischer denn je nahezu jedes unternehmerische Handeln und verlangen vor diesem Hintergrund nach Transparenz. Dabei hängt die „license to operate" wesentlich davon ab, wie Verantwortung und Nachhaltigkeit gemanagt, verstanden und letztlich im unternehmerischen Alltag gelebt werden. Unabdingbar ist es hierbei, die eigenen Mitarbeiter zu diesen Themen zu informieren, zu sensibilisieren und schließlich zum Handeln zu motivieren. Wie in den obigen Ausführungen dargestellt, liegen für Audi die Herausforderungen als weltweit agierendes Industrieunternehmen darin, CR-Inhalte konsistent und zielgruppenspezifisch über geeignete interne Kommunikationskanäle zu verbreiten, um möglichst viele Mitarbeiter mit relevanten Informationen zu versorgen, den Austausch zu entsprechenden Themen im Unternehmen anzuregen und das aktive Engagement im Bereich der unternehmerischen Verantwortungsübernahme zu fördern. Audi hat sich in diesem Zusammenhang für einen konsequenten crossmedialen Weg in der internen CR-Kommunikation entschieden. Der etablierte Medienmix aus Print-, Online- und persönlicher Kommunikation sowie der Einsatz von Social-Media-Tools hat sich hierbei in den letzten Jahren bewährt und soll weiter ausgebaut werden. Durch die in diesem Beitrag skizzierten Maßnahmen in der internen CR-Kommunikation lassen sich die Herausforderungen eines weltweit agierenden Konzerns sowie der Spagat zwischen den unterschiedlichen kommunikativen Anforderungen an die Informationsaufbereitung für Mitarbeiter in Produktion und Büro meistern.

Literatur

Jarolimek S (2014) CSR-Kommunikation: Zielsetzungen und Erscheinungsformen. In: Zerfaß A, Piwinger M (Hrsg) Handbuch Unternehmenskommunikation, 2. Aufl. Gabler, Wiesbaden, S 1269–1283

Kirchgeorg M, Ermer B (2014) Live Communication: Potenziale von Events, Veranstaltungen, Messen und Erlebniswelten. In: Zerfaß A, Piwinger M (Hrsg) Handbuch Unternehmenskommunikation, 2. Aufl. Gabler, Wiesbaden, S 1121–1140

Klöfer F, Nies U (2003) Erfolgreich durch interne Kommunikation. Mitarbeiter besser informieren, motivieren, aktivieren, 3. Aufl. Wolters Kluwer, München

Knaut A (2013) Gastbeitrag „CSR: Stiefkind interne Kommunikation". Ernst & Young CCaSS News (18):42–45

Mast C (2003) Crossmedia in der internen Unternehmenskommunikation. Ergebnisse der DAX-KOM-Umfragen und Schlussfolgerungen. Kommunikation und Management, Bd. 1. Universität Hohenheim, Stuttgart

Mast C (2014) Interne Unternehmenskommunikation: Mitarbeiter führen und motivieren. In: Zerfaß A, Piwinger M (Hrsg) Handbuch Unternehmenskommunikation, 2. Aufl. Gabler, Wiesbaden, S 1121–1140

Niederhaus C (2004) interne Kommunikation – Schnell und effektiv. Vertrauen in Zusammenarbeit gezielt aufbauen. BusinessVillage, Göttingen

Röttger U, Schmitt J (2014) Erfolgsfaktoren der CR-Kommunikation: Eine qualitative Studie zur Kommunikation der gesellschaftlichen Verantwortung von Unternehmen in Deutschland. Forschungsberichte zur Unternehmenskommunikation, Bd. 3.

Schick S (2002) Interne Unternehmenskommunikation. Strategien entwickeln – Strukturen schaffen – Prozesse steuern. Schäffer-Poeschel, Stuttgart

Walter BL (2010) Verantwortliche Unternehmensführung überzeugend kommunizieren – Strategien für mehr Transparenz und Glaubwürdigkeit, 1. Aufl. Springer Gabler, Wiesbaden

Prof. Dr.-Ing. Peter F. Tropschuh begann nach seinem Maschinenbaustudium und der Promotion an der Technischen Universität München im Jahr 1988 seine Karriere bei der AUDI AG in der Technischen Entwicklung. Er war Leiter des Generalsekretariats und verantwortete unter anderem die Bereiche Entwicklung Fahrzeugprojekte und Wissenschaftsprojekte. 2006 wechselte er zur VOLKSWAGEN AG als Leiter AutoUni und Wissenschaftsprojekte. Ab Juli 2011 leitete er bei der AUDI AG die Bereiche Corporate Responsibility sowie Politikbeziehungen, seit August 2016 ist er Leiter AUDI Nachhaltigkeit.

Martina Biendl, M.A., studierte Medien und Kommunikation an der Universität Augsburg und der Aarhus Universitet in Dänemark. Von 2009 bis 2012 war sie als freie Journalistin und Kommunikationsexpertin für unterschiedliche Unternehmen tätig. Im Anschluss begann sie ihre Tätigkeit bei der AUDI AG, wo sie für die crossmediale Kommunikation im Bereich Audi Nachhaltigkeit verantwortlich ist.

Lukas Petersik studierte Diplom-Geographie mit den Nebenfächern Journalistik und Psychologie an der Katholischen Universität Eichstätt-Ingolstadt und der University of Queensland in Australien. Seit 2013 ist er für die AUDI AG als Corporate Responsibility-Referent tätig. In dieser Funktion konzipiert und betreut er unterschiedliche Standortprojekte und Corporate Citizenship-Initiativen des Unternehmens.

Forest Carbon Group: Nachhaltigkeitsberichterstattung und Interne Kommunikation bei kleinen Unternehmen

Michael Sahm und Mathias Pianowski

1 Nachhaltigkeitsreporting – auch für KMU nützlich

Es werden immer mehr Nachhaltigkeitsberichte veröffentlicht und Nachhaltigkeitsreporting gewinnt an Bedeutung (Fifka 2013). Global gesehen berichteten noch vor 15 Jahren nur ein paar Dutzend Unternehmen über ihre Nachhaltigkeitsleistung. Derzeit gibt es weltweit etwa 80.000 multinationale Konzerne, die aufgrund ihrer Größe und Exponiertheit traditionell zu den Vorreitern im Reporting zählen. Heute berichten vielleicht 10.000 Unternehmen über ihre Nachhaltigkeitsleistung. Damit verbleibt die Berichterstattung immer noch auf relativ niedrigem Niveau. Zwar gibt es derzeit in Europa auch regulatorische Impulse für eine verpflichtende Berichterstattung über nichtfinanzielle Informationen für bestimmte große Unternehmen.[1] Diese Entwicklungen werden aber allenfalls indirekt einen Impuls für die Nachhaltigkeitsberichterstattung kleiner Unternehmen geben.

Insgesamt hat sich auch die Qualität des Nachhaltigkeitsreportings verbessert. Gleichwohl steht das Reporting etwa beim Sustainability-Kontext, bei einer integrierten/integralen Betrachtung (auch bei der Verknüpfung mit dem Controlling) und bei der Vergleichbarkeit mit Wettbewerbern immer noch sehr großen Herausforderungen gegenüber (Fifka

---

[1] Richtlinie 2014/95/EU des Europäischen Parlaments und des Rates vom 22.11.2014 zur Änderung der Richtlinie 2013/34/EU im Hinblick auf die Angabe nichtfinanzieller und die Diversität betreffender Informationen durch bestimmte große Unternehmen und Gruppen, ABl. EU L 330 vom 15.11.2014, S. 1, berichtigt durch ABl. EU L 369 vom 24.12.2014, S. 79.

M. Sahm (✉)
Forest Carbon Group GmbH
Steinlestraße 6, 60596 Frankfurt am Main, Deutschland
E-Mail: m.sahm@forestcarbongroup.de

M. Pianowski
BCC Business Communications Consulting GmbH
Rembrandtstraße 13, 60596 Frankfurt am Main, Deutschland
E-Mail: pianowski@bcc-ffm.de

2014; für das Controlling Pianowski und Lange 2008). Aktuelle Forschungen zeigen zwar, dass CSR-Leistung und finanzielle Performance korrelieren (Friede et al. 2015; zur Bedeutung der Materialität s. Khan et al. 2015), trotzdem suchen viele Unternehmen immer noch nach Argumenten zur (auch internen) Rechtfertigung der personellen und zeitlichen Investition in ein Nachhaltigkeitsreporting.

Nachhaltigkeitsreporting kann seinen Nutzen insbesondere für kleine Unternehmen besser entfalten, wenn es auch auf die Verbesserung interner Prozesse und die Differenzierungschancen abstellt. Darauf können sich kleine Unternehmen konzentrieren, um einen zusätzlichen Nutzen aus der Berichterstattung zu ziehen, wenn diese nicht nur als ein Ergebnis, sondern als ein wertvoller Prozess verstanden wird.

2 Der Leitfaden GRI G4 – machbar auch für kleine Unternehmen

Der Leitfaden G4 der Global Reporting Initiative gilt als elaborierter Leitfaden und Reportingstandard für das Nachhaltigkeitsreporting. Viele kleine Unternehmen scheuen sich vor der Anwendung. Die Leitlinien zu den Grundsätzen der Berichterstattung und Standardangaben umfassen 98 Seiten für 58 allgemeine und 91 spezifische Standardangaben. Hinzu kommen 270 Seiten Umsetzungsanleitung und sowie die sog. Sector Supplements, die branchenbezogenen Vorgaben des Standards, die eine Vergleichbarkeit sicherstellen sollen (www.globalreporting.org).

Trotz des Umfangs der Unterlagen kann der Leitfaden auch für kleine Unternehmen hilfreich sein und effizient eingesetzt werden. Die Forest Carbon Group als ein Unternehmen mit sechs Mitarbeitern hat einen Nachhaltigkeitsbericht nach GRI G4 aufgestellt und dabei die Interne Kommunikation und den Strategieprozess verbessert. Eine besondere Rolle spielte dabei, sich als kleines Unternehmen auf den Prozess der Einbindung der Stakeholder und damit auf die Bestimmung der wesentlichen Themen zu konzentrieren. Die Einbindung wurde nicht nur für das Reporting, sondern auch für die Fortentwicklung und Umsetzung der Geschäftsstrategie genutzt. Die Hinweise zum Prozess der Stakeholder-Einbindung und die vorgeschlagenen Kennzahlen aus dem G4-Leitfaden erwiesen sich als sehr hilfreich.

Eine Alternative für KMU, welche in diesem Beispiel nicht näher betrachtet wird, bietet im Übrigen der Deutsche Nachhaltigkeitskodex in der zweiten Version, für den auch ein Leitfaden für KMU verfügbar ist (Zwick 2014).

3 Das Geschäft und die Impacts der Forest Carbon Group: Integration von Klimaschutz in das Kerngeschäft der Kunden

Um den Ansatz im Nachhaltigkeitsreporting der Forest Carbon Group besser nachvollziehen zu können, ist es hilfreich, das Geschäft der FCG mit seinen Auswirkungen auf Umwelt und Gesellschaft zu verstehen.

Die FCG entwickelt und finanziert Waldschutzprojekte im Rahmen des internationalen REDD-Mechanismus (Reduced Emissions from Deforestation and Forest Degradation) und Vorhaben zu nachhaltiger Waldwirtschaft. Ihre Geschäftsphilosophie ist es, aktuell gangbare Wege auszuschöpfen, Emissionen zu senken (Ausbau erneuerbarer Energien, Effizienzsteigerung), um dann erst die CO_2-Kompensation für weiteren Klimaschutz zu nutzen. Solch ein Vorgehen wurde auch im Klimaabkommen von Paris im Dezember 2015 verankert. Emissionen an anderer Stelle auszugleichen, ist ein heute wirksamer Schritt für Klimaschutz in einer globalen Welt.

CO_2-Ausgleich kann auf vielen Wegen geschehen, z. B. auch durch Investitionen in Windfarmen, in Wasserkraft und in Waldprojekte. Nachhaltig bewirtschaftete Forst- und Agroforstprojekte bieten neben der CO_2-Bindung einen relativ großen sozialen und ökologischen Nutzen in den Projektregionen. Sie kommen gerade ländlichen und marginalisierten Bevölkerungen in Entwicklungsländern zugute. CO_2-Kompensation über nachhaltiges Waldmanagement ist überdies ein Baustein, lebenswichtige ökologische „Dienstleistungen" der Natur zu sichern – wie Kohlenstoff zu binden oder Boden zu bilden. Abholzung verursacht 17 % der weltweiten Emissionen, sodass Waldprojekte für den Klimaschutz auch quantitativ relevant sind.

Bereits heute sind namhafte Unternehmen im Wald- und Klimabereich engagiert. Unternehmen verstehen zunehmend, dass es beim Thema „Umwelt- und Klimaschutz" vordringlich nicht um Wohltätigkeit geht, sondern darum, ökologische Vermögenswerte langfristig in die Bilanzen einzubeziehen. Bei der Kompensation geht es um handfeste betriebswirtschaftliche Argumente: um Lieferketten, Kundengewinnung und Kundenbindung, Risikomanagement sowie Positionierung.

Die FCG unterstützt ihre Kunden letztlich bei der Entwicklung und Umsetzung klimaneutraler Unternehmens- und Produktstrategien. Sie berechnet CO_2-Fußabdrücke, liefert Zertifikate, berät ihre Kunden zu entsprechenden Strategien, der Stakeholder-Einbindung und zu möglichen Zertifizierungen. Hinzu kommen technische und kommunikative Lösungen, die den Aspekt Klimaschutz für den Endverbraucher sichtbar machen.

4 Nachhaltigkeitsberichterstattung als Prozess für die Interne Kommunikation und Strategie

Zur Vorbereitung des Berichts wurden zwei interne Workshops durchgeführt. Die FCG analysierte zum Zeitpunkt der Berichterstattung gerade, wie ihre Geschäftsfelder erweitert werden konnten. Der Prozess der Nachhaltigkeitsberichterstattung und der interne Diskussionsprozess wurden daher flankierend genutzt, um über die zukünftige Ausrichtung der FCG und ihre Positionierung strategisch und operativ zu reflektieren. Obwohl die Ausrichtung bereits im Gange war, wurde sie durch das Auseinandersetzen mit den Inhalten der Nachhaltigkeitsberichterstattung und dem gesamten Prozess deutlich intensiviert und entwickelte sich so zu einem zusätzlichen Motor. Die anfänglichen Zweifel (Macht so ein umfangreicher Berichtsprozess für eine solche kleine Firma tatsächlich Sinn?) wurden in

Tab. 1 Nutzen eines Nachhaltigkeitsreportings für die FCG

Strategieprozess unterstützen	Reporting ist nicht nur ein Ergebnis. Reporting ist ein Prozess, der eine neue Unternehmensausrichtung unterstützt
Glaubwürdigkeit stärken	Die Kunden der FCG sind oft Nachhaltigkeitsleader. Die Lücke im Reporting wird geschlossen. Die FCG bringt sich damit auch beim Reporting auf Augenhöhe zu ihren Kunden
FCG positionieren	Die FCG verfügt neben der Website über eine ergänzende Visitenkarte, die wiederum auf die FCG-Website referenziert. Die Berichterstattung schafft weitere PR-Anlässe
Leistungen zeigen	Das Produkt- und Dienstleistungsportfolio kann in EINER Publikation in Cases gezeigt und mit den Nachhaltigkeits-Impacts verknüpft werden
Netzwerk stärken	Die Stakeholder-Beziehung kann genutzt werden, um Netzwerke zu beleben und auszubauen
Kunden gewinnen	Der Bericht eignet sich als austeilbare Visitenkarte, die Nachkontakte seitens der FCG ermöglicht, und bietet die Gelegenheit einer Kaltakquise

diesem Zusammenhang relativ schnell ausgeräumt. Die externe Unterstützung fungierte überdies als echte Nachhaltigkeitsberatung, die Geschäftsführung und Mitarbeitern den Blick schärfen half.

Mit dem Nachhaltigkeitsreporting können Organisationen ganz unterschiedliche Zwecke verfolgen. Das Spektrum reicht von internen Effizienzverbesserungen, Informationen zu offensichtlichen und gesetzlich geforderten Nachhaltigkeitsthemen, der Befriedigung von Stakeholder-Erwartungen und dem Schaffen einer Diskussionsgrundlage zur Einbeziehung von Stakeholdern (Schaltegger 2014).

Die Forest Carbon Group diskutierte den Input über die Zwecke intern mit allen Mitarbeitern sowie mit Partnern. Zielsetzungen waren schließlich (vgl. auch Tab. 1):

- ihre Geschäftsstrategie fortentwickeln,
- den Ausbau der Geschäftsfelder stützen,
- neue Produkte sowie Beratungs- und Dienstleistungen am Markt bekannt machen,
- sich als glaubwürdiger Akteur im Bereich Nachhaltigkeit positionieren,
- den Bekanntheitsgrad steigern und Kunden gewinnen.

5 Wesentlichkeitsanalyse – Kernthemen im Dialog mit internen Stakeholdern definieren

Entscheidend für eine zielführende und machbare Nachhaltigkeitsberichterstattung anhand G4 ist die Wesentlichkeitsanalyse. Nachhaltigkeitsberichterstattung macht dann Sinn, wenn Unternehmen über wesentliche Auswirkungen auf Umwelt und Gesellschaft berichten. Zum einen sollten sie sich auf die wesentlichen und damit wichtigsten Auswirkungen auf Umwelt und Gesellschaft konzentrieren, zum anderen keine wesentlichen Auswirkungen vernachlässigen. Zur Bestimmung von Wesentlichkeit werden Stakeholder einbezogen.

In der internen Diskussion wurden als relevante Stakeholder-Gruppen Kunden, Kooperationspartner und die Zivilgesellschaft identifiziert. Da die FCG als kleines Unternehmen eng partnerschaftlich in einem Netzwerk mit anderen Unternehmen in Kanada und Deutschland zusammenarbeitet (vor allem im Bereich Projektentwicklung und -marketing), wurden als interne Stakeholder zusätzlich zu den Mitarbeitern die Netzwerkpartner identifiziert. Der Austausch mit eben jenen Partnern ist zentral, berührt er doch genau den weiter gefassten Kreis der Nachhaltigkeitswirkung in den afrikanischen oder amerikanischen Projektregionen. Oder umgekehrt: Ohne deren Informationen könnte man wesentliche Aspekte der Nachhaltigkeitsleistung und -wirkung vor Ort oft schwer analysieren und bewerten.

Die interne Diskussion hat dazu geführt, sich über die Ansprüche und Bedürfnisse der internen und externen Stakeholder besser im Klaren zu sein. Daher wurde beschlossen, diese nicht nur durch Gespräche und Interviews zu ermitteln, sondern auch durch eine schlanke Onlineumfrage (Versand an 440 bekannte Adressen als pragmatischer Anfang).

Die Ergebnisse der Gespräche und Stakeholder-Umfrage zeigten, dass es einen großen Bedarf an einem kompetenten Dienstleister im Bereich nachhaltiges Landmanagement und Klimaschutzprojekte gibt, der im Sinne ökologischer und sozialer Auswirkungen eine hohe Qualität anbietet. Auch die Dienstleistungen der FCG im Bereich Karbonmanagement stoßen auf positive Resonanz. Der Ansatz der FCG – eigene Projekte, hohe Qualitätsstandards und umfassende Beratung – wird dabei von den Stakeholdern begrüßt. Dennoch wünschen sich die Befragten mehr Transparenz über die Geschäftstätigkeit der FCG, über ihre Geschäftsgrundlage und über die Projekte mit ihren Auswirkungen auf Umwelt und Gesellschaft. Es zeigte sich erneut, dass es bezüglich des Themas „CO_2-Kompensation" (Carbon Offsetting) hierzulande in Wirtschaft und Öffentlichkeit nach wie vor viele Fragen gibt. Diesem Wunsch kommt die FCG mit dem Nachhaltigkeitsbericht umfassend nach. Dieser Input war sehr wertvoll für die internen Diskussionen und die Ausrichtung der Strategie.

6 Inhalte des Nachhaltigkeitsberichts – Ergebnisse der internen Diskussion

Das Geschäft der FCG
Da die FCG ein kleines Unternehmen ist und seine größten Nachhaltigkeitsauswirkungen mit seinen Dienstleistungen und Projekten erzielt, sollten diese auch im Fokus der Berichterstattung stehen. Das hat die interne Diskussion recht schnell deutlich gemacht. Verglichen wurde das von Mitarbeitern in der Debatte immer wieder mit der Nachhaltigkeitswirkung von Banken und deren Investmentportfolios und -strategien. Der „Fußab-

druck" der Betriebsstätten selbst ist gering, der Fußabdruck der Geldanlage (finanzierte Projekte) ist jedoch oft sehr groß.

Ausgehend von dieser Feststellung vermittelt das erste Kapitel, wie der Weg zur Nachhaltigkeit integrierter Bestandteil des Geschäfts der FCG ist. Die interne Diskussion im Rahmen des Nachhaltigkeitsreportings legte offen, dass die Mitarbeiter stolz auf ihr Tun sind und sich mancher Auswirkung, die als selbstverständlich galt, noch mehr bewusst wurden. Die FCG unterstützt Kunden dabei, Nachhaltigkeit nicht isoliert zu betrachten, sondern untrennbar mit dem Kerngeschäft und entlang der ganzen Wertschöpfungskette zu integrieren. Nachhaltigkeit muss bei Unternehmen als notwendige Erfolgsbedingung auch „von oben" gewollt und gefördert werden. In einem Interview gehen die Geschäftsführer Frederic Jacquemont und Michael Sahm der FCG mit gutem Beispiel voran und erläutern ihre ganz persönliche Sichtweise auf Nachhaltigkeit und betonen, wie zentral Nachhaltigkeit für das Geschäft der FCG ist.

FCG Market Briefing

Im zweiten Kapitel „FCG Market Briefing" werden Fakten zu den Carbon- und Natural-Assets-Märkten komprimiert aufgearbeitet. Damit liefert die FCG einen zusätzlichen Mehrwert für die Leser und unterstreicht ihre Rolle als Expertin in diesen Nachhaltigkeitsmärkten. Dieses Kapitel geht auf den ausdrücklichen Wunsch von Mitarbeitern im Rahmen der internen Diskussion zurück, die eine Einbettung des FCG-Geschäfts in den für viele Kunden und externe Stakeholder noch immer weitgehend neuen Markt anregten – auch und gerade um das Verständnis für die Wirkungsmechanismen zu veranschaulichen. Die Vorlagen sollen im Vertrieb durchaus genutzt werden.

Produkte und Services

Den roten Faden für das dritte Kapitel bildet die Wertschöpfungskette. Die FCG kann ihre eigene Nachhaltigkeitsleistung verbessern, wenn sie die Nachhaltigkeitsleistung beim Kunden verbessert. Mit diesem Anspruch eröffnet sich für die FCG auch eine glaubwürdige Marketingchance im Nachhaltigkeitsbereich. Der entsprechende Kundennutzen steht damit im Mittelpunkt der Berichterstattung in diesem Kapitel. Diese Sichtweise, die Nachhaltigkeitsleistung der FCG vom Markt und von Kundenseite her zu definieren, ist ein Ergebnis der internen Workshops zur Nachhaltigkeitsberichterstattung. Auf dem Mitarbeiterworkshop wurde eine entsprechende Positionierung erarbeitet, die von allen Mitarbeitern getragen wird: Die FCG bilanziert und managt Kohlenstoffkreisläufe, macht Naturkapital mit deren Ökosystemleistungen für die Nachhaltigkeitsstrategie ihrer Kunden verfügbar und schafft damit Werte für deren Anteilseigner und für weitere Stakeholder.

Weltweite Projekte

Ziel des Kapitels ist es, aufzuzeigen, welche Kompetenzen die FCG im Bereich Projektentwicklung hat, sowie die Herkunft und Qualität der CO_2-Zertifikate transparent zu machen. Das Kapitel verdeutlicht den vielfältigen Nutzen der Projekte für die Menschen vor Ort, ihren konkreten „ökonomischen und ökologischen Fußabdruck". Dieser bildet gewissermaßen den Anfang der FCG-Wertschöpfungskette und damit die tatsächliche Nachhaltigkeitswirkung des FCG-Geschäfts.

Die Beschäftigung mit dem Bericht hat in der Internen Kommunikation auch dazu geführt, dass soziale, ökonomische und ökologische Nachhaltigkeitskriterien verglichen und auf ihren Gehalt abgeklopft wurden. Die Klimaschutzprojekte, die die FCG mit ihren Partnerfirmen initiiert, entwickelt und finanziert, folgen den Qualitätskriterien von international anerkannten Standards (Verified Carbon Standards, Standard der Climate Community and Biodiversity Alliance oder Gold Standard); sie werden entsprechend von unabhängigen Dritten geprüft und zertifiziert. Sie alle haben ein Grundgerüst geschaffen, nach dem diese forstwirtschaftlichen Klimaschutzprojekte sowohl in Entwicklungs- als auch in Industrieländern gemanagt, überprüft und vermarktet werden. Insofern ist der Nachhaltigkeitsbericht unter GRI auch ein Standardvergleich.

Daten und Fakten zur FCG
Die FCG stellt zusätzliche Daten in knapper Form, quantifiziert zur Verfügung. So kann Vollständigkeit erreicht werden, ohne dass der Bericht im Umfang ausufert. Ohne Glossar und GRI-Index umfasst der FCG-Nachhaltigkeitsbericht schon 55 Seiten. Das Kapitel bezieht sich vor allem auf die Daten zum eigenen Betrieb und umfasst den Energie- und CO_2-Fußabdruck, die Gewinn- und Verlustrechnung und die Bilanz. Für ein kleines Unternehmen auch ungewöhnlich ist die Aufnahme der Geschäftszahlen in den Nachhaltigkeitsbericht, die sich sonst in den Niederungen des Handelsregisters verstecken. Glaubwürdigkeit lässt sich auch durch interpretierbare Kennzahlen herstellen.

Glossar, GRI-Index und Materiality Disclosure Icon
Die FCG liefert auf zwei Seiten ein kurzes Glossar zu Schlüsselbegriffen. Der GRI-Index umfasst 13 Seiten. Das erscheint viel, aber oft werden die Informationen direkt im Index gegeben. Es wurde zudem auf Basis der Diskussion mit den Mitarbeitern entschieden, den GRI Materiality Disclosure Service zu nutzen. Obgleich dieser aus Sicht der FCG verbesserungswürdig erscheint. Es wird von der GRI lediglich geprüft, ob eine Information auf der Seite gegeben wird, die im GRI-Index angegeben ist. Niemand kontrolliert allerdings den Inhalt der Informationen materiell. Daher sollte die Entscheidung von allen Mitarbeitern getragen werden.

7 Fazit

Ein zielführendes Nachhaltigkeitsreporting dient nicht nur der Transparenz. Es nutzt auch auf anderen Wegen dem Unternehmen und ist selbst für kleine Unternehmen von Vorteil. Es kann interne Prozesse verbessern und das Kerngeschäft durch Differenzierung stärken. Die FCG hat den Prozess darauf fokussiert, die Mitarbeiter und Netzwerkpartner zusammenzubringen, gemeinsam über Nachhaltigkeit und das Geschäft zu arbeiten. Auch kleine Unternehmen wie die FCG können damit die Vorteile einer Nachhaltigkeitsberichterstattung nutzen und sogar elaborierte Standardisierungen erfüllen. Der Artikel soll dazu ermutigen und skizziert die entsprechenden Erfahrungen der Forest Carbon Group, die nach GRI G4 berichtet.

www.forestcarbongroup.de/

Literatur

Fifka M (2013) Corporate responsibility reporting and its determinants in comparative perspective. A review of the empirical literature and a meta-analysis. Bus Strategy Environ 22(1):1–35

Fifka M (2014) Einführung – Nachhaltigkeitsberichterstattung: Eingrenzung eines heterogenen Phänomens. In: Fifka M (Hrsg) CSR und Reporting. Springer Gabler, Berlin, Heidelberg, S 1–18

Forest Carbon Group (2015) Naturkapital erfolgreich managen. Nachhaltigkeitsbericht 2014. http://www.forestcarbongroup.de/mediathek/events/fcg-praesentiert-ersten-nachhaltigkeitsbericht.html

Friede G, Busch T, Bassen A (2015) ESG and financial performance: aggregated evidence from more than 2000 empirical studies. J Sustain Finance Invest 5(4):210–233

Khan M, Serafeim G, Yoon A (2015) Corporate Sustainability: First Evidence on Materiality. http://papers.ssrn.com/sol3/papers.cfm?abstract_id=2575912

Pianowski M, Lange C (2008) Nachhaltigkeitsberichterstattung und Integriertes Controlling. In: Isenmann R, Gomez JM (Hrsg) Internetbasierte Nachhaltigkeitsberichterstattung. Maßgeschneiderte Stakeholder-Kommunikation mit IT. Erich Schmidt Verlag, Berlin, S 141–155

Schaltegger S (2014) Nachhaltigkeitsberichterstattung zwischen Transparenzanspruch und Management der Nachhaltigkeitsleistung. In: Fifka MS et al (Hrsg) CSR und Reporting. Nachhaltigkeits- und CSR-Berichterstattung verstehen und erfolgreich umsetzen. Springer, Berlin, Heidelberg, S 21–34

Zwick Y (2014) Rat für Nachhaltige Entwicklung: Der Deutsche Nachhaltigkeitskodex. In: D'heur M (Hrsg) CSR und Value Chain Management. Profitables Wachstum durch nachhaltig gemeinsame Wertschöpfung. Springer Gabler, Berlin, Heidelberg, S 241–256

Michael Sahm ist Geschäftsführer der Forest Carbon Group. Er hat mit Regierungen, staatlichen Einrichtungen, Unternehmen, Kommunen und NGOs zusammengearbeitet, um nachhaltige Landnutzungsprojekte zu entwickeln und umzusetzen, von denen Menschen, Umwelt und Unternehmen profitieren. Bevor er zur FCG wechselte, arbeitete er für die Weltbank und das World Bank Institute in Washington, die britische Beratungsfirma Carbon International in Brüssel und als Journalist in den USA, Europa und Asien.

Mathias Pianowski ist Bereichsleiter Nachhaltigkeit und Innovation bei der BCC Business Communications GmbH – einem Beratungsunternehmen mit Sitz in Frankfurt und Berlin. BCC unterstützt Organisationen bei der Entwicklung, Umsetzung und Durchsetzung von Nachhaltigkeitsstrategien. Mathias Pianowski ist Wirtschaftswissenschaftler mit dem Hintergrund Nachhaltigkeit und Controlling, betriebliche Steuerlehre, Wirtschaftsprüfung sowie Finanzwirtschaft und Banken. Er ist zertifizierter interner Umweltbetriebsprüfer und EFFAS Certified European ESG Analyst sowie Dozent für BWL, Nachhaltigkeitsmanagement und Nachhaltigkeitsreporting.

Healthcare-Branche: Unternehmensleitbilder in der Internen CSR-Kommunikation

Stefanie Braune

1 Ausgangslage: Unternehmensleitbilder zur Unterstützung von Veränderungsprozessen

Unternehmensleitbilder können als unternehmenskommunikative Textsorte fungieren, die unternehmerische Wandelprozesse unterstützen und neben den externen Stakeholdern eines Unternehmens vor allen Dingen auch den Mitarbeitern Orientierung und Sinn stiften. Unternehmensleitbilder enthalten Aussagen über die gewünschte Unternehmensentwicklung auf konzeptioneller Ebene (vgl. Schmidt 1998, S. 119) und sie bestimmen „einen unternehmensbezogenen Organisations- und Handlungsrahmen, der zur gesteuerten Transformation der Organisationskultur beitragen und vor allem als Ausgangspunkt einer strategischen Planung dienen kann" (Gabele und Kretschmer 1986, S. 726). Stefan Kühl (2002) geht davon aus, dass es aufgrund des zunehmenden Anpassungs- und Legitimitätsdrucks auf Organisationen zu einer Anpassung von Organisationsleitbildern kommt (Kühl 2002, S. 157). Kühl spricht in seinem Artikel von einer „Imitation Plus"-Strategie von Unternehmen, die diese nutzen, um den widersprüchlichen Anforderungen an sie gerecht zu werden: der Anforderung, andere erfolgreiche Unternehmen einerseits zu kopieren – was sich in der Praxis in den zunehmend als austauschbar wahrgenommenen Unternehmensleitbildern zeigt –, andererseits aber auch eigene Innovationen hervorzubringen und dadurch besser als der Wettbewerber zu sein. Weiterhin spricht Belzer (1998a) davon, dass Unternehmensleitbilder als Ausdruck von Organisationsidentitäten gelten und damit für die Mitglieder einer Organisation einen Handlungs- und Verhaltensrahmen festlegen (vgl. Belzer 1998b, S. 45). Wenn sich nun die Werthaltungen und die Unternehmenskultur eines Unternehmens ändern – so die These – müssten sich auch die Unternehmensleitbilder verändern.

S. Braune (✉)
Heydenreichstraße 4, 07749 Jena, Deutschland
E-Mail: s_zornow@yahoo.de

Es stellt sich daher die Frage, ob Unternehmensleitbilder den Wandel eines Unternehmens hin zu einem auf Nachhaltigkeit und Verantwortung ausgerichteten Unternehmen sichtbar machen und diesen Wandel für die Mitarbeiter – die als die wichtigste Zielgruppe von Unternehmensleitbildern gelten –, aber auch für die externen Anspruchsgruppen des Unternehmens kommunikativ begleiten. Unternehmensleitbilder stellen in diesem Zusammenhang nur ein mögliches Kommunikations- und Informationsinstrument während eines Veränderungsprozesses dar und müssen, um erfolgreich zu sein, immer im Bündel mit weiteren Kommunikationsmaßnahmen angewendet werden, wobei zwischen Top-down- als auch Bottom-up-Instrumenten der Veränderungskommunikation unterschieden wird (vgl. Mast 2008; Vacek 2008; Stumpf und Wehmeier 2014; Alvesson und Sveningsson 2008; Mohr 1997).

2 CSR-Kommunikation als Wandelkommunikation

Schultz (2011a), die sich mit dem Wandel moralischer und moralisierter Kommunikation befasst hat, sieht in der Corporate Social Responsibility (CSR) ein „soziales, aufgrund vielfältiger Treiber – ökonomische, legale, normative und kognitive (bspw. Moralisierung) – institutionalisiertes und kommunikativ zwischen politischen, wirtschaftlichen und medialen Akteuren ausgehandeltes Konstrukt" (vgl. Schultz 2011b, S. 20). Aufgrund dieses komplexen Beziehungsgeflechts stellt „die Auseinandersetzung mit CSR ... so gesehen auch eine Art Gesellschaftsanalyse dar, die aktuelle Wandlungsprozesse erklären und beobachten kann" (Schultz 2011b, S. 39).

Verantwortungskommunikation ist damit eine Antwort von Organisationen auf gesellschaftliche, mediale, politische oder wirtschaftliche Diskurse über moralische Kommunikation und gesamtgesellschaftliche Wandelprozesse. Die Kommunikation von und über Verantwortung resultiert dabei aus dem strukturellen und normativen Wandel und erzeugt ihn gleichzeitig mit (vgl. Schultz 2011b, S. 37 f.). CSR-Kommunikation ist daher auch eine Möglichkeit zur kommunikativen Durchsetzung organisationalen Wandels (vgl. Schultz 2011b, S. 38). Gerade vor diesem Hintergrund überrascht es, dass Forschungen zur Verantwortungskommunikation bisher keine Aspekte der organisationalen Wandelkommunikation mit integrieren bzw. keine Verbindung zwischen Strategien der Verantwortungskommunikation und denen organisationaler Change-Prozesse herstellen. Der vorliegende Artikel möchte hier ansetzen und mithilfe eines diachronen Untersuchungskorpus Kommunikationsstrategien der Verantwortungs- als Wandelkommunikation transparent machen.

3 Wie man über Verantwortung spricht: CSR-Kommunikationsstrategien

Problematisch bei den Betrachtungen zu unternehmerischer Verantwortung und Kommunikation ist nicht nur die Heterogenität der unternehmerischen Verantwortungsdefinition, sondern auch „the communication ideal that is implied is often ill-defined and vague" (Ihlen et al. 2011, S. 4). Folglich existieren Begriffe wie „CSR-", „Nachhaltigkeits-" oder „Verantwortungskommunikation" nebeneinander, eine einheitliche Definition existiert nicht (vgl. etwa Prexl 2010, S. 136; Michelsen 2005, S. 32; Brugger 2010, S. 3). Egal welcher Begrifflichkeit man sich anschließen mag: Inhaltlich nähern sich die Definitionen an, indem sie unter der Kommunikation von unternehmerischer Verantwortung eine kommunikative Aktivität oder Handlung eines Unternehmens verstehen, über seine Maßnahmen im sozialen, ökologischen und ökonomischen Bereich – also gemäß dem Triple-Bottom-Line-Ansatz (vgl. Elkington 1999) – zu berichten. Beispielhaft sei hier die Definition von Brugger (2010) aufgeführt:

> Unternehmerische Nachhaltigkeitskommunikation umfasst alle kommunikativen Handlungen über soziales und ökologisches Engagement sowie über die Zusammenhänge ökologischer, sozialer und ökonomischer Perspektiven in den drei Teilbereichen Marktkommunikation, Organisationskommunikation und Öffentlichkeitsarbeit, mit denen ein Beitrag zur Aufgabendefinition und -erfüllung in gewinnorientierten Wirtschaftseinheiten geleistet wird (Brugger 2010, S. 3 f.; in Anlehnung an Zerfaß 1996, S. 287).

Andere Autoren schlagen eine Definition vor, die den Kommunikationsprozess mit den relevanten Stakeholdern als integralen Bestandteil ansieht:

> Our take is that CSR as an activity is the corporate attempt to *negociate* its relationship to stakeholders and the public at large. It might include the process of mapping and evaluating demands from stakeholders, and the development and implementation of actions and policies to meet (or ignore) these demands. At a minimum, CSR focuses on the ways corporations handle economic, social and/or environmental issues (Ihlen et al. 2011, S. 8; Hervorhebung S. B.).

„Negociate" impliziert dabei einen zweigerichteten Weg der Kommunikation, bei dem die Kommunikationsziele gemeinsam ausgehandelt werden. Allgemeine Public-Relations-(PR-)Ansätze definieren PR als Kommunikationsmanagement zwischen einem Unternehmen und seinen Teilöffentlichkeiten (vgl. Grunig und Hunt 1984; Huck-Sandhu 2011, S. 208). Indem dieser Aspekt auf die Verantwortungskommunikation übertragen und die Beziehungen zu den Stakeholdern in den Mittelpunkt gerückt werden, wird deutlich, dass Verantwortungskommunikation auch Kommunikationsmanagement ist, und zwar das „Management von Kommunikationsbeziehungen" (Huck-Sandhu 2011, S. 208). Integriert werden müssten hierfür die Erfahrungen der Erwartungen der Stakeholder und ihre Bedürfnisse an ein Unternehmen und seine Kommunikation. Die Definition von CSR-Kommunikation setzt an diesem Prozess des Erfahrens und Aushandelns der Stakeholder-Bedürfnisse an:

> We will understand CSR communication as the ways that corporations communicate in and about this process; it is the corporate use of symbols and language regarding these matters (Ihlen et al. 2011, S. 8).

Speziell für die Einbeziehung der Stakeholder sprechen Morsing und Schultz (2006) sich für eine Entwicklung weg von der reinen Stakeholder-Informations- hin zur Stakeholder-Involvement-Strategie aus. Diesen Wandel fordern auch Eisenegger und Wehmeier (2008, S. 83). Ersterer

> ... Ansatz wird hauptsächlich als Einwegkommunikation vom Unternehmen an die Stakeholder realisiert. Das Unternehmen versorgt seine Stakeholder mit relevanten Informationen und geht davon aus, dass seine Handlungen und Entscheidungen durch rechtzeitiges Informieren bei den Empfängern Akzeptanz, Sympathie und Vertrauen erzeugen (Pedersen 2011, S. 93; vgl. Morsing und Schultz 2006).

Wichtig für eine reputationssteigernde Kommunikation sei aber „die verstärkte Integration von Stakeholdern bei der CSR-Kommunikation" (Eisenegger und Wehmeier 2008, S. 83).

> ... Der Stakeholderinvolvierungsansatz [basiert] auf einer symmetrischen Beziehung zwischen dem Unternehmen und seinen Stakeholdern. Dialog, laufende Verhandlungen, gegenseitige Beeinflussung und Überzeugung sind zentrale Elemente der Stakeholderinvolvierung. Voraussetzung ist, dass beide Seiten Einsicht in die Haltungen der anderen Seite gewinnen und bereit sind, das eigene Verhalten in Frage zu stellen und zu ändern (Pedersen 2011, S. 93; vgl. Morsing und Schultz 2006).

Wie genau jedoch die Stakeholder-Gruppe „Mitarbeiter" in die Kommunikation eingebunden wird, wurde aber bisher nur unzureichend erforscht (vgl. Pomering und Dolnicar 2009). Am Beispiel der Textsorte „Unternehmensleitbilder" untersucht dieser Artikel, inwieweit diese genutzt werden, um die unternehmerische Verantwortung an die Mitarbeiter zu transportieren und ihnen Orientierung und Sinn zu stiften bzw. die Mitarbeiter einzubinden. In diesem Zusammenhang wird zu untersuchen sein, inwiefern Strategien zur Steigerung von Glaubwürdigkeit, Identität, Emotionalisierung und Personalisierung verwendet werden. Erste Analysen zum Identitätsaufbau der Nachhaltigkeitskommunikation liegen bereits vor (vgl. Zornow und Pedersen 2012). Die darin untersuchten Strategien der Personalisierung (vgl. Weder 2008; Eisenegger und Wehmeier 2008), der Emotionalisierung (vgl. Schwarz-Friesel 2007) und Glaubwürdigkeit (vgl. Bextermöller 2001; Eisenegger und Wehmeier 2008, S. 83) sollen auch auf das vorliegende Untersuchungskorpus angewendet werden.

4 Unternehmensleitbilder als Instrument der Mitarbeiter- und Verantwortungskommunikation

Unternehmensleitbilder, -visionen und -werte können als verschriftlichte Kommunikationsformen von Unternehmenskulturen gelten, weshalb diese Texte für die Analyse im empirischen Teil der Arbeit herangezogen werden sollen. Bei der Abgrenzung der verschiedenen Dokumente der Unternehmenskommunikation herrscht hinsichtlich der inhaltlichen und funktionalen Ausgestaltung keine Einheitlichkeit vor (vgl. Knassmüller 2005, S. 14). „Begriffe wie ‚Vision', ‚Unternehmensphilosophie', ‚Unternehmensgrundsätze', ‚Unternehmensmission', ‚Unternehmensleitsätze', ‚Unternehmensverfassung', ‚Unternehmensprofil' etc. werden teils als Synonyme, teils als von Leitbildern abzugrenzende Konzepte definiert" (Knassmüller 2005, S. 14). Für einen Überblick zu Definitionen und Begriffsabgrenzungen siehe neben Knassmüller (2005) auch Matje (1996, S. 49 ff.).

Unternehmensleitbilder gelten seit den 1980er-Jahren als „Standardtool moderner Unternehmensführung" (vgl. Knassmüller 2005, S. 9), korrespondierend mit einer steigenden Verbreitung dieses Instruments in der Unternehmenspraxis. Als eine mögliche Ursache gilt die zunehmende Komplexität in Unternehmen sowie die Schnelligkeit von gesellschaftlichen, technologischen und wirtschaftlichen Veränderungen, denen sich Unternehmen kontinuierlich ausgesetzt sehen. Mitarbeiter verlieren zunehmend die Orientierung und können die Ziele ihres Unternehmens nur schwer nachvollziehen (vgl. Bleicher 1996, S. 11). Die Unternehmensleitbilder können demnach als „Ausdruck unternehmerischer Eigenverantwortung" (vgl. KPMG 1999, S. 10) gesehen werden, in denen Unternehmen einen Orientierungsrahmen anbieten – und damit Sinn stiften (vgl. Belzer 1998b, S. 16). „Leitbilder bestehen nicht aus Zahlen und Fakten, sondern sie sprechen gezielt die Werte und Normen von Mitarbeitern und Externen an" (Belzer 1998b, S. 16). Ein Unternehmensleitbild reflektiert demnach die gemeinsame Wertebasis eines Unternehmens, formuliert die grundlegenden Überzeugungen und Ziele, die für das Unternehmen gültig sein sollen, und definiert die Verantwortung gegenüber den verschiedenen Stakeholdern eines Unternehmens (vgl. KPMG 1999, S. 10). Und Leitbilder können als Instrument der Organisationsentwicklung und „als Instrument zur Veränderung der Organisationskultur eingesetzt werden" (Belzer 1998b, S. 45). Belzer stellt dabei die identitätsstiftende Funktion von Leitbildern für die Mitarbeiter heraus: „[Leitbilder] zielen darauf ab, die Herzen und Köpfe der Mitarbeiter zu gewinnen und ihr Denken und Fühlen positiv für die strategischen und operationalen Ziele der Organisation umzusetzen und zu nutzen" (Belzer 1998b, S. 45). Ob und wie dies bei einer Veränderung hin zu einem auf Nachhaltigkeit ausgerichteten Unternehmen geschieht, wird der Artikel untersuchen.

Immer mehr Unternehmen nutzen die Leitbilder auch dazu, ihre soziale und ökologische Verantwortung darzulegen. „Sie reagieren damit auf das gestiegene öffentliche Interesse an einem verantwortlichen Handeln der Unternehmen" (KPMG 1999, S. 10). Dierkes und Hähner gingen 1998 der Frage nach, wie Unternehmen auf veränderte Umfeldanforderungen sowie die zunehmende Erwartung der Gesellschaft an die unternehmerische Verantwortung reagierten. Die Studie kann als erste empirische Analyse des Zusammenhangs von gesellschaftlichen Wandelprozessen und den Reaktionsweisen von Unternehmen gesehen werden. Mithilfe von unternehmenspolitischen Grundsatzdokumenten, zu denen auch Unternehmensleitbilder zählen, untersuchten sie in einem diachronen Untersuchungsdesign, wie die Unternehmen diese Dokumente hinsichtlich des geänderten gesellschaftlichen Umfeldes angepasst haben. Themen der unternehmerischen Verantwortung fanden mit Hinweisen zu Umweltschutz (35 % aller untersuchten Unternehmen) sowie sozialer Verantwortung (44 % aller untersuchten Unternehmen) Berücksichtigung in den Grundsatzdokumenten.

Die Studie zeigte, dass Unternehmen „einen relativ starken Reiz seitens der Stakeholder [benötigen], um gesellschaftlich relevante Themen wahrzunehmen, v. a. dann, wenn die Themen außerhalb ihres üblichen Blickfeldes liegen" (vgl. Dierkes und Hähner 1998, S. 42). Unternehmen *reagieren* dann eher, anstatt proaktiv zu handeln. Dabei sind die Wandelprozesse bzw. Stakeholder-Erwartungen für alle Unternehmen (einer Branche) zunächst gleich, die Reaktionen der Unternehmen unterscheiden sich aber. Die unterschiedlichen Reaktionen der Unternehmen resultieren aus einem Filter, der sich aus unternehmensspezifischen Faktoren speist (vgl. Dierkes und Hähner 1998, S. 7). Ein solcher Filter kann z. B. die spezifische Organisationskultur eines Unternehmens sein. Auf Basis von Erfahrungen und Wissensvorräten bilden sich bestimmte Wertvorstellungen in einer Organisation aus, die von den Organisationsmitgliedern geteilt werden und dann als Filter funktionieren können (vgl. Dierkes und Hähner 1998). Als problematisch erweist sich in der Unternehmenspraxis, dass Wertvorstellungen bzw. Unternehmenskulturprogramme (etwa Change-Programme zur Veränderung der Unternehmenskultur) oftmals durch Projektgruppen oder den Vorstand des Unternehmens top-down an die Organisationsmitglieder herangetragen werden. Die festgeschriebenen Werte aus den Unternehmenskodizes entsprechen oftmals nicht den individuellen Wertvorstellungen der Mitarbeiter. Ziel muss es demnach sein, einen offenen Diskussionsprozess mit so vielen Organisationsmitgliedern wie möglich zu evozieren, damit letztlich Leitbilder entstehen können, die den Wertvorstellungen der Mitarbeiter gerecht werden und mit denen sich die Mitarbeiter identifizieren können (vgl. Dierkes und Hähner 1998, S. 21). Stakeholder-Dialoge als direkte Interaktionsformen zwischen einem Unternehmen und seinen Stakeholdern führen dabei zu einem eher proaktiven und präventiven Ansatz im Umgang mit Wandeldynamiken und der Integration in das Unternehmenshandeln.

Aus den bisherigen Erläuterungen kann zusammengefasst folgende **Hypothese** für die Analyse des Korpus abgeleitet werden: Wenn Leitbilder als aktuelle Werthaltungen des Unternehmens gelesen werden und die Erwartungen der Stakeholder integrieren und als ein Instrument gelten, bei organisationalen Veränderungen den Stakeholdern Orientierung über die Zielsetzungen des Unternehmens zu geben, dann müssten sich Leitbilder über einen bestimmten Zeitraum hin auch verändern und eben diesen organisationalen Wandel mittransportieren. Es ist daher davon auszugehen, dass Veränderungen hinsichtlich der unternehmerischen Verantwortung und ihrer Kommunikation auch in den Unternehmensleitbildern zum Ausdruck kommen und damit den Mitarbeitern (neue) Orientierung geben.

5 Methodisches Vorgehen und Auswahl des Korpus

Dieser Beitrag möchte untersuchen, ob sich die strategisch nachhaltige Ausrichtung eines internationalen Unternehmens der Gesundheitsbranche auch in der Kommunikation im Unternehmensleitbild niederschlägt und welche Strategien der Verantwortungskommunikation hierfür genutzt werden. Um eine mögliche Veränderung der Unternehmensleitbilder feststellen zu können, wird mit einem diachronen Untersuchungsdesign gearbeitet, welches Leitbilder der Jahre 2000 bis 2014 einschließt. Die Leitbilder sind den Geschäftsberichten des Unternehmens entnommen[1] und wurden dort als Einstieg in den Bericht vor dem Brief an die Aktionäre abgedruckt. Die Leitbilder sollen dem Leser eine erste Orientierung geben, wofür das Unternehmen steht und welche Ziele es verfolgt.

Dass sich das Unternehmen nachhaltig ausrichtet und darüber auch kommuniziert, kann an weiteren Textsorten nachempfunden werden, etwa im Lagebericht des Geschäftsberichts (seit 2010 mit eigenständigem Kapitel „Verantwortung") oder auf der Corporate Website („Verantwortung" als eigenes Kapitel innerhalb der Websitenavigation). Um nachzuempfinden, wie die „Unternehmerische Verantwortung" des Unternehmens ausgestaltet ist, welche Verantwortungsfelder es für sein Handeln identifiziert hat und wie – d. h. mit welchen Strategien der Verantwortungskommunikation – es darüber spricht, soll im Folgenden zunächst eine qualitative Themen- und Inhaltsanalyse am Beispiel der zugehörigen Kapitel im Lagebericht sowie der Corporate Website des Unternehmens vorangestellt werden. In einem zweiten Schritt folgt dann die diachrone, sowohl quantitative als auch qualitative Analyse der Unternehmensleitbilder. Verändern sich die Leitbilder, wenn es zu Veränderungen der Geschäftstätigkeit, etwa durch die Integration von Nachhaltigkeitsstrategien, kommt? Mit welchen Kommunikationsstrategien arbeitet das Unternehmen? Können die Leitbilder ihrem Potenzial der Sinnstiftung und Mitarbeitereinbindung gerecht werden?

6 Unternehmerische Verantwortung bei Fresenius Medical Care – Themen und Kommunikationsstrategien

Wird im Jahr 2009 über „Qualität und Verantwortung", „Service und Engagement für Patienten und Partner" sowie „Umwelt" noch als lose Unterkapitel innerhalb des Oberthemas „Nichtfinanzielle Leistungsindikatoren" berichtet, wird die Berichterstattung ab dem Jahr 2010 unter der Überschrift „Verantwortung" gebündelt. Von 2010 bis 2012 gibt es zwei zentrale Themenbereiche der Verantwortungsübernahme: die Verantwortung gegenüber der Umwelt sowie gegenüber den Anspruchsgruppen. Der Verantwortungsrahmen wird ab 2013 noch einmal erweitert und gemäß des Triple-Bottom-Line-Ansatzes unterteilt in „wirtschaftliche Verantwortung", „Verantwortung für die Umwelt" sowie „soziale Verantwortung". Während im Zeitraum 2010–2012 lediglich Patienten und Partner als

---

[1] Vgl. FMC, Geschäftsberichte 2000–2014, entnommen der Corporate Website.

Zielgruppen der Verantwortung angesprochen werden, werden ab 2013 die Mitarbeiter mit einem separaten Unterkapitel zur wirtschaftlichen Verantwortung adressiert.

Über die Umweltaktivitäten wird ab 2013 deutlich umfangreicher berichtet und neben dem „Umweltmanagement für Produkte und Regionen" auch das Thema „Umweltmanagement an den Produktionsstandorten" sowie den „Dialysekliniken" behandelt.

Das soziale Engagement, über das ab 2013 in einem separaten Unterkapitel berichtet wird, richtet sich vorrangig an den Interessen der Patienten aus (Erhöhung der Lebensqualität, Notfallsituationen, Netzwerknutzung). In einem einleitenden Kapitel zum Nachhaltigkeitsverständnis des Unternehmens („Durch nachhaltiges Handeln die Zukunft des Unternehmens sichern") werden die Grundpfeiler der Verantwortungsdimensionen kurz umrissen (2013, 2014) und die unmittelbare Verknüpfung von Unternehmenserfolg („die Zukunft des Unternehmens sichern") und dem verantwortungsvollen Handeln skizziert. Demnach kann von einer hohen strategischen Bedeutung der unternehmerischen Verantwortung für das Unternehmen ausgegangen werden.

Neben den Verantwortungsthemen im Lagebericht soll am Beispiel der aktuellen Corporate Website und den Inhalten zu „Verantwortung" (Erhebungszeitraum November 2015) auch ein Einblick darüber gegeben werden, mit welchen Kommunikationsstrategien das Unternehmen arbeitet.

Zunächst fällt die sehr uneinheitlich gewählte Bildsprache (vgl. Abb. 1) für die drei Kapitel zur wirtschaftlichen, ökologischen und sozialen Verantwortung auf: Die Welle steht als generisches Bild für Stärke und Kraft und damit in Einklang zur Zielsetzung des Unternehmens, mit Nachhaltigkeit „verantwortungsvoll zu handeln, um wirtschaftlichen Erfolg sowie ökologischen und sozialen Fortschritt zu erzielen". Demgegenüber wird für das ökologische Engagement ein zurückhaltendes, neutrales grafisches Bild mit Sonne, Bäumen, Wolken und einem See genutzt. Für das soziale Engagement wird eine starke Personalisierung durch ein Foto von Menschen verwendet, deren Kontext aber nicht aufgeklärt wird. Aufgrund des Wissens um die Geschäftstätigkeit des Unternehmens kann der Leser darauf schließen, dass es sich um einen Patienten mit seiner Familie handelt (hinter der sitzenden Frau rechts im Bild ist ein Dialysegerät abgebildet). Die verschiedenen Verantwortungsdimensionen werden demnach auch visuell unterschiedlich inszeniert.

Hinsichtlich der Verwendung von Kommunikationsstrategien fällt auf, dass im Kapitel zur „wirtschaftlichen Verantwortung" mittels Referenzen auf Autoritäten häufig Glaubwürdigkeitsstrategien verwendet werden. Mit Beweisen der Verankerung der unternehmerischen Verantwortung im „Unternehmenskodex" und der Ausrichtung an „Compliance-Grundsätzen", „geltenden Gesetzen, Verordnungen und unseren eigenen Unternehmensrichtlinien" sowie den „UN-Leitprinzipien für Wirtschaft und Menschenrechte" wird der Rahmen des wirtschaftlichen Handelns skizziert. Eine Stakeholder-Involvement-Strategie zeigt sich im aktiven Einbinden der Mitarbeiter und Führungskräfte („[wir] fordern und fördern … ein in ethischer Hinsicht einwandfreies Verhalten unserer Mitarbeiter und Führungskräfte") zur Unterstützung der wirtschaftlichen Verantwortung. Die Unternehmenswerte „Qualität, Ehrlichkeit und Rechtschaffenheit, Innovation und Fortschritt sowie Respekt, Zusammenarbeit und Würde" werden genannt, an denen sich das Han-

Visuelle Umsetzung zur „wirtschaftlichen Verantwortung"

Visuelle Umsetzung zur „ökologischen Verantwortung"

Visuelle Umsetzung zur „sozialen Verantwortung"

Abb. 1 Bildeinsatz zur Kommunikation der unternehmerischen Verantwortung auf der Corporate Website von Fresenius Medical Care

deln aller ausrichten soll. Durch externe Autoritäten („Dow Jones Sustainability Europe Index" und „Dow Jones Sustainability World Index") sowie die Berufung auf Auszeichnungen („Auch im Geschäftsjahr 2015 wurden die Nachhaltigkeitsaktivitäten ... gewürdigt") werden Glaubwürdigkeitsstrategien verwendet, um vom Erfolg der wirtschaftlichen Verantwortung zu überzeugen.

In den Kapiteln zu den Stakeholder-Beziehungen, in denen zuerst über die Beziehung zu den Lieferanten und danach die Verantwortung gegenüber den Mitarbeitern gesprochen wird, werden Emotionalisierungsstrategien in Form emotionsausdrückender Wörter und positiver Bewertungen verwendet, etwa „vertrauensvoller Dialog", „partnerschaftliche ... Zusammenarbeit", „unsere Attraktivität als Arbeitgeber", „ausgewogene Work-Life-Balance".

Im Kapitel zur „Verantwortung für die Umwelt" wird zweimal davon gesprochen, mit den Aktivitäten „einen Mehrwert für unsere Kunden" zu erbringen. Hier zeigt sich die Verknüpfung des ökologischen Engagements mit dem wirtschaftlichen Engagement, z. B. in Form der Entwicklung umweltschonender Produkte und kosteneffizienterer Prozessgestaltung, von denen die Kliniken profitieren können, etwa durch einen geringeren Ressourcenverbrauch. Es werden mit Verweis auf Energiedaten und ihrem Erfolg Glaubwürdigkeitsstrategien verwendet: „Die Ergebnisse belegen, dass wir mithilfe dieses Systems den Wasser- und Energieverbrauch sowie die Menge an blutkontaminierten Abfällen in unseren Dialysezentren in den vergangenen Jahren systematisch reduzieren konnten."

Die „soziale Verantwortung" ist an dem Prinzip „Hilfe zur Selbsthilfe" mit dem Ziel, „die Lebensqualität von Nierenpatienten zu verbessern", ausgerichtet und mit positiven Emotionen besetzt. Das verwendete Bild der Familie muss in diesen Kontext gestellt werden: Für die nierenkranke Frau bedeutet eine Steigerung der Lebensqualität, zu Hause bei ihrer Familie sein und gleichzeitig mit einem Dialysegerät behandelt werden zu können, ein „gesünderes und aktiveres Leben zu führen". Diese Intensivierung sowie eine positive Bewertung des sozialen Engagements als „starke … Verantwortlichkeit vor Ort" können als Emotionalisierungsstrategie angesehen werden.

Mit diesem Einblick in die thematische sowie sprachlich-kommunikative Ausgestaltung der unternehmerischen Verantwortung bei Fresenius Medical Care wird deutlich, dass Nachhaltigkeit ganzheitlich an den Prinzipien Ökonomie, Ökologie und Soziales ausgerichtet ist und als Business Case gedacht wird, d. h. die Aktivitäten der unternehmerischen Verantwortung direkt mit dem Geschäft des Unternehmens verknüpft sind. Im Unternehmenskodex und im darin abgedruckten Leitbild werden die Mitarbeiter direkt angesprochen: „Unsere Mitarbeiter teilen unser Bekenntnis zur Bereitstellung qualitativ hochwertiger Produkte und Dienstleistungen für optimale, nachhaltige medizinische und fachliche Leitungen in der Patientenversorgung." Auch die Unternehmenswerte werden genannt: „In unseren Arbeits- und Geschäftsbeziehungen mit unseren Angestellten und Geschäftspartnern verpflichten wir uns zu Aufrichtigkeit, Integrität, Respekt und Würde" (vgl. Fresenius Medical Care 2012, Ethik- und Verhaltenskodex, S. 6–7). Mit Verweis auf die Unternehmenswerte wird deutlich, dass die Prinzipien der unternehmerischen Verantwortung auch unternehmenskulturell verankert sein müssen, um sie zu leben.

Wie entwickelten sich vor diesem Hintergrund die Unternehmensleitbilder des Unternehmens? Ist dieser Wandel zu einer auf Nachhaltigkeit ausgerichteten Geschäftstätigkeit auch in den Unternehmensleitbildern nachzuempfinden?

7 Unternehmensleitbilder im Zeitvergleich – Quantitative und qualitative Einblicke

7.1 Formale Veränderungsaspekte

Bei der Analyse des Textkorpus fällt zunächst ein häufiger Wechsel in der Bezeichnung der Dokumente auf. Während in den Jahren 2000 und 2001 lediglich eine Vision abgedruckt wird, wird 2002 erstmals zwischen Vision und Mission unterschieden. Dabei stellt die Mission jedoch den Text der Vision aus den vorangegangenen Jahren dar. Im Jahr 2004 wird dann wieder nur eine Vision abgedruckt, diese enthält aber sowohl den Text der Vision als auch Mission aus dem vorangegangenen Jahr. Es wird deutlich, dass wenig Konsistenz hinsichtlich der Bedeutungen von Mission und Vision vorherrscht (vgl. auch Knassmüller 2005 und Abschn. 4) und das Unternehmen sich in einem Identitätsfindungsprozess befindet, in dem es mit seiner Darstellung der Geschäftstätigkeit variiert. Erst ab 2005 herrscht mit der Darstellung einer Vision, die lediglich mit wenigen Paraphrasierun-

Tab. 1 Bezeichnung und Überschriften der Unternehmensleitbilder von Fresenius Medical Care von 2000 bis 2014

2000	Vision
2001	Vision
2002	Zweiteilung: Vision – Mission
2003	Zweiteilung: Mission – Vision
2004	Vision (365 Tage – eine Vision)
2005	Vision (Weltmarktführer in der Dialyse)
2006	Vision (Weltmarktführer in der Dialyse)
2007	Unsere Vision
2008	Vision (Die Zukunft lebenswert gestalten. Für **Menschen**. Weltweit. Jeden Tag.)
2009	Vision von Fresenius Medical Care
2010	Vision (Zukunft lebenswert gestalten. Für Menschen. Weltweit. Jeden Tag.)
2011	Vision von Fresenius Medical Care (Zukunft lebenswert gestalten. Für Menschen. Weltweit. Jeden Tag.)
2012	Vision (Zukunft lebenswert gestalten. Für **Dialysepatienten**. Weltweit. Jeden Tag.)
2013	Unsere Vision (Zukunft lebenswert gestalten. Für Dialysepatienten. Weltweit. Jeden Tag.)
2014	Vision (Zukunft lebenswert gestalten. Für **Patienten**. Weltweit. Jeden Tag.)

gen arbeitet, sonst aber die gleichen Inhalte transportiert, eine gewisse Konstanz vor. Das Unternehmen weiß nun, wofür es steht, was der Kern der Geschäftstätigkeit ist, an welche Stakeholder es sich richtet.

Auffällig ist, dass die Leitbilder ab dem Jahr 2004 mit einem Wörterumfang zwischen 124 und 140 deutlich kürzer sind als in den Jahren davor (2000: 203; 2001: 233; 2002: Vision 124, Mission 161; 2003: Mission 107, Vision 125). Die Überschriften der Leitbilder variieren und setzen von Jahr zu Jahr einen anderen Schwerpunkt, auch wenn ab 2008 eine Konstanz in deren Ausformulierung vorherrscht (vgl. Tab. 1).

Ab 2004 wird zusätzlich zur Textsortenbezeichnung (Vision oder Mission) eine Überschrift verwendet, die im Untersuchungsjahr 2004 an das Motto des Geschäftsberichtes angelehnt ist und ab 2008 mehrheitlich konstant verwendet wird, jedoch mit einer unterschiedlichen Stakeholder-Orientierung: Menschen – Dialysepatienten – Patienten.

7.2 Inhaltliche Veränderungsaspekte

7.2.1 Verantwortungsdimensionen im Wandel

Auch wenn das Wort „Verantwortung" in der Vision aus dem Jahr **2000** nicht vorkommt, so legt das Unternehmen seine Verantwortungsrolle dar, eingebettet in eine Beschreibung seiner Geschäftstätigkeit. Der erste Absatz beantwortet die Frage, was das Unternehmen macht (innovative Dialyseprodukte und wegweisende Therapien) und für wen (Patienten mit chronischem Nierenversagen) und enthält dabei zugleich ein Qualitätsversprechen an die Kunden (setzen wir höchste Standards). Der zweite Absatz leitet mit einem Rückblick auf „25 Jahre Erfahrung" ein, aus dem die Zielstellung und somit der Verantwortungsrahmen für die Zukunft abgeleitet werden:

> Dementsprechend ist unsere Forschungs- und Entwicklungsarbeit darauf ausgerichtet, unsere technologische Führungsposition auszubauen, damit wir auch weiterhin innovative Produkte und verbesserte Therapien anbieten können.

Die „33.000 Mitarbeiter" sind folglich die Verantwortungssubjekte, die als EINE Gruppe mit einer gemeinsamen Identität und Zielsetzung konstruiert werden, die alle „das Anliegen verbindet" (d. h. die alle gemeinsam die Verantwortung haben), „Dialysepatienten Produkte von höchster Qualität und die bestmögliche medizinische Versorgung zu bieten". Im dritten Absatz wird die Antwort gegeben, wie dieses Anliegen erfolgreich umgesetzt werden kann. Die Rolle der Mitarbeiter (hier: Führungskräfte) wird nochmals im vierten Absatz aufgegriffen, indem sie als Experten und Wissensträger konstruiert werden. Die klare Zielvorgabe lautet: Steigerung des Unternehmenswertes. Dieser Verantwortungsinhalt fokussiert auf die ökonomische Verantwortung des Unternehmens.

Einen Blick auf den Verantwortungskontext und damit auf das Verantwortungshandeln der Zukunft gewährt der fünfte Abschnitt und mithilfe von Prognosen als Glaubwürdigkeitsquellen gleichzeitig eine Legitimation des Handelns. Die Konklusion für das Verantwortungshandeln des Unternehmens enthält schließlich Abschnitt sechs:

> Fresenius Medical Care wird auch in Zukunft alles daran setzen, die Lebensqualität von Dialysepatienten weiter zu verbessern und gleichzeitig die führende Position unseres Unternehmens weiter zu steigern.

Zwei Verantwortungsziele bzw. -dimensionen werden hier genannt: die soziale Verantwortung für die Dialysepatienten und die ökonomische Verantwortung (gegenüber den Investoren) im Sinne der Stärkung der führenden Position des Unternehmens.

Im Jahr 2001 werden diese beiden Ziele wieder genannt, jedoch wird eine aktive Verantwortungsrolle der Mitarbeiter des Unternehmens betont: „Fresenius Medical Care wird auch in Zukunft das Wissen und die Fähigkeiten der Mitarbeiter einsetzen, um die Lebensqualität von Dialysepatienten zu verbessern und die führende Position des Unternehmens weiter zu stärken." Die Mitarbeiter werden personalisiert – sie sind es, die dafür arbeiten, die Lebensqualität der Patienten zu erhöhen.

2002 ist die eben beschriebene Vision mit „Mission" überschrieben, eine neue Vision wird vom Unternehmen formuliert. Der Dreiklang aus Vergangenheit, Gegenwart und Zukunft wird beibehalten, um die Rahmenbedingung des Verantwortungshandelns zu beschreiben. Zum ersten Mal wird dabei auch das Lexem „Verantwortung" zweimalig in die Vision integriert: „Als Global Player in der Welt der Gesundheit [= Selbstbeschreibung des Unternehmens] sind wir uns der Verantwortung bewusst, die wir mit unserem Geschäft übernehmen. Verantwortung unseren Patienten gegenüber und gegenüber unseren Partnern im Gesundheitssystem." Die Verantwortung des Unternehmens ergibt sich daraus, ein Global Player im Gesundheitswesen zu sein. Das vorher genannte Ziel – die Zukunft für die Menschen noch lebenswerter zu gestalten – ist dabei nicht nur eine Aufgabe, sondern das ist die eigentliche Verantwortung des Unternehmens. Es werden zwei Verantwortungsobjekte genannt, denen gegenüber das Unternehmen verantwortlich ist: Patienten und Partner des Gesundheitswesens. Am Ende werden jedoch bei der Nennung des Verantwortungsziels (Wachstum des Unternehmens = ökonomische Verantwortung) die Verantwortungsobjekte ausgeweitet auf Patienten, Aktionäre und Mitarbeiter. Das Unternehmen setzt demnach auf eine ganzheitliche Verantwortungsausrichtung. Auch eine Wertesemantik wird zum ersten Mal in die Vision integriert: Verlässlichkeit und Vertrauen für eine gemeinsame erfolgreiche Zukunft zusammen mit den Verantwortungsobjekten.

2003 enthält auch die Mission einen direkten Bezug zur Verantwortung des Unternehmens:

> Wir realisieren medizinische Standards auf höchstem Niveau und tragen dabei gleichermaßen Verantwortung für unsere Patienten, Mitarbeiter und Investoren, die in die Zukunfts- und Ertragssicherheit unseres Unternehmens vertrauen.

Verantwortung und Vertrauen werden miteinander verknüpft. Wenn das Unternehmen Verantwortung trägt, dann danken die Stakeholder mit Vertrauen.

Im Untersuchungsjahr **2004** wird Verantwortung als prominentes Thema für den gesamten Geschäftsbericht gewählt: „365 Tage Verantwortung" lautet das Motto, das beschreibt, dass das Unternehmen an jedem Tag im Jahr für seine Patienten da ist. Im Geschäftsbericht wird wieder dazu übergegangen, nur noch eine Vision und keine Mission abzudrucken. Jedoch enthält der Text der Vision Inhalte aus der Vision und Mission aus dem Vorjahr. Ab 2004 findet sich eine gewisse Konstanz in der inhaltlichen Ausgestaltung der Vision bis zum Untersuchungsjahr 2014. Die Unternehmensverantwortung wird noch einmal verstärkt:

> Unser Maßstab sind medizinische Standards auf höchstem Niveau. Mit diesem Engagement tragen wir gleichermaßen Verantwortung für unsere Patienten, Partner im Gesundheitswesen und Investoren, die in die Zukunfts- und Ertragssicherheit unseres Unternehmens vertrauen.

Die Vision führt am Ende zu einer Fokussierung auf die eigentliche Zielsetzung der Geschäftstätigkeit, den Antrieb des Handelns: „Unser Ziel: Die Zukunft lebenswert gestalten. Für die Menschen. Weltweit. 365 Tage im Jahr." Diese Zielsetzung wird in den Folgejahren noch prominenter als Überschrift der Vision platziert und stellt damit die zentrale Botschaft des Unternehmens an die Stakeholder dar: für die Mitarbeiter, weil sie daran ihr Handeln ausrichten können, für die Patienten, da sie es sind, für die das Unternehmen dieses Versprechen gibt, für die Aktionäre und Investoren, die daran den (immateriellen) Unternehmenswert bemessen können.

Im Jahr **2006** lohnt der Blick auf den einleitenden Text zur Mottobeschreibung des Geschäftsberichts. So ein Text begleitet seit 2003 den Geschäftsbericht, um dem Leser das jeweilige Motto und die dahinterliegende Investitionsgeschichte für die Aktionäre näherzubringen. Vacek (2008) spricht in diesem Zusammenhang von Diskurs- oder Textnetz bei der Analyse bestimmter Textsorten. Für eine umfangreiche Interpretation ist es notwendig, auch benachbarte Texte als Hintergrundinformationen mit in die Interpretation einfließen zu lassen. 2006 lautet das Geschäftsberichtsmotto „Näher am Leben" – näher am Leben sein und Leben schaffen mit Innovationen, die Linderung für die Patienten schaffen. Diesen Anspruch hat das Unternehmen auch in Neuen Märkten.

> Hier übernehmen wir Verantwortung in Zeiten des Umbruchs und stellen die Qualität unserer Produkte und Therapien sicher.

„Verantwortung in Zeiten des Umbruchs" verbindet an dieser Stelle zum ersten Mal den Verantwortungs- mit dem Wandeldiskurs. In Zeiten des Umbruchs ist die Verantwortungsübernahme des Unternehmens die Konstante, der die Patienten und Aktionäre vertrauen können. Sichtbar wird dies in einer gleichbleibenden Qualität (Verantwortungsinhalt: Qualität).

Ab **2007** sind nur noch wenige inhaltliche Veränderungen in den Unternehmensleitbildern zu erkennen. Die Vision wird – abgesehen von einigen wenigen Paraphrasierungen oder dem Austauschen von einzelnen Wörtern – entgegen der Hypothese unverändert verwendet. Dies zeigt sich auch im Einsatz von Kommunikationsstrategien wie Glaubwürdigkeit, Emotionalisierung, Personalisierung und Stakeholder-Involvement, wie der folgende Abschnitt sowohl quantitativ als auch qualitativ zeigt.

7.2.2 Veränderungen in der Verwendung von Kommunikationsstrategien

Für die untersuchten Kommunikationsstrategien „Stakeholder-Involvement", „Glaubwürdigkeit", „Emotionalisierung" sowie „Personalisierung" zeigt sich im quantitativen Verlauf von 2000 bis 2004 ein Anstieg der eingesetzten sprachlichen Mittel und ab 2005 eine Reduzierung, die bis 2014 konstant beigehalten wird. Es zeigt sich, dass mit der Beibehaltung der Vision auch nicht mehr mit dem Einsatz von Kommunikationsstrategien variiert wird. Die Ergebnisse im Detail: Es werden ab 2005 im Unternehmensleitbild mehr Stakeholder angesprochen bzw. eingebunden. Personalisierung in Form des Personalpronomens „wir" und des Possessivpronomens „unser" werden weniger verwendet – jedoch im Hinblick auf die reduzierte Wörteranzahl der Leitbilder ab 2004 im Durchschnitt häufiger eingesetzt. Emotive Ausdrücke oder auch Intensivierungen werden ab 2005 weniger verwendet. Glaubwürdigkeitsindikatoren wie Verweise auf Experten oder Quellen findet man ab 2003 nicht mehr.

Ab 2007 wird mit wenigen Paraphrasierungen oder dem Herausheben der Botschaft „Zukunft lebenswert gestalten. Für Menschen. Weltweit. Jeden Tag." als Überschrift des Leitbildes der gleiche Text mit den gleichen Kommunikationsstrategien eingesetzt. Das Emotionalisierungspotenzial des Leitbildes kommt in Form von Steigerungen wie „höchstmögliche Lebensqualität", „auf höchstem Niveau", „deutlich mehr Zuversicht" oder auch „Wir geben ihnen eine Zukunft. Eine Zukunft mit höchstmöglicher Lebensqualität" zum Ausdruck. Als zentrale Stakeholder-Gruppen, an denen sich das

Verantwortungshandeln des Unternehmens ausrichtet, werden Patienten, Partner des Gesundheitswesens und Investoren genannt. Die Mitarbeiter werden als Gruppe zum Unternehmen zugehörig konstruiert, die gemeinsam die Ziele des Unternehmens, nämlich die fortgesetzte Technologieführerschaft, umsetzen. Ganz allgemein wird von einer „steigende[n] Nachfrage nach modernen Dialyseverfahren" gesprochen, dies aber nicht mit konkreten Verweisen und Quellen untermauert, was als weniger glaubwürdig gelten kann.

Ab 2009 kommuniziert das Unternehmen verstärkt seine Initiativen der Corporate Social Responsibility im Geschäftsbericht sowie aktuell auch im Internet. Diese Veränderungen der Geschäftstätigkeit zur Ausrichtung auf Nachhaltigkeit sowie weitere Veränderungsprozesse, denen das Unternehmen kontinuierlich ausgesetzt ist und worüber FMC u. a. im Aktionärsbrief berichtet (etwa Medicine Modernization Act 2003 in den USA, Rechtsreformwechsel im Jahr 2006, Akquisitionen, die Finanzkrise 2008/2009 oder auch ein Vorstandswechsel 2012), verändern das Leitbild nicht. Eine zunehmende Verantwortungskommunikation im Leitbild kann nicht festgestellt werden.

8 Fazit

Die vorliegende Analyse der Unternehmensleitbilder von Fresenius Medical Care aus den Jahren 2000 bis 2014 hat gezeigt, dass sich die Leitbilder ab dem Jahr 2007 nicht mehr verändert haben und keine neuen Elemente der Nachhaltigkeitsstrategie oder des Verantwortungshandelns des Unternehmens (so wie es ab 2009 verstärkt im Geschäftsbericht oder aktuell auf der Internetseite kommuniziert wird) aufgenommen haben. Eine Interpretation dieser Ergebnisse ist nun in dreierlei Hinsicht möglich:

1. Das Unternehmen hat sich noch nicht ganzheitlich nachhaltig ausgerichtet und unternehmerisches Handeln noch nicht in seine Unternehmensstrategie integriert. Das Verantwortungshandeln ist noch nicht in der Unternehmenskultur verankert und eine Auseinandersetzung mit den damit verbundenen Wertvorstellungen hat mit den Mitarbeitern des Unternehmens noch nicht stattgefunden. Demnach mussten sich die Leitbilder nicht verändern, da sie noch immer mit den unternehmerischen Prinzipien übereinstimmen und den Mitarbeitern Orientierung geben.
2. Unternehmerische Verantwortung hat Einzug in die Unternehmensstrategie bei Fresenius Medical Care gehalten, die Kommunikation im Leitbild wird jedoch nicht daran ausgerichtet, was auf eine noch unzureichende Auseinandersetzung auf unternehmenskultureller Ebene hindeutet: Welche Rolle spielen die Mitarbeiter beim Erreichen der Nachhaltigkeitsziele und welche Verantwortungswerte sollen Orientierung im unternehmerischen Handeln geben? Vielmehr wird das übergeordnete Verantwortungshandeln „Zukunft lebenswert gestalten" für die Patienten als ein Grundprinzip der unternehmerischen Verantwortung angesehen und stiftet dahin gehend für alle Mitarbeiter Sinn, dass jegliches Mitarbeiterhandeln an diesem übergeordneten Ziel ausgerichtet

ist. Detailliertere Verantwortungsdimensionen werden jedoch nicht im Leitbild kommuniziert. Die Frage ist dann, ob es andere Kommunikationsinstrumente der internen CSR-Kommunikation gibt, die genutzt werden, um die Mitarbeiter einzubinden bzw. sie über das Verantwortungshandeln des Unternehmens zu informieren. Oder ob eine Auseinandersetzung mit den Mitarbeitern über die nachhaltige Ausrichtung des Unternehmens generell noch stattfinden muss.
3. Bleicher (1996) stellte die Stabilisierungsfunktion von Unternehmensleitbildern gerade vor dem Hintergrund der zunehmenden Komplexität und der zunehmenden Schnelligkeit von technologischen und gesellschaftlichen Veränderungen heraus (vgl. Bleicher 1996, S. 11). Diese Stabilisierungsfunktion würde auch dafür sprechen, dass Unternehmensleitbilder gerade nicht leichtfertig verändert werden, sondern Wandel auch abfedern sollten, um den Mitarbeitern Identität und Orientierung zu geben. Eine Hypothese könnte dann sein, dass sich Leitbilder nur bei großem Veränderungsdruck anpassen müssen – und dass dieser Veränderungsdruck mit der Ausrichtung auf ein nachhaltiges Wirtschaftsmodell und unternehmerisches Handeln bei Fresenius Medical Care noch nicht groß genug war.

Um die Ergebnisse richtig interpretieren zu können, müssten in einem nächsten Schritt qualitative Interviews mit Mitarbeitern von Fresenius Medical Care geführt werden. Vor dem Hintergrund der vorhandenen Kommunikation der unternehmerischen Verantwortung im Geschäftsbericht und auf der Corporate Website kann jedoch davon ausgegangen werden, dass die Verantwortungsthemen seit 2009 eine zunehmende Rolle und Bedeutung für das Unternehmen und seine Stakeholder spielen. Das Potenzial, diese Neuerungen auch den Mitarbeitern in Form der Unternehmensleitbilder nahezubringen und ihnen Orientierung und Sinn zu stiften, wird jedoch vom Unternehmen noch unzureichend genutzt.

Literatur

Alvesson M, Sveningsson S (2008) Changing organizational culture. Cultural change work in progress. Routledge, New York

Belzer V (1998a) Sinn in Organisationen? Oder: Warum haben moderne Organisationen Leitbilder? 2. Aufl. Hampp, München

Belzer V (1998b) Leitbilder – Potentiale und Perspektiven für moderne Organisationen. In: Belzer V (Hrsg) 1998, Sinn in Organisationen? Oder: Warum haben moderne Organisationen Leitbilder?, 2. Aufl. Hampp, München, S 13–54

Bextermöller M (2001) Empirisch-linguistische Analyse des Geschäftsberichts. Dissertation, Universität Dortmund

Bleicher K (1996) Leitbilder. Orientierungsrahmen für eine integrative Managementphilosophie. Schäffer-Poeschel, Stuttgart

Brugger F (2010) Nachhaltigkeit in der Unternehmenskommunikation. Bedeutung, Charakteristika und Herausforderungen. Gabler, Wiesbaden

Dierkes M, Hähner K (1998) Sozioökonomischer Wandel und Unternehmensleitbilder. Ein Beitrag zur Untersuchung der Wahrnehmungsprozesse und Reaktionsweisen von Unternehmen auf Umfeldanforderungen. Wissenschaftszentrum Berlin für Sozialforschung, Berlin

Eisenegger M, Wehmeier S (Hrsg) (2008) Personalisierung in der Organisationskommunikation. Theoretische Zugänge, Empirie und Praxis. VS, Wiesbaden

Elkington J (1999) Cannibals with Forks: The Triple Bottom Line of 21st Century. Business. Capstone, Oxford

Fresenius Medical Care AG (2000–2014) Geschäftsberichte Jahrgang 2000 bis 2014, entnommen der Corporate Website. http://www.freseniusmedicalcare.com/de/startseite/investoren/news-publikationen/geschaeftsberichte/. Zugegriffen: 15. Nov. 2015

Fresenius Medical Care (2012) Ethik- und Verhaltenskodex. http://www.freseniusmedicalcare.com/fileadmin/data/de/pdf/About_us/Responsibility/Code_of_Ethics_dt.pdf. Zugegriffen: 15. Nov. 2015

Gabele E, Kretschmer H (1986) Unternehmensgrundsätze: empirische Erhebungen und praktische Erfahrungsberichte zur Konzeption, Einrichtung und Wirkungsweise eines modernen Führungsinstrumentes. Lang, Frankfurt am Main

Grunig J, Hunt T (1984) Managing public relations. Holt, Rinehart and Winston, Fort Worth

Huck-Sandhu S (2011) Corporate Social Responsibility und internationale Public Relations. In: Raupp J, Jarolimek S, Schultz F (Hrsg) 2011, Handbuch CSR. Kommunikationswissenschaftliche Grundlagen, disziplinäre Zugänge und methodische Herausforderungen. VS, Wiesbaden, S 205–228

Ihlen Ø, Bartlett JL, May S (2011) The Handbook of Communication and Corporate Social Responsibility. Wiley-Blackwell, West Sussex

Knassmüller M (2005) Unternehmensleitbilder im Vergleich. Sinn- und Bedeutungsrahmen deutschsprachiger Unternehmensleitbilder; Versuch einer empirischen (Re-)Konstruktion. Lang, Frankfurt am Main

KPMG (1999) Unternehmensleitbilder in deutschen Unternehmen. http://www.netzwerk-westmuensterland.de/fileadmin/redaktion/zukunft_unternehmen/downloads_Leitbilder/KPMG_Unternehmensleitbilder.pdf. Zugegriffen: 28. Okt. 2015

Kühl S (2002) Innovation trotz Imitation. Wie verändern sich Organisationsleitbilder? Ind Beziehungen 9(2):157–185

Mast C (2008) Change Communication als Kommunikationsaufgabe. In: Meckel M, Schmid B (Hrsg) Unternehmenskommunikation. Gabler, Wiesbaden, S 403–434

Matje A (1996) Unternehmensleitbilder als Führungsinstrument. Gabler, Wiesbaden

Michelsen G (2005) Nachhaltigkeitskommunikation: Verständnis – Entwicklung – Perspektiven. In: Michelsen G, Godemann J (Hrsg) Handbuch Nachhaltigkeitskommunikation. Grundlagen und Praxis. oekom, München, S 25–41

Mohr N (1997) Kommunikation und organisatorischer Wandel. Ein Ansatz für effizientes Kommunikationsmanagement im Veränderungsprozess. Gabler, Wiesbaden

Morsing M, Schultz M (2006) Corporate Social Responsibility Communication: Stakeholder Information, Response and Involvement Strategies. Bus Ethics: A Eur Rev 15(4):323–338

Pedersen AGJ (2011) Der Stakeholderdialog zwischen Regulierung und Rhetorik. Eine empirische Studie der dargestellten Dialogorientierung in deutschen und dänischen Geschäftsberichten. Z Wirtsch Unternehmensethik 12(1):87–103

Pomering A, Dolnicar S (2009) Assessing the Prerequisite of Successful CSR Implementation. Are Consumers Aware of CSR Initiatives? J Bus Ethics 85:285–301

Prexl A (2010) Nachhaltigkeit kommunizieren – nachhaltig kommunizieren. Analyse des Potenzials der Public Relations für eine nachhaltige Unternehmens- und Gesellschaftsentwicklung. VS, Wiesbaden

Schmidt R (1998) Wandel von Unternehmensleitbild und Unternehmenszielen: Eine Analyse anhand der Geschäftsberichte der größten Aktiengesellschaften aus vier europäischen Ländern. In: Berndt R (Hrsg) Unternehmen im Wandel – Change Management. Springer, Berlin, S 119–138

Schultz F (2011a) Moralische und moralisierte Kommunikation im Wandel: Zur Entstehung von Corporate Social Responsibility. In: Raupp J, Jarolimek S, Schultz F (Hrsg) Handbuch CSR. Kommunikationswissenschaftliche Grundlagen, disziplinäre Zugänge und methodische Herausforderungen. VS, Wiesbaden, S 9–18

Schultz F (2011b) Moral – Kommunikation – Organisation: Funktionen und Implikationen normativer Konzepte und Theorien des 20. und 21. Jahrhunderts. VS, Wiesbaden

Schwarz-Friesel M (2007) Sprache und Emotion. UTB, Basel

Stumpf M, Wehmeier S (2014) Kommunikation in Change und Risk. Wirtschaftskommunikation unter Bedingungen von Wandel und Unsicherheiten. VS, Wiesbaden

Vacek E (2008) Wie man über Wandel spricht. Perspektivische Darstellung und interaktive Bearbeitung von Wandel in Organisationsprozessen. VS, Wiesbaden

Weder F (2008) Integrationsmanagement über Testimonials. In: Eisenegger M, Wehmeier S (Hrsg) Personalisierung in der Organisationskommunikation. Theoretische Zugänge, Empirie und Praxis. VS, Wiesbaden, S 271–294

Zerfaß A (1996) Unternehmensführung und Öffentlichkeitsarbeit. Grundlegung einer Theorie der Unternehmenskommunikation und Public Relations, 2. Aufl. VS, Wiesbaden

Zornow S, Pedersen AG (2012) Unternehmensidentität und Nachhaltigkeitskommunikation – eine empirische Studie identitätsstiftender Kommunikationsstrategien von deutschen und dänischen Pharmaunternehmen. In: Schmidt C (Hrsg) 2012, Optimierte Zielgruppenansprache. Werbende Kommunikation im Spannungsfeld von Kulturen und Stakeholder-Interessen. Springer VS, Wiesbaden, S 83–119

The manufacturer's authorised representative in the EU is Springer Nature Customer Service Centre GmbH, Europaplatz 3, 69115 Heidelberg, Germany. If you have any concerns regarding our products, please contact ProductSafety@springernature.com

Printed and bound by CPI Group (UK) Ltd, Croydon, CR0 4YY
23/03/2026
02076740-0018